Mark Hudson · Die Trommeln von Dulaba

Mark Hudson

DIE TROMMELN VON DULABA

Aus dem Englischen
von Maria Beck

Kabel

Titel der amerikanischen Originalausgabe:
Our Grandmothers' Drums
Martin Secker & Warburg, London

Ich möchte vielen Menschen in Gambia
und in England danken.
Für jegliche Irrtümer oder Indiskretionen
bin ich allein verantwortlich.

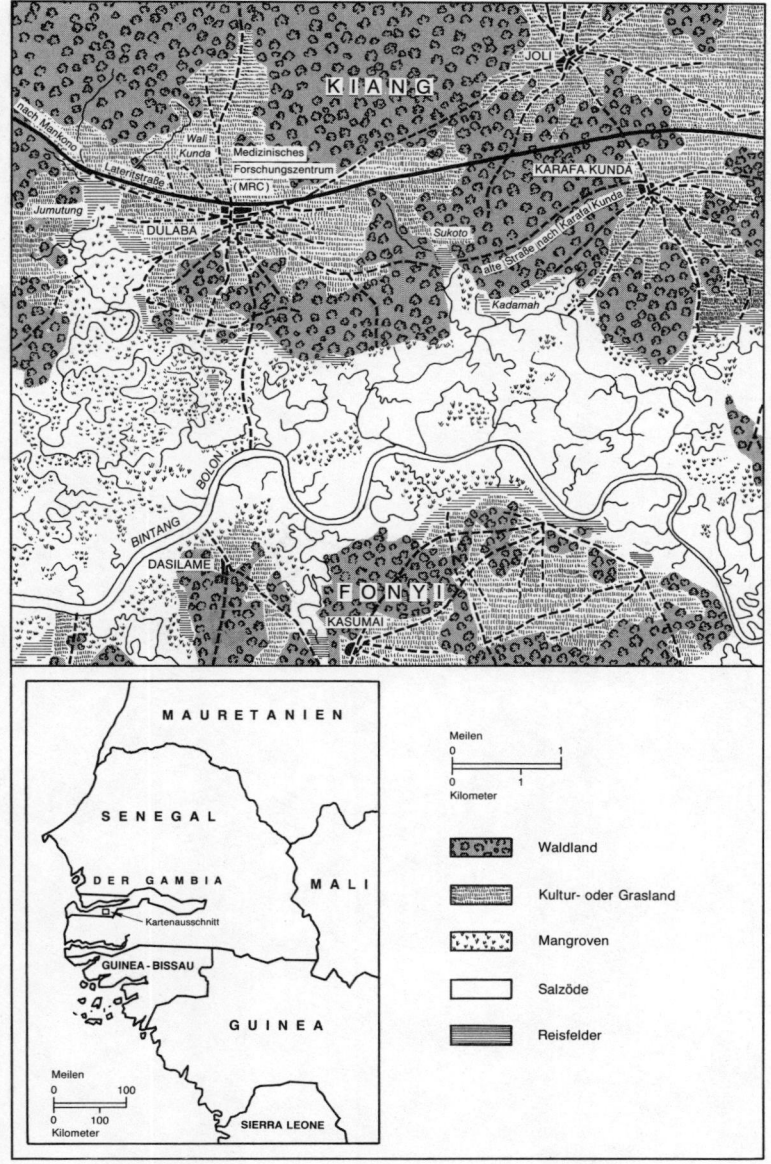

KIANG

JOLI

nach Mankono

Wali
Kunda

Interritstraße

Medizinisches
Forschungszentrum
(MRC)

KARAFA KUNDA

Jumutung

DULABA

Sukoto

alte Straße nach Karafa Kunda

Kadamah

BOLON

BINTANG

DASILAME

FONYI

KASUMAI

MAURETANIEN

SENEGAL

MALI

DER GAMBIA

Kartenausschnitt

GUINEA-BISSAU

GUINEA

SIERRA LEONE

Meilen
0   1

0   1
Kilometer

Meilen
0   100

0   100
Kilometer

Waldland

Kultur- oder Grasland

Mangroven

Salzöde

Reisfelder

INHALT

1

EINE FRAU HAT KEINE HEIMAT

Ich besaß kein Visum für den Senegal.

Das Flugzeug flog in geringer Höhe über die Wüste von Mauretanien. Man erkannte ausgetrocknete Flußläufe, die sich für immer in felsigen, unbewohnbaren Stein eingefressen hatten. Aus
der Entfernung sah alles beruhigend klein aus, wie in den Sand
gezogene Gräben eines Kindes, das am Strand spielt.

Weiter südlich verschwanden alle Einzelheiten in einem gelb-
lich-grauen Dunstschleier aus Staub, der fast bis zum Flugzeug zu
reichen schien. Wolkenbänke lagen wie mit Zuckerguß überzogen
unter einem kalten, blassen Mond. Es wurde schnell dunkel, und
bald trennte nur noch ein rosafarbenes Band die Schwärze des
Himmels vom Blau des Dunstes über der Erde, zu der wir hinun-
terstiegen wie in einen Abgrund.

Ich war nicht auf den Gedanken gekommen, daß für einen
zwölfstündigen Transitstop ein Visum erforderlich sein könnte,
aber auf dem Schotterweg zum Flughafengebäude überfiel mich
plötzlich ein ungutes Gefühl. Ich wartete in der düster beleuchteten Zollabfertigungshalle, bis die anderen Passagiere kontrolliert
waren, und nahm dann Kurs auf den Schalter mit demjenigen Polizisten, der am meisten Gesetztheit und Verantwortung ausstrahlte.

»*Sie haben kein Visum für den Senegal?*«

»Ehm... nein.«

Ein jüngerer Polizist, ein großer, gutgelaunt blickender Mann,
beugte sich über den Schalter und warf einen Gummistempel auf
den Schreibtisch. Sein gesetzterer Kollege sprang auf und folgte
ihm aus dem Schalterhäuschen, um ihn heftig auszuschelten. Als
der Jüngere fast in Tränen auszubrechen schien, kehrte der Polizist kopfschüttelnd zurück. Er setzte sich an einen Tisch und sah
zerstreut zu mir auf.

»Was hatten Sie für ein Problem?«

»Ich habe kein Visum für den Senegal.«

»Aha.« Er las meinen Reisepaß von vorn bis hinten und betrachtete die verschiedenen Stempel darin. »Haben Sie nicht gewußt, daß Sie für den Senegal ein Visum brauchen?« fragte er mit einer Verwunderung, die gewiß nicht gespielt war.

»Ehm, ja... Nein.«

»Haben Sie ein Hotelzimmer?«

»Nein.«

»Wo wollen Sie schlafen?«

»Hier im Flughafen.«

Darüber mußte er einige Zeit nachdenken. Er erinnerte mich an einen Adler, sein Bart war tadellos gepflegt. Ein einfacher Mensch war das bestimmt nicht.

»Sie fliegen morgen früh um neun weiter: Nigeria Airways.«

»Ja.«

Er kritzelte etwas auf mein Einreiseformular und ließ mich dann passieren.

Die anderen Passagiere aus meinem Flugzeug warteten noch auf ihr Gepäck. Bald rumpelte es auf einem klapperigen Förderband heran. Dann folgte ein Gerangel an der flüchtigen Gepäckkontrolle, und die verschiedenen in Dakar wohnenden Fluggäste – Franzosen, Libanesen, Senegalesen – waren frei.

Durch die Glasfront des Flughafens sah ich eine große Menschenmenge, die in der Dunkelheit wartete. Ich erkannte in ihren Gesichtern nichts weiter als weiße Zähne und ungeduldige, hungrige Augen. Auf dem Weg zu dem schmalen Ausgang hielt ich mein Gepäck fest umklammert. Als ich in die warme Nacht hinaustrat, schloß sich die Menge um mich. Die meisten waren sehr hochgewachsen. Hände grapschten nach meinen Armen und meinem Körper.

»*Monsieur*. Taxi, Taxi... Hotel, Hotel... *Monsieur*. Wechseln, wechseln... Hotel... Taxi... *Monsieur*.«

Ich bahnte mir einen Weg und wiederholte mechanisch immer das Wort »*non*«. Jemand löste sich aus der Menge, um mir zu folgen, und seine Augen leuchteten freudig auf, als erkenne er in mir gerade einen alten Bekannten wieder. Ich trug ein gestreiftes Jackett. Schnell sah ich weg. »*Non*«, rief ich, noch bevor er überhaupt etwas sagen konnte.

»Amerikaner? Engländer?«

»*Non*«, gab ich zurück.

»Kann ich Ihnen helfen?«

»*Non*.«

In Windeseile erreichte ich das Hauptgelände des Flughafens

und schleppte mein Gepäck durch die Eingangshalle. Sie war zwar beleuchtet, aber zu schwach, um auch die Winkel der riesigen, düsteren Halle zu erhellen. Ich sah die Schalter der Fluggesellschaften und Autovermietungsfirmen, ein Selbstbedienungscafé ohne Kunden und einen Stand mit Masken, Trommeln und anderen Touristenartikeln, der wie ein Leuchtschiff mitten auf dem weitflächigen Boden ankerte.

Im Reisebüro in London hatte man mir gesagt, ich solle mir am Schalter der Nigeria Airways sofort meine Reservierung für den Flug am folgenden Morgen bestätigen lassen. Ich benötigte nur wenige Minuten, um festzustellen, daß es keinen Schalter der Nigeria Airways gab. Bei der Information verwies man mich an den Schalter der Air Afrique. Am Schalter der Air Afrique hieß es, ich solle morgen früh um acht wiederkommen. Ich nahm also auf einem der Kunststoffsitze Platz, die mitten in der Halle aufgereiht waren, und legte meine Füße auf das Gepäck. Nur der gegenüberliegende Touristenstand spendete hier etwas Licht. Das andere Ende der Halle war dagegen hell beleuchtet, französische Touristen unterhielten sich dort und lachten. Ganz offensichtlich fühlten sie sich sicher. Aber sie verließen Afrika ja auch. Ich dagegen kam an.

Dünne, hungrig aussehende Jungen mit Schuhputzausrüstung bewegten sich lautlos an den Sitzreihen entlang. Ihre Unterwürfigkeit machte es mir leicht, sie wegzuwinken. Ich sah aber auch andere Männer, die gut gekleidet waren und deren Funktion mich rätseln ließ. Sie schienen in der Halle allgegenwärtig zu sein und erweckten dabei keineswegs den Eindruck, als streunten sie ziellos umher. Aber wer waren sie? Und was taten sie?

Ich bemerkte eine Gestalt, die zwei Sitze links von mir saß. Ich wandte mich ihr nicht zu, sondern starrte angestrengt auf den gegenüberliegenden Stand mit seinem Touristenkitsch vom Fließband. Schließlich grüßte mich die Person auf englisch. Ich gab den Gruß zurück, ohne den Kopf zu wenden.

»Wohin reisen Sie?«

Mir fiel kein Grund ein, weshalb ich diese Frage nicht beantworten sollte.

»Sie wollen nach Gambia. Dann fahren Sie wahrscheinlich nach Fajara?«

»Nein.«

»Banjul?«

»Nein.«

11

Aus den Augenwinkeln erkannte ich, daß der Mann tief in seinem Sitz versunken war. Er sah mich nicht an, sondern hatte seinen Blick auf einen Punkt irgendwo in der Halle gerichtet. Sein Ton war weder drängend noch schmeichlerisch, was mich etwas beruhigte. Ich drehte mich, um ihn anzusehen, und im gleichen Augenblick wandte er sich mit einem Lächeln zu mir. Er trug ein gestreiftes Jackett.

»Wo also wollen Sie in Gambia hin?«

»In ein kleines Dorf im Landesinneren.«

»Wie heißt dieses Dorf?«

»Dulaba.«

»Davon habe ich noch nie gehört.«

»Es ist sehr klein«, sagte ich.

»Sie wollen einfach dort hinfahren. Um zu reisen.«

»So ungefähr.«

»Ich reise auch sehr gerne. Ich war schon oft in Gambia. Früher habe ich die Touristen im Bus herumgefahren. Banjul, Fajara, Serekunda.« Er lächelte wieder. »Ich kenne Gambia sehr gut.« Ich betrachtete ihn näher. Seine Haut war fast violett; er sah gut aus, hatte feine und gleichmäßige Züge, einen akkurat gestutzten Schnurrbart. Seine schrägen Augen verliehen ihm eine fast buddhahafte Gelassenheit, die nur dadurch etwas beeinträchtigt wurde, daß er auf dem einen Auge blind war.

»Was tun Sie hier?« fragte ich ihn.

»Ich habe gerade Freunde besucht, die hier arbeiten.« Er machte eine Pause. »Jetzt bin ich müde.« Und wieder starrte er ins Leere.

»Sie nehmen den Neun-Uhr-Flug morgen früh«, sagte er. »Nigeria Airways.«

»Ja«, antwortete ich überrascht.

»Haben Sie reserviert?« fragte er mit merkwürdig trockener Stimme.

»Nein.«

»Das ist kein Problem. Machen Sie sich keine Sorgen.« Er stand auf. »Ich gehe jetzt nach Hause«, verabschiedete er sich lächelnd. »Es war nett, mit Ihnen zu sprechen. Bis morgen.« Er nahm Kurs auf den Ausgang und verschwand im düsteren Licht.

Bis morgen? Ich rätselte. Was meinte er damit? Vielleicht war es in diesem Teil der Welt einfach üblich, sich mit diesen Worten zu verabschieden. Dann verschwendete ich keinen Gedanken mehr daran.

Jemand klopfte mir auf die Schulter. Ein junger Kerl in einer

Fliegerjacke bot mir eine Schachtel mit Camel-Zigaretten an. Ich lehnte ab.

»*Américain?*«

»*Non.*«

»Engländer?«

»*Non.*«

Er trat den Rückzug an, nur um wenige Augenblicke später in Begleitung eines dünnen Jungen wieder aufzutauchen, der eng zusammenstehende Augen hatte und ein langes Gewand mit einer Kapuze trug.

»*Monsieur*«, begann der Junge, entsetzlich nuschelnd. »Sie müssen Ihre Sachen zur Gepäckaufbewahrung bringen. Hier ist es... *nicht sicher!*« Er gestikulierte wild in Richtung Halle. Er mochte vielleicht nicht ganz richtig im Kopf sein, aber das sprach ja nicht gegen die Wahrheit seiner Behauptung.

»*Monsieur*, ich bitte Sie. Sie müssen Ihre Sachen zur Gepäckaufbewahrung bringen. Hier ist es nicht sicher. Es gibt viele schlechte Leute hier. Einige von den Jungen hier sind sehr schlecht.« Ein heftiger Schluckauf plagte ihn.

»*Monsieur*, warum wollen Sie Ihr Gepäck nicht dort abgeben?«

»Ich habe kein Geld.«

»Dann wechseln Sie. Kommen Sie mit. Wir gehen zusammen zur Bank.«

»Nein, nein.«

»Bitte, *Monsieur*. Wechseln Sie Geld.«

»Nein, nein.«

»Bitte, *Monsieur*. Wechseln Sie etwas Geld.«

»Nein.«

Er hatte sich über mich gebeugt, seine blutunterlaufenen Augen starrten direkt in meine.

»*Monsieur.*«

»Ja?«

»Möchten Sie etwas essen?«

»Nein.«

»Ich kenne ein Restaurant, wo Sie Fisch und Reis essen können. Es ist sehr billig. Meine Schwester ist die Besitzerin.«

»Was wollen Sie?«

»Arbeit! Ich will arbeiten. Ich habe keine Arbeit, aber ich will arbeiten... *für Sie!*« Er fiel fast über mich.

»Ich brauche niemanden, der für mich arbeitet.«

Er ließ sich neben mir auf dem Fußboden nieder. »*Monsieur*...

hier ist es nicht sicher. *Monsieur*, bitte. Lassen Sie mich arbeiten.« Er versuchte, meine Hand zu ergreifen. Ich schüttelte ihn ab.

»Verschwinden Sie.«

»Oh, *Monsieur*. Das ist nicht gut. Bitte geben Sie mir irgend etwas.« Ich holte ein Fünfzig-Pence-Stück hervor, die einzige Münze, die ich bei mir trug.

»Was ist das?« fragte er.

»Das ist 250 CFA-Franc wert«, antwortete ich.

»250 CFA«, wiederholte er angewidert. »*Zweihundertundfünfzig CFA?*«

Eine Französin, die in der Nähe saß, beobachtete die Szene durch ihre zusammengekniffenen Augen. Ich fühlte mich tief beschämt.

»Ich will keine 250 CFA«, sagte der Junge und stand auf. »Ich will Arbeit.« Er schleuderte die fünfzig Pence auf den Sitz neben mir und ging schwerfällig davon.

Ich holte tief Luft. Würde das die ganze Nacht so weitergehen? Wenige Minuten später tauchte eine andere Gestalt vor mir auf.

»Sind Sie der Mann, der nach Gambia will?«

»Ja«, antwortete ich und richtete meinen Blick an einer Blue Jeans und einem breiten Ledergürtel vorbei in das härteste Augenpaar, in das ich je gesehen hatte. Er war grauhaarig, sah alles andere als sanftmütig aus und mochte Ende Dreißig sein. Sein letztes Wort hatte er amerikanisch genäselt, aber er war bestimmt kein Amerikaner.

»Na, kommen Sie«, forderte er mich auf. »Gehen wir ins Restaurant.«

»Wozu?«

»Um *cool* zu sein.«

»Cool? Wieso cool?«

Er streckte ungeduldig seine Hände in die Luft. »Das ist kein guter Ort zum Bleiben. Es gibt viele schlechte Leute hier... Kriminelle. Im Restaurant, da wird Sie niemand stören.«

»Ich habe aber keine CFA.«

»Machen Sie sich keine Sorgen.«

Das Restaurant lag auf der anderen Seite der Halle. Neben dem Eingang präsentierte sich ein dekorativer Steingarten auf einer Art Plattform. Hinter der Glaswand des Gebäudes schützten Spitzenvorhänge die Gäste vor den Blicken derjenigen, die sich den Zutritt nicht leisten konnten. Die Luft im Raum war erfüllt von

14

Zigarettenrauch und der Unterhaltung von Franzosen, die alle sehr groß waren und eine rosige Gesichtsfarbe hatten. Durch das Aussichtsfenster der Bar hatte man einen schönen Ausblick auf die angestrahlte Rollbahn.

Mein Begleiter bestellte den Kaffee, um den ich ihn gebeten hatte.

»Und Sie selbst wollen nichts?« fragte ich ihn.

»Nein, nein«, winkte er lässig ab.

»Woher wissen Sie, daß ich nach Gambia weiterreise?« fragte ich.

»Ein Freund von mir, ein Polizist am Zoll, hat mir aufgetragen, ein Auge auf Sie zu haben. Er sagte, Sie könnten vielleicht Hilfe brauchen.«

Ich lachte. »Das stimmt.«

»Wenn jemand zu Ihnen kommt, dann sagen Sie einfach nur ›Nein‹. Sonst dürfen Sie nichts weiter sagen. Aber keine Sorge. Sie können die Nacht hier verbingen. Ich werde mit jemandem sprechen und mich um Ihren Flug kümmern. Morgen früh um acht können Sie Ihre Reservierung abholen und dann weiterfliegen.« Seine Stimme klang ebenso hart und gereizt, wie seine Augen aussahen, aber trotzdem fühlte ich mich bei ihm völlig sicher.

»Wer sind Sie?« fragte ich.

»Mein Name ist Gabriel. Ich arbeite hier auf dem Flughafen. Helfe den Leuten. Erledige alles, was gerade so anfällt. Ich habe schon eine Menge Reisende durch diesen Flughafen gehen sehen. Ich weiß, was sie wollen.« Er gestikulierte in Richtung Bar. »Na, wie ist das?«

»Wunderbar.«

»Manche Reisende, die hierherkommen, sind nicht gut. Sie mögen keine Schwarzen. Aber Sie gehören nicht zu der Sorte. Sie sind nett. Ich verlange nichts für das, was ich für Sie tue. Aber wenn Sie wollen, können Sie mir später etwas geben. Warten Sie hier. Ich mache jetzt erst mal Ihre Reservierung klar.«

Ich lehnte mich mit einem Gefühl der Erleichterung zurück, das nicht lange anhielt. Ich zog ein Buch aus der Tasche und begann zu lesen. Aber es gelang mir nicht, den Sinn der Worte zu erfassen. Was war das hier für ein Ort? Ich saß an einer Flughafenbar, wie es sie in vielen anderen Ländern auch gab. Aber mich beschlich das Gefühl, daß hier nicht die gleichen Regeln galten. Die anderen Europäer, die alle tranken, rauchten und so geräuschvoll lachten, schienen zu wissen, wer sie waren. Ich dagegen nicht. Ich fühlte mich wie ein Kind oder wie ein Invalide, der nicht in der Lage ist, für sich selbst zu handeln, sondern der Gnade von Beschützern ausgeliefert ist, die zufällig zur Stelle sind. Ich hatte den Boden unter den Füßen verloren und dabei noch nicht einmal den Flughafen verlassen.

Ich bemerkte, daß die Kellner hinter der Bar mich unschlüssig beobachteten. Einer von ihnen, ein untersetzter Mann in weißem Jackett und schwarzer Krawatte, kam gemessenen Schrittes zu mir und überreichte mir die Rechnung. Ich versuchte ihm zu erklären, daß ich keine CFA besaß, und gab ihm eine Pfundmünze. Er blickte mißbilligend und kehrte dann an die Bar zurück.

»Ist das Ihr Buch?« erkundigte sich die harte Stimme neben mir. »Ich mag Bücher. *Slowly down the . . .* was?«

»*The Ganges*. Das ist ein Fluß in Indien.«

»Ah, *la fleuve Gange*. Sie lesen ein Buch über *la fleuve Gange*. Sie sind nett.« Er setzte sich, ganz offensichtlich erschöpft. »Ich habe niemanden gefunden wegen Ihrer Reservierung. Aber wenn Sie morgen früh um acht hingehen, wird alles erledigt.« Er sah wieder auf das Buch. »Haben Sie es schon ausgelesen?«

»Ich habe gerade damit angefangen.«

»In diesem Fall kann ich es Ihnen nicht wegnehmen.«

Der Kellner kehrte mit der Pfundmünze zurück, und ein Wortschwall in Wolof, der Sprache in Dakar, ergoß sich über mich, dabei fuchtelte er wild mit der Münze in der Luft herum und deutete auf mich. Mir fiel die ungewöhnlich ausdrucksvolle Form seines rasierten Kopfes auf.

»Ja, ja«, meinte der Mann mit der harten Stimme und bedeutete ihm mit einem müden Winken, still zu sein. Er redete einige Minuten lang in Wolof, und der Kellner entfernte sich, ganz offensichtlich höchst verärgert. Wenig später kam er mit einer Handvoll Wechselgeld zurück, das er mir auf den Tisch knallte, bevor er wieder an die Bar ging.

»Ich muß jetzt nach Hause«, kündigte Gabriel an. »Ich bin sehr müde. Seit dem frühen Morgen bin ich schon auf den Beinen, um hier zu arbeiten. Sie können die Nacht über im Restaurant bleiben. Ich habe mit den Kellnern alles besprochen. Niemand wird Sie belästigen. Wenn Sie mir etwas geben wollen, dann können Sie das jetzt tun.«

Ich erklärte ihm, daß ich keine CFA hatte.

»Überhaupt keine?«

»Keine.«

16

»Na, kommen Sie schon, gehen wir zur Bank. Dort können Sie Geld wechseln. Lassen Sie Ihre Taschen hier. Es ist sicher hier.« Bevor ich mich versah, war ich schon aufgestanden und folgte ihm aus der Bar.

Als wir die Wechselstube wieder verlassen hatten, gab ich ihm einen meiner Einschätzung nach hohen Betrag. Er betrachtete das Geld einen Augenblick lang. »Ich muß eine Frau und sechs Kinder ernähren. Es ist spät, und ich muß ein Taxi nach Hause nehmen. Dabei bin ich nur hiergeblieben, um Ihnen zu helfen.«

Ich reichte ihm einen weiteren Schein.

»Ich wußte, daß Sie nett sind«, sagte er.

Gegen ein Uhr startete das Flugzeug nach Paris, und die Bar und das Restaurant blieben verwaist zurück. Die Kellner hatten es schon lange aufgegeben, mich anzusehen. Nun konnte ich sie mustern, ihre weißen Jacketts und schwarzen Krawatten, ihre rasierten Köpfe, die im weichen künstlichen Licht der Bar glänzten. Pausenlos polierten sie die Gläser, wischten die Tische ab – alles war makellos sauber. Ich hörte ihrer Unterhaltung zu, die aus harten Konsonanten und runden Vokalen bestand. Ich fragte mich, was sie wohl taten, wenn sie gerade keine Gläser polierten, was für ein Leben sie außerhalb des Flughafens führten.

Ich war nicht zum ersten Mal in Dakar. Drei Tage hatte ein vorheriger Aufenthalt einmal gedauert, bis ein fünfzehnjähriger Junge unpassenderweise versuchte, mich mitten auf einer der belebtesten Straßen der Stadt zu überfallen. Es war die Hauptstadt des französischen Kolonialreiches in Westafrika gewesen; ein Vorzeigeort auf einem mäßig großen Vorsprung am westlichsten Punkt der riesigen Ausbuchtung des Kontinents. An den heißesten Orten der Erde hatten die Kolonialherren von Dakar, seiner Kühle und seiner Kultiviertheit geträumt. Die Stadt hatte einen unangenehm künstlichen europäischen Glanz behalten, doch unmittelbar hinter den Fassaden aus Marmor, Stahl und Glas begann Afrika. Nur wenige Meter weiter wohnte in den dahinterliegenden Straßen das Volk, in Behausungen, die nur schwach von Paraffinlampen erleuchtet wurden oder die zu dieser Stunde in der Finsternis lagen. Und noch etwas weiter, in den ins Unendliche wuchernden Vorstädten, saßen viele noch in der Dunkelheit ihrer Gehöfte und hörten Radio, vorausgesetzt, sie konnten sich Batterien leisten.

Seit dem Zweiten Weltkrieg hatte sich die Bevölkerung von Dakar verzehnfacht. Und von diesen eineinhalb Millionen Menschen ging nur jeder zehnte einer regelmäßigen Beschäftigung nach. Seit dem Beginn der Dürre in der Sahelzone vor fünfzehn Jahren strömten immer mehr junge Männer aus ihren Buschdörfern in die Stadt, sobald die Trockenheit anfing. Wenn man die großen Boulevards entlangging, sprangen verhüllte Gestalten aus dem Schatten und versuchten, einem einen Armring, ein Stück Seife, ein Handtuch oder ein paar Kassetten in die Hände zu schieben. Auf einigen Straßen mußte man sich seinen Weg durch endlose Schlangen solcher Menschen bahnen. Sie schoben sich hinter einem her, verzweifelt und heimlich – heimlich deshalb, weil unerlaubter Straßenhandel strafbar war. Nun, wo die Regenzeit bevorstand, wollten sie bald in ihre Dörfer zurückkehren, um den Ackerboden auf den erhofften Regen vorzubereiten. Aber als ich versuchte, mir die Stadt dort draußen vor dem Flughafen vorzustellen, stiegen Erinnerungen an meinen letzten Besuch nur in traumähnlichen Gedankenblitzen auf, als hätte ich sie mir nur eingebildet oder in einem Film gesehen.

Ich hatte keine Ahnung, wie weit der Flughafen von der Stadt entfernt lag – ob sie direkt draußen vor den Glasfassaden anfing oder erst zwanzig Meilen weiter. Mir kam sie vor wie ein Bienenkorb – eine Stadt aus Waben, in der nichts seinen Platz hatte, wo nichts so gefestigt war wie es aussah. Einem Außenseiter jedenfalls blieben die Beziehungen zwischen den einzelnen Waben auf ewig ein unlösbares Rätsel. Der Polizist an der Zollkontrolle, Gabriel, die Kellner im Restaurant hier – wie standen sie zueinander? Jetzt saß ich in dieser Bar und war einigermaßen aufgehoben. Aber ebensogut hätte ich auf einer Bühne sitzen können – von der vielleicht im nächsten Augenblick die Möbel entfernt und die Spitzenvorhänge abgenommen wurden; die Kellner könnten ihre weißen Jacketts ausziehen, und der Schauplatz würde sich auf einmal als etwas ganz *anderes* herausstellen. Aber als was?

Vier Monate zuvor war ich in das Nachbarland gereist, nach Gambia, in ein Dorf, wo der Medizinische Forschungsrat von Großbritannien, der MRC, seit 1949 eine Forschungsstation unterhielt. Das Dorf lag mitten im Busch zwischen dem großen Fluß, der dem Land seinen Namen gab, und dem Bintang Bolon, einem salzhaltigen Nebenfluß. Aufgrund seiner Lage war das Dorf von den großen Überlandrouten in das Landesinnere abgeschnitten. Sklavenhändler, Kolonialherrscher und Missionare hatten die Gegend jahrhundertelang gleichermaßen gemieden, mit dem Ergebnis, daß es eines der am wenigsten entwickelten Gebiete im Land geblieben war, obwohl die Entfernung zur Küste und den Kontaktpunkten mit der Außenwelt an sich nicht groß war. Der MRC hatte dieses vernachlässigte Hinterland wegen seines völligen Mangels an medizinischen Einrichtungen ausgewählt, und das Dorf Dulaba, weil es aus medizinischer Sicht zu den »schlimmsten« von allen gehörte, die besucht wurden.

Seit damals waren in Dulaba Untersuchungen in allen medizinischen Bereichen und darüber hinaus in Soziologie, Anthropologie und sogar Insektenkunde durchgeführt worden. Aus medizinischer Sicht war es eine der am umfassendsten dokumentierten Gemeinschaften der Welt. Ich hatte dort vier Wochen lang einen alten Schulfreund besucht, der den Nährstoffbedarf von schwangeren und stillenden Frauen erforschte. Es war meine erste Reise nach Afrika gewesen. In den fünfziger Jahren hatte ein Anthropologe namens Gamble eine Zählung im Dorf durchgeführt, die jedes einzelne Gehöft in Form eines Stammbaumes erfaßte. Später wurden diese Unterlagen überarbeitet und fortlaufend ergänzt, so daß sie inzwischen zwei riesige Aktenkisten füllten, die im Computerraum des MRC aufbewahrt wurden. Für die damalige Zeit war es die vollständigste Beschreibung einer Dorfgemeinschaft überhaupt, doch in der Zwischenzeit hatte man die Daten schon längst in Karteien übertragen oder andere bequeme Speichermöglichkeiten herangezogen, und nun nahm kaum noch jemand die Mühe auf sich, die Untersuchung zu lesen.

Aber es war alles da, die Namen sämtlicher Personen, die seit Beginn des Jahrhunderts im Dorf gelebt hatten oder dort gestorben waren – aufgezeichnet im schmalen, aber klaren Schriftbild einer Schreibmaschine aus dem Bestand der britischen Staatsdruckerei, nur die jüngeren Eintragungen hatte man hastig mit Kugelschreiber gemacht. Beim Umblättern der Seiten, die schon Eselsohren hatten und vom typischen roten Staub der Gegend verfärbt waren, stieß ich immer wieder auf dieselben Namen. Mehr als die Hälfte der Menschen trug den Nachnamen Sise. Der erstgeborene Sohn wurde stets Lamin (al Amin) oder Momodou (Mohammed) genannt, und die erstgeborene Tochter stets Fatoumata (Fatima) nach der Tochter des Propheten. Als ich die monotonen Namensreihen eine Zeitlang gelesen hatte, drängte sich mir der Gedanke auf, daß die Persönlichkeit der Menschen vielleicht ebenso einheitlich war. Unwillkürlich fragte ich mich, wozu all

19

dies gut gewesen sein sollte, nicht so sehr die monolithische Studie, die kaum noch jemand las, sondern die unerbittliche und offensichtlich besessene Fortpflanzungswut, von der sie Zeugnis ablegte. Denn jeder Mann hatte bis zu vier Frauen gehabt, und viele dieser Frauen hatten bis zu zwölf Kinder geboren. Wer konnte sagen, wie viele Lamin Sises, wie viele Momodou Mintes seit der Gründung des Dorfes gelebt hatten? Und wodurch hatte sich im nachhinein der eine von irgendeinem anderen unterschieden? Sie waren alle Moslems gewesen, und sie waren alle Bauern gewesen, die der grauen Erde soviel abtrotzten, daß sie als Gemeinschaft überleben konnten. Sie wußten nichts von der Welt, hatten nicht einmal eine Vorstellung von der geographischen Identität Afrikas, und nannten sich einfach die *Mofingos* – die Schwarzen. Außerdem waren sie der festen Überzeugung, Gott habe sie zum ärmsten Volk der Erde gemacht. Sie hinterließen nichts außer ihren Kindern, deren Leben um kein Haar anders aussah als das der Eltern.

Wer die Unterlagen jedoch genauer las, stellte schnell fest, daß viele Menschen das Erwachsenenalter gar nicht erreichten – Säuglinge kamen tot zur Welt, oder sie starben, noch bevor man ihnen einen Namen gegeben hatte, oder sie erlagen einer Krankheit. Etwa die Hälfte der Kinder starb vor dem fünften Geburtstag. Es gab Frauen im Dorf, die zehn Kinder geboren und kein einziges behalten hatten. Noch im Alter von achtzehn Jahren kam es vor, daß sie innerhalb kürzester Zeit dahingerafft wurden. Als Europäer hätte man gesagt, ein solches Kind sei vor seiner Zeit gestorben, aber die Menschen hier wußten, daß sie sterben mußten, wenn ihre Zeit gekommen war. Gott hatte ihnen das Leben gegeben, und er nahm es ihnen auch wieder.

Eines Nachmittags, wenige Tage vor meiner Abreise, wanderte ich in der Nähe des Dorfes durch den Busch. Der Himmel war bedeckt, die Luft schwül und heiß. Als ich gemächlich den steinigen Weg durch das Unterholz zurückging, erblickte ich plötzlich drei Frauen, die mir rasch und zielstrebig entgegenkamen. Eine leichte Nervosität überfiel mich. Ich wußte, daß man in Afrika immer grüßte, aber mußte ich sie nun als erster grüßen, oder mußte ich warten, bis sie mich grüßten? Als sie auf gleicher Höhe mit mir waren, hielten die Frauen inne. Sie mußten etwa in meinem Alter sein. Die erste war eine hochgewachsene, energisch aussehende Frau mit sehr dunkler Haut. Sie hatte ein großflächiges und grobgeschnittenes Gesicht, in dem kleine Augen blitzten. Die zweite

Frau war nur wenig kleiner, aber kräftiger, und ihre Haut hatte einen helleren Ton. Unter ihren schräggestellten Augen trug sie in Wangenhöhe jeweils drei winzige Ritualnarben. An die dritte Frau erinnere ich mich nicht sehr gut, außer, daß sie kleiner als die anderen war. Auf alle Fälle beeindruckte mich die Ausstrahlung der Frauen zutiefst. Sie standen da und sahen mich an – ohne zu lächeln, fast vorwurfsvoll. Die hochgewachsene Frau richtete sich in ihrer ganzen Größe auf.

»*Tubab*«, schnappte sie. »Wo sind die Leute aus deinem Gehöft?« Aus ihrem Mund klang diese belanglose, im Grunde inhaltsleere Frage wie eine Herausforderung, beinahe wie eine Drohung.

»Sie sind zu Hause«, stieß ich die vorgeschriebene Antwort hervor.

»Leben sie in Frieden?«

»Nur in Frieden.«

»Ich hoffe, sie haben keine Sorgen.«

»Nein, sie haben keine Sorgen.«

Nachdem die beiden anderen Frauen mich genau auf die gleiche Weise »gegrüßt« hatten, setzten sie ihren Weg fort und kicherten und schwatzten dabei miteinander.

Wenn diese Frauen starben, würde man die Aufzeichnungen im MRC um ihre Daten ergänzen, wie es mit all den anderen Menschen in den vergangenen vierzig Jahren geschehen war. Ein Anthropologe war durchaus in der Lage, ein lebendiges Bild von ihnen zu zeichnen, indem er die endlos gleichen Arbeitsabläufe untersuchte, die ihrer Existenz einen Rahmen gegeben hatten, und die traditionellen Gesetze, die diesen abgesteckt hatten. Aber wie konnte man etwas über die Menschen selbst erfahren, darüber, welche individuelle Rolle sie in ihrem Leben gespielt hatten oder worin sie sich untereinander und von allen anderen Menschen unterschieden hatten?

Nach meiner Rückkehr nach England verfolgte mich das Bild dieser drei Frauen, die im Busch verschwanden, ebenso wie vieles andere, was ich auf meinem kurzen Besuch gesehen hatte. Sie hatten ein Ziel gehabt an jenem trostlosen Nachmittag dort draußen im schütteren, gesichtslosen Wald, aber welches?

Natürlich war der Wald für sie keineswegs gesichtslos gewesen, denn er bildete einen Teil ihrer Welt. Sie lebten von ihm. Sie kannten jeden Stein, jeden Stock, jeden Klumpen Erde – weil alles eine Bedeutung für sie trug.

Schon vor meiner Ankunft in Dulaba hatte ich von den Dorffrauen gehört. Wie sie ihr Leben in einem kontinuierlichen Fluß
von Gebären, Hausarbeit und Feldarbeit verbrachten – vieles davon kaum mehr als Sklavenarbeit. Wie sie nicht einmal die grund-
legendsten Entscheidungen über ihr Leben und die Erziehung ihrer Kinder treffen durften. Wie sie beschnitten wurden, damit
ihre Sexualität abstumpfte. Wie sie sogar noch in der Ausübung
ihrer Religion eingeschränkt wurden.

Man sagte bei ihnen: »Eine Frau hat keine Heimat«. Nach fünf
Jahren Ehe nämlich, also nach ein oder zwei Kindern, verließ die
Frau das Gehöft ihrer Eltern und zog in das ihres Ehemannes – sie
»siedelte um«, wie man es bei ihnen nannte, und unterstand nun
seiner Herrschaft. Sie ging nirgendwo mehr hin und tat nichts
mehr, ohne vorher seine Erlaubnis einzuholen. Wenn sie vom
Feld zurückkam oder ihrem Mann die Schüssel mit dem Essen
hinstellte, ließ sie sich vor ihm auf ein Knie nieder. Die Frauen
glaubten fest daran, daß dies der einzige Weg sei, um im Leben
nach dem Tod Gnade zu erfahren. Beim Jüngsten Gericht wurden
sie nämlich nicht nach ihren eigenverantwortlichen Handlungen
beurteilt, sondern danach, wie sie sich ihrem Ehemann gegenüber
verhalten hatten. Wer ihm nicht gehorcht, ihn nicht zufriedenge-
stellt, nicht hart für ihn gearbeitet hatte, kam nie und nimmer in
den Himmel.

Nichtsdestoweniger waren sie alles andere als unterwürfig, wie
ich beobachten konnte. Ich hatte sie täglich gesehen, wenn sie sich
am Kinderzentrum versammelten, wo der MRC für Säuglinge
zwischen drei und zwölf Monaten zusätzliche Breinahrung aus-
gab. Dort standen Frauen jeder nur vorstellbaren Größe und Fi-
gur, jeden Alters und jeder Hautfarbe, vom hellsten Braun bis
zum tiefsten Schwarz. Die meisten aber hatten eine so violette
Farbe, die ihren Körper matt und gleichmäßig überzog, daß ein
dunkler Hintergrund sie fast zu verschlucken schien. Viele waren
sehr schön.

Sie strömten aus dem Gebäude des Zentrums in den Schatten
des gegenüberliegenden Affenbrotbaumes und führten dabei laut-
starke Unterhaltungen mit den Müttern fort, die drinnen noch auf
die Ration für ihre Kinder warteten. Dann rührten sie den heißen
Brei um und führten den Löffel geschickt an den Mund ihres Babys. Während sie nichts dabei fanden, wenn ihre Brüste entblößt
waren, achteten sie stets streng darauf, ihre Beine bedeckt zu halten. Zu diesem Zweck trugen sie einen *faneau*, ein Stück Stoff, das

wie ein Rock um die Taille geknotet wurde. Außerdem gehörte zu ihrer Kleidung immer eine Art Turban, weil eine barhäuptige Frau aus religiösen Gründen als unanständig galt. Sie wogen etwas weniger als Europäerinnen, aber der Unterschied lag mehr im Fett- als im Muskelgewebe, so daß sie meist dünn und muskulös waren. Sie strahlten eine Energie und Vitalität aus, neben der ihre Ehemänner mittelmäßig und kraftlos, fast schattenhaft wirkten. Mir schien, daß sie trotz aller Schwierigkeiten ein reiches und erfülltes Leben führten. Worin aber dieser Reichtum bestand, entzog sich meiner Vorstellungskraft. Der Schlüssel für die Beantwortung dieser Frage mußte aber in dem Bild der drei Frauen liegen, das sich in mein Gehirn eingeprägt hatte, davon war ich überzeugt. Er mußte in ihrer engen Verbundenheit mit dieser tristen, wenig verheißungsvollen Landschaft liegen, und in ihnen selbst.

Selbst nach einer so kurzen Erfahrung mit Afrika erschien mir das Leben in England außergewöhnlich fade, und am schwersten war der Gedanke zu ertragen, daß das Leben dieser drei Frauen in ihrer anderen Welt weiterging und ich nie etwas darüber erfahren würde. Meine kurze und oberflächliche Erfahrung mit dem Kontinent und mein Aufenthalt unter den Menschen von Dulaba hatten mich merkwürdig berührt. Auf der einen Seite war mir schmerzhaft vor Augen geführt worden, wie wenig ich eigentlich verstand, was ich gesehen hatte, und auf der anderen Seite hatte genau das eine Saite in mir angeschlagen, die so schnell nichts wieder zum Schwingen bringen würde. Bald begriff ich: Entweder ich kehrte so bald wie möglich zurück, oder ich mußte die Aussicht auf dieses geistige Abenteuer – das bedeutete es nämlich für mich – begraben. Das eigentliche Geheimnis der Frauen von Dulaba – worin der Reichtum ihres Lebens bestand, wie sie es schafften, ihren schwierigen Lebensumständen so viel Mut und Zuversicht entgegenzusetzen, ob dies überhaupt der Wirklichkeit entsprach oder nur eine Ausgeburt meiner Phantasie war –, all diese Fragen würden dann für immer auf der geographischen und nicht zuletzt emotionalen Distanz zwischen England und Afrika versickern. In Kürze wollte auch mein Freund, der Professor, wieder nach England zurückkehren, ich würde mich dann wieder mit anderen Dingen beschäftigen und nie etwas erfahren. In meinem Zimmer im Norden rechnete ich mir aus, daß in Dulaba in zwei Monaten die Regenzeit begann und damit das Leben dort in eine neue Phase eintrat. Ich mußte mein

Konto plündern, mir ein Ticket für den billigsten Flug kaufen und Dulaba erreichen, bevor die ersten Stürme einsetzten. Ich mußte versuchen, mehr über das Leben der Frauen herauszufinden, und ich mußte versuchen, über sie zu schreiben. Jetzt war ich auf dem Weg. Aber wie ich meinen Vorsatz in die Tat umsetzen sollte, wenn ich dort war, das stand noch in den Sternen.

Nachdem ich so lange auf die Sonne gewartet hatte, ging sie plötzlich auf, beinahe ohne daß ich es bemerkte. Übergangslos war es Morgen geworden, und auf der anderen Seite der Rollbahn zeichnete sich eine graue Hügelkette ab.

Ich ging zur Treppe und stieß dort auf den Kellner mit dem rasierten Kopf, der im Steingarten zum Gebet kniete. In der Halle hatten schon Frauen in phantastisch anmutender Kleidung die Kunststoffsitze besetzt. Ich war aufgeregt. Es war Morgen, und ich war in Afrika. Dann sah ich den Mann im gestreiften Jackett. Er nahm mein Gepäck. »Kommen Sie«, forderte er mich auf, und schon führte er mich durch die Halle.

Was zum Teufel geht hier vor? fragte ich mich. Ich hatte die ganze Nacht nicht geschlafen, und plötzlich fühlte ich mich restlos erschöpft und völlig durcheinander.

»Ich brauche niemanden, der mir hilft«, erklärte ich.

»Ist in Ordnung«, gab er zurück. »Kein Problem.«

Auf der anderen Seite der Halle befanden sich die Gepäckschalter der verschiedenen Fluggesellschaften. Über einem von ihnen prangte das Zeichen der Nigeria Airways. Der Mann mit dem gestreiften Jackett stellte mein Gepäck auf die Waage.

»Vielen Dank«, sagte ich, »jetzt komme ich zurecht.«

»Sie verstehen nicht«, erwiderte er. »Der Flug ist ausgebucht.«

»Aber ich habe gebucht«, wandte ich ein, und in meiner Stimme lag schon Panik.

»Zeigen Sie mir Ihr Ticket.«

An der Stelle, wo die Flugnummer hätte eingetragen sein sollen, standen die Worte »Nicht reserviert«. Am Rand hatte jemand mit Kugelschreiber die Nummer des Neun-Uhr-Flugs von Dakar nach Banjul eingetragen.

»Was ist das?« fragte er und deutete auf die Nummer.

»Das ist die Flugnummer«, sagte ich.

»Wer hat das hier eingetragen?«

»Die Leute in London, die das Ticket ausgestellt haben.«

»Das ist nicht richtig«, behauptete er. »Die Flugnummer müßte hier stehen.« Und er deutete auf die Stelle, wo die Worte »Nicht reserviert« standen.

»Aber ich habe diesen Flug gebucht«, beharrte ich. »Es geht nur um die Platzreservierung.«

»Nein, nein«, bestritt er. »So funktioniert das nicht. Das Flugzeug ist voll. Mein Freund arbeitet für Nigeria Airways. Er hat es mir gesagt.«

Was sollte ich tun? Auf den nächsten Flug warten? Ich wollte so schnell wie möglich von hier wegkommen.

»Machen Sie sich keine Sorgen«, hörte ich seine Stimme. »Mein Freund arbeitet für Nigeria Airways. Er wird sich darum kümmern. Es wird kein Problem sein.«

»Wenn ich mit den Zuständigen selbst sprechen könnte, wäre die Sache bestimmt sofort geklärt.«

»Nein, nein. Sie kennen diese Leute nicht. Ich kenne sie sehr gut. Ich arbeite seit Jahren mit Touristen. In einer Organisation.«

»Was ist das für eine Organisation?«

»Eine unabhängige Organisation. Machen Sie sich keine Sorgen.« Ich hörte die sanfte Stimme des Mannes im Reisebüro in Muswell Hill, der mir den Rat gegeben hatte, sofort nach meiner Ankunft in Dakar zum Schalter der Nigeria Airways zu gehen. Menschen wie er hatten keine Ahnung davon, wie es in der Welt zuging. Sie gehörten entlassen. Sie gehörten verboten.

Ich wandte mich an den großen, gut gekleideten Mann zu meiner Rechten. Er schenkte mir ein nichtssagendes, beruhigendes Lächeln.

Ein anderer großer junger Mann, gutgebaut, mit einem roten straff über dem muskulösen Brustkorb gespannten Pullover, schlenderte lässig hinter den Schaltern hervor in unsere Richtung. Der Mann im gestreiften Jackett zwinkerte mir mit seinem gesunden Auge zu. Der andere im roten Pullover blieb am Schalter der Nigeria Airways stehen und schüttelte meinem Begleiter die Hände. Sie begrüßten einander weitschweifig in Wolof, dann drehte sich der junge Mann zu mir um. »*Ça va?*«, grunzte er und streckte mir seine Hand entgegen. Für einen Angestellten bei einer Fluggesellschaft wirkte er ziemlich zwanglos. Aber das war Afrika, nichts war unmöglich.

Der Mann im gestreiften Jackett zeigte ihm mein Ticket, deutete auf die mit Kugelschreiber geschriebene Nummer und die Worte »Nicht reserviert« und übergoß ihn mit einem Wortschwall in Wolof. Der andere nahm das Ticket verächtlich in die Hand und beäugte es eine Zeitlang. Er wandte sich um und musterte mich durch halbgeschlossene Augen von oben bis unten. »Der Flug ist ausgebucht«, sagte er schließlich in mühsamem Englisch. Ich nahm das Ticket wieder an mich. »Sehen Sie, ich habe diesen Flug schon in London gebucht. Ich will doch nur meinen Sitzplatz bestätigen.«

»*Non, non.* Nichts ist gebucht.« Er deutete verächtlich auf die Nummer. »Das ist nichts. Die Flugnummer muß hier stehen.« Er straffte sich und sah über die Halle hinweg. »Der Flug ist ausgebucht.«

»Sehen Sie, ich habe es Ihnen gleich gesagt«, meinte der Mann im gestreiften Jackett. Er nahm das Ticket und lehnte sich über den Schalter. Dann redete er mit seiner tiefen Stimme lange auf den anderen ein. Dessen Widerstand schien allmählich zu schwinden. »*Wow, wow*«, sagte er schließlich. »*Wow.*« (Ja, ja – ja.)

Der Mann im gestreiften Jackett drehte sich lächelnd zu mir um. »Er will uns helfen. Sie können mit diesem Flugzeug fliegen. Es ist zwar voll, aber er will mir einen Gefallen tun, weil er mein Freund ist.«

In meinem Kopf drehte sich alles. Ich wußte nicht, was diese beiden vorhatten, um mich im Flugzeug unterzubringen, aber was auch immer es war, ich wollte nichts damit zu tun haben. Ich hätte dem Mann im gestreiften Jackett sofort erklären sollen, daß er verschwinden solle, aber irgendwie war ich nicht dazu in der Lage gewesen. Jetzt rächte sich meine Unfähigkeit zu handeln.

»Es ist nicht der Chef«, hörte ich ihn sagen. »Er ist nur ein Angestellter. Aber wenn der Chef kommt, will er mit ihm sprechen. Danach können Sie ihm etwas geben. Was auch immer Sie haben. Haben Sie CFA?«

»Nein.«

»Dann gehen wir zur Bank. Dort können Sie wechseln. Dieser Mann hilft uns. Wir beide kommen aus demselben Dorf.«

Ich versuchte, mir das beengte Gehöft vorzustellen, in dem dieser Mann mit seiner Großfamilie wahrscheinlich lebte. Er hatte keine Arbeit. Soziale Sicherheit war ein Fremdwort im Senegal. Man lebte in der Stadt von der Großzügigkeit der Verwandten, oder man kehrte wieder auf sein Feld zurück. Dieser Mann war in einem Alter, in dem er seine Familie hätte ernähren müssen, anstatt sich von ihr ernähren zu lassen. Die Schande mußte sehr groß für ihn sein.

Trotzdem gab er sich gelassen und selbstsicher. Er sprach ein gutes Englisch. Und er war um sechs Uhr morgens zum Flughafen gekommen. Warum? Ich sah in sein Gesicht und versuchte mir vorzustellen, was er für ein Leben führte und was für ein Mensch er war. Aber seine gleichmäßigen und bis auf sein schielendes blindes Auge vollkommenen Züge gaben nichts preis – nur das verhaltene höfliche Grinsen verriet die darunterliegende Kälte und Härte. Dieser Mensch hier wäre zu allem bereit, dachte ich. Ich sah auf die groben, übersättigten Züge des Mannes von der Nigeria Airways, der sich in seinem engen roten Pullover über den Schalter beugte. Er war genausowenig von der Nigeria Airways wie ich. Eine unangenehme Übelkeit stieg in mir hoch.

Menschen gingen in der Halle umher und kümmerten sich um ihre Angelegenheiten. Es war, als bewegten sie sich in einer anderen Welt, als könnten sie mich nicht hören, wenn ich um Hilfe rief – als wäre ich unsichtbar für sie. Diese beiden Männer wollten mich ausrauben, und ich konnte sie nicht daran hindern. Hinter uns bildete sich langsam eine Schlange: Afrikaner in Safari-Anzügen und Afrikaner in langen Gewändern. Direkt hinter mir stand ein Mann von vielleicht kaukasischer Abstammung mit einem grauen Spitzbart. Er zeigte mir sein Ticket. Die Flugnummer war an der richtigen Stelle eingetragen.

»Sehen Sie«, mischte sich der Mann im gestreiften Jackett ein. »Hier hätte Ihre Nummer auch stehen müssen. Aber auf Ihrem Ticket steht sie nicht. Da liegt Ihr Problem.«

Ein Mann in einem Khaki-Anzug begann, die Gepäckanhänger von meinen Koffern abzutrennen.

»Halt, was macht er da?« rief ich.

»Er bringt neue Anhänger an.«

»Da sind schon Anhänger dran. Und zwar für den Flug direkt nach Banjul.«

»Nein«, lachte er. »Diese Anhänger sind nicht gut. Er bringt neue an. Der Mann ist mein Freund.« Er lächelte den Mann im Khaki-Anzug an, und dieser lächelte zurück.

Es war nun nach acht Uhr, und die Angestellten der Nigeria Airways hätten inzwischen eintreffen sollen. Ich hatte mein Zeitgefühl verloren. Ich war ein Gefangener dieser beiden Männer und wußte nicht einmal mehr, wie lange dieser Alptraum schon dauerte.

Plötzlich sprang der Mann im roten Pullover über die Waage und stand neben uns. Ein Mann in einer Uniform der Nigeria

Airways kam forschen Schritts heran und knallte seine Aktentasche auf den Schalter. Eine Frau mit aufsehenerregend geflochtenen Haaren setzte sich ruhig dahinter. Der Mann im gestreiften Jackett begann, ihr mit meinem Ticket zuzuwedeln und hastig in Wolof zu reden.

»Wow, wow«, sagte die Frau verächtlich. Daraufhin riß der Mann im roten Pullover das Ticket an sich und setzte die Diskussion fort.

»Diese Leute haben mein Ticket«, sagte ich zu der Frau.

»Holen Sie es sich wieder«, forderte sie mich auf.

Ich holte es mir.

Sie zog aus einer Schublade ein Formular, auf dem die Reservierungen vermerkt wurden. Es war vollständig leer. Der Mann im gestreiften Jackett deutete darauf und sprach die ganze Zeit über sehr schnell in Wolof. Sie ignorierte ihn.

Er warf mir ein Lächeln zu. »Ich helfe Ihnen«, versicherte er mir.

Sie nahm mein Ticket und übertrug die Daten ungerührt auf das Blatt. Es war die erste Reservierung für den Flug. Neue Anhänger wurden an meinem Gepäck angebracht, und der Mann im Khaki-Anzug legte es auf das Förderband. Ich fragte mich, ob ich es je wiedersehen würde.

Meinen Reisepaß und mein Ticket an mich geklammert, ging ich auf die Paßkontrolle zu. Meine beiden Helfer versperrten mir den Weg. Sie waren groß. Sie hatten sich vor mir wie eine Mauer aufgebaut.

»Jetzt müssen Sie uns bezahlen«, sagte der Mann im gestreiften Jackett. Seine Freundlichkeit war plötzlich verschwunden. Ich blickte mich um. Überall standen Soldaten und Polizisten. Aber wenn ich sie ansah, blickten nur die Augen dieser beiden Männer zurück. Sie waren vom gleichen Volk. Sie stammten sicherlich aus demselben Dorf. Und bestimmt waren sie auch Brüder. Sie würden mich auslachen.

Ich öffnete meine Brieftasche und griff nach den mageren Überresten der CFA, die ich in der vergangenen Nacht getauscht hatte, zwei Pfundmünzen und eine gambische Banknote. Ich schleuderte alles dem Mann im roten Pullover zu.

»Was ist das?« fragte er zornig.

»Mehr bekommen Sie nicht«, gab ich zurück.

»Wir haben Ihnen sehr geholfen«, zischte der Mann im gestreiften Jackett.

»Sie haben gar nichts für mich getan«, widersprach ich und war nun ebenso wütend wie die Männer. Ich schob mich an ihnen vorbei und rannte auf die Paßkontrolle zu. Der Polizist am ersten Häuschen unterhielt sich gerade mit einem Freund. »Eine Minute«, sagte er. Ich wartete nicht. Am zweiten Posten standen die Polizisten in einem Grüppchen zusammen, in eine Unterhaltung vertieft. Sie beachteten mich nicht, als ich vorbeistürmte.

Die Abflughalle war kühl und weiß und leer. Ich atmete erleichtert auf.

Wenige Minuten später saß ich auf der Toilette. Ich schlief auf dem Sitz fast ein, als ich plötzlich hörte, wie die Außentür geöffnet wurde. »Jetzt ist es soweit«, schoß es mir durch den Kopf. »Jetzt bringen sie dich um.« Ich zerrte meine Hosen hoch, stieß die Tür auf, um in die Abflughalle zu rennen, und ließ den betagten Mann von der Flughafenreinigung verdattert zurück.

»Ich konnte es kaum glauben, als ich deinen Brief bekam«, sagte der Professor, als er mich vom Flughafen abholte. »Ich bin ins Labor gegangen und habe es Helene erzählt. Ich sagte: ›Er will zurückkommen. Er muß verrückt sein.‹ Das fand sie auch.«

Es war Mittag. Die Feuerakazien standen in Blüte. Doch von ihren leuchtenden scharlachroten Blüten abgesehen war die Welt fast völlig farblos. Dünne Rauchfäden von den Stellen, an denen die Menschen die Reste der letztjährigen Ernte verbrannten, trieben in den leeren Himmel hinein. Die Brandrodung war auf den meisten Feldern schon beendet, und über Meilen hinweg erstreckte sich nichts als graue Erde, die nur von den hohen Termitenhügeln und einigen wenigen Baumskeletten unterbrochen wurde. Alles sah zerbrechlich aus, trocken und spröde, als hätte jemand mit einem Arm über die Erde gewischt und sie eingeebnet. Und doch sprossen schon wieder winzige Triebe aus den Affenbrotbäumen, und kleine Büsche mit glänzenden grünen Blättern wuchsen sogar an den kahlsten Stellen. Sie wurden Manonkaso genannt, und sie galten als sichere Vorboten für Regen.

Der Professor fuhr schnell auf der geteerten Straße, die aussah, als wäre sie von unsichtbarer Hand mit einem Bleistift in die Landschaft gezeichnet worden. Im harten Licht sahen die mit Lehm und Wellblech gebauten Dörfer abstoßend baufällig und heruntergekommen aus. Hier und da sah ich jemanden auf einer Veranda sitzen, aber davon abgesehen schien alles verlassen. Es war Ramadan – der Monat, in dem die Moslems zwischen Sonnenaufgang und Sonnenuntergang fasten müssen –, und die Menschen waren der Hitze des Tages entflohen. Sogar die Affen, Schafe und Ziegen, die sonst immer zum Straßenbild gehörten, lagen nun träge im Schatten.

Ich bemerkte, daß es keinen Verkehr gab, und der Professor erklärte mir den Grund: Im ganzen Land war fast kein Benzin mehr erhältlich. »Der MRC kann gerade noch seinen dringendsten Bedarf decken, aber es ist auch schon vorgekommen, daß wir nachts die Generatoren abschalten mußten.« Und in einem etwas grimmigeren Ton fügte er hinzu: »Tatsächlich haben wir ein paar Probleme mit den Unterkünften im Camp gehabt. Die Durchführung deines Planes wird also vielleicht nicht so einfach, wie du es dir vorgestellt hast. Um ehrlich zu sein, ich weiß nicht, ob es überhaupt möglich ist. Es tut mir leid, jetzt wo du schon hergekommen bist.«

»Ist schon in Ordnung«, erwiderte ich.

Als ich zum ersten Mal nach Dulaba kam, war mir, als betrete ich eine andere Welt, aber gleichzeitig auch einen Ort, von dem ich schon immer gewußt hatte, daß es ihn gab. Es war Nachmittag, und nur ein Verrückter wäre ohne Hut in die bösartige Hitze hinausgegangen, aber in jenen Tagen wußte ich nichts von der Sonne. Ich fühlte mich lächerlich zur Schau gestellt und befangen, als ich die fast leeren Straßen entlangtrottete. Die wenigen alten Männer auf ihren Bänken aus Holzstämmen blickten ungerührt, als ich vorüberging. Die Frauen, die riesige Behälter auf ihren Köpfen trugen, richteten fragende Blicke auf mich, und ihre Haut war so dunkel, daß sie das Sonnenlicht zu verschlucken schien. Eine Horde von Kindern, fast nackt und grau vom Staub, erschien wie aus dem Nichts und folgte mir lachend, kichernd und ausgelassen tollend durch die Straßen. Mir fiel plötzlich auf, daß dort, wo ich herkam, die Menschen stets durch die harten Kanten einer künstlichen Welt von ihrer Umgebung getrennt wurden – die Gehsteige schlossen mit Bordsteinkanten ab, die Gebäude wurden mit Beton, Stahl und Glas verkleidet. Hier aber stand nichts zwischen den Menschen und allem, was zu ihrem Leben gehörte – der rosafarbene Sand der Straße, auf der Asche und Tierexkremente lagen, das brüchige graue Stroh der Dächer, das vom Rost orange gefärbte Wellblech, die Lehmwände der Häuser, die knochigen Tiere, die durch die Gehöfte streiften und auch vor den Häusern nicht haltmachten. Und alles lag in dem mit fast übernatürlicher

Klarheit scheinenden harten, weißen Licht. Diese plötzliche Erfahrung der physischen Nähe der Menschen und ihres Lebens wirkte wie ein Schock auf mich.

Es war alles genau so, wie man es nach Hunderten von Fotos von afrikanischen Dörfern, sogar von diesem bestimmten Dorf, erwarten mußte. Aber ein Foto liefert nur eine Vorstellung, und ich befand mich in einer Wirklichkeit, mit der ich mich jede Minute meines Besuches auseinandersetzte, so daß ich mich bald nicht einmal mehr an meine ursprünglichen Erwartungen erinnern konnte. In solchen Momenten fühlt man sich lebendig. Nicht einmal direkt hinterher vermochte ich zu sagen, wie lange mein erster Besuch oder die nachfolgenden Besuche im Dorf gedauert hatten. Alles konzentrierte sich in kurzen, traumähnlichen Blitzen: Fünfzehn Minuten fühlten sich an wie fünfzehn Sekunden – oder war es umgekehrt? Und wenn ich ins Camp zurückkam, schenkte ich meinen mitgebrachten Büchern kaum einen Blick, weil sie mir völlig bedeutungslos erschienen. Als ich vier Monate später in das Dorf zurückkehrte, sah ich es mit einem Blick, der ungetrübt vom Geheimnisvollen oder Stimmungsvollen einer neuen Umgebung war. Der Zauber des Fremdartigen war abgefallen. Ich sah eine Ansammlung von verwahrlosten, wellblechgedeckten Häusern, die eher Schuppen ähnelten. Der Himmel war häufig trübe und wolkenverhangen, die fastende Bevölkerung gleichgültig und träge. Die Menschen redeten nur leise und bewegten sich langsam. Ich versuchte mich daran zu erinnern, was mich gerade an diesen Ort auf der Welt gebracht hatte. Mir war damals nicht bewußt, ebensowenig wie bei meinem ersten Aufenthalt im Dorf, daß die Erfahrungen dort mich von Grund auf und für immer verändern würden.

2

DER MOND DES RAMADAN

Die Wände aus dunklem, unverputztem Lehm hatten lange, breite Risse, so daß der Eindruck entstand, die Mauern des Hauses würden sich demnächst selbständig machen. Es gab keine Fenster, und Licht fiel nur durch die Türöffnungen und die Lücken zwischen den Dachbalken, durch die in der feuchten Regenzeit die Moskitos hereinschwärmten. Über den drei Betten hingen durchsichtige, in der Düsternis gespenstisch wirkende Netze. Die Betten bestanden aus Ästen auf gabelförmigen Pfosten, die man in den steinigen, unebenen Boden eingelassen hatte. Abgesehen von einem Tongefäß für Wasser und einer Holztruhe mit einem kaputten Deckel gab es keine Möbel.

Dies war das *muso-bungo*, das Haus, in dem die Ehefrauen mit ihrer Schwiegermutter und den Kindern wohnten. Es handelte sich um ein relativ kleines Haus. Es gab andere im Dorf, in denen Dutzende von Menschen wohnten – Ehefrauen, Mütter, Kinder, Verwandte. Dem Mann standen eigene Räume zur Verfügung, die häufig auf der anderen Seite des Gehöfts lagen.

Ich begleitete einen Mitarbeiter des Professors und saß in einem Winkel neben der Tür auf einem winzigen Hocker. Er führte ein »Tätigkeitsbuch« über eine Bewohnerin des Hauses – eine der sogenannten »Studien-Mütter« des Professors. Auf seinem Knie lag eine Ablage mit einem elektronischen Alarmgerät. Alle zweieinhalb Minuten klingelte es, und dann notierte er, womit die Frau gerade beschäftigt war.

Die Luft war schwül und stickig. Der drei Monate alte Sohn der Frau fieberte und lag unter einem Moskitonetz. Draußen wirbelten Staubwolken durch die Gehöfte. Ich hörte den dumpfen Ton eines Stößels, der von der harten, ausgelaugten Erde widerhallte. Von wenigen vereinzelten Tropfen abgesehen, war seit acht Monaten kein Regen mehr gefallen.

Eine Frau, die gerade den Raum verlassen hatte, kehrte zurück, eine mit Wasser gefüllte Tomatendose in der Hand. Sie schlug das Moskitonetz zurück, setzte sich auf die Bettkante, spritzte etwas

Wasser über das Gesicht des Kindes und benetzte dann ihr eigenes damit, nachdem sie ihr Tiko, die turbanartige Kopfbedeckung der Frauen, abgenommen hatte. Ihre violette Haut glitzerte, als das Wasser darüberrann. Sie war groß und schlank und machte einen freundlichen Eindruck. Weil gerade Ramadan war, durfte sie nichts von dem Wasser trinken, bis die Sonne unterging, und auch der Getreidebrei, den sie noch vor Morgengrauen mit den anderen Bewohnern des Gehöfts gegessen hatte, mußte bis dahin vorhalten. Nun war erst Vormittag, und sie wirkte schon erschöpft. Sie nahm eine ihrer Gummisandalen ab und fächelte sich damit Luft zu.

All die neuen Eindrücke stürmten auf mich ein. Dank der Mitarbeiter des Professors konnte ich mich mit bemerkenswerter Freiheit unter den Frauen bewegen. Aber nie, ob in den Häusern, auf den Feldern oder an den Brunnen, wurde ich das Gefühl los, ein Fremder zu sein. Es war, als stünde eine durchsichtige, aber unpassierbare Wand zwischen mir und den Frauen, die es mir unmöglich machte, meine Eindrücke zu ordnen und zu deuten. Auch meine Hoffnung, über die Mithilfe bei der Feldarbeit einen Zugang zum Leben der Frauen zu finden, hatte sich nicht erfüllt. Jedes Mal, wenn ich mit ihnen auf die Reisfelder ging und eine Hacke in die Hand nahm, redeten sie auf mich ein, ich solle aufhören. Ich war ein *tubab* – ein Europäer – und ein arbeitender Tubab mußte wohl etwas Unvorstellbares sein. Am Abend saß ich mit dem Professor und Helene in der sterilen Helle ihres Wohnzimmers, las oder hörte Musik. Manchmal erscholl Gelächter aus der nur wenige Meter entfernten Finsternis, und fast schmerzhaft kam mir dann zu Bewußtsein, daß das wirkliche Leben – all das, worüber ich hier schreiben wollte – dort draußen stattfand, wo das Licht aufhörte. Mir war klar, daß ich nicht einfach in der trostlosen Gefangenschaft meiner Schüchternheit sitzen und darauf warten durfte, daß sich das Leben des Dorfes vor mir enthüllte. Aber sooft ich den Radius erweiterte, in dem der Professor sich mit seiner Arbeit gewöhnlich bewegte, fühlte ich mich als Eindringling.

Einmal verließ ich das Haus und stolperte direkt in eine große Ansammlung von Menschen, die in der Dunkelheit vor dem Labor beteten. Ich drehte mich um und ging schnurstracks wieder hinein.

Meine Ankunft mitten im Ramadan machte es mir auch nicht gerade leichter, den Dorfbewohnern näherzukommen. Die Erschöpfung der Menschen hing förmlich über dem Dorf, greifbar

33

wie der graue Dunstschleier in der Luft. Ich hätte genausogut an einem Ort sein können, an dem die gesamte Bevölkerung an einer harmlosen, aber kräftezehrenden Krankheit litt.

Der Mitarbeiter des Professors holte ein kleines Taschenradio hervor, und englischer Pop – »I was born to take care of you« von Freddy Mercury – tönte blechern durch den Raum.

»Stört dein Radio die anderen nicht?« fragte ich.

»Nein«, antwortete er. »Sie mögen Musik.«

Er drehte weiter am Knopf, bis er eine Sendung aus der Casamance fand, eine Region im Süden des nur wenige Meilen entfernten Senegal. Sie wurde in seiner Muttersprache Jola ausgestrahlt. Ein Sprecher forderte die Menschen dazu auf, noch vor der Regenzeit »für unsere Nachkommen« Bäume zu pflanzen. Der Mitarbeiter hieß Yaya Bojang. Er war ein kleiner, gedrungener Mann Anfang Zwanzig mit einer überraschend tiefen, volltönenden Stimme. Aber Gespräche mit Fremden mochte er nicht gerne, und da auch er fastete, verspürte er keine große Lust, überhaupt zu sprechen. Ich fragte ihn trotzdem, wann es seiner Meinung nach regnen werde.

»Noch nicht. Es wird sehr heiß, am Tag und in der Nacht. Dann kommt der Regen ganz plötzlich.«

»Wann wird das sein?«

»Ungefähr... sagen wir am einundzwanzigsten Juni.«

»Warum am einundzwanzigsten?«

»Das habe ich so im Gefühl.«

Der Grundwasserspiegel sank in jedem Jahr etwas mehr, so daß die Brunnen entsprechend tiefer gegraben wurden. Zu dieser Jahreszeit mußten die Frauen bis lange in den Vormittag hinein warten, bis das dicke, klebrige Wasser an die Oberfläche trat. Hier an den Brunnen erfuhren die Frauen immer den neuesten Klatsch, und normalerweise hörte man ihr Gelächter und das Klappern ihrer Wasserbehälter schon von weitem; beim Näherkommen fielen ihre bunten, im Sonnenlicht glänzenden Kleider ins Auge, wenn sie mit Kraft an den Seilen zogen. Im Fastenmonat aber war alles anders. Niemand beeilte sich, weil es kein Mittagessen zu kochen gab. Die Frauen saßen ruhig und gleichgültig da, mit einem Blick, der so leer war wie die Brunnen, vor denen sie saßen.

Ich wollte ein Stück in den Busch hineingehen und folgte einem alten Buschpfad, der im Ostteil des Dorfes über einen Fußballplatz ins Nachbardorf Karafa Kunda führte. Es war früher Abend, und ich begegnete auf einer Strecke von etwa eineinhalb Meilen keiner Menschenseele, von zwei hageren Jungen mit hervortretenden Augen abgesehen, die große, funkelnde Dosen auf ihren Köpfen trugen. Sie blieben gerade so lange stehen, daß wir uns die Hände schütteln konnten, und setzten dann zielstrebig ihren Weg fort. Der Busch wurde dichter, die Bäume höher, und der steinige Weg begann abzufallen. Dann öffnete sich rechts von mir unvermittelt eine weite Lichtung, an die sich versalzte Bodenflächen anschlossen. Die graue Erde war abgebrannt und an manchen Stellen schon in Erwartung des Regens bestellt worden. Hier muß eines der Reisfelder liegen, dachte ich. Dies mußte Sukoto sein, »die alte Heimat«, wo einst das Dorf Dulaba gelegen hatte.

Schmale Erdaufschüttungen deuteten die Aufteilung der Felder an. Manche Baumstämme, die man an ihren Wurzeln angezündet hatte, schwelten noch. An den ausgemergelten Palmen wanden sich dünne Holzgewächse empor und würgten sie, und riesige, nackte Äste lagen über den Feldern wie Knochen von Dinosauriern verstreut. Affen verschwanden hastig im dichten Busch. Trotz aller Anzeichen, daß dieser Ort noch vor wenigen Stunden von Menschen bevölkert war, lastete eine gespenstische Verlassenheit über ihm.

Ein heftiger Wind kam auf, und der Himmel verdunkelte sich. Der Regenzeit ging stets ein starker Ostwind voraus. Dieser hier jedoch wehte aus dem Westen. Auf dem MRC-Camp wirbelten die roten Blüten der Feuerakazien und der Bougainvillea über die staubige Erde. Plötzlich war es dunkel.

Dulaba war von vier Sippen gegründet worden. Drei Brüder namens Sise hatten einen Heiden namens Cho Jammeh kennengelernt, ihn bekehrt und gemeinsam neben der Salzöde bei Sukoto ein Dorf gegründet. Vom Nordufer des großen Flusses war noch die Sippe der Minte zu ihnen gestoßen, und sie hatten Ehen mit den Bewohnern der Nachbardörfer Joli, Karafa Kunda und Kulli Kunda geschlossen.

Die Menschen im Dorf lebten jedoch in drangvoller Enge, und die unmenschliche Hitze tat ein übriges. Angeblich trieben auch viele Teufel und Geister ihr Unwesen, und immer mehr Dorfbewohner starben. Der Marabut riet ihnen, das Dorf auf das höhergelegene, offene Stück Land im Westen zu verlegen, das »Dulaba« – großer Platz – genannt wurde. Dort aber lebte schon die

35

Sippe der Bajo, deren im westlichen Nachbardorf Mankono wohnender König sie angriff und mit der Versklavung drohte. Vorübergehend fanden sie dann Zuflucht bei ihren Verwandten in Joli, doch als sie hörten, daß die Bewohner von Sukoto den »großen Platz« gerodet hatten, kehrten sie zurück und halfen ihnen. Ihre Häuser bildeten das erste Gehöft im Dorf.

Trotzdem behandelten die anderen Sippen sie als Fremde, weil sie ihrer Meinung nach »später gekommen« waren, und machten sie zu den *falifos* des Dorfes. Diese hatten die Aufgabe, Neuigkeiten bekanntzugeben, bei Namensgebungszeremonien und Beerdigungen die obligatorischen Kolanüsse zu verteilen und an den Geburtstagen das Fleisch zu zerteilen.

Dieses erste Gehöft gab es immer noch. Es hieß nun Old Bajo Kunda und befand sich hinter dem viel größeren Gehöft von Kafuli Kunda, das immer noch den am dichtesten besiedelten Teil des Dorfes darstellte. Von dort aus war das Dorf langsam den sanften Hügel emporgewachsen, auf dem nun das Gehöft des MRC lag. Als vor vierzig Jahren ›das Camp‹ gebaut worden war, hatte Mbara Kunda noch den Rand des Dorfes gebildet, und niemand betrachtete das Camp als zugehörig, es hätte genausogut draußen im Busch stehen können. Nun lag Mbara Kunda mitten im Dorf, und auf drei Seiten schlossen sich die Gehöfte und Gärten unmittelbar an das Camp an.

Ein Gehöft bestand einfach aus den Häusern einer Großfamilie. Es wurde entweder nach der Sippe benannt, die es bewohnte, oder nach seinem Gründer: In Bajo Kunda wohnte die Sippe der Bajo, Minteba Kunda war das größte Gehöft der Sippe der Minte, und Fili Kunda war nach Madifili Sise benannt, dem ersten Imam von Dulaba.

Die größeren Gehöfte waren abgeschlossene Bereiche, die man nur über zwei oder drei Pfade erreichen konnte. Sie hatten sich zunächst nach außen vergrößert, bis sie an die Grenzen der anderen Gehöfte gestoßen waren, dann nach innen, indem die Menschen in den Innenhöfen neue Häuser bauten, bis sie so übervölkert waren, daß die jungen Männer sie verließen, um am Rand des Dorfes wieder neu zu bauen.

Von der Hauptstraße zweigten Pfade zu den kleineren Gehöften ab und führten oft sogar mitten durch die Höfe hindurch. Die Hauptstraße verlief wie eine dicke Ader vom MRC-Camp bis zum Fuß des Dorfes. Zwei weitere Straßen zogen sich parallel zu ihr am Rand des Dorfes entlang, das also insgesamt eher langgezogen und leicht abfallend war, was man aber nur bemerkte, wenn man an seinem Fuß stand.

Zur Dorfmitte hin stieg der Straßenrand immer mehr an, so daß in der Regenzeit das Wasser daran entlangstürzte, den Sand wegwusch und die tieferliegenden rosafarbenen Felsbänke freilegte. Durch die Lücken zwischen den Häusern sah man in die größeren Gehöfte hinein, manche waren groß und staubig, andere eng und steinig. Der Zugang zu den dahinterliegenden Innenhöfen wurde durch Matten aus Hirsestroh verdeckt, was ihnen etwas Geheimnisvolles verlieh. Der Regen hatte die Lehmtürmchen der größeren Häuser so ausgewaschen, daß sie wie natürlich gealtert wirkten. Trotzdem verhinderte das allgegenwärtige Wellblech in allen Rostschattierungen, daß die Anwesen schön oder gar malerisch aussahen. Von den geweißten Häusern blätterte die Farbe ab, oder sie war verblichen, oder eine Schicht aus Graffiti, Schmutz und Spuren von Kinderhänden überdeckte sie. Die unbearbeiteten Pfosten, die die Veranden stützten, standen bedenklich schief, so daß ihr endgültiger Zusammenbruch nicht mehr fern schien. Schafe, Ziegen und Hühner liefen überall herum und hinterließen Exkremente.

Die *bantabas*, die Versammlungsorte der Männer, waren niedrige Plattformen aus Holzbalken, von denen aus man das Treiben in der nächsten Umgebung gut überblicken konnte. Das größte Bantaba befand sich am unteren Ende der Dorfstraße in der Nähe des Eingangs zur Moschee, im Schatten eines riesigen Mangobaumes. Alte wie junge Männer ließen sich dort in den langen Monaten der Trockenperiode zum Schlafen nieder, oder sie saßen einfach da und schlugen die Zeit tot bis zum nächsten Gebet. Arbeit bedeutete für sie eine Tätigkeit, die nur in bestimmten Jahreszeiten anfiel, und wenn es nicht regnete, gab es kaum etwas zu tun. Einige waren beträchtlich älter als ihre Frauen, wieder andere wirkten nur viel älter. Sie hüllten ihre kräftigen Körper in oft verdreckte und zerlumpte lange Gewänder und saßen schläfrig und mit bleiernen Lidern da, wie betäubt von ihrer eigenen Trägheit.

An den langen Nachmittagen im Ramadan schien das Dorf wie ausgestorben. Die Männer zogen sich in ihre Häuser zurück, während die Frauen grüppchenweise im tiefen Schatten der Mangobäume hinter ihren Gehöften oder an einem Pfad in der Nähe ihrer Häuser zu finden waren. Benommen und wortkarg von der Anstrengung des Fastens, mit geöffneter Bluse, damit Luft an ihre

Brüste kam, saßen oder lagen sie auf ihren Matten. Manche holten einander Läuse aus dem Haar oder flochten es; andere vertieften sich in ihre Häkelarbeiten, wieder andere starrten nur vor sich hin. Es war die schwierigste Zeit des Tages – die Energie des Vormittags war schon lange verpufft, und es gab nichts mehr zu tun als noch sehr lange auf den erlösenden Abend zu warten.

Reisende sowie menstruierende und schwangere Frauen waren vom Fastengebot ausgenommen, aber nach Ablauf des Ramadan mußten sie jeden Tag, den sie das Gebot nicht eingehalten hatten, durch zwei Fastentage ausgleichen. Natürlich fiel einem das Fasten viel schwerer, wenn andere gleichzeitig aßen und Mahlzeiten kochten, an denen man selbst nicht teilhaben durfte. In Dulaba fasteten manche schwangere Frauen deshalb bis wenige Tage vor der Entbindung. Sie hätten die gleiche Menge an Lebensmitteln, die sie im Ramadan zu sich nahmen, auch als Almosen an die Bedürftigen verteilen können. Aber aus der Sicht Gottes war dies nicht ganz soviel wert – und in Dulaba gab es sowieso niemanden, der so viel Lebensmittel besaß, daß er sie hätte verschenken können. Die Moslems glauben, daß eines Tages die Welt untergeht und eine zweite folgt. Der Engel Serafil bläst seine Posaune, und die Menschen müssen sterben. Es regnet vierzig Jahre lang, und die Welt versinkt in der Zerstörung. Dann bläst der Engel seine Posaune erneut, und alle erwachen wieder. Die Seele der Menschen kehrt in ihren Leib zurück; dabei sind sie nackt und sehen einander nicht, weil sie ihren Blick nach oben gerichtet haben.

Alles, was erschaffen wurde, ob Engel, Teufel oder Mensch, versammelt sich am Ort des Jüngsten Gerichts. Dort ist eine Brücke, die in den Himmel führt und die jeder überqueren muß. Wenn die Taten eines Menschen auf Erden gut waren, wenn er Gott gehorcht, gebetet und gefastet hat, wie Er es befahl, darf er die Brücke überqueren. Ein schlechter Mensch dagegen stürzt in eine feuerlodernde Hölle, die ihn verschlingt und verbrennt. Daraufhin wird er von Gott, dem Schöpfer, wieder zum Leben erweckt, und er muß wieder brennen. Dies wiederholt sich bis in alle Ewigkeit.

Erst seit sie im Jahre 1974 die Dunn Nutrition Unit, eine Ernährungsstation, eingerichtet hatten, waren die Europäer in Dulaba dauerhaft präsent. Vorher hatten nur regelmäßige Besuche stattgefunden, bis die Station, eine selbständige Einheit des MRC von der Universität Cambridge, von Idi Amin aus Uganda vertrieben wurde. Als Gegenleistung für ihre Mitarbeit an den Forschungsprogrammen boten sie den Bewohnern von Dulaba und den Nachbardörfern Mankono und Karafa Kunda freie medizinische Behandlung an.

In ihrem ersten Projekt hatten sie untersucht, worin die Ursache für das langsame Wachstum der Dorfkinder lag, denn dies war die erste Stufe von schwerer klinischer Unterernährung, wobei die Mütter oft gar nicht bemerkten, daß ihr Kind schon gefährdet war.

Es stellte sich heraus, daß neun von zehn Kindern in Dulaba infolge von Durchfällen an Gewicht verloren, noch bevor sie ein Jahr alt waren. Dies schwächte ihren Organismus oft so stark, daß sie dem ersten kleineren Infekt erlagen. Der Durchfall wurde durch fäkal-orale Verunreinigungen verursacht. Das lag nicht daran, daß die Mütter besonders achtlos gewesen wären, sondern unter ihren Lebensbedingungen war es einfach unmöglich, eine bessere Hygiene zu betreiben.

Die Frauen stillten ihre Kinder mindestens achtzehn Monate lang und manchmal sogar bis zum vierten Lebensjahr. Wenn sie bemerkten, daß ihre Milch nach drei Monaten nicht mehr ganz sättigte, fütterten sie das traditionelle Entwöhnungsmittel: eine wässrige Suppe aus Reis- oder Hirsemehl. Da diese aber nur wenig Energie und Nährstoffe lieferte, mußte ein Kind große Mengen zu sich nehmen, um ein normales Wachstum zu erreichen. Die Suppe wurde morgens schon zubereitet und auf die Felder oder zur Arbeit mitgenommen, damit das Kind tagsüber damit gefüttert werden konnte. In der Hitze jedoch vermehrten sich die Bakterien. Der wässrige Brei wurde zwar bei der Zubereitung aufgekocht, aber danach in Schüsseln gegossen, die mit verunreinigtem Wasser gespült worden waren. Kleine Kinder erledigten nämlich ihr Geschäft auf dem Boden hinter den Häusern, dort, wo die Frauen auch kochten. Der Kot wurde zwar sofort weggekehrt, aber der Sand, auf dem er gelegen hatte, diente möglicherweise wieder als Scheuermittel für die Schüsseln, in die der Brei kam. In der Regenzeit war es noch schlimmer, denn die Feuchtigkeit begünstigte das Bakterienwachstum, und der Regen spülte zudem die Fäkalien in die Brunnen.

So kam es zur Errichtung des Kinderzentrums auf einem ungenutzten Stück Land zwischen dem Labor des MRC und dem Dorf. Das »Dunn« hielt es für die beste Lösung, eine eigene Entwöhnungsnahrung einzuführen, eine energiereiche Mischung aus Lebensmitteln von Hilfslieferungen, die ihnen die Regierung mit der Bitte zur Verfügung gestellt hatte, eine Verwendung dafür zu finden: Weizenmehl, Öl, Zucker, Trockenmilch. Diese neue Nahrung wurde nur unter Aufsicht und mit Beratung an die Mütter ausgegeben, die sie ihren Kindern sofort und ausschließlich auf dem Plastikgeschirr des »Dunn« verabreichen mußten.

Obwohl die Mütter sehr kooperativ waren, wirkten sich die Maßnahmen des Kinderzentrums nicht so durchschlagend wie erhofft aus. Die Ergebnisse fielen sogar relativ schwach aus, was das Projektziel »tatsächliche Energieaufnahme und verbessertes Wachstum« anging. Trotzdem gelang es dem »Dunn« innerhalb von weniger als fünfzehn Jahren, bei einer gleichzeitig verbesserten medizinischen Versorgung in ihrem Krankenhaus die Sterblichkeitsrate der Säuglinge von 50 % auf 0,2 % zu senken.

In seinen ersten Jahren in Dulaba fand sich der Direktor des »Dunn« regelmäßig einer Gruppe von Dorfältesten gegenüber, die wissen wollten, ob das »Dunn« plane, das Dorf wieder zu verlassen. Wenn er ihnen versichert hatte, dies sei nicht der Fall, kehrten sie mit offensichtlicher Erleichterung in ihre Gehöfte zurück. Nach einer gewissen Zeit verzichteten die Dorfbewohner auf diese Delegationen. Die Menschen hatten das »Dunn« als Teil ihrer Umgebung akzeptiert. Und während sie in der Ausübung ihrer eigenen Religion sehr strikte Maßstäbe anlegten, hielten sie sich mit einem Urteil über die Europäer zurück. Denn wenn Gott die Schwarzen als Moslems erschaffen hatte, dann konnte auch nur Gott wissen, als was er die Tubabs erschaffen hatte.

Die Feuerakazien im Camp standen in voller Blüte, so daß es wie eine scharlachrote Insel aus dem müden Grau des umgebenden Busches ragte. Das Labor, ein quadratisches, zweistöckiges Gebäude im Stil der Dreißiger Jahre, stand gegenüber dem Haupttor und wurde von oben mit kirschroter Bougainvillea überwuchert – was ungefähr so gut dazu paßte wie ein griechischer Tempel zwischen Wolkenkratzer. Durch die seitlichen Schiebeglastüren sah man in den Innenraum, in dem Kunststoff und Edelstahl blitzten. Direkt vor der Tür war die steinige rote Erde von Termitenlöchern durchsiebt. Die Termiten überzogen das dürre Gras, die Büsche, die Bäume und an manchen Stellen sogar die Hauswände mit einer spröden Schicht aus rotem Staub, so daß sie zum Fressen nicht einmal die Erde verlassen mußten. Es gab Äste, die nach einem Termitenbefall bei der geringsten Berührung zu Staub zerfielen.

Sie hatten sie von innen ausgefressen und nur eine Staubhülle zurückgelassen.

Die Bungalows der Europäer standen ganz in der Nähe unter den Bäumen, und ihre gut bewässerten Gärten verliehen ihnen einen Anstrich von Zurückgezogenheit. Sechs Tubabs lebten hier: Sarah und Richard Innes, die Ärzte, mit ihren beiden kleinen Töchtern; Susan Lawrence, die zweite Wissenschaftlerin, und ihr Mann Rajiv, ein Landwirt von der Hilfsorganisation Action Aid, der nur gelegentlich kam; und Barbara Smith, die Hebamme, die eine eigene Wohnung über dem Labor hatte. Das »Personal« – etwa dreißig Techniker, Mitarbeiter des Professors und Fahrer samt Frauen und Kindern – wohnte größtenteils im »Quartier«, einem langen Blockhaus am Zaun des Geländes.

Am abgelegenen nordwestlichen Rand des Gehöfts befand sich der Tennisplatz. Er wurde nur noch selten benutzt, und das Netz lag zertrampelt im roten Staub. Dies war noch nie ein guter Ort zum Spielen gewesen, denn der Staub verfärbte den Ball innerhalb kürzester Zeit, und wenn er einmal aus dem Feld geschlagen wurde, fand man ihn kaum wieder.

Die Tage vergingen, gleißendes Licht wechselte mit dichtem Grau. Die Kraftstoffvorräte im Land verringerten sich täglich, und nachts wurden die Generatoren abgeschaltet. Ich schlief im Büro des Professors, in dem die Fenster wegen der Insekten geschlossen blieben, und wachte jede Nacht gegen Morgen auf und bekam kaum noch Luft.

Ich nahm dann mein Laken, taumelte ins Wohnzimmer und rollte mich auf dem Sofa zusammen. Um mich erklangen die Geräusche der Erde – ein Stöhnen und Jammern wie von einem Tier, das döste, aber nicht schlief.

Vor Morgengrauen krähte der erste Hahn, woraufhin die anderen Tiere wie auf Kommando begannen, im Chor zu heulen, zu schreien und zu pfeifen, und über alledem lag das Geschrei eines Esels, das mich an das Ächzen einer verrosteten Eisentür erinnerte. Schließlich ließ sich über diesem Sperrfeuer aus Tierlauten die schwache Stimme des Muezzin vernehmen, der die Gläubigen zum Gebet rief. Ob sie von der Moschee auf der anderen Seite des Dorfes herüberdrang oder aus dem Radio des Pförtners stammte, fand ich nie heraus, denn ich fiel in einen Schlaf zurück, der so dumpf war wie die graue Morgendämmerung. Als nächstes bemerkte ich dann wieder Natoma, das Kindermädchen, das im Gegenlicht in der Tür stand. Daraufhin wickelte ich mich erneut in mein Laken und stolperte zurück ins Büro.

Um acht Uhr wurde es dann plötzlich hell. Ich stand auf und bereitete mein Frühstück unter Natomas sanft mißbilligendem Blick zu. Sie war Anfang Dreißig, schlank, bewegte sich geschmeidig und war eine umgängliche Person, der aber trotzdem eine gewisse Strenge nicht abging. Sie und Ousmane Koujabi, der »Hausboy«, wirkten auf mich wie uralte Wächter, die das Haus schon lange vor der Ankunft des Professors behütet und bewohnt hatten und für immer darin bleiben würden. In Wirklichkeit arbeitete Natoma erst seit vier Monaten hier, nämlich seit der Professor und Helene ihre kleine Tochter Gabby aus England mitgebracht hatten. Ihr Mann war alt und kränklich und bestellte zwar noch ein Erdnußfeld, aber der Ertrag war sehr gering. Es blieb Natoma überlassen, ihn und ihre sieben Kinder zu ernähren. Im vergangenen Jahr hatte es nur wenig geregnet, und Natoma erntete von ihrem Reisfeld ein Viertel dessen, womit sie gerechnet hatte. Weil sie ihren ältesten Sohn gerne auf die weiterführende Schule schicken wollte, war sie ins Camp gegangen und hatte Helene nach Arbeit gefragt.

Helene hatte gelacht. Natoma gehörte zu den »Studien-Müttern«, und nicht zu den problemlosesten. Helene mußte, weil die Studie dies erforderte, die Dicke des Unterhautfettgewebes auf den Hüften der Frauen messen. Einige Frauen wehrten sich dagegen, weil sie ihren Unterkörper nicht einmal dann ohne Vorbehalte zeigten, wenn sie unter sich waren. Natoma war in dieser Hinsicht besonders eigen gewesen. Schließlich hatte sie sich bereiterklärt, aber jedes Mal, wenn sie danach Helene begegnete, blickten ihre traurigen Augen derart mißbilligend, daß sich die weiße Frau, ob sie wollte oder nicht, äußerst unbehaglich fühlte. »Sie will mir ein schlechtes Gewissen einreden, um mich dann um Arbeit bitten zu können«, beschwichtigte Helene sich selbst. Offensichtlich war Natoma jedoch eine gute Mutter – alle ihre sieben Kinder waren am Leben geblieben und wuchsen ohne Schwierigkeiten auf. Als Helene und der Professor also ein Kindermädchen benötigten, gaben sie ihr den Job.

Ousmane Koujabi war ein Jola aus der Casamance. Er beherrschte fünf Sprachen einschließlich Französisch, schien aber in jeder dieser Sprachen nur in einer Anreihung von rauhen Grunzern zu kommunizieren. Er hatte ein breites Gesicht, das außergewöhnlich einfach und bestimmt wirkte – er sah aus wie jemand, der sich ausschließlich mit dem beschäftigte, was die momentane Situation ihm gerade abverlangte. Er trottete mit seinem Besen herum, nur mit zerlumpten Shorts bekleidet, die seine beeindruckenden Muskeln zur Geltung brachten, so daß er mich immer an einen griechischen Ringer auf einer antiken Vase denken ließ. Er konnte fischen und jagen, besaß vielerlei praktische Fähigkeiten und hatte das Kind der Europäer in sein Herz geschlossen, so daß er es häufig auf seinen Knien wiegte und lange geistesabwesend anblickte. Er war neunundzwanzig Jahre alt.

Zwei Jahre zuvor war er von einem außerhalb des Dorfes verbrachten Wochenende mit einer jungen Frau, seiner neuen Ehefrau, zurückgekehrt. Er hatte sie bis dahin nicht gekannt, und die neue Situation behagte ihm gar nicht. Lange Zeit hatte er sich geweigert, mit ihr zu sprechen.

Helene fragte ihn, ob er eine Frau kannte, die er lieber geheiratet hätte. Das bejahte er. Sie wollte wissen, warum er dies dem Vater seiner jetzigen Frau nicht gesagt habe. Er antwortete, weil seine Ehefrau die Zwillingsschwester einer Frau sei, die heiraten wollte. Wenn sie nicht beide gleichzeitig geheiratet hätten, wäre großes Unglück über alle Beteiligten gekommen.

An der Straßenecke gegenüber dem Eingang zur Siedlung Li Kunda stand ein riesiger Affenbrotbaum. Wie bei allen Affenbrotbäumen hatte man die Rinde vom Stamm geschält, um Seile daraus herzustellen, aber sie war nachgewachsen und hatte einen merkwürdigen Rand um den Ansatz der Äste herum zurückgelassen. Es sah aus, als wäre Haut mit Gewalt zurückgezogen worden, um geschmeidiges Muskelfleisch freizulegen, das nun grau und wie versteinert wirkte. Wie eine Reihe monströser Knöchel bohrten sich die Wurzeln des Baumes, die direkt über der Erde verzweigten, in den Boden. Aus diesem riesigen Gürtel wuchsen drei Äste empor, jeder so dick wie ein gewöhnlicher Baum, von denen weitere große Äste in den Himmel ragten.

In der letzten Zeit waren morsche Äste heruntergestürzt, so daß der Baum angesichts der Windböen, die die ersten Stürme ankündigten, eine ernsthafte Gefahr für die Menschen darstellte. Deshalb beschlossen die Bewohner der Siedlung, den Baum zu fällen. Tagelang schlugen sie spätnachmittags von allen Seiten auf den Stamm ein. Das Holz war sehr trocken und gab den Äxten willig nach. Ibou Sanyang, einer der Mitarbeiter des MRC, der auch der Leiter der Dulaba Boy Scouts – der Pfadfinder – war, sah sich das

Ganze an. »Ihr solltet Seile verwenden«, schlug er vor. »Die Pfadfinder verwenden immer Seile für so eine Arbeit.« Aber sie hörten nicht auf ihn. Die alten Männer sahen dem Treiben ungerührt zu. Die kleinen Jungen beobachteten das Ereignis mit wachsender Aufregung, und die jungen Männer wechselten sich mit den Äxten ab und schlugen tiefer und tiefer in die hohle Mitte des Baumes hinein.

Am Nachmittag des dritten Tages, an dem es sehr windig war, geriet der mächtige Baum ins Schwanken. In Panik räumten die Menschen sofort die Umgebung. Der Baum fiel und donnerte auf ein Haus, das völlig zerschmettert wurde. Der Eigentümer des Hauses, der es nur gelegentlich vermietete, konnte nicht anders als in das Lachen der anderen Zuschauer einzustimmen; ein Menschenleben ist mehr wert als ein Haus.

»Diese Leute sind so dumm«, kommentierte Ibou Sanyang verbittert. »Wenn sie Seile verwendet hätten, wie ich es ihnen gesagt habe, würde das Haus jetzt noch stehen.«

Am nächsten Tag blockierte der Stamm die Straße wie ein gewaltiger Torso. Die Jungen kletterten darauf herum, brachen die kleineren Äste ab und stapelten sie säuberlich auf. Der Baumstumpf war in mehr oder weniger gleich große Teile gehackt worden. Der Hohlraum des Baumes gähnte mich an, als blickte ich in den Schlund eines Riesen.

»Wie heißt du?« fragte ein etwa zwölfjähriger Junge, der auf dem höchsten Punkt des Stammes stand.

Ich sagte es ihm.

Die anderen Jungen skandierten im Chor: »*Mark! Mark!* Wie heißt du?«

»Mark, wie spät ist es?« fragte der ältere Junge.

Ich sah auf meine Uhr. »Halb eins vorbei.«

»Mark, ist es schon vorbei?« fragte ein kleiner Junge.

Die anderen brachen alle in verächtliches Gelächter aus.

Kinder unter vierzehn mußten nicht fasten, und ihre Gemeinschaft gehörte zu den wenigen Elementen des Dorflebens, die auch im Ramadan wie sonst funktionierten. Sobald ein Europäer im Dorf erschien, kamen sie aus allen Richtungen angelaufen und riefen mit schrillen Stimmen: »*Tubabo fele! Tubabo fele!*« »Der weiße Mann ist da!« Sie gehörten ebenso zur Struktur und Wirklichkeit des Dorfes wie die unbearbeiteten Holzbalken der Bantabas oder der Lehm der Häuser. Sie waren eins mit dem Staub, in dem sie umhertollten und der sie, ob nackt oder bekleidet, von den rasierten Köpfen bis zum großen Zeh überzog. Sie waren meist in einer großen Schar unterwegs, die niemand kontrollieren konnte. Die Mädchen durften im Alter von sieben Jahren auf die Kleineren aufpassen, aber oft wurden sie auch schon früher damit beauftragt. Dann konnte man nicht immer unbedingt erkennen, wer nun wen tragen sollte, wenn sie durch die Gehöfte streiften – Kämpfe austrugen, Tiere quälten, die wackeligen Zäune beim Darüberklettern achtlos zerstörten und überall die kaputten Überreste ihres Spielzeugs zurückließen: Lumpen, Stöcke, alte Dosen und anderer europäischer Zivilisationsmüll, dessen sie habhaft werden konnten.

Über die Oberlippe der jüngeren Kinder rann ständig glänzender Rotz, der häufig häßliche Entzündungen verursachte. Wegen der Läuse hatte man ihre Köpfe rasiert, so daß Jungen und Mädchen ohne die kleinen Ohrringe aus blauem Metall, die den Mädchen vorbehalten waren, nicht zu unterscheiden gewesen wären. Alle Kinder trugen jedoch Jujus – Amulette, die sie vor Hexen und Teufeln schützen sollten: in Leder- oder Stoffsäckchen eingenähte Koransprüche, Kaurimuscheln, Wurzel- oder Hornstückchen, Fläschchen mit heiligem Wasser. Sie waren um ihre Arme oder Knöchel gebunden, oder sie baumelten am Hals oder an langen Schnüren, die sie wie Patronengürtel um den Leib geschlungen hatten.

Am frühen Abend erwachte das Dorf wieder zum Leben. Die Menschen eilten in ihre Gehöfte, um sich auf das Ende des Fastentages vorzubereiten. Überall hörte man in dumpfen, drängenden Synkopen die Mörserstößel, deren Rhythmus sich beschleunigte, je näher der Augenblick der Erlösung kam. Die Kinder, erfreut über die Aufhellung der Stimmung unter den Erwachsenen, schnatterten und rannten noch aufgeregter umher als sonst. Die gelben Hirsehalme, aus denen die Zäune bestanden, glänzten beinahe weiß im letzten Licht der untergehenden Sonne. Das Rosa des Sandes vertiefte sich zu einem trüben Lila. Von den Kochfeuern stieg dichter Rauch auf und trieb durch die Luft, Dunkelheit strömte aus den Schatten zwischen den Häusern, und innerhalb weniger Augenblicke war das Dorf in die Nacht eingetaucht.

Das Ende der Fastenzeit kam schnell. Für den Sonntag erwartete man das Verschwinden des Mondes. Am Montag würde er ruhen, und am Dienstag abend würden die Menschen nach dem neuen Mond Ausschau halten, dem *ming-karo* – Mond des Trinkens. Wenn sie ihn tatsächlich erblickten, wurde am folgenden Tag Koriteh, das große Fest zum Ende des Ramadan, gefeiert.

»Das ist immer ein großer Tag«, erzählte Helene. »Die Menschen werfen sich in Schale, stopfen sich den Bauch voll und freuen sich. Aber am Mittwoch wird hier noch nicht gefeiert, da bin ich mir sicher. Hier fastet man immer ein wenig länger als anderswo. Wenn die Menschen an der Küste dreißig Tage lang fasten, dann sind es hier bestimmt einunddreißig. Die Leute aus dem Dorf wollen den Mond mit eigenen Augen sehen, sonst hören sie nicht auf zu fasten. Jedes Jahr ist es dasselbe. Sie müssen immer ein wenig frommer sein als andere.«

Jeden Nachmittag breiteten die Mitarbeiter des Professors Bambusmatten unter die Bäume vor dem Gemeinschaftszentrum und hielten ein Schläfchen oder ruhten sich einfach aus. Sie freuten sich, als sie hörten, daß ich am letzten Tag des Ramadan mit ihnen fasten wollte. Fabakary Manneh, ein junger Bursche von achtzehn Jahren, der erst vor kurzem eingestellt worden war, stützte sich auf seinen Ellbogen.

»Du darfst aber auf keinen Fall die Beine einer Frau ansehen, solange du fastest.«

»Die Frauen hier halten ihre Beine doch sowieso bedeckt«, entgegnete ich.

»Aber die weißen Frauen, Sarah, Helene und die anderen, sie zeigen ihre Beine. An dem Tag mußt du dir also einmal eine Pause gönnen.«

»Ich will es versuchen«, antwortete ich. »Muß ich den Speichel ausspucken?«

»Das ist nicht immer nötig. Wenn du sehr viel Speichel hast...« – eine Frau in einem Nachbarhaus entledigte sich gerade lautstark des ihren – »...wie diese Frau, dann spuckst du ihn aus. Aber wenn es nur wenig ist, nimmt Gott es dir nicht übel, wenn du ihn hinunterschluckst.«

Jere Jarjou, ein hochgewachsener, dünner junger Mann, rollte sich auf den Rücken. »Mark, wenn du fastest, dann lade ich dich zum Essen am Dienstag abend ein. Aber du mußt fasten.«

»Das werde ich«, versicherte ich.

Jarra Njai Sise trug ihr Haar in strammen Zöpfen um den Kopf gelegt. Sie hatte kleine Augen, die schräg über den hohen Wangenknochen lagen, und einen langen Kiefer mit hervorstehenden

46

Zähnen. Wenn sie lächelte, entblößte sie einen großen Teil ihres blau tätowierten Zahnfleisches. Sie hatte einen mageren, gutproportionierten Körper, dessen Muskeln sich spannten, wenn sie die Arme verschränkte. Aber dazwischen hingen ihre Brüste schlaff herunter, geschrumpft und ausgemergelt, als hätte eine schlimme, unbezwingbare Macht das Leben aus ihnen gepreßt. Sie hatte vier von fünf Kindern gestillt, das erste war bei der Geburt gestorben.

»Jarra Njai ist eine große Frau«, sangen die anderen Frauen.
»Sie kann jederzeit vergeben.
Und sie hat die Stellung eines Mannes eingenommen, weil sie so groß ist.«

Sie war achtundzwanzig – genauso alt wie der Professor und ich selbst.
»Fasten ist ein Gebot Gottes«, sagte sie. »Gott hat uns in diese Welt gesetzt, damit er uns nach seinem Ermessen Schweres auferlegen kann. Wir sind seine Untertanen, und was er uns befiehlt, müssen wir tun. Denn was er sagt, meint er auch so.« Sie war die große Frau mit der tiefschwarzen Haut, die ich an jenem Nachmittag vor vier Monaten mit ihren beiden Begleiterinnen auf dem Buschpfad gesehen hatte. Sie war bekannt für ihre schrille und durchdringende Stimme, aber an diesem Fastentag krächzte sie nur heiser, während sie matt und ausgelaugt auf der Bettkante in dem Zimmer saß, das sie mit ihrer Schwiegermutter, der zweiten Frau und sämtlichen Kindern teilte. Ich besuchte sie, weil ich mit ihr in Begleitung von Ibou Sanyang, der als Dolmetscher fungierte, ein Interview führen wollte. Trotz ihrer offensichtlichen Erschöpfung hatte sie dem Gespräch zugestimmt, und ihre kleinen Augen verrieten ein gewisses Maß an Neugierde – nicht so sehr, was die Fragen selbst anging, sondern vielmehr den Zweck, der hinter ihnen verborgen sein mochte. Wir besuchten sie, um etwas von ihr zu bekommen. Vielleicht bestand ja die Möglichkeit, daß sie auch etwas von uns bekam.

Sie hatte sechs Jahre mit ihrem Mann zusammengelebt, erzählte sie, bevor sie anfingen zu streiten. Immer wenn sie etwas zu ihm sagte, wurde er wütend. Und immer wenn er etwas zu ihr sagte, wurde sie ebenfalls wütend. Dann stritten sie sich, und er schlug sie. Damals nahm er seine zweite Frau. Ob sie nun gestritten hatten, weil er eine zweite Frau nahm, oder ob er die zweite Frau nahm, weil sie immer stritten, konnte ich nicht eindeutig klären.

Die zweite Frau saß da und hörte uns zu. In gewisser Weise sah sie Jarra Njai auffallend ähnlich, sie war einfach eine kleinere, jüngere, sanftere Ausgabe. Ich erkannte in ihr die dritte Person wieder, die ich an jenem Nachmittag im Busch gesehen hatte. Die beiden Frauen kamen gut miteinander zurecht, auch wenn gelegentlich Auseinandersetzungen nicht ausblieben, wie immer im Zusammenleben zweier Menschen.

Bei meinem letzten Besuch hatten sie noch im Gehöft des Schwiegervaters gewohnt, das im ältesten und am dichtesten besiedelten Teil des Dorfes lag. Nun waren sie in dieses neue Gehöft neben der Lateritstraße gezogen. Der Ehemann schlief an einem Ende des langen Blockhauses, und die Frauen schliefen am anderen. An die Veranda, die an der Vorderseite des Gebäudes lag und mit stumpf glänzendem neuem Wellblech gedeckt war, schloß sich ein leerer Hof bis zu einem Zaun aus Holzstäben an, der das Gehöft von der Straße trennte. Es war das zweite Gehöft auf der nördlichen Seite der Straße, und jenseits davon erstreckte sich der Busch ohne Unterbrechung sieben Meilen weit bis zum Ufer des großen Flusses.

Ich fragte Jarra Njai, was sie sich wünschen würde, wenn sie alles auf der Welt haben könnte.

»Ich würde mir eine mit Kleidern gefüllte Truhe wünschen und außerdem neue Bettwäsche. Aber wenn ich mir etwas von Gott wünschen könnte, dann wären das Frieden, Wohlstand und Glück. Denn, weißt du, Gott gibt einem niemals etwas direkt. Er steigt nicht plötzlich vom Himmel oder aus der Erde und sagt: ›Hier ist das, was du dir gewünscht hast.‹ Er läßt es einem vielmehr durch die Vermittlung eines Menschen oder irgendeiner Sache zukommen. Wenn du also diesen Menschen oder diese Sache nicht erkennst, geht dein Wunsch nicht in Erfüllung. Zum Beispiel bist du heute gekommen, um mit mir zu sprechen. Wenn du die Siedlung wieder verläßt und ich ins Dorf gehe und eine Münze finde, dann hängt das mit dir zusammen.«

»Was sie dir eigentlich zu erklären versucht«, erläuterte Sanyang, »ist, daß sie sehr froh wäre, wenn du ihr Arbeit als Wäscherin im Camp besorgen könntest.«

Ich war verblüfft. Ich sagte, ich sei nur Besucher im Camp. Ich habe keinerlei Befugnisse, jemanden einzustellen.

Sie saß ganz still, und einen Augenblick lang dachte ich, sie

48

werde wütend. Dann sagte sie: »Wir werden dir immer helfen. Du kannst zu uns kommen, sooft du willst, und wir beantworten deine Fragen.«

Sanyang war der Leiter der Dulaba Boy Scouts. Er hatte die Gruppe gegründet, als er in der Grundschule von Dulaba unterrichtete. Er war sechsundzwanzig und trotz seines massigen Körpers sehr muskulös und gutgebaut. Er besaß eine natürliche Begabung als Pädagoge, war wortgewandt und redete bevorzugt darüber, was er unter einer Vielzahl von unwahrscheinlichen Bedingungen tun oder lassen würde. Vor drei Jahren jedoch hatte er den Lehrerberuf an den Nagel gehängt, um Mitarbeiter beim MRC zu werden. Die Bezahlung entsprach zwar ungefähr seiner vorherigen, und die Arbeit beim MRC war weniger anspruchsvoll und weniger anregend, aber dafür hatte er ungleich bessere Arbeitsbedingungen: Sein Gehalt wurde regelmäßig bezahlt, mit den Fahrzeugen des MRC kam er in den Genuß kostenlosen Transports zur Küste, und darüber hinaus stieg auch sein Prestige, weil er für eine »ausländische Firma« arbeitete.

Er war seit drei Jahren verheiratet, aber erst vor sechs Monaten hatte er seine Frau aus ihrem Heimatdorf in der Casamance zu sich geholt, weil es Sitte war, daß das erste Kind im Gehöft der Eltern mütterlicherseits geboren wurde. Vorher hatte sie in Dakar und Banjul gelebt, und sie unterschied sich von den Frauen im Dorf in vielerlei Hinsicht. Sie flocht ihr Haar zu extravaganten Schnecken an der Seite des Kopfes oder drehte es zu langen, dünnen Spießen, die wie die Äste eines Affenbrotbaumes abstanden. Sie war schlank und schön, und jeder sah, wie stolz er auf sie war.

Es hieß, der Mond werde am Sonntag abend verschwinden, und als wir durch die Straßen des Dorfes gingen, konnte ich absolut nichts sehen. Nur raschelnder Stoff und auf dem Boden auftreffende Gummisandalen verrieten, daß Menschen vorbeigingen. An einem verhaltenen Blöken und Scharren erkannten wir, daß wir eine Herde von Schafen oder Ziegen aufgescheucht hatten. Ihr Gestank und der Rauch der Kochfeuer erfüllten die Luft. Ich hielt mich dicht bei Sanyang. Ich wollte nicht stürzen oder zurückgelassen werden.

»Stimmt es, daß es in Europa so viele Lichter gibt, daß man sogar noch mitten in der Nacht eine Nadel findet, die jemand fallen läßt?« fragte Sanyang.

»Nein.«

»Alle Schwarzen sehen in der Dunkelheit sehr gut«, sagte er. »Als ich anfing beim MRC zu arbeiten, habe ich eine Taschenlampe bekommen für den Fall, daß ich im Dorf einmal bei Nacht etwas erledigen muß. Aber wenn der MRC nicht wäre, würde ich niemals eine Taschenlampe benutzen.«

Es war die sechsundzwanzigste Nacht des Ramadan, Kitimo genannt, in der das Volk den Koran rezitierte und die Korangelehrten ihn auslegten. Sanyang blieb stehen, und ich rempelte ihn an. »Wir gehen in dieses Gehöft«, sagte er. Ich hörte das Scheppern und Quietschen einer Wellblechtür und trat hinter ihm ein. Mit gesenkten Stimmen wurden Begrüßungsformeln ausgetauscht. Jemand führte mich zu einem Sitzplatz. Außer glühenden Zigarettenspitzen konnte ich nichts erkennen. Ich zählte sieben davon.

»Hallo, Mr. Hudson«, sagte jemand mit klarer, abgehackter Stimme. »Wie gefällt es Ihnen hier?«

»Sehr gut«, gab ich zurück.

»Das freut mich.«

»Wer sind Sie?« fragte ich.

»Mein Name ist Momodou Jopp. Ich bin Lehrer an der Grundschule von Dulaba. Wir sind alle Lehrer in diesem Gehöft.«

Zustimmendes Murmeln erklang. »Mr. Hudson, wir würden Sie gerne etwas fragen.«

»Aber gerne«, sagte ich.

»Was halten Sie vom Rauchen?«

»Es ist schlecht«, antwortete ich.

Eine rauhe Stimme fiel ein. »Diese europäischen Ärzte behaupten alle, daß Rauchen schlecht sei, aber die meisten von ihnen rauchen selbst. Können Sie das erklären?«

Bevor ich dazu kam, fuhr Mr. Jopp fort. »Das Rauchen ist nicht schlecht wegen der Gesundheit, sondern wegen des Geldes.« Er inhalierte tief. »Ein Bauer kauft Zigaretten für zehn Batuts pro Stück, und er raucht zwanzig am Tag. Wenn er seine Erdnüsse für 1500 Dalasi verkauft, muß er seine Familie ein Jahr lang davon ernähren. Aber als erstes geht er in den Laden und begleicht die Schulden aus den vergangenen acht Monaten. Was kostet ihn das?«

»Ich habe keine Ahnung.«

»Genau. Deshalb sage ich: Das Rauchen ist ein wirtschaftliches Problem.«

Wir verabschiedeten uns bald wieder und gingen weiter. Hinter einer Biegung breitete sich ein freies Stück Land vor uns aus. Mittendrin stand eine Sturmlampe auf einem Tisch. Aus dem Klang und der Stärke des Gesangs zu schließen mußte hier eine große Menschenmenge versammelt sein. Aber es war schwer zu beurteilen, denn jenseits des schwachen Scheins der Lampe war die Dunkelheit tief und undurchdringlich. Jemand führte mich auf die Veranda eines Gebäudes, das sich als ein Laden entpuppte. Im düsteren Licht des Innenraumes kauften Kunden Zigaretten. Da ich nicht rauchte, wurde mir ein schwarzes Minzbonbon zum Lutschen angeboten. Wir mußten an einer der Hauptstraßen des Dorfes sein, aber ich wußte nicht, an welcher, weil ich schon lange jegliche Orientierung verloren hatte. Am Tisch saßen die älteren Koranschüler – junge Männer von siebzehn oder achtzehn – und hinter ihnen die jüngeren. Der Schein der Lampe beleuchtete ihre freudig erregten Gesichter und das dunkle Blätterwerk des Mangobaumes über ihnen, der den Platz beherrschte. Sie sangen einen langen Refrain. Der rauhe Gesang der Männer, der aus der Dunkelheit ertönte, begleitete melodiös die scharfen, sauberen Stimmen der Jungen. Ein Mann mit einer dunklen Brille und einem weißen Umhang, der in der Nähe des Tisches stand, führte den Gesang an. Er hatte den Kopf zurückgelegt und stieß die Töne in der stilisierten, leicht nasalen Art des moslemischen Gesangs in die Dunkelheit hinaus – Töne, die in ihrer einsamen Sehnsucht kalt, fast sternenklar waren. Er besaß eine kräftige, dunkle Stimme, und der lange, schwingende Refrain rollte ihm ohne Anstrengung von der Zunge und wurde sofort vom Chor aufgenommen.

»Was singen sie?« fragte ich Sanyang.

»Sie sagen nur, daß es keinen Gott außer Gott gibt.«

»Und sonst?«

»Ich weiß nicht. Ich kenne mich nicht besonders im Koran aus. Als ich noch ganz klein war, wurde ich in die Koranschule geschickt, aber jetzt kann ich mich an nichts mehr erinnern. Jedes Kind hier im Dorf weiß mehr über den Koran als ich.« Ein schlanker Mann in einem langen weißen Gewand kam auf uns zu und paffte eine Zigarette. Er schüttelte uns beiden die Hände. »Nun, Mr. Hudson«, sagte er mit abgehackter Stimme, »ich hoffe, es gefällt Ihnen hier.« Und dann trottete er wieder davon.

Sanyang gluckste vor Vergnügen. »Momodou Jopp! Er kleidet sich wie ein reiner Moslem, und dabei raucht er Ganja und trinkt Alkohol – hemmungslos!« Er lachte wieder angesichts dieser Frechheit.

»Bist du ein reiner Moslem?« fragte ich.

»Nein!« rief er entsetzt aus. »Ich bin ein Rasta.«

»Ein Rasta?« antwortete ich überrascht. »Aber was ist mit deinem Haar?«

»Ich trage keine Locken, weil ich es nicht nötig habe, jedem zu zeigen, daß ich Rasta bin.«

»Woran erkennt man dann, daß du ein Rasta bist?«

»Um ein Rasta zu sein, muß man ein gutes Herz haben. Man muß zu allen Menschen gut sein. Wenn du mir etwas Böses zufügst, zahle ich es dir nicht heim. Ich weiß zwar, daß du es getan hast – aber ich zahle es dir nicht zurück. Ein Moslem betet fünfmal am Tag, aber ich bete nur, wenn ich Jah wirklich etwas zu sagen habe.«

»Gibt es in Gambia viele Rastas?« erkundigte ich mich.

»Sehr viele. Ich hoffe, daß der Glaube der Rastas eines Tages im ganzen Land herrscht.«

Der Gesang hatte vorübergehend aufgehört, und ein jung wirkender Mann in einem hellen Safari-Anzug stand auf. Sanyang sagte mir, er sei Lehrer an der Koranschule.

Es gab zwei Schulen in Dulaba: die Regierungsschule, in der die Unterrichtssprache Englisch war, und die Koranschule. Englisch war für die jetzige Welt, Arabisch für die nächste. Wenn ein Mann zwei Kinder in die Regierungsschule schickte, dann schickte er auch zwei in die Koranschule. Die meisten Mädchen besuchten die Koranschule.

»Es war an einem Tag wie heute«, begann der junge Lehrer, »am sechsundzwanzigsten Tag des Ramadan, als dem Propheten Mohammed der Koran offenbart wurde. Gott sandte den Engel Gabriel, um ihm zu sagen, daß er lernen sollte. Aber Mohammed sagte, er sei nicht zum Lernen bestimmt. Doch der Engel kam wieder zu ihm, um ihn zum Lernen aufzufordern. Aber Mohammed erwiderte, er sei ein armer Mann, und er eigne sich nicht zum Lernen. Daraufhin kam der Engel ein drittes Mal, und Mohammed sagte: ›Was soll ich lernen?‹ Da offenbarte der Engel ihm die Worte des Heiligen Koran.

Die Tubabs haben uns ihr Wissen angeboten, und wir sollten es annehmen. Aber was wir von ihnen lernen können, erleichtert uns nur das Leben auf Erden. Es kann uns nicht in den Himmel führen.

Von den Tubabs stammt der Ausdruck: ›Steck deine Nase nicht in fremde Angelegenheiten.‹ Sie haben ihn nach Afrika gebracht.

Die Afrikaner sind das ärmste Volk auf der Welt, aber langsam könnte man meinen, wir wollten europäischer als die Europäer sein. Ich bitte euch: Wir dürfen nie unsere Religion vergessen, denn nur sie führt uns in den Himmel. Betet fünfmal am Tag! Und wenn ihr seht, daß ein Moslem ein Unrecht begeht, dann haltet ihn davon ab. Wenn ein Kind sich schlecht benimmt, dann weist es zurecht, auch wenn es nicht euer eigenes ist. So muß sich ein Moslem verhalten. Natürlich sagen wir gerne, daß Gott diese Person bestrafen wird. Aber wer weiß, was Gott morgen tut?«

Am letzten Tag des Ramadan fastete ich. Ich wachte spät auf und stellte fest, daß ich den Brei verpaßt hatte, den ich um halb fünf morgens noch hätte essen dürfen. Schon am Vormittag bemerkte ich, daß ich meine Gedanken nicht mehr ordnen konnte – sie trieben langsam und ziellos durch mein Gehirn. Aber so langsam sie auch waren, ich wurde ihrer nicht habhaft. Um die Mittagszeit – oder besser gesagt, die Zeit, die sonst die Mittagszeit gewesen wäre – bekam ich Kopfschmerzen, als hätte mir jemand ein nasses Tuch um den Schädel gewickelt und zöge es langsam zu. Um richtig zu fasten, hätte ich meinen normalen Pflichten nachgehen sollen. Statt dessen zog ich mich in das Büro des Professors zurück und legte mich bei voll aufgedrehter Klimaanlage auf das Bett. Sooft ich mich in das Wohnzimmer hinauswagte, glaubte ich zu ertrinken, wenn die Hitze aus allen Richtungen auf mich einströmte und mein Gehirn durchflutete, daß ich es kaum aushielt.

Gegen halb acht war es fast dunkel. Ich zog meine Schuhe an, als Jere Jarjou am Fenster erschien. »Es ist Zeit«, rief er, und ich eilte ihm hinterher ins Quartier, wo das Personal wohnte. Das Fasten wird am besten mit etwas Heißem beendet. Wenn man eiskaltes Wasser trinkt, wonach es einen den ganzen Tag über am meisten dürstet, wird einem leicht übel. Wir begannen also mit einem Gemisch aus Tee, Ovomaltine und Kondensmilch, und jeder Becher wurde mit zwei Teelöffeln Zucker gesüßt. Wir schütteten dieses Gebräu mit einem Ausdruck großer Dankbarkeit und Erleichterung auf den Gesichtern hinunter, dann fielen wir über die Platten mit Essen her, die auf dem niedrigen Tisch bereitstanden – gebratenes Huhn, einschließlich Kopf und Füßen, Fisch mit Soße, Makkaroni und Garnelen, Kartoffeln und gebratener Fisch und verschiedene Gemüse. Wir rissen dicke Brocken von den Brotlaiben und tauchten sie in die Soßen, bevor wir sie in den Mund stopften.

Während des Essens schienen die Anwesenden von innen heraus immer mehr zu leuchten, und auch ich spürte, wie mein Körper sich wieder normalisierte, als die warme Nahrung meinen Bauch füllte. Mein Gegenüber war Demba Tamba, der kleinste und pedantischste der Mitarbeiter, der sich gierig vornüberbeugte und die ganze Zeit über eine angeregte Unterhaltung auf Jola führte. Seine kurzen Haare sahen noch zerzauster und seine orange glänzenden Augen noch größer aus als sonst.

Man mag im eigenen Land noch so sehr unter seiner materiellen Unsicherheit leiden und sich deshalb mit den Entwurzelten und Entrechteten der ganzen Welt identifizieren – kaum befindet man sich tatsächlich in einer anderen Kultur, ist dieses Gefühl fast sofort verschwunden. Der Grund dafür liegt aber nicht darin, daß man sich nicht einfühlen könnte oder daß etwa die sozialen und äußerlichen Unterschiede zu groß wären, sondern darin, daß man von den Menschen als von Grund auf *anders* wahrgenommen wird.

Von keinem der Essenden, mit denen ich am Tisch saß – Demba, Ibou Sanyang, Jere, Yaya Bojang oder Bakary Sanneh – hätte ich sagen können, daß sie sozial benachteiligt waren. Sie waren typische junge Männer aus Westafrika: Freundlich und liebenswert in der für die Gegend typischen Art, lässig, aber immer gepflegt und europäisch gekleidet. Sie hatten alle eine feste Arbeit, und keiner von ihnen hatte auch nur einen Tag Hunger leiden müssen. Trotzdem stammten sie, selbst nach den Maßstäben ihrer Heimat, aus sehr bescheidenen Verhältnissen. Sie hatten nicht die geringste Chance, einmal zur Elite zu gehören, ein Stipendium für ein Studium im Ausland zu erlangen oder im Staatsdienst Karriere zu machen. Sie waren die Söhne von Provinzbauern, die gerade genug Geld zusammengekratzt hatten, um sie auf die weiterführende Schule zu schicken, damit ihnen die Plackerei und der Existenzkampf auf dem Land erspart blieben. Auf alle Fälle waren sie die ersten in ihren Familien, die eine europäische Ausbildung genossen hatten.

Aber obwohl sie sehr freundlich waren, und obwohl sie mich eindeutig ihrer eigenen Altersgruppe zurechneten – ich war mit ihren Worten ein *kambano*: ein Junge –, war ganz klar, daß ich für sie vor allem ein Tubab war und daß es wohl einige Zeit dauern würde, um das zu ändern.

Demba war fünfundzwanzig. Er arbeitete seit fünf Jahren beim »Dunn«. Vorher hatte er sich als Barkeeper und Kellner in einem Hotel an der Küste durchgeschlagen. Er sagte, er bewundere die Briten sehr, und er hoffe immer noch darauf, eines Tages in Großbritannien studieren zu können. Er hatte einen Freund, Lamin Bojang, einen Mitarbeiter des MRC, den das »Dunn« in die Zentrale nach Cambridge geschickt hatte, wo er zum Labortechniker ausgebildet wurde. Er träumte davon, eines Tages seinem Beispiel zu folgen.

Yaya Bojang war etwas jünger als Demba. Die beiden stammten aus demselben Dorf und kannten einander von Kindesbeinen an. Er war ein sportlicher Typ und der Kapitän der Fußballmannschaft. Oft brüstete er sich damit, wie hervorragend er alle Varianten des Spiels beherrschte, dem er sich mit Leidenschaft hingab. Er war relativ klein und führte dies darauf zurück, daß er als Kind sehr schwer an Masern erkrankt war. Trotz seiner anfänglichen Zurückhaltung wurde mir schnell klar, daß er im Grunde ein großartiger Mensch war.

Sanyang kannte ich schon. Dann war da noch Jere Jarjou, der mich zu diesem Essen eingeladen hatte. Er war groß, spindeldürr und hatte einen seltsam ausforschenden Blick. Er war erst einundzwanzig Jahre alt und arbeitete noch nicht lange beim MRC, gehörte aber zu den fähigsten Mitarbeitern dort. Mir blieb er immer ein wenig rätselhaft: Überschwenglich gute Laune wechselte bei ihm mit Melancholie, und nie wußte man, welche Seite er als nächstes zeigen würde.

Sie waren alle Jolas und empfanden sich als etwas ganz anderes als die Mandingos – die den größten Volksstamm in Dulaba stellten. Sie stammten aus Fonyi, dem alten Land der Jolas, das nur wenige Meilen entfernt auf der anderen Seite des Bintang Bolon begann und sich nach Süden bis Ziguinchor am Fluß Casamance erstreckte. Inzwischen verlief zwar eine Grenze mitten durch dieses Gebiet, aber es war bekannt, daß die Jolas sich um solche Formalitäten wenig scherten. Sie lebten dort schon seit der Zeit ihrer Vorfahren, lange bevor die Mandingos aus dem Osten kamen. In jenen Tagen hatten sie sich Ajamat genannt. Als der erste Mandingo in ihr Gebiet gekommen war, hatte er gefragt, was er tun solle, um mit ihnen in Frieden leben zu können. »Was auch immer du uns Gutes tust«, antworteten sie, »werden wir dir mit Gutem zurückzahlen. Aber was auch immer du Schlechtes tust, werden wir dir mit Schlechtem zurückzahlen.« Da sagte der Mandingo: »Ich werde euch Jo-la nennen«, was auf Mandinka bedeutet: »jemand, der zurückzahlt«. Von da ab nannten sich die Ajamat sogar selbst Jolas, außer in den sehr entlegenen Gebieten.

Ich hörte Demba zu, der sich auf Jola unterhielt. Die Sprache klang damals in meinen Ohren unsagbar fremd, denn sie schien nur aus Konsonanten zu bestehen, die aneinanderstießen und -krachten, wenn sie aus seinem Mund sprudelten. Betont wurde sein Redefluß lediglich durch kehliges Gelächter, hohe nasale Äußerungen des Erstaunens und merkwürdige arabische Flüche.

Als einziger war Bakary Sanneh kein Jola und damit ebenso wie ich von der Unterhaltung ausgeschlossen. Er war ein Mandingo aus dem Nachbarort Joli, aber in Banjul bei Verwandten aufgewachsen. Er hatte zehn Jahre lang für das »Dunn« in Dulaba gearbeitet. Vor kurzem hatte er sich in seiner Freizeit auf die Schulabschlußprüfungen vorbereitet und sie alle bestanden. Er hatte eine helle Haut, war hager, gutaussehend, gelassen – wie ein Rechtsanwalt in einer Krimiserie. Er lehnte sich mit nacktem Oberkörper in seinem Holzstuhl zurück und blies lässig Rauchwolken in die Luft. Wenn überhaupt jemand Lamin Bojang nach Cambridge folgte, dann würde er es sein.

»Du sagst, daß du kein Auto hast«, bemerkte er. »Aber nicht, weil du dir keins leisten kannst. Sondern weil du keins willst. Wenn du ein Auto wolltest, dann hättest du auch eins.«

»Er ist nicht arm«, sagte Jere Jarjou. »Zuerst dachte ich ja, er sei ärmer als die anderen Tubabs hier. Aber er ist es nicht. Nein, das kann er nicht behaupten, daß er arm ist.«

Nach dem Essen saßen wir draußen in einer frischen Brise und tranken kaltes Wasser. Im ganzen Land, auf den Lichtungen im Busch, an den Stränden und an den Flußufern standen die Menschen nun und hielten Ausschau nach dem Mond. Wenn sie ihn sahen, dann würden sie losrennen und es dem Imam sagen, damit jeder erfuhr, daß der Ramadan zu Ende war. Der Himmel über uns war pechschwarz – ein riesiges schwarzes Nichts über dem schwachen Schein des elektrischen Lichts auf der Veranda. Jemand schaltete das Radio ein, um zu hören, ob der Mond schon im Senegal gesichtet worden war. Während die anderen zum Gebet gingen, blieb Jere bei mir. Er hatte mich eingeladen und wollte nichts davon hören, daß ich mich verabschiedete. Das Radio übertrug eine Initiationszeremonie der Jolas. Wie Wellen in einem stürmischen Meer schwollen die Stimmen ekstatisch an und fielen wieder ab, untermalt vom spröden Klang der Trommeln. Zwei kleine Kinder, die mit einem Besen auf der Veranda gespielt hatten, begannen, zum Rhythmus umherzuspringen. Jere feuerte sie an, indem er in die Hände klatschte. Sie antworteten mit einem x-beinigen Stampfen. »Siehst du«, sagte er, »sogar die Kinder können es schon. Das ist unser Tanz, jeder hier beherrscht ihn...« Er deutete auf den Vorhof des Quartiers, der verlassen dalag, weil die Bewohner beim Beten waren. »Aber ich, ich kann es nicht. Ich wurde in der Stadt aufgezogen, deshalb habe ich es nie gelernt.«

Um Mitternacht teilte das Innenministerium in Dakar der gambischen Regierung mit, daß der Mond im Senegal gesichtet worden sei. Gleiches wurde aus Guinea und Mauretanien gemeldet. In Gambia war der Mond in East Jarra gesehen worden, so wurde vom Distriktleiter der Regierung verkündet.

Am Dienstag abend hatten das MRC-Personal und die Lehrer das Fasten beendet, und nichts hätte sie dazu bewegen können, wieder zu beginnen. Aber die anderen Dorfbewohner fasteten weiter, da sie den Mond noch nicht mit eigenen Augen gesehen hatten.

Am Mittwoch abend um zehn Uhr, als ich im Gehöft der Lehrer grünen Tee trank, hieß es, der Mond sei noch immer nicht gesichtet worden, so daß die Dorfbewohner auch am folgenden Tag fasten wollten. Im ganzen Land fasteten jetzt nur noch die Menschen in Dulaba und den Nachbardörfern Joli und Karafa Kunda. Die Mitarbeiter und die Lehrer, die mit mir in der Siedlung saßen, waren wütend. Sie meinten, wenn ein anderer Moslem sage, er habe den Mond gesehen, dann solle man ihm das glauben. Aber die Menschen hier im Dorf seien unmöglich! Sie trauten nur ihren eigenen Augen.

Die Lehrer und das Personal des MRC sahen sich selbst als eine Gruppe, die sich vom Rest des Dorfes unterschied. Obwohl das Personal des MRC nicht für die Regierung arbeitete, nannten sie sich »Beamte«, denn sie hatten alle eine westliche Ausbildung genossen. Keiner von ihnen stammte aus Dulaba, weil die Dorfältesten erst vor kurzem erlaubt hatten, daß eine europäische Schule errichtet wurde.

»Ich finde die Menschen hier ziemlich verrückt«, meinte Jere Jarjou. »Sie halten sich für die Frömmsten auf Erden, und dabei wissen sie gar nichts.«

Am nächsten Tag jedoch war er sich nicht mehr so sicher. Es hieß, wenn der Mond am Dienstag abend am bewölkten Himmel gesehen worden wäre, hätte er am frühen Mittwoch abend aufgehen müssen. Vielleicht hatten die Leute im Radio gelogen. Was, wenn der Mond nun auch heute nicht aufging?

»Nein, nein«, meinte Demba Tamba. »Er muß heute aufgehen. Es ist völlig unmöglich, daß es nicht so ist.«

Um halb acht Uhr abends wurde in der Siedlung verkündet, daß der Mond aufgegangen sei. Alle gingen hinaus auf den Vorhof, um ihn am Horizont zu suchen. Der Himmel war noch immer sehr hell, so daß der Mond schwer zu finden war. Dann erblickte ihn Helene: Umrahmt von den Hülsen einer Feuerakazie schwebte eine kleine umgekehrte Sichel einer Feder gleich am blaßlila Himmel.

3

DIE GOLDENE KETTE

Um zehn Uhr am folgenden Morgen beteten die Dorfbewohner. Sie hatten sich getäuscht und gaben das auch zu. In der vergangenen Nacht hatte der Mond hoch am Himmel gestanden – er mußte also in der vorherigen Nacht schon aufgegangen sein.

Die Männer knieten auf dem Gebetsplatz vor der Moschee, gegenüber dem Friedhof. Neben ihnen, immer noch im Bereich der Moschee, knieten die alten Frauen und beteten mit ihnen, ihre Köpfe in lange weiße Schals gehüllt. Dahinter waren die Jungen, kahlrasiert und in ihren besten Jacken und Hosen, und hinter ihnen die Mädchen und kleineren Kinder. Die Frauen im gebärfähigen Alter sahen von den Brunnen aus zu, wo sie, ebenfalls im Sonntagsstaat, ihre Arbeiten weiterverrichten konnten. Sie durften weder den Gebetsbereich noch die Moschee betreten, denn es hieß, wenn ein Mann sexuell erregt werde, könne er sich nicht mehr auf seine religiösen Pflichten konzentrieren.

Als das Gebet seinem Ende zuging, ertönten vom Gehöft des Imam zwei laute Trommelschläge, die den Beginn des Festes signalisierten, woraufhin die Kinder lärmend und jubelnd ins Dorf stürmten.

Am Spätnachmittag versammelten sich ganze Kinderscharen vor dem MRC-Gehöft. Sie wollten ihre *salibos* abholen, die traditionellen Geschenke zum Gebetstag. Feierlich und ungewöhnlich sauber standen sie erwartungsvoll da. Die leuchtend gemusterten Kleider der Mädchen und die Jacken, Hemden und Shorts der Jungen waren makellos gebügelt. Die Tikos der Mädchen lagen ringförmig wie kleine Heiligenscheine auf ihren Köpfen. Viele trugen Lippenstift und hatten die Augenbrauen nachgezogen.

Der Professor hatte dem Nachtwächter Momodou Jallo aufgetragen, die Kinder um achtzehn Uhr ins Gehöft zu lassen. Als sie kamen, stürmten sie auf das Haus zu, strömten durch das klapprige Gartentor und auf die Veranda. Helene drängte sie zurück und schloß das Tor wieder. Dann holte sie mehrere Pakete »Camel-Kekse Medina«, die sie am Nachmittag noch im Dorfladen gekauft hatte, und wir beide begannen, die harten, runden kleinen Kekse über den Zaun zu verteilen. Sofort schnellten Dutzende von kleinen Armen in die Höhe und griffen gierig nach den Keksen, wobei sich die Kinder gegenseitig schubsten und knufften. Hohe Stimmen riefen aus einem Meer von angstvollen, verzweifelten Gesichtern: »Mark, Mark! Hierher!« Einige schnappten sich ihre Kekse und rannten davon. Andere streckten sofort ihre zweite, leere Hand in die Höhe. Wieder andere schoben sich ihre Beute schnell in den Mund und riefen mit vollem Mund weiter: »Ich! Ich! Ich habe noch nichts bekommen!«

Die größeren Kinder hatten sich den Weg nach vorne gebahnt und bekamen das meiste ab. Wir versuchten, die Kekse über ihre Köpfe hinweg zu reichen, aber sie warfen sofort ihre Hände hoch: »Mark! Mark! Ja, ja!« Am Rand der Menge versuchten die Kleineren, den Zaun zu erklettern. »Hier, Mark, hier!« Gesichter tauchten auf und verschwanden dann wieder in der Masse. Nach drei Minuten traten wir den Rückzug ins Haus an.

Als es dunkel wurde, trafen die älteren Mädchen und die jungen Frauen ein. Bald stapelten sich vor der Haustür des Professors Plastiksandalen und Gummischuhe wie vor einer Moschee. Die Besucherinnen saßen auf dem Sofa, den aus England importierten Stühlen und den Korbsesseln, umfaßten ihre Limonadenbecher und blickten ungewöhnlich ernst. Ihre tiefviolette Haut schien das gelbliche Licht zu absorbieren, so daß sie noch dunkler als sonst wirkten.

Sie trugen ihre besten Kleider – enganliegende Blusen, die im Rücken geschlossen wurden und an Taille und Schultern gekräuselt und so steifgebügelt waren, daß die Ärmel wie Schmetterlingsflügel abstanden. Hier und da waren sie noch mit Satinimitat verschönert worden, und alles natürlich in den prunkvollsten Farben. Dies war der Stil, der von den an der Küste lebenden Wolof-Frauen zur Zeit Marie-Antoinettes entwickelt wurde, als sie sich von der damaligen französischen Mode inspirieren ließen.

Ab und zu unternahm eine den Versuch, eine Unterhaltung in Gang zu bringen:

»Wo sind die Leute aus deinem Gehöft?«

»Sie sind zuhause.«

»Leben sie in Frieden?«

»Nur in Frieden.«

»Ich hoffe, sie haben keine Sorgen.«

»Nein, sie haben keine Sorgen.«

Den größten Teil des Abends verbrachte ich mit dem Professor in der Küche, wo er unablässig Limonadenbecher füllte. Er schüttelte den Kopf. »Egal, wie lange ich hier noch sein werde, ich glaube nicht, daß es mir je gelingen wird, Situationen wie diese nicht als peinlich zu empfinden«, sagte er. »Ich meine, man hat einfach nichts zu reden.«

Im Wohnzimmer wurde Gabby, die Tochter des Professors, vorgezeigt, und die Mädchen hielten sie reihum im Arm. Einige blätterten in Helenes Zeitschriften und beugten sich interessiert über die Fotos: Frauen mit nackten Beinen oder Rezeptbilder mit merkwürdigem Essen. Ein kleiner Junge, der es geschafft hatte, sich hereinzuschmuggeln, saß in einer Ecke und blickte um sich, als sei er in einer Kathedrale. Helene gab den Mädchen ihre Geschenke: parfümierte Duftkissen, Nagellack, Kopftücher, kleine Halsketten und Ohrringe.

Im Verlauf des Abends trafen weniger Mädchen und dafür mehr Frauen ein. Als wir uns schon zum Essen setzen wollten, kam als letzte Fatounding Sise, begleitet von ihrer Nebenfrau Isatou und einer großen, dünnen Frau namens Musakeba Sise, die im gleichen Gehöft wohnte. Fatounding war die zweite Frau, die ich an jenem Nachmittag mit Jarra Njai im Busch gesehen hatte, und die mir wegen ihrer Größe und hellen Hautfarbe aufgefallen war. Sie kreuzte mit einem verhaltenen Lächeln um die Lippen auf, als säße ihr der Schalk im Nacken. Um ihre Schultern lag ein schwarzer Schal, und wie immer fiel mir ihr kräftiger Körper auf. Die europäischen Männer mochten sie, weil sie lustig und hübsch war und Persönlichkeit besaß. Die Frauen waren sich da nicht so sicher. Fatounding hatte die lästige Angewohnheit, urplötzlich aufzutauchen und um Dinge zu bitten, und wenn sie etwas nicht bekam, trollte sie sich wieder, finstere Sätze murmelnd. Dabei war sie keineswegs arm. Ihr Mann war Reishändler und gehörte zu den wohlhabenderen Dorfbewohnern.

Die drei Frauen setzten sich zu uns und nippten an ihrem Granatapfelsirup.

»Das ist sehr schön«, sagte Fatounding bedächtig. »Aber es ist nicht viel.«

Inzwischen waren alle Kekse, kleine Münzen, der Schmuck und die Make-up-Gegenstände verschenkt worden. Das einzige, was ich ihnen noch hätte geben können, waren einige CFA-Münzen vom Flughafen in Dakar.

»Was ist das?« fragte Fatounding.

»Senegalesisches Geld«, antwortete ich.

»Wir wollen kein senegalesisches Geld. Wir wollen gambisches Geld.«

»Genau«, echote Musakeba. »Wir wollen gambisches Geld.«

»Wenn ihr in die Casamance geht«, sagte ich, »könnt ihr euch dort einen schönen Schal damit kaufen.«

»Ich gehe nie in die Casamance«, stellte Fatounding klar. »Ich bin immer hier.«

Und sie gaben mir das Geld zurück – nur Isatou behielt ihre Münzen. Helene hastete umher und fand noch etwas Geeignetes: ein Kopftuch und ein Fläschchen Nagellack. Sie sagte Fatounding, sie müsse den Nagellack mit Isatou teilen.

»Oh, nein«, lehnte sie ab. »Kommt gar nicht in Frage.«

Am Abend fand eine Disco im Gemeinschaftszentrum statt, einem langgezogenen, schuppenähnlichen Gebäude neben dem Kinderzentrum. Auf der Veranda wurde der Kassettenrekorder von Alioune Sware, dem MRC-Fahrer, aufgestellt, während von drinnen aus den hohen Lautsprechern – eine Hinterlassenschaft des vorherigen Arztes Bill – schrecklich verzerrt Reggae und afrikanische Popmusik plärrte. Eine rote Glühbirne beleuchtete den Betonboden, über den anscheinend großzügig Wasser gegossen worden war.

Ich war einigermaßen überrascht, daß mir die Tanzenden kaum weiter als bis zur Hüfte reichten. Die Jungen tanzten alleine: Sie hüpften hin und her, warfen ihre Beine in die Luft und schüttelten wild die Arme und den Körper. Es gab keinen abgegrenzten Tanzplatz. Sie tanzten drinnen ebenso wie draußen. Einige tanzten mit ihrem Schatten an der Wand. Die kleinen Mädchen, deren Tikos immer noch ordentlich saßen, hatten sich zu Gruppen zusammengetan und drehten sich gedankenverloren zur Musik, als gehörten sie zu einer Miniaturausgabe von Tamla Motown. Sie tanzten auf alle Fälle weit einfallsreicher als die Erwachsenen, die jene ausgetüftelten Zuckungen bevorzugten, die man in jedem Jugendclub in den Vororten Londons hätte beobachten können – mit einem Ausdruck schmerzerfüllter Feierlichkeit auf dem Gesicht. Es war, als strebten sie einen bestimmten Stil an, einen speziellen »Pop«-Stil, den sie sich zum Vorbild auserkoren hatten. Gelegentlich ließen sie sich zu etwas wilderen Begeisterungsausbrüchen hinreißen, aber die waren nur von kurzer Dauer.

Die älteren Männer – also ab etwa dreißig Jahren –, die »Ältesten« der Jugendlichen, saßen grüppchenweise auf der Veranda nahe dem Kassettenrekorder, während die jüngeren unter der roten Glühbirne in der Nähe der Lautsprecher tanzten. Die jungen Mädchen sah man meistens auf der anderen, dunkleren Seite des langen Raumes oder auf den hell beleuchteten Veranden. Sie führten pausenlose Unterhaltungen und warfen sich verschwörerische Blicke zu, bildeten dabei immer wieder neue Gruppen und tanzten zwischendurch kurz, von der Veranda zum Tanzboden schlendernd und vom Tanzboden zur Veranda. Dabei sahen sie sich um und senkten sofort ihre Augen, wenn jemand sie ansah. Ihr Geschnatter war so laut, daß es die ohnehin schon gedämpfte Musik beinahe erstickt hätte.

Die Lieder, die gespielt wurden, waren ziemlich lang, und jedes einzelne wurde mit Beifall bedacht. Dann folgte eine Pause, in der Alioune die nächste Kassette einlegte. Wie bei jeder Discoveranstaltung gab es auch hier ein Lied, das die Gäste mehr ansprach als alle anderen und sie schon mit seinen ersten Klängen auf den Tanzboden zog. Es war ein Song von Super Jamano, einer Band aus Dakar. Der Rhythmus pochte wie eine große, laute Maschine durch den allgemeinen Lärm, und die Bläser wiederholten endlos den gleichen melancholischen Satz. Das Stück enthielt ein Klaviersolo, das sich anhörte, als werde es von einem Toten gespielt. Über alledem sang eine kühle Stimme einen Text in Wolof und schien dabei gelegentlich von Ergriffenheit übermannt zu werden, von jener einsamen, verzweifelten Sehnsucht, die auch den Ruf des Muezzins so unverkennbar macht. Hoch über dem Gemeinschaftszentrum funkelten die Sterne, und am Horizont schossen Blitze über den Himmel. Die Tanzenden taumelten in verzückter, ekstatischer Hingabe, und auch ich fand mich im Tanz mit fünf neunjährigen Mädchen wieder. Der Rhythmus verlangsamte sich, als fresse die Maschine sich fest, während der Trommelwirbel immer frenetischer wurde. Dann ging alles schneller und schneller, und die Tänzer schüttelten ihre Körper in einer letzten Mobilisierung ihrer Kräfte, als das Lied seine Entladung fand. Es wurde heftig applaudiert, dann nahmen alle Kurs auf die Veranden. Die neunjährigen Mädchen dankten mir für den Tanz. »Wie heißt deine Frau?« erkundigten sie sich höflich.

»Mariyama«, log ich, einer Eingebung folgend.

In der Dunkelheit einer abseits liegenden Veranda fand ich Ibou Sanyang, der mit Momodou Jopp und einem anderen Lehrer, einem großen jungen Mann mit einem runden Gesicht, zusammensaß. Dieser lächelte und streckte seine Hand aus. »Mein Name ist Mr. Sambali. Ich bin ein Anhänger der Rasta, was Sie ja schon an meinem Sticker sehen können.« Er hielt mir sein Hemd hin, und in der Dunkelheit erkannte ich das Bild von Paul McCartney. »Wer ist das?« fragte ich.

»Das ist der verstorbene, große Bob Marley«, gab Mr. Sambali zurück.

»Ist das nicht Paul McCartney?« wandte ich ein.

Sie brüllten vor Gelächter. »Ich denke, es ist Bob«, meinte Ibou.

Ich mußte wohl sehr skeptisch ausgesehen haben.

»Mark«, fuhr Ibou fort. »Welche Hautfarbe hatte Bob Marley?«

»Er war hellbraun, wenn ich mich nicht täusche«, antwortete ich.

»Nun...«, meinte Ibou und deutete auf den Sticker. Ich sah nochmals hin. Auf McCartneys Gesicht lag ein fiebriges Orange. »Mark, was glaubst du, wer dieser Mann war?« beharrte Ibou.

Ich faßte kurz McCartneys Karriere zusammen und schloß dann: »Wenn du sagst, es ist Bob Marley, dann muß es wohl Bob Marley sein.«

»Warum sagst du das jetzt, Mark? Weil der Sticker Sambali gehört? Wenn du nicht glaubst, daß es Bob Marley ist, brauchst du es auch nicht zu sagen.«

Wir wechselten das Gesprächsthema. Ibou sagte mir, bis vor kurzem habe die Jugend von Dulaba nur »kenianische« Musik gehört. »Jetzt versuchen wir, sie auch für Funk und Reggae zu begeistern. Früher haben sie mit *Power* getanzt – so...« Er machte eine obszöne Bewegung mit seinem Becken und schwang die Arme wie ein Affe. »Jetzt haben wir ihnen gezeigt, wie man auf zivilisiertere Weise tanzt. Darum ist jetzt auch die Power weg.«

»Was spricht dagegen, mit Power zu tanzen?« wollte ich wissen.

»Ganz einfach, wenn man drei Minuten lang so tanzt, ist man völlig erledigt. Aber wenn man zivilisiert tanzt, hält man viel länger durch.«

Die Mädchen schlenderten immer noch auf den Veranden und in der Halle umher und tuschelten unermüdlich. Sie trugen ihre besten Kleider, hatten sich geschminkt und sämtlichen Schmuck angelegt, den sie besaßen. Aber kaum ein Mann machte Anstalten, mit ihnen zu tanzen. Und die Mädchen schienen auch gar nicht zu erwarten, daß jemand sie aufforderte. Ab und zu tanzte eine von ihnen mit einem Lehrer, aber es war immer eine flüchtige, leidenschaftslose Angelegenheit.

Sie waren nämlich alle verheiratet. Im Alter von zwölf Jahren hatte praktisch jedes Mädchen im Dorf einen Ehemann. Mit fünfzehn oder sechzehn wurde sie ihm dann zur Frau gegeben, aber bis sie schließlich mit Anfang Zwanzig zu ihm übersiedelte, unterstand sie noch der Gewalt ihrer Mutter. Das bedeutete, daß sie sich an den Abenden, die sie nicht bei ihrem Ehemann verbrachte, praktisch frei im Dorf bewegen und zum Beispiel Tanzveranstaltungen besuchen durfte. Mit dem Umzug in das Gehöft ihres Ehemannes war es damit vorbei.

Am heutigen Abend jedenfalls stand es jedem Mädchen frei, eine Aufforderung zum Tanzen anzunehmen, und kein Ehemann durfte etwas dagegen unternehmen, selbst wenn er danebenstand. Zudem war es sowieso völlig unüblich, daß ein Mann mit seiner Frau tanzte. Und mit einem eventuellen Liebhaber hätte sie nie unter so vielen Menschen gesprochen, sondern wäre zu einem geheimen Stelldichein gegangen.

Momodou Balde war Lehrer. Er war ein großer, ernster junger Mann mit leiser Stimme. »Vor dem Bau des Gemeinschaftszentrums haben sie ihre Tänze unter dem großen Mangobaum am Ende der Hauptstraße abgehalten. Früher gab es diese Kassettendinger noch nicht. Statt dessen hatten sie ein kleines Grammophon, das ›Echo‹ genannt wurde. Am Anfang blieben die Jungen in ihren Gruppen und die Mädchen auch, aber wir Lehrer fanden das nicht so gut, also mischten wir uns unter die Mädchen – wir gingen einfach hin und begannen ein Gespräch. Als die Dorfjungen das sahen, haben sie es uns nachgemacht. Aber trotzdem hat es sich nicht eingebürgert, weil es einfach zu ungewöhnlich ist. Eine Frau, die mit einem Mann tanzt, ist ihrer Kultur fremd. Sie kennen das nicht. «

Bana und Nene Sise waren als Kindermädchen eingestellt worden. Sie beaufsichtigten die Kinder der Studien-Mütter, während diese an den Untersuchungen des Professors im Labor teilnahmen. Sie spazierten wichtigtuerisch durch das Camp, die Kinder auf den Rücken gebunden, und freuten sich, wenn sie ihr Spiegelbild in den Glasfenstern des Labors erblickten. Bana war die Tochter von Mabinta, der Waschfrau des Professors, und hatte ein puppenhaftes, rundes Gesicht mit großen Augen. Nene sah im Vergleich dazu fast maurisch aus mit ihrer schmalen, flachen Nase und den schrägstehenden Augen – und beide hatten eine pechschwarze Haut.

Obwohl nur wenige Dorfbewohner ihr wahres Alter angeben konnten, wußten sie alle ganz genau, wie alt sie im Verhältnis zu den Menschen um sie herum waren – sie blieben nämlich ihr ganzes Leben lang in einem *kafo*, einer Gruppe Gleichaltriger. Bana wußte genau, daß sie zu einem Kafo gehörte, das etwas älter als Nenes war. Ich schätzte sie auf sechzehn. Ich hatte beschlossen, die beiden zu interviewen, um etwas über ihre Einstellung zum Leben herauszufinden.

Sanyang seufzte verzweifelt. »Ihr sollt nicht sagen, daß ihr es nicht wißt«, rief er aus. »Ihr sollt sagen, was ihr denkt.«

»Ich denke nicht«, gab Bana ziemlich verärgert zurück.

»Du verschwendest deine Zeit mit dieser Göre«, meinte Sanyang. »Sie ist einfach dumm. Das andere Mädchen ist auch dumm. Aber nicht so dumm wie die hier.«

Das Interview fand am Eßtisch des Professors statt. Ich hatte fast von Anfang an das Gefühl, daß das Ganze ein sinnloses Unterfangen war, aber ich wollte nicht so schnell aufgeben. Bana war seit drei Jahren verheiratet, ihrem Mann aber noch nicht zur Frau gegeben worden. Eines Nachts hatte ihr Vater sie in sein Zimmer gerufen und ihr eröffnet: »Du wirst heiraten.« Dann teilte er ihr den Namen des Mannes mit. Sie blieb einige Sekunden im Zimmer stehen und verließ es dann wieder. Aber sie hatte es sowieso schon gewußt, weil wenige Tage zuvor die Bewohner eines benachbarten Gehöfts getanzt und auf einer Schüssel getrommelt hatten. Jemand hatte ihr gesagt, der Anlaß sei ihre bevorstehende Heirat mit einem Mann aus diesem Gehöft.

War das etwas Besonderes für sie, oder kam sie sich wichtig vor, weil ihretwegen getanzt wurde?

Nein.

Ihr Ehemann war sechsundzwanzig Jahre alt und lebte in Serekunda, wo er als Fahrer arbeitete. Wenn er nach Dulaba kam, besuchte sie ihn mit zwei Altersgenossinnen im Gehöft und verbrachte etwas Zeit mit ihm. Sie redeten und machten Späße, und sie half ihm beim Kochen.

Sie kannte ihren Ehemann also gut?

Ja.

Liebte sie ihn?

Ja.

Warum?

Weil er ihr Ehemann war. Eine Frau mußte ihren Mann lieben. Würde sie ihn auch lieben, wenn er alt und häßlich wäre?

»Sie wäre noch glücklich, wenn ihre Eltern sie einem Marabut mit nur einem Hinterteil gegeben hätten«, kommentierte Sanyang.

»Hat sie das gesagt?«

»Nein, aber so denkt sie. Ich kenne die Menschen hier gut genug.«

Wußte sie, wann sie ihrem Ehemann zur Frau gegeben werden sollte?

Sie hatte keine Ahnung. Die anderen Mädchen wußten es auch nicht; es konnte morgen sein oder erst in einem Jahr, doch gelegentlich scherzten sie darüber.

Wir kamen auf das Thema Religion zu sprechen, darauf, wie ein Moslem sein sollte.

Ein Moslem, sagte sie, sollte sich wie ein Moslem verhalten.

Wie verhielt sich ein Moslem?

Auf moslemische Art und Weise.

»Ich habe dir doch gleich gesagt, es ist Zeitverschwendung, sie etwas zu fragen«, sagte Sanyang.

Neben Banas unerschütterlicher Selbstzufriedenheit war Nene schüchtern, und sie redete so leise, daß ich sie fast nicht hörte. Die meisten Fragen beantwortete sie in einem hohen, nasalen Leierton und schloß mit einem sanften »Sanyang!« ab.

»Sie glaubt mir nicht, daß du solche Fragen stellst«, erklärte er. »Sie glaubt, ich erfinde sie, um mich über sie lustig zu machen.«

Ich fragte sie, ob sie sich an ein Erlebnis erinnern könne, das sie glücklich gemacht habe.

Ihre Mutter hatte ihr einmal eine Ziege geschenkt, antwortete sie. Die Ziege war gestorben, aber sie besaß noch die Jungen. Wenn sie an diese Ziege dachte, fühlte sie sich glücklich. Ihr Ehemann stammte zwar aus dem Dorf, aber er wohnte in Brikama, einer Stadt in Küstennähe. Er war etwa vierzig Jahre alt. Sie hatte ihn zwei Mal kurz gesehen, bevor sie erfuhr, daß es sich um ihren zukünftigen Mann handelte, und seitdem hatte sie nie mehr mit ihm gesprochen. Seine Nebenfrau hatte sie einmal gesehen, aber nie kennengelernt, also wußte sie auch nicht, ob sie mit ihr zurechtkommen würde oder nicht.

Wußte sie, wann sie ihrem Ehemann zur Frau gegeben werden sollte?

Nein.

Freute sie sich darauf?
Nein.
Warum nicht?
Weil sie ein Kind war.
Wenn sie zu ihm ginge, würde es dann schön werden?
Nein.
Warum nicht?
Weil sie ein Kind war.
Aber wenn sie zu ihm ginge, sobald sie alt genug war, wäre es
dann schön?
Ja.
Warum?
Weil sie dann alt genug war.
Sollte eine Frau heiraten?
Wenn sie alt genug ist, sollte sie heiraten.
Warum?
Weil sie ein Moslem ist.

Sie sah nicht mehr aus wie ein Kind, aber in Westafrika setzt bei
Frauen die erste Menstruation später ein als in Europa, und die
Wechseljahre beginnen früher. Die Europäer im Camp glaubten,
die relative Kürze der Reproduktionsphase sei der Mangelernäh-
rung zuzuschreiben.

Ein Mädchen mußte meist schon wenige Tage nach der ersten
Periode zu ihrem Mann gehen. Ihre Mutter brachte sie abends zu
ihm, und dann mußte sie den Geschlechtsverkehr zulassen, auch
wenn sie den Mann nicht mochte oder vielleicht sogar verabscheute – jedes andere Verhalten hätte schreckliche Schande über
die Familie gebracht.

Danach verbrachte sie abwechselnd mit ihren Nebenfrauen jeweils zwei Nächte hintereinander bei ihrem Mann. Am nächsten
Morgen kehrte sie ins Gehöft ihrer Mutter zurück, weil sie noch
ihrer Gewalt unterstand. Sie war zwar kein Kind mehr, aber immer noch ein Mädchen. Sie wurde nun *sunkoto ba* – großes Mädchen – genannt.

Binta Sise hatte die Statur einer griechischen Statue. Sie war nicht
dick, sondern einfach nur groß und kräftig, mit feingeschnittenen
Zügen und tiefen, gedankenvollen Augen, die an die italienischen
Schauspielerinnen der vierziger Jahre erinnerten, wie etwa Anna
Magnani – und das trotz ihrer schwarzen Hautfarbe, einem auffal-
lend tiefen, schimmernden Schwarz. Wenn sie als junges Mäd-

chen mit ihren Altersgenossinnen aufs Feld gegangen war, hatten diese sie immer verspottet, um dann schnell wegzulaufen, weil Binta ihnen nie etwas schuldig blieb. Sie war ihnen hinterhergerannt und hatte mit ihnen gekämpft, ohne einen Gedanken daran zu verschwenden, ob so etwas sich schickte. Sie schämte sich vor dem allmächtigen Gott, aber davon abgesehen fürchtete sie niemanden.

Auch wenn ihr Mann sie schlug, wehrte sie sich. Sie floh ins Gehöft hinaus und ergoß ihren Spott über ihn, so daß alle Bescheid wußten, daß sie Streit hatten. Sie fand, die anderen sollten wissen, was los war. Sie war vierundzwanzig Jahre alt. Sie lebte in Fili Kunda in einem Haus, das wie eine kleine Insel mitten in einem Labyrinth aus Pfaden und Höfen lag, in dem die rußgeschwärzten Türen der Kochhütten wie offene Mäuler klafften, und wo man auf kleine, versteckte Gärten oder Plätzchen stieß oder auf eine Gruppe von Ältesten, die unter einem Baum saßen und im Koran lasen. An das Haus schloß sich ein offener Platz an, den die Kinder zum Fußballspielen nutzten und auf dem gleichzeitig der Schreiner von gegenüber – Sajonding Mintes Mann – seiner Arbeit nachging. Dahinter begann schon die Straße, so daß im Gehöft ein ständiges Kommen und Gehen herrschte.

Die beiden Räume von Binta Sises Haus waren klein und dunkel, und die Wände bestanden aus nackten Lehmziegeln. Das kaum zwei Quadratmeter große Schlafzimmer enthielt ein kurzes Bett aus Ästen, die zwischen den Ziegeln verkeilt waren. Bintas Mann besaß kein eigenes Haus, sondern schlief in einem anderen Bett im winzigen Eingangsbereich. Das Schlafzimmer bildete auch den Durchgang zu einem Hof, der gerade genug Platz für eine quadratische Kochhütte bot. Sie besaßen kein Vieh, weder Schafe noch Ziegen. Ein Tonkrug in jedem Raum, ein staubiger Koran auf einem Regal – das war, abgesehen von Bintas Schüsseln und Kochtöpfen, ihr ganzes Hab und Gut.

Ihr Ehemann war ein magerer, ungepflegter Kerl mit eng zusammenstehenden Augen und einer Reihe langer, unregelmäßiger Zähne. Er wirkte eher unscheinbar und schaffte es, verschlagen und schläfrig zugleich auszusehen. Er war Fischer, aber viel Zeit verbrachte er nicht am Bintang Bolon. Genauer gesagt, er galt als der faulste Mann im ganzen Dorf. Dieser Ruf haftete ihm an, weil er keine Erdnüsse anpflanzte – was etwas Unerhörtes in einem Dorf bedeutete, in dem die Erdnuß die einzige Frucht war, die sich garantiert gegen Bares verkaufen ließ.

Binta hatte aus ihrer Verachtung für ihn nie einen Hehl gemacht und schließlich gedroht, sich von ihm scheiden zu lassen, wenn er kein Erdnußfeld anpflanzte. Daraufhin hatte ihre Mutter jedoch erwidert, wenn sie das tue, dürfe sie keinen Fuß mehr in ihr Gehöft setzen, und da dies ihr einziger Zufluchtsort war, mußte sie den Gedanken wieder fallenlassen.

Binta war seine einzige Frau. Sie hatte eine kleine Tochter, die noch zu klein war, um ihr eine Hilfe zu sein, und drei Söhne. Bill, der Vorgänger des jetzigen Arztes, hatte immer behauptet, sie vernachlässige die Kinder, weil sie deren Vater so verabscheute. Einmal hatte sie den jüngsten Sohn in die Klinik gebracht, weil er an Durchfall litt. Er entleerte seinen Darm über den ganzen Stuhl, während sie völlig ungerührt blieb. Sie ließ ihn einfach in seinem Kot liegen. Bill fand, daß sie ihrer kleinen Tochter mehr Zuneigung entgegenbrachte, wohl deshalb, weil sie sich mit ihr besser identifizieren konnte. Binta selbst behauptete, ihr seien Jungen lieber. Eine Tochter müsse man über viele Jahre hinaus ernähren und kleiden, und irgendwann heiratete sie, während junge Männer etwas lernen, nach Europa gehen und eine Menge Geld verdienen konnten. Aber wer konnte schon sagen, was nun für die Mutter besser war?

An diesem Nachmittag schälte sie mit den anderen Frauen aus ihrem Gehöft Erdnüsse, mit gespreizten Beinen im Schatten sitzend. Sie schlug die Nüsse gleichgültig gegen einen Stein. Eine der Frauen hatte ihr viele dicke Zöpfe geflochten, die sich wie schwere Schlangen um ihren Kopf wanden und oben in eine Krone mündeten, aus der sie wie Spieße ragten. Sie hatte ihr Tiko abgenommen, um den dramatischen Effekt der Frisur voll zur Geltung zu bringen. Während der Arbeit sprachen die Frauen über vergangene Zeiten, Streitigkeiten, die sie einmal sehr ernst genommen hatten und über die sie sich heute nur noch amüsierten.

Tomaring Sise, eine kleine Frau mit krummer Nase und strengem Aussehen, erzählte, wie Binta Sise sich in ihrer Jugend einmal über sie und ihre ältere Schwester lustiggemacht hatte. Binta lachte ein tiefes, heiseres Lachen. »Jetzt solltest du uns also mit besonders viel Respekt behandeln«, meinte Tomaring. »Um zu zeigen, daß du dich schämst.« Binta lachte wieder. »Lach nicht«, sagte Tomaring schon etwas schärfer. Sie ergriff Bintas Hand, umklammerte sie und schüttelte sie heftig. »Genau das solltest du tun!« Binta kicherte und versuchte, ihre Hand wegzuziehen, woraufhin Tomaring eine Gummisandale auszog und sie auf Binta Sises Hand klatschte – sehr unsanft.

Die anderen Frauen hörten auf zu schälen, um zu sehen, ob die Sache ernst wurde. Aber Tomaring ließ Bintas Hand los und funkelte sie an.

Binta sah auf ihren Daumen. »Du hast ihn gebrochen«, jammerte sie. Dann setzten alle ihre Arbeit fort.

In der Nähe der Frauen hielten sich auch ihre Kinder auf. Die älteren halfen gelegentlich beim Schälen mit, die jüngeren spielten und zankten sich. Plötzlich schlug ein größerer Junge einen kleineren. Binta sah das zufällig, erhob sich, ging zu dem Jungen und schleuderte ihn zu Boden. Dann setzte sie sich auf ihn. Der Junge schrie wie am Spieß. Aber Binta blieb mit gekreuzten Armen gelassen sitzen. Als alle schon dachten, sie zerquetsche den Brustkorb des Kindes unter ihrem beachtlichen Gewicht, ließ sie von ihm ab, und der Junge humpelte wimmernd davon.

Am frühen Abend sah ich ihren Ehemann auf der Holzbank vor dem Haus sitzen und das Baby auf den Knien halten, während Binta Sise hinter ihm stand und in den sich verdunkelnden Himmel starrte. Sie erinnerten mich in diesem Augenblick, vor ihrem winzigen Haus mitten in einem der größten Gehöfte in Dulaba, an eine europäische Kleinfamilie. »Warum sollte ich mich vor meinem Mann fürchten?« sagte Binta Sise. »Ich bin stärker, klüger und schöner als er.« Manchmal wirkte sie aber auch nur völlig verloren.

Nachmittags war es im Busch besonders gefährlich. Einmal vom Hauptpfad abgekommen, verlief man sich sehr leicht. Das Sonnenlicht, das durch das spärliche Blätterwerk fiel, warf ein dünnes Schattengitter über die ausgetrocknete, farblose Vegetation und schuf ein verwirrendes Einerlei, in dem Schatten und Objekte auswechselbar wurden. Alles ähnelte sich, und schnell verlor man jeglichen Orientierungssinn. Hier und da leuchtete ein steifes, hartes Blatt plötzlich auf, wenn ein Sonnenstrahl darauf traf. Einzig die Termitenhügel schienen einen festen Platz zu haben. Sie erhoben sich aus dem grauen Boden, Türme von doppelter Mannshöhe aus steinharter, rosafarbener Erde.

Dies war der *wulokon ba* – der wirkliche Busch –, der nicht kultiviert wurde. Die Dorfbewohner, besonders die Frauen, mieden ihn nach Möglichkeit, weil er als das Gebiet der Teufel verschrien war. Die Menschen seien immer von Teufeln umgeben, die einen schlechten Einfluß auf ihr Leben ausüben konnten, so glaubten sie. Normalerweise blieben die Teufel unsichtbar, aber im Busch gebe es besonders viele, und außerdem seien sie dort wegen der Einsamkeit viel gefährlicher. Es gab Menschen im Dorf, die verrückt wurden und einen langen, qualvollen Tod starben, nur weil sie meinten, merkwürdige Dinge im Busch gesehen zu haben. Die meisten Menschen hatten nur eine äußerst verschwommene Vorstellung, wie diese Teufel aussehen sollten. Manche sagten, sie seien so groß wie Bäume, andere, ihr Haar sei lang und häßlich verfilzt. Gesehen hatten sie noch nie einen, und sie beteten auch nicht darum, jemals einen zu sehen, wie sie sich ausdrückten; lieber vermieden sie jeden Gedanken daran.

Am Spätnachmittag raschelten die Blätter in den Mangobäumen. Staub stieg unvermittelt in Wolken vom Boden auf, weil ein Ostwind sich erhoben hatte. Die Frauen an dem Brunnen nahmen ihre fast leeren Wasserbehälter und hasteten nach Hause, die Gesichter vom Wind abgewandt. Unvermittelt brach die Dämmerung an. Die Dorfbewohner verzogen sich in ihre Häuser und schlossen die Türen. Der Wind tobte. Auf den Wellblechdächern wirbelten Blätter, Erdnußschalen und Müll. Einige wenige Regentropfen fielen. Manche streckten die Köpfe aus den Türen, um die Sonne im Westen untergehen zu sehen. Dann war es Nacht.

Es hatte in Jarra im Osten geregnet, in Fonyi im Süden und an der Küste auch. In Dulaba war der Regen ausgeblieben.

Vielleicht strafte Gott die Dorfbewohner dafür, daß sie mehr als dreißig Tage gefastet hatten.

Der erste Skorpion erschien feige zwischen den Schuhen an der Haustür des Professors. Ousmane Koujabi fegte ihn in eine Kehrschaufel und ließ ihn draußen auf den Beton fallen. Dort nahm er sofort seine Kampfstellung ein, den Schwanz, in dem der schreckliche Stachel saß, über dem Kopf erhoben. Er war etwa fünf Zentimeter lang und hatte eine trübe amberfarbene Tönung. Ousmane schwang die Kehrschaufel und köpfte ihn säuberlich damit.

Später fand Daouda Jarjou, der Mechaniker, ein weiteres Exemplar im Generatorgebäude. Das Tier war etwa fünfzehn Zentimeter lang, fett und schwarz und sah aus wie ein Babyhummer. Er übergab ihn Richard, dem Arzt, der ihn in einem Glas im Wohnzimmer ausstellte, zum ehrfürchtigen Entsetzen seiner Besucher – obwohl sein Stachel angeblich weniger giftig war als derjenige der kleineren Art.

In der Nacht war starker Regen gefallen. Er hatte sich, mit dem roten Staub vermischt, in Pfützen gesammelt, die das Camp wie Blutlachen umgaben. Das Gras begann zu sprießen, als hätte jemand ein grau-grünes Pulver über den roten Boden gestreut. Im Haus selbst war alles feucht : der Teppich, die Sitzbezüge, sogar die Haare der Bewohner. Der Himmel schien vor lauter weißen aufgedunsenen Wolken fast zu bersten.

Dies war das Startzeichen für die Männer, in die *kankangos* zu gehen – die großen Gärten hinter den Siedlungen. Nach Monaten der Untätigkeit bearbeiteten sie das Land mit fast unmenschlichem Tempo und unermüdlicher Energie. Zur Mittagszeit waren die leeren, staubigen Flächen im Dorf in fruchtbare, tiefe, schwarze Erde verwandelt. Die Männer gingen barfuß und drückten ihre Mais- und Sorghumsamen mit den Zehen in die Erde. Auf den Straßen flochten sich die kleinen Mädchen Blätter ins Haar, die in langen grünen Strähnen über ihre Gesichter fielen. Am Nachmittag verdunkelte sich der Himmel, und ein warmer Wind blies über die Ebene, als ich zum Reisfeld von Jumutung wanderte. Adler stiegen über den Bäumen auf; Vieh trampelte durch das Gebüsch. Trotz des Regens war der Boden schon wieder hart geworden. Auf halbem Weg begegnete ich einer großen alten Frau mit aufrechtem Gang und nur einem Zahn im Mund. Ich grüßte sie.

»Mein Name ist Njai«, sagte sie. »Sag zu mir : ›Du arbeitest, Njai‹.«

»Du arbeitest, Njai.«

»Gut«, erwiderte sie und setzte ihren Weg fort.

Das Reisfeld von Jumutung lag auf einer großen Lichtung an der Spitze der Salzöde. Auf den ersten Blick schien es verlassen zu sein. Dann erkannte ich Frauengestalten, die alleine oder in Gruppen arbeiteten und vor den hohen Palmen und den riesigen Bäumen wie Zwerge wirkten. An den niedrigsten Stellen war der graugrüne Schlamm noch feucht und brachte eine Unmenge kleiner Unkrautpflanzen hervor. Die schmalen Erdaufschüttungen, die von den Wurzeln der Bäume aufgeworfen wurden und sich durch das Netz der kleinen Felder wanden, hatten das Regenwasser aufgefangen. Einige Frauen besaßen Hacken mit langen Stielen, die sie mit beiden Händen umfaßten, aber die meisten mußten mit kürzeren arbeiten und sich deshalb doppelt so weit bücken, um die Furchen in den weichen Boden zu ziehen. Häufig hielten sie inne, um sich den Schweiß von den Gesichtern zu wischen oder einer Freundin auf einem anderen Feld etwas zuzurufen.

Ich begegnete einer alten Frau, die alleine auf ihrem Feld arbeitete. Sie reichte mir ihre kurze Hacke und deutete auf den Boden. Ich nahm sie und begann, die Reihen dort weiterzuziehen, wo sie aufgehört hatte. Überrascht stellte ich fest, daß sie mich tatsächlich arbeiten ließ. Sie begann sogar, in die Hände zu klatschen und mich anzufeuern. Es war ein lebhafter Rhythmus, den sie bald beschleunigte, und dann sang sie dazu:

> »Der Tubab arbeitet – Yo!
> Mark arbeitet – Yo!
> Der Tubab arbeitet – Yo!
> Mark arbeitet – Yo!«

»*Marky-o! Nimbara! Nimbara!*« rief sie in regelmäßigen Abständen.

Bald konnte ich kaum noch mithalten. Die dunklen Wolken hatten einem intensiven Sonnenlicht Platz gemacht. Ich spürte, wie mir das Blut in den Kopf schoß. Ich hielt weiterhin das frenetische Tempo ein, das die alte Frau vorgab, die immer weiterklatschte und begeistert sang: »*Marky-o-Marky! Nimbara!*«

Bald konnte ich nur noch unter Aufbietung all meiner Kräfte weiterarbeiten. Meine Arme waren schlaff. »Ich muß aufhören«, dachte ich. »Ich werde sonst ohnmächtig.« Ich hörte auf und gab ihr die Harke zurück.

»*Nimbara*«, strahlte sie. »Du arbeitest.«

Mir wird schlecht, dachte ich.

Eine hochgewachsene, elegante junge Frau wartete am Tor zu Jarra Njais Gehöft. Ihre große Oberlippe wölbte sich herablassend, und sie musterte mich ohne jede Freundlichkeit, eindeutig mit der Frage beschäftigt, was ich hier zu suchen habe. Ihr Name war Manlafi, was auf Mandinka bedeutet: »Ich will nicht«. Wenn eine Frau viele Kinder verloren hatte, nannte sie ein Neugeborenes manchmal Manlafi. Damit wollte sie die Geister glauben machen, sie habe kein Interesse an dem Kind, damit sie es gar nicht erst für nötig hielten, es ihr wegzunehmen.

Sie war mit Seikouba Drammeh verheiratet, einem Mitarbeiter des MRC, und erst vor wenigen Jahren aus ihrem Heimatdorf Joli zu ihm gezogen. Damals hatte sie Jarra Njai darum gebeten, ihr auf dem Feld zu helfen, und nun mußte sie sich für die Arbeit jenes

Tages revanchieren. Eine Verpflichtung war zwischen ihnen entstanden – eine *badiya*, wie sie dazu sagten.

Es war zehn Uhr morgens, und auf die nach dem Regen der Nacht noch feuchte Erde brannte die Sonne schon unerbittlich. Die Lateritstraße glühte in einem intensiven Orange. Sie tauchte unter dem stählern glänzenden Himmel in die hügelige Landschaft ein und dann wieder auf.

Plötzlich erschien Jarra Njai, sie trottete auf der Straße auf uns zu, unter dem Gewicht von zwei riesigen Schüsseln voller Wäsche schwankend, die sie übereinander auf dem Kopf balancierte. Sie ging in das Gehöft, stellte ihre Last ab und kehrte mit einer Hacke und einer kleinen Emailleschüssel zurück, die ihren Mittagsimbiß enthielt.

Wir marschierten im Eilschritt in Richtung des Feldes, das nicht weit entfernt im Busch lag. Jarra Njai trug die Imbißschüssel auf ihrem Kopf, Manlafi einen grünen Plastikeimer mit Wasser.

Der Busch im Norden war nicht mehr wiederzuerkennen – überall schossen Gras und Unkraut aus dem Boden, und die Blätter der Büsche, die mir schon abgestorben erschienen waren, glänzten nun in einem fast künstlichen Grün. Die Menschen schienen wie zufällig über die ganze Ebene verteilt, einige pflügten mit Eseln, die meisten aber arbeiteten über den Boden gebeugt mit den Händen.

Wir erreichten ein rechteckiges Stück Erde am Hauptpfad, und nichts deutete darauf hin, warum es gerade diese Stelle und keine andere auf dem großen Gelände war. Wir begannen sofort von einer schmalen Seite des Rechtecks aus zu hacken und kamen schnell vorwärts. Die beiden Frauen arbeiteten links und rechts von mir. Ich empfand die Kraft und Energie, die sie ausstrahlten, als schmerzhaften Gegensatz zu meiner eigenen Blässe.

Ächzend stieß das Metall der Hacken in die heiße, feuchte Erde. Wir arbeiteten zügig und splitterten die graue Kruste in malvenfarbene Brocken auf. Ich sah auf, um vielleicht ein natürliches Hindernis auf der Strecke vor uns zu entdecken, aber ich erblickte nur ein endloses gleißendes Nichts. Die beiden Frauen unterhielten sich ununterbrochen, wobei Jarra Njai, die ältere, sowohl das Gespräch wie auch die Arbeit anführte. Gelegentlich sangen sie ein wenig, aber anscheinend hauptsächlich deshalb, weil ich mit ihnen arbeitete.

Bald machten wir eine plötzliche Biegung, dann noch eine, und wir arbeiteten uns auf der anderen Seite des Rechtecks wieder zurück. Meine Schenkel fingen an zu schmerzen, und die Hacke wog zusehends schwerer in meinen Händen. Jarra Njai gab mir ihre, weil sie leichter und schärfer war. Als einige Frauen vorbeigingen, tauschte Jarra Njai sie noch einmal gegen eine noch kleinere ein. Die Arbeit fiel mir nun viel leichter, aber auf meinen Handflächen hatten sich bereits große Blasen gebildet. Es war Mittag, die Sonne brannte mit voller Kraft, und meine Gedanken kreisten unaufhörlich um den Wunsch nach etwas Trinkbarem. Nach eineinviertel Stunden platzten zwei Blasen auf der rechten Handfläche auf.

Ich zog mich in den Schatten des Baumes zurück, wo unsere Sachen lagen. In großen Zügen trank ich Wasser vom MRC. Es war noch kalt und schmerzte, als es die Kehle hinunterrann. Ich setzte mich auf eine Wurzel, konnte mich aber kaum im Gleichgewicht halten und ließ mich gegen den Stamm zurücksinken. Dort blieb ich eine Zeitlang wie betäubt liegen. Ich fragte mich, ob ich ins Camp zurückkehren oder versuchen sollte, weiterzuarbeiten. Schließlich ergriff ich die kleine Hacke und ging zu den Frauen zurück.

Sie hackten gerade die letzten Meter des Rechtecks.

»Mittagessen«, verkündete Jarra Njai grinsend.

Der Imbiß bestand aus Reis mit *kutcha*, einer sauren, klebrigen Soße aus grünen Blättern. Manlafi aß Reis mit einer Soße, die Fisch, Kartoffeln und Nudeln enthielt und mit Tomaten und Chili gewürzt war. Ich selbst aß trockenes Brot, das schon längere Zeit im Tiefkühlgerät des MRC zugebracht hatte. Jede bediente sich auch eifrig aus der Schüssel der anderen, und sie forderten mich mit Nachdruck auf, es ihnen gleichzutun. Ich lehnte ab, zum Teil, weil sie nur soviel mitgebracht hatten, wie sie auch sonst gegessen hätten, und zum Teil, weil an meinen Händen Schweiß, Sand, Rotz und sich verflüssigende Sonnenmilch klebten. Überhaupt waren der Wasserbehälter, der Plastikbeutel mit meiner Mahlzeit und mein gesamter Körper mit Dreck überzogen.

Die beiden Frauen, die nach der Erfrischung des Essens wieder richtig erholt und adrett wirkten, beobachteten aus den Augenwinkeln, wie ich mit meinem Brocken Brot kämpfte. Besonders Manlafi schien einen gewissen ungläubigen Ekel zu empfinden: Wie konnte ein so reicher Mann wie ich nicht einmal die einfachsten Sauberkeitsregeln beachten?

Gleich nach dem Essen kehrten wir wieder an die Arbeit zurück und begannen mit einem weiteren Rechteck, das genauso groß war wie das vom Vormittag. Die Sonne brannte nun weniger intensiv, obwohl die Hitze noch gestiegen war. Es war, als brodle sie in Schwaden zu uns auf, sobald wir uns über die Erde beugten. Das Brot vom Mittagessen lag wie ein Stein in meinem Magen. Ich hackte kraftlos und geistesabwesend vor mich hin.

Zusammenhanglose Gedanken ohne Bedeutung trieben mir durch den Kopf und wiederholten sich manchmal im Rhythmus der Hacken, längst vergessene Liedfetzen, Dinge, die Menschen einmal gesagt hatten. Es war ein Zustand, den ich bisher nur gekannt hatte, wenn mir sterbensübel war. Die Frauen unterhielten sich nicht mehr so angeregt, aber sie arbeiteten mit unverminderter Energie weiter. Nach eineinhalb Stunden war das Stück unbestellter Erde in der Mitte des Rechtecks beträchtlich geschrumpft. Unter Aufwendung all meiner Kraft beschleunigte ich mein Tempo noch einmal, angespornt von der Aussicht auf ein Ende der Mühen. Als wir zum Baum zurückkehrten, versuchte ich zu spucken, aber mein Speichel war so dick und zäh geworden, daß ich ihn nicht aus dem Mund brachte. Jarra Njai nahm den Rest meines Wassers und goß es mir vorsichtig über die Unterarme, den Plastikbeutel, die Uhr. Dann begann sie, mit ihren Händen den Schmutz abzureiben.

Am frühen Abend des darauffolgenden Tages trieben sich auftürmende violett-graue Wolkenschichten von Westen auf das Dorf zu und hingen bedrohlich am Himmel. Als sie über uns hinwegtrieben, konnte niemand sagen, ob sie fünf oder fünfhundert Meter hoch schwebten, weil Farbe und Masse völlig einheitlich waren. Eigenartigerweise blies der Wind aus westlicher Richtung. Er wehte immer stärker. Die Stämme der Affenbrotbäume glänzten seltsam, als strahlten sie ein überirdisches goldenes Licht ab. Die Blätter raschelten laut in den Bäumen. Die Erde schien zu erzittern, als der Wind durch das kurze Gras blies. Große Regentropfen prallten wie aus dem Nichts auf die Haut. Und dann wurden sie mehr und mehr, spritzten aus allen Richtungen gleichzeitig. Alle rannten los, um Schutz zu suchen.

Kaum hatten der Professor und ich das Haus erreicht, ertönte direkt über uns ein gewaltiger Donnerschlag. Dann regnete es in kräftigen Schauern, jeder gewaltiger als der vorherige. Der Regen prasselte mit solcher Wucht auf das Wellblechdach, daß ich befürchtete, es würde nicht standhalten. Es klang, als drücke eine unbändige Kraft das Haus von oben in den Boden. Das Wasser fiel in Sturzbächen vom Dach. Der Fußballplatz verschwand hinter dem Dunst des aufschlagenden Wassers. Dann wurde es dunkel.

Nach einer halben Stunde hörte es auf zu regnen, aber der Donner hielt in der Ferne noch an, und nach Osten hin wurde der Himmel bis zum Horizont von Blitzen erleuchtet, die so hell waren und so plötzlich kamen, daß es schmerzte, hinzusehen. Die durchtränkte, aufgeweichte Erde schien in diesen Momenten gleißender Helligkeit auf einen zuzuspringen, und der Anblick setzte sich wie eine Fotografie im Gehirn fest, nachdem der Blitz schon verschwunden war. Jedes Wolkenstückchen am Himmel erschien für den Bruchteil einer Sekunde klar umrissen, und am Horizont ragten die zersplitterten Äste der Bäume in den Himmel wie ein Spiegelbild der eigenen Nervenenden.

Im Quartier des Personals fuhren die Ehefrauen fort, unter dem warmen, behaglichen Schein des elektrischen Lichts die leeren Essensschüsseln wegzuräumen, ungerührt von dem wunderbaren silbrigen Firmament, das sich für kurze Momente über ihren Köpfen auftat.

Vor jedem Regen pfiff der Wind durch das Haus, blies Papiere von den Tischen und ließ die Bilder an den Wänden scheppern. Der Donner in manchen Nächten hörte sich apokalyptisch an – als werde der Erdboden aufgerissen.

Aber am Morgen danach war stets alles noch da. Einmal wurde ich im Morgengrauen von einem unheimlichen Klappern geweckt. Als ich nach der Ursache forschte, entdeckte ich, daß der Garten pechschwarz mit den Hülsen der Feuerakazien überzogen war – der Wind hatte die langen, spröden Hüllen auf die Erde geweht wie Tausende von Schwertscheiden.

Das Gras wuchs dicht zwischen den Mangobäumen auf der Südseite des Dorfes, so daß ich mich zunächst beinahe in einen Obstgarten in Kent versetzt fühlte. Aber um neun Uhr glühte die Sonne schon, so daß die Feuchtigkeit aus der Erde dampfte und die Luft brodelte, als werde sie buchstäblich gekocht. Vor dem Hintergrund der schimmernden, regengetränkten Flora hoben sich die bunten Kleider der in den Busch eilenden Frauen klar und frisch ab – jedes Rosa, jedes Gelb, jedes Rot mit einzigartiger Leuchtkraft.

Ich beteiligte mich nun fast täglich an der Feldarbeit. Wenn die Frauen aus dem Dorf zogen, die Hacken über die Schultern gelegt, Essensbehälter und Wassereimer auf den Köpfen balancierend und die Reissaat um ihre Hüften geknotet, herrschte eine ausgelassene Stimmung. Der Regen hatte eingesetzt, und nun durften sie keine Zeit verlieren. Manche Frauen schleuderten die Saat einfach auf den gehackten Boden und bedeckten sie flüchtig mit Erde. Andere wiederum zogen Furchen in ihre Felder, gaben die Saat hinein und häuften Erde darüber. Die meisten Frauen wandten beide Methoden auf verschiedenen Feldern an. Wenn die eine versagte, beschied Gott ja vielleicht der anderen Erfolg.

Die Frauen waren außerordentlich höflich zu mir – sie achteten stets darauf, daß ich an ihren Mahlzeiten teilnahm und mich oft ausruhte. Ansonsten aber schenkten sie mir wenig Beachtung. Sie nahmen mich mit einer gewissen Gleichgültigkeit hin, als etwas weder Gutes noch Schlechtes – ich war einfach nur da. Manchmal sah ich auf und bemerkte, daß mich die eine oder andere mit unverhohlener Neugierde betrachtete, aber wenn sich unsere Blicke kreuzten, sahen sie sofort weg. Manchmal mußten die Frauen die Erde noch einmal bearbeiten, die ich gehackt hatte. Anstatt eine Hilfe zu sein, erschwerte ich ihnen die Arbeit. Aber es schien ihnen nichts auszumachen. Sie äußerten nie ein Zeichen der Ungeduld, sie belächelten meine Unfähigkeit nicht einmal.

Ich blieb im Busch, so lange ich es aushielt, und kehrte meistens gemeinsam mit den Frauen ins Dorf zurück. Manchmal aber laugte mich die Sonne derartig aus, daß ich früher gehen mußte. Dann war alle Farbe aus der Landschaft gewichen, die Sonne hatte sich hinter die weißen Wolken verzogen und über dem Boden eine Schicht brodelnder Hitze zurückgelassen. Wenn ich auf den steinigen Pfaden durch den Busch zurückstolperte, zitterte ich schon bei dem Gedanken an das kühle Naß, das in hohen Flaschen im Kühlschrank des Professors wartete.

Eigentlich hätte mir bei dem Gedanken an die silbrig gurgelnde Flüssigkeit das Wasser im Mund zusammenlaufen müssen, aber ich konnte keinen Speichel mehr sammeln. Da war nur eine schmerzende Trockenheit, als ziehe eine magische Kraft meinen Mund und meine Zunge in den Körper hinein.

Wenn ich dann später empfindungslos und erschöpft auf dem Sofa im Wohnzimmer des Professors lag, fragte ich mich, wozu ich diese Schinderei eigentlich auf mich nahm. Ich lernte kaum etwas dabei, und den Frauen brachte mich die Arbeit auch nicht viel näher. Ich war restlos ausgeschlossen von ihren langen und oft lebhaften Unterhaltungen, weil ich ihre Sprache nicht beherrschte. Demba Tamba gab zwar mir und Sarah, der Ärztin, Unterricht in Mandinka, aber über »Das ist ein Stift« waren wir noch nicht hinausgekommen.

Gegen Ende des Ramadan sah ich einmal eine Schar Frauen, die in einem der kleineren Höfe des Dorfes zusammensaßen und Erdnüsse schälten. Sie redeten alle gleichzeitig oder besser gesagt, sie schrien, und keine schenkte dem Wortschwall einer anderen die geringste Beachtung – es hörte sich an, als würden Dutzende von Schiefertafeln ganz schnell zusammengeschlagen. Erstaunt stellte ich fest, daß sie alle ungefähr im gleichen Alter, nämlich etwa Mitte Dreißig sein mußten. Sanyang erzählte mir, diese Frauen gehörten tatsächlich einem gemeinsamen Kafo an. In dieser Gemeinschaft spielte sich ein großer Teil ihres Lebens ab, und nun wollten sie ein Erdnußfeld für ihr Kafo anlegen.

Jede Altersgruppe bildete eine solche Gemeinschaft. Sie formte sich schon im Kindesalter und bestand auch dann noch, wenn ihre Mitglieder schon zu alt für gesellschaftliche Aktivitäten waren. Jedes Kafo bewirtschaftete sein eigenes Land, und am Samstag nach dem ersten »großen Regen« nahmen sie alle Kurs in den Busch hinein, um ihren Boden zu bestellen. An diesem Tag wurde traditionsgemäß gesungen und gefeiert. Jarra Njai und Fatounding waren die Anführerinnen ihrer jeweiligen Kafos. Ich beschloß, mit den beiden Gruppen auf die Felder zu gehen, wenn es soweit war.

Eines Nachmittags ergoß sich nach einem Sturm das Regenwasser in einem Sturzbach mitten durch das Dorf. Er schwoll an, wurde an der leichten Biegung am Ende der Hauptstraße schneller und tiefer, und plötzlich sah man nur noch Kinder – tobende, tauchende, springende Kinder, Hunderte von fast nackten Gestalten, deren biegsame, zappelnde braune Körper eins waren mit dem von der roten Erde verfärbten Wasser. Sie feierten das Ereignis mit Geschrei und bespritzten sich unter großem Gelächter.

Im MRC-Camp drang der Gesang der Vogelschwärme so laut aus den Feuerakazien, daß eine Unterhaltung unmöglich wurde.

Die Erde wimmelte von frischgeschlüpften Insekten – winzige scharlachrote Käfer mit dicken und pelzigen, samtartigen Flügeln; kupferfarbene Käfer, die sich über den Dung des Viehs arbeiteten, Kugeln daraus formten und diese mit ihren Hinterbeinen über den Boden schoben. Mit den größeren Stücken befaßten sich ganze Käferknäuel, in deren Gewirr nicht immer klar war, wo geschoben und wo gezogen werden sollte.

Die Termiten waren aus dem Boden herausgekommen. Allnächtlich prallten sie zu Tausenden an die Fensterscheiben und verursachten einen dumpfen Lärm. Durch ein kleines Loch unter dem Moskitonetz fanden sie den Weg in die Küche und scharten sich harmlos, aber unangenehm um die Bewohner.

Der Professor bereitete ein Currygericht zu. Die Termiten schwärmten um das übelriechende Fleisch, das er schneiden wollte. Sie ertranken in der Brühe und verirrten sich in seinem Bart. Man konnte sie zwar leicht erwischen, weil sie sich so langsam bewegten, aber es waren so viele, daß wir dafür den ganzen Abend benötigt hätten. Unsere einzige Hilfe waren die Eidechsen, die in der Dunkelheit an der Wand unter den Fenstern lagen. Sie ließen ihre Köpfe nach vorne schnellen und schnappten lässig eines oder sogar zwei der Tiere, um sie dann in aller Ruhe schmatzend zwischen ihren langen dünnen Kiefern verschwinden zu lassen.

Als ich die Küche betrat, bevölkerten so viele Termiten den Raum, daß er fast schwarz war. »Das Fleisch da riecht ekelhaft«, bemerkte ich.

»Es ist ekelhaft«, antwortete der Professor.

Ich schwitzte schon, als ich zum Dorf zurückeilte. Es war zwar erst früher Vormittag, aber der Kassettenrekorder hing wie ein Stein an meinem Hals, und ich spürte, wie die Hitze sich verstärkte, je klarer und heller das anfänglich weiche und diesige Licht wurde.

Jarra Njai und Fatounding waren früh ins Camp gekommen, um mir zu sagen, daß heute ihre Kafos auf die Felder gingen.

Anscheinend lagen beide Felder am gleichen Ort. »Wenn du die Straße in Richtung Mankono gehst, liegt das Feld auf der linken Seite«, hatte Fatounding erklärt.

Nach etwa zwei Meilen auf der Straße bemerkte ich, daß ich schon durch die Erdnußfelder von Mankano lief. Ich kehrte über die Reisfelder von Jumutung wieder durch den Busch zurück und überquerte die Ebene beinahe im Laufschritt, von der Angst geplagt, ich könnte etwas versäumen. Ich sah eine Frau in einer roten Bluse näherkommen.

»Jarra Njais Kafo?« antwortete sie auf meine Frage, als wir auf gleicher Höhe waren. »Sie sind noch im Dorf. Sie sind noch nicht losgegangen.«

Ich war etwa hundert Meter vom Dorf entfernt, da sah ich eine Gruppe von Frauen unter einem Baum stehen. Ich schlug ihre Richtung ein.

Mißtrauische Blicke trafen mich, als ich näher kam, und plötzlich wurde ich nervös. Was, wenn sie mich nicht dabeihaben wollten?

Dann scharten sie sich um mich, und mir war, als hätte ich sie noch nie gesehen. Viele Frauen überragten mich bei weitem, sie richteten ihre Blicke auf mich und riefen lebhaft durcheinander – ob aus Zorn oder Freude, wußte ich nicht. Ich stand nur dort, fühlte mich blaß und verwundbar und wartete, was geschehen würde. Eine zierliche und sehr schöne Frau in einem cremefarbenen Nylon-Unterrock stand vor den anderen, winkte in meine Richtung und zählte auf englisch: »Einundzwanzig, zweiundzwanzig, dreiundzwanzig...« Hinter ihr brachte eine andere kleine Frau mit einem unglaublich großen Kopf es fertig, den Lärm zu übertönen. Sie hieß Janno, und alles, was sie sagte, wurde mit brüllendem Gelächter quittiert. Schließlich rief Jarra Njai einen kleinen Jungen herbei, der auf dem benachbarten Feld arbeitete.

»Sie sagen, daß noch nicht alle hier sind. Siebenunddreißig Frauen wollten kommen«, erklärte er mir. Die schöne junge Frau begann nochmals, die Anwesenden an ihren Händen abzuzählen.

»Sie sagen, die Sonne ist sehr heiß, und du sollst dich unter diesen Baum setzen, bis alle hier sind.«

»Sag ihnen, daß ich mit ihnen warte.«

Er teilte ihnen das mit, was wieder lärmende Kommentare auslöste.

»Sie sagen, du könntest ihr Enkel sein.«

Schließlich trafen die fehlenden Frauen ein, jede eine Hacke in der Hand, und sie gesellten sich zu den anderen, die schon zügig arbeiteten. Zu den älteren Mitgliedern des Kafos gehörten Sunkang, groß, würdig und sehr hellhäutig, die drahtige Jeynaba mit ihren leuchtenden Augen, die von den jüngeren Mitgliedern respektvoll »Mutter« genannt wurde, und Tumbulu Sise, eine stille, freundliche Frau.

Jarjei war da, eine stämmige Frau, die mit sechsundzwanzig Jahren schon drei Ehemänner gehabt hatte, und auch Janno, die zierliche Frau mit der kräftigen Stimme, sowie Djankering Minte, Ida Sanyang und Nafi Saho. Zu den jüngeren Frauen gehörten Fatounding und ihre Nebenfrau Isatou, Sajonding Minte, Karamo, Kintending und Karafanding, die korpulente Binta Sise, und Arabiatou, deren Ehemann Kemeseng Sanyang dem Kafo ein Landstück zur Verfügung gestellt hatte. Da waren Tutu, Menata, Mokuta, Momunko und Majula. Auch Ami Marong, Binta Manjang und Sally Kanteh arbeiteten mit, die nicht aus dem Dorf stammten, sondern Ehefrauen von MRC-Mitarbeitern waren und sich der Gruppe angeschlossen hatten.

Bis zum vergangenen Jahr waren sie noch auf zwei Kafos verteilt gewesen. Aber nachdem viele Frauen ihren Männern in andere Gegenden des Landes gefolgt waren, hatten die zurückbleibenden es für besser gehalten, ihre beiden Kafos zusammenzuschließen. Sie nannten es das Saniyoro Kafo – die goldene Kette.

Die arbeitenden Frauen hoben ihre Hacken rhythmisch, und wenn sie in den Boden eindrangen, hörte man jedes Mal einen zischenden, kratzenden Laut. Jarra Njai ging voraus, schnitt das höhergewachsene Unkraut ab und ließ es in Haufen am Rand des zukünftigen Feldes zurück. Aber stets hielt sie ihre Ohren gespitzt, um nichts von der Unterhaltung der anderen zu versäumen, und häufig gab sie einen Kommentar dazu ab und lachte dabei ein heiseres, gackerndes Lachen. Es war ein schöner Tag. Alles war grün, und die heiße, feuchte Erde gab den eifrigen Hakken bereitwillig nach.

»Sag ihm, er soll sich dort unter den Baum setzen. Ein paar Frauen aus dem Kafo sind immer noch nicht hier.«

»Nein. Laß ihn hier, warum soll er denn im Schatten sitzen, wenn wir in der Sonne braten?«

»Wer hat ihn gebeten, zu kommen?«

»Das war Jarra Njai.«

»Hört zu, dieser Mann wird unser Tubab sein.«

»Warum ist er hier? Soll er den Professor ersetzen?«

»Nein. Er hat seine Gründe.«

»Was für Gründe?«

»Das weiß keiner.«

»Er ist wie ein Detektiv. Er wird schon wissen, warum er hier ist.«

»Die Regierung hat ihn geschickt, weil er Menschen suchen soll, die über andere herziehen. Er nimmt sie auf seinem Rekorder auf und findet heraus, wer sie sind.«

»Er ist gut vorbereitet. Nichts von dem, was wir sagen, entgeht ihm.«

»Paßt auf, wir müssen alle darauf achten, keine Schimpfwörter zu verwenden. Dieser Mann schaltet seinen Rekorder an, und dann erfahren es alle.«

»Hast du gesagt, daß heute niemand über jemand anderen herziehen darf?«

»Genau. Es ist zu gefährlich.«

»Einmal ist er mit uns auf das Feld gegangen. Er hat sehr hart gearbeitet. Wir haben ihm gesagt, er solle sich ausruhen, aber er wollte nicht. Er hat gearbeitet, bis es Zeit war zu gehen, dann sind wir zusammen gegangen.«

»Auch wenn du ihm sagst, er soll sich ausruhen, tut er es nicht. Er will sich nie ausruhen. Als er auf mein Feld kam, sagte eine alte Frau: ›Du bringst den Tubab mit der Arbeit um.‹ Da habe ich ihm gesagt, er solle aufhören. Dann habe ich ihn gefragt, wohin er gehe, und er sagte einfach: ›Ich gehe nach Dulaba.‹«

»Bestimmt sucht er irgend etwas. Du wirst keinen Tubab erleben, der so etwas ohne Grund macht.«

Die Hitze hatte ihren Höhepunkt erreicht, und die Landschaft, die Bäume und Büsche schienen vom hellen, gleißenden Licht verschluckt zu werden. Wir sahen nichts als den vor uns liegenden Meter Boden, der gehackt werden mußte – es gab nur uns und die Sonne.

»Sona«, wandte sich Jarra Njai an die zierliche schöne Frau. »Mr. Sambali hat gesagt, wenn wir die Trommeln aus der Schule möchten, dürfen wir sie ausleihen.«

»Wirklich?«

»Sona soll die Trommeln holen. Sie kennt Mr. Sambali gut. Er ist ihr Liebhaber.«

Alle lachten.

Djankering fing als erste zu singen an. Sie hatte eine helle, melodische Stimme, leicht nasal wie oft in religiösen Gesängen, aber von fast kristallklarer Reinheit.

>»Die Welt ist so,
Die Dinge sind nicht anders:
Ich sagte, erwidere Gutes mit Gutem,
und Schlechtes mit Schlechtem.

Ich vergesse dich nicht, Kemeseng Sanyang.
Ich bin gekommen, dir das Gute zu erwidern,
damit wir vereint sind.«

Die anderen Frauen stimmten in den Gesang mit ein, zuerst ein wenig rauh, dann immer kräftiger und einheitlicher, je mehr sie sich in das alte Lied wieder hineinfanden. »Wir sind gekommen, um das Gute zu erwidern«, sangen sie, »damit wir vereint sind.« Djankering führte die anderen Frauen an, veränderte die Refrains dabei und ergänzte diesen Dankes- und Lobgesang an den Mann, der ihnen das Land zur Verfügung gestellt hatte, um ein paar neue

Verse. Sie pries seine Frauen und seine Kinder und ermahnte die Führerinnen des Kafos und alle Mitglieder, seine Güte zu erwidern. Dann begann sie, über die Menschen ihrer eigenen Siedlung Danso Kunda zu singen, und unmerklich veränderte sie den Tonfall des Refrains so, wie sie gerade wollte, und sie atmete schwerer, je mehr Worte und Namen sie in die Verse packte, um stets zum Refrain zurückzukehren, den die anderen Frauen in einem leisen Lobgesang wiederholten.

Als schließlich das Lied zu Ende war, dankten sie ihr. »Ein gelungener Versuch«, meinten sie.

»He, Fatounding«, sagte jemand. »Dein Kind schreit.«

»Das Kind ist eben so«, antwortete Fatounding. »Das gibt es gar nicht, daß es einmal nicht schreit.«

»Laß es schreien, bis ihm der Kopf platzt«, lautete Binta Sises Ratschlag.

Sie kehrte gerade mit Sona zurück und brachte die Trommeln. Sie waren aus Kuhhaut hergestellt, die man mit grünem Plastikfaden über zwei große Dosen gespannt hatte. Sie waren so zerbeult, daß sie schon steinzeitlich aussahen. Bei genauerem Hinsehen entpuppten sie sich als ehemalige Klebstoffdosen.

»Dies ist ein großes Feld«, mahnte Kintending. »Wenn wir heute noch fertig werden wollen, müssen wir sehr hart arbeiten.«

»Wir arbeiten doch schon sehr schnell. Das macht uns nur müde.«

»Wir müssen uns ranhalten. Gerade haben wir zu Mittag gegessen«, entgegnete Fatounding.

»He, Fatounding!« rief eine andere. »Rede nicht so viel! Deine Gruppe ist schon zurückgefallen.«

»Wie sollen wir Schritt halten, wenn Tutu und die anderen so faul sind?«

»Wir sind nicht faul«, wehrte sich Tutu. »Seht euch an, wieviel Erde ich hacken muß, und wieviel Fatounding. Wie könnt ihr das vergleichen? Ich habe ein viel größeres Stück.«

»Nur Tutu, Majula und Fatounding hängen hinterher.«

»Laßt sie doch«, meinte Binta Sise.

»Wenn ich gemeinsam mit einer anderen beginne, lasse ich sie niemals zurückfallen«, rief Janno vom anderen Ende der Reihe herüber.

»Ich hatte schon ganz vergessen, daß du da bist«, sagte Binta.

»Tutu steht nur herum«, entgegnete Fatounding. »Wie kann sie da etwas tun?«

»Fatounding provoziert die anderen, und der dort nimmt es auf seinem Rekorder auf.«

»Das soll er meinetwegen ruhig tun. Ich sage haargenau das, wonach mir zumute ist.«

»Fatounding kann es gar nicht erwarten, endlich loszulegen«, sagte Sona. »Sie hat ihr Kind unter dem Baum abgelegt, dann ist sie herübergekommen, nur, um zu reden.«

»Wenn eine etwas sagen möchte, dann soll sie sich näher an den Kassettenrekorder stellen«, schlug Janno vor.

»Warum stellst du dich nicht selbst dorthin?« fragte Binta Sise. »Dann wissen wir alle, was für ein Schreihals du bist.«

»Stimmt«, bestätigte Janno. »Manchmal bin ich ein Schreihals.«

Binta und Sona nahmen die Trommeln und banden sie um ihre Hüften, wobei Binta der kleineren Frau half, die die größere Trommel hatte. Dann begannen sie zu schlagen, in einer Hand hielten sie den Stock, die andere war frei, und wie von ferne begleiteten die dumpfen Klänge den Rhythmus der Hacken.

Ich stand den ganzen Tag neben ihnen unter der Sonne und nahm ihre Unterhaltung und die Gesänge auf. Sie sangen über das Dorf und seine Bewohner, über den MRC, die Ärzte und das Personal, über die Schule und den Direktor, über Marabuts, Helden und Politiker. Mal waren es die Lieder ihrer Kinder, mal die ihrer Großmütter. Manche Texte bestanden nur aus bedeutungslosen Anhäufungen von Wörtern, die um des Klanges willen gewählt wurden, andere waren so persönlich, daß nur die Frauen wissen konnten, wovon sie handelten. Sie sangen Lieder über die anderen, und sie sangen Lieder über sich selbst.

Manchmal gingen einige Frauen ins Dorf und holten Wasser in Eimern, die in der Reihe weitergereicht wurden. Auf der anderen Seite des Feldes stand ein großer Baum, unter dem einige Mütter ihre Säuglinge mit Mädchen zurückgelassen hatten, die auf sie aufpassen sollten. Manchmal gingen sie hinüber, um ihre Babys zu stillen.

Am Ende jeder Reihe hielten die Frauen inne und richteten sich für einige Augenblicke auf. Hinter ihnen erstreckte sich eine große Fläche bestellten Ackerlandes. Das dunkle Violett der Erde hob sich neben der schmutzigen Masse des Unkrauts ab, als rollten die Frauen den Busch wie einen Teppich zurück. Wenn sie sich geeinigt hatten, in welcher Richtung sie weiterarbeiten wollten, bückten sie sich wieder und hoben alle gleichzeitig die Hacken.

Trotzdem war nichts Gezwungenes in ihrer Arbeitsweise, sie bewegten sich einfach zum natürlichen Rhythmus ihrer Arme.

Selten hörten sie auf zu singen, und wenn sie es taten, war die Luft erfüllt vom Klang ihres gutmütigen Gezänks, von Gelächter und Diskussionen. Djankering sang meistens mit Binta und Sona zusammen, aber auch Menata und Sajonding gaben ihr Können zum besten, und alle Frauen fielen in den Chor ein – steuerten neue Verse bei oder lobende und ermutigende Zurufe, wann immer ihnen danach war.

Im Laufe des Nachmittags verstärkten die beiden Trommlerinnen ihren Schlag. Binta, die groß und auf eine gutmütige Art spöttisch war, überragte die kleineren Frauen um einiges, wenn sie mit nachlässig von den Schultern hängenden Kleiderträgern die Reihe auf- und abging und dabei beiläufig auf die Trommel schlug, die an ihren Schenkeln baumelte. Sie hörte den ganzen Tag nicht auf zu lächeln. Sona dagegen bewegte sich langsamen, gemessenen Schrittes und schien stolz auf sich zu sein, wenn sie auf die tief dröhnende Trommel schlug. Sie war gepflegt und bot eine hübsche, ordentliche Erscheinung, bewegte sich geschmeidig und sang mit einer scharfen, klaren, wissenden Stimme. Sie wäre sicher gerne ein Star geworden, hätte sie um die Bedeutung des Wortes gewußt. Aber in Dulaba konnte man nur ein Star in der eigenen Altersgruppe werden, und das war sie bereits.

»Hört den Klang dieser Trommeln!« sang sie,
»Es sind unsere Trommeln!
Hört den Klang dieser Trommeln,
es sind die Trommeln unserer Großmütter.

Hört den Klang dieser Trommeln,
Bambo Jarjous Bruder – es sind unsere Trommeln!
Mabintus Ehemann –
Sanu Njais Ehemann –

Hört den Klang dieser Trommeln,
es sind die Trommeln unserer Großmütter.«

»Weiter!« sagte Binta Sise. »Die Lieder sollen aus euch sprudeln wie aus einer Quelle.«
»Jetzt soll Binta singen«, forderte Jeynaba sie auf.
»Meine Lieder sind schwierig. Da könnt ihr nicht mitsingen.«

»Die Taugenichtse vom Kafo sind doch hier«, entgegnete Jarra Njai. »Sie werden dir beim Singen helfen.«

»*Aiya, Aiya-o! Hey Aiya!*« sang Binta Sise.
»Ihr alle wißt, ich tanze gerne zu den Trommeln.
Kaum war ich am Tanzplatz,
Klagte mich ein kleines Mädchen an,
Und man brachte mich zur Polizei,
Dort sprach ich mit dem Mann,
Und ich brauchte keinen Marabut, der mich befreite
– Hey!«

Und alle Frauen stimmten in den anschwellenden Chor ein:

»*Aiya, Aiya-o! Hey Aiya!*
Nyancho balanta sukwolai la moyi – ay!«

»Hört, was die Griots über
den großen Helden sagen!

Ihr, die Fischer am Tanzplatz,
Die Ihr Eure Netze zur Liebe auswerft
– Weicht zurück!
Ich beginne mit meiner Arbeit,
Wenn ich nicht innehalte,
mähe ich den Busch nieder
mit meinem großen Rock.
– Hey.«

Oh, diese Welt!
Ich sagte, die Gesetze der Religion sind stärker als ich.
Aber ich sage, Jarra Njai Sise,
wenn dir jemand Gutes tut,
mußt du es erwidern.
Gutes mußt du mit Gutem vergelten.
Gott hat alles geschaffen
– Hey.«

»*Nimbara! Nimbara*«, rief Jarra Njai, die den anderen zuvorkam und die Hacke in die Luft gestreckt hatte. »Möge Gott uns eins werden lassen! Möge Gott uns zusammenbleiben lassen! Laßt uns hart arbeiten, damit dieses Feld heute fertig wird. Die Sonne geht schon unter.«

»Hey, ihr edlen Menschen!« sang Janno.
»Habt ihr meinen Mark gesehen?
Ich suche ihn,
Und die Sonne geht schon unter.

Hey! Mark, mein Liebling,
ich habe ihn nicht gesehen,
Und die Sonne geht unter.

Hey! Mark, der weiße Mann,
Der große Mann mit Furchen auf dem Hals,
die Sonne geht schon unter.«

Binta Sise schlug ihre Trommel schneller. »Hey, seht euch Mark an, den Helden!« sang sie.
Und all die anderen Frauen fielen in den Gesang ein:

»Hey, al Marky joobay jambaro!
Hey, al Marky joobay jambaro!«

...wieder und wieder, bis die Luft vibrierte und die Trommeln rasten. Zwei oder drei Frauen warfen ihre Hacken weg, stürzten zu mir und begannen, um mich herumzutanzen – dabei schüttelten sie ihre Arme und stampften auf den frischbestellten Boden. Die anderen Frauen begannen ein Klatschen, das so hart und scharf klang, daß es die Luft zu zerteilen schien.

Dann, als das Tempo des Klatschens und Tanzens und Singens fast unerträglich wild und frenetisch wurde, hörte plötzlich alles auf, und die Frauen brachen in Gelächter aus. Sie nahmen ihre Tikos ab und traten vor, um mir Staub und Schweiß vom Gesicht zu wischen.
»Nimbara! Marky, Nimbara!« sagten sie.

4

ZEIT DES NEUEN LEBENS

In Gambia gibt es den Islam seit dem zwölften Jahrhundert, also seit der Eroberung durch die Mauren – die traditionellen Feinde der Schwarzen. Er hatte sich zur Religion des Handels entwickelt: Als »universaler, egalitärer« Glaube förderte er ein Gemeinschaftsgefühl unter den Handeltreibenden vieler Stämme und Rassen, was den Karawanenzügen – die Gold, Elfenbein, Salz und Sklaven transportierten – zugute kam, wenn sie durch die weiten Savannen und Wüsten zwischen den Wäldern Guineas und dem Mittelmeer im Norden reisten. Die Herrscher in Mali und Songhay, den großen Savannenreichen des Mittelalters, hatten es mit diesem Handel zu großem Reichtum gebracht und den islamischen Glauben angenommen. Dies hinderte sie aber nicht daran, sich weiterhin der Kulte der traditionellen Religion zu bedienen, um ihren Einfluß in der ganzen Region aufrechtzuerhalten, und sie wurden sogar selbst für göttliche Wesen gehalten.

Zu Beginn des letzten Jahrhunderts waren diese Reiche jedoch längst zerfallen. Andere waren an ihre Stelle getreten, ohne mehr als eine vage Erinnerung im Gedächtnis der Menschen hinterlassen zu haben. Die Mandingos, die zur Zeit Sunjattas, des Gründers von Mali, an den Unterlauf des großen Flusses gekommen waren, hatten dessen Ufer in dreizehn Königreiche aufgeteilt. Die Herrscherfamilien und die Mehrheit ihrer Untertanen waren Heiden, auch wenn manche behaupteten, »Ahnen in der moslemischen Religion gefunden« zu haben. Diese galten als Marabuts – so wurden die heiligen Männer genannt, die Jujus anfertigten. Sie lebten in eigenen Dörfern, wo die religiösen Vorschriften streng befolgt wurden, oder auf Anwesen in enger Nachbarschaft zu den heidnischen Höfen, von wo aus sie ihre »Kräfte« für die Könige einsetzten. Denn einerseits wollten die traditionellen Herrscher die Götter ihrer Vorfahren nicht aufgeben, andererseits glaubten sie durchaus auch an die Macht der Zaubersprüche der Marabuts. So hatten die Menschen jahrhundertelang in relativer Harmonie gelebt.

Im frühen neunzehnten Jahrhundert lag ein Großteil des Handels am großen Fluß in den Händen der Marabuts, doch durften sie weder Land besitzen noch Regierungsämter bekleiden, und sie mußten an die heidnischen Herrscher Tributzahlungen entrichten. Gleichzeitig wurden die Herrscherfamilien, die seit jeher von Plünderei und Abgaben gelebt hatten, zusehends durch Dekadenz und Intrigen geschwächt, und viele Ahnenkulte gerieten in Vergessenheit.

Die *jihad*, die heiligen Kriege, hatten weit im Landesinneren begonnen, im heutigen nördlichen Nigeria, wo sich gewisse streitbare Angehörige des Hirtenvolks der Fulbe, die sich in den Städten der Haussa angesiedelt hatten, in Aufständen gegen die Dekadenz der traditionellen Herrscher erhoben. Fast gleichzeitig kam es zu Angriffen auf die alte Macht in Gebieten der Fulbe, die noch näher am Gambia lagen. Südlich des Flusses hatten die Kämpfe hundert Meilen östlich von Dulaba, in Fuladu, begonnen, wo die Hirten und Bauern der Fulbe sich gegen die Könige der Mandingos in Kaabu erhoben. Dort waren die Fulbe auch Heiden, jedoch ihr Kriegsanführer Alpha Mollo war von Aljai Umar Tal, dem großen Marabut aus dem Norden, bekehrt worden, und erst aus ihrer neuen Religion hatten sie den Mut zur Rebellion geschöpft.

Bald darauf erhoben sich die Marabuts in Badiku am Nordufer. An ihrer Spitze stand ein Korangelehrter namens Maba Diakhou Ba. Er beabsichtigte, dem Dar al-Islam – dem Gesetz Gottes – vom Fluß Gambia bis zum Senegal dreihundert Meilen weiter nördlich Geltung zu verschaffen. Immer wenn er in ein heidnisches Dorf kam, schrieb er für jeden seiner Krieger ein *safo* – ein Juju. Diese glaubten fest daran, daß die Kugeln, Schwerter und Pfeile der Heiden ihnen nichts anhaben konnten, wenn sie solche Amulette trugen – und wenn sie trotzdem starben, rechneten sie damit, direkt in den Himmel zu kommen. Nachdem die Kämpfer also gefeit waren, brannten sie das Dorf nieder, töteten alle diejenigen, die Gottes Wort nicht annehmen wollten, und verkauften Frauen und Kinder in die Sklaverei. Maba wurde schließlich nach dem Eingreifen der Franzosen besiegt, aber der Kampf breitete sich unaufhaltsam nach Süden über den großen Fluß aus, da neue Anführer auftraten: Fode Kabba, Syllaba, Alboury Njai, Moussa Mollo.

Dulaba war schon immer ein Dorf der Marabuts gewesen. In der Familie Sise, so hieß es, seien Marabuts gewesen, seit sie aus ihrer alten Heimat Manding gekommen waren. Aus diesem Grund hatte Fode Kabba, der berühmteste und am meisten gefürchtete Führer der Marabuts in den Regionen Kiang und Fonyi, das Dorf verschont. Die Bewohner hatten aber seinen Truppen geholfen, den Bintang Bolon zwischen den Mangroven im Süden des Dorfes zu überqueren, und viele der jungen Männer hatten sich ihm angeschlossen. Die Kinder, die sie gefangennahmen, wurden als Sklaven in das Dorf gebracht.

Mankono jedoch, das Dorf westlich von Dulaba, war der Sitz des Königs von Kiang. Er und sein ganzes Volk waren Heiden. Es war deshalb zu einem schweren Kampf gekommen, der viele Opfer gefordert hatte.

Aus Angst vor dem Entstehen eines geeinten, theokratischen Staates im Landesinneren hatten die Vertreter des englischen Königs an der Küste die heidnischen Könige unterstützt. Mit diesen hatten sie schließlich ihre Handelsverträge geschlossen. Ihre Unterstützung war jedoch häufig mehr moralischer denn handfester Natur, getreu der Politik ihrer Regierung, sich möglichst wenig in der Region zu engagieren (»Kein Gouverneur befindet sich mit einem Angriff gegen Eingeborene im Recht, wenn er dabei einer barbarischen Glaubensrichtung den Vorzug vor einer anderen gibt«). Trotzdem zog sich durch diese halbherzige Politik der Konflikt über Jahrzehnte hinweg hin. Mit jeder Regenzeit wurde er beendet, nach jeder Ernte brach er wieder aus.

Gegen Ende des Jahrhunderts war das Land ausgelaugt. Die Erdnußproduktion war so gut wie zum Erliegen gekommen, und oft gab es Hungersnöte. Weite Teile des Landes waren von den Banden rivalisierender Marabutführer überzogen, die um die Vormachtstellung kämpften, so daß man weder reisen noch Handel treiben konnte. An diesem Punkt beschlossen England und Frankreich, das Gebiet zu teilen, und zwar zum Schutz der Handelsinteressen, die sie überhaupt erst in diesen Teil der Welt gelockt hatten.

Die Erinnerung an dieses lange Trauma hielt sich im kollektiven Gedächtnis wach. Es hatte das Verständnis der Menschen von der Außenwelt weit stärker noch als der Kolonialismus geprägt. Denn die rassische und kulturelle Integrität der Stämme war unwiderruflich zerbrochen, da ganze Dörfer auf der Flucht vor den Kämpfen weggezogen waren. Die Menschen nahmen eine neue Religion an, einen neuen Namen und oft sogar eine neue Stammeszugehörigkeit, um ihre Haut zu retten. So hieß es beispielsweise, daß die Familie Bajo in Dulaba ursprünglich die Familie Bajie – ein verbreiteter Nachname bei den unbeirrbar heidnischen Jolas – gewesen sei, und die Dibbahs von Joli waren in Wirklichkeit die Jibbah, ebenfalls ein Name bei den Jolas. Um nicht die Aufmerksamkeit der hereinbrechenden Marabutbanden auf sich zu ziehen, hatten sie ihre bei den Mandingos in Kiang unbekannten Namen geändert. Es gab andere Menschen im Dorf, deren Großeltern – Jolas – für ein Stück Stoff gekauft worden waren.

Heute sprach man kaum noch von diesen Ereignissen. Die Führer der Marabuts waren entweder umgebracht oder ins Exil geschickt worden, und unter dem von den Briten eingeführten System der indirekten Herrschaft behielten viele Nachkommen der Könige gewisse Privilegien als Distriktleiter. Doch nach den Schrecken des Krieges stimmten die Menschen in der Gegend erschöpft für den Frieden – den Frieden des Islam – und unterwarfen sich dem Willen Gottes. Es gab keine Könige mehr. Jedes Dorf traf seine eigenen Entscheidungen im Ältestenrat, da vor Gott alle Moslems gleich sind. Das vorrangige Ziel ihrer Gesellschaftsordnung bestand nun darin, ein harmonisches Gemeinschaftsleben zu führen. Den Menschen sollten ihre Gemeinsamkeiten wichtiger sein als ihre Unterschiede.

Nichtsdestoweniger lehnten es die Bewohner Mankonos, das schließlich ebenfalls islamisiert worden war, auch noch zur Zeit meines Aufenthalts strikt ab, jemanden aus Dulaba zu heiraten.

Sarah Innes und ich setzten unseren Unterricht in Mandinka fort. Wir waren bis zu »M'mang koddo soto'« – »Ich habe kein Geld« gekommen. Jeden Abend trafen wir uns im Wohnzimmer der Innes', einem großen quadratischen Raum mit unaufdringlichen afrikanischen Gegenständen und gerahmten Drucken von Newcastle-upon-Tyne, der Heimatstadt der Innes', in die sie nach Ablauf ihres zweijährigen Aufenthalts in Dulaba zurückkehren wollten. Der Raum hatte auf drei Seiten Fenster und ging direkt auf das Gehöft hinaus, so daß er nachts, wenn die Lichter durch die Bäume schimmerten, an einen exotischen Vergnügungspavillon erinnerte. Auf jemanden, der nähertrat und beobachtete, wie sich die Tubabs im goldenen Licht jenseits der Moskitonetze bewegten, wie sie saßen und sich unterhielten oder etwas tranken, mußte ihr Leben abgehobener wirken als es tatsächlich war.

Ich saß mit Demba Tamba, unserem Lehrer, in diesem Raum

und wartete, bis Sarah die Kinder gebadet hatte. Die Dunkelheit der Regenzeit hatte sich über die Bäume gesenkt und drang durch die Moskitogitter. Demba, der nur ein Paar roter Fußballshorts trug, saß träge auf einem europäischen Stuhl.

Er war etwa fünfundzwanzig Jahre alt, von kleinem Wuchs, trug immer ein Lächeln auf den Lippen, und sein violetter, zu dieser Jahreszeit fast immer nackter Oberkörper war außergewöhnlich gut gebaut. Er war sicherlich der freundlichste und zuvorkommendste Mitarbeiter im MRC, doch je mehr ich mit ihm zu tun hatte, desto fremder wurde er mir. Das lag an seinen plötzlichen und mir unverständlichen Stimmungsschwankungen. In der einen Minute war er fröhlich und ausgelassen, in der nächsten schien er untröstlich geknickt und dann wieder völlig teilnahmslos, als habe er vergessen, wer die anderen Menschen waren und was gerade geschah.

Auf alle Fälle verhielt er sich Sarah gegenüber ganz anders als zu mir. Sobald die Unterrichtsstunde vorüber war und wir das Haus verließen, verschwand sein gewinnendes Lächeln, und er gab sich reserviert. Ich gewann den Eindruck, daß ich für ihn gar nicht wirklich existierte. In seinen Augen waren die Europäer vergleichbar mit seinem Job: Wichtig, weil sie sein Überleben sicherten, aber im Grunde künstlich. Seine Arbeit war eine Theatervorstellung, und die Europäer spielten als überdimensionale Puppen mit. Ich hatte nicht direkt etwas mit seiner Arbeit zu tun, kreuzte aber trotzdem in seinem Leben auf. Ich war ein Störfaktor.

Auch nach der Abreise des Professors wohnte ich weiterhin in seinem Haus. Es wurde Haus Eins genannte, weil es als erstes im Camp gebaut worden war. Jetzt erschien es mir groß und leer.

In den Tagen, nachdem Helene und der Professor gegangen waren, kehrten Natoma und Ousmane in das Haus zurück wie an den Schauplatz eines schrecklichen persönlichen Unglücks. Natoma blieb einfach am Eingang stehen und blickte in das Wohnzimmer, das bis auf die europäischen Möbel leer war. Dann ging sie wieder, ohne ein Wort zu sagen.

Am Sonntagabend kam Ousmane. Er setzte sich in einen Sessel und fühlte sich ganz offensichtlich unwohl. Obwohl er drei Jahre bei Helene und dem Professor beschäftigt gewesen war, hatte er sich nicht einmal von ihnen verabschiedet, was Verwunderung und auch eine gewisse Trauer hervorgerufen hatte.

Ich bot ihm etwas zu trinken an.

»Nein, danke«, lehnte er ab. Er machte eine lange Pause. »Ich wollte sie damals zum Flughafen begleiten. Aber es hat nicht geklappt.«

»Nein.«

Es folgte eine weitere Pause.

»Ich arbeite seit drei Jahren für sie. Das ist eine lange Zeit.« Er redete weiter, aber seine Worte verloren sich in heiserem Gemurmel. Dann lehnte er sich in seinen Stuhl zurück. »Ich bin unglücklich und ganz durcheinander«, schloß er.

Der andere Besucher war Jere Jarjou. Er ließ sich auf einen Stuhl fallen und fixierte einen imaginären Punkt in der Zimmerecke. »Oh, dieser Professor . . .«, sagte er. »Er war streng und hat hart gearbeitet. Manche haben ihn dafür gehaßt, aber das waren sowieso nur die Nichtsnutze. Ich dagegen mag Menschen, die streng sind und hart arbeiten.« Er seufzte.

»Jetzt fühle ich mich einsam.«

Danach kamen nur noch wenige Besucher.

Die Probleme, die mir der Professor für meinen Plan vorausgesagt hatte, traten nie ein. Vielmehr hatte Ted Whiteman, der Direktor des »Dunn«, dem Vorhaben begeistert zugestimmt. Ich erhielt die Erlaubnis, bis zum Ende der Regenzeit in Haus Eins zu bleiben, danach mußte das Dach erneuert werden. Ich hatte damit gerechnet, bis dahin meine Arbeit spielend abgeschlossen zu haben.

Nun, wo ich alleine zurückgeblieben war, stellte ich fest, daß ich noch viel weniger als am Anfang wußte, wie ich die Sache eigentlich angehen sollte. Die Studie des Professors war abgeschlossen, und damit hatte ich keinen Vorwand mehr, die Menschen in ihren Siedlungen zu besuchen. Ich ging immer seltener ins Dorf – weil ich das Gefühl nicht loswurde, mich in das Leben der Menschen einzumischen, obwohl ich doch hergekommen war, um sie zu beobachten.

Es regnete viel, und wenn es einmal nicht regnete, war der Himmel bedeckt. Ich verbrachte die meiste Zeit in Haus Eins, wo ich versuchte, Fragenkataloge zu erstellen, die ich den Frauen vorlegen wollte. Aber wenn ich mir vorstellte, wie sie mit ihren Antworten zögern würden, konnte ich nicht mehr weiterschreiben. Der Grund für ihr Verhalten lag beileibe nicht nur darin, daß sie mit ihrer Feldarbeit genug zu tun hatten. Die Fragerei an sich löste Unbehagen bei ihnen aus. Ich wußte, daß ich ihnen nichts weiter entlocken konnte als höfliche Beteuerungen, es gehe ihnen gut.

Oder sie sagten einfach, sie wüßten es nicht. Mit den Mitarbeitern war es nicht anders. Sogar beiläufige, in die Unterhaltung eingeflochtene Fragen wurden mit einem nichtssagenden Blick quittiert.

Am Spätnachmittag machte ich immer einen Spaziergang, der mich oft in das Gebiet von Wali Kunda nördlich der Lateritstraße führte, wo sehr viele Felder lagen. Über Meilen hinweg erstreckten sich dort Erdnußsträucher und lange Reihen mit Hirse und Sorghum. Der Oberbegriff für diese Getreidearten, auf Mandinka *sanyo* und *kinto* genannt, war *nyo*. Während Mais *tubanyo* oder *tubabo nyo* – Getreide des weißen Mannes – genannt wurde, hießen Hirse und Sorghum *morfing nyo* – Getreide des schwarzen Mannes. Diese Nutzpflanzen hatten die Schwarzen lange vor Mais, Erdnüssen, sogar vor Reis gekannt. Die Pflanzen ließen sich von Mais nicht unterscheiden, außer daß die Ähren der Hirse wie lange, borstige Zigarren emporragten, an denen die kleinen Samen büschelweise hingen, während die Ähren von Sorghum biegsam und gefiedert waren.

Der reichlich fallende Regen ließ die Saat gut gedeihen, und Hirse und Sorghum standen schon über zwei Meter hoch. Aber das düstere Grün wirkte alles andere als aufheiternd. Die Monotonie der vom Unkraut durchsetzten Felder, der abgestorbenen Bäume und der unbebauten Buschflächen war stumpf, fast betäubend. Wohin man auch blickte, nirgends deutete etwas auf klare Konturen oder erlösende Formen hin – nichts als endlose Gleichheit. Wenn dann schließlich zwischen den toten Bäumen und hohen Hirsereihen die Dächer des MRC-Camps in Sicht kamen, empfand ich jedes Mal Erleichterung. Aber immer erblickte ich sie an einer etwas anderen Stelle als da, wo ich sie erwartet hatte. Mit einem leichten Schaudern überlegte ich mir dann, was geschehen würde, wenn ich auf ewig durch die gnadenlose Eintönigkeit wandern müßte. Mir schien es immer, als wäre das Land der Wildnis nur dem Anschein nach entrissen worden, als könnte sie es jederzeit wieder zurückfordern – und so war es im Grunde ja auch.

Manchmal ging ich auch südlich des Dorfes durch den Busch zu den Salzöden, dem einzigen Ort in der Umgebung von Dulaba, der einem das Gefühl von Weite und freiem Raum vermitteln konnte. Wenn die Schatten über den versalzten Feldern allmählich länger wurden, herrschte eine stimmungsvolle, aber gleichzeitig auch traurige Atmosphäre. Riesige violette oder graue Wolken hingen am Himmel – große Rechtecke, die sich auftürmten, oder regenverheißende Pilze. Wenn es in Europa einen Atomkrieg gäbe, überlegte ich, wie lange würde es wohl dauern, bis wir hier davon erfuhren? Neben den Reisfeldern am Rand der Salzöde knieten die Frauen auf der dunklen Erde und beteten, bevor sie sich auf den Weg ins Dorf zurück begaben. Sie waren da, und ich war da. Aber damals fühlte ich mich von ihnen fast so abgeschnitten wie von den Geschehnissen in Europa.

Jeden Abend ging ich zum Essen in das lange Blockhaus, in dem fast alle Angehörigen des Personals – die Techniker, Mitarbeiter und Fahrer – wohnten. Ich aß mit den »Junggesellen«, den anderen jungen Männern meiner Altersgruppe. Jeder von uns zahlte einen monatlichen Betrag an Daouda Jarjou, dessen Frauen Sirrah und Ndey-Touti abwechselnd zwei Tage hintereinander kochten. Wir nahmen die Mahlzeit in Demba Tambas Zimmer ein, einem schachtelartigen Raum mit düsteren, türkisfarben gestrichenen Wänden. Das Ganze war eine ernste Angelegenheit.

Wir kamen immer um viertel vor acht und versammelten uns um eine große Emailleschüssel, die mitten auf dem Boden stand – eine von den chinesischen mit den leuchtenden Mustern, die man noch in den entlegendsten Winkeln der Welt findet. Auf der Schüssel lag ein Deckel, der auf gar keinen Fall entfernt werden durfte, bevor nicht alle eingetroffen waren. Ihn auch nur hochzuheben, um einen Blick auf den Inhalt zu erhaschen, war *mang betia* – es war schlecht. Außerdem durfte man nicht über die Schüssel springen oder darübersteigen.

Wenn alle versammelt waren, zogen wir unsere Stühle an die Schüssel heran, der Deckel wurde abgenommen, und wir begannen, schnell und konzentriert zu essen – und ob mit den bloßen Fingern oder mit einem Löffel, stets mußte man die rechte Hand benutzen. Wer keinen Stuhl ergatterte, hockte neben der Schüssel auf dem Boden, aber als einem der Älteren wurde mir stets ein Holzstuhl reserviert.

Das Essen war fast immer einfach: Gekochter Reis mit einer Soße aus Fisch und Öl, *chou* genannt, oder einer Soße aus zerstoßenen Blättern, *kutcha* genannt. Letztere war die traditionelle Alternative zum *durango*, der Erdnußsoße, die die Menschen in der Trockenperiode fast täglich aßen. Fleisch gab es selten, und wenn, dann teilten wir eine europäischen Maßstäben entsprechende Portion unter uns allen auf. Das Dorf verfügte zwar über einige Viehherden, aber die knochigen, gefügigen Tiere wurden als ein Symbol des Wohlstands gehalten und normalerweise nur geschlachtet, wenn sich eines verletzte und getötet werden mußte – und dann war es schwierig, genug Käufer zu finden, die sich das Fleisch leisten konnten. Schafe und Ziegen wurden nur an Gebetstagen und zu Namengebungszeremonien geschlachtet. Abgesehen von den Kutcha-Blättern stand monatelang weder Obst noch Gemüse auf dem Speisezettel. Unsere Gruppe bestand aus sieben Männern: Demba, Yaya Bojang, Jere Jarjou, Ousmane Koujabi, der Hilfsmechaniker Malamin Bajie, und Daoudas Neffe, ein magerer, geschmeidiger Junge mit kahlrasiertem Kopf namens Alhaji. Er saß gleich neben der Schüssel, und wenn es Fleisch oder Fisch gab, entfernte er die Knochen und verteilte die Stücke an die anderen. Er war zwölf Jahre alt, und wenn er nicht gerade in der Schule saß, sah ich ihn immer als Laufbursche mit irgendeinem Auftrag unterwegs. Beim Gehen hielt er die Augen gesenkt, als weiche er dem Blick der Menschen aus, die ihn zum Zigarettenholen schikken wollten. Manchmal aßen auch Besucher mit, aber wenn ihre Ankunft nicht lange vorher angekündigt worden war, gab es für sie kein zusätzliches Essen. Bei mehreren Gästen wurden also die Portionen entsprechend klein. Jeder, der während der Mahlzeit den Raum betrat oder den man draußen vorbeigehen hörte, wurde laut aufgefordert, sich zu uns zu setzen. Diese Einladungen waren Pflicht, und es galt als unhöflich, nicht wenigstens eine Handvoll Essen zu nehmen. Wenn man nur vorbeiging, konnte man rufen *bissimilai* – im Namen Gottes –, aber ein Fremder mußte eine Einladung zum Essen oder andere Angebote immer annehmen, wenn er den Gastgeber nicht ernsthaft beleidigen wollte.

Wer satt war, lehnte sich mit dem Löffel oder der Hand zwischen den Schenkeln zurück zum Zeichen dafür, daß er nicht mehr essen wollte. Aber die meisten standen noch im gleichen Augenblick, in dem sie fertiggegessen hatten, auf und verließen den Raum. Da ich fast immer als letzter fertig war, fiel mir die Aufgabe zu, »die Schüssel sauberzumachen« – die letzten Bissen zu essen. Wenn ich versuchte, mich davonzustehlen, griff Ousmane mich am Bein und zog mich an meinen Platz zurück. »Iß«, sagte er dann immer. »Das macht dich stark.«

»Und laß nichts übrig«, fügte Yja dann streng hinzu. »Das gefällt Gott nicht.«

»Jetzt bist du ein richtiger Afrikaner«, sagte Demba Tamba, als ich mit ihm und den anderen um ihre gemeinsame Schüssel saß. Ich fühlte mich jedoch keineswegs als solcher. Bei den Mahlzeiten ging es sehr lebhaft zu, aber ich hatte nicht das Gefühl, daß ich in irgendeiner Weise an ihrer Gemeinschaft beteiligt wurde. Sie unterhielten sich auf Jola oder Mandinka, und zwar so schnell, daß ich die beiden Sprachen kaum unterscheiden konnte. Manchmal verständigten sie sich auch, ohne daß ich genau sagen konnte, mit welchen Mitteln dies geschah. Ich saß als Fremder mitten im Geschehen und fühlte nichts als Verwirrung.

Sie gehörten alle zu den Jolas, demjenigen Stamm, der sich als letzter dem Islam unterworfen hatte. In den Wäldern von Fonyi und den Mangrovensümpfen von Blouf hatten sie lange und erbittert darum gekämpft, ihre traditionelle Lebensweise aufrechtzuerhalten – nicht nur die Männer, sondern auch die Frauen, die in die Schlacht gezogen waren und dem Leben des Marabuts mit ihren Mörsern ein Ende gesetzt hatten. Immer noch bestanden viele heidnische Bräuche unter ihnen fort, und Blutsbande und das Netz gegenseitiger Verpflichtungen, so hieß es, spielten für sie eine noch größere Rolle als für andere afrikanische Völker. Ich spürte dieses unsichtbare Geflecht förmlich im Raum. Sie nahmen meine Anwesenheit nur Daouda zuliebe hin, ihrem Älteren, der sie darum gebeten hatte. Ich war wie eine Zecke, die sich festgesaugt hatte – störend und merkwürdig schwer zu entfernen.

Es war Paarungszeit. Eines Abends sah ich im Licht, das durch das Laborfenster nach draußen fiel, plötzlich etwas wie eine Faust aus dem Schlamm erscheinen und über die Erde rollen. Es war ein Krötenpaar, und das männliche Tier, das das Weibchen von hinten bestiegen hatte, hielt es fest umklammert, während sie sich über die Erde bewegten. Sie sanken zusammen, rollten auf den Rücken, der Bauch des Weibchens schwoll mächtig und rhythmisch an, sie richteten sich wieder auf und fielen, sich immer noch paarend, in das Gebüsch.

Die Termiten, die gegen die Fenster des Hauses prallten, wurden immer größer. Bevor sie groß genug waren, um das Glas zu zerbrechen, fielen ihre Flügel ab, und sie purzelten auf den Betonweg, wo sie kriechend und rollend versuchten, sich zwischen den Überresten ihrer durchsichtigen abgeworfenen Flügel zu paaren.

Zwei Studentinnen aus England waren angekommen: Jane aus Edgware und Joanne aus Derbyshire. Sie studierten Ernährungslehre am Imperial College, aber warum sie sich bei der Wahl ihres Sommerpraktikums gerade für Dulaba entschieden hatten, blieb ihr Geheimnis. Haus Vier, wo sie wohnten, lag nur zwanzig Meter vom Labor entfernt, und nur selten wichen sie vom Weg zwischen den beiden Gebäuden ab. In den ersten zwei Wochen gingen sie nur einmal ins Dorf. Sie waren blaß, noch blasser als ich, und sie redeten selten, weil jede anscheinend immer darauf wartete, daß die andere damit anfing. Man sah sie, wenn überhaupt, nie alleine. Bald vergaß man beinahe, daß sie da waren.

Eines Abends jedoch, als ich im Quartier saß, sagte jemand: »Ich glaube, sie verstecken sich dort.«

»Wer?«

»Die beiden Studentinnen. Sie verstecken sich in Haus Vier.«

»Vielleicht sind sie schüchtern.«

»Das vermute ich auch«, stimmte Lamin Jarjou zu, Daoudas Cousin und leitender Mitarbeiter. »Sie sind wirklich sehr zurückhaltend.«

»Warum sollten sie denn schüchtern sein«, meinte Bakary Sanneh lebhaft.

»Sie sind sehr jung«, gab ich zu bedenken.

»Das ist auch mein Eindruck«, bestätigte Lamin. »Sie sind jung.«

Wir saßen in Yaya Bojangs Zimmer auf den Stühlen oder rekelten uns auf dem Bett.

»Bei mir jedenfalls wären sie nicht schüchtern«, meinte Ibou Sanyang. »Ich würde sie viele interessante Dinge fragen, und im Handumdrehen wären sie gesprächig.« Seine Augen leuchteten auf.

»Mark«, wandte sich Demba an mich. »Ich möchte, daß du mir hilfst.«

»Wie kann ich das?«

»Dieses Mädchen. Die mit dem langen Haar.«

»Joanne?«

»Genau. Joanne. Ich möchte, daß du an meiner Stelle mit ihr redest.«

»Worüber?«

Er grinste. »Nun... Weißt du, sie ist nett.«

Ich dachte einen Augenblick darüber nach. »Ich soll sie also fragen, ob sie mit dir schlafen möchte?«

Sie ließen sich alle brüllend vor Lachen zurückfallen – sie rollten übereinander und klopften sich vor Vergnügen auf die Schultern. Bakary Sanneh lehnte sich über Dembas Schulter und sagte zu mir: »Ja, genau das meint er.«

Ich versuchte, zu erklären, daß das Mädchen entsetzt oder verärgert sein könnte.

»Aber in Afrika machen wir das so«, erklärte Jere. »Wenn du etwas mit einem Mädchen haben willst, gehe ich zu ihr und frage sie für dich.«

»Und dann sagt sie ja?«

»Natürlich.«

»Und wenn sie nicht will?«

»Nein, nein. Das tun sie nicht.«

»Es ist wirklich traurig«, meinte Demba. »Ich mag diese Joanne. Aber immer, wenn ich von einer Frau etwas will, werde ich ganz plötzlich nervös und schüchtern. Ich kann mit Frauen sprechen, aber ich kann sie nicht fragen. Es ist ein Problem für mich.«

»Ich verstehe nicht, warum du so schüchtern bist«, meldete sich Bakary zu Wort. »Du kannst doch einfach mit einem Mädchen reden, mit ihr ausgehen, sie benutzen und wieder verlassen. Wo ist das Problem?«

»Ich werde eine dieser Studentinnen *haben*«, behauptete Sanyang. »Zumindest eine.«

»Das glaube ich nicht«, warf ich ein.

»Mark!« erwiderte er verletzt. »Warum sagst du das? Betest du dafür, daß ich keine von ihnen bekomme?«

»Nein«, sagte ich. »Aber ich glaube eben nicht daran.«

»Aber warum? Es muß doch einen Grund geben, weshalb du das sagst.«

»Das hat mit Psychologie zu tun«, fand Bakary. »Deshalb sagt er das. Was mich angeht, ich mag die Studentinnen, aber ich bin bestimmt nicht verliebt in sie.«

Die Menschen bewohnten, geographisch gesehen, ein sonderbares Land – es erstreckte sich dreihundert Meilen an einem Flußufer entlang, war aber zu beiden Seiten nie breiter als fünfzehn Meilen, manchmal sogar nur acht. Zwar wirkten sich auf den ersten hundert Meilen vom Meer ins Landesinnere die Gezeiten noch auf den Fluß aus, aber er trat nicht, wie weiter nördlich im Senegal, über die Ufer, wo er damit eine zweite Ernte ermöglichte. Der Boden war trocken und hart und enthielt keinerlei Mineralstoffe. Abgesehen von der mühsamen Bewässerung mußten sich die Einwohner also völlig auf die einzige Regenzeit verlassen, die ihnen die lebensnotwendige Ernte ermöglichte. Die Europäer hatten jahrhundertelang Handelsstützpunkte an diesem großen Fluß unterhalten, aber das ungesunde Klima und die Wildheit der Einwohner hatten sie bis zum Ende des vorigen Jahrhunderts immer davon abgeschreckt, ihr Gebiet zu erweitern. Sogar der Sklavenhandel war hier nie so gediehen wie in Küstennähe.

Die Franzosen hatten ihre westafrikanischen Kolonien vom Senegal aus verwaltet, der Gambia bis an die Küste von allen Seiten umschloß, und dieses Land weiter als jedes andere ihrer Territorien südlich der Sahara entwickelt. Den Briten aber hatte Gambia, von der strategischen Bedeutung des Flusses abgesehen, wenig genutzt. Als sie sich eine profitable Alternative zum Sklavenhandel erschließen wollten, hatten sie den Anbau von Erdnüssen, für die zahlende Abnehmer bereitstanden, auf Kosten der traditionellen Nahrungsmittel Hirse und Sorghum gefördert. Ansonsten war ihr Einfluß auf das Leben in weiten Teilen des Landes begrenzt geblieben. Im Landesinneren kümmerten sich ganze zwei »reisende Kommissare« um die Durchsetzung der britischen Gesetze. Von den ersten zwölf, die dazu ernannt wurden, starben drei im Dienst, zwei wurden umgebracht, einer wurde für dienstuntauglich erklärt und nach Hause geschickt, und einer hatte sich versetzen lassen.

Die Gambier und die Senegalesen unterschieden sich nicht grundlegend: Sie gehörten den gleichen Stämmen an, in vielen Fällen sogar den gleichen Familien. Nichtsdestoweniger schlossen sich die beiden Länder, als sie in die Unabhängigkeit entlassen wurden, nicht zusammen, weil die Gambier dies ausdrücklich ablehnten.

Die meisten politischen Parteien, die im Landesinneren während der in die Unabhängigkeit mündenden Selbstverwaltung gegründet worden waren, wurden von den Einwohnern der Hauptstadt unterstützt. Es handelte sich dabei um die Akus, Nachfahren der Ende des achtzehnten Jahrhunderts aus Europa befreiten Sklaven, und die Wolof, Überlebende der alten Familien aus Saint-Louis du Senegal – der ersten »europäischen« Stadt in Afrika –, die vor der Annexion durch Frankreich im Jahre 1804 geflohen waren. Hinzu kamen Flüchtlinge vor dem Jihad aus der Zentralregion des Senegal, Handwerker und Handeltreibende, die eines Nachts im Jahre 1863 mit zweitausend Menschen vor dem britischen Fort standen – zur Bestürzung des einzigen diensthabenden Kommandanten. Sie betrachteten sich als eine andere Rasse als das Volk im Landesinneren und rühmten sich damit, daß sie dessen Sprache nicht sprechen konnten. Dieses wiederum behauptete, die Wolof hielten sich für etwas Höheres und siedelten sich »direkt neben den Tubabs« an. In Wahrheit hielten sich die Wolof für etwas viel Besseres als die Tubabs.

Die Partei jedoch, die die ersten Wahlen im Land gewann – die People's Progressive Party (PPP) – hatte ihre Wählerschaft aus dem Landesinneren rekrutiert, vor allem bei der größten Stammesgruppe, den Mandingos. Ihr Führer war ein vierzigjähriger Tierarzt – ein Mandingo, Sohn eines wohlhabenden Handeltreibenden vom Oberlauf des großen Flusses. Er wurde der erste Premierminister des Landes und Präsident, als 1970 die Republik ausgerufen wurde. Er war ein gewandter und nach den Maßstäben unserer Politiker außergewöhnlich bescheidener Mann. Es wurde gemunkelt, er habe sich zum Christentum bekehrt, um seine erste Frau Augusta Mahoney heiraten zu können, und dann wieder zum Islam, um ein zweites Mal zu heiraten, nämlich die berückend schöne Chilel Njai. Die Menschen im Landesinneren nannten ihn Kairaba – »Vater des Friedens«.

Nach der Unabhängigkeit gewann der Erdnußanbau immer mehr an Bedeutung. Die Einnahmen aus diesem einzigen Exportgut waren fast die ausschließliche Quelle für die Devisen, die das Land benötigte, um als unabhängiger Staat zu existieren. Die Regierung kaufte den Erzeugern – den einzelnen Bauern – die Erdnüsse zu einem Festpreis ab und verkaufte sie über eine eigens dafür eingerichtete Exportgesellschaft.

Das Bild des Landes wurde vom Ackerbau beherrscht. Zu Beginn der Regenzeit bestellte ein jeder seinen Flecken Erde, um Erdnüsse anzubauen – Händler, Handwerker, Marabuts, selbst Musiker und natürlich die große Anzahl derjenigen, die keine andere Beschäftigung hatten. Sogar in den Städten zogen viele früh am Morgen in den Busch hinaus, um nach ihren Erdnußfeldern zu sehen. Sogar Kairaba war Bauer.

Bis 1981 besaß das Land kein stehendes Heer, nur eine irreguläre *Field Force*, eine Polizei-Streitkraft mit etwa fünfhundert Männern. Gambia gehörte zu den wenigen Staaten Afrikas, in denen es keine politischen Gefangenen gab, und die Mord- und Selbstmordstatistik war praktisch bedeutungslos. Das Land wurde als angemessener Ort betrachtet, um den Gipfel der Organisation für afrikanische Einheit zur Frage der Menschenrechte im Jahr 1980 abzuhalten.

Samba Sanyang, ein ehemaliger römisch-katholischer Novize und ein Jola, hatte kurze Zeit in Moskau studiert und daraufhin in Guinea, wo er ein Bewunderer des »linken« Diktators Sekou Toure wurde. Er hatte sich den Namen »Kukoi« gegeben, ein Wort auf Mandinka, das bedeutet: »einer, der saubermacht«. Er kandidierte bei den Wahlen von 1980 für die offizielle Oppositionspartei NCP und unterlag. Er war achtundzwanzig Jahre alt.

Eines Tages lernte er den Mandingo Talibo Sanneh kennen, einen Fahrer, und sie beschlossen, da die Minister und sämtliche höheren Verwaltungsbeamten korrupt seien und jeder mehrere Autos und viele Häuser besitze, sei es Zeit für eine Revolution. In einem Haus in Talinding Kunjang, einem ärmlichen Vorort von Serekunda, riefen sie einen zwölfköpfigen Revolutionsrat ein. Zu ihm gehörten drei Fahrer, zwei Mitglieder der *Field Force* mit niedrigem Dienstgrad und ein Rauschgifthändler. Sie waren fast alle zwischen zwanzig und dreißig Jahre alt, einer sogar noch jünger.

Am Abend des 29. Juli 1981, als Kairaba in London auf der Hochzeit von Prinz Charles und Lady Diana Spencer tanzte, brachen sie mit einer Drahtschere in die Kaserne der *Field Force* ein. Am darauffolgenden Morgen wurde über Radio Gambia die Diktatur des Proletariats verkündet.

Zunächst wurde die Rebellion mit Jubel aufgenommen, besonders in den Städten. Das Land hatte sehr unter den Auswirkungen der Dürre gelitten, und die Erdnußproduktion war auf ein Drittel des früheren Standes zurückgefallen. Der Tourismus nahm zwar einen starken Aufschwung, aber er wurde von Ausländern kontrolliert, die einen Großteil des Profits sofort wieder aus dem Land abzogen. Die jungen Männer, die zu Beginn jeder Trockenzeit an die Küste kamen und Arbeit suchten, trafen auf eine auswegslose Situation. Die europäisch gebildete Elite des Regimes unter Kairaba hatte in luxuriösen Häusern gewohnt. Ihre Angehörigen verhielten sich wie Europäer und kopierten die Tubabs, wo es nur ging. Die neuen Führer jedoch waren »junge Männer« – genau wie die Arbeiter selbst.

Viele Offiziere der *Field Force*, auch reiche und mächtige Gambier, die in einer neuen Ordnung eine Chance für sich sahen – sowie Tausende ganz normaler anständiger Bürger – schlugen sich auf die Seite der Rebellen.

Moderne automatische Waffen wurden aus den Waffenkammern geholt und Arbeitslosen, aufständischen Polizisten, aus dem

Gefängnis befreiten Häftlingen und allen, die sie haben wollten, in die Hände gedrückt. Die meisten hatten solche Waffen bisher nur in Filmen gesehen, und es kam zu tragischen Unfällen. Selbst diejenigen, die gar keine Gewehre wollten, wurden gezwungen, sich zu bewaffnen.

Ehemalige Häftlinge begannen dann mit Plünderungen, woraufhin auf der Rebellenseite stehende Offiziere der *Field Force* auf sie schossen, weil sie die Ordnung aufrechterhalten wollten. Alkohol aus dem Supermarkt – bis dahin ein Monopol der Elite und der europäischen Exilanten – wurde in großen Mengen konsumiert. Bald dienten die Waffen dazu, alte Rechnungen zu begleichen. Es wurde von Menschen berichtet, die in Häuser gingen und ihre Magazine wahllos leerschossen.

Aus dem Radio dröhnten unaufhörlich Propagandasendungen. Der Kapitalismus werde abgeschafft, die Korruption werde abgeschafft, und sogar Verkehrsstaus sollten verschwinden. Aber die Wirkung dieser Ankündigungen, die Sanyang in einer hochemotionalen, fast hysterischen Weise verlas, war alles andere als beruhigend. Die Menschen bekamen es zunehmend mit der Angst zu tun. Bald waren die Straßen der Küstenstädte verlassen, und nur noch Bewaffnete und Plünderer fanden sich dort ein.

Die westlichen Länder beobachteten die Situation mit wachsender Besorgnis. Die senegambische Region als Angelpunkt der See- und Luftrouten zwischen der nördlichen und südlichen Hemisphäre war von zentraler strategischer Bedeutung. Kairaba flog nach Dakar, wo er den Senegal mit Hinweis auf einen gegenseitigen Beistandsvertrag um Intervention ersuchte. Gambia teilte den Senegal praktisch in zwei Teile: das Regierungszentrum im Norden und die fruchtbare Region der Casamance im Süden. Die Transgambia, die Hauptstraße von Dakar nach Ziguinchor, der Hauptstadt der Casamance, führte zwar nur auf einer Strecke von dreißig Meilen durch Gambia, aber genau in diesem Abschnitt verkehrte eine alte, rostige Fähre, die den beträchtlichen Lastwagenverkehr und die Container über den großen Fluß beförderte. Die aufkeimenden Unabhängigkeitsbestrebungen in der Casamance hatten bisher erfolgreich unterdrückt werden können, aber wer wußte, was noch passieren würde, jetzt, wo in Gambia ein radikales marxistisch-leninistisches Regime an der Macht war?

Schließlich entsprach der Senegal Kairabas Bitte, unter der Bedingung, daß eine Konföderation zwischen den beiden Ländern gegründet werden solle, sobald die Ordnung wiederhergestellt sei.

In der Zwischenzeit war der SAS (Special Air Service) aus Großbritannien entsandt worden, um die Frau des Präsidenten und
seine Kinder zu retten, die von den Rebellen als Geiseln gehalten
wurden. Als Sanyang einsah, daß er kaum noch Herr der Lage
war, verließ er das Sendegebäude, weil er mit Oberst Gaddafi tele-
fonieren und ihn um Hilfe bitten wollte. Beim Fernsprechamt
mußte er jedoch feststellen, daß seine eigenen Leute die Ausrüstung schon zerstört hatten. »Ich habe niemals einen Befehl zum
Töten gegeben!« soll er beim Anblick der Toten ausgerufen haben, die sich in der Leichenhalle auftürmten.

Über zweitausend Menschen sollen während des wochenlangen
Aufstandes und in den darauffolgenden Kämpfen mit den senega-
lesischen Truppen getötet worden sein. Die wiedereingesetzte Regierung schob die Verantwortung für den Aufstand fremden –
vermutlich libyschen oder russischen – Agenten zu, lieferte aber
nie Beweise für diese Theorie.
    Kukoi Samba Sanyang floh nach Guinea-Bissau, aber über tau-
send andere wurden verhaftet, darunter auch seine rechte Hand
Simon Talibo Sanneh, sowie Sherif Mustapha Dibbah, der Anführer der offiziellen Opposition, der wegen Hochverrats angeklagt
wurde. Um ein unparteiisches Verfahren zu garantieren, wurden
zwanzig Richter aus Ghana, Nigeria, Sierra Leone und Sri Lanka
geholt. Sie sprachen Sherif Dibbah, nachdem er fast ein Jahr im
Gefängnis verbracht hatte, vom Verdacht einer Beteiligung am
Staatsstreich frei, verurteilten aber sechsunddreißig andere zum
Tode. Wenige Tage nach dem Staatsstreich war Mustapha Danso,
gegen den schon ein Todesurteil wegen Mordes an einem Kommandanten der *Field Force* vorlag, aufgehängt worden. Seit der
Unabhängigkeit von Gambia im Jahre 1965 war dies die erste Voll-
streckung eines Todesurteils. Alle anderen Todesurteile im Zusammenhang mit dem Staatsstreich wurden danach umgewan-
delt. In jenem Jahr kehrte Kairaba mit einer stärkeren Mehrheit
als je zuvor an die Macht zurück.

    »Kil' Njais Mann«, sangen die Frauen in Dulaba.
    »Ich spreche von Lady Njemmehs Mann.
    Sir Daouda Kairaba Jawara –
    Gott hat ihm den Königsthron gegeben.«

106

5

STECK DEINE NASE NICHT IN FREMDE ANGELEGENHEITEN

Eines Nachmittags saß ich am Eßtisch und arbeitete, als eine kleine Gestalt durch das Moskitonetz spähte.

»Sona«, stellte sie sich vor. »Die Kafos von Jarra Njai und Fatounding sind aufs Feld gegangen. Sie möchten, daß du kommst.«

Bis ich meine Schuhe geholt hatte, war sie schon verschwunden. Aber Samba So, der Pförtner am Eingang des Camps, sagte zu mir, sie seien in die Nähe ihres Feldes westlich des Dorfes gegangen.

Das Feld gehörte Kemoring Minte, Jarra Njais Mann. Er hatte dem Kafo einen Esel geliehen und seinen Neffen beauftragt, die Erdnüsse für die Frauen zu pflanzen. Nun revanchierten sie sich für diesen Gefallen, indem sie auf seinem Erdnußfeld Unkraut jäteten.

Als ich ankam, regnete es schon. Die Kindermädchen rannten zu dem Baum, unter dem die Frauen ihre Sandalen abgelegt hatten, und versuchten, sich auf seinen Wurzeln balancierend vor den Windstößen zu schützen, die das Wasser auf dem Boden aufpeitschten und sie naßspritzten. Die Frauen auf dem Feld aber setzten unbeirrt ihre Arbeit fort. Sie trugen die oberen fünf Zentimeter der Erde ab, wobei ihre kleinen, gebogenen Jätharken geschickt die Erdnußbüsche aussparten, die jetzt zehn bis zwölf Zentimeter hoch standen. Das Unkraut ließen sie liegen, damit es von der Sonne ausgedörrt wurde.

Wieder arbeiteten die Frauen in einer Reihe, und ihre Arme bewegten sich fast gleichzeitig – als könnte in Afrika nichts ohne Rhythmus getan werden.

Sie empfingen mich mit Rufen und Gelächter. Ich nahm eine Hacke und begann zu arbeiten.

»Mark«, sagte jemand. »Gib uns Geld.«

»Ich habe kein Geld.«

»He-e-e! Du hast Geld in deinem Haus.«

»Nein.«

»Es ist dort!«

»Ich habe kein Geld«, versicherte ich. »*M'mang koddo soto.*«

Sie hielten sich den Bauch vor Lachen. »Habt ihr gehört, wie er das gesagt hat? *M'mang koddo soto!*«

Sie riefen sich den Satz immer wieder zu, mit einem grotesk heiseren Cockney-Akzent.

»Mark«, sagte Binta Sise. »Wo ist mein Freund?«

»Dein Freund«, antwortete ich und erinnerte mich an meine letzte Unterrichtsstunde in Mandinka, »ist in deinem Haus.«

»*Whai!* Mein Freund ist in meinem Haus!« Sie begann laut zu singen: »*Hey, Al Marky joobay jambaro! Hey, seht euch Mark, den Helden an! Und seine Frau Mariyama ist in Europa!*«

Ich bereute allmählich, daß ich diese Ehefrau erfunden hatte. »Ich bin nicht verheiratet«, stellte ich richtig.

»*Und Mariyama, sein seri, ist in Europa.*«

»Wer ist Mariyama?«

»Sein *seri*.«

»Wo ist sie?«

»Sie ist in Europa«, antwortete Binta. »*A be tubabidu!*« sang sie und zog die Vokale mit ihrer tiefen Stimme schmachtend in die Länge.

Der Regen war stärker geworden und prasselte nun auf die Felder. Die Frauen beschlossen aufzuhören, da das graue Wasser die Pflanzen schon fast überspülte. Die Kindermädchen hatten sich schon längst auf den Nachhauseweg gemacht, und die Sandalen der Frauen waren tief in den Schlamm unter dem Baum versunken. Sie hoben sie auf und drängten sich in ihren tropfnassen, an der Haut klebenden Wickelröcken um die Baumwurzeln. Inzwischen war Jarra Njais Mann gekommen, und er stimmte ein kurzes Gebet zum Zeichen dafür an, daß die Arbeit beendet war. Zitternd murmelten sie kaum hörbar die Gebete mit und erhoben ihre Hände, um den Segen zu empfangen, während sie ihre Röcke zusammenzogen.

Als der Regen nachließ, hasteten sie über die Felder ins Dorf, wobei sie sich einen Weg an den schlammigen, wassergefüllten Furchen entlang suchen mußten. Manche trugen ihre Kalebassen und Schüsseln wie Helme auf dem Kopf, um den Regen abzuhalten. Andere tanzten ausgelassen an den Furchen entlang, verspritzten Wasser und schlugen ihre Arme gegen den triefnassen Körper. Am Dorfrand trennten sie sich, um in die verschiedenen Gehöfte zu gehen. Der Regen hatte nun fast aufgehört. In kleinen

Gruppen trippelten sie an den wassergefüllten Rinnen vorbei, die sich zwischen den Gärten eingegraben hatten. Wie grün alles war! Die wassergetränkten Farben ihrer Wickelröcke verblaßten neben der Leuchtkraft des Unkrauts und der Gräser, die nun überall in die Höhe schossen. Auf der anderen Seite der Zäune stand der Mais schon fast drei Meter hoch.

»Mark, wenn du gehst, gibst du dann eine Party?«
»Ich weiß nicht.«
»Eine Party nur für unser Kafo.«
»Schließlich bist du der Freund des Kafos.«

Sie hatten ihr Kafo gegründet, nachdem sie beschnitten worden waren. Das hatte ihnen niemand befohlen, sondern sie ahmten damit ihre älteren Schwestern nach, die ebenfalls Kafos gegründet hatten – und sie wollten allen zeigen, daß die Mitglieder ihres Kafos zusammengehörten. Zuerst hatten sie sich den Namen Ku'lo gegeben – »der Geheimbund« – und Jongkong Sise, genannt Gunjur und fünfzehn Jahre älter als sie, zu ihrer »Mutter« gewählt. Sie waren ja sehr jung, und diese Frau konnte ihnen Ratschläge geben und Streitigkeiten schlichten.

Als sie noch Kinder waren, konnte jedes Mädchen zur Führerin des Kafos gewählt werden. Sie hatten sich damals für Karamo Sise entschieden, Karamo Tombong genannt. Aber als sie dann mit Anfang Zwanzig zu ihren Ehemännern übersiedelten, mußte die Kafo-Führerin den Familiennamen Minte tragen, da im Dorf die Mintes immer schon diese Funktion erfüllt hatten. Dabei mußte die Frau selbst gar nicht unbedingt eine Minte sein, es reichte, wenn ihr Mann Minte hieß. Jarra Njai wurde aus dem einfachen Grund gewählt, weil ihr Mann älter war als alle anderen, deren Männer Minte hießen. In der ganzen Gruppe eignete sie sich allerdings auch am besten für diese Aufgabe. Neben ihr hatte jede andere Frau mit einem Autoritätsanspruch einen äußerst schweren Stand.

Bei der Vereinigung mit dem Kafo von Fatounding hatten sie den Namen der jüngeren Gruppe angenommen – Saniyoro Kafo. Es war ein schöner Name, und jede von ihnen behauptete, ihn erfunden zu haben.

An der Straße, die vom Bantaba am Fuß des Dorfes zur Moschee führte, stand auf der Höhe des Eingangs zum Gehöft Fili Kunda ein quadratisches, stabil wirkendes Haus mit einer zementierten

Veranda, dessen Türen und Fensterflügel aus Wellblech jedoch so gut wie immer verschlossen waren. Eine weitere Tür im Wellblechzaun führte auf einen kleinen umzäunten Hof mit einer Veranda an der rechten Seite. Vom verrußten Innenraum einer Kochhütte bis auf den Hof hinaus lagen Schüsseln, Kalebassen und andere Kochutensilien verstreut. Dazwischen pickten sich Hennen ihren Weg durch angehäufte Asche, Reste von Strohhalmen und Stöcken, Papierfetzen, alte Dosen und anderen Müll, den die Kinder zum Spielen benutzt hatten. Jemand hatte versucht, Schilfrohr im Kreis zu binden, um damit Autoräder nachzubauen, aber nun lag es vergessen im Staub.

Die Hauswände waren einmal weiß verputzt worden, aber längst blätterte die Farbe ab, und Insekten hatten den Mörtel so bearbeitet, daß es aussah, als sei er mit vielen kleinen Warzen aus rotem Staub übersät. Auf der Veranda befand sich eine Bank mit größtenteils zerbrochenen oder losen Holzbrettern, und wie auf dem *bentengo* vor dem Haupthaus lagen auch hier Lumpen und Stoffetzen verstreut, mit denen man die Kinder auf den Rücken gebunden oder ihre Nasen geputzt hatte. Die Hauswand war bis Taillenhöhe mit einer durchgehenden, undefinierbaren und leicht fettigen, grauen Schicht bedeckt, die vom ständigen Kommen und Gehen der Kinder und Tiere zeugte. Hier lebte Fatounding. Ihre Haut hatte die Farbe wilden Honigs: ein mattes Braun mit einem Stich ins Grünliche, das in diesem Teil der Welt als »hell« bezeichnet wurde und als äußerst attraktiv galt. Sie hatte ein großes, etwas jungenhaftes Gesicht, das zunächst eine mongolische Gelassenheit vermuten ließ, aber dieser Eindruck wurde durch den fast schurkenhaft mißtrauischen Blick ihrer schrägen Augen gleich wieder Lügen gestraft. Am liebsten trug sie bei der Arbeit einen Kittel, den eine Engländerin zurückgelassen hatte, und obwohl er schon an verschiedenen Stellen ausgelassen worden war, wollten ihre Brüste immer noch nicht richtig hineinpassen.

Ursprünglich war geplant gewesen, daß Fatounding gemeinsam mit Jarra Njai das Kafo anführte. Doch sie mochte zwar einen ausgeprägten Gerechtigkeitssinn haben, besonders wenn es um ihre eigenen Interessen ging – jeder kannte ihre heisere Stimme, die, wenn sie sich ereiferte, weithin durch das Dorf scholl –, aber sie war nicht gerade eine Autorität. Sie neigte dazu, es den Menschen einfach zu machen, und so war bald klar, daß Jarra Njai die besseren Führungsqualitäten hatte.

Bei der Aufzucht ihrer drei allgegenwärtigen, kreischenden

Söhne legte Fatounding ähnliche Züge an den Tag (die Tochter war noch zu klein, um ernsthaften Schaden anzurichten). Sie sollten im Alter von neun oder zehn Jahren beschnitten werden, was bedeutete, daß sie danach in die Gewalt der Männer übergingen. Bis dahin aber lebten sie im Haus der Frauen, und Fatounding genoß ihre Gesellschaft. Sie mochte zwar mit ihrer heiseren Stimme maßregeln und herumkommandieren, aber selten kümmerte sie sich darum, ob sie irgendeine Wirkung damit erzielte. Das »kreative Spiel« der Jungen war somit ein Hauptfaktor für das Durcheinander, in dem sich ihr Gehöft so gut wie immer befand. Fatounding wollte, daß ihre Söhne die Tubabschule besuchten und die Tubabsprache lernten, weil ihr, wie sie gerne erzählte, diese Sprache gefiel – obwohl sie selbst, wie sie immer hinzufügte, kein Wort davon verstand. Ihre Nebenfrau war klein und dunkelhaarig, und mit ihren funkelnden Augen und der großen Nase erinnerte sie mich an einen gutmütigen Kobold. Sogar nach den Maßstäben einer Gesellschaft, die für jede beiläufige Begegnung eine formelle Begrüßung verlangt, legte sie einen gesteigerten Wert auf diese Prozedur. Sie sprach die traditionellen Begrüßungsformeln stets ernst und überlegt, in ihrer tiefen, bedächtigen, melodiösen Stimme, als überrasche sie das Wunder der menschlichen Sprache immer wieder aufs neue. Sie war zwar einige Monate älter als Fatounding, aber nach ihr ins Gehöft gekommen. Die beiden Frauen kamen gut miteinander zurecht. In einer Gesellschaft wie der ihren war der Respekt gegenüber der Nebenfrau fast so bedeutsam wie der vor dem Ehemann. Schließlich hatte Gott sie beide an diesen Ort gebracht, und für sie galt, wie die Mandingo sagten: ›Dunija mo le ti‹ – »Auf Erden muß man sich gegenseitig helfen.« So teilten sie sich ihre Arbeit – kochen, Wasser holen, Kleider waschen, Brennholz sammeln, für die Kinder sorgen –, so wie sie das Bett ihres Mannes teilten.

Fatoundings Hof gehörte zum größeren Gehöft Kafuli Kunda. Bis vor kurzem noch hatte auch Jarra Njai dort gewohnt, weil die Ehemänner der beiden Frauen Söhne des verstorbenen Gehöftsältesten gewesen waren. Kemoring Momodou Minte, Jarra Njais Ehemann, stammte von seiner zweiten Frau ab, und Momodou Kalamatta Minte, Fatoundings Mann, von der fünften. Momodou Kalamatta, mit seinen siebenunddreißig Jahren zwei Jahre jünger, hatte es einmal geschafft, genug Geld zusammenzukratzen, um einen zusätzlichen Sack Reis im Regierungslager in Mankono zu kaufen, den er dann tassenweise an die Dorfbewohner weiterverkaufte. Von der zementierten Veranda vor seinem Gehöft aus betrieb er diesen Handel danach gelegentlich weiter, und nun zählte er zu den reichsten Männern im ganzen Dorf. Aber obwohl die beiden Brüder inzwischen ihre eigenen Gehöfte besaßen, mußten sie immer noch den Ältesten – ihren Vätern, wie sie ihre Onkel nannten – gehorchen.

Momodou Kalamattas Mutter, Mba Bintanse, lebte mit den beiden Ehefrauen im Haus der Frauen. Sie war groß und immer gutgelaunt, achtete stets auf eine aufrechte Haltung, hatte nur noch wenige Zähne im Mund und blasse, meist verklebte Augen. Sie half bei vielen Arbeiten aus und wurde einfach N'na genannt, Mutter.

Am Abend, wenn die Frauen in ihren Räumen noch wachlagen – während manche Kinder schon dösten, andere zwischen den vier Betten umhertollten –, war die Luft erfüllt von Geschichten, Spekulationen und Gerüchten, und auch N'na beteiligte sich aus der Dunkelheit daran. Es herrschte eine Atmosphäre wie in dem Schlafsaal eines Mädchenpensionats mit besonders pöbelhaften Bewohnerinnen, wobei Fatounding weniger Mutter denn zaghafte Aufsichtsperson zu sein schien. Als einziger fehlte in dieser häuslichen Idylle ihr Ehemann, der Vater all dieser Kinder. Er war ein magerer, dunkelhaariger Mann, der mit seinen vorstehenden Zähnen aussah, als hätte er ständig einen Bärenhunger. Aber er war ein außerordentlich schweigsamer Mensch und äußerte kaum je Gefühle. Zuerst dachte ich, meine Anwesenheit im Gehöft störe ihn. Aber bald bemerkte ich, daß diese extreme Gleichgültigkeit zu seinem Naturell gehörte. Er bewegte sich fast lautlos durch die Höfe und schien seine Ehefrauen kaum einmal zur Kenntnis zu nehmen. Aber auch sie ignorierten ihn weitgehend. Es war schwierig, sich vorzustellen, daß er sich ganz in der Nähe draußen in der Dunkelheit aufhielt, und ich fragte mich, wozu diese sich offensichtlich selbst genügende Frauengesellschaft ihn eigentlich brauchte.

Zuerst konnte ich die Reissprößlinge kaum von dem wuchernden Unkraut unterscheiden. Ich mußte Fatounding darum bitten, mir dabei zu helfen. »Nyaamo... nyaamo... nyaamo.« Alles Unkraut. Sie hörte gar nicht mehr auf, die Halme auszureißen. »Hier gibt es keinen Reis«, sagte sie dann vergnügt und überließ mich meinem Schicksal.

Nach einer gewissen Zeit erkannte ich dann die Reispflanzen – es waren die schmalen, goldgrünen Halme, die direkt in lange, speerähnliche Blätter übergingen. Die kostbaren Sprößlinge schienen fast aufzuleuchten, wenn ich sie inmitten der zähen, kräftigen Nyaamo erspähte.

Im Reisfeld von Tambana herrschte eine angenehme Kühle, die Luft war klar und frisch. Am Rand der Salzöde reihten sich die Felder wie eine Flucht grüner Zimmer zwischen den Bäumen aneinander. Durch deren Geäst waren große, violette Wolken am Himmel zu erkennen.

»Regen«, kommentierte Fatounding.

Wir nahmen eilig unseren Mittagsimbiß aus Reis und Blättern zu uns. Fatounding rülpste laut, dann nahmen wir unsere Arbeit wieder auf. Bald fielen kalte Tropfen auf uns. Fatounding legte die zerbeulte Essensschüssel aus Emaille auf ihren Kopf. Grinsend lugte sie darunter hervor.

»Der Regen ist sehr gut«, meinte sie.

Ich fragte mich, ob es überhaupt jemals zu viel regnen könne, ob die Menschen irgendwann einmal des Regens überdrüssig würden.

»Ich bete darum, daß Gott mich niemals so etwas denken läßt«, sagte Fatounding.

Mein Hemd hatte sich bald derart mit Wasser vollgesogen, daß ich kaum noch arbeiten konnte. Ich zog es aus und warf es in den Schlamm, nur um es vor Kälte zitternd gleich wieder anzuziehen. Fatounding lachte. »He-e-e, Marky«, rief sie. Der Regen hörte so unvermittelt auf, wie er eingesetzt hatte, und bald hörte man nur noch Fatounding, die leise ein Lied summte. Schließlich war das Feld fast vollständig gejätet. Nur noch die zarten Reishalme ragten aus der schwarzen Erde heraus, auch wenn manche von ihnen fast dreißig Zentimeter auseinanderstanden.

Mir war eine besondere Art von Mistkäfer aufgefallen – er schillerte blauschwarz. Ich beobachtete, wie sich das Tier in grüne Berge frischen Dungs eingrub, wenige Augenblicke später wieder auftauchte und in der Zwischenzeit eine Kugel ausgehoben hatte, die viermal so groß wie sein eigener Körper war. Im Gestrüpp am Wegrand sah ich lange Trecks dieser Käfer, die ihre Kugeln über den Boden wälzten. Ich hatte gehört, daß ihre Larven darin ausgebrütet wurden.

Die Termitenhügel zerfielen allmählich, die Zinnen ihrer Turmbauten bröckelten ab, und die Eingänge zu ihren Höhlengängen gähnten wie schwarze Mäuler, um die Tausende winziger brauner Raupen schwärmten.

Das Dorf selbst ähnelte nun einem großen, grünen Garten. Die Siedlungen verschwanden zwischen den glänzendgrünen Maisstauden, die Zäune, Hausdächer und sogar die Rückseite der Moschee überragten. Der Friedhof war vollständig mit Unkraut überwuchert, nur ein paar mit arabischer Schrift bedeckte Grabsteine ragten noch heraus. Zwischen den dicken Stämmen der Affenbrotbäume hindurch, deren Äste nun dichte Blätter trugen, sah man bis zum Flickenmuster der säuberlich bestellten Felder auf der Südseite des Dorfes. Die Reihen der *suno* – der »frühen« Hirse – schossen aus dem Boden wie grüne Fontänen, während Hirse und Sorghum schon so hoch standen, daß sie die niedrigen Äste der Mangobäume erreichten, die das Dorf im Süden begrenzten. Magentarote und türkisfarbene Vögel flogen aus dem dichten Blätterwerk empor und setzten harte, heraldische Farbtupfer am Himmel. Ein Bauer schlief unter einem Baum. Die Szene wirkte sehr idyllisch – alles war an seinem Ort im Lauf der Jahreszeiten und in der von Gott gefügten, seit jeher gültigen Ordnung. Es war kaum vorstellbar, daß die Menschen inmitten einer so üppigen Vegetation Hunger litten. Und doch war genau das der Fall.

Schon immer hatten sie zu dieser Jahreszeit gehungert. In der Generation ihrer Eltern war es noch üblich gewesen, die Reissprößlinge auf ein Feld bei Tankular am Ufer des großen Flusses zu verpflanzen. Durch dieses Verfahren vervielfachten sich die Halme, und die Ernte wurde entsprechend größer.

Manchmal wurden die Pflanzen sogar zweimal versetzt.

Tankular lag über sieben Meilen entfernt. Das dortige Feld gehörte den Menschen aus dem Dorf, weil ihre Vorfahren es als erste gerodet hatten. Der Weg war zwar immer mühsam gewesen, aber dafür fiel die Reisernte so reichlich aus, daß sie fast bis zum Beginn der nächsten Regenzeit reichte. Wenn die Menschen danach die letzten Hirsevorräte aufgebraucht hatten, gingen sie in den Busch und sammelten Blätter, Beeren, wilde Mangos und Maniokfrüchte und die Frucht des Affenbrotbaumes – die sie »Affenbrot« nannten. Manchmal mußten sie sich über Wochen hinweg so ernähren und wurden sehr geschwächt, aber bei normaler Kost erholten sie sich wieder.

Später gab es importierten Reis zu kaufen – »Tubab-Reis«, wie sie ihn nannten. Die Dorfbewohner konnten sich noch daran erinnern, daß sie als Kinder so gut wie nie gehungert hatten. Selbst in der Regenzeit nahmen sie immer eine Mahlzeit am Tag zu sich, und wer sie sich nicht leisten konnte, hatte immer Verwandte, die halfen.

Vor dreißig Jahren spielten Erdnüsse noch eine relativ unbedeutende Rolle. An ihrer Stelle bauten die Menschen Hirse und Sorghum an, das Getreide ihrer Vorfahren. Die Erdnüsse wurden zunächst ausgetauscht und später auch verkauft. Aber als die Menschen entdeckten, wie wichtig es war, Geld zu besitzen, wurde immer mehr Ackerland zum Anbau dieser Frucht genutzt. Damals dauerte die Regenzeit fast drei Monate, in denen der Regen höchstens einmal für zwei oder drei Stunden aufhörte. Zumindest hatten sie das so in Erinnerung. In den vergangenen fünfzehn Jahren jedoch hatte es immer weniger geregnet. Hinzu kam, daß in ihrer Jugend der große Fluß einmal bei Tankular über die Ufer getreten und die Felder mit Salzwasser überschwemmt hatte. Seitdem wuchs dort nichts mehr. Der Reis, den sie auf den Feldern um das Dorf herum anbauen konnten, war schon lange vor dem Ende der Trockenzeit aufgebraucht. Im vorigen Jahr war der Regen fast völlig ausgeblieben, so daß die Frauen nur ein Viertel der erwarteten Ernte eingebracht hatten. Es war den Europäern im Camp ein Rätsel, wie die Dorfbewohner es geschafft hatten zu überleben. Die Männer verwandten nun all ihre Mühe auf den Erdnußanbau. In den vergangenen drei Jahren waren Hirse und Sorghum fast vollständig von Wanderheuschrecken und Käfern zerstört worden. Die Menschen wagten es kaum noch, sie anzupflanzen. Findo, ein sehr gutes Getreide, das früher ihr Lieblingsnahrungsmittel gewesen war, wurde überhaupt nicht mehr angebaut.

So kam es, daß eine zunehmende Abhängigkeit vom Tubab-Reis entstanden war, den sie aus dem Gewinn der Erdnußernte kauften. Es handelte sich dabei um Bruchreis aus Südostasien – also der nach dem Mahlen übriggebliebene Abfall –, der billiger als volles Korn war. In diesem Jahr jedoch gab es im ganzen Land keinen Reis mehr, egal in welcher Form. Die Menschen lebten von ihren Vorräten. Wenn sie keine hatten, bettelten sie bei Verwandten. Und wenn selbst die ihnen nicht helfen konnten, sammelten sie Blätter im Busch, oder sie aßen einfach nichts.

Ich lebte nun seit fast drei Monaten im Camp. Über die Hälfte dieser Zeit hinweg hatte es einen bedrohlichen Mangel an Lebensmitteln im Dorf gegeben. Nur wenige Meter entfernt von mir litten die Menschen körperlich unter den Auswirkungen des Hungers, und ich hatte es nicht einmal bemerkt. Ich wußte nun aus Susan Lawrences Ernährungsberichten, daß die meisten mit einer Mahlzeit am Tag zurechtkommen mußten, und manche mußten selbst darauf noch verzichten. Dieses Wissen trug nicht gerade dazu bei, mein Gefühl der Isolation zu überwinden. Im Gegenteil, immer mehr empfand ich das Dorf als einen Ort, an dem ich immer ein Fremder bleiben würde, auch wenn ich mitten unter seinen Bewohnern lebte. Ich hätte gerne gewußt, wie sie den Hunger erlebten und was er ihnen bedeutete. Aber wie kann man seine Zeit mit Menschen verbringen, die in den nächsten vierundzwanzig Stunden nichts zu essen haben – und vielleicht nicht einmal dann –, während man selbst nach Hause geht und sich an einen gedeckten Tisch setzt?

Im Quartier des Personals mußten wir nie auf eine Mahlzeit verzichten. Daouda hortete Reis für solche Notzeiten. Die Säcke stapelten sich im Treppenhaus bei Barbara Smith. Sogar unsere Blättersoßen, die meistens zerstoßene Erdnüsse, Fischstückchen und sogar Öl enthielten, waren reichhaltig, verglichen mit denen der Dorfbewohner, die noch im besten Fall dünn und wäßrig waren.

Ich hätte natürlich einfach auf meine Mahlzeit verzichten und die Auswirkungen des Hungers am eigenen Leib erfahren können. Aber mir war einigermaßen klar, daß eine solche freiwillige und im großen und ganzen akademische Übung sich um einiges von dem anhaltenden Hunger der Dorfbewohner unterscheiden mußte und daher ziemlich absurd und heuchlerisch wäre. Und da ich bisher in meinem Leben noch nie auf eine Mahlzeit verzichten mußte, wäre ich wahrscheinlich nur krank geworden. Nein, das war sicherlich keine gute Idee.

Der merkwürdigste und für einen Außenstehenden beunruhigendste Aspekt des Hungers war jedoch der, daß seine Auswirkungen kaum erkennbar waren. Wer immer wieder Bilder von hungernden Menschen zu sehen bekommt, gelangt wahrscheinlich zu der Ansicht, daß Hunger eine ganz dramatische Erscheinung sein muß. In Wirklichkeit dauert es sehr lange, bis ein Mensch verhungert. Die Menschen magerten zwar ab, aber nicht in so kurzer Zeit, daß man das bei flüchtiger Betrachtung gleich bemerkt hätte. Der Hunger ermüdete sie auch, aber das schien sich nicht unmittelbar auf ihre Gesundheit auszuwirken. Und ganz sicher hielt es sie nicht von der Arbeit ab. Gerade in der Zeit des Jätens – *bindeyo* – kämpften die Menschen mit dem Land, um zu verhindern, daß die kostbaren, empfindlichen Pflanzen – ihre einzige Hoffnung zu überleben – vom Busch überwuchert wurden. Jeden Morgen verließen sie das Dorf und kehrten erst zurück, wenn die letzten Sonnenstrahlen über der Ebene im Westen des Dorfes verschwanden. Und trotz alledem machten sie immer noch ihre Späße und sangen bei der Arbeit.

»Was tut ihr, wenn es kein Essen gibt?« fragte ich eines Abends Fatounding im Haus der Frauen.

»Baden, beten, zu Bett gehen.«

Ich begriff, wie dumm meine Frage war. Was sonst hätten sie denn tun sollen? Sie hätten ins Camp gehen, die Tubabs umbringen und ihre Ein-Kilo-Pakete Uncle Ben's Reis »Easy Cook« stehlen können. Aber selbst das hätte ihnen nicht viel genützt. »Wir vertrauen auf Gott«, erklärte Fatounding. »Und wir essen grüne Blätter.«

War der Hunger etwas Deprimierendes?

»Ich weine«, antwortete sie, verzog dabei den Mund und rieb sich die Wangen mit ihren Fingerknöcheln. Alle brüllten vor Lachen.

Diese Zeit des Jahres war schon immer hart gewesen. Aber so schwer wie dieses Jahr hatten sie es noch nie gehabt. Fatounding wußte nicht, woran es lag. »Frag die Regierung«, meinte sie. Sie wußte nur, daß es reichlich regnete. Es war der beste Regen seit fünf Jahren. Und wenn sie ihre Pflanzen ansah, freute sie sich.

Es hatte keinen Sinn, die Menschen zu fragen, was der Hunger für sie »bedeutete«, denn sie empfanden ihn nicht als etwas Greifbares. Man mußte mit ihm leben, weil niemand etwas dagegen tun konnte. Er war hart – *akoliata* – was sonst hätte man noch dazu sagen können?

Ein Europäer konnte in Dulaba nicht ohne Bedienstete leben. Wenn jemand weniger als drei einstellte, galt er als *ajawiata bake* – sehr schlecht –, und Gärtner, Putzfrauen und Wäscherinnen gaben sich bei ihm in der Hoffnung auf eine Anstellung die Klinke in die Hand. Ich selbst hatte Turo, den alten Gärtner des Professors, der die Wege um das Haus herum fegte, Mabinta, eine des Lebens überdrüssige, aber schlaue Frau Ende Dreißig, die meine Kleidung wusch, und Natoma, die an zwei Vormittagen in der Woche das Haus saubermachte, angestellt.

Natoma brachte oft ihre zwölfjährige Nichte Mariatou mit, die auf ihre kleine Tochter Binta und auf Fatou, eine Waise, die von Natomas Mutter aufgezogen wurde, aufpaßte. Mariatou war ein hübsches Kind mit tiefschwarzer Haut, aber zu dieser Zeit des Jahres sah sie sehr mitgenommen und erschöpft aus.

Ich versuchte, Natoma dazu zu bewegen, ihren Lohn schon früher zu nehmen, damit sie für ihre Familie Brot kaufen konnte. Aber sie bestand darauf, daß ich das Geld für sie aufbewahrte. Sie sparte es, um später Geschirr, Schüsseln und Bettücher zu kaufen. Ich fand das sehr ungewöhnlich, fast unfaßbar. Ich sagte ihr, wenn sie das Geld gleich nehme, könnte sie Brot kaufen. Sie antwortete, daß Brot sehr teuer sei. Ein Laib koste einen Dalasi. Ihr Lohn betrug vierzig Dalasi im Monat. In ihrem Gehöft wohnten elf Menschen, da hätten nicht einmal vierzig Laibe lange gereicht. Wenn sie dagegen das Geld sparte, konnte sie am Ende des Jahres wenigstens etwas vorzeigen. Wenn sie es jetzt aber nahm, war es in ein paar Tagen aufgebraucht, und sie mußten trotzdem wieder alle hungern.

Im allgemeinen hatten die Leute von Dulaba keine hohe Meinung, was den Nährwert von Brot anging. Sie sagten, Brot sättige nicht, es sei nur Pulver, und wenn man hinterher etwas trinke, werde es wieder weggewaschen. Reis hingegen war schwer und blieb lange Zeit im Bauch. Für sie war Essen *gleichbedeutend* mit Reis oder Hirse.

Ich hatte das Gefühl, etwas tun zu müssen. Aber was? Ein Mensch alleine konnte nicht das Dorf mit eintausendundvierhundert Einwohnern ernähren. Selbst wenn ich soviel Geld gehabt hätte – es gab nichts zu kaufen. Es kam auch nicht in Frage, eine einzige Familie zu unterhalten. Denn ich konnte nicht an einem Tag jemandem helfen und ihn am nächsten wieder sich selbst überlassen. Und dann: Wie sollte ich überhaupt eine Auswahl treffen?

Schließlich beschloß ich, Brot zu kaufen und es Binta und Tumbulu zu bringen – zwei der ärmsten Frauen im Dorf – und mich um die Konsequenzen nicht zu scheren. »Wenn du das tust«, sagte Fabakary Manneh, »wird jeder sagen, du bist schlecht, weil du es ihnen gegeben hast und nicht jemand anderem.«

»Werden sie es denn den anderen erzählen?«
»Natürlich.«
»Vielleicht auch nicht.«
»Doch, bestimmt.«
Also verwarf ich die Idee wieder.

Darbon Jammeh war eine schlanke dreiundzwanzigjährige Frau mit kupferfarbener Haut. Sie sah gut aus, unterschied sich aber nicht grundlegend von den anderen Frauen, die man täglich im MRC-Camp mit ihren Kindern im Schlepptau sah. Sie hatte schon von Kindesbeinen an viel mit den Europäern zu tun gehabt, zuerst als Kindermädchen für die Studien-Mütter, dann für die Sprößlinge der verschiedenen Europäer im Gehöft. Diese schätzten sie sehr und hatten ihr eine Uhr geschenkt, damit sie pünktlich sein konnte.

Ihre eigene Mutter war früh gestorben, und als älteste Tochter mußte sie sich um ihre Brüder und Schwestern kümmern. Mit zwölf Jahren wurde sie mit einem jungen Mann aus einem Gehöft verheiratet, von dem die Ehepartner der Familie schon immer stammten. Aber noch bevor sie ihm zur Frau gegeben werden konnte, kam er im Laufe eines Streites mit einem Mann aus seiner Altersgruppe um. Der Vorfall wurde den Behörden nie gemeldet, aber der »Mörder« ihres Ehemannes verließ das Dorf und kehrte nie zurück.

In der Familie ihres verstorbenen Ehemannes traten derartige »außergewöhnliche« Ereignisse häufiger als sonst auf. Eine Schwester war geisteskrank im Krankenhaus gestorben. Ein anderer Bruder wurde in einem Haus im Gehöft der Familie angekettet. Als Bill, der Arzt, ihn aufgefunden hatte, war sein nackter Körper mit Geschwüren übersät gewesen, und er hatte nicht einmal mehr sprechen können. Bill schickte ihn in das Krankenhaus an der Küste, um ihn vor dem sicheren Hungertod zu bewahren. Für diese Behandlung war sein älterer Bruder verantwortlich, und genau diesem wurde Darbon nach dem Tod ihres Mannes gegeben, weil Frauen in der Familie des Mannes praktisch weitervererbt wurden.

Er wohnte in Serekunda und arbeitete dort als Fahrer. Wenn er nach Dulaba kam, zitierte er sie in sein Gehöft, aber sie lehnte es regelmäßig ab, zu ihm zu gehen. Oder sie folgte seiner Aufforderung und weigerte sich dann, mit ihm zu schlafen, woraufhin er sie schlug. Wenn sie an die Küste reiste, um etwas zu erledigen, besuchte sie ihn, wenn es sich irgendwie vermeiden ließ, so gut wie nie in seinem Gehöft. Einmal erschien sie mit tiefverschleiertem Gesicht zur Arbeit im Haus des Arztes. Als sie den Schleier schließlich abnahm, war ihr Gesicht geschwollen und voller Blutergüsse, ihre Lippen waren aufgeplatzt, und sie hatte ein blaues Auge. Am gleichen Tag hatte Bill ihren Mann in der Klinik behandelt. Seine Genitalien wiesen blaue Flecken auf und waren mit Kratzern übersät. Er sagte, seine Frau habe versucht, seinen Penis abzureißen.

Nach vier Jahren beschloß sie, sich von diesem Mann scheiden zu lassen. Daraufhin drohte ihr Vater, daß sie von den Gehöftsältesten ausgepeitscht werde – die traditionelle Strafe für widerspenstige Ehefrauen. Sie floh auf der Stelle zum Bezirksleiter in Mankono, der als Friedensrichter fungierte. Aus Angst, sie könne sich an eine noch höhere Stelle wenden, vergab ihr die Familie sofort. Sie forderte ihren Mann auf, sie freizugeben, und, verblüfft über soviel Mut, willigte er ein.

Seitdem hatten sich schon viele junge Männer um sie bemüht – Männer aus dem Dorf, alte und junge, mehrere vom Personal des MRC einschließlich Lamin Jarjous, und sogar Daouda, wie es hieß. Schließlich entschied sie sich für ein anderes Mitglied des Personals, einen jungen Mann, der angeblich mindestens ein uneheliches Kind im Dorf hatte. Ihr Vater sagte, sie könne diesen Mann niemals heiraten, da er kein guter Moslem sei. Er hatte sich nämlich schon für einen Mann mittleren Alters aus der Nachbarschaft entschieden. Die Sache war schon so weit gediehen, daß er von ihm Kolanüsse annahm – und die Ältesten der beiden Gehöfte trafen sich zum Gebet, um die Bande zwischen den Gemeinschaften zu stärken. Aber als er seine Tochter zu sich bestellte, mußte er hören, sie denke gar nicht daran, diesen Mann zu heiraten.

In der Koranschule hatte sie immer gehört, daß junge Mädchen den von ihren Eltern gewählten Partner heiraten müssen, weil sie selbst nicht wüßten, was gut oder was schlecht für sie sei. Heiratete eine Frau aber zum zweiten Mal, etwa nach dem Tod ihres Mannes oder nach der Scheidung, sei sie durchaus in der Lage, ihre Wahl selbst zu treffen. Sie müsse den Mann ihrer Wahl auch lieben, damit sie ihm so dienen konnte, wie Gott es von ihr verlangte. Denn die Ehe endet nicht in dieser Welt, sondern wird für das Jenseits geschlossen, für *alahira* – den Himmel. Also sagte sie ihrem Vater, daß sie diesen Mann nicht liebe und lieber sterben wolle als ihn heiraten.

Daraufhin wies ihr Vater sie aus dem Gehöft. Sie blieb zunächst für kurze Zeit im Haus des Arztes. Als sie später in das Gehöft ihrer Familie zurückkehrte, nahm eine alte Frau sie dort auf. Im Haus der Frauen, in dem sie aufgewachsen war, konnte sie nicht mehr wohnen, weil die Frauen ihres Vaters sich gegen sie stellten. Aber es war ihr gleichgültig, was sie von ihr dachten. Sie waren einfach Frauen, die zufällig mit ihrem Vater verheiratet waren und ihr nichts bedeuteten.

Dieser Zustand hielt einige Monate an: Sie weigerte sich standhaft, den Mann, den ihr Vater für sie ausgesucht hatte, zu heiraten, und er stellte sich ebenso hartnäckig ihrer Wahl entgegen. Dann stellte sie fest, daß sie ihr drittes Kind erwartete.

Das Namengebungsfest für ihre Tochter fand fast ohne Gäste statt. Sie gab ihr den Nachnamen eines jungen Mannes, der im Dorf als Lehrer gearbeitet hatte, nun aber ans Nordufer des großen Flusses versetzt worden war. Er stritt seine Vaterschaft rundweg ab. Seit Beginn der Regenzeit wurde im Dorf jedoch gemunkelt, er habe um Darbons Hand angehalten und sie werde bald zu ihm ziehen.

Sie war glücklich, weil eine Frau nicht ohne Ehemann bleiben konnte. Sie lebte schließlich in einer Gesellschaft, in der die Ehe genauso zwangsläufig und unausweichlich wie der Tod zu sein schien, und da wäre sie nicht auf den Gedanken gekommen, ledig zu bleiben.

»Kennst du dieses Mädchen?« fragte Demba Tamba und zeigte auf Natomas Nichte Mariatou, die mit der kleinen Fatou auf ihrem Rücken nervös auf der Kante des Sofas saß. »Sie wird einmal sehr hübsch«, sagte er und lehnte sich zurück. In seiner Stimme lag ein nachdenklicher Ton, und obwohl Mariatou ihn gar nicht verstehen konnte, errötete sie und wurde noch eine Spur dunkler, soweit das überhaupt möglich war. »Oh! Ich habe dieses Wochenende meine Frau gesehen«, erzählte Demba. »Wir sind bis zum Morgengrauen wachgeblieben und haben geredet. Jetzt fehlt sie mir.«

Vor zwei Jahren hatte seine Mutter von ihm verlangt, die Nichte seines Vaters zu heiraten. Weil er sich für einen solchen Schritt noch nicht reif genug fühlte, war Demba zu Helene gegangen und hatte sich einen Monatslohn als Vorschuß geben lassen. Mit dem Geld war er zu einem Marabut gegangen, der ihm einen Trank zubereitete. Seine Mutter hatte diesen zu sich genommen und fortan keinerlei Erinnerung mehr an die Heirat gehabt.

Nun war die Sache aber wieder ins Rollen gekommen, und dieses Mal wollte er sich nicht widersetzen. Nach dem traditionellen Gesetz galt er nun zwar als verheiratet, aber er durfte in den nächsten drei Jahren nicht mit seiner Frau schlafen, weil sie noch zur Schule ging.

Der Schulbesuch war schwangeren Mädchen verboten. Wenn eine Schülerin schwanger wurde, mußte der dafür »Verantwortliche« ihrem Vater das gesamte Geld zurückzahlen, das er für ihre Ausbildung schon aufgewandt hatte. Dieses ungeschriebene Gesetz stammte erst aus jüngster Zeit, wurde aber schon ebenso streng wie ein traditionelles Tabu befolgt. So kam es, daß viele Männer ungeniert verheirateten Frauen den Hof machten, die wenigstens sich aber mit einem Schulmädchen eingelassen hätten. Dembas Frau war achtzehn und legte die Abschlußprüfungen an der Gambia High School ab, was ungefähr soviel bedeutete wie ein Examen in Cambridge.

»Barbara hat mir gesagt, ich müsse mich um die Familienplanung kümmern. Da habe ich ihr gesagt: ›Ich beherrsche mich. Das ist meine Familienplanung.‹«

»Sie liebt mich sehr«, erzählte er. »Wenn ich sie darum bäte, würde sie die Schule verlassen, dessen bin ich mir sicher. Aber sie muß sehr intelligent sein, sonst hätte sie es nicht so weit gebracht. Ich muß ihr diese Chance lassen.

Wenn wir erst richtig verheiratet sind, führen wir keine von den Ehen, in denen der Mann seine Frau immer anschreit. Sie muß mir gehorchen. Aber ich muß auch ihr gehorchen.«

Interessierte er sich noch für Joanne, die Studentin?

»Nein, nicht mehr. Ich will meiner Frau vertrauen können. Da muß sie mir auch vertrauen können.«

Auch Yaya Bojang war verlobt, aber im Gegensatz zu Demba hatte er die Verbindung selbst arrangiert. »Vor drei Jahren kam ein Mädchen ins Dorf, um die Sommerferien bei ihrer Tante, die damals beim MRC arbeitete, zu verbringen. In der ersten Woche habe ich sie nur beobachtet. Dann habe ich ihr einen Brief geschickt und sie zu grünem chinesischem Tee eingeladen. Natürlich hat sie die Einladung angenommen. Danach hat sie mir immer eine Nachricht geschickt, wenn sie zum Waschen ging, damit wir uns unterhalten konnten. Wenn ich durch meine Arbeit im Dorf zu tun hatte, habe ich ihr auch Bescheid gesagt, und ich habe frische Milch für sie gekauft.

Als sie wieder in die Schule mußte, habe ich ihr Eier geschickt, für die Pausen – manchmal drei, manchmal vier, manchmal ein halbes Dutzend Eier.

Wir haben keinen Sex gehabt. Nicht einmal darüber geredet haben wir. Ich erwarte von ihr aber nicht, daß sie treu ist, wenn wir verheiratet sind. Ich kann ja nicht immer bei ihr sein, um sie zu kontrollieren. Es ist also ihre Sache.

Wenn wir einmal tot sind, werden wir in verschiedenen Gräbern liegen. Das ihre wird hier sein, meines dort drüben. Was jeder von uns dann Gott zu sagen hat, geht den anderen nichts an. «

Tobaski oder *Bang na Salo*, wie es auf Mandinka genannt wurde – das Gebet des Reichtums – war das mit der größten Ungeduld erwartete Fest der Moslems, und es rückte immer näher. An diesem Tag opferten alle Gläubigen, die schon eine Wallfahrt nach Mekka unternommen hatten – wie es jeder Moslem mindestens einmal in seinem Leben tun sollte –, ein Schaf zum Gedenken an den Tag, an dem Gott Isaak, dem Sohn des Propheten Abraham, das Leben schenkte. Jede moslemische Familie in der ganzen Welt versuchte, ein Schaf oder zumindest eine Ziege zu opfern. Die Kinder bekamen neue Kleider, und in Gambia kehrte jeder in sein Heimatdorf zurück, um den Tag mit der Familie zu verbringen.

Fast alle Angestellten des MRC hatten ein Schaf gekauft, manche sogar zwei. Sie hatten sie schon vor längerer Zeit besorgt, weil der Preis der Tiere jedes Jahr vor dem Fest in die Höhe schnellte. Nun blökte es aus jedem Winkel des Gehöfts. Demba Tamba hatte sich für einen großen Schafbock entschieden, den er auf seinen Spaziergängen an einer langen Leine mitführte, während er selbst ernst und feierlich einherschritt.

Ich sah in ihm jetzt einen ganz anderen Menschen als den, den ich kennengelernt hatte. Wenn er mit seinen Arbeitgebern, den anderen Europäern, zu tun hatte, betonte er seine Jungenhaftigkeit und seinen lockeren, natürlichen Charme, ja, er kokettierte geradezu damit. Aber im Quartier des Personals schienen seine Bewegungen langsamer und überlegter, als gehöre er einer anderen Generation an. Sein spärlicher Bart, der sonst kaum auffiel, verlieh ihm eine gewisse Würde, fast schon eine Autorität, die aus seiner zentralen Stellung in der Gemeinschaft herrührte. Nicht von ungefähr aßen wir jeden Abend in seinem und in keinem anderen Zimmer. Er war zwar erst fünfundzwanzig Jahre alt, aber sein ausgeglichenes und verantwortungsbewußtes Wesen hatte ihm Respekt verschafft, und durch seine Heirat war sein Ansehen noch weiter gestiegen. Zur Zeit schienen ihn jedoch Sorgen zu plagen. Obwohl er nun länger als alle anderen Mitarbeiter in Dulaba beschäftigt war, hatte er es in diesen fünf Jahren noch zu keiner nennenswerten Beförderung gebracht.

Sein Freund Lamin Bojang war zum Studium an die Ernährungsabteilung des »Dunn« in Cambridge geschickt worden und hatte angeblich am Ende des ersten Jahres die zweitbesten Noten in seiner Klasse bekommen. An Weihnachten hatte ihn ein spanischer Freund zu sich und seiner Familie eingeladen und ihm sogar die Fahrkarte geschenkt. Demba besaß ein Foto, auf dem Lamin am Strand von Valencia zu sehen war, mit riesigen Hoteltürmen im Hintergrund.

Dembas große Hoffnung war es immer gewesen, Lamin einmal folgen zu können. Aber nun hatte er erfahren, daß er seine Schulabschlußprüfungen nicht bestanden hatte, und so erschien ihm die Erfüllung seines Traumes immer unwahrscheinlicher. Lamin würde ein »Halb-Tubab« werden, und wenn er zurückkam, würde er manche Dinge nicht mehr essen, die er früher gegessen hatte. Der Gedanke deprimierte Demba außerordentlich, daß er nie mehr als ein untergeordneter Mitarbeiter in Dulaba sein würde.

Zumindest hatte sich seit der Abreise des Professors seine Arbeit etwas geändert. Er mußte nicht mehr so viel in der brütenden Hitze umherlaufen. Wenn er in das Dorf ging, benutzte er einen Land Rover, der ihm zu diesem Zweck zur Verfügung stand. Er konnte sich auf den Vordersitz setzen. Dies deutete er als eine Art Beförderung. Je weniger er zu tun hatte und – noch wichtiger – je weniger er sich körperlich anstrengen mußte, um so höher war schließlich seine Stellung.

Ich hatte beschlossen, Jarra Njais Kafo etwas zu schenken. Wenn ich einer Gruppe Geld gab, setzte ich mich zumindest nicht dem Vorwurf aus, eine bestimmte Person zu bevorzugen. Wie die Frauen das Geld ausgaben, war ihre Sache. Es sollte kein Betrag sein, der großen Neid hervorrief, aber immerhin so viel, daß sie etwas damit anfangen konnten. Vielleicht besserte das ihre Stimmung, und mir selbst gab es das Gefühl, zumindest *etwas* getan zu haben. Ich hielt fünfzig Dalasi für ausreichend. Ich fragte Jere Jarjou um seine Meinung.

124

Er saß in seinem Zimmer auf einem Stuhl. Er senkte seinen Blick, und dann lächelte er ruhig in sich hinein.

»Nein«, meinte er dann. »Da fragst du den Falschen.«

»Warum?« wollte ich wissen.

»Ein Batut kann hundert Pfund keinen Rat geben.«

Was meinte er damit?

»Dein Wissen ist größer als meines. Ich kann dir nichts raten. Ich bin dir unterlegen.«

»Warum sagst du das, unterlegen?« fragte ich.

»Ich habe nichts vorzuweisen. Manche meiner früheren Schulkameraden fahren schon ihre eigenen Autos. Aber sieh mich an: Ich bin nichts.«

»Du hast eine gute Arbeit«, wandte ich ein. »Verglichen mit den Menschen aus dem Dorf bist du reich.«

»Nein«, widersprach er. »Ich bin nichts, und ich habe nichts.«

Meiner Meinung nach war er der unergründlichste Mann im ganzen Quartier. Er war der begabteste und gleichzeitig der launischste Mitarbeiter. Häufig war er schroff und einsilbig und grüßte nicht einmal, was in dieser Gesellschaft unverzeihlich war. »Zerbrich dir nicht den Kopf über ihn«, meinte Yaya. »So ist er nun einmal. Manchmal ist er sogar zu mir so.« Er wollte Schriftsteller werden, und bei meiner Ankunft hatte ich noch gedacht, daß sich aufgrund dieser Ambitionen eine Freundschaft entwickeln könnte. Es dauerte nicht lange, bis ich feststellte, daß dies ein Irrtum war. Jetzt saß er auf seinem Stuhl, den Kopf gegen die Wand gelehnt, und starrte in die Luft. Er trug eine schwarzgerahmte Brille. Ich hatte ihn schon oft damit gesehen und bemerkte nun, daß die Gläser ganz gewöhnliches Fensterglas waren.

»Auf alle Fälle steht fest, daß du mich nicht leiden kannst«, meinte er.

»Ich kann dich nicht leiden?«

»Nein.«

»Ich kann dich aber leiden.«

»Nein.«

»Warum sagst du das?«

»Das ist nur mein Gefühl nach allem, was ich beobachtet habe. Ich habe mit anderen darüber gesprochen. Es beschäftigt mich sehr.«

Ich dachte einen Augenblick nach. »Vielleicht glaubst du, ich kann dich nicht leiden, weil du selbst mich nicht leiden kannst.«

»Nun«, meinte er, »dazu kann ich nichts sagen.«

»Das ist eine gute Idee«, sagte Yaya Bojang. »Wenn du ihnen fünf Dalasi gibst, können sie eine Menge Minzbonbons dafür kaufen, und sie freuen sich bestimmt darüber.«

»Eigentlich habe ich eher an fünfzig gedacht«, antwortete ich.

»Sagtest du, du willst ihnen *fünfzig* Dalasi geben?«

Fatounding war ein Goldstück. Ich ging mit ihr und Isatou auf das Reisfeld von Tambana. Der Hund begleitete uns. Es war ein langes, schakalartiges Tier mit rotbraunem Fell. Er gehörte zu den besseraussehenden Hunden im Dorf, und er hatte weniger eiternde Bisse als manch anderer. Trotzdem bestand er fast nur aus Haut und Knochen. Kein Mensch in Dulaba wäre auf den Gedanken gekommen, einen Hund zu füttern. Auch die Köter, die angeblich zum Jagen gehalten wurden, lebten von Ungeziefer, und nur gelegentlich wurde ihnen eine Handvoll Reis hingeworfen – doch in Zeiten, in denen Lebensmittel überall knapp waren, bekamen sie nicht einmal das. Sie lagen zusammengerollt wie Schlangen an unpassenden Plätzen, immer darauf gefaßt, zur Seite geschubst oder getreten zu werden, und unaufhörlich summten die Fliegen um ihre Geschwüre und abgebissenen Ohrstummel. Wenn es hart auf hart kam, machten sie sich zum Friedhof auf und begannen zu graben. Kaum aber entdeckte dies jemand, wurden die Hunde im Dorf reihenweise mit Hacken erschlagen.

»Hat er einen Namen?« fragte ich.

»Ja.«

»Und was für einen?«

»Hund.«

Ich hatte etwas Brot als Beitrag zum Essen mitgebracht. Es war inzwischen das einzige Lebensmittel, das ich noch bekam, und ich bot es ihnen an. »Heb es in deiner Tasche für uns auf«, baten sie mich.

Ganz in der Nähe arbeitete Tumbulu Sise. Ihre Mutter und Fatoundings Schwiegermutter N'na waren Schwestern, und da Reisfelder über die Frauen weitervererbt wurden, lagen die ihren nahe beieinander. Tumbulu war etwa dreißig Jahre alt und gehörte damit schon zu den älteren Mitgliedern des Saniyoro Kafo. Sie besaß eine helle, rötlichbraune Haut und hatte sich als Kind die Unterlippe blau tätowieren lassen. Sie mußte unerträgliche Schmerzen dabei ausgestanden haben, aber nachdem sie die Tätowierung ausdrücklich gewünscht hatte, wollte sie sich keine Blöße geben, indem sie schrie. Sie war sogar am Schluß mit der Tiefe des Blaus nicht zufrieden gewesen und hatte die Prozedur wiederholen lassen. Trotzdem galt sie nicht gerade als ein Ausbund an Tapferkeit. Im vergangenen Jahr hatte der Hirte Bunja das Vieh auf die Felder laufen lassen, so daß es den Reis zertrampelte. Die Frauen hatten wutentbrannt wilde Drohungen bis hin zum Mord ausgestoßen. Tumbulu war allein beim Gedanken daran schon in Tränen ausgebrochen – zum Vergnügen der anderen, einschließlich des Hirten.

Bei den Europäern galt sie als eine der »besten Mütter«, denn obwohl sie selbst nach den Maßstäben des Dorfes sehr arm war, hatten sich alle vier Kinder bemerkenswert gut entwickelt. Es hieß, sie denke immer zuerst an ihre Kinder und gebe ihnen etwas zu essen, auch wenn für sie selbst nichts mehr übrigblieb.

Sie hatte eine tiefe, wohlklingende Stimme und strahlte ein Wohlbefinden aus, das dem einer gutgenährten Katze ähnelte.

»Was hast du in deiner Tasche?« fragte sie. »Brot?«

»Nein.«

»Doch.«

»Nein.«

»Mark! Du hast Brot in deiner Tasche! Gibst du mir etwas davon?«

»Sag ›nein‹«, meinte Fatounding, obwohl sie gleichzeitig damit rechnete, daß ich etwas abgab.

»Nein.«

»In der Mittagspause komme ich zu dir. Gibst du mir dann etwas?«

»Sag ›nein‹«, wiederholte Fatounding.

»Nein«, sagte ich.

Tumbulu hob einen Stecken auf. »Siehst du diesen Stecken? Ich bitte dich darum, mir etwas Brot zu geben, und wenn du ›nein‹ sagst, dann schlage ich dich. Gibst du mir etwas Brot?«

»Sag ›nein‹«, sagte Fatounding.

»Nein«, wiederholte ich.

»*Mark!*« schrie Tumbulu und schleuderte den Stecken zu Boden.

Die Frauen gönnten sich keine Ruhe, sondern rissen unaufhörlich und behende das Unkraut aus. Es wurde an den schmalen Erdaufschüttungen aufgehäuft, die die Felder voneinander trennten. Besonders Isatou arbeitete gnadenlos hart, redete wenig und beugte sich unermüdlich über ihre Arbeit. Fatounding dagegen sang und unterhielt sich gerne. Gegen Ende des Nachmittags kroch sie beinahe auf allen vieren, um das nicht enden wollende Unkraut herauszuziehen.

Tumbulus älteste Tochter Salimata, die auf Binta Sise, ihr jüngstes Kind, aufpaßte, stand da und sah zu. Sie war eine kleine, dünnere Ausgabe ihrer Mutter und hatte einen frechen, wissenden Blick.

»Mark«, sagte Fatounding und sah von ihrer Arbeit auf. »Willst du eine Frau?«

»Ja.«

Ein Funkeln trat in ihre Augen. »Willst du eine *morfing muso* – eine schwarze Frau?«

»Ja.«

»Willst du Salimata?« fragte sie und deutete auf das Mädchen.

»Ich will eine Frau«, antwortete ich, »und kein Mädchen.«

Fatounding lachte, heiser, aber ansteckend. »Er will eine Frau, kein Mädchen!« Dann hatte sie plötzlich eine Eingebung. »*Darbon Jammeh!*«

»Was?«

»Mark heiratet Darbon Jammeh!«

»Das ist sehr gut«, kommentierte Isatou ernsthaft.

»Mark, magst du Darbon Jammeh?« fragte Fatounding.

»Ja«, antwortete ich. »Und du?«

»Ja. Sie ist sehr gut, und *sehr* schön. Wenn ihr heiratet, könnt ihr in London leben.« Sie arbeitete weiter und schwatzte dabei mit Isatou. Während der Nachmittag voranschritt, hörte ich immer wieder dieselbe Geschichte: »Und dann hat er gesagt, er wolle eine Frau und kein Mädchen.«

Alle machten sich Sorgen, ob es zum Tobaski-Fest Reis geben würde. Selbst Fatounding deprimierte die Aussicht, am Gebetstag hungern zu müssen. Es waren Gerüchte im Umlauf, wie und wann Reis ins Land kommen werde. Es hieß, eine Schiffsladung mit Reis vom Katholischen Hilfsdienst – einer in Gambia tätigen Wohltätigkeitseinrichtung – habe in Banjul angelegt. Ob das stimmte oder nicht, wußte niemand. In der Zwischenzeit wurde der Reis, der mit dem Süßwasser vom Oberlauf des großen Flusses bewässert worden war, schon geerntet. Aber anstatt ihn zum Verkauf flußabwärts zu bringen, schmuggelte man ihn sofort in den Senegal, wo ein höherer Preis erzielt werden konnte. Ich fragte Natoma, was sie davon halte.

»Die Menschen im Senegal sind ja auch Menschen«, meinte sie schlicht. »Sie müssen auch essen.«

Ich war sprachlos.

»Ihr, die Tubabs«, sagte sie. »Warum behaltet ihr denn euren Reis für euch?«

Ich erklärte ihr, daß in England kein Reis angebaut werde.

»Aber ihr habt doch welchen, oder?« beharrte sie.

Ja, natürlich.

Wieder einmal beschlich mich das Gefühl, daß die meisten Schwarzen wirklich dachten, die Tubabs seien die Beherrscher der Welt und ihre Gesetze die einzig gültigen. Sie verfügten über Wissen ebenso wie über Geld. Und jetzt, wo die Schwarzen nichts mehr zu essen hatten, waren sie der Gnade der Weißen mehr denn je ausgeliefert – sowohl in bezug auf Nahrung wie auch auf alles andere. Denn sie hatten gehört, daß die Tubab-Waffen die Welt zerstören konnten, und das im Handumdrehen. Seit der Unabhängigkeit regierten in ihrem Land Schwarze, also Angehörige ihrer eigenen Rasse. Aber das Recht, das sie anwandten, war immer noch das Recht der Tubabs, und diejenigen Schwarzen, die es im Leben zu etwas brachten, waren immer solche, die wie Tubabs handelten.

Ihrer Meinung nach war nun alles »Tubab«. Die Regierungsschule war die »Tubab-Schule«. Reis, den sie nicht selbst angebaut hatten, war »Tubab-Reis«. Eine Lohnarbeit, ja, der Gedanke der Erwerbstätigkeit an sich, war »Tubab-Arbeit«. Zur Zeit ihrer Großeltern war die Feldarbeit noch eine sehr angesehene Beschäftigung gewesen. Aber heutzutage wurde so gut wie jede Form von »Tubab-Arbeit« der Feldarbeit vorgezogen.

Nachdem ich immer mehr Zeit im Quartier des Personals verbrachte, wurde mir schließlich klar, daß diese Menschen – Mitarbeiter, Techniker, Fahrer und Mechaniker, die die europäische Schule besucht und Arbeit bei einem ausländischen Unternehmen gefunden hatten – zwar den »Tubab-Weg« gegangen sein mochten, aber deren Kultur bemerkenswert wenig Beachtung schenkten.

Ihre traditionelle Gesellschaft war früher in drei Kasten eingeteilt gewesen: die *jongo* – die Sklaven, die *nyamalo* – die Preissänger, Schmiede und lederverarbeitenden Handwerker, und die *foro* – die freien Bauern. Die Tubabs hatten zwar die Sklaverei abgeschafft, aber selbst wieder eine neue Klasse geschaffen – eine »Superkaste«, nämlich die Beamten. Während der Beruf des

Schmieds, Webers oder Musikers nur von den Angehörigen bestimmter Familien ausgeübt werden durfte, war die einzige Voraussetzung für den Zugang zur Beamtenklasse die Bildung. Man ging also nicht zur Schule, um Wissen zu erwerben, sondern um Beamter werden zu können. Oder, wie einer der Lehrer sich ausgedrückt hatte: »Sie gehen zur Schule, um nicht auf dem Feld arbeiten zu müssen.« Was sie überhaupt erwartete, wenn sie Beamte wurden, und welche Tätigkeiten sie ausüben mußten, war ihnen dabei ziemlich unwichtig.

So wußte beispielsweise keiner der Mitarbeiter, die über drei Jahre hinweg die Untersuchung des Professors so gewissenhaft wie nur möglich durchgeführt hatten, welchem Zweck diese eigentlich gedient hatte – zugegebenerweise zum Teil auch deshalb, weil es niemandem eingefallen wäre, es ihnen zu erklären. Der Grund lag aber auch darin, daß sich nur wenige dafür interessierten. Für sie war das Camp einfach *da*. Nachdem Gott es so gewollt hatte, daß den Tubabs die Reichtümer der Erde zufielen, war es doch nur recht und billig, wenn sie, die Schwarzen, einen Nutzen daraus zogen. Aber sie hatten keine Ahnung, warum das Camp existierte und nach welchen Regeln es funktionierte.

Englisch war für sie nicht die Sprache einer kleinen, verregneten Insel, zweitausend Meilen weit entfernt, sondern es war die Sprache der Beamten. Das richtige Englisch war in ihren Augen sowieso das eigene, das zweifellos sehr phantasievoll war, mir aber in grammatikalischer Hinsicht die Haare zu Berge stehen ließ. Das Englisch der Tubabs dagegen war für sie ein weitgehend unverständlicher Dialekt. Merkwürdigerweise träumten sie allesamt davon, diese Insel zu besuchen, um »ihre Studien fortzuführen« oder »sich zu verbessern«, aber ihr Interesse für das wirkliche Leben dort hielt sich in engen Grenzen. Da nur die wenigsten damit rechnen konnten, wirklich einmal nach England zu reisen, hatten sie das Land in ihrer Vorstellung schon weitgehend verklärt. Für sie war es das Schlaraffenland.

Die Soziologin Barbara Thompson, die zu Beginn der sechziger Jahre eine sozio-medizinische Untersuchung im Dorf durchgeführt hatte, war zu dem Schluß gekommen, daß die Dorfbewohner die Europäer für »freundliche Teufel« hielten, die ihnen unbekannte Dinge mitbrachten und sie reich machen konnten.

Teilweise lebte dieser Glaube sogar unter europäisch gebildeten Afrikanern noch immer fort. Die Tubabs waren für sie von Grund auf andere Menschen. Sie lebten in einer Realität, die nichts mit ihrer eigenen zu tun hatte. Sie glaubten, daß alle Europäer unvorstellbar reich seien, und nichts, aber auch gar nichts konnte sie von diesem Glauben abbringen. Da beispielsweise die meisten im Camp lebenden Europäer Bier und andere Getränke im Kühlschrank aufbewahrten, schlossen sie daraus, daß dies so etwas wie ein charakteristisches Merkmal sei. Weil in meinem Kühlschrank keine Flaschen standen, nahmen sie an, ich verstecke sie irgendwo im Haus und wolle mich aus reiner Bosheit nicht von ihnen trennen.

Von der Küste gelangte manchmal Brot nach Dulaba, wenn gerade Autos verkehrten, aber es war schwammig und geschmacklos, wie Papiertücher. Das beste Brot wurde in einer Hütte hinter Kassims Laden von seinem Bruder Sollu gebacken. Ich selbst aß es zu jedem Mittagessen. Es war stangenförmig wie französisches Baguette, aber teigiger, die Kruste war heller, und es schmeckte wie das Brot in Süditalien.

Kassims Laden war von allen vier Geschäften in Dulaba bei weitem am besten eingerichtet und sortiert. Vor den Toren des Gehöfts und gleichzeitig in allernächster Nähe zu den wohlhabendsten Dorfbewohnern hatte sein Geschäft den idealen Standort. Im Gegensatz zu den anderen Ladenbesitzern stammte Kassim nicht aus dem Dorf, sondern er war ein Fulbe, ein Mitglied der aus Fouta Jallon stammenden Familie Jallo, die im Gehöft hinter dem Laden lebte. Er war ein liebenswürdiger, etwas rundlicher junger Mann, der einen sofort an Korruption denken ließ. Immer wenn er »aus geschäftlichen Gründen« abwesend war, kümmerte sich sein dreizehnjähriger Bruder Seikou um den Laden. Er war ein großer, schlaksiger Junge, dessen Ernsthaftigkeit in keinerlei Verhältnis zu seinem Alter stand. Er erledigte seine Schulaufgaben hinter der Ladentheke, doch war diese Umgebung zum Lernen denkbar ungeeignet, da sich in dem engen, dunklen Raum fast immer Menschen drängten, die aus keinem anderen Grund kamen, als um die Zeit totzuschlagen. Wenn ich in Dulaba zu tun hatte und in den Laden ging, wartete ich regelmäßig mindestens zwanzig Minuten lang darauf, bedient zu werden, nur um dann festzustellen, daß die Menschen in der »Schlange« vor mir nicht die geringste Absicht hatten, etwas zu kaufen, und der »Verkäufer« selbst auch mir keine derartigen Wünsche unterstellte.

Anders als in den übrigen Läden im Dorf war bei Kassim aus »Sicherheitsgründen« ein Drahtgitter vor die Theke gespannt worden. Dies war jedoch ziemlich überflüssig. Zum einen war es sowieso kaputt, und zum anderen wurde es von den Kunden schlichtweg ignoriert, weil sie sich frei im Laden bewegen wollten. Das Geschäft lieferte im großen und ganzen den Nachschub für die fünf Hauptlaster der Gambier: Zigaretten, Kolanüsse, schwarze Minzbonbons, Zucker und chinesischen Tee. Wer etwas auf sich hielt, kaufte Nescafé und Ovomaltine in kleinen Dosen und Lipton-Teebeutel, einzeln oder in der Packung. Hinter der Theke stand ein offener Sack Zucker, während Öl, eine weitere kulinarische Leidenschaft der Gambier, nur selten erhältlich war. Ein ansehnliches Stück ockerfarbene gambische Seife aus einer Fabrik in der Nähe von Banjul kostete zwei Dalasi. Eine große Dose »Walgust« Tomatenmark (Napoli) stand immer offen auf der Theke, wegen der Fliegen mit einem Fetzen Plastik abgedeckt. Für fünf Batuts wurde ein Löffel davon in Papier eingeschlagen. Auf verschlungenen Wegen mußte dieses Nahrungsmittel seinen Weg aus dem MRC in den Laden gefunden haben. Manchmal gab es Zwiebeln, die im Staub auf dem Boden umherrollten, aber sie waren sehr teuer. Außerdem konnte man Stifte, Schreibhefte und Briefumschläge kaufen, und von Zeit zu Zeit auch die allgegenwärtigen Gummisandalen und Stoffbahnen. Kassim bezog seine Waren von der Küste oder von dem großen Markt, der jeden Sonntag in Farrafenni am Norduferdes großen Flusses abgehalten wurde. Er verließ das Dorf dann sonntags in aller Frühe mit einem Buschtaxi, das täglich in Kiang abfuhr, und kehrte bei Einbruch der Dunkelheit mit einem riesigen Sack voller Sandalen und Kolanüsse zurück.

Wenn Kassim weg mußte und gleichzeitig keine Schulferien waren, blieb der Laden während der Unterrichtszeit geschlossen – aber dann konnte man immer noch ins Gehöft gehen und sich an Kassims sechzehnjährige Frau Fatou halten, die den Laden eigens öffnete. Nur mit dem Bezahlen mußte man warten, weil Fatou nicht rechnen konnte. Im Laden lagen ganze Stapel von alten Schreibheften, die lose Zettel aus Papier und Reste von alten Zigarettenpackungen enthielten, auf denen Seikou die jeweiligen Schuldenstände auf englisch notierte und Kassim auf arabisch. Nachdem ich diese »Konten« einmal gesehen hatte, rätselte ich, wie sie je wieder einen Batut davon eintreiben würden. Aber zumindest bei meiner Rechnung täuschten sie sich nie.

132

An einem Abend vor dem Tobaski-Fest ging ich mit Yaya zu Jarra Njai, um ihr die fünfzig Dalasi für das Kafo zu schenken. Wenn eine Frau sich für die Aufnahme in ein Kafo interessierte, mußte sie sich der ganzen Gruppe vorstellen. Die Mitglieder machten sich dann ein Bild von ihr, überlegten, ob sie mit ihr zusammenarbeiten konnten, und wenn diese Prüfung zur allseitigen Zufriedenheit ausfiel, mußte die Frau nur noch einen Beitrag bezahlen und war damit Mitglied des Kafos. Bisher war noch keine Bewerberin abgelehnt worden.

Als wir ankamen, saß Jarra Njai mit ihrer Nebenfrau Salinding in der Dunkelheit auf der Veranda. Ihre Stimme klang viel dünner als sonst und sehr erschöpft. Einige Meter weiter saß ihr Mann, schweigend und unsichtbar. Nach der Begrüßung fragte ich sie, was es zu essen gegeben habe.

»Nichts«, antwortete sie schnell.

»Es hat Blätter gegeben«, murrte der Mann aus der Dunkelheit.

»He-e-e, Mark!« sagte Jarra Njai. »Es ist ein hartes Jahr. Es ist das härteste Jahr, das wir je gehabt haben. Wir beten nur noch, daß es bald vorbei ist.«

Ich fragte sie, was sie tun werde, wenn sie auch in der kommenden Woche keinen Reis hätten.

»Ich weiß nicht«, sagte sie. »Vielleicht komme ich zu dir und lege mich auf deine Veranda!«

Schallendes Gelächter ertönte aus der Dunkelheit. Sogar ihr Mann stimmte mit ein. Ich übergab ihr die Geldscheine. Sie zählte sie und befühlte ihre Größe in der Dunkelheit: Es waren fünf Zehn-Dalasi-Scheine.

»He-e-e, Mark«, sagte sie. »Von nun an gehörst du zu unserem Kafo. Und wenn du uns verlassen mußt, dann wissen wir, was wir zu tun haben.«

Eines Nachmittags, als ich im ehemaligen Arbeitszimmer des Professors mit Yaya meine Kassettenaufnahmen abhörte und mühsam auf Papier übertrug, sah ich Darbon Jammeh am Fenster vorbeigehen. Wie immer war sie mit ihren drei Kindern unterwegs. Das Jüngste trug sie auf dem Arm, die anderen beiden trotteten hinter ihr her.

»Sieh sie dir an«, meinte Yaya. »Als ich hier ankam, war sie so schön. Ihre Haut hat geschimmert wie... ich weiß nicht was! Und sie war so stolz, daß es hieß, sie gebe jedem einen Korb, der ihr den Hof macht. Ich habe es erst gar nicht versucht bei ihr. Aber sieh dir an, wie dürr sie in letzter Zeit geworden ist. Sie hat es nicht leicht.«

Ich fragte ihn, ob sie wohl einverstanden wäre, mit mir ein Verhältnis – »eine Verbindung« – zu haben.

»Ja, natürlich wäre sie das.«

Was machte ihn da so sicher?

»Sie muß. Sie kann es sich nicht leisten, einen Mann wie dich wegzuschicken. Immerhin profitiert sie ja vielleicht davon.«

Aber war das nicht Prostitution?

»Nein, bestimmt nicht. Weißt du, unsere Religion verurteilt den Ehebruch. Wenn ein Mann eine verheiratete Frau zur Sünde verführt, muß er ihr etwas geben, damit sie sich wieder reinwaschen kann. Du bist Europäer, deshalb glaubt sie, daß du großzügig sein wirst.«

Demba war beim Essen in bester Laune. Er hatte gerade einen Brief von seinem Freund Lamin in Cambridge erhalten. »Ich werde ihn besuchen. Er schickt mir das Geld für das Flugticket. Ich habe meinen Paß«, strahlte er. »Es ist soweit.«

Einen Augenblick lang glaubte ich ihm.

Später zog er seinen Reisepaß aus einer schönen braunen Lederbrieftasche und zeigte ihn mir. Ich sah das Bild eines jüngeren, unrasierten Demba, überrumpelt vom Blitz des Fotografen. »Ich mache nur Spaß«, sagte er. »Ich gehe nirgendwohin.« Er nahm den Paß und steckte ihn wieder weg. »Wenn ich ihn ansehe, werde ich immer traurig. Er ist nicht einmal sein Papier wert. Genausogut könnte ich ein schönes Bild ansehen, damit kann man auch nicht nach England fliegen.

Ich wollte schon einmal abreisen. Ich hatte 4500 Dalasi gespart für die Reise nach England. Aber das Geld wurde verschwendet... alles wurde verschwendet.«

»Bob Marley!« sagte Sanyang. »Der Mann ist ein Prediger und ein Prophet.«

»Bob Marley ist kein Prophet«, bestritt Fabakary Manneh selbstgefällig, während er seinen chinesischen Tee zubereitete.

»Bob ist ein Prophet!« entgegnete Momodou Coly hitzig. »Er redet über Dinge, die die Jugend von *heute* betreffen!« Sie sprachen von ihm in der Gegenwart, obwohl sie alle genau wußten, daß er tot war.

»Bob ist ein Lügner«, stellte Faks ruhig fest.

»Bob Marley ist ein Terrorist und ein Verbrecher«, fügte Famara Bajie hinzu, der Gärtner des Arztes. »Ein kleiner Mafia-Gangster.«

Wir saßen in Dembas Zimmer, wo mir ein junges Mädchen auffiel, das sich abseits von den anderen hielt und über die lächerlichen Wortgefechte grinste – die sich die Männer hauptsächlich zum Vergnügen lieferten. Niemand schenkte ihr Beachtung. Ich fragte sie, ob sie Dembas Freundin sei. Sie lachte. »Ich bin seine Schwester.«

Sie heiße Mayi Faye, erzählte sie. Aus ihrem Nachnamen ging hervor, daß sie eine Serer war. Demba aber war ein Jola. Wie konnte sie seine Schwester sein?

Sie blieb den ganzen Abend in ihrer Ecke sitzen, sagte nichts und wurde von den Kartenspielern und den anderen, die sich unterhielten, weitgehend ignoriert. Demba war nirgends zu sehen. Am nächsten Morgen war sie so plötzlich verschwunden, wie sie aufgetaucht war.

In den darauffolgenden Tagen erschien mir Demba stiller als sonst und sehr niedergeschlagen.

»Sie gehört zu meiner Großfamilie«, sagte er.

Er schürzte gedankenverloren die Lippen und starrte ins Leere.

»Sie ist nicht etwa deine Freundin?« fragte ich.

Er lächelte. »Du beobachtest aber genau«, meinte er dann verwundert. »Sehr genau.« Er seufzte. »Du weißt, daß meine eigentliche Familie nicht aus Sibanor stammt, sondern in einem winzigen Dorf im Busch lebt. Mein Vater, also mein richtiger Vater, und der Vater dieses Mädchens waren eng befreundet. Nun hatte ihr Vater keine Söhne, sondern nur Töchter. Deshalb bat er meinen Vater um ein Kind, das er wie seinen eigenen Sohn aufziehen könne. Also bin ich bei diesem Mann in Sibanor aufgewachsen und habe erst mit zwölf Jahren erfahren, daß er gar nicht mein richtiger Vater war. Bis dahin hatte ich natürlich auch dieses Mädchen für meine Schwester gehalten. Die Jolas und die Serer machen viele Späße übereinander, weil wir früher ein Volk waren und die gleiche Sprache gesprochen haben. Dann kam die Teilung. Die Serer sind einen anderen Weg gegangen als wir. Deshalb kommt es häufig zu kleinen Neckereien, für die niemand zur Rechenschaft gezogen werden darf.

Aber ich mache mich nie über die Serer lustig, denn in meiner Kindheit haben sie alles für mich getan. Noch jetzt bedeuten sie mir mehr als meine eigene Familie.

Das Mädchen, das mich vor einigen Tagen besucht hat, wollte mich fragen, ob ich sie heirate. Glaub mir, das hat mich sehr geärgert. Ich bin schon verheiratet – mit meiner Cousine väterlicherseits. Ich kann keine zwei Frauen nehmen.« Sie wollte mit ihm schlafen, woraufhin er sie zu Daoudas Frauen schickte, damit sie dort übernachtete. Er behauptete, sie lege es darauf an, schwanger zu werden, weil sie dann notgedrungen heiraten mußten. »Aber sie ist siebzehn. Sie geht noch zur Schule. Ich will auf keinen Fall mit ihr schlafen. Am Morgen habe ich ihr gesagt, sie müsse gehen. Sie wollte aber nicht und hat geweint. Aber ich habe sie weggeschickt.«

Warum war sie so verzweifelt?

»Ich weiß nicht.«

Ich fragte ihn, ob es ihr tatsächlich gleichgültig wäre, wenn sie wegen einer Schwangerschaft die Schule verlassen müßte?

»Vielleicht glaubt sie, sie ist nicht begabt genug.« Er seufzte. »Die ganze Sache ist mir sehr unangenehm.«

Die Bäckerei war einem Sturm zum Opfer gefallen. Es sollte kein Brot mehr geben, bis sie wiederaufgebaut war, und wie lange das dauerte, stand in den Sternen. Beinahe mit einem Gefühl der Erleichterung hörte ich auf, mir um die Dorfbewohner Sorgen zu machen, und fragte mich statt dessen, wovon ich mich selbst ernähren sollte.

Zwei Tage später kam Reis ins Dorf. Er stammte aus japanischen Hilfslieferungen. Der Präsident des Landes hatte angeordnet, daß er zuerst ins Landesinnere geliefert werden solle, damit die Menschen in den Dörfern das Tobaski-Fest nicht ohne Reis feiern mußten. Die Säcke wurden zum Dorfältesten gebracht, der sie nach der Größe der Gehöfte verteilte.

Das Merkwürdige an dem Ereignis war, daß die Menschen gar nicht sonderlich beeindruckt schienen. Nachdem sie den Hunger ohne Jammern und Tränen erduldet hatten, nahmen sie auch sein Ende ohne große Gefühlsausbrüche hin, so wie man sich an manche Schmerzen nicht mehr erinnern kann, obwohl sie einen fast in den Tod getrieben hätten.

In den Küstenstädten erscholl von allen großen Moscheen über Radio der Aufruf zum Tobaski-Gebet. In Dulaba wurden Jungen in die verschiedenen Gehöfte geschickt, um allen mitzuteilen, daß es soweit war. Dann zogen die Menschen zum Gebetsplatz, angeführt von den Gehöftsältesten. Auf dem Heimweg achteten sie immer darauf, einen anderen Pfad zu nehmen, weil ein Engel den Propheten Mohammed im Traum vor Feinden gewarnt hatte, die ihm auf dem Rückweg von der Moschee auflauerten.

Fast alle Mitglieder des Personals verbrachten das Fest in ihren Heimatdörfern. Nur Daouda, dessen Cousin Ousmane Koujabi, den er zum Bleiben beinahe genötigt hatte, und ich selbst machten uns deshalb vom Quartier auf den Weg zur Moschee.

Alhaji, der Junge, der uns gerufen hatte, ging hinter uns her und balancierte eine große zusammengerollte Gebetsmatte auf dem Kopf. Die beiden Männer trugen ein Jackett und ausgebeulte Hosen im traditionellen Schnitt, während ich selbst mit einem langen Umhang und einer merkwürdigen hohen Mütze bekleidet war, beides in dunklem Flaschengrün. Ich hatte nicht wenig Ähnlichkeit mit einem Geistlichen in einer Genremalerei aus der Frührenaissance – mit einem Wort: Ich sah lächerlich aus.

Wir trafen mit anderen Männern des Dorfes auf dem Gebetsplatz ein, die alle in ihrem Sonntagsstaat waren. Sie setzten sich auf den Boden und warteten ruhig oder murmelten Gebete, während sie ihre Gebetsschnüre langsam durch die Finger gleiten ließen. Vor der Menschenmenge sah ich mehrere schwarze Automatikschirme, die zusammengeklappt und mit der Spitze in die Erde gebohrt waren. Auf dem Friedhof, der sich direkt vor uns bis zum geheiligten Bereich erstreckte, stand das grüne Unkraut dicht und hoch zwischen den Affenbrotbäumen.

Schließlich begann der Imam zu beten, und die Anwesenden stimmten ein, doch nicht gleichzeitig, so daß das leise Murmeln der Menge wie in Wellen über uns hinwegrollte.

Eine Gruppe von Ältesten versammelte sich um den Imam und breitete ein weißes Tuch über ihn, während er aus dem Koran vorlas. Als er geendet hatte, erhoben sich alle und schüttelten einander die Hände. Da ertönte aus dem Gehöft Fili Kunda zweimal die große Kesselpauke, und mitten im Gedränge der festlich gekleideten Gestalten sah ich einen hochroten Strahl von Blut, der aus dem Hals eines Schafes spritzte. Das Tier brach zusammen und lag zuckend auf dem staubigen Boden, während es verblutete. Jetzt, wo die Schafe des Imams getötet worden waren, durften auch die anderen ihre Opfertiere schlachten. Wohin ich auch sah, strömte Blut und wurden Hälse umgedreht. Gleich darauf wurde auch das Fleisch zerteilt.

»Am heutigen Tag sollten wir Almosen geben«, sagte Alioune Sware, der MRC-Fahrer, als er auf der geräumigen Veranda seines Hauses in Sanyang Kunda saß und den Tierkörper teilte. Er reichte seiner Frau, einer fülligen Person, die Fleischstücke, und sie briet sie auf einem winzigen Holzkohleofen. Auch der Kopf wurde daraufgelegt, und während er langsam schwarz wurde, schabte sie gleichgültig die Haut ab. Alioune hielt mir die Hörner vor die Nase. »Das sind die Hörner«, sagte er. Ich wußte nicht genau, was ich darauf antworten sollte, also beschränkte ich mich auf ein: »Ja.«

Das Fell des Tieres war auf die Veranda gebreitet worden. Alioune häufte die Fleischabfälle, Eingeweide und Halsstücke auf die glitschige, blutbefleckte Haut und schnitt sie mit seinem großen Buschmesser in kleinere Teile. Ein Junge lehnte erwartungsvoll mit einem Blechtablett an einem Pfosten und verfolgte jede Bewegung. Alioune gehörte zu den Mitgliedern des Personals, die ein Haus im Dorf besaßen. Er war etwa vierzig Jahre alt, ein großer, kräftiger, gutaussehender Mann. Als Kind hatte man ihn zu einem Marabut am Oberlauf des Flusses in die Lehre geschickt, aber er war bald ausgerissen und hatte sich bis zur Küste durchgeschlagen, wo er den Führerschein gemacht und sich Englisch in Wort und Schrift beigebracht hatte. Weil in Gambia die Fahrer das gesamte Transportsystem in ihren Händen hielten, wurde ihnen eine gewisse Habgier nachgesagt. Alioune bildete da keine Ausnahme. Aber wenn er einen Vorteil für sich witterte – und das tat er immer –, dann setzte er seine Interessen zumindest auf eine durch und durch freundliche Weise durch.

»Ich habe dich heute morgen in deinem Umhang gesehen«, sagte er und zuckte, als ein Fleischstück an seinem Kopf vorbeiflog. »Du hast sehr gut ausgesehen. Alle haben das gesagt.« Ich dankte ihm für diese offensichtliche Schwindelei. In Afrika kannte man so etwas wie konstruktive Kritik nicht. Es gab Lob und Beleidigung, aber dazwischen lag nicht viel.

Er schenkte dem Jungen zwei Haufen von dem Fleisch, und dieser machte sich in Windeseile damit davon. »Seine Familie kann es sich nicht leisten, selbst eine Ziege zu schlachten«, erklärte er. »Es ist unsere Pflicht, ihnen etwas zu geben.«

Er führte mich ins Haus. Wir setzten uns, und er reichte mir ein großes Stück Leber. »Das ist die Leber«, erklärte er. »Nach unserer Tradition ist sie das erste Teil des Opfertieres, das gekocht wird. Ich finde, es ist auch das beste.« Sie schmeckte köstlich.

In Dulaba bekamen nur wenige Kinder zum Tobaski-Fest neue Kleider, aber zumindest konnten sich alle sattessen. Den ganzen Nachmittag jagten die Jungen auf den grünbewachsenen Pfaden hinter den Gehöften hin und her und brachten ihren Verwandten rohe Fleischstücke, die sie mit den bloßen Händen trugen. Die jungen Mädchen schlenderten durch die Straßen und trugen Schüsseln mit gekochtem Essen auf den Köpfen. In den Siedlungen rieben sich die Kinder ihre nackten, aufgetriebenen Bäuche.

Binta Sises Mann konnte sich kein Opfertier leisten. Da sie deshalb auch nicht kochen mußte, verbrachte sie den Morgen auf ihrem Bett liegend und mit den Nachbarn und Verwandten schwatzend. Am Nachmittag besuchte sie Fatounding, und den Rest des Tages flochten sie, Isatou und Sajonding Minte sich gegenseitig Zöpfe. Das Gehöft war um keinen Deut sauberer als an jedem anderen Tag des Jahres. Fliegen umschwirrten die Eingeweide der Ziege, und der Boden war mit Blut bespritzt.

Fatoundings Mann Kalamatta nagelte die Ziegenhaut auf, um sie in der Sonne trocknen zu lassen. Aus Anlaß des Gebetstages hatte er seinen üblichen schäbigen Umhang gegen ein europäisches Hemd und ein Paar greller Hosen eingetauscht. Er arbeitete schweigend, mit flinken Bewegungen, aber ohne Hast, und wirkte so verschlossen und gleichgültig wie immer. Ich fragte mich nicht zum ersten Mal, was dieser Mann seinen Frauen bedeutete, was er überhaupt bei ihnen zu suchen hatte. Denn seine Frauen und ihre Gäste schenkten ihm nicht mehr Beachtung als er ihnen. Jede Seite verhielt sich, als existierte die andere nicht. Und so, wie sie heute gekleidet waren, als kämen sie aus zwei unterschiedlichen Welten, schienen sie kaum noch in einen gemeinsamen Rahmen zu passen.

Am nächsten Tag gingen die Mitglieder des Saniyoro Kafos auf ihr Erdnußfeld, um es ein zweites Mal zu jäten. Ich kam erst am späten Nachmittag an, aber trotzdem lag noch ein großes Stück Arbeit vor den Frauen, und sie wollten erst gehen, wenn das ganze Feld gejätet war. Jarra Njai führte mich unter einen Baum, wo eine Schüssel mit Reisbrei stand, den sie mir anbot. Ich sagte, ich sei satt.

»Nein, nein«, widersprach sie. »Jetzt bist du ein Mitglied im Kafo. Wir haben alle davon gegessen. Du mußt es auch tun.«

Die Stimmung war sehr ausgelassen an jenem Nachmittag: Es wurde viel gelacht und geneckt, es gab freundliche Klapse und übermütige Verfolgungsjagden. Ein Regenbogen spannte sich am tiefblauen Himmel über das Dorf. Das smaragdfarbene Getreide, das leuchtendrote und grüne Blätterwerk der Mangobäume, die grellbunten Kleider der Frauen – alles hatte seinen Platz und wirkte in der gleißenden Abendsonne wie ein riesiger schimmernder Wandteppich.

In der Nacht war mir hundeübel. Ich weiß nicht, ob der Brei daran schuld war, aber ich lag auf dem Badezimmerboden und hatte das Gefühl, ein riesiges Tier wütete in meinem Körper und wollte ihn durch den Hals wieder verlassen.

In den Wochen danach begann ich Dembas Leben etwas besser zu verstehen. Wir saßen eines Abends in seinem Zimmer und blätterten im Fotoalbum. Er besaß etwa zwanzig Fotos, größtenteils von Menschen, die ich noch nie gesehen hatte und die durch keine engere Beziehung mit ihm verbunden zu sein schienen. Auf einigen Aufnahmen posierte er mit Europäern, die im Lauf der Jahre im Camp gearbeitet hatten. Eines der letzten Fotos war ein Polaroid-Schnappschuß von einem ernst aussehenden jungen Mann in westlicher Kleidung, der auf einem islamischen Gebetsteppich saß und eine Gebetsschnur in der rechten Hand hielt. »Das ist mein älterer Bruder, derjenige direkt über mir. Er hat als einziger in unserer Familie Arabisch gelernt, ich dagegen Englisch.

Er ist nach Libyen gegangen, um Arbeit zu suchen. Von dort stammt auch das Foto. Davor war er in Nigeria. In Libyen ist er gestorben. Ich habe ihn drei Jahre vor seinem Tod zum letzten Mal gesehen. 1984 ist es passiert – er war krank.«

Er deutete auf einen Koffer auf seinem Schrank.

»Dieser Koffer hat ihm gehört. Sie haben ihn mir geschickt. Mehr besaß er nicht.

Meine jetzige Frau sollte ursprünglich ihn heiraten. Nach seinem Tod mußte ich sie heiraten, weil ich der nächste in der Linie bin. So will es unsere Kultur. Ich konnte nichts dagegen unternehmen. Damals wollte ich das Mädchen, das hierher kam – Mayi – heiraten. Aber als mein Bruder starb, zerschlugen sich alle Pläne.

Mayi will das nicht akzeptieren, und deshalb hat sie mich damals auch besucht. Ich war außer mir und habe mich geärgert darüber. Schließlich blieb mir nichts anderes übrig, als sie wegzuschicken.«

Er betrachtete wieder das Foto seines Bruders.

»Ich habe ihm zweitausend Dalasi von dem Geld geliehen, das ich für meine Reise nach England gespart hatte, damit er nach Libyen gehen konnte. Als er starb, war das Geld verloren – er konnte es nicht zurückzahlen. Und ich mußte ja seine Frau nehmen, deshalb beschloß ich, mit dem restlichen Geld ein Gehöft in Serekunda zu bauen.

Jetzt ist alles vorbei. Bald läuft mein Reisepaß ab, und ich weiß, ich werde nirgendwo hinkommen.«

Mir wurde klar, wie aussichtslos es in einer solchen Gesellschaft war, Ehrgeiz zu entwickeln – das Schicksal in die eigenen Hände nehmen zu wollen, wirkte unter solchen Umständen nur töricht.

Am Samstagabend nach Tobaski ging ich wieder zu Fatounding in die Siedlung, um »zu reden«. Als die Schüsseln abgeräumt waren, machte sie es sich mit ihrem Baby auf dem Rücken bequem. »Jetzt kann ich reden bis morgen früh«, erklärte sie. Der Vollmond ging auf und breitete seinen Schimmer über die Wellblechdächer. Gerade hatten sie eine der letzten Portionen Reis aus der Hilfslieferung gegessen. Was sollten sie nun tun?

»Wann kriegen wir etwas von dem Reis, den ihr noch in Europa habt?« fragte die Schwiegermutter, N'na.

Ich sagte, der Reis, den sie gerade verzehrten, stamme nicht aus Europa, sondern aus Japan.

»Wo liegt Japan?« wollte Fatounding wissen.

Ich antwortete, Japan liege mehr als dreimal so weit von London entfernt, wie London von Gambia. Dies rief allseits großes Erstaunen hervor, und sie lobten die Größe Gottes. Es entspann sich ein Gespräch über den sagenhaften Reichtum der Europäer. Ich versuchte, ihnen klarzumachen, daß nicht alle in Europa so reich waren.

»Aber die Leute, die das Geld herstellen«, wandte Isatou ein, »die sind reich!«

Dieses Argument hatte ich nun schon oft gehört, auch von relativ gebildeten Gambiern. Es war ihnen kaum klarzumachen, daß nicht alle Engländer unbeschränkten Zugang zu Geldscheinen hatten, auch wenn die Währung Gambias in England gedruckt wurde.

Ein junger Mann, der an der Küste Englisch studierte, betrat den Hof und beteiligte sich an der Unterhaltung. Er redete vom Falkland-Krieg. »Ihr habt es ihnen gezeigt«, meinte er anerkennend.

»Ihr habt Krieg geführt!« rief Fatounding erschrocken. »Habt ihr euch gegenseitig umgebracht?«

Ja, natürlich.

»Mbe kumbo«, sagte sie. »Ich weine.«

6

DAS GROSSE VOLK GOTTES

In manchen Gegenden Afrikas glauben die Landbewohner an religiöse Führer, denen sie als Gegenleistung für ihren Segen einen Teil der Ernte darbringen. Sie heißen Marabuts und erfüllen Funktionen, die früher den großen Königen Afrikas zukamen. Diese nämlich hatten sich als die Beherrscher der Erde gesehen und ihre spirituellen Kräfte zum eigenen Nutzen und zu dem ihres Volkes eingesetzt.

Die Menschen in Dulaba jedoch weigerten sich strikt, eine Autorität außerhalb ihres Dorfes anzuerkennen, und im Grunde erkannten sie wohl gar keine Autoritäten an. Natürlich hatten sie von Mekka gehört – Makkah, wie sie es nannten –, aber darunter konnten sie sich ebensowenig vorstellen wie unter Europa. Im Gegensatz dazu hatte das Alahira, das Jenseits, eine ganz konkrete und unmittelbare Bedeutung für jeden einzelnen. Niemand aus Dulaba hatte je den Hadsch, die Wallfahrt nach Mekka, unternommen, aber einen Platz im Himmel erhofften sie sich alle.

Obwohl sie keine Ahnenkulte mehr praktizierten, sahen sie das Dorf weiterhin als diejenige Einheit, die ihnen das Leben gegeben hatte. Sie glaubten fest daran, daß ihr Dorf für Gott wichtig sei. Vor allem hielten sie sich in religiösen Dingen für reiner und frommer als die Bewohner der umliegenden Dörfer – womit sie sogar ihre Verwandten in Karafa Kunda einschlossen. Außerdem sagten sie jedem, der es hören wollte, Dulaba sei ein heiliger Ort, und Gott erhöre die Gebete, die in der Moschee an ihn gerichtet wurden.

Die Menschen hatten die Tubabs und ihren Einfluß akzeptiert und schließlich sogar gutgeheißen, weil sie sowieso nichts daran ändern konnten. Sie hatten eigens einen Vertreter aus ihren Reihen gewählt, den *alkalo* – Vorsteher – oder »Tubab-Alkalo«, der als Kontaktperson zu den Fremden und der unabhängigen Regierung auftrat.

Neben dem »Tubab-Alkalo« gab es einen weiteren Ältesten,

den *sate-tio* – den Besitzer des Dorfes, dessen Identität nur die Dorfbewohner selbst kannten. Er entschied über Angelegenheiten, die sie selbst betrafen und Außenstehende nichts angingen. Traditionsgemäß übte das älteste Mitglied der Familie Minte diese Funktion aus. Bei der Gründung des Dorfes nämlich hatte der Führer der Familie Sise vorgebracht, seinetwegen könne Vorsteher werden, wer wolle, solange seine Familie den Imam des Dorfes stelle – das sei schließlich schon damals in Manding so gewesen. Nun hatte die Familie Sise die religiöse Führung im Dorf inne, und die Familie Minte regelte die weltlichen Angelegenheiten.

Der jetzige Älteste, Fa Salifa Minte, war jedoch ein weithin bekannter Korangelehrter, der seinem jüngeren Bruder die Funktion des Sate-tio übertragen hatte, um sich selbst ganz dem Gebet widmen zu können.

Die Ältesten hatten sich über zwanzig Jahre lang strikt geweigert, den Bau einer Regierungsschule im Dorf zu genehmigen. Seit der Gründung des Dorfes hatte ihnen schließlich das Gebet alles gegeben, was sie brauchten. Wozu brauchten sie denn neues Wissen, wozu sollten sie lernen? In ihrer Argumentation spielte natürlich die Furcht mit, daß zu viele Jugendliche das Dorf verlassen könnten, wenn sie erst einmal nach Tubab-Art erzogen wurden. Sie sahen ihr Dorf schon aussterben und die eigenen Kinder direkt in die Hölle fahren. Auch Fa Salifa Minte hatte sich der europäischen Schule vehement widersetzt, und seit ihrer Eröffnung hatte kein Kind aus seinem Gehöft sie je von innen gesehen.

Er war nun der älteste Mann im Dorf und verließ sein Gehöft nur noch, um in die Moschee zu gehen, wo er tagelang betete und fastete. Ich hatte ihn einmal zu Beginn meines Aufenthalts in der Nähe der Moschee gesehen – ein großer, dürrer Mann in einem makellos gebügelten blaßblauen Umhang, der an einem Stock ging und eine in Stoff gewickelte Koranausgabe auf dem Kopf balancierte. Ich fühlte mich wie in eine Sage versetzt, als er in seinem langen Gewand vor dem schimmernden Horizont stand. Er begrüßte mich sehr herzlich und schüttelte mir am Anfang und am Ende unserer kurzen Begegnung die Hände – wie es den Moslems vorgeschrieben ist –, aber ich wurde das Gefühl nicht los, daß er mich gar nicht richtig wahrnahm. Ich war eben nur ein Tubab für ihn.

Sein Gehöft lag in der Mitte des Dorfes, und sein Haus in der Mitte des Gehöfts. Durch eine Tür aus Hirsestroh gelangte man in einen leeren Raum mit unverputzten Lehmwänden. Den Fußboden bildete die nackte, unebene Erde. Der zweite Raum war von Rauch erfüllt, der in dicken Schwaden von einem mitten auf dem Boden angezündeten Feuer aufstieg, an dem der alte Marabut kauerte. Draußen regnete es, und durch das winzige Fenster fiel nur ein schwaches graues Licht, aber immerhin erkannte ich, daß dieser Raum genauso leer war wie der erste, von einem aus Ästen bestehenden Bett in einer Ecke abgesehen. Der Marabut blickte uns gleichgültig durch die Rauchschwaden an. Was wollten wir hier – der Tubab, ein Halbteufel, und der junge Schwarze, den Betrüger und Alkohol trinkende Menschen erzogen hatten? Nicht, daß er uns den Besuch übelgenommen hätte. Menschen wie uns haftete das Glück doch an – wir waren reich.

Das lange Gewand des alten Mannes war schmutzig. Die Asche des Feuers fiel auf das abgenutzte brüchige Schaffell, auf dem er saß. Daneben lag der zerbeulte Zinnkessel, den er zum Waschen benutzte. Wie er so dahockte, wirkte er schmächtig, fast skelettartig. Er sah sehr ungewöhnlich aus. Er hatte einen kleinen Kopf, und auch seine Lippen waren klein, aber trotzdem voll und meist geschürzt, als paßte ihm etwas nicht. Diese Eigenart hatte ich schon bei vielen jüngeren Frauen beobachtet, und der Gedanke lag nahe, daß manche von ihnen vielleicht den Lenden dieses gebrechlichen alten Mannes entstammten. Sanyang, der respektvoll seine Augen gesenkt hatte, wirkte neben ihm beinahe unanständig kräftig.

»Bleiben wir hier?« fragte der alte Mann, und seine dünne, gebrochene Stimme erhob sich überraschend laut und bestimmt. »Bleiben wir für immer auf dieser Erde? Nein, so ist es nicht. Die Welt geht zu Ende, und alle, die Gottes Wort nicht gefolgt sind, müssen ins Feuer. Deshalb denken die Menschen an Alahira, das Jenseits, und an nichts anderes sollten sie denken.

Gott hat das Universum erschaffen, und alles im Universum wurde von Gott erschaffen. Sieben Himmel mit sieben Erden gehören dazu, und jede der sieben Erden ist mit Engeln erfüllt. Die Engel und Gott selbst sehen die Menschen und wissen, was sie tun. Wer nicht betet und wer die Vorschriften des Islam nicht beachtet, für den gibt es kein Entrinnen – er muß ins Feuer.«

Was gab es sonst noch für Gründe, den Koran zu studieren, außer dem, in den Himmel zu gelangen?

»Wir folgen Gott und Mohammed.«

Und welchem Zweck diente das?

»Es dient dem Himmel – dem Alahira.«

145

Vor über siebzig Jahren hatte er angefangen, den Koran zu studieren. Damals wurde ihm der Name Gottes auf die Hand geschrieben zum Zeichen dafür, daß er nun ein Schüler war. In seiner Jugend war er noch zur Feldarbeit in den Busch gegangen, später aber hatte er das Dorf verlassen. Anders war es nicht möglich: Wenn jemand lernen wollte, mußte er sich einen Lehrer suchen, und zwar abseits von seiner Familie – damit ihre Ansprüche ihn nicht störten und er sich auf sein Studium konzentrieren konnte.

Er wohnte elf Jahre in Jarra im Gehöft seines Lehrers. Jeden Donnerstag arbeitete er auf dem Feld seines Lehrers und an den restlichen sechs Tagen für sich selbst. Von zwei bis fünf Uhr studierten sie dann gemeinsam, sprachen das Fünf-Uhr-Gebet und lernten weiter bis zum Sonnenuntergang. Im Gehöft wohnten über achtzig Studenten. Der Marabut war weithin bekannt und schon zweimal in Mekka gewesen. Als er vor zwanzig Jahren zurückgekehrt war, hatte man ihm zum Gehöftsältesten gemacht. Er wäre vorher nicht auf den Gedanken gekommen, daß er einmal eine solche Funktion innehaben würde. Solche Dinge wußte nur Gott.

Ich wollte wissen, was er denn in jener Zeit von seinem Lehrer gelernt hatte.

»Ich habe gelernt, zu beten und den Heiligen Koran zu lesen. Es ist Gottes Wille, daß wir dem Propheten Mohammed folgen, deshalb müssen wir den Koran lesen. Wenn wir sterben, wird er jeden von uns fragen, was wir hier auf Erden getan haben. Dann kann ich sagen: ›Ich bin nur Gott und dem Propheten Mohammed gefolgt.‹«

Die Menschen schienen das Heil ihrer Religion nur im Jenseits zu sehen. Wenn sie von der Erde sprachen, meinten sie nicht den Planeten an sich, sondern nur seine Funktion für das Alahira: Auf der Erde fanden die Ereignisse statt, die darüber bestimmten, ob sie in den Himmel oder in die Hölle kamen. Egal wie anständig, freundlich, selbstlos oder fleißig jemand gewesen war, wenn er nicht gebetet und gefastet hatte, nützte alle Tugend nichts. Deshalb waren alte Menschen so fromm, deshalb befolgten sie die Vorschriften ihrer Religion so streng: Sie wollten vor Gott ein möglichst großes Maß an Gnade erwirken. Und deshalb auch herrschte tiefe Verzweiflung, wenn ein junger Mensch starb: Er hatte noch nicht viel Zeit gehabt, sich Gnade zu verdienen.

Je länger ich beobachtete, wie der Islam in Dulaba praktiziert wurde, desto mehr verstärkte sich mein Eindruck, daß er sich in der mechanischen Wiederholung all dieser Äußerlichkeiten praktisch erschöpfte. Hatte die Religion denn keinen geistigen Beistand für das Diesseits zu bieten?

»Manchmal kommen die Leute zu mir, weil ich für sie beten soll. Einige nehmen sogar einen sehr weiten Weg auf sich.«

Meinte er damit, daß er ein Marabut war?

»Gott spricht zu keinem Menschen. Niemand von uns kann ihn hören, weil er nur durch Zeichen spricht. Diese Zeichen finden die Menschen in den Büchern, die er uns gegeben hat. Im Koran steht, wie die Zeichen in Erscheinung treten, die für einen Menschen von Bedeutung sind.«

Manchmal wurde er um das *lastakah* ersucht. Wenn zwei Menschen gegensätzliche Ansichten zu einem Problem hatten, erzählten sie ihm von ihren Schwierigkeiten, und bevor er zu Bett ging, las er bestimmte Gebete aus dem Koran und bat den Allmächtigen Gott um Hilfe. In der Nacht erschien ihm dann die Lösung des Problems in Form eines Traumes. »Wenn du eine Frau heiraten willst, kann ich dir sagen, ob du in Frieden mit ihr leben wirst oder nicht und welche Almosen nötig sind. Wenn ich etwas Gutes in meinem Traum sehe, dann sehe ich auch die Almosen, die du verteilen mußt, damit er sich erfüllt. Und wenn ich etwas Schlechtes sehe, sage ich dir, welche Almosen du geben mußt, damit er sich nicht erfüllt.«

Der Imam von Dulaba war natürlich ebenfalls ein Marabut. Obwohl er zwanzig Jahre lang bei einem berühmten Lehrer im Ostteil der Provinz gelebt hatte, war er bescheiden geblieben. Im benachbarten Hof lebte dagegen ein sehr viel jüngerer Mann, zu dem angeblich Menschen aus allen Teilen des Landes kamen. Der Imam lebte überwiegend in Serekunda, aber wenn er in Dulaba war, sah man ihn oft auf dem strohgedeckten Bantaba in der Nähe von Binta Sises Haus. Er war ein großer, beleibter Mann von tiefschwarzer Hautfarbe, mit einem breiten, fast babyhaften Gesicht und einem schallenden, zuversichtlichen Lachen.

»Die Marabuts sind die Wissenschaftler der Schwarzen«, erklärte er. »Den Europäern hat Gott Wissen und Verstand gegeben, uns hat er Symbole gegeben, die wir verwenden können. Er hat uns im Heiligen Koran sogar seinen Namen offenbart, damit wir die Probleme auf der Welt lösen können.«

Jetzt verstand ich, was die Menschen damit meinten, wenn sie immerzu davon sprachen, den Koran zu »verwenden«. Sie lasen ihn nicht deshalb, weil sie hofften, seine Wahrheiten könnten ihnen in moralischer oder geistiger Hinsicht zu Erkenntnissen verhelfen. Statt dessen trugen sie die Suren am Körper, um die Macht des Korans physisch zu nutzen. Sie schrieben ihm geheime Kräfte zu, die alle erdenklichen guten oder schlechten Dinge bewirken konnten – je nach den Bedürfnissen und Wünschen des einzelnen. Aber nur die Marabuts kannten diese geheimen Kräfte. Nur sie wußten, wie man die verschiedenen Korantexte anwenden und Gott anrufen mußte. Sie schrieben ein *safo* – vom Verb *safiro*, schreiben – auf ein Stück Papier, das dann zum Schuster gebracht wurde, der es in ein Ledersäckchen einnähte. Manchmal wurden die Zeichen vom Papier mit heiligem Wasser wieder abgewaschen, um zu verhindern, daß ein Feind den Zweck des *safos* in Erfahrung brachte. Ein *na-so* war ein flüssiges Juju, das mit einem Gemisch aus Ruß und Wasser auf ein Holzbrett aufgebracht wurde. Die Schrift wurde dann wieder vom Brett abgespült, und der Ratsuchende mußte in diesem Wasser baden oder es trinken. Ein solcher Trank galt auch als guter Schutz gegen Gefahren auf Reisen.

Die Kräuterkunde war eigentlich eine Wissenschaft, die mit den Marabuts nicht sehr viel zu tun hatte. Doch die Safos enthielten oft auch Teile von Blättern oder Wurzeln, und die Kräutersammler ihrerseits flochten häufig das Gebet in ihre Behandlung ein. Andere Gegenstände, denen die Marabuts Macht zuschrieben, waren bestimmte Muscheln, Steine, Hörner und Felle. Zur Herstellung eines *balantangos*, eines Jujus, das vor Gewehrkugeln schützte, brauchte man den Fetzen eines Leichentuchs, das eine tugendsame Frau eingehüllt hatte. Außerdem besaßen auch menschliche Körperteile bestimmte »Funktionen«, und in manchen Landstrichen Afrikas war Mord kein ungebräuchliches Mittel dafür, sie zu beschaffen. Die Gambier waren jedoch ein sehr gottesfürchtiges Volk. Obwohl sie sicher waren, daß man einen anderen Menschen totbeten könne, glaubten sie fest daran, daß jeder Marabut, der dieses Mittel anwandte, direkt zur Hölle fuhr.

»Jeder in diesem Land, ob Christ oder Moslem, trägt ein Juju«, erzählte der Marabut. »Weil nämlich Gottes Arznei und die Arznei der Tubabs unterschiedliche Dinge sind. Es gibt bestimmte Krankheiten, die die Marabuts nicht heilen können. Wenn jemand vom Teufel besessen ist, können ihn die Tubabs nicht heilen. Der Betreffende muß einen Marabut finden, der die geheimen Gebete kennt, mit denen der Teufel ausgetrieben werden kann.«

Likunda war das größte Gehöft im Dorf und gleichzeitig das reichste, weil es mehr Vieh besaß als alle anderen. Die Tiere wurden aber kaum je geschlachtet, und ihre Milch gehörte den Hirten der Fulbe, die sie weiterverkauften. Den Bewohnern selbst nützte ihr Reichtum also herzlich wenig. Trotzdem wirkte ihr Gehöft vergleichsweise ansehnlich, und um den Haupthof standen inzwischen über zwanzig Häuser. Der Vorsteher Fa Sunkary Sise gehörte zu den einflußreichsten Dorfbewohnern. Man konnte die Uhr nach ihm stellen, wenn er fünfmal am Tag eine kleine Gruppe der anderen Gehöftsältesten zur Moschee und wieder zurück geleitete. Dabei trug er fast immer den gleichen langen, blaßorangefarbenen Umhang, und stets hatte er seine Hände auf dem Rücken verschränkt und ließ die Perlen seiner langen Gebetsschnur durch die Finger gleiten. Er war ein großer, dürrer Mann, dessen eingefallenes Gesicht von einer großen, fast rüsselartigen Nase beherrscht wurde. Wenn er seinen Gesprächspartner mit einem Blick aus seinen schräggestellten, funkelnden Augen bedachte, verzogen sich seine dünnen Lippen zu einem wohlwollend belustigten Lächeln. Er gehört zu den freundlichsten Menschen, denen ich je begegnet bin, und noch nie habe ich einen Mann kennengelernt, der mehr Vertrauen in seine eigene Männlichkeit ausgestrahlt hätte.

Er war der zweitälteste Mann im Dorf. Er konnte sein Alter nicht in Jahren angeben, aber er wußte, daß er drei Jahre, nachdem die Weißen in Sankandi umgebracht worden waren, zur Welt kam. Sankandi lag zwölf Meilen entfernt an der Kreuzung der roten Lateritstraße und der geteerten Hauptstraße. An dieser Stelle wurden 1901 die britischen Reisekommissare Sitwell und Silva getötet, sowie Sergeant Cox und fünf Beamte der gambischen Polizei, als sie versuchten, einen Streit zwischen den Marabuts und den Heiden von Jattaba über ein Reisfeld zu schlichten. Man hatte sie zu einer Zusammenkunft in Sankandi aufgefordert, und als sie sich dem Bantaba näherten, eröffneten die Marabuts das Feuer. Die Vergeltungsmaßnahmen folgten auf dem Fuß, und das Dorf wurde dem Erdboden gleichgemacht.

Sitwells Nachfolger, Captain Leese, war der erste Europäer, der sich in die Wildnis von Kiang wagte. Damals war Fa Sunkary ein junger Mann.

»Als er in den Bezirk kam, hielten alle jungen Männer aus den Dörfern von hier bis nach Tankular eine Versammlung ab, um anzukündigen, daß Captain Leese komme. Am darauffolgenden

Morgen gingen wir zu ihm und trugen ihm seine Kisten und Koffer von Dorf zu Dorf – durch den ganzen Bezirk. Die Leute von Tankular trugen ihm die Lasten in die anderen Dörfer: Brong, Karantaba, Janneh Kunda. Auf dem Rückweg durch Mankono stießen wir wieder zu ihm und begleiteten ihn auf die Straße zurück. So war das in jenen Tagen. Wir sind alle Wege zu Fuß gegangen, und was es zu tragen gab, mußten wir auf unseren Köpfen transportieren. Für den Weg nach Kombo haben wir vier Tage benötigt.«

Offiziell hatte man ihm erst vor vier Jahren das Amt des Gehöftsvorstehers übertragen, aber da sein Onkel, der es bis dahin innegehabt hatte, nicht ganz zurechnungsfähig war, übte er es de facto schon über ein Vierteljahrhundert aus.

Wenn er früh am Morgen aufwachte, ging er von Haus zu Haus und rief die Menschen zum Gebet. Die Gehöftsältesten zogen gemeinsam in die Moschee und beteten nach ihrer Rückkehr noch in seinem Haus, wobei sie nicht knieten, sondern ihre Handflächen gen Himmel streckten, um den Segen zu erflehen. Daraufhin erschienen die Frauen und brachten ihre Grüße dar.

Zu den Pflichten eines Gehöftsvorstehers gehörte es, den Bewohnern Ratschläge über ihr Verhalten zu erteilen. Wenn ihm zu Ohren kam, daß sich jemand ungebührlich benommen hatte, rief er ihn zu sich und redete ihm ins Gewissen. Aber die Gehöftsbewohner konnten sich auch mit ihren Problemen an ihn wenden. Wenn ein Paar etwa eine Heirat plante, schickte er den Eltern des Mädchens eine Nachricht.

In seiner Kindheit, und sogar noch bis vor zwanzig Jahren, arbeiteten die jungen Männer für den Vorsteher ihres Gehöfts. Sie pflanzten Erdnüsse und Hirse auf zwei großen Feldern und verbrachten einen Tag in der Woche dort. Damals war es noch Sitte, daß die jungen Männer sich in Gruppen zusammentaten und ein Feld nach dem anderen gemeinsam bestellten. Heute dagegen war jeder sich selbst der Nächste, und wenn der Gehöftsvorsteher alt wurde, mußte sein Sohn ihn ernähren.

In jenen Tagen wurden Kinder, die den Ältesten nicht Gehorsam leisteten, halbtot geprügelt, aber wenn es heute jemand wagte, ein Kind zu schlagen, fand er sich manchmal vor Gericht wieder. Überhaupt war es keine einfache Sache mehr, ein Kind aufzuziehen, denn die Welt mochte zwar die gleiche geblieben sein, aber die Menschen hatten sich verändert. Während sie früher zufrieden im Dorf geblieben waren, verließen es die jungen Menschen inzwischen zu Beginn der Trockenzeit in Scharen. Und wenn sie zurückkehrten, verlangten sie nach Tanzveranstaltungen. Bei ihren Ahnen hatte es so etwas nicht gegeben. Außerdem wollten sie europäische Kleidung tragen. Ich fragte nach dem Grund dafür.

Er lachte. »Der Grund, das seid ihr. Die Kinder haben gesehen, wie ihr lebt und wie ihr euch anzieht, und nun wollen sie euch nacheifern.«

Hielt er das für gut oder schlecht?

»Es ist gut. Weil man es sowieso nicht ändern kann, auf alle Fälle nicht, solange ihr Europäer im Dorf seid. Unsere Jugendlichen können gar nicht anders.«

Die Bewohner des Gehöfts Likunda hatten von Anfang an den Bau einer Schule befürwortet. Fa Sunkary hatte seine jüngeren Söhne sogar nach Joli zur Schule geschickt. Und schließlich bekam auch Dulaba eine, weil die Ältesten einsehen mußten, daß sonst noch mehr Kinder das Dorf verlassen hätten, nur um eine Schule besuchen zu können.

Fa Sunkarys jüngerer Bruder Momodou Karamo, ein kleiner, verbissen wirkender Mann Anfang Sechzig, wurde der Vorsitzende der Eltern-Lehrer-Vereinigung. Wenn in der Schule etwas kaputt war, sorgte er dafür, daß ein Dorfbewohner es reparierte. Vor kurzem war er in den Mittelpunkt einer heftigen Kontroverse geraten, weil die Abteilung für Gemeindeentwicklung den Vorschlag gemacht hatte, im Dorf ein Gemeinschaftszentrum zu errichten.

Viele der Ältesten waren strikt dagegen gewesen. Sie sagten, es diene ja doch nur der Hurerei und dem Alkohol. Momodou dagegen hatte die Ansicht vertreten, es sei ein großer Segen und als Angehöriger der Dorfgemeinschaft müsse er dafür sorgen, daß dieser Segen ihnen auch zuteil würde.

Der Streit hatte sich über einige Monate hingezogen.

Schließlich wandten sich die Gegner des Zentrums an ihren Parlamentsabgeordneten, der zufällig auch Vizepräsident war, und baten ihn um Vermittlung. Das ITC, eine andere ausländische Organisation neben dem MRC, plante damals den Bau eines tierärztlichen Zentrums am Rand des Busches hinter dem MRC-Camp, das im Dorf natürlich sehr erwünscht war. Der Vizepräsident löste das Problem schnell und pragmatisch, indem er sagte, wenn das Gemeinschaftszentrum nicht gebaut werde, komme auch das ITC nicht ins Dorf. Daraufhin verstummten alle Einwände.

Dennoch hatten die Gegner es sich nicht nehmen lassen, Jujus

151

auf dem Gelände des Zentrums zu vergraben, um den Bau vielleicht doch noch zu verhindern. Aber Momodou ließ sich keine Angst einjagen. Er wußte, daß es nur einen Gott gab. Das Gemeinschaftszentrum wurde errichtet, und niemand nahm mehr Anstoß daran.

Mba Jongmar Sise war die älteste Frau im Dorf. Sie wußte das, weil kein einziges Mitglied ihrer Altersgruppe mehr lebte, also keine von den Frauen, die zur gleichen Zeit wie sie verheiratet worden waren.

Sie wohnte im Gehöft Sanyang Kunda in einem Hof, der ihrem Sohn gehörte. Sie hatte vier Ehemänner gehabt, die alle aus diesem Gehöft stammten, und nun konnte sie sich in ihrem hohen Alter endlich ausruhen. Den größten Teil ihrer Zeit verbrachte sie auf der Veranda des Frauenhauses, wo sie mich mit ihrer üblichen, frappierend ausdruckslosen Miene zu einem Gespräch empfing. Ja, ein alter Mensch müsse sich fürchten. Bald würde sie sterben, und niemand wußte, was dann mit ihr geschah. Nur Gott konnte beurteilen, ob sie ein gutes Leben geführt hatte oder ein schlechtes. Denn wie streng auch immer die Menschen die religiösen Vorschriften befolgt und gebetet und gefastet hatten, sie konnten nie wissen, ob Gott damit zufrieden gewesen war.

»Als ich noch ein kleines Mädchen war, wußten wir gar nichts von den Tubabs und ihren Arzneien. Wenn wir krank waren, brachte man uns zu den Marabuts. Das erste, woran ich mich erinnern kann, ist, daß ich einen Anfall hatte und auf einer Körperseite gelähmt war. Da brachten meine Eltern mich zu einem großen Marabut in Karafa Kunda. Er bedeckte mich mit Blättern. Er badete mich in ihrem Sud, und danach mußte ich ihn trinken. Ich blieb drei Monate lang bei ihm. Danach erholte ich mich und durfte nach Dulaba zurückkehren. Ich war acht Jahre alt.

Damals wußten wir überhaupt nichts von den Tubabs. Daß sie das Land kolonisiert hatten, davon wußten wir nichts. Und selbst wenn sie ins Landesinnere gekommen sind, bis hierher zumindest sind sie nie gelangt.

Damals haben die Menschen nach dem Vorbild ihrer Ahnen gelebt. Nur diejenigen konnten Schmied oder Weber werden, deren Väter diesen Beruf schon ausübten. Hier im Dorf aber kennen wir nur die Feldarbeit. Wenn du einen Schmied siehst, dann weißt du also, daß er aus Karafa Kunda oder Tankular stammt. Unter den Gründungsvätern dieses Dorfes gab es keine Schmiede. Und wir sind auch keine Ehen mit ihnen eingegangen, weil sie nur untereinander geheiratet haben.

Damals haben die Kinder ihre Eltern noch geachtet und auf sie gehört. Heute sagen sie, sie wollen Autofahren lernen. Sie wollen lernen, wie man ein Haus baut. Jeder will nur solche Dinge tun, und niemand will mehr aufs Feld. Wie soll man diese Kinder erziehen? Wie können sie die Gnade Gottes erfahren, wenn sie sich ihren Eltern widersetzen? Sie sollten im Dorf bleiben, die Felder bestellen und mit ihren Eltern zu Gott beten, anstatt einfach wegzulaufen.

Der erste Tubab hier war Captain Leese. Er war damals der Anführer der Tubabs. Wenn wir ihn sahen, rannten wir alle davon und brüllten: »*Tubabo fele! Tubabo fele!*« – »Der weiße Mann ist hier! Der weiße Mann ist hier!« Wir sind gerannt, weil er uns eine Mordsangst einjagte. Niemand von uns hatte je zuvor so einen Menschen gesehen – mit einer solchen Haut und solchen Haaren.

Als die Tubabs wiederkamen, brachten sie Lastwagen mit. Auch ein Arzt kam, der Makriko hieß. Er hat das Camp hier gebaut. Damals hatten wir schon keine Angst mehr vor ihnen. Wir waren erwachsen geworden. Wir standen nur da, sahen ihnen zu und wunderten uns über ihre Hautfarbe. Ob sie heißes Wasser über ihren Körper gossen? Wir standen neben dem Affenbrotbaum gegenüber vom Eingang und beobachteten sie unentwegt, während sie das Camp errichteten. Wir sahen zu, wie sie diese Maschine einbauten (den Generator). Aber wir hätten uns nie näher herangetraut, weil wir glaubten, daß sie tödliche Strahlen aussandte. Wenn damals ein Kind zu nahe bei einem Tubab stand, zerrten die Eltern es schnellstens wieder weg. Damals gingen die Frauen nie ins Camp. Es war nicht wie jetzt, wo jeder im Camp ein- und ausgeht. Wenn Makriko die Frauen brauchte, kam er ins Dorf.

Jedes Jahr haben wir den Reis nach Tankular umgepflanzt. Das ist weit entfernt von hier, aber zu bestimmten Zeiten im Jahr sind wir täglich dort hingegangen. Wir mußten mitten in der Nacht aufstehen, um Essen zu kochen, und beim ersten Hahnenschrei haben wir das Dorf verlassen. Manchmal standen wir schon auf dem Feld, da war es noch nicht einmal richtig hell. Wir hörten spät am Nachmittag auf zu arbeiten und erreichten das Dorf bei Einbruch der Dunkelheit. Während der Erntezeit brachten wir auf dem Rückweg immer eine große Schüssel Reis mit, die wir auf dem Kopf transportierten.

Schon als kleines Mädchen habe ich hart gearbeitet. Ich habe alles getan, was in meinen Kräften stand. So ist es bis heute geblieben. Ich habe in meinem Leben harte Arbeit geleistet. Frauen arbeiten härter als die Männer, weil sie Getreide zerstampfen, die Gehöfte fegen, Wasser holen, kochen, aufs Reisfeld gehen. Es ist richtig, daß Frauen härter als Männer arbeiten. Sobald eine Frau zu ihrem Ehemann übersiedelt, muß sie hart arbeiten, damit Gott nach ihrem Tod gnädig ist. Nur eine Frau, die ihren Mann glücklich gemacht hat, erfährt Gnade. Deshalb arbeiten die Frauen hart.

Ich habe elf Kinder gehabt. Einige habe ich verloren. Drei sind mir geblieben. Manche starben direkt nach der Geburt, andere mit fünf oder sechs Jahren. Drei Töchter sind bei ihren Männern gestorben, nachdem sie schon übergesiedelt waren. Eine von ihnen hatte drei Kinder, die andere acht. Ich war traurig. Aber die Trauer hört auch wieder auf, weil Gott mir diese Kinder gegeben hat und weil er sie mir wieder nimmt, wenn die Zeit dafür gekommen ist.«

Sie war vier Jahre verheiratet gewesen, bevor sie schließlich zu ihrem Mann umsiedelte. Hatte sie sich gefreut, als es soweit war?

»Wenn ich dir sage, ich habe mich gefreut, was ist dann? Wenn ich dir sage, ich habe mich nicht gefreut, was ist dann?«

Nichts.

»Also! Mein Mann hat gut ausgesehen. Er hatte eine helle Haut. Also war ich glücklich.«

Wäre sie auch glücklich gewesen, wenn sie einen häßlichen Mann gehabt hätte?

»Wärst du mit einer häßlichen Frau glücklich?« Sie lachte pfeifend, als hätte eine andere Macht sie in Besitz genommen – auf ihr Gesicht legte sich plötzlich ein ganz anderer Ausdruck: der eines jungen, schelmischen Mädchens, das einmal sehr humorvoll und sehr respektlos gewesen war. Dann straffte sie sich wieder, als wollte sie diese Seite ihrer Persönlichkeit nicht vorzeigen. Ihr Mann, erzählte sie, habe sie sehr schlecht behandelt. Er habe sie geschlagen, nicht mit einem Stock oder mit der Hand, sondern mit einem Seil aus der Rinde des Affenbrotbaums. Jetzt aber sei es Zeit für sie zum Gebet. Am folgenden Tag kamen wir wieder, aber sie sagte uns, sie könne keine Fragen mehr beantworten. Sie müsse immer lachen, und wenn sie lache, dann schmerze ihre Brust so fürchterlich.

Haus Eins fiel den Insekten zum Fraß. Termiten höhlten die Wände von innen aus, und ihre trockenen, roten Staubspuren drangen durch das Geäder der Risse im Verputz. Ameisen krochen scharenweise aus Löchern im Betonboden und hinterließen Staubberge, um ihre Stellungen zu markieren. Die Häuflein wurden zwar häufig weggefegt, aber nach einer halben Stunde prangten sie erneut auf dem Boden. Alle paar Jahre wurden Teile des Hauses, die besonders brüchig geworden waren, erneuert. Eigentlich befand sich das Haus ständig im Bau.

Es war das älteste Haus im Gehöft. McGregor hatte dort gewohnt, als er zum ersten Mal nach Dulaba kam. Damals gab es noch keine Klimaanlage. In der Trockenzeit schütteten die Europäer kübelweise Wasser über die Böden, um die Luft zu kühlen, und in der Regenzeit raubte einem die Feuchtigkeit allnächtlich den Schlaf.

Wie in jedem Haus im Dorf wimmelte es auch hier von Tieren. Manchmal stand ich mitten in der Nacht auf und stellte fest, daß die Innenwände von Eidechsen und Kröten bevölkert waren. Einmal hatte Susan Lawrence über einen merkwürdigen Geschmack in ihrem Wasser geklagt und fand später drei tote Affen im Wassertank. Die Dächer waren voller Ratten, von beträchtlicher Größe – jedenfalls nach dem Lärm zu urteilen, den sie verursachten. Manchmal hörte es sich an, als tobten Kinder dort oben herum. Richard hatte eine Eidechse gesehen, die über einen halben Meter lang war und von der Dachrinne seines Hauses herunterkroch, woraus er folgerte, für die nächtlichen Geräusche, die durch seine Decke drangen, seien Ratten verantwortlich, die sich mit der Eidechse einen Kampf lieferten.

Dann gab es noch die Ölkäfer. Sie hatten schmale, olivgrüne, etwa zwei bis fünf Zentimeter lange Körper, auf denen große, runde Köpfe saßen. Sie wirkten wie Monster aus einem Sciencefiction-Film der fünfziger Jahre. Sie konnten nur langsam fliegen und prallten dauernd an Hindernisse, weil sie halbblind waren. Bei Kontakt mit menschlicher Haut verursachten sie Blasen, die bis zu dreißig Zentimeter Durchmesser erreichen konnten. Man mußte sie auf den Boden befördern, ohne sie zu berühren, und dann mit der Schuhsohle zertreten – was ein lautes Krachen verursachte. Diese Insekten hatten die Hirse und den Sorghum der letzten drei Jahre im Dorf gefressen.

Anfang September begann die Maisernte, und die Hungerperiode näherte sich ihrem Ende. Der Mais war viel härter als die europäischen oder nordamerikanischen Sorten und eignete sich nicht zum Kochen. Statt dessen wurde er über dem Rost gegrillt, und überall sah man Kinder, die ihre Zähne in die knusprigen Kolben versenkten.

Als ich Natoma besuchte, saßen ihre Mutter und alle Kinder des Gehöfts zusammen und kratzten die Maiskörner von den rohen Kolben in eine riesige Emailleschüssel. Es war eine schwierige Arbeit, wie ich feststellte, als ich mich zu ihnen gesellte, und bald bluteten meine Fingernägel. Aber alle arbeiteten mit begeistertem Eifer. Mariatou, die Nichte, saß mir auf der anderen Seite der Schüssel gegenüber. Sie strahlte. »Kongko a tata«, sagte sie und deutete in die Ferne. »Der Hunger ist weg.«

Das rohe Korn wurde zu einem feinen Mehl zerstoßen, das die Grundlage für die Zubereitung von *futo* war. An manchen Abenden saßen wir um unsere Schüssel in Dembas Zimmer, hoben den Deckel und fanden dieses Gericht vor, das mich an die Beschaffenheit von Füllmittel für Risse in Fensterrahmen erinnerte. Unter allgemeiner Aufregung wurde dann Wasser hinzugefügt – nicht zuwenig und nicht zuviel – und darunter gemischt. Dann trugen Sirrah oder Ndey-Touti eine Schüssel mit dünner Blättersoße – die aussah wie Algenschleim – oder mit ebenso dünner heißer Erdnußsoße herein und gossen sie über das Gemisch. Wir tauchten unsere Hände in den schlammigen Brei und stopften ihn mit den Fingern in den Mund. Dieses Gericht verbreitete eine wunderbare Zufriedenheit und Zuversicht, und wir aßen es alle mit der größten Freude, denn Futo bedeutete das Ende des Hungers – das Ende des Leidens.

Seit Ibou Sanyangs Rückkehr aus dem Urlaub war mein Leben im Quartier des Personals einfacher geworden. Allein schon seine Gegenwart lockerte die Stimmung auf. Er war anmaßender und redseliger denn je – so schien es mir zumindest. Er hatte sich den Kopf rasieren lassen, so daß er wie ein Gnom aussah und fast schon etwas Bedrohliches ausstrahlte, aber gleichzeitig entsprach sein Äußeres auch völlig seinem Clowngebaren. Er hielt endlose Reden über die Rastas und den »Afrikanismus«, um seine frommen moslemischen Freunde zu provozieren und zu unterhalten. Er tanzte mit grotesken Bewegungen zu Liedern vom Kassettenrecorder. Man konnte nicht anders als lachen. Ich empfand den Ort, an dem ich mich einmal so unsicher gefühlt hatte, allmählich als eine Stätte der Wärme und Herzlichkeit. Die Menschen kamen im freundlichen Schein des elektrischen Lichtes zusammen, während unmittelbar hinter ihnen die unerbittliche Dunkelheit des

Busches begann. Er war eine Gemeinschaft, in der jeder aufstehen und tanzen konnte, wann immer ihm danach war. Niemand hätte ihn als Exhibitionisten bezeichnet, sondern man freute sich darüber, daß er zur »Freundlichkeit« der Umgebung beitrug.

Häufig traf ich ein und dachte, ich wäre mitten in eine heftige Auseinandersetzung geraten, weil alle sich in der höchsten Tonlage anschrien. Bald begriff ich, daß solche Gespräche einzig dem Vergnügen dienten. *Kacha* – schwatzen, klatschen, reden – bedeutete, mehr um des Klanges als um der Bedeutung willen zu reden; eine Unterhaltung zum reinen Vergnügen war das Fernsehen von Afrika. Vielleicht war diese pure Freude am Klang der Worte dafür verantwortlich, daß es den meisten Menschen leichtfiel, neue Sprachen zu lernen. Im Quartier des Personals sprachen die meisten mindestens drei Sprachen, und manche sogar sechs. Ein guter Redner genoß hohe Achtung in der Gemeinschaft, und natürlich betrachtete sich Sanyang als ein ganz besonders begnadetes Talent.

Er behauptete gerne, daß er gegen Hexen gefeit sei, weil er nicht an sie glaubte. Genauso gerne erwähnte er aber auch, daß sein Vater ein *kunfanunte* sei – einer von denen, die Hexen sahen und denen Gott den zweiten Blick gegeben hatte, mit dem sie sich und ihre Familien schützen konnten. Wie so viele Afrikaner, die ich kennengelernt hatte, sprudelten die Geschichten über das Übernatürliche nur so aus ihm heraus – sie handelten von Lastwagen, die ohne Fahrer fuhren, Männern, die ihren Penis verloren, Geschöpfen, die halb Mensch, halb Hyäne waren. Die Afrikaner glaubten, daß die Zauberkräfte im Körper der Menschen wohnten, manchmal vererbbar, auf alle Fälle jedoch immer schlecht waren. Hexen töteten ihre Opfer, indem sie ihnen die Seele stahlen und dann das Fleisch aßen. Ich begegnete zwar nicht vielen Menschen, die behaupteten, solche Dinge wirklich gesehen zu haben, aber es war sinnlos, sie zu fragen, ob sie diesen Geschichten denn wirklich Glauben schenkten. Genausogut hätte ich einen Europäer fragen können, ob er an die Atomkraft *glaubte*.

Die Zubereitung von chinesischem Tee – *attaya* – war für diejenigen, die ihn sich leisten konnten, eine Zeremonie, die bei keinem gesellschaftlichen Anlaß fehlen durfte. Die lange, um nicht zu sagen mühselige Prozedur nahm einen wichtigen Platz in ihrem Gemeinschaftsleben ein. Der Tee – »Green Gunpowder« war der beliebteste – wurde mit viel Zucker in einem winzigen Emailleteekessel zu einem starken Gebräu aufgekocht. Dann wurde der dunkle Sud wieder und wieder aufgebrüht, bis er schließlich von so weit oben in drei kleine Gläser gegossen wurde, daß eine gelbe Schaumkrone entstand. Diese wurden auf einem Zinntablett denjenigen Gästen gereicht, die als erste eingetroffen waren. Es gehörte zum Ritual, die Gläser so abrupt vom Tablett zu nehmen, daß sie an seinem Rand laut klirrten. Der Tee wurde nun schnell und geräuschvoll ausgeschlürft, und die Gläser wurden krachend auf das Tablett zurückgestellt. Dann spülte man sie aus, und das Ganze wiederholte sich. Alles in allem wurden die Blätter dreimal aufgebrüht, was insgesamt gut zwei Stunden dauern konnte. Der Sud wurde zunehmend schwächer und für meinen Geschmack auch schmackhafter. Manchmal wurde frische Minze hinzugefügt, was köstlich schmeckte, oder die Blätter wurden ein viertes Mal mit Kondensmilch aufgebrüht, was ich weniger schätzte.

Man schrieb diesem Getränk alle möglichen positiven Auswirkungen auf Körper und Geist zu. Die jungen Männer behaupteten, sie könnten nicht einen Tag ohne den Tee leben, und betrachteten ihn als etwas, worauf sie eine Art moralischen und kulturellen »Anspruch« hatten, ungefähr so wie manche Engländer ihr Lagerbier. Dabei war es noch gar nicht lange her, daß die Mauren den Tee überhaupt in die Gegend gebracht hatten.

Während der gesamten Zeit wurde Karten gespielt, zwar nicht um Geld, weil der Koran das verbot, aber das Spiel hätte nicht ernsthafter sein können, wenn es um Millionen gegangen wäre. »Crazy Eight« war das beliebteste und auch fast das einzige Spiel. Es war schnell und, soweit ich das beurteilen konnte, außerordentlich eintönig. Gespielt wurde mit alten französischen Karten, die schon verblaßt und kaum noch griffig waren. Sie wurden rasch gemischt und mit fast gewalttätigem Schwung auf den Tisch geworfen. Die Spieler hänselten einander und stichelten ununterbrochen, wobei englische Sprichworte besonders beliebt waren: »Man muß alles mal ausprobieren« oder »Wer die Zeche bezahlt, hat zu bestimmen«. Jemand schrieb die Punkte auf und gab zum Verdruß der Spieler seine Kommentare ab. Aus dem Kassettenrekorder ertönte Reggae und senegalesische Pop-Musik. Mogeln war erlaubt, solange es nicht bemerkt wurde.

Daoudas Zimmer lagen in der Mitte des langen Blockhauses. Davor befanden sich eine Veranda und eine dicke Eisentür, die als Sitzgelegenheit diente. Hier spielte sich das Gemeinschaftsleben ab, und wenn die Insekten es zuließen, wurde hier zusammen mit den Ehefrauen der Arbeiter auch die Teezeremonie, ein allabendliches Ritual im Quartier, abgehalten.

Sirrah Bajie, Daoudas erste Frau, war natürlich die First Lady. Sie war eine hochgewachsene, kräftige Frau, die allein schon durch ihre Größe dominierte und einen ironischen und wohlwollenden Humor besaß. Sie stammte aus dem gleichen Dorf wie Daoudas Vater, aus der Region Fonyi, während Ndey-Touti, seine zweite Frau, aus dem Dorf seiner Mutter in der Casamance stammte, aus dem auch Ousmane Koujabi kam. Weil Ndey-Touti so zierlich war, konnte ich es einfach nicht glauben, daß sie die großen Wasserbehälter überhaupt hochheben konnte, die sie auf ihrem Kopf trug, bis ich es mit eigenen Augen gesehen hatte. Sie war bildhübsch. In ihren Zügen lagen eine Sanftheit und Ruhe, eine uralte Gelassenheit, wie man sie bei manchen ägyptischen Skulpturen sieht – eine Eigenschaft, die sie ihren drei Kindern in unterschiedlicher Ausprägung weitervererbt hatte. Sie bezeichnete sich selbst als *arajana muso* – eine Frau, die für den Himmel lebte. Und doch war sie alles andere als unterwürfig, und wenn sie sich beleidigt fühlte, wußte sie sich bestens zu wehren.

Daoudas dritte Frau... war Barbara Smith, die Hebamme. Aber das ist eine andere Geschichte.

Fast sah es aus, als müsse in der Regenzeit jeden Montag ein Patient im Krankenhaus sterben. Die Kranken wurden montags, mittwochs und freitags aus Mankono und Karafa Kunda mit dem Landrover gebracht. Am Montag herrschte immer Hochbetrieb. In der Regenzeit reichte die Schlange vom Laboratorium an der Vorderseite des Gebäudes und an meinem Garten vorbei fast bis zum Eingang des Gehöfts. Wer noch sitzen konnte, lehnte sich gegen die Wände und Zäune, die anderen lagen einfach auf dem Boden und bedeckten den Kopf mit Kleidern. Wenn sie endlich das Laboratorium erreicht hatten, wurden ihre Unterlagen hervorgesucht, und Barbara Smith unterzog sie einer Eingangsuntersuchung. Erwachsene mit ernsthaften Beschwerden und alle Kinder wurden dann weiter zum Arzt geschickt, der im letzten Zimmer saß.

Einmal kam ein Junge, der ohne Hilfe stehen konnte, als er sich in die Schlange einreihte. Im Verlauf des Vormittags näherte er sich mehr und mehr dem Boden. Als er die Tür des Laboratoriums erreichte, saß er schon. Schließlich lag er ausgestreckt neben den Aktenschränken. Er starb nur wenige Meter vom Arzt entfernt.

Die Hirnmalaria zählte zu den wichtigsten Todesursachen bei Kindern, vor allem in der Regenzeit, wenn die Überträgertiere, die Anopheles-Mücken, im feuchten Klima besonders gut gediehen. Andere mußten sterben, weil sie gegen Chloroquin allergisch waren. Sie starben buchstäblich am Ende einer Nadel, im Laboratorium in den Armen von Barbara Smith.

Bill, der vorherige Arzt in Dulaba, hatte zuletzt 22 000 Patienten im Jahr behandelt. An einem typischen Montagmorgen suchten ihn über zweihundert Menschen auf – das waren beinahe zehn Prozent der Bevölkerung in den drei Dörfern.

Ted Whiteman, der Direktor des »Dunn«, fand diese Zahlen beunruhigend. Als das Krankenhaus 1974 auf Vollzeitbasis geöffnet wurde, kamen die Dorfbewohner nur mit ernsten Beschwerden. Aufgrund der regelmäßigen Behandlung wurden diese immer seltener, was zur Folge hatte, daß nun auch Husten, Erkältungen und Kopfschmerzen die Menschen zum Arzt führten. Die Bewohner von Dulaba wurden abhängig von einem Gesundheitsnetz, das dem Prinzip des britischen Allgemeinarztes nachempfunden war – ein System, das nirgendwo sonst in Schwarzafrika existierte und ganz gewiß nirgendwo sonst in Gambia.

Wenn jedoch das »Dunn« aus irgendeinem Grund hätte schließen und damit die Dorfbewohner jenem rudimentären Gesundheitssystem überlassen müssen, das die Regierung zu unterhalten vermochte, wäre das katastrophal gewesen. Vom Problem des sprunghaft ansteigenden Medikamentenverbrauchs ganz abgesehen, war Ted der Ansicht, das »Dunn« habe die moralische Verpflichtung, dafür zu sorgen, daß die Dorfbewohner nicht allzu abhängig vom Krankenhaus wurden. Bevor also Richard Innes seinen Dienst in Dulaba antrat, erhielt er Anweisung, der Medikamentenverbrauch im Krankenhaus dürfe auf keinen Fall weiter zunehmen.

Tumbulu Sise fand zwar, daß eine Frau ihren Mann lieben sollte, aber sie selbst hatte damit einige Schwierigkeiten. Ihr Ehemann war keineswegs schlecht oder gar brutal, sondern im Gegenteil ein sehr freundlicher Mensch. Aber er besaß nichts, und weil er nichts besaß, konnte er sich nicht das leisten, was ein Mann seiner Frau kaufen sollte: Seife oder Kleider oder andere Dinge. Wäre es anders gewesen, dann hätte sie ihn auch geliebt. Aber es war nun einmal nicht so.

Sie kannte ihren Mann vor der Heirat nicht, und als sie schließlich zu ihm übersiedelte, war die Enttäuschung groß – nicht, weil das Zusammenleben mit ihm unangenehm gewesen wäre, sondern weil ihr Leben sich änderte. Vorher hatte sie hingehen können, wohin sie wollte. Nun mußte sie ihren Mann um Erlaubnis fragen, und er konnte durchaus auch nein sagen. Wenn sie vorher Kleider gebraucht hatte, war ihre Mutter dafür zuständig gewesen. Ihr Mann jedoch kaufte ihr nicht einmal ein Stück Stoff. Die Mutter kann man zwingen, den Mann nicht. So hatte sie sich das nicht vorgestellt.

In der Nacht nach dem Tobaski-Fest wachte Tumbulu auf, weil ihre Tochter Salimata weinte. Das Mädchen war blutüberströmt. Sie war wie immer an den Gebetstagen mit ihrer Altersgruppe in der Hoffnung auf Salibos herumgegangen und hatte sich mit dem Mädchen gezankt, das die Geldgeschenke entgegennahm. Es war zu einem Kampf gekommen, und die Gegnerin hatte in Salimatas Finger gebissen, bis die Spitze vom Knochen baumelte.

Tumbulu ging sofort zu Fa Lanjy, dem medizinischen Assistenten des MRC, aber er war nicht zu Hause. Sie dachte daran, ins Camp zu gehen, hatte aber Angst davor. Es war zu spät. Sie machte die ganze Nacht kein Auge zu, weil Salimata unaufhörlich weinte.

Am nächsten Morgen brachte sie das Kind sofort zum MRC, wo Richard sie mit einem Auto, das noch am gleichen Tag abfahren sollte, ins Krankenhaus nach Banjul schickte. Tumbulu weinte, weil sie sich fürchtete. Sie wußte nicht, was für Schwierigkeiten sie in Banjul erwarteten.

Sie hatte nicht einmal mehr Zeit gehabt, für ihre anderen Kinder, die sie in der Obhut ihrer Mutter zurückließ, Essen zu kochen. Sie schnappte sich alles Geld, das sie besaß, und fuhr mit Salimata und der jüngsten Tochter Binta, die noch gestillt wurde, los.

Als sie im Krankenhaus ankam, war sie schon erschöpft, aber der Arzt – ein Mandingo wie sie selbst – zeigte keinerlei Mitgefühl. Statt dessen schrie er sie an, warum sie nicht in das chinesische Gesundheitszentrum nach Karantaba gegangen sei.

»Ich weiß nicht«, antwortete sie. »Warum fragen Sie nicht den Arzt, der mich hierhergeschickt hat? Es war nicht meine Idee, hierherzukommen.«

Er beharrte aber darauf, daß sie besser nach Karantaba gegangen wäre.

Dann gab er ihr ein Formular, damit Salimata ein Bett bekam.

Tumbulu mußte den Verband, den er von der Wunde abgenommen hatte, eigenhändig wieder auflegen. Später war sie froh darüber, denn es sollte lange Zeit dauern, bis der Arzt wieder nach dem Mädchen sah.

Salimata erhielt einen Platz in einem Etagenbett. Leider war nur das obere Bett mit einem Moskitonetz ausgestattet, und Salimata bekam das untere. Wenn das Krankenhaus nicht allzu überfüllt war, legte Tumbulu die jüngere Tochter neben Salimata, aber wenn viel Betrieb herrschte, wurde eine weitere Patientin im Bett untergebracht, so daß Tumbulu das Baby auf ihrem Schoß halten mußte. Sie blieben zwei Wochen im Krankenhaus, in denen Tumbulu nie von der Seite ihrer Tochter wich.

Nachts konnte sie nicht schlafen, weil sie die Moskitos vertreiben mußte. Manchmal, wenn Salimata gerade alleine im Bett war, legte sie sich am Nachmittag zu ihr und schlief. Mit ihrem Geld hatte sie Lebensmittel gekauft – Brot und Zucker. Als es aufgebraucht war, warteten sie einfach. Die ganze Zeit über kümmerte sich niemand um die Hand des Mädchens.

Am fünften Tag sahen sie den Arzt vorbeigehen, der ihnen das Formular für das Bett gegeben hatte. Tumbulu rief ihn und sagte ihm, sie seien nun den fünften Tag hier und er habe die Hand des Mädchens noch nicht einmal untersucht. Er antwortete, er sei zu beschäftigt gewesen. Von nun an kam wenigstens jeden Morgen eine Krankenschwester, verband Salimatas Hand und gab ihr Tabletten.

Am achten Tag brachten sie dem Kind eine Schüssel mit Makkaroni. Bis dahin hatte sie nie eine Mahlzeit bekommen, weil es im Krankenhaus kein Essen gab, und auch diese Portion war lächerlich klein. Danach erhielt Salimata noch ab und zu eine Mahlzeit, aber davon abgesehen mußte sie hungern. Tumbulu selbst bekam überhaupt nichts.

Einmal kam der Vater des Mädchens, das Salimata gebissen hatte, zu Besuch. Er brachte zehn Maiskolben von Tumbulus Mann mit und hätte ihr auch zwei Dalasi von ihm geben sollen. Aber der Mann erklärte, er habe das Geld für das Taxi zum Krankenhaus gebraucht. Dann sagte er, er müsse zum Markt gehen. Tumbulu begriff, daß er mit dem Geld ihres Mannes nach Banjul gekommen war, um Reis zu kaufen.

Die Tage im Krankenhaus vergingen unendlich langsam. Eigentlich hätte Tumbulu auf dem Feld arbeiten müssen, und nachts wurde sie von der Sorge um ihre Ernte geplagt, weil sie nun nicht jäten konnte. Wenn sie auch nur eine einzige ihrer Getreidesorten nicht einbringen konnte, schwor sie sich, dann würde sie diesen Mann und seine Tochter dafür verantwortlich machen, weil sie ihr Unrecht getan und sich nicht einmal dafür entschuldigt hatten.

Sie machte sich auch Sorgen darüber, was sie tun sollte, wenn Salimata entlassen wurde, bevor der Fahrer aus Dulaba kam. Dann standen sie mutterseelenallein und ohne Geld in einer fremden Stadt.

Die zehn Maiskolben nutzten ihr nichts. Man konnte sie zwar im Krankenhaus grillen lassen, aber das kostete Geld. Sie hätte sie auch verkaufen können, doch das wußte sie nicht.

Zu allem Überfluß bekam das Baby noch Fieber. Sie wandte sich an eine Krankenschwester und bat sie um Arznei. Diese klärte sie darüber auf, daß sie zuerst in die Ambulanz gehen müsse, aber für die Behandlung dort benötige man einen Schein, und der Schein koste einen Dalasi. Glücklicherweise ging es dem Baby ohnehin bald besser.

Am Mittwoch, inzwischen waren zwei Wochen vergangen, kam Alioune Sware mit dem Peugeot des MRC, um nachzusehen, ob das Mädchen schon entlassen wurde. Der Arzt untersuchte gerade die Kinder auf der Station, und Tumbulu wartete mit den anderen Müttern in der Halle. Alioune sagte ihr, sie solle sich erkundigen, ob Salimata gehen dürfe. Als sie aber die Station betrat, schrien die Schwestern sie an, sie solle gefälligst warten, bis der Arzt sie rufe. Wenige Minuten später wurde das Kind entlassen, aber da war Alioune schon weggefahren.

Tumbulu stand vor den Toren des Krankenhauses und rätselte, was sie nun tun solle. Ein Polizist kam und fragte sie, wohin sie wolle.

»Ich muß nach Dulaba«, sagte sie.

»Der Fahrer ist schon weg«, meinte der Polizist. »Was machen Sie jetzt?«

Sie sagte, sie habe Verwandte in Bakau, bei denen sie bleiben könne, falls sie dort hinkäme. Er gab ihr einen Dalasi und zeigte ihr den richtigen Bus.

»Manche Menschen«, sagte Alioune Sware, »glauben, daß Gott im Himmel ist. Wenn nämlich der Regen kommt, hören sie merkwürdige Geräusche vom Himmel. Andere sagen, Gott sei in der Erde. Denn die Welt ist sehr groß, und egal wie tief man gräbt, man erreicht nie ein Ende. Aber der wirkliche Ort, an dem Gott

163

wohnt, wo Gott sein sollte, ist im Herzen eines jeden Menschen auf Erden. Gott kann man nicht sehen. Man kann sein Äußeres nicht beschreiben, sondern nur sagen, *wie* er ist. Er ist wie ein Wächter, der niemals schläft. Er ist wie ein Jäger, der niemals seine Beute verliert.«

Alioune hatte bei einem Marabut gelernt, bis er weggelaufen war, um den Weg der Tubabs einzuschlagen. Trotzdem konnte er immer noch arabisch schreiben und lesen, und er wußte weit besser über die Religion Bescheid als jedes andere Mitglied des Personals. Und wie so viele, die für sich in Anspruch nahmen, fortschrittlich und gleichzeitig gläubig zu sein, hielt auch er nicht viel von den Marabuts.

»Sie wollen sich über Gott erheben. Sie picken sich verschiedene Teile aus dem Koran und setzen sie auf eine Art und Weise zusammen, die Gott nicht gewollt hat. Sie versuchen, mit Gottes Worten das zu verändern, was er geschaffen hat. Stell dir vor, du liebst ein Mädchen, das deine Gefühle aber nicht erwidert. Du gehst zu einem Marabut, er arbeitet für dich und erreicht, daß sie dich schließlich doch noch liebt. Aber genau das ist nicht richtig. Das ist nicht der reine Islam – etwas zu verändern, was Gott beschlossen hat. Wo ist da der Unterschied zur Götzenanbeterei? Wenn Gott etwas beschlossen hat, darf der Mensch sich nicht widersetzen.«

Jede Frau und jeder Mann hatten einen Teufelehemann und eine Teufelehefrau. Die großen Marabuts – die *woleos*, das auserwählte Volk Gottes – hatten Geschlechtsverkehr mit ihren Teufelsfrauen, um sie zur Mithilfe bei ihrer Arbeit zu gewinnen. Manche reservierten sogar einen bestimmten Abend in der Woche für die Dämoninnen. Im allgemeinen jedoch verharrten diese Geister im Schlaf, und nur wenn sie ihren menschlichen Partner allzusehr liebten oder besitzergreifend oder eifersüchtig wurden, machten sie sich bei den Menschen bemerkbar.

In solchen Fällen sah ein Mann etwa im Traum merkwürdige Gestalten, die von seiner Frau oder Geliebten wegdeuteten und ihm befahlen, sich von ihr fernzuhalten. Oder der Teufel besuchte die Frau selbst und sagte ihr, sie solle nicht mehr mit ihrem Mann schlafen. Wenn sie es doch tue, werde das Kind in ihrem Leib im ersten Lebensmonat sterben. Oder er führte sie an den Rand eines Brunnens oder in den Gipfel eines sehr hohen Baumes, wo er sich über ihre Stimme verständlich machte und dem Mann mitteilte, er solle sich fernhalten, sonst springe sie in den Brunnen oder vom Baum und bringe sich um.

Menata gehörte zu den jüngsten Mitgliedern des Saniyoro Kafos. Sie war schlank und sehr hübsch, aber so still und zurückhaltend, daß man sie meistens kaum bemerkte. Sie stammte aus Karafa Kunda und war erst vor drei Jahren zu ihrem Ehemann nach Dulaba gezogen. Schon als Kind war sie im ganzen Umkreis für ihre Schönheit berühmt gewesen, und ihre Altersgenossinnen hatten über sie gesungen, wenn sie aufs Feld zogen. In der Zeit der Abgeschlossenheit nach ihrer Beschneidung war sie zwei Tage lang ohnmächtig gewesen. Ihr Vater hatte einen Marabut um Rat gefragt, und dieser sagte, ein Teufel habe sich in das Mädchen verliebt und versuche nun, sie für sich zu gewinnen. Er müsse ihr einen silbernen Armreif anlegen und darauf achten, daß sie ihn ständig trage, sonst werde sie eines Tages einfach verschwinden.

Diese Geschichte wurde vor der Familie ihres Ehemannes geheimgehalten, als Menata nach Dulaba kam. Nur ihr Vater wußte davon. Eines Tages dann, mitten in ihrer dritten Schwangerschaft, stand sie am Brunnen und sah etwas, aber sie erzählte niemandem, was es gewesen war. Später, als sie kochte, kam eine ältere Frau aus dem Gehöft vorbei und sah, daß sie dastand und ihre Augen mit den Händen bedeckte. Sie erklärte, etwas bewege sich vor ihrem Gesicht hin und her. Die Frau mußte Menata zum Waschplatz begleiten, weil sie Angst hatte, alleine hinzugehen. An diesem Abend ging sie ohne Essen zu Bett. Mitten in der Nacht dann wurden die anderen Bewohner des Hauses von ihren Schreien geweckt. Als sie eine Lampe anzündeten, sahen sie Menata neben ihrem Bett stehen, die Hände vor das Gesicht geschlagen und den Kopf hin und her wiegend. »Seht ihr diesen Mann nicht?« fragte sie. »Er kommt immer näher. Seine Haare sind so lang, daß sie mich berühren. Ich will nicht, daß er mich berührt.« Am nächsten Tag hörte sie auf zu reden und gab einen ganzen Monat lang keinen Ton mehr von sich. Als ihr Vater sie besuchte, bemerkte er, daß sie ihren Armreif nicht mehr trug. »Hast du ihn verloren?« fragte er. Sie nickte.

Er suchte Rat bei einem Marabut im Dorf Dasilame, nicht weit von Dulaba entfernt, auf der anderen Seite des Bintang Bolon. Er war ein Sirif – ein Woleo – und in der ganzen Gegend bekannt, weil die Menschen behaupteten, daß Gott direkt zu ihm spreche. Er sagte Menatas Vater, er solle am nächsten Morgen wiederkommen, dann wisse er, was seine Träume ihm offenbart hätten. »Hat

deine Tochter einen silbernen Armreif getragen?« fragte er den
Vater am nächsten Morgen. »Hat sie ihn verloren? Du mußt ihn
ersetzen, oder sie ist für immer verloren.« Er sagte auch, der Vater
müsse drei Almosen spenden: Den Kindern in seinem Gehöft
sollte er Brei und saure Milch geben, das Tiko des Mädchens
mußte er einer Frau schenken, und an einem Freitag sollte er drei
Kerzen in die Moschee bringen.

Der Armreif wurde ersetzt, und Menata erholte sich langsam.
Drei Monate später jedoch verschwand er wieder. Die Bewohner
des Gehöfts suchten ihn überall, aber ohne Erfolg. Es war offensichtlich, daß der Teufel ihn gestohlen hatte. Am Abend des dritten Tages dann, als ihr Ehemann seine Waschungen vollzog, lag er
plötzlich auf seiner Gebetsmatte. Einige Wochen lang ging alles
wieder gut, bis Menata über Kopfschmerzen zu klagen begann.
Niemand im ganzen Haus konnte schlafen, weil sie nächtelang vor
Schmerzen schrie. Dieses Mal brachte ihr Vater sie gleich zum
MRC. Bill gab ihr Schlaftabletten, damit sie die Nächte einigermaßen überstand, und überwies sie kurz darauf ins Krankenhaus Fajara. Nach ihrer Rückkehr schrie sie nicht mehr, sondern war von
Zeit zu Zeit nur außergewöhnlich ruhig.

»Ich habe dich drei Jahre lang gesucht. Aber ich habe dich nie
bekommen.« Das hatte Menata gesagt, als Bill sie zum zweiten
Mal untersuchte. Ihre Bemerkung war an niemanden gerichtet,
und sie beantwortete auch keine seiner Fragen. Zwei Tage zuvor
war sie gebracht worden, weil sie »nichts redete«, und er hatte ihr
drei Aspirin gegeben. Jetzt stellte er die Diagnose: »Verdacht auf
akute Schizophrenie. Eine Woche lang Calcuprin, dann erneute
Vorstellung.« Zwei Wochen später wurde Typhus diagnostiziert,
und die Psychose, so nahm Bill an, war eine Begleiterscheinung
des Typhusfiebers gewesen. Dann wurde sie wegen eines rätsel-
haften Hautausschlags nach Fajara geschickt. Aber dieser besserte
sich schnell – »wahrscheinlich ein Arzneimittelausschlag« –, und
bald war sie wieder in Dulaba. Es ging ihr einen Monat lang gut,
bis sie eines Abends wieder in die Klinik gebracht wurde – »akuter
Wahn, redet nicht, will weglaufen«. Sechs Monate lang wurde sie
mit Largactyl auf Schizophrenie behandelt, wobei sich Besserun-
gen mit Rückfällen abwechselten. Fast während der ganzen Zeit
war sie schwanger gewesen. Am 11. März 1985 brachte sie komplikationslos ein gesundes Kind zur Welt. Ihre Akte wurde zehn
Tage später mit den Worten geschlossen: »Keine Auffälligkei-
ten«.

Frauen wie sie wurden oft Marabuts. Denn wenn die Teufel sie verließen, blieben bestimmte Fähigkeiten zurück. In Joli etwa lebte eine Frau, die als Wahrsagerin Berühmtheit erlangt hatte. Die Menschen kamen aus ganz Kiang zu ihr, aber sie empfing sie nur montags und freitags.

»Ich glaube, das ist die Frau, die du suchst«, meinte der Dolmetscher.

Eine hochgewachsene, ziemlich streng aussehende Frau betrat das Gehöft, wo wir auf sie warteten, und beobachtete uns ganz ruhig. Sie trug lange, zerbeulte, goldene Ohrringe in der charakteristischen Blattform. Als der Dolmetscher ihr den Zweck unseres Besuchs erklärte, schloß sie eine Tür auf, und wir folgten ihr.

Der Raum war klein und sauber. Die Wände waren nicht verputzt, aber der Boden war gefegt und das Bett ordentlich zugedeckt. Es war das Zimmer ihres Mannes und enthielt nur dieses Bett und einen Holzstuhl, den sie mir anbot. Sie schloß die Tür, so daß lediglich durch den Durchgang zum Waschbereich noch etwas Licht fiel. Die Frau setzte sich mir gegenüber und sagte, ich solle eine Fünfzig-Batut-Münze nehmen und fragen, was ich wissen wolle.

»Ich soll sie fragen?« wandte ich mich an den Dolmetscher.

»Nein. Du fragst die Münze.«

Ich nahm sie also in die Hand, führte sie an den Mund und flüsterte meine Fragen.

Daraufhin nahm sie das Geldstück und legte es in eine kleine, angeschlagene Emailleschüssel, die mit violettem Sand vom Boden des Gehöfts gefüllt war. Sie nahm einen Armreif zwischen Daumen und Zeigefinger ihrer rechten Hand und begann, ihn beiläufig, aber rhythmisch zu drehen, so daß er vor- und zurückschwang. Der Reif selbst war einfach und ohne Verzierungen. Wahrscheinlich war er aus Silber, da dieses von den Schwarzen als Symbol der Reinheit sehr geschätzt wurde. Gelegentlich unterhielt sie sich lässig mit dem Dolmetscher, dann wieder nahm ihre Tätigkeit sie völlig gefangen. Sie hatte ihren Blick gesenkt, so daß ich nicht sehen konnte, ob ihre Augen offen oder geschlossen waren. Sie murmelte unaufhörlich vor sich hin, aber ich verstand keinen Ton. Ich war sehr aufgeregt gewesen, während ich meine Fragen geflüstert hatte, und als ich ihr die Münze reichte, war mir, als lieferte ich mich nun dem Gang der Dinge völlig aus. Ich konzentrierte meine Aufmerksamkeit nur auf ihre Hand, die den Armreif in beständigen, rhythmischen und vage an Masturbation erinnernden Bewegungen vor- und zurückschnellen ließ. Ihre langen, schlanken Finger, die eine silbrig-violette Farbe hatten, schienen eins mit dem polierten Metall zu sein. Ich war wie hypnotisiert von ihrer gelenkigen Hand, die den Silberreif im Halbdunkel schwingen ließ.

Dann plötzlich stieß sie ihn gegen den Rand der Emailleschüssel. Es war eine plötzliche, heftige und offensichtlich unbewußte Bewegung. Das Krachen ließ mich aufschrecken. Der Reif fiel in den Sand. Sie nahm die Münze und begrub sie halb im Sand der Schüssel. Dann hob sie den Reif auf und wiederholte die schwingenden Bewegungen, dieses Mal mit der linken Hand, weiter vor sich hin murmelnd. Die unbeabsichtigte Heftigkeit, mit der sie den Reif gegen die Schüssel geschlagen hatte, machte mir klar, wie sehr sie selbst in ihre Tätigkeit vertieft war.

Nun legte sie die Münze in den Sand neben der Schüssel und zeichnete mit dem Finger einen Kreis darum. Dann schwang sie den Reif wieder mit ihrer rechten Hand, bevor er ein letztes Mal gegen die Schüssel schlug. Wie lange der ganze Vorgang dauerte, wußte ich nicht im entferntesten. Aber so schnell, wie sie sich in ihre Versenkung begeben hatte, löste sie sich auch wieder daraus und sagte mir, was sie gesehen hatte.

»Was du suchst, ist weder ein Gegenstand noch Geld noch eine Person. Du erwartest auch nicht, es in diesem Land zu finden. Du hast gar nicht geplant, in dieses Land zu kommen, sondern du wolltest eigentlich etwas anderes tun, hast es aber bis zu deiner Rückkehr aufgeschoben. Du kannst vier Jahre in Frieden hier leben. Aber ich glaube nicht, daß du so lange bleiben wirst.

Du fürchtest dich vor dem Bösen, aber das brauchst du nicht. Du wirst in Frieden leben. Du wünschst dir Geld. Auch darüber brauchst du dir keine Sorgen zu machen, weil du ein reicher Mann wirst.

Die Person, die du suchst – du wirst sie finden, und dann wird alles gut.«

Die Almosen, die ich spenden mußte, damit ihre Prophezeiungen in Erfüllung gingen, waren zwei Pakete Kerzen, die ein Ältester für mich in die Moschee bringen mußte, um für mich zu beten, zwei Flaschen Milch, eine für den Ältesten, eine für den Marabut in Dulaba, und ein Paar Sandalen für eine bestimmte alte Frau in Dulaba.

Sie hatte die abgehärmten, angespannten Züge einer nervösen, reizbaren Person. Aber während ich sie befragte, blieb sie geduldig und heiter und wirkte fast entrückt in dem schimmernden Licht, das durch die Hintertür fiel. Sie erzählte, ein Teufel habe sie gelehrt, das Schicksal auf diese Weise vorauszusagen. Sie war eine junge Frau mit zwei Kindern gewesen, als sie diesen Teufel zum ersten Mal gesehen hatte. Sie befand sich auf einer Reise nach Tankular, und er war ihr in Gestalt eines Marabuts erschienen, dessen Gesicht verhüllt war. Dieser Teufel liebte sie und war ihr nach Joli zurück gefolgt. Sie hatte bis dahin nie einen Teufel gesehen und war auch nie eine Kunfanunte gewesen. Danach aber kam der Teufel jeden Montag und Freitag zu ihr und verursachte ihr derartige Kopfschmerzen, daß sie sich hinlegen mußte und fünf Jahre lang an diesen Tagen nicht mehr arbeiten konnte.

Niemand sah diesen Teufel außer ihr, und zuerst hatte ihre Familie gedacht, sie leide nur an Kopfschmerzen. Sie hatten sie zum Marabut Fa Salifa Minte in Dulaba gebracht, der erklärte, es handele sich um die Krankheit eines Teufels. Er sagte, der Teufel müsse sie sehr lieben, sonst hätte er sie schon lange umgebracht. Um sie zu heilen, ließ er sie in einem flüssigen Juju baden. Danach kam der Teufel zwar immer noch jeden Montag und Freitag von Sonnenuntergang bis Sonnenaufgang zu ihr, doch nun lehrte er sie gewisse Künste, die sie für sich und ihre Familie einsetzen konnte.

Während sie den Reif zwischen ihren Fingern gedreht und einige Gebete auf arabisch gesprochen hatte, hatte der Teufel ihr auf Mandinka erzählt, warum ich zu ihr gekommen war. Es war nämlich ein Montag.

»Wo ist er?« fragte ich.

»Auf der anderen Seite des Zimmers.«

Die Lehmwände waren dunkel, aber ebenso wie das Bett und der Boden wirkten sie vertrauenerweckend normal.

»Steht er, oder sitzt er auf dem Bett?« wollte ich wissen.

»Er bringt immer ein weißes Schaffell mit, auf das er sich setzt. Dort, direkt vor dem Bett.«

»Wie heißt er?«

Sie antwortete, daß sie es nicht wisse.

»Das stimmt nicht«, meinte der Dolmetscher. »Sie muß seinen Namen kennen. Sie will ihn dir nur nicht sagen.«

7

DIE SPRACHE DER GRIOTS

Wir hörten vor dem Haus der Frauen den hohen nasalen Gesang der weiblichen Griots. Bald darauf traten sie heraus, die erste trug ihr Kind in den Armen, die zweite hatte es sich auf den Rücken gebunden. Sie entlockten einem Eisenzylinder rhythmische Töne, die ihren angestrengt wirkenden, aber eindrucksvollen Gesang melodisch untermalten. Das Kind der ersten Frau wurde einem Ältesten übergeben, der es flüchtig mit Wasser besprizte und dann einen Rasierapparat über seinen kahlen Kopf zu ziehen begann. Das zaghafte Wimmern des Kindes begleitete die Klagetöne der Frauen. Ich wohnte einer Namengebungszeremonie bei, die *ku'lio* – Rasieren des Kopfes – genannt wurde und der alle moslemischen Säuglinge im Alter von einer Woche unterzogen wurden.

Wir befanden uns im Gehöft von Ibou Sanyangs Familie in Serekunda nahe der Küste. Maimouna Jatta, die Mutter des Kindes, und Fatou, Sanyangs älteste Schwester, hockten auf einer Bambusmatte gegenüber dem Haus, ihre Köpfe in helle Schals gehüllt. Hinter ihnen saßen auf Stühlen die Ältesten, und dahinter drängten sich auf den Veranden und Bentengos die jungen Männer und Knaben.

Der Gesang brach unvermittelt ab, als ein männlicher Griot den Namen des Kindes verkündete. Es sollte Yussufa heißen, nach Maimounas Vater. Ein kurzes Gebet wurde gesprochen, dann setzten die Gesänge wieder ein. Währenddessen wurde das Kind herumgereicht, damit die Marabuts es segnen konnten, und zwar indem sie auf seine Stirn spuckten. Kolanüsse und *munko* – roher, mit Zucker zerstampfter Reis – wurden verteilt.

Die männlichen Griots gingen durch die Menge und begrüßten die jüngeren Männer, die in der Siedlung wohnten. Der größte von ihnen, ein hochgewachsener, kräftiger Kerl in einem wallenden beigefarbenen Umhang, ging schnurstracks auf Sanyang zu, den Vater des Kindes. Sein graues Haar auf dem breiten Schädel war kurz geschnitten, die Augen ließen sich hinter einer dicken

Sonnenbrille mit Horngestell gerade noch erahnen. Er redete mit tiefer, voller Stimme und untermalte jeden Satz mit bedeutungsschweren und eindringlichen Gesten, zwischen denen er lange und tiefe Züge von seiner Rothman Kingsize rauchte.

Die Griots waren die sogenannten »Preissänger«. Sie hatten die Aufgabe, die Geschichte der Herrscherfamilien sowie der Gründergeschlechter aller Länder der Schwarzen zu bewahren und zu überliefern. Sie besangen die Taten der Vorfahren: Heldentum und Wunder, Klugheit, Großzügigkeit, Weisheit und natürlich Frömmigkeit. Von alters her besaßen die Preissänger besondere Bindungen zu den Königsfamilien und begleiteten deren Mitglieder durch die Schlüsselereignisse ihres Lebens – indem sie ihnen durch ihre Lieder zu Zuversicht und Mut verhalfen und aus dem uralten Wissen der Gemeinschaft schöpften, um sie zu beraten. Sie pflegten die Geschichte und die Traditionen, die ihnen diese Familien mündlich überlieferten. Da letztere immer im Mittelpunkt ihrer jeweiligen Gemeinschaften standen, erlangten auch die Griots zentrale gesellschaftliche Bedeutung. So kam es, daß viele Griots sehr reich, manchmal sogar reicher als ihre Gönner wurden. Denn öffentliche Beweise seiner Großzügigkeit sind für einen Schwarzen ein »Muß«, wenn er seine Stellung in der Gesellschaft nicht verlieren will.

Für Griots galten nicht die allgemein üblichen Gesetze der Scham und des Taktes. Wenn sie ihre Kunst unter Beweis stellten, konnten sie so unverschämt und unverblümt sein, wie sie wollten. Auf diese Weise hatten sie sich zu Kommentatoren der traditionellen Gesellschaft entwickelt und prangerten Heuchelei und Mißwirtschaft an – aber nicht direkt, sondern durch ihre eigene, sehr komplexe Sprache der Metaphern und Analogien aus Natur, Geschichte und Religion. Dabei waren sie alles andere als revolutionär oder aufrührerisch. Ihre Funktion war im Grunde eher konservativ: Sie waren da, um den Menschen ihre Pflichten zu vergegenwärtigen – ihre traditionelle Bindung an Tradition und Ahnen.

Heute waren ihre Gönner eher Minister denn Könige. Manche von ihnen reisten durch die Welt und stellten ihre Beherrschung der *kora* – der Harfenlaute – und des *balafong* – des Xylophons – meisterlich unter Beweis. Noch immer durften die Griots nur unter ihresgleichen heiraten. Aus lauter Angst vor ihren »Kräften« begrub man ihre Leichen nie unter der Erde, sondern man bestat-

171

tete sie aufrecht in hohlen Baumstämmen, weil man annahm, daß sie in der Erde den Pflanzenwuchs und im Meer die Fische vergiftet hätten. Besonders unter den Wolof waren der Gesang und das Spielen von Musikinstrumenten ausschließlich den Griots vorbehalten, so daß Menschen von »höherer Geburt« eine gewisse Geringschätzung mit diesen Künsten verbanden.

Ebenso wie die Griots durch ihre Familiennamen identifiziert werden konnten – Jobarteh, Kouyateh, Konte und Suso bei den Mandingos –, waren sie ihrerseits in der Lage, ihre voraussichtlichen Gönner schon am Namen zu erkennen. Sanneh und Manneh waren die *nyanchos*, die Nachfahren der Könige von Kaabu. Von jedem Mitglied dieser Familien, auch wenn sie Vinylhosen und Michael-Jackson-T-Shirts trugen, erwarteten die Griots immer noch, daß ihr Verhalten und besonders ihre Großzügigkeit denen eines Königs nicht nachstanden. Sise, Toure und Janneh waren die Marabuts. Die Griots sagten: »*Sise nga na Manding More!*« Sise nga na Manding More! Wie schwer ist es, die beschwörende Kraft dieser Worte zu vermitteln – deutlich zu machen, wie sehr jeder einzelne mit den großartigen, alten Traditionen seiner Ahnen verbunden war. Im wörtlichen Sinn bedeutete der Satz, daß die Sises schon Marabuts waren, seit sie aus Manding kamen. Aber zusätzlich bedeutete er auch, daß die unmittelbaren Verwandten dieser Person direkt von diesen echten Sises abstammten – und nicht von anderen Familien, die später ihren Namen geändert hatten.

Sanyang und seine Familie gehörten zu keinem Gründergeschlecht. Sie stammten nicht einmal aus Gambia, denn Sanyangs Großvater war vor über fünfzig Jahren aus einem entlegenen Teil der Casamance übergesiedelt. Ihr Name genoß dort jedoch hohe Wertschätzung. Die Sanyangs waren die *koringos*. Im Reich der Kaabu waren sie die Vertreter des Königs gewesen, aber der Weg zur wirklichen Macht war ihnen stets versperrt geblieben. Die Griots nannten sie: »*Jattafa Koringo*« – »Diejenigen, die zuerst in die Schlacht ziehen.«

So ungefähr redete der Griot, als er vor Sanyang stand und auf ihn hinuntersah, Zigarettenasche auf die Hose des jungen Mannes streute und die Größe seiner Vorfahren vor ihm wiederaufleben ließ. Sanyang starrte düster an ihm vorbei, als wollte er nicht zuhören und sich der Macht des Redenden entziehen. Es war jedoch ein ungleicher Kampf, so daß Sanyang schließlich in seine Tasche griff und einen Fünf-Dalasi-Schein hervorzog, den er verdrießlich in die Hand des Mannes schob.

»*Yo!*« rief der Griot. »*Jattafa Koringo!*« Und er ließ eine weitere Lobeshymne vom Stapel, bevor er zu seinem nächsten Gönner weiterzog.

»Diese Leute gehen einem einfach nur auf die Nerven«, meinte Sanyang, zutiefst betrübt darüber, daß er sich von so viel Geld hatte trennen müssen.

In den düsteren, wolkenverhangenen Tagen der Regenzeit ertönte eine Musik aus dem Radio des Pförtners, wie ich sie noch nie zuvor gehört hatte: es klang wie ein Orchester aus lauter Balafongs; die Töne waren hell wie Regentropfen und wurden von einem Chor junger Mädchen untermalt, deren Stimmen ergriffen und gleichzeitig freudig erhoben waren. Eine ältere Frau, begleitet von nur einer Trommel, stieß ein Lied hervor, als koste ihr Gesang sie fast übermenschliche Anstrengung. Noch nie zuvor hatte ich so unerträglich intensive und schneidende Laute gehört. Es war, als kämen sie nicht von der Sängerin, sondern von außerhalb, aus dem Jenseits – ich kannte kein Gefühl, das ich damit hätte in Verbindung bringen können. Etwas vom Ruf des Muezzins und gleichzeitig von einer Totenklage lag darin. Im Grunde jedoch besang sie mit ihren eindringlichen und impulsiven Sätzen, die fast an Besessenheit grenzten, alte religiöse Rituale – die Beschwörung der Geister. Aber davon wußte ich damals nichts. Ich war mir nicht einmal sicher, welcher Sender diese Musik überhaupt ausstrahlte. Ich blickte in den Busch und fragte mich, wie wohl die Landschaft aussehen mochte, aus der die Töne von so völliger Andersartigkeit stammten.

Die Klänge überstiegen aber nicht nur mein emotionales Verständnis, sie gehörten auch einer anderen Zeit an. Denn dies, so hieß es, sei die Musik, die man an den Höfen Malis gespielt hatte, dem großen Reich, das im dreizehnten Jahrhundert um die alte Heimat Manding herum errichtet worden war. Damals kamen zwar keine Europäer nach Mali, doch die arabischen Chronisten beschrieben die dortigen Städte als großartige Zentren der Kultur und der Koranlehre. Als der berühmte Herrscher Moussa nach Mekka pilgerte, soll er in Kairo auf der Durchreise so viel Gold verschenkt haben, daß der Wert der Währung dramatisch in den Keller fiel.

Aber von diesen Anekdoten und den Überlieferungen der Griots abgesehen – die immer noch das Heldengedicht von Sunjata Keita, dem »Löwen von Manding« sangen, dem Krüppel, der sich selbst geheilt und das Mali-Reich gegründet hatte – war so gut wie nichts von der alten Größe geblieben. Den Professoren für afrikanische Geschichte mochte die Epoche von Manding zwar noch lebhaft gegenwärtig sein, aber den Mandingos, die ihre eigene Sprache hatten und früheres Maliland bewohnten, fiel es da schon schwerer, sich vorzustellen, daß es sie tatsächlich einmal gegeben hatte. Wenn ich die Ältesten ansah, die erhaben in ihren prächtigsten Kleidern dasaßen, fragte ich mich, ob die Gesänge der Griots den verlorenen Ruhm fortleben ließen oder ob der Hof von Mali nicht dieser Namengebungszeremonie geähnelt hatte – auch wenn es hieß, daß im Malireich die jungen Frauen nackt gegangen seien. Derartiges war hier nun doch unvorstellbar.

Afrika schien mir ein Kontinent der Frauen zu sein. Eines Tages ging ich auf ein Feld, auf dem die Dorfbewohnerinnen Sesam anpflanzen wollten. Sanyang begleitete mich als Dolmetscher, obwohl keiner von uns genau wußte, worauf unser Gespräch hinauslaufen sollte.

Es war gegen halb drei Uhr nachmittags, und die Sonne brannte. Auf den Pfaden zwischen den Gärten an der Nordseite des Dorfes hörten wir ein Tosen, ähnlich dem Summen von Millionen schwärmender Insekten. Über die grüne Hirse hinweg erhaschten wir flüchtige Blicke auf die in der Sonne leuchtenden, bunten Kleider der Frauen. Sanyang biß sich nervös auf die Lippen. Er war von Anfang an nicht begeistert über diesen Ausflug gewesen. Zuerst hatte ich gedacht, er habe einfach keine Lust, in der brütenden Hitze in den Busch hinauszugehen. Aber jetzt sah ich, daß seine Augenbrauen sich immer mehr zusammenzogen.

Wir erreichten bald die Lateritstraße und erblickten jenseits davon eine große Ansammlung von Frauen, die sich über die Erde beugten und arbeiteten.

»Jesus Christus«, sagte Sanyang. »Wie viele sind das?«

»Sechs Kafos«, antwortete ich.

»Eine ganze Menge«, meinte er. Jetzt hörten wir ihre Stimmen und konnten ihr johlendes Gelächter unterscheiden. Die Trommeln aus der Schule wurden ohne Hast geschlagen. »Jetzt siehst du, warum ich nicht mitkommen wollte«, erklärte er. »Ich bin nicht gerne unter so vielen Frauen.«

»Hast du Angst vor ihnen?« fragte ich.

»Ja«, gab er zurück.

Die Frauen wandten sich wie auf ein geheimes Zeichen fast gleichzeitig um, um uns zu begrüßen.

»Oh nein«, kommentierte Sanyang.

Als wir die Stelle erreichten, an der das Saniyoro Kafo arbeitete, beschleunigten sich die Trommeln. Die Frauen tanzten uns entgegen, ihr Stampfen hallte vom Boden wider, während die Luft vom harten, synkopierten Klatschen ihrer Hände vibrierte. Dann, als der Rhythmus der Trommeln seinem Höhepunkt zutrieb, ließen sich die Frauen des Kafo in völligem Gleichklang auf einem Knie vor mir nieder. Sie lachten, erhoben sich wieder und wischten mir mit ihren Tikos den Schweiß vom Gesicht, vom Hals und von den Armen.

Sanyang fühlte sich so unbehaglich dabei, daß er am liebsten in den Erdboden versunken wäre. »Du scheinst hier gut bekannt zu sein«, meinte er mit zusammengekniffenen Augen.

Vor wenigen Jahren noch hätte das Dorf nun einer zweiten Hungerperiode entgegengesehen, weil die Zeit zwischen dem letzten Mais und dem ersten Reis überbrückt werden mußte. Aber der Reis, den die Regierung in den vergangenen Jahren ausgeteilt hatte, reifte sehr viel schneller als die herkömmlichen Sorten, so daß man mit der Ernte schon jetzt beginnen konnte.

Ein schmaler Weg führte hinter der Gruppe von großen Mahagonibäumen, die am alten Buschpfad nach Karafa Kunda standen, zum Reisfeld von Sukoto. Als erstes sah ich Dutzende von Plastik- und Gummisandalen, die meterlang aufgereiht waren, wie vor dem Eingang einer Moschee. Die Frauen betraten die Reisfelder nämlich nur barfuß, um die Pflanzen nicht zu beschädigen. Nach einer Biegung öffnete sich dann die große Lichtung von Sukoto vor mir. Ich sah den Reis überreichlich zwischen hohen Baumstämmen stehen, er schimmerte und glitzerte in der Sonne wie ein grüngoldener See und erstreckte sich so weit in die Ferne, bis er vom glänzenden Dunstschleier der Salzöde nicht mehr unterschieden werden konnte. Die Frauen, die bis auf Brusthöhe in den Pflanzen verschwanden, arbeiteten alleine oder zu zweit oder zu dritt und schnitten die Ähren ab, unter deren Gewicht sich die goldenen Halme bogen.

Auf der anderen Seite des Feldes, wo der Busch dichter wurde, führte ein Pfad zum Feld von Kadamah, das jenseits der Salzöde lag. Der Weg dorthin war aber beschwerlich. Der schmale, verschlungene Pfad, kaum sichtbar in den Boden getreten und von

Unkrauthaufen gesäumt, schien immer wieder ins Nichts zu führen. Nach mehreren Anläufen hatte ich noch nicht einmal ein Drittel des Weges zurückgelegt. Die Frauen riefen mir aus der Ferne zu, aber kaum folgte ich der Richtung, die mir die eine angegeben hatte, schickte mich die nächste in die entgegengesetzte Richtung. Schließlich erreichte ich den harten, grauen Sand, von dem aus ich schon die Mangrovenbäume sah, die unwirklich, fast geisterhaft im Dunstschleier der Hitze schimmerten. Hier und da funkelten Pfützen mit abgestandenem Wasser und blitzten auf, wenn sie den silbernen Himmel reflektierten. Ich war mir keineswegs sicher, ob ich mich auf dem richtigen Weg befand, aber ich zog meinen Hut tiefer ins Gesicht und ging weiter in die gleißende Helligkeit. Schon jetzt hatte sich eine merkwürdige Betäubung in meinem Gehirn festgesetzt.

Auf halbem Weg hörte ich, wie jemand zwischen den Bäumen meinen Namen rief. Es war Nafi Saho, ein Mitglied des Saniyoro Kafos. Sie war eine große, schwarze, dicke Frau mit hellem Lachen. Sie wollte ebenfalls nach Kadamah, und so gingen wir gemeinsam weiter. Sie führte mich durch den Busch am Rand der Salzöde entlang bis zu einer Stelle, wo Bäume und Mangroven so dicht standen, daß sie beinahe aneinanderstießen. Dahinter wuchs der Reis praktisch im Busch. Hier gab es keine Pfade mehr, und wir suchten uns vorsichtig einen Weg zwischen den hohen Stämmen, bis wir eine kleine Lichtung erreichten, auf der sich eine Art Lager befand. Auf der orangefarbenen, eingeebneten Erde hatten die Menschen aus Zweigen eine Plattform samt einem Dach aus Palmwedeln errichtet. Ein alter Eisentopf stand in der Asche eines erloschenen Feuers. Ein paar kleine Kinder saßen im Schatten, daneben arbeiteten zwei Mädchen in der Pubertät energisch mit dem Stößel. Nafi lieferte den Reis ab, den sie mitgebracht hatte, und führte mich dann weiter in den Busch hinein. Jarra Njais achtjährige Tochter Markady schlenderte hinter uns her. Der Reis wuchs hier zwischen den niedrigen Bäumen, die die Brandrodung überlebt hatten, und den häßlichen Resten derjenigen, die verkohlt waren. Die Zweige warfen ein schmales Schattengitter über das Getreide. Ich hatte inzwischen jegliche Orientierung verloren. Dann erblickten wir Jarra Njai und zwei andere Frauen, die halb von den Bäumen verdeckt wurden.

Die reifen Ähren ließen sich leicht von den anderen unterscheiden. Sie waren am Rand und an den Spitzen goldbraun und so schwer, daß sich der ganze Halm bog. Mit einer kleinen Eisen-

176

klinge und einem Stoffetzen als Griff wurden die Halme zum Daumen hin angeschnitten, wobei ein Schaft von etwa zehn Zentimetern, eingehüllt von einem langen grünen Blatt, an der Ähre gelassen wurde. Nach ungefähr zwanzig Ähren zogen die Frauen die Blätter mit geübtem Handgriff ab. Wenn sie ihr Bündel nicht mehr in einer Hand halten konnten, trugen sie es unter einen Baum, wo schließlich dicke Garben gebunden wurden.

Wir befanden uns in ständiger Bewegung, versuchten, im spärlichen Schatten zu bleiben, und ließen die grünen, aufrechten Halme für die nächste Ernte stehen. Manchmal mußten wir mehrere Meter gehen, bevor wir wieder reifes Getreide fanden. An anderen Stellen dagegen stießen wir auf Hunderte von dichtgedrängten Ähren, und oft waren die dünnen Halme schon halb in den Staub getrampelt worden, so daß wir uns hinunterbeugen mußten, um die schweren, zerbrechlichen Köpfe zu schneiden. An solchen Stellen schien es Stunden zu dauern, bevor wir weiterrükken konnten. Um uns herum greinte und surrte und kreischte es, als steckte das Unterholz voller Wecker, Alarmgeräte und elektrischer Sägen, die einander unaufhörlich ablösten. Man gewöhnte sich aber schnell an den unglaublichen Lärm, so daß man ihn nur noch zur Kenntnis nahm, wenn ein Geräusch einmal aussetzte.

Meine Nase lief unaufhörlich, und da ich mein Taschentuch vergessen hatte, mußte ich Blätter benutzen, die nicht gerade einen geeigneten Ersatz darstellten. Die Afrikaner verwendeten keine Taschentücher, sondern bliesen lieber alles auf den Boden. Mba Filije, Jarra Njais Mutter, beobachtete jedoch, wie ich mich abplagte, und riß ein Stückchen von ihrem Wickelrock für mich ab. Sie war etwa fünfzig Jahre alt. Ihre Tochter hatte ihre Größe, ihre schmalen, schrägen Augen und ihren vollen lächelnden Mund geerbt. Aber Filije wirkte in ihren Bewegungen zarter und katzenhafter. Jarra Njai war ihre älteste Tochter. Ihre jüngste, Isatou, war nur wenig älter als Jarra Njais Tochter Markady. Die dritte Frau, mit der ich arbeitete, war Nafi Sahos Schwiegermutter Mama Sise, eine kleine, mürrische Frau, die kaum redete.

Das Feld von Kadamah lag am weitesten von Dulaba entfernt. Es gehörte den Bewohnern von Karafa Kunda, die es jedoch jahrelang nicht genutzt hatten. Im vergangenen Jahr nun hatte Mba Nene, eine in Salum Kunda – dem Gehöft, in dem Mba Filije verheiratet und Jarra Njai geboren war – verheiratete und aus Karafa Kunda stammende alte Frau gesagt, da niemand von ihnen ein eigenes Feld habe, sollten sie doch versuchen, dieses Land zu nutzen. So waren Mba Filije, Jarra Njai und eine Gruppe anderer Frauen aus ihrem Gehöft mit ihren Äxten und Buschmessern hinausgezogen und hatten so viel Land freigemacht, wie sie nur konnten. Aus diesem Grunde waren die einzelnen Landstücke bei Kadamah viel größer als die näher beim Dorf liegenden Felder. Sie waren auch weniger deutlich voneinander abgegrenzt. Jarra Njais Feld erstreckte sich an der sanften Steigung, die in den dichten, unbebauten Busch überging. In der anderen Richtung, ebenfalls am Rand des Busches, lag Mama Sises Feld, und an der Salzöde befanden sich Filijes und daran angrenzend Jarra Njais Landstücke. In Richtung Sukoto folgten Nafi Sahos Feld und daneben das Feld von Nembali Sise, Jarra Njais Cousine.

Die Frauen führten laute Unterhaltungen über die Felder hinweg, die häufig meilenweit weitergegeben wurden, so daß jede mitschimpfen oder mitlachen konnte. Sie heulten und johlten, um die wilden Tiere – Buschschweine und Affen – und die Vögel zu vertreiben. Eigentlich war dies die Aufgabe der Kinder, aber diese langweilten sich bald und spielten lieber.

Am späten Nachmittag hörten wir auf zu arbeiten und trugen den Reis unter einen einzigen Baum. Die unzähligen Körner in den üppigen Garben, die in ordentlichen Reihen gebündelt waren, boten einen überwältigend schönen Anblick. Vorsichtig und mit großer Befriedigung hob Jarra Njai sie an den Halmen hoch, mit denen sie zusammengebunden worden waren. Wie durch ein Wunder fielen sie nicht auseinander, sondern hingen wie Glocken von ihren Händen. Sie wurden in große Schalen gelegt, in denen sie später ins Dorf getragen wurden.

Die Schatten wurden länger, aber die Hitze hatte noch nicht nachgelassen. Ich ließ mich gegen einen Baumstumpf fallen, wie betäubt vor Erschöpfung, und sah den Frauen bei der Zubereitung des *dempetengo* zu. Zuerst holten sie Holz für das Feuer, dann zerstieß Jarra Njai eine kleine Portion von dem frischen Reis und schüttelte ihn, um die Spreu zu entfernen. Das Getreide wurde dann in einem zerbeulten alten Kochtopf erhitzt, bis es in die Luft zu schnellen begann. Dann wurden die Körner weiter zerstoßen. Die drei Frauen wechselten sich mit dem Stößel ab und stampften immer schneller, bis die dumpfen Töne wie Trommelschläge über die Salzöde hallten.

Das Ergebnis dieser Prozedur galt als eine ganz besondere Delikatesse. Die grauen Flocken waren noch warm vom Feuer und angenehm knusprig und trocken. Die angebrannten Teilchen und die leicht gummiartigen grünen Flocken der halbreifen Körner machten den Geschmack noch interessanter. Die Zubereitung war eine mühselige Sache, da die Frauen den Reis sehr lange zerstoßen mußten und nur kleine Mengen gleichzeitig rösten konnten. Eigentlich sollten mit dieser Leckerei die Kinder dazu bestochen werden, möglichst lange auf den Feldern zu bleiben und die Tiere und Vögel zu vertreiben. Inzwischen aber war daraus ein für die Jahreszeit charakteristisches Ritual entstanden, mit dem jeder Erntetag beendet wurde, weil es immer so gewesen war. Und natürlich schmeckte der geröstete Reis den Frauen auch.

Jarra Njai wurde an jenem Tag immer zorniger auf ihre Kinder. Markady veranstaltete zum allgemeinen Ärger mit Nafi Sahos Tochter eine wilde Verfolgungsjagd um die Lichtung herum, während Lamin versuchte, die Sandalen seiner Mutter zu reparieren. Leider waren sie aber schon so oft repariert worden, daß der Schuh in seine restlichen Teile zerfiel, als der Junge sich daran zu schaffen machte. Lamins winselnde Entschuldigungen brachten seine Mutter nur noch mehr in Rage. Sie hielt mitten in ihrer Bewegung inne, als sie gerade den Stößel auf das Getreide niedersausen lassen wollte, und ihre Stimme wurde schrill wie die einer Wahnsinnigen. Lamin duckte sich unter dem Sperrfeuer, während Markady davonrannte und sich auf einem Baum versteckte. Ich hatte jedoch den Eindruck, als schreie Jarra Njai ihre Kinder viel zu oft an, um noch eine Wirkung damit zu erzielen.

Das goldene Sonnenlicht erreichte uns noch über die Salzöde hinweg, die sich langsam verdüsterte. Wir waren nur drei Meilen von Dulaba und kaum mehr von Karafa Kunda entfernt, und trotzdem fühlte ich mich hier immer wieder völlig abgeschieden – mehr als an jedem anderen Ort, den ich kannte. Daran konnten nicht einmal die Menschen etwas ändern, deren Gelächter über die Reisfelder schallte und die von überall, wo Reislager am Rand der Salzöde lagen, die Luft mit den dumpfen Schlägen ihrer Stößel erfüllten. Der rein weiblichen Gesellschaft der Reisfelder haftete etwas Großartiges und Archaisches an. Hier war *ihr* Ort, hier wagten sie es, alle Kleidungsstücke bis auf ihre *be-chos* – Unterröcke, die nur die Hüften und Oberschenkel bedeckten – abzulegen, weil kein Mann dort hinkam. Ich hatte erfahren, daß die Beschneidung der Mädchen bei einem dieser Reisfelder stattfand und daß man sie dort in die Geheimnisse einweihte, die schon ihre Großmütter erfahren hatten und vor ihnen deren Großmütter. Ich fragte mich, ob diese Atmosphäre des Archaischen, die ich in

Gesellschaft der Frauen an diesem abgelegenen Ort spürte, ein Widerhall der geheimnisvollen und gleichzeitig abstoßenden Beschneidungszeremonie war.

Schon zu Beginn meines Aufenthalts war mir gesagt worden, die Beschneidung sei ein unantastbares Tabu für Außenstehende. Ich solle mich davor hüten, Fragen zu dieser Zeremonie zu stellen, weil ich damit genau diejenigen Menschen gegen mich aufbringe, deren Wohlwollen für mich und mein Projekt so wichtig war – ich könne damit sogar Leib und Leben gefährden. Je länger mein Aufenthalt in Dulaba jedoch dauerte, desto überzeugter wurde ich, daß ich zumindest in Ansätzen etwas über diese Riten erfahren mußte, falls ich die Gesellschaft je wirklich verstehen wollte. Wenn ich den im Staub der Gehöfte umhertollenden Kindern zusah – die Mädchen kämpften so erbittert wie die Jungen –, fragte ich mich, wie es kam, daß sie später im Leben so verschieden wurden. Wenn ich abends mitten unter den Beamten saß und ihnen zuhörte, verzaubert und verwirrt zugleich vom Klang ihrer Sprachen, versuchte ich herauszufinden, welche Bande, die noch stärker als die der Freundschaft oder sogar des Blutes waren, diese Menschen eigentlich zusammenhielten. Ich kam immer wieder zu dem Ergebnis, daß es die Beschneidung sein mußte. Es war der einzige Bereich, zu dem mir die Dorfbewohner jeglichen Einblick verwehrten. Hier mußte der Schlüssel liegen.

Ich blickte über die Salzöde und fragte mich, ob es mir je gelingen würde, mehr über dieses Ereignis zu erfahren. Ich war nicht gerade zuversichtlich.

Es war Oktober, der sogenannte »Palavermonat«, in dem, wie schon die Kolonialherren gesagt hatten, »die drückende, feuchte Hitze bei Tag und Nacht von Schwarzen und Weißen gleichermaßen empfunden wurde«. Es war eine Zeit, in der irrationale Streitigkeiten ausgetragen wurden und schwelende Spannungen an die Oberfläche traten. In dieser Jahreszeit wurden Morde begangen. Auch Darbon Jammehs Mann war im Oktober umgebracht worden.

Die Sonne schien nicht mehr so sengend wie in der Trockenperiode, aber dafür strahlte der graue Himmel einen dunstigen Glanz ab, der schwerer und intensiver wurde, je mehr es auf Mittag zuging. Eigentlich lebte man in einem natürlichen Dampfbad. Westlich des Dorfes hob sich das hochstehende, blaßgrün schimmernde Gras weithin sichtbar vom Busch ab.

Jeden Morgen zogen die Frauen auf ihre Felder. Sie verließen das Dorf oft vor sieben Uhr und kehrten erst bei Einbruch der Dunkelheit zurück. Wenn wir vor dem Abendessen noch draußen saßen, hörten wir sie auf der anderen Zaunseite durch die Dunkelheit gehen. Die Jahreszeit näherte sich allmählich ihrem unvermeidlichen Ende, und die Lagergebäude füllten sich mit den Garben, wenn die Frauen ihre Ernte unter fröhlichem Klatschen und rhythmischen Schlägen auf Plastikbehälter hineintrugen.

Die schwankenden Ähren des Kinto, der nun fast sechs Meter hoch stand, warfen ihre Schatten auf die steinige Dorfstraße. Noch nie zuvor hatte ich einen so hellen Mond gesehen. Die Menschen saßen schwatzend an den Bantabas und auf den Bentengos, und die Kinderhorden rannten lachend und schreiend durch die Straßen. In Vollmondnächten, wenn keine Teufel ihr Unwesen trieben, ließ man die Kinder bis tief in die Nacht hinein draußen spielen, weil das eine gute Ernte versprach.

Ich saß auf der Veranda des Quartiers und unterhielt mich mit den Frauen der Personalangehörigen.

Wir sprachen über unser Alter. Im Gegensatz zu den Frauen im Dorf wußten sie alle genau, wie alt sie waren: Sirrah war achtundzwanzig, Jori Sanyang war zweiundzwanzig, und Isatou Bajie, Momodou Jarjous Frau, war einundzwanzig. Ndey-Touti war vierundzwanzig.

»Ich bin eine sehr alte Frau«, scherzte sie, zog ihre Schultern ein und zog mit den Fingern einen Bart auf ihrem Kinn nach. Dann hielt sie mir eine Brust entgegen. »Siehst du, ich bin eine sehr alte Frau.« Und sie brach in ein hohes Lachen aus, das man viel zu selten hörte. Ihr Rücken und ihre Schultern waren außergewöhnlich weich und glänzend, aber ihre Brüste waren, genau wie sie sagte, die einer alten Frau – zumindest nach den Maßstäben eines Europäers.

Ich machte einen Spaziergang nach Karafa Kunda und wählte die Lateritstraße. Rechts von der Straße baute das ITC – das Internationale Trypanosomiasis-Zentrum – eine Forschungsstation. Dort sollte eine neue Rinderrasse gezüchtet werden, die gegen die Schlafkrankheit immun war. Die Dorfbewohner sahen in dieser Entwicklung einen großen Segen, und zum Zeichen seines guten Willens hatte das ITC schon drei Paar glänzender Messingwasserhähne neben der Dorfstraße angebracht. Von nun an, hieß es, gebe es keine Probleme mehr mit der Wasserversorgung, weil diese Zapfstellen nie versiegten.

Die beiden Zufahrten zur Baustelle für das neue Camp zeichneten sich vor dem Gestrüpp des Busches wie geheimnisvolle Landebahnen ab. Wie erstarrt lag alles in vollkommener Ruhe. Die Milchstraße überquerte den Himmel von einem Horizont zum anderen wie ein großes Rad aus weißem Staub.

Wenige Meter weiter im Busch stand eine der ITC-Viehherden ruhig und reglos. Nur gelegentlich bewegte sich eine Kuh unbeholfen wie zum Beweis dafür, daß sie lebte. Der große Baum, an den die Tiere gebunden waren, warf einen großen Schatten über die Straße. Als ich leichtfüßig den mit Lichtflecken gesprenkelten Schatten durchquerte, empfand ich jene freudige Erregung, wie sie sonst nur noch Kinder verspüren, wenn sie ein Geheimnis hüten – es war, als hätte ich eine andere Welt entdeckt.

Bald saß ich wieder im Quartier im Schein des elektrischen Lichts, das meine andere Welt mit einem Schalterdruck ausgelöscht hatte. Die Wärme der Unterhaltung war stärker als das unheimliche Kreischen der Insekten, die Kälte und die Einsamkeit des Firmaments, das sich wie eine Schüssel über uns spannte.

Aber meine andere Welt war gefährlich.

»Wohin bist du gegangen?« fragte Daouda.

»Ich bin nur ein wenig in den Busch hineingelaufen.«

»Da solltest du nachts nicht hingehen. Es gibt Hyänen dort.«

»Aber ich bin immer auf der Straße geblieben.«

»Glaubst du, die Hyänen machen an der Straße halt? Vor ein paar Wochen haben sie eine Kuh gefressen, direkt am Straßenrand.«

»Genau«, bestätigte Demba. »Sie sind damals sogar bis zum Baum am Rand des Gehöfts gekommen.«

In manchen Nächten drang ihr schauriges Heulen bis ins Labor, wie eine traurige Botschaft aus dem Jenseits.

Am Abend des 5. Oktober regnete es zwei Stunden lang wie aus Kübeln. Es sollte auf Monate hinaus der einzige Niederschlag bleiben.

»Hast du schon einmal Dempetengo mit Zucker gegessen?« fragte Sona.

»Nein, noch nie.«

»Es ist sehr, sehr süß.«

Das ist anzunehmen, dachte ich mir.

Sie war eine kleine Frau, eines der jüngsten und auch attraktivsten Mitglieder des Saniyoro Kafos, und sie wußte offensichtlich die angenehmen Seiten des Lebens zu schätzen. Nachdem ich sie anfänglich für sehr kompliziert gehalten hatte, fand ich nun, daß sie eine sehr umgängliche Frau war. »Ich mag jeden«, hatte sie mir einmal gesagt. »Nur keine Diebe, Heiden, Teufel und wilde Tiere.«

Ihr Mann, Braima Sise, war das Faktotum des MRC, und ihre ältere Nebenfrau Njonji machte Susan Lawrences Haus sauber. Vielleicht lag hierin der Grund, weshalb sie sich bei den Tubabs wohler fühlte als manch andere Frau. Jedenfalls hatte ich das Gefühl, daß die Distanz zwischen uns nicht so groß wie zu den anderen war. »Jeder ist mein Freund«, sagte sie. »Sogar du.«

Wir saßen auf einer steilen Schlammbank und tauchten die Finger in eine Schüssel Reis, in dessen Mitte Durango, die traditionelle Erdnußsoße, wie eine matschige Pfütze aussah. Die Hitze hatte das Essen warm gehalten, das schon vor mehreren Stunden gekocht worden war. Njonjis älteste Tochter Binta, die das Essen aufs Feld gebracht hatte, und ihre Freundin Salli teilten die Mahlzeit mit uns. Ich reichte etwas Brot herum. Sona ließ ihren Anteil zwischen den Falten ihres Wickelrockes verschwinden.

Unterhalb von uns lag das Reisfeld von Bananako, wo die große Lichtung von Jumutung sich zur Straße nach Mankono hin verjüngte. Ein riesiger Baumstamm markierte den Beginn von Sonas Feld, das sich bis zu dem schmalen Pfad erstreckte, der mitten durch die Lichtung verlief. Der Reis stand hoch, und die prallen Ähren glänzten golden in der Sonne.

Auf einem anderen Feld schlug ein junger Mann eine Art Holzgong, um die Vögel und Insekten von der Hirse zu vertreiben. Der vibrierende Rhythmus hallte über die Lichtung und durch die schwüle Luft, in der noch die Feuchtigkeit vom Regen der vergangenen Nacht hing.

Wir mußten uns nicht einmal bücken, um den Reis zu schneiden, und er stand so dicht, daß wir in wenigen Minuten ein dickes Bündel ernten konnten, ohne mehr als einen halben Meter vorzurücken. Aber die Sonne glühte, und ich versuchte, im Schatten zu bleiben.

Sona sah nach einer Zeit auf.

»Wie schmeckt dir Futo?« fragte sie.

»Sehr gut«, antwortete ich.

»Möchtest du welchen haben? Dort ist er.«

»Danke«, lehnte ich ab. »Ich bin satt.«

»Nun«, meinte sie. »Ich jedenfalls hole mir etwas davon.«
Also folgte ich ihr.

Eine der älteren Frauen hatte eine Schüssel Maisfuto mit rotem Pfeffer mitgebracht. Die Frauen von den angrenzenden Feldern kamen hinzu, um es zu probieren. Sona schüttete die Reste vom Reis und Durango hinzu. Nie wieder werde ich Essen ablehnen, dachte ich, nur weil ich das Gefühl habe, daß es mir nicht zusteht. Diese Menschen hatten gehungert, und jetzt, wo sie die Gelegenheit dazu hatten, wollten sie so viel essen, wie sie nur konnten. Sie wären nie auf den Gedanken gekommen, daß es etwas Schlechtes sein könnte, viel zu essen. Essen war immer gut.

Danach gingen die anderen Frauen zum Gebet, doch Sona folgte ihnen nicht.

»Gehst du nicht zum Beten?« fragte ich.

»Nein. Betest du?«

»Nein.«

»Warum nicht?«

»Ich bin Heide.«

Sie lachte. »Du bist kein Heide«, sagte sie.

»Ich bin ein großer Heide«, widersprach ich.

Sie sah mich einige Augenblicke lang neugierig an. Dann sagte sie: »Wiederhole diese Worte, *Bissimilai... Araham... Arahim...*« Und sie sagte alle Worte des *al Fatia* auf, des täglichen Gebets der Moslems, und ich wiederholte sie.

Sie hatte große, eher ernste Augen mit vorstehenden Augenbrauen. Wenn sie lächelte, erschienen zwei eigenartige Grübchen am Rand jedes Nasenflügels. Sie wäre sonst vielleicht schon fast zu hübsch gewesen.

»So«, sagte sie, als wir fertig waren. »Jetzt bist du kein Heide mehr.«

Njonjis Tochter Binta hatte ihren Kopf mit einem Stück Stoff bedeckt, das sie wie einen Gebetsschal unter dem Kinn zusammenhielt. Mit einem geziert frommen Ausdruck kniete sie nieder und begann, sich das Gesicht mit Staub zu beschmieren, weil die Moslems sich auf diese Weise waschen sollen, wenn kein Wasser zur Verfügung steht.

Sona und ich sahen einander an, dann brachen wir in Gelächter aus.

Yaya Bojang hatte mir gesagt, wie man sich einer Frau auf Mandinka nähert. Der Mann mußte sagen: »Ich möchte, daß wir uns

treffen.« Darauf erwiderte die Frau: »Was für ein Treffen ist
das?« Die Antwort lautete: »Ich möchte, daß wir eine ›Verbindung‹ haben – wenn du möchtest.« Die Frau stimmte dann entweder zu oder lehnte ab. Yaya hatte mir versichert, daß eine Frau
einen solchen Annäherungsversuch niemals publik machen
würde. Als nun Sona nur wenige Meter entfernt von mir arbeitete, gingen mir diese Worte pausenlos durch den Kopf. Wie einfach wäre es gewesen, sie auszusprechen... Wie sehr ich sie
mochte... Und was für ein Abenteuer wäre es...

Als ich ihrem leisen Gesang zuhörte, bemerkte ich, daß sie über
mich sang und mich in der Sprache der Griots pries.

»Tubabo Mark ist hier, um uns glücklich zu machen.
Seit er hier ist, herrscht Einigkeit im Saniyoro Kafo.
Er ist hier, um uns glücklich zu machen.

Mark trägt mich auf seinem Rücken.
Er hat Geld mitgebracht und hält mich fest.
Er hat mich mit Gold an sich gebunden.
Beim Schlafen hat Mark immer fünfzig Dalasi in der
    Tasche.
Ich meine nicht alle Tubabs
– nur Mark!
Er ist hier, um uns glücklich zu machen!«

Sie sah auf und grinste.

Ich glaubte nicht, daß ein Annäherungsversuch von mir sie
schockieren oder auch nur wütend machen würde. Aber vielleicht
sang sie dann nichts mehr über mich. Ich beschloß, meinen Mund
zu halten.

Als die Schatten länger wurden, war es wieder Zeit für das
Dempetengo. Mabintas Tochter Bana und ihre Freundin Homonding arbeiteten auf der anderen Seite der Lichtung. Wir gingen zu
ihnen. Viele Frauen, alte wie junge, kamen an dieser Stelle zusammen und halfen einander bei der mühseligen Arbeit mit dem Stößel, bevor sie sich auf den Nachhauseweg machten. Ich ließ mich
auf einem Baumstamm nieder und ließ das Schwatzen der Frauen
und den dumpfen Widerhall der Stößel auf mich einwirken. Einmal hörte ich eine schroffe Stimme, die aus weiter Entfernung
durch die Bäume rief.

»Das ist Mamanding Janno«, sagte Sona. »Sie möchte, daß du

sie auf ihrem Feld besuchst. Sag ihr: ›*A hojo koto joho a keta nyadi?*‹ Was haben wir so geheim besprochen?«
Ich rief die Worte, so laut ich konnte.
Auf dem ganzen Reisfeld erscholl großes Gelächter.

Sona blieb noch etwa zwei Stunden und zerstampfte mit unermüdlicher Energie das Getreide. Ich fragte mich nach dem Sinn dieser Mühe. Wieviel Dempetengo brauchte sie denn? Aber besonders bei den jüngeren Frauen schien es fast eine Ehrensache zu sein, so lange wie möglich bei der Arbeit auszuharren. Am Schluß betete sie und wirkte benommen, als sie wieder auf die Füße kam. Sie sagte, die Hitze und die anstrengende Arbeit hätten sie sehr müde und hungrig gemacht. Sie schob die restliche Handvoll Reis und Durango in den Mund, dann half ich ihr, die riesige Schüssel auf ihren Kopf zu heben, auf der sich die Reisgarben türmten. Sie waren fast halb so hoch wie sie selbst. Wir schlossen uns den anderen Frauen an und gingen in einer Reihe den Pfad hinauf und dann über die Ebene nach Dulaba. Die große Schüssel, unter der nur ein gefaltetes Tuch lag, schwankte leicht auf Sonas Kopf. Die goldenen, manchmal leicht grünlichen Garben glänzten im Licht der Abendsonne unter einem blaßblauen Himmel, auf den die Wolken ein Streifenmuster gezeichnet hatten. Das Muster wiederholte sich auf Sonas verwaschenem indigoblauen Wickelrock, der sich im Rhythmus ihres schlurfenden Ganges bauschte.
»Mamanding Janno hat dich auf ihr Reisfeld eingeladen, wenn du mit der Arbeit fertig bist. Ist Mamanding Janno dein Seri?«
»Nein.«
»Wer ist dein Seri?«
»Das bist du.«
Von der ersten bis zur letzten Frau in der Reihe machte die Neuigkeit die Runde.

8

ERNTEZEIT

Wer sich den Eintritt nicht leisten konnte, stand auf der Veranda des Safari Nightclubs in Brikama im fahlen grauen Licht und hörte dort der Musik zu, obwohl die Funk- und Reggaeklänge meilenweit vernehmbar waren. Die meisten Gäste wirkten, abgesehen davon, daß sie gelegentlich rhythmisch mit den Füßen stampften oder unmotivierte Kung-fu-ähnliche Verrenkungen produzierten, eher gelangweilt. Manche tanzten alleine in abrupten, fast gewalttätigen Zuckungen, als wollten sie die Zuschauer belustigen. Von Zeit zu Zeit bahnten sich junge Frauen in kurzen, engen Röcken und mit kunstvoll geflochtenem Haar den Weg auf die Veranda und in den Club. Die jungen Männer standen nur da und starrten schweigend vor sich hin.

Fabakary Manneh, der junge Mitarbeiter, bei dem ich eine Bleibe fand, wenn ich gelegentlich in die Stadt kam, sagte, daß ganz in der Nähe getrommelt werde. Wir beschlossen hinzugehen und machten uns mit unseren beiden Begleitern durch eine unbeleuchtete Nebenstraße auf den Weg. Gelegentlich hörten wir ein undeutliches Klicken, dann ein fast metallisches »Peng«, das manchmal kurz anschwoll und dann wieder ganz verschwand. Dann plötzlich drangen aus der Dunkelheit Geräusche, ein dumpf stampfender Rhythmus und Trommeln so ohrenbetäubend laut wie eine große Maschine. Nach einer Biegung erblickten wir ein Schattengewirr, das sich vor einer einzigen Lampe bewegte.

Eine große Ansammlung von Frauen verstopfte die Straße, und durch das Gedränge hindurch sahen wir die Trommler, die vor dem Wellblechtor eines Gehöfts saßen.

Der größte von ihnen, ein geschmeidiger, muskulöser Kerl mit rotem Hemd und schwarzer Baskenmütze, hatte die Baßtrommel zwischen die Knie geklemmt, und seine unwahrscheinlich breiten Hände schlugen hart auf sie ein. Er saugte heftig und rhythmisch an einer Zigarette und wand sich unablässig auf seinem Sitz, als schleudere der pochende und stoßende Rhythmus ihn gleich mitten in die Menge. Im Schatten neben ihm saß ein kleinerer Mann über eine Diskanttrommel gebeugt, das *kutir'ndingo*, und starrte mit leicht geöffnetem Mund unablässig vor sich hin, als hielte die Musik ihn in einem tranceähnlichen Zustand gefangen. Sie gaben einen raschen, drängenden Rhythmus vor, Synkopen prallten aufeinander, so daß die Frauen mitgerissen wurden und sich unter Zuckungen wanden.

Während der Rhythmus schneller wurde, trat ein weiteres Gruppenmitglied mit der Haupttrommel, dem langen, schmalen *sabaro*, das direkt an meinen Nervenenden zu zerren schien, aus dem Schatten. Eine Frau sprang in die Mitte des Kreises, und plötzlich, obwohl jedes Instrument seinen eigenen Rhythmus aufrechterhielt, schienen die Klänge zu einem einzigen malmenden Hämmern zu verschmelzen. Die Frau drehte sich abrupt um, breitete ihre Arme aus und warf sich dem Rhythmus entgegen. Ein lauter Beifallssturm, hart und synkopisch dem Takt folgend, brach um sie herum aus. Ihre Füße stampften in den Staub, bewegten sich schneller und schneller, ihr Körper bog sich so weit nach vorne, daß die angezogenen Knie fast das Kinn berührten, die Arme zuckten wild im Gegenlicht.

Es war der *lenjengo*, der Tanz der Mandingo-Frauen. Die Europäer nannten ihn auch oft den »Vogeltanz«, weil die Bewegungen den ersten verzweifelten Flugversuchen eines Vogels ähnelten. Angeblich hatte der Tanz seinen Ursprung in einem Totemglauben, aber wenn das wirklich stimmte, war er schon lange in Vergessenheit geraten.

Das Trommeln wurde schneller, und die Frauengestalt in der Mitte war immer undeutlicher zu erkennen, nicht einmal mehr ihre Bewegungen waren nachvollziehbar. Man sah nur noch die wirbelnden, dreschenden Glieder und das Muster ihres Wickelrocks, das vor dem dunklen Hintergrund aufleuchtete. Dann, als der Rhythmus auf seinem Höhepunkt brach, fiel sie lachend in die Menge zurück, und eine andere Frau nahm ihren Platz ein.

Eine nach der anderen warfen sich die Frauen in den Kreis: Manche warteten erst gar nicht, bis die Tanzende fertig war. Andere kamen zu zweit oder zu dritt: dünne, gelenkige Mädchen, die wie Glühwürmer schwirrten, oder füllige Matronen, die die Luft zum Erzittern brachten, wenn sie sich dem Rhythmus hingaben. Manchmal hielt das Trommeln mitten im Schlag inne, und die Tanzenden wurden dann vom frenetischen Klatschen der Menge fortgetragen. Dann wieder sprang der Baßtrommler auf die Füße, stellte sich gegenüber der Tanzenden auf und hämmerte einzelne

Schläge heraus, so hart er nur konnte. Angespornt durch diese Aufmerksamkeit und die Gewalt der Schläge, setzte sie neue Kräfte frei, und die Erregung in der Menge steigerte sich, je mehr Frauen sich in den Kreis warfen.

Nur in Afrika hatte ich Menschen so fanatisch und sich absolut dem Rhythmus hingebend tanzen sehen. Anders als in Europa, wo eine solche Hemmungslosigkeit stets irgendwann in Gewalt oder Selbstzerstörung mündet, enthielt sie hier nichts Aggressives. Im Gegenteil, dieser Tanz brachte Zuneigung und Freude zum Ausdruck, mit ihm feierte man die Namengebung eines Kindes. Und noch im wildesten Tanz steckte ein Element der Kontrolle. Denn es gab eine Technik, Lenjengo zu tanzen, die jede Frau schon von klein auf versuchte zu erlernen. Diejenigen Tänzerinnen, die dieser wilden Ausgelassenheit am meisten Flüssigkeit und Eleganz verleihen konnten, waren hochangesehen. Und nur die Frauen tanzten. Die Männer standen dabei und sahen schweigend aus dem Schatten zu.

Eine Trommel kann niemals ein toter Gegenstand sein, und schon gar nicht in Afrika. Auch wenn sie nur scheinbar ruhig in einer Ecke liegt, geht von ihr eine immense Lebensfreude aus, die ihr weit größere Macht verleiht, als irgendeinem Dekorationsgegenstand je zukommen würde. Wenn jemand gestorben war, mußten die Trommeln sogar versteckt werden.

Ich selbst hatte in Joli von Karamo Saho zwei Trommeln erstanden. Er hatte die Bäume dafür eigenhändig gefällt, und jede Trommel folgte der Form des ursprünglichen Stammes, so daß sie leicht schief waren. Wo auch immer ich sie hinbringen würde, sie blieben Teil der Landschaft, aus der sie stammten. Die Felle waren erst am Tag zuvor getrocknet worden und strömten noch einen scharfen Tiergeruch aus.

Wenn sie lebendig bleiben sollten, wenn man ihre Möglichkeiten ganz und gar ausschöpfen wollte, mußte man solche Trommeln in Afrika lassen, denn in Europa wurden die Felle schlaff und leblos. Bevor man dann wieder darauf spielen konnte, mußten sie lange erwärmt werden. Hier aber, in Afrika, brauchte man die Felle nur zu berühren, und wie ein elektrischer Schlag fuhr es einem den Arm hoch. Vorsichtig und etwas verlegen wegen des erregenden, volltönenden Klangs, den sie erzeugten, begann man dann zu trommeln. Aber auch hier erwärmten die Trommler ihre Instrumente, wenn sie darauf spielen wollten. Sie ließen sie den ganzen Tag über in der Sonne liegen oder stellten sie neben das Feuer, bis die Felle bei der leichtesten Berührung ein »Peng, peng, peng« von sich gaben. Und wenn sie mit dem Spiel begannen, dann schlugen sie nicht behutsam, sondern so hart, daß es meilenweit zu hören war. Hielt man die Trommel zwischen den Knien, so konnte man die Härte des Holzes auf der Haut spüren und fühlte sich unwillkürlich an ein Lebewesen erinnert, das sich vibrierend gegen die Schenkel drückte. Der Klang der Trommeln war ein fester Bestandteil dieser Gegend, genauso wie das weithin hallende Stampfen der Stößel, der Staub, der harte Boden und die Bäume dazugehörten, von denen sie stammten. Und ebensowenig wie man das Alter von Mörser und Stößel bestimmen kann, ist dies bei der Trommel möglich – deren Ursprung bisweilen sogar im Mörser vermutet wird.

Dulaba gehörte zu den wenigen Dörfern in Afrika, in denen das Trommeln verboten war. Zweimal waren bei den Vorfahren der Bewohner im Verlauf von Tanzveranstaltungen Brände ausgebrochen, die große Teile des Dorfes zerstört hatten. Daraus hatten sie gefolgert, es sei nicht Gottes Wille, daß in diesem Dorf getrommelt werde. Und alle glaubten an eine sofortige Katastrophe, wenn jemand das Verbot brach.

Dies schien auch darin begründet zu sein, daß Dulaba ein moslemischer Ort war, und der Prophet selbst hatte immer schon eine Abneigung gegen das Tanzen und Trommeln gehabt. Aber auch in den Dörfern, in denen das Trommeln grundsätzlich erlaubt war, gab es gewisse Einschränkungen. So war es zu bestimmten Zeiten nicht gestattet, etwa im Ramadan oder in der auf den Geburtstag des Propheten folgenden Gammo-Woche, wenn eine weiße Fahne von der Moschee wehte. Ebensowenig durfte Donnerstag abends oder Montag abends getrommelt werden, denn die Tage danach waren die wichtigsten in der moslemischen Woche. Fremde spotteten hingegen häufig, daß das Verbot in Dulaba nur deshalb aufrechterhalten worden sei, weil die Männer im Dorf eifersüchtig seien und nicht wollten, daß ihre Frauen abends ausgingen.

Die Schultrommeln waren für die Pfadfinder angefertigt worden. Als der Alkalo Wind davon bekommen hatte, was da hergestellt wurde, war er zu Sanyang gegangen und hatte ihn gefragt, was er denn da tue. Sanyang erklärte, diese Trommeln aus Blechdosen seien etwas ganz anderes als die *seyuwrubaa*, die Holztrommeln der Griots, zu denen die Frauen so begeistert tanzten. Aber trotzdem wurden auch die Schultrommeln im Dorf verboten.

Als die Erdnußbüsche ihre Blätter hängenließen, wurden ein oder zwei von ihnen ausgerissen. Wenn die Innenseite der Schalen eine schwarze Färbung aufwies, waren sie reif, und sie mußten sofort geerntet werden. Viele der wohlhabenderen Dorfbewohner mieteten Kafos, die diese Arbeit für sie erledigten. Ein Kafo schaffte an einem einzigen Tag ein Pensum, für das ein Mann Wochen benötigte. Aber seine Mitglieder mußten bezahlt und außerdem mit Essen versorgt werden.

Ich begleitete Tumbulu Sise und Fatounding auf ihr Feld, um die Erdnüsse auszugraben. Entsprechend der Jahreszeit kamen wir früh an, um auch früh wieder gehen und der schlimmsten Hitze entfliehen zu können. Es war bei weitem nicht der heißeste Tag, die Sonne verschwand manchmal hinter einem grauen Dunstschleier, aber trotzdem war die Arbeit eine Schinderei, weil es keine Bäume gab und nur die hohen Sorghumhalme, die zwischen den Erdnußreihen wuchsen, einen spärlichen Schatten spendeten. Gegen Mittag waren die Blasen an meinen Händen schon aufgeplatzt. Wir arbeiteten uns an den Reihen entlang, packten jeweils eine Pflanze und legten die im Wurzelgeflecht hängenden Nüsse frei, bevor wir die dicke, tief in den Boden reichende Wurzel abhackten. Die Pflanzen blieben dann auf der Erde liegen, damit sie in der Sonne trockneten. Bei der Arbeit aßen wir unentwegt die feuchten Nüsse mit ihren rosafarbenen Häuten, die noch nach Wurzeln und Boden rochen.

Das Feld gehörte Fatoundings Mann Kalamatta. Sie grub die Nüsse für ihn aus, weil er beim ITC Vieh hütete. Tumbulu half nicht deshalb mit, weil Fatounding ihre Freundin war, sondern weil sie Kalamattas Nichte war.

Bei Tumbulus Rückkehr aus dem Krankenhaus waren zwei Reisfelder völlig überwuchert gewesen. Sie hätten ein zweites Mal gejätet werden müssen, während sie sich noch im Krankenhaus befand. Aber ihr Mann hatte keine andere Frau, und es gab auch sonst niemanden, der ihr half. Ein drittes Feld, in Sukoto, hatte sie zwar ein zweites Mal gejätet, aber davon war nichts mehr zu erkennen. Keines dieser Landstücke lieferte einen Ertrag. Zunächst hatte sie sich noch mit der Ernte ihrer restlichen drei Felder über Wasser gehalten, aber auch diese Vorräte gingen nun zur Neige. Das *suno* – das »frühe Kus« –, das ihr Mann gepflanzt hatte, war fast vollständig von den Ölkäfern aufgefressen worden, und weder sie noch ihr Mann hatten Erdnüsse geerntet. Als sie vor Beginn des Regens ihr Saatgut hervorholte, hatten Maden die Nüsse vernichtet; beim Schälen zerfielen sie ihr in der Hand. Die Maden hatten zwar nicht alle Erdnüsse ihres Mannes befallen, aber diejenigen, die er noch pflanzen konnte, hatten keine Früchte getragen. Es gab keine Erklärung dafür. Es war eben sein Schicksal. Jetzt lebten sie einzig und allein von den rohen Erdnüssen, die sie während ihrer Arbeit auf den Feldern der anderen essen konnten.

Tumbulu besaß eine große Verwandtschaft. Aber ihre Geschwister waren gestorben oder hatten das Dorf verlassen. Es gab zwar noch einen jüngeren Bruder, aber der war noch zu klein.

Als Kalamatta einmal vorbeikam, hatte sie ihn angehalten und um Hilfe gebeten. Er hatte ihr gesagt, wenn sie ihm bei seiner Feldarbeit helfe, werde er ihr allen Reis geben, den er in Mankono kaufen könne. Sie hoffte, daß es nicht zu lange dauerte.

Eines Abends ging ich zu Demba Tamba und fand eine füllige und sehr schöne junge Frau auf seinem Bett vor. Sie sagte nichts, sondern lag nur da, und aus ihren Augen strahlte ein gewisser Glanz. Während des Essens redeten die anderen mit ihr in vertrautem, aber stets respektvollem Ton. Danach legte sie sich wieder auf das Bett, und obwohl ihre Augen weit geöffnet blieben, schien sie in einen Dämmerzustand zu gleiten.

Sie war, so wurde mir gesagt, eine Freundin von Yaya Bojang. Dieser war aber nicht da, weil er von ihrem Besuch nichts gewußt hatte, und er wurde erst für den folgenden Morgen zurückerwartet. Der nächste Tag war ein Samstag, und am Abend sollte ein Tanz im Gemeinschaftszentrum stattfinden. Yaya tanzte die ganze Zeit über zwar nie mit dem Mädchen zusammen, aber auch nie weit von ihr entfernt. Am nächsten Morgen war sie verschwunden.

In den darauffolgenden Tagen war Yaya völlig apathisch. Er redete nichts und aß kaum etwas, sondern starrte nur nachdenklich in die Essensschüssel.

»Oh!« rief er eines Abends, als wir bei ihm saßen. »Ich würde sterben für dieses Mädchen. Und ich weiß, daß sie auch für mich sterben würde. Wir haben hier Seite an Seite gelegen, genau auf diesem Bett. Aber wir haben nichts getan, weil sie noch zur Schule geht. Das war doch richtig, oder?«

»Klar, es war richtig.«

»Also.«

»Was ist mit deiner Verlobten?«

»Meine Verlobte? Pah! Das ist kompliziert.« Er starrte auf den Boden und grübelte über das Komplizierte an dieser Angelegenheit nach. »Weißt du, eine Frau, die man heiraten will, sollte man nicht allzuoft sehen. Alle paar Monate oder einmal im Jahr. Auf diese Weise nämlich lernt sie dich nicht kennen. Und wenn sie dann zur Hochzeit kommt, behandelt sie dich mit großem Respekt und gibt sich die größte Mühe, alles richtig zu machen. Weil sie nämlich nicht weiß, was du magst und was du nicht magst.

Wahrscheinlich hat meine Freundin einen Freund. Ja, ich weiß es sogar, daß sie einen Freund hat. Aber das ist mir egal. Ich will es gar nicht wissen, solange sie nicht versucht, schlauer als ich zu sein und mich zum Narren zu halten.

Letztes Jahr hat sie mich eingeladen, das Tobaski-Fest in ihrem Dorf zu verbringen. Aber von der Minute meiner Ankunft bis zum Tanz am Abend hat sie kein einziges Wort mit mir geredet. Also habe ich mir gedacht, etwas geht hier vor, und beim Tanz habe ich beobachtet, daß sie mit einem Jungen zusammen war, den sie schon länger als mich kannte. Also dachte ich, ich suche mir auch eine Freundin, um ihr zu zeigen, daß ich dieses Spielchen ebenfalls beherrsche. Ich sagte Fatou nichts davon. Ich habe sie einfach weitermachen lassen, genauso wie ich mit dem, was ich tat, weitergemacht habe.

Dann kam sie sehr erbost zu mir und fragte mich, was mir denn einfalle, mit anderen Mädchen zu reden. Ich habe zu ihr gesagt: ›Du glaubst wohl, daß dir alle Männer auf der Straße hinterherschauen und dich haben wollen. Aber ich bin auch attraktiv, und wenn ich hier eine Freundin haben will, ist das für mich kein Problem. Solange ich hier bin, erfahre ich alles, was du tust. Du triffst dich immer noch mit einem anderen. Du brauchst es gar nicht abzustreiten, ich kann dir sogar seinen Namen sagen.‹

So habe ich dieses Mädchen kennengelernt. Sie sagte mir, sie käme hierher, aber ich habe ihr nicht geglaubt. Jetzt ist sie gekommen, und ich weiß, daß sie mich ehrlich liebt.

Ich habe mich zwar mit meiner Verlobten nicht zerstritten, aber es ist nicht mehr so, wie es einmal war. Du siehst also, die Dinge sind sehr kompliziert.«

Mittlerweile stand die Hochzeit von Darbon Jammeh mit dem Lehrer an. Er war ins Dorf gekommen und hatte um ihre Hand angehalten, und sie wollte demnächst zu ihm ziehen. Diese Neuigkeit hatte meine müßigen Spekulationen beendet, ob ich eine Affäre mit ihr beginnen sollte.

»Sei dir nicht so sicher«, meinte Yaya. »Sie zieht ja erst in einigen Wochen zu ihm.«

Aber immerhin wollte sie den Vater ihres dritten Kindes heiraten, einen Mann ihrer Wahl.

»Das spielt keine Rolle. Hier können wir unseren Partner noch so sehr lieben, das bedeutet nicht, daß wir nicht noch jemand anderen wollen. Auch wenn deine Frau dich von ganzem Herzen liebt, kann sie dich noch am Hochzeitstag mit einem anderen betrügen. Wenn sie unter den Gästen einen Mann sieht, für den sie etwas empfindet, hat sie Sex mit ihm, noch am gleichen Tag.«

Der Harmattan hatte eingesetzt. Er blies von Nordosten und erfüllte die Luft mit Wüstenstaub. Als die Mitglieder des Saniyoro Kafos auf ihrem Feld ankamen, um Erdnüsse zu ernten, lag noch immer ein nebelartiger Schleier über der Erde, und die Bäume und das nahe Dorf waren nur undeutliche, geisterhafte Silhouetten. Während der Arbeit drang die Sonne zwar durch den Dunst, aber die Menschen husteten unablässig und spuckten, wenn sie ihre Hacken in die trockene Erde schlugen und Staubwolken emporwirbelten, die sich auf Armen, Gesichtern und Haaren festsetzten.

»Jemand sollte zum Camp gehen und Marks Trommeln holen«, schlug Sona vor.

»Ich hole sie«, meinte Jarjei Sanyang. »Ich trommle die eine und Sona die andere.«

»Nein, laß es lieber sein«, wandte Nafi Saho ein. »Wir sind zu nahe beim Dorf, und wenn die Ältesten das hören, wird es ihnen nicht gefallen.«

»Ja«, sagte Senabu. »Dann gibt es einen Riesenkrach.«

»Na gut«, lenkte Sona ein. »Aber wenn wir fertig mit der Arbeit sind, begleiten wir Mark zu seinem Haus.«

»Wenn wir das tun, wird bestimmt auch getrommelt«, sagte Nafi.

»Sona und gewisse andere sind ganz schön hartnäckig, und eines ist sicher: Wenn sie die Trommeln sehen, dann wollen sie auch darauf spielen.«

»Nein, das stimmt nicht«, protestierte Sona. »Wir können doch Schüsseln nehmen wie bei der Party des Professors. Das war doch wunderbar.«

Während der Arbeit stritten sie sich unablässig darüber, wie viele Frauen in jeder Reihe stehen sollten, wer sich darauf beschränkte, die herabgefallenen Erdnüsse aufzuheben und zu essen, und ob einige früher aufhören durften, um nach Hause gehen und Essen kochen zu können. Jarra Njai war krank, deshalb trafen in ihrer Abwesenheit Fatounding und Nafi Saho gemeinsam die Entscheidungen.

In den Pausen zwischen den Streitereien sangen sie »Style«-Lieder. Das waren die Lieder, die anläßlich von Tänzen vorgetragen wurden, während die Trommler sich noch aufwärmten. Eine junge Frau trat dann aus der Menge, eine Hand in die Hüfte gestemmt, und gab eine Auswahl dieser Lieder zum besten, die einen satirischen und manchmal fast beleidigenden Kommentar zu aktuellen Ereignissen darstellten und sich manchmal sogar auf Anwesende bezogen. Häufig enthielten sie so abstruse Formulierungen, daß sie fast sinnlos erschienen. Aber wenn sie rhythmisch gut vorgetragen wurden, ließen sich die Zuhörer davon forttragen. Die Melodie dieser Lieder unterschied sich zwar von Gegend zu Gegend, doch der hohe Singsang, in dem sie erklangen, war immer der gleiche. Sie galten als die Lieder der jungen Frauen und spiegelten wider, was ihnen wichtig war: Liebe, Freundschaft, Treue, Tanzen und Kleider.

> »Ich saß an der weißen Teerstraße,
> Ein Taxi fuhr schnell an mir vorbei.
> Wenn du für hundert Dalasi einen Wickelrock kaufst,
> brauchst du noch eine goldene Kette dazu.
>
> Sibo Mariyama Djankeh – Wo!
> Mutter des zivilisierten Volkes.
> Die ›chinesische‹ Frau hat euch alle besiegt
> – im Spiel um die Schönheit.
>
> Ich sagte, Sibo Mariyama!
> Wenn sie es mir erlaubt,
> lasse ich mich mit ihr fotografieren.
>
> Ich werde den *venti latir* tanzen.
> Ich habe die Hüften geschwenkt, daß es mich fast
>   auseinanderriß.
> *Venti latir – Wo!*
> So tanze ich nicht noch einmal!

Mein Kassettenrekorder ist sehr groß!
Ich sagte dem Jungen, ich könne ihm nicht helfen,
aber immer wieder belästigt er mich.
Hey! sagte ich. Ich kann dir nicht helfen!«

Und nun gab es sogar ein Style-Lied über mich:

»*Tubabo Marky la be ke*
Koddo tang lulu nila mbe wola
Ning Marky se ta ya
Miro be nte sassa la.«

»Der Tubab Mark ist ein großer Mann.
Ich meine den, der fünfzig Dalasi verschenkt hat.
Wenn Mark uns eines Tages verläßt,
werden wir krank vor Sehnsucht nach ihm.«

Die Frauen traten leise ins Haus und setzten sich auf das Sofa, die
Stühle und Korbsessel. Alle Augen ruhten auf den Trommeln,
die mitten auf dem dunkelgrünen Teppich standen. Sie waren
gar nicht besonders groß, aber sie schienen eine besondere Macht
auf die Frauen auszuüben, als ginge eine unsichtbare magische
Kraft von ihnen aus, gegen die sie sich nicht wehren konnten.
Schließlich langte Sona nach vorne und klopfte leicht an den
Rand eines der Felle. Ein schwaches »Pang, pang, pang« ertönte
im Raum.
    »Bitte!« sagte Nafi Saho. »Wir sind zu nahe am Dorf. Die Leute
hören uns.«
    Sona zog sich zurück.
    Einige Minuten lang saßen wir betreten schweigend herum.
    »Kommt«, schlug Jarjei Sanyang vor. »Wir sind hergekom-
men, um zu tanzen. Laßt uns nicht länger Trübsal blasen.«
    »Ja«, stimmten die anderen zu. »Das Dorf ist weit weg. Sie hö-
ren uns bestimmt nicht.«
    Jarjei begann sich zu wiegen, ging mit schlurfenden Schritten
um die Frauen herum und klatschte verhalten dazu. Ich machte
mich in der Küche zu schaffen, um Wasser für meine Gäste zu
holen. Plötzlich hörte ich ein kräftiges Klatschen, das durch die
Fenster und über das Gehöft schallte.
    »Hurh!« sagte Fatounding. »Heute wird es sehr schön wer-
den.«

Sona, die am Rand des Kaffeetisches saß, ergriff die Baßtrommel, die *kutiriba*, hielt sie vorsichtig unter ihrem Arm und ließ ihre Finger leicht über das Fell gleiten. Dann klemmte sie sich das Instrument zwischen ihre Knie, so wie die Griots es taten. Jeynaba nahm die kleinere Trommel, das Kutir'ndingo, und begann mitzutrommeln.

Ich entdeckte ein Päckchen schwarzer Minzbonbons, die ich für Besucher besorgt hatte, und Ami Marong verteilte sie.

Beifallsrufe kamen von den Frauen, und Sona und Jeynaba, die bis dahin nur zaghaft auf die Trommeln geschlagen hatten, bearbeiteten die Felle nun heftiger. Bald wurde das Lehmziegelhaus bis in seine Grundfesten vom Stampfen der Frauen und ihrem brausenden Klatschen erschüttert, als eine nach der anderen in den Kreis sprang, um zu tanzen. Ein grauer Staubschleier stieg vom Teppich auf. Im Mittelpunkt von alledem standen stets die Trommeln, deren lärmendes Dröhnen durch das Haus und hinaus in das fahle Mittagslicht hallte.

Während in unserer Kultur die Trommeln hauptsächlich dazu dienen, eine Melodie zu begleiten, haben sie in Afrika eine Bedeutung, die nicht alleine mit dem Begriff Musik, wie wir ihn verstehen, zu erklären ist. Der Rhythmus der Trommeln steht in unmittelbarer Beziehung zu Ritualen und Ereignissen im menschlichen Leben. Und so wie diese Ereignisse gehorchen auch die Abläufe beim Trommeln genau vorgegebenen Regeln. Zwei Rhythmen, die sich für einen Europäer durchaus vergleichbar anhören, können für einen Afrikaner so verschieden sein wie ein deutlich ausgesprochener Satz von unverständlichem Kauderwelsch. Wenn ein Rhythmus nicht aus seinem traditionellen Kulturkreis stammt, kann er häufig gar nichts mit ihm anfangen.

Es gab Rhythmen für Männer und Rhythmen für Frauen. Selbstverständlich waren sie verschieden. Yaya Bojang schlug leicht an den Rand des Felles. Dann drückte er einen Zeigefinger auf die Mitte des Fells, um den Ton abzuflachen, während er mit der anderen Hand sein Spiel am Rand fortsetzte. Er wurde schneller, bis er einen unablässigen und gleichförmigen Strom von Klängen erzeugte.

»So trommeln sie den *kumpo*. Das ist ein Tanz der Jolas, bei dem ein Blätterkostüm getragen wird.«

Bei seinem Tempo konnte ich kaum erkennen, welcher Trommeltechnik er sich bediente. Ich schlug zweimal leicht mit einer

Hand auf das Fell, dann einmal mit dem Zeigefinger der anderen. Ich steigerte die Geschwindigkeit. Es hörte sich nicht schlecht an. »Nein, nein«, wehrte Yaya ab. »Du trommelst wie die Frauen, wenn sie im Busch sind.«

Meine ersten Trommelversuche hatte ich mit Fabakary Manneh unternommen. Wir waren dazu in den großen, kühlen Raum, den Helene und der Professor als Schlafzimmer benutzt hatten, gegangen und hatten Fenster und Türen geschlossen, weil man mich gewarnt hatte, daß die Dorfbewohner die Felle zerreißen würden, wenn sie davon erfuhren.

Faks erklärte mir den Rhythmus sehr genau. »Nicht so, so und so. Zweimal mit der linken Hand, einmal mit der rechten, dann wieder zweimal mit der linken.« Sobald ich meine Geschwindigkeit steigerte, brachte ich die Reihenfolge durcheinander. Ich mußte deshalb so lange üben, bis sich meine Arme wie von alleine bewegten, erst dann konnte ich schneller werden. Faks sah mir zu und wartete, bis er davon überzeugt war, daß ich den Rhythmus beherrschte, und dann begann er Gegenrhythmen vorzugeben, scheinbar wie zufällig, aber mit beträchtlicher Kraft und Energie. Er spielte auf dem Kutir'ndingo, der kleinen Diskanttrommel, die so stark gespannt war, daß sie fast metallisch hart klang. In dem großen leeren Raum ertönte sie unglaublich laut – als brause ein Zug mitten durch das Zimmer. Nach einer gewissen Zeit stellte ich fest, daß ich etwas anders schlug als vorher. Hatte ich, ohne es zu bemerken, den Rhythmus verändert, oder reagierte mein Ohr einfach anders? Es war, als befände ich mich in einem rhythmischen Grundmuster, in dem sich immer neue Türen auftaten. Wie auch immer, das Gesamtschema behielt ich bei, und die Lautstärke steigerte sich mit der Geschwindigkeit. Ich war überzeugt davon, daß man uns meilenweit hören konnte. Ich saß gegenüber der Tür und sah vor meinem geistigen Auge schon, wie sie aufflog und mit Äxten bewaffnete Dorfbewohner hereinstürzten. Zum Schluß gab Faks mir ein Zeichen, und wir taten gemeinsam den letzten Schlag. Dann fielen wir erschöpft zurück.

»Hundert Prozent«, sagte Faks anerkennend. »So trommeln die Jungen, wenn sie zur Beschneidung gehen.«

»Tanzen sie auch dazu?«

»Natürlich.«

»Wie tanzen sie?«

»Irgendwie. Sie springen einfach. Sie schlagen Tag und Nacht die Trommeln. Man bekommt bestimmte Rhythmen gezeigt, wenn man dort ist. Dann wird man aufgefordert zu trommeln. Wenn man es nicht kann, setzt es Schläge. Deshalb beherrscht jeder Afrikaner die Trommel zumindest bis zu einem gewissen Grad.«

Ich hielt den Atem an und war gespannt, ob er mir noch mehr erzählen würde. Doch ich wurde enttäuscht.

»Am letzten Tag der Beschneidungsriten haben wir ein Gebet gesprochen, in dem es hieß, daß jeder, der etwas über die Zeremonie weitererzählt, sterben muß. Ich glaube also nicht, daß ich dir noch mehr dazu sagen darf.«

Neue Beamte waren ins Dorf gekommen. Sie unterschieden sich in einigem von denen, die ich schon kennengelernt hatte. Father J zum Beispiel war ein großer, selbstbewußter junger Mann in meinem Alter, der aus der Königsfamilie der Nyumi vom Nordufer des Gambia stammte. Er sprach ein weit besseres Englisch als alle anderen Beamten, und ich fand heraus, daß schon sein Vater eine englische Ausbildung genossen hatte.

Sein Freund Pa Konte war etwas älter und kleiner, aber ebenfalls gutaussehend. Er war ein außergewöhnlich stolzer und sehr temperamentvoller Mensch – er behauptete, einmal habe er in einem Anfall von Gereiztheit einem Mann ins Bein geschossen. Er gehörte zu den Bambaras, einem heidnischen Zweig der Familie Manding, der hauptsächlich in Mali lebte. Doch aufgewachsen war er bei den Mandingos in Fonyi. Er verstehe viel von den europäischen Frauen, so behauptete er, weil er sechs Jahre mit einer Amerikanerin, einer Freiwilligen im Friedenskorps, zusammengelebt habe. Wir wurden sofort enge Freunde.

Die Neuankömmlinge sollten einige Tests beim ITC-Vieh durchführen. Damit sie den knochigen Tieren im Busch folgen konnten, waren sie mit Motorrädern ausgestattet worden. Das gesamte MRC-Personal beneidete sie glühend um diese Maschinen. Die Männer übertrafen einander im Erfinden aller erdenklichen Gründe, um sie auszuleihen und dann mit wahnsinniger Geschwindigkeit durch die Gegend zu rasen.

Überall lagen tote junge Kröten. Auf den Pfaden stieß man auf ihre vertrockneten Leiber – manche noch in Verteidigungshaltung erstarrt, andere sahen aus, als wären sie mitten im Sprung erstarrt. Doch viele überlebten, und allnächtlich nahmen sie ihre massenhaften Quaksymphonien auf. Morgens aber lagen unweigerlich wieder steife Körper auf dem Wohnzimmerteppich und im Badezimmer.

Mit dem frisch geernteten Reis waren Unmengen kleiner dreieckiger Insekten gekommen, *funkwinero* genannt. Sie richteten keinen Schaden an, sondern ließen sich einfach auf den eingebrachten Garben nieder und überzogen diese und die Balken der umgebenden Gebäude so dicht wie ein Mantel. Wenn überhaupt, dann wurde man sie nur durch Ausräucherung wieder los, aber das mußte sehr vorsichtig geschehen. Vor kurzem hatte bei so einer Aktion das strohgedeckte Dach von Jarra Njais Kochhütte Feuer gefangen, und nun ragten nur noch verkohlte Balken in den blassen Himmel.

»Seit wir bei Mark waren, habe ich die Jungen jeden Nachmittag in der Schule trommeln gehört«, sagte Senabu.

»Bald dürfen wir auch im Dorf trommeln«, meinte Mokuta.

»Immerhin steht die Schule ja mittendrin, und die Ältesten haben sich nicht gerührt, obwohl wir nicht zu überhören waren.«

»Als wir bei Mark anfingen zu trommeln, hatten wir große Angst, daß sie vor der Tür stehen und es uns verbieten würden. Aber sie kamen nicht.«

»Bei Mark kann man trommeln, ohne daß es gleich jeder mitbekommt. Nicht einmal im Quartier hört man dich.«

Frühmorgens am sechsten Tag nach der Erdnußernte traf sich das Saniyoro Kafo, um die getrockneten Pflanzen einzusammeln. Sie wurden von den älteren Mitgliedern auf Haufen getragen, und die jüngeren transportierten diese dann in den größten Schüsseln, die sie auftreiben konnten, auf die andere Seite des Feldes, wo ein riesiger grauer Berg daraus aufgehäuft wurde. Als die Frauen damit fertig waren, setzten sie sich unter einen Baum und besprachen die weiteren Aufgaben des Kafos.

Momodou Sanyang und Jarra Njais Mann Kemoring wollten beide das Kafo beauftragen, ihre Erdnüsse zu dreschen. Jeder hatte der Gruppe zum Beweis für die Ernsthaftigkeit des Angebots schwarze Minzbonbons geschickt. Balamin Sise und Luntang Bel, der Ladenbesitzer, wollten aber ebenfalls, daß die Gruppe ihnen half. Und außerdem verlangte der Besitzer des Bullen, mit dem sie das Sesamfeld gepflügt hatten, daß sie auf seinem Feld arbeiteten.

Auf einmal redeten alle gleichzeitig. Jede sagte das, was ihr gerade in den Sinn kam, und keine hörte der anderen auch nur einen

Augenblick zu. Jeynaba beteuerte, sie könne nicht noch mehr Arbeiten im Kafo übernehmen, weil ihr Mann nun beim ITC beschäftigt sei und sie deshalb neben ihrem eigenen auch noch sein Feld bewirtschaften müsse. Ami Marong sagte, sie dürften niemanden bevorzugen. »Entweder wir nehmen alle oder keinen. Aber wir dürfen nicht zu dem einen ja und zum anderen nein sagen.«

»Was das Feld von Jarra Njais Mann angeht, richten wir uns nach dem Beschluß des Kafos. Wenn das Kafo nein sagt, gehen wir nicht hin.«

»Es ist unfair, Kemorings Erdnüsse zu übernehmen, wenn wir den anderen nicht auch dreschen helfen«, ertönte eine andere Stimme.

»In der Regenzeit haben wir Kemoring geholfen, sein Erdnußfeld zu jäten«, sagte Menata. »Das waren wir ihm einfach schuldig. Kemoring ist mit unserem Kafo sehr verbunden.«

»Bevor wir gehen, sollten wir noch einen Termin festsetzen, um dem Besitzer des Bullen zu helfen«, meinte Fatounding. »Er wollte nichts dafür haben, als er uns sein Tier geliehen hat. Wir müssen ihm also helfen, denn Gutes muß mit Gutem vergolten werden.«

»Ja, alle anderen können wir vergessen, außer diesem.«

»Dann bring also die Minzbonbons zu Kemoring zurück und sag ihm, wir können sie nicht annehmen.«

»Und sag ihm auch gleich, welche Schande wir über unser Kafo gebracht haben«, fiel Jarjei ein. »Nachdem er uns seinen Jungen geschickt und dieser einen ganzen Tag lang unser Feld gepflügt hat, weil er dachte, wir würden ihm dafür auch wieder helfen.«

»Ich sage gar nichts dazu«, entgegnete Jarra Njai. »Wenn das Kafo beschließt, meinem Mann die Bonbons zurückzuschicken, dann soll es so sein. Aber niemand sollte vergessen, wie sehr Kemoring uns geholfen hat.«

Es gab Frauen, die schon viele Totgeburten gehabt hatten oder deren Kinder bald nach der Geburt gestorben waren. Andere wurden nicht schwanger. Diese hatten den festen Glauben, daß sie sich besonders schamlos benehmen mußten, so als gehe ihnen jeglicher Stolz ab, damit Gott ihnen zu einem Kind verhalf. Dies wurde *kanyelengya* genannt. Eine richtige *kanyeleng*-Frau, so hieß es, zeigte sich ganz ungeniert, sogar nackt in der Öffentlichkeit.

In Dulaba gab es einige Kafos mit Kanyeleng-Frauen, von denen das Kurung Kafo mit einer Gruppe von Frauen Anfang Vierzig am bekanntesten war. Ihre Führerin hieß Safi Mama Sise, eine kleine, untersetzte Frau, die im Gehöft Kafuli Kunda mit einem Mann verheiratet war, der ein Bruder von Jarra Njai und Fatoundings Ehemann war. Sie gehörte zu den bemerkenswertesten Persönlichkeiten unter den Frauen, nicht weil ihr Mann ein Minte war, was ihr den Anspruch auf die Führerposition verlieh, sondern weil sie am härtesten arbeitete, am meisten redete und am lautesten lachte. Sie selbst nannte sich eine *jaliba* (eine Griot) und eine *fangbondi* – eine Jaliba, weil sie bei den Hochzeitszeremonien die Vorsängerin war, und eine Fangbondi, weil sie manchmal uneingeladen Veranstaltungen besuchte und dort das Wort ergriff. Mit »Fangbondi« war ein Dämon gemeint, der den Jungen während ihrer Beschneidung erschien und dessen Name soviel bedeutete wie: »jemand, der von alleine wieder verschwindet«.

Daoudas erste Frau, Sirrah Bajie, war sechs Jahre lang kinderlos geblieben. Ndey-Touti, seine zweite Frau, war vier Jahre jünger und hatte schon einen Sohn. Da Sirrahs Schwangerschaften stets mit einer Fehlgeburt endeten, hatte sie sich an das Kurung Kafo gewandt. Die Frauen gaben ihr daraufhin Safi Mamas Wickelrock und ihren Be-cho, den Unterrock, zum Tragen, weil Safi Mama zehn Kinder geboren hatte, von denen die meisten noch lebten. Und als das Kafo auf Sirrahs Erdnußfeld arbeitete, kochte sie für die Frauen, und diese wiederum beteten für sie. Jetzt war Sirrah stolze Mutter von zwei kräftigen, gesunden Töchtern. Obwohl die Kanyeleng-Frauen viel älter waren, blieb Sirrah trotzdem aus Dankbarkeit bei ihnen.

»Auf das Essen haben sie es abgesehen«, sagte Yaya Bojang. »Darüber reden sie und darüber singen sie. Wenn du sie nicht freiwillig bekochst, bedienen sie sich einfach selbst. Sie kommen in deine Küche, schnappen sich die Lebensmittel, und du kannst nichts dagegen tun. Du siehst sie immer nur zusammen. Wenn sie etwas in Erfahrung bringen, wovon sie profitieren könnten, dann erzählen sie es in Windeseile weiter. Wenn sie zum Beispiel glauben, daß du dich für sie interessierst, besuchen sie dich alle zusammen, um herauszufinden, was es bei dir zu holen gibt. Und wenn du sie einlädst, gehen sie immer davon aus, daß es auch Essen gibt. Außerdem stehlen sie, aber nur Kleinigkeiten.«

Die Frauen waren nicht alle unverschämt, sondern es war eher eine Art Gruppenzwang, aus dem sie nichtsdestoweniger ihren

Nutzen zogen. Andere wiederum blieben Kanyeleng-Frauen, obwohl sie schon viele Kinder geboren hatten, einfach nur, weil es ihnen gefiel.

Vor kurzem hatte Mabintu, die bis zum Alter von etwa vierzig Jahren nie schwanger geworden war, einen Sohn zur Welt gebracht. Dieses Kind wurde von den Frauen sehr verehrt, und sie nannten ihn Saibeto, »den, der Gott folgt«.

Überhaupt wohnten viele Menschen mit sehr ungewöhnlichen Beinamen im Dorf. Ein Ältester, der Vorstand eines der größten Gehöfte, wurde stets Fadyeiko genannt, obwohl er eigentlich Lamin Sise hieß. Seine Mutter hatte vor seiner Geburt viele Kinder verloren, und nachdem ihm sein offizieller Name verliehen worden war, veranstaltete sie eine gesonderte Feier für ihr Kafo, bei der sie ihm den Namen Fadyeiko gab. Der Name war von den Buschpavianen abgeleitet, weil es hieß, daß die Schwangerschaft eines Pavians immer erfolgreich verlaufe. Er bedeutete deshalb in ihrer Tradition, daß Gott Gnade walten ließ. Fadyeikos Mutter bekam keine weiteren Kinder mehr, aber man glaubte, daß das hohe Alter ihres Sohnes nur auf ebendiesen Namen zurückzuführen sei.

Ein Streit bahnte sich zwischen den Kafos Saniyoro und Kurung an. Die Kafos trafen Vorbereitungen, um gemeinsam die Erdnüsse der Männer zu dreschen, die ihnen die Bullen zum Pflügen des Sesamfeldes geliehen hatten. Laut Fatounding hatte jemand aus dem Kurung Kafo gesagt, mit den Frauen vom Saniyoro Kafo wollten sie nicht zusammenarbeiten, weil viele so unverschämt seien. Mr. Manneh, der landwirtschaftliche Regierungsbeauftragte, hatte mit Bestrafung gedroht, als ihm zu Ohren gekommen war, daß die beiden Gruppen nicht zusammenarbeiten wollten.

Im Saniyoro Kafo brodelte es. Die Frauen sagten, ein Beamter habe seine Nase aus solchen Dorfstreitigkeiten herauszuhalten, und außerdem müßten die Beleidigungen des Kurung Kafos gerächt werden. Schließlich jedoch faßten sie den Beschluß, den »alten Frauen« zu helfen, denn letztendlich seien sie ja nur eifersüchtig, weil ich ihnen und keiner anderen Gruppe Geld geschenkt hatte, und außerdem hätten diese alten Frauen keinen Funken Selbstachtung. Als einzelne Kafo-Mitglieder wollten sie sich nicht zu Gehässigkeiten hinreißen lassen, da im Kurung Kafo auch ihre Schwestern, Mütter, Tanten und Nebenfrauen vertreten waren.

Aber als Gruppen waren sie nun verfeindet, und sie warteten nur auf eine Gelegenheit zur Rache.

Als ich Mr. Manneh und Safi Mama dazu befragte, stritten sie zuerst alles ab. Manchmal drängte sich mir der Gedanke auf, die Frauen legten es auf diese Palaver absichtlich an, um sich schlicht und ergreifend die langen Nachmittage während der Arbeit zu vertreiben. Trotzdem war die Haltung der Jüngeren zu den Älteren bemerkenswert neurotisch. Ein junger Mensch durfte einem älteren nie widersprechen – selbst wenn der Unterschied nur zwei oder drei Jahre betrug –, und ein älterer mußte eine gewisse Würde vor der Jugend zur Schau tragen. So war es immer ein wenig merkwürdig, wenn Angehörige verschiedener Altersgruppen zusammenkamen, und bezeichnenderweise blieben sie auch am liebsten unter sich. Es ging eigentlich immer schief, wenn jüngere mit älteren irgendeinen Wettstreit ausfochten, wie etwa das Fußballspiel, zu dem die jungen Männer, die eine Schule außerhalb des Dorfes besuchten, in ihren Ferien die Beamten herausforderten. Es entwickelten sich jedesmal regelrechte Kämpfe, weil die Jungen die Schande nicht ertragen konnten, gegen die älteren zu verlieren.

Als ich das Gehöft von Safi Mama verließ, bildete ich mir ein, ein ganz leichtes Schmunzeln in ihren Mundwinkeln zu entdecken. Vielleicht war das Ganze ja auch nur einer ihrer Späße, den sie diesmal allerdings ein wenig zu weit getrieben hatte.

Ein großer, roter Mond ging über einem purpurfarbenen Staubschleier auf. Kurz nach Mitternacht begann mitten auf der Dorfstraße ein Ringwettkampf für Jungen.

Jede Runde begann damit, daß die beiden Ringer sich um die Taille packten. Dann ging es nur noch darum, den Gegner zu Boden zu zwingen, was im Fall der Kinder bedeutete, ihn umzustoßen. Der kleine Kreis der Zuschauer und Möchtegern-Champions auf der Straße war ständig in Bewegung, um den Ringern auszuweichen, die sich so lange hin und her stießen, bis einer unter dem wilden Angriff seines Gegners nachgab. Aus der Vogelperspektive mußte das Bild dieses Wettkampfes an eine Amöbe erinnern, die immer wieder ihre Umrisse veränderte.

Eine Gruppe junger Männer, darunter auch Momodou Minte, Sullu Sise und Sambujang Samate, alle Mitte bis Ende Zwanzig, versuchten, einen Anschein von Ordnung aufrechtzuerhalten. Sambujang Samate besaß einen ungewöhnlich durchtrainierten

Körper und hatte schon Berühmtheit als Ringer erlangt, doch dann hatte sein Bruder ihm befohlen aufzuhören. Einmal lud er mich zu einem Spaziergang in den Busch ein. In der Annahme, es handle sich einfach um einen kurzen Gang, war ich losgelaufen und am Abend, nach siebzehn Meilen durch die Tageshitze, mit blutenden Füßen zurückgekommen. Sambujang hatte ein wenig über Müdigkeit geklagt und sich dann lässig verabschiedet, um zum Fußballspielen zu gehen. Er sprach wenig Englisch, hatte aber den brennenden Wunsch, einmal nach Europa zu reisen. Im Gegensatz zu den Beamten wollte er nicht mit dem Flugzeug und über ein Stipendium dorthingelangen, sondern auf dem Landweg, über Libyen – er wollte »sich durchkämpfen«, wie er es nannte. Am heutigen Abend führte er eigentlich die Aufsicht, aber er schien in anderen Sphären zu schweben. Er hielt ein Radio an sein Ohr, drehte an den Knöpfen und versuchte vergeblich, einen Sender einzustellen. »In Europa sitzen sie alle beim Kaffeetrinken«, sagte er mir. »Hier machen wir Ringkämpfe. So sind eben die Unterschiede.«

Im Norden und Westen des Dorfes lagen die Erdnußsträucher in verschiedenen Stadien der Verarbeitung auf den Dreschplätzen. Einige Haufen waren noch unberührt, mit Polyäthylen bedeckt oder von Maschendraht umzäunt, um die gefräßigen Schafe, Ziegen und Esel fernzuhalten. Andere waren halb gedroschen und lagen in einem wilden Durcheinander da, als hätte ein Betrunkener den riesigen grauen Berg verwüstet. An anderen Stellen mußten nur noch die Erdnüsse von der Spreu getrennt werden. Dazu grub man einen langen gegabelten Ast in den Dreschplatz, so daß ein hoher Sitz entstand. Hier hockte der Besitzer des Feldes und schüttelte die Nüsse, die seine Frauen und Söhne zuvor in Körbe gesammelt hatten, so daß der Wind die Spreu fortwehte.

Es war eine Zeit harter Arbeit, denn die Nüsse mußten so schnell wie nur möglich in die Säcke gepackt werden, bevor sie den Tieren zum Fraß fielen. Es war aber auch eine glückliche Zeit. Der Regen war gut gewesen, und die Menschen hatten den Lohn ihrer monatelangen harten Arbeit vor Augen. Je mehr sich diese Jahreszeit ihrem Ende zuneigte, desto ausgelassener wurde die Stimmung unter den Menschen. Jeden Abend wurde in einem der umliegenden Dörfer getrommelt, oder es fanden Discos oder Ringwettkämpfe statt. Auch im Busch, wo die Frauen-Kafos sich zur

Arbeit zusammenfanden, nahm das Singen und Tanzen und Lachen gar kein Ende mehr.

Am Sonntag hielt eine der einflußreichsten Familien in Karafa Kunda eine Namengebungszeremonie ab, und viele Mitglieder des Saniyoro Kafo waren hingegangen. Am nächsten Tag waren die meisten noch nicht zurückgekehrt, weil in Kulli Kunda und Joli weitere Feste stattfanden. Die Feier in Joli versprach besonders üppig zu werden, weil das Kind der erste männliche Nachkomme einer der wichtigsten Familien des Dorfes war. Die Großmutter des Kindes war ein Mitglied des Kurung Kafos von Joli, so daß das Kurung Kafo von Dulaba es sich nicht nehmen ließ, in fast vollständiger Besetzung zu erscheinen.

An jenem Abend schloß ich mich den Beamten an, weil ich die Darbietung von Massamba und seiner Gruppe auf dem Platz vor der Moschee in Joli sehen wollte. Die Nächte wurden schon sehr kühl, aber ein Mädchen gab mir einen Wickelrock, den ich mir um die Schultern legte.

Der Tanz begann eigentlich so richtig erst in den frühen Morgenstunden. Im Licht der Sturmlampe glänzten die Gestalten der Frauen, die auf die Trommler zurannten und sich erst im allerletzten Moment um ihre Achse drehten und zu tanzen begannen. Dies war es, was sie mehr als alles andere liebten – das Extreme an dieser totalen körperlichen Verausgabung, die wilde, ekstatische Entfesselung ihrer Kräfte, die jeden Muskel und das letzte Fünkchen Energie beanspruchten. Die Frauen konnten gar nicht anders als den Rhythmus, das Trommeln auf dem straffen, erwärmten Fell aufzunehmen, und ihr frenetisches Zucken war eine unwillkürliche und gleichzeitig wohltuende Reaktion darauf.

Sie nannten es *dia* – Süße –, und je länger sie tanzten, desto süßer wurde es. Sobald aber eine Frau länger als etwa eine Minute tanzte, ergriffen ihre Freundinnen sie lachend und zogen sie aus dem Kreis. »Ich ging zu einem Fest«, so lautete eines ihrer Lieder, »und habe mich so vergnügt, daß ich vor Freude fast gestorben wäre.«

Plötzlich erschien das Mädchen, das mir den Wickelrock geliehen hatte, und legte mir ihr Tiko um den Hals. Aus der Menge ertönte ein zustimmendes Johlen.

»Komm schon!« forderte mich Yaya Bojang auf. »Du mußt tanzen. Wer das Tiko trägt, der *muß* tanzen!«

Ich versuchte, es wegzuziehen, aber Hände streckten sich aus, um es mir wieder umzulegen und sogar noch weitere Tücher umzuhängen. Ich kann mich nur noch daran erinnern, daß ich irgendwann wie ein Hanswurst im Schein einer Sturmlampe stand, und die Trommeln, der wilde Schall der Pfeife und das zu einem Crescendo anschwellende Klatschen der Frauen drangen auf mich ein. Ich begann zu tanzen – stampfte verzweifelt auf den harten Boden, schleuderte meine Arme, die Frauen nachahmend, in die Luft. Meine Bewegungen konnten dem viel zu schnellen Rhythmus nicht folgen, aber ich fühlte mich doch völlig verausgabt, als ich unter dem Geschrei und Gejohle der Menge aus dem Kreis stolperte. Ich hatte das Gefühl, als wäre all mein Blut in Füße und Hände geschossen. Dabei war ich trotzdem merkwürdig erregt, sogar bereit, es erneut zu versuchen.

Yaya Bojang drückte meine Hand, als ich das zweite Mal aus dem Ring taumelte. »Gut gemacht«, meinte er. »Dein zweiter Versuch war ganz *eindeutig* besser als der erste.«

Als ich nach Hause kam, stopfte ich alles in mich hinein, was ich im Kühlschrank finden konnte, und fiel mit einem seltsam glücklichen Gefühl ins Bett.

An jenem Tag hatten die Frauen, die nicht zum Fest gegangen waren, die Erdnüsse des Mannes gedroschen, der ihnen den ersten Bullen zum Pflügen des Sesamfeldes geliehen hatte. Am Tag darauf zogen dann diejenigen Frauen, die nach Joli gegangen waren, auf das Feld des Besitzers des anderen Bullen. Frauen aus allen Kafos waren dort vertreten, wobei die Mitglieder des Kurung Kafos leicht an ihren Ketten aus roten, gelben und blauen Plastikperlen sowie an ihren Pfeifen, die sie beim ersten Anzeichen nachlassender Arbeitsmoral einsetzten, zu erkennen waren. Zwar drang die Sonne nicht durch, aber die Luft war schwül und die Arbeit unangenehm und chaotisch, weil die Frauen der verschiedenen Kafos um ihre Positionen an den großen Bergen aus Wurzeln und Nüssen rangelten, auf die sie mit langen, pickelähnlichen Stöcken einschlugen. Die Luft erbebte von ihrem Lärm und dem Krachen der Erdnußwurzeln, die unter den Schlägen zerbarsten. Alle husteten, rümpften die Nasen und kniffen die Augen zusammen zum Schutz gegen die aufsteigenden Staubwolken. Etwas weiter von diesem Kreis entfernt saßen andere Frauen und siebten die Spreu aus. Einige begannen zu singen, um ein besseres Gemeinschaftsgefühl zu schaffen, aber der Haufen war so groß, daß die eine Seite nicht hörte, was die andere gerade sang.

Nachdem etwa die Hälfte des Nachmittags so vergangen war,

wurde eine Pause zum Essen eingelegt, und die Frauen saßen in ihren Gruppen um große Schüsseln mit Brei und Futo.

Die Mitglieder des Kurung Kafos hatten ihre Tikos abgelegt und wanderten mit breiverschmierten Gesichtern unter den Essenden umher. Im Weitergehen sangen sie und tauchten ihre Hände in die Schüsseln der anderen Kafos, manche häuften sich das feuchte Futo sogar in die Taschen ihrer Blusen.

Bald waren wieder alle bei der Arbeit, und die Pfeifentöne erklangen immer schriller und durchdringender von der Seite des Haufens, an der das Kurung Kafo arbeitete.

»Heh, bitte«, sagte eine Frau namens Nyiranding, ein Mitglied des Sembendo Kafo. »Wir haben beschlossen, daß heute niemand singt, weil wir zu viele sind.«

»Ja«, bekräftigte eine andere Frau. »Bitte stört uns nicht, ihr Kanyeleng-Frauen. Wir haben schon vorher abgemacht, daß wir nicht singen.«

»Wir haben aber das Recht dazu«, entgegnete Jongkong, die Gunjur genannt wurde und zu den Führerinnen des Kurung Kafos gehörte. Sie war eine kleine, dicke Frau von pechschwarzer Hautfarbe und mit Safi Mama eng befreundet. »Wißt ihr nicht, daß es niemals ruhig sein darf, wenn Kanyeleng-Frauen dabei sind?« Und sie stand auf und blies der anderen Frau mit ihrer Pfeife ins Gesicht.

Bald darauf war ein handfester Streit im Gange, und keine der beiden Frauen wollte nachgeben. Safi Mama, die bis dahin ruhig über den Erdnüssen gearbeitet hatte, eilte zwischen die beiden.

»Kommt schon«, sagte sie. »Setzt euch wieder. Wenn ihr weiterstreitet, werden die Leute sagen, das Kurung Kafo ist nur hierhergekommen, um Ärger zu machen.«

»Immer wenn wir dieses Kafo treffen, gibt es Streit«, behauptete Gunjur. »Die Ältesten haben gesagt, wir sollen zusammenarbeiten und aufeinander hören. Aber das scheint dem anderen Kafo wohl unbekannt zu sein. Sie sind nur hier, um zu streiten.«

»Nun laß das doch. Bitte, Gunjur. Es kommt nichts Gutes dabei heraus. Hier sind eine Menge Leute.«

»Ja, Gunjur, du bist die Führerin. Vergib mir!«

»Nein. Ich werde dir niemals vergeben.«

»Nichts als Ärger hat man mit diesem Kafo«, sagte Nyiranding.

»Ihr habt gesagt, wir wären hoffnungslos. Dann überlaßt uns doch unserer Hoffnungslosigkeit.«

»Hör auf«, sagte ihre Begleiterin. »Es ist erledigt.«

»Laßt uns jetzt tanzen!«

»Ja«, sagte Gunjur. »Wir müssen immer tanzen. Das ist unsere Pflicht. Singen, Tanzen, Klatschen, Pfeifen – alles, was die anderen zum Lachen bringt.«

Sobald sie mit dem Dreschen fertig waren, packten die Frauen vom Kurung Kafo ihre Stöcke zusammen und nahmen den nächsten Haufen in Angriff, und die zurückgebliebenen Frauen konnten die Wurzeln in relativer Ruhe aussortieren. Beim zweiten Haufen ging die Arbeit unter lärmendem Gesang schnell voran. Im letzten Licht der untergehenden Sonne schimmerte blaßgolden der Staub. Safi Mama übernahm die Führung, stolzierte langsam mitten in den Haufen von Erdnüssen und abgebrochenen Wurzeln.

»Die Dorfbewohner haben versucht, uns Einhalt zu gebieten –

Aber es gelang ihnen nicht!«

»*Hey*!«, sangen die anderen Frauen.

»Das ganze Land hat versucht, uns Einhalt zu gebieten –

Aber es gelang ihnen nicht!«

»*Hey – Hey – Hey*!«

»Sogar Sir Daouda Kairaba Jawara hat versucht, uns Einhalt zu gebieten –

Aber selbst ihm gelang es nicht!

Sie werden es weiter versuchen, aber ohne Erfolg!

Weil dieses Kafo tut, was es für richtig hält.«

Die anderen Mitglieder des Kafos versammelten sich um sie und schwangen ihre Dreschstöcke. Manche hoben Erdnußbüschel auf und streckten sie wie Lorbeerkränze in die Luft, während die ganze Gruppe würdevoll um den Haufen schritt. Als sie begannen, ihre Körper im Rhythmus des Liedes zu wiegen, stießen die Zuschauer übermütige Schreie aus. Mittendrin setzte Safi Mama ihre Erzählung mit demselben mühelosen, genüßlichen Vergnügen fort, mit dem sie alles in ihrem Leben tat.

»Wenn du es mir gibst – ich schäme mich nicht.

Wenn du mich zur Führerin machst – ich habe keine Angst.

Also hab keine Angst, schäme dich nicht – gib es mir.
Denn ohne Führerin kommt dieses Kafo nicht vorwärts!
Wir sind die größten – wir kennen keine Angst.
Ihr, die ihr vornehmer seid – vor euch haben wir keine Angst.
Und wir wissen nicht, was Müdigkeit bedeutet!
Ich bete für das zukünftige Wohlergehen dieses Kafos!
Kommt, laßt uns gemeinsam weitergehen!«

Obwohl die Gruppe so groß war, kam ein Gefühl herzlicher Wärme und tiefer Vertrautheit auf. Safi war eine Frau, die es verstand, Menschen auf diese Weise einander näherzubringen – ebenso wie sie ihre Faust einsetzen konnte, wenn jemand sie ärgerte, selbst wenn es eine Frau aus ihrer eigenen Altersgruppe war. Sie war eine noch großartigere Führerin als Jarra Njai. Ihr Charisma war um so beeindruckender, als es ihr selbst überhaupt nicht bewußt schien. Es hielt sie nicht davon ab, sich unter die Menge zu mischen, wenn ihr gerade danach war.

Diejenigen, die Münzen dabeihatten, traten vor und legten sie in ihre Hand. »*Nimbara!*« riefen sie.

»*Nimbara!*« gab sie zurück und rief die Nachnamen der Spenderinnen im Lied.

Sie hatten schon sechs Jahre bei ihren Ehemännern gewohnt, als sie beschlossen, ein Kanyeleng-Kafo zu gründen. Weil so viele ihrer Kinder starben, hatten sie eine Versammlung abgehalten und beschlossen, den Weg des Gebets einzuschlagen, zu dem schon ihre Mütter Zuflucht genommen hatten. Ein Mensch hatte viele Möglichkeiten, zu Gott zu beten: Er wiederholte die Worte Gottes, oder er las den Koran. Ein Gebet konnte sogar daraus bestehen, zu singen und zu tanzen und sich Brei über das Gesicht zu schmieren – alles war Teil des Gebets.

Die Frauen nannten ihr Kafo Kurung – die Verrückten. Sie stahlen und nahmen das immer auch gleich als Anlaß zum Tanzen. Wenn sie etwas Eßbares stahlen, klatschten und sangen sie während des Essens, aber nicht, weil sie verrückt oder dumm waren, sondern weil sie auf diese Weise Gott anflehten, er möge die schwangeren Frauen in Frieden entbinden und ihre Kinder leben lassen.

Ihre Gebete waren erhört worden, denn inzwischen gab es viele Kinder in ihrem Kafo. Nichtsdestoweniger setzten sie ihre Aktivitäten für die jüngeren Frauen fort, die sich mit ihren Anliegen an das Kafo wandten. Sirrah Bajie und viele andere, denen sie geholfen hatten, lebten nun in Frieden. Manlafi Darbo, die Frau des MRC-Mitarbeiters Seikoubah Sanneh, trug gerade den Wickelrock von Kungkung, einer Kafo-Ältesten. Sie war zwar noch nicht schwanger, aber alle waren überzeugt davon, daß sie es demnächst sein würde.

Auch Gunjur war lange Zeit nicht schwanger geworden, nicht einmal, als sie schon zu ihrem Ehemann gezogen war. Deshalb hatte ihre Mutter sie zum Kanyeleng-Kafo gebracht. Die Frauen hatten alles für sie getan und ihr den Namen Gunjur gegeben – bisher ohne Erfolg.

Doch die Kafo-Mitglieder machten sich darüber keine Sorgen, es überraschte sie nicht einmal. Ob Gott ihre Gebete erhörte oder nicht, lag in Seinem Ermessen. Und was Er gab, konnte Er auch wieder nehmen. Ihm das zu verübeln, wäre eine Sünde gewesen.

An jenem Abend saß ich auf der Veranda des Quartiers und hörte ein Klatschen, so schwach, daß man es nur mit gespitzten Ohren wahrnehmen konnte. »Ein Tanz«, erklärte Jori Sanyang. »In Sanyang Kunda.«

In einer dunklen Ecke des großen Gehöfts wurde eine Kalebasse gegen den Rand eines Mörsers geschlagen, und inmitten einer kleinen Gruppe erkannte ich den muskulösen Körper von Jarjei Sanyang, die nur mit einem Handtuch bekleidet war und sich einem wilden Tanz hingab. »*Njambaro!*« rief sie, als sie mich sah. »*Mein Held!* Komm und tanz!« Und sie ergriff meine Hand. »Eine neue Frau ist in unser Gehöft gekommen!«

»*Die neue Frau ist sehr schön!*«, sang sie, als sie sich wieder unter die Gruppe um den Mörser mischte. »Die neue Frau ist schön. Die schöne neue Frau – *Hey!*«

Das Klatschen setzte wieder ein, und sie tanzte zu dem harten Klang, der in die warme Nacht hinaushallte.

»Komm und begrüße die neue Frau«, forderte sie mich dann auf und zog mich in ein nahegelegenes Haus. In dem großen Zimmer, das nur von einer winzigen Paraffinlampe beleuchtet wurde, saß ein Mädchen im Teenageralter mit vor der Brust verschränkten Armen auf einer Bettkante und starrte auf den Boden. Eine Kinderschar stand im Halbkreis vor ihr und sang Style-Lieder – am deutlichsten »*Tubabo Marky la be ke*«. Wer zum Teufel ist Tubabo Marky, mochte sich das Mädchen gefragt haben.

Draußen wurde der Kreis immer größer. Jarjei tanzte noch einmal und brachte ihr ganzes, nicht unbeträchtliches Gewicht in die Bewegungen ein. Sie tanzte länger und wilder als die anderen Frauen und sang sogar noch dabei. Sooft ich sie beobachtete, mußte ich denken, daß sie einfach unverbesserlich war: Sie war erst siebenundzwanzig, aber schon dreimal verheiratet gewesen.

Zuerst hatte sie einen jungen Mann aus Dulaba geheiratet, der nach Brikama gezogen war, wo er ein Geschäft betrieb. Dort hatte sie zwei Jahre gewohnt, bis ihre Familie nachfragte, wann er denn gedenke, den Rest des Brautpreises zu bezahlen. Als daraufhin kein Geld eintraf, kam eigens ihr Großvater nach Brikama, um sie zurückzuholen. Ihr Mann machte zwar ein Zahlungsangebot (sechs Dalasi, eine Ovomaltine-Dose mit Zucker und ein paar Mausefallen), aber dieses wurde als nicht annähernd ausreichend betrachtet, und Jarjei fand sich in Dulaba wieder. Bald nach ihrer Rückkehr heiratete sie zum zweiten Mal. Diese Ehe dauerte nur ein paar Wochen, dann war sie wieder im Gehöft ihrer Eltern, wo sie dann, ohne erneut zu heiraten, sieben Jahre lang wohnte.

Gegenüber der Siedlung stand das Haus eines Mannes, der als Fahrer für die Regierung gearbeitet hatte. Er war ein Fremder im Dorf, wohnte aber schon seit zehn Jahren dort. Es war allgemein bekannt, daß er der Vater von Jarjeis jüngstem Kind war. Sie hatte ihn sehr geliebt und damit gerechnet, seine zweite Frau zu werden. Aber dann hatte er sich für eine viel jüngere entschieden.

Sie versuchte erst gar nicht, ihren Groll gegen diesen Mann zu verbergen. Tatsächlich verbreitete sie überall, daß er dem Kind nie Schuhe oder Kleidung gekauft habe. Ihn schien das allerdings nicht weiter zu stören, obwohl sie praktisch Tür an Tür wohnten. Man sah ihn unbekümmert auf seiner Veranda sitzen und mit Freunden chinesischen Tee trinken. Jarjei behandelte seine beiden Frauen jedoch mit großem Respekt, der von diesen erwidert wurde. Jarjei und die erste Frau gehörten beide zum Sanyoro Kafo, und wenn das Kafo zur Arbeit auf die Felder zog, sang sie Lieder zu Ehren ihrer beiden Töchter, womit sie deren gemeinsamen Ursprung bestätigte. Manche fanden das schamlos, aber Jarjei war es egal: Solche Dinge gehörten nun einmal gesagt, fand sie.

Jetzt hatte sie einen anderen Ehemann, einen Brunnengräber aus Jarra. Seine Arbeit führte ihn durch das ganze Land, so daß sie nur einen Teil des Jahres in seinem Dorf verbrachte. Nun war sie in Dulaba, um ihrer Mutter bei der Erdnußernte zu helfen. Ihr war klar, daß sie diesen Mann eigentlich nicht liebte – sie hatte ihn nur aus Enttäuschung über den anderen genommen. Aber sie wollte bei ihm bleiben, nicht nur deshalb, weil es hieß, an der Beerdigung einer unverheirateten Frau werde niemand teilnehmen, sondern auch, weil eine Frau ihres Alters einfach nicht ohne Ehemann leben konnte, wenn alle anderen verheiratet waren.

Seit dem Tag, an dem das Saniyoro Kafo bei mir getanzt hatte, wurden heftige Debatten unter den Frauen geführt. Die eine Seite stellte sich hinter das Kafo und meinte, der Klang der Trommeln, ob in der Schule oder im Camp, mache das Leben im Dorf einfach schöner, und das Trommeln solle auch im Dorf erlaubt werden, da sich die Dinge im Lauf der Zeit eben änderten. Die andere Seite dagegen vertrat den Standpunkt, daß man damit die Traditionen mißachte. Schließlich hätten die Ahnen dieses Verbot auch beachtet, und jeder müsse sich daran halten, ob es nun zu etwas nutze war oder nicht.

Zwischen Nebenfrauen, Schwestern, Müttern und Töchtern gingen die Meinungen weit auseinander, wobei die älteren Frauen manchmal die »liberalere« Haltung einnahmen. Nur wenige Frauen glaubten wirklich, daß eine Katastrophe hereinbreche, wenn Trommeln im Dorf gespielt wurden. Aber sie spürten alle die Angst vor Veränderungen in ihrer Gesellschaft, sie sahen Streitigkeiten voraus, die zwischen ihnen und ihren Männern und Vätern entstehen würden – bei denen sie immer den kürzeren ziehen würden. Gerade dieser Gedankengang gab schließlich den Ausschlag. Sie akzeptierten es, sich im Dorf an die Vorgaben ihrer Männer zu halten – aber im Busch, vor allem, wenn sie in ihrer eigenen Altersgruppe waren, verhielten sie sich so, wie es ihnen gerade paßte.

Es war der Tag, an dem die Erdnüsse des Saniyoro Kafo gedroschen wurden. Die Frauen hatten meine Trommeln auf das Feld mitgenommen, aber bis zum Ende ihrer Arbeit beiseitegelegt. Es war wieder ein trüber Tag – die Sonne war hinter dem Staub verschwunden.

»Bitte«, sagte Janno. »Wir sollten uns beeilen. Wir wollen doch noch trommeln! Wer nicht bleiben will, kann nach Hause gehen. Aber ich sage euch, wenn wir das Geld für unsere Erdnüsse bekommen, kaufen wir Kleider dafür, und dann sind wir glücklich und tanzen und vergessen die ganze harte Arbeit im Busch.«

»Ja, wenn wir unsere Kleider bekommen, machen wir ein gro-ßes Fest bei Mark.«

Schon seit der Aussaat stand für die Frauen fest, daß sie den Erlös aus der Ernte für ein *ashobi* – »ein sehr schönes Stück Stoff« – ausgeben wollten. Jede Frau sollte einen Wickelrock mit passender Bluse und Tiko bekommen, und alles aus dem gleichen Stoff. Zum einen würde es sehr schön aussehen, und zum anderen demonstrierten sie damit, daß sie *eins* waren.

»Wir haben viele Erdnüsse geerntet.«

»Ja, zehn Esel.« (Ein Esel konnte zwei große Säcke Erdnüsse tragen.)

»Vier Esel.«

»Vier Esel und eine Tasche.«

»Sechs oder sieben Esel«, sagte Sona.

»Fünfzehn Esel«, behauptete eine andere.

»Heh«, schaltete sich Jeynaba ein. »Wenn ihr etwas sagen wollt, dann sagt etwas Vernünftiges, und nicht so einen Blödsinn.«

»Fünf Esel.«

»In Ordnung.«

Nach dem Dreschen ließen sich die Frauen in einem Kreis nieder und sortierten die Stiele aus, während Jarjei und Sona mit den Trommeln oben auf dem Haufen saßen und den Fellen verhaltene Töne entlockten.

»*Dolefoy*«, brüllte Jarjei.

»*Diiiiii!*«, ahmte Sona eine blecherne Hupe nach.

»*Koringkoy!*«

»*Di! Di!*«

Die Frauen begannen ganz allmählich zu klatschen, als die Trommlerinnen in einen eingängigen Rhythmus fielen, so wie er bei den Ringwettkämpfen vorgegeben wurde.

»Ihr da kommt aus Karafa Kunda. Wir sind aus Tankular. Wie wär's mit einem Ringkampf?«

»Steht auf! Steht auf! Steht auf!«

»Habt ihr Angst?« rief Jarjei.

»Na los, klatschen, klatschen, klatschen!«

Jubel brach aus, als Mamanding Janno auf den Erdnußhaufen zurannte. »*Atcha*«, rief sie. »Eure Ringerin soll herauskommen und sich zum Kampf stellen.«

»Habt ihr eine Ringerin auf eurer Seite?« fragte Jeynaba.

»Ich glaube nicht.«

»Los, Ringerin«, rief Janno. »Steh auf. Hast du Angst?«

Ida Sanyang erhob sich.

»Bravo!« sagte Janno. »Das Kinderzentrum stellt eine Ringerin.«

»*Anfamasbih!*« sang Jarjei. »*Ko-sbo!*«

Ida rannte hinüber zu Janno und stellte sich in Kampfpositur.

»*Ko-sbo!*«

Janno flitzte in die andere Richtung, und für kurze Zeit jagten die beiden Frauen einander über die Erdnüsse. Dann sprang Janno auf Ida zu. Die größere Frau wurde so von Lachen geschüttelt, daß sie sofort zusammenbrach. Janno thronte auf ihr und wedelte triumphierend mit ihrem Tiko.

»*Mamanding Janno – Yey!*« schrien die Frauen.

»Mamanding Janno hat ihre Gegnerin im Handumdrehen besiegt.«

Janno rannte um den Kreis der Frauen und jubelte. »Unsere Gruppe hat eure geschlagen!« schrie sie. »Ihr seid gar nichts.«

Am nächsten Tag war das Dinding Kafo – das sogenannte Kinder-Kafo – an der Reihe, die Trommeln in den Busch zu bringen. Sie arbeiteten auf einem Feld, das Sambujang Samate und seinem älteren Bruder Nfaali gehörte. Es lag im Norden des Dorfes, tief im Gebiet von Wali Kunda. Die Mädchen waren am Tag zuvor mit Dreschen fertiggeworden, und jetzt saßen alle da und sortierten die Stiele aus, die um den Haufen herumlagen. Die jüngeren Mädchen, die schon in der Pubertät, aber noch unverheiratet waren, gehörten zum Yaisset Kafo und saßen auf der einen Seite des Haufens, während sich auf der anderen Seite die Älteren befanden – das My Brother Kafo mit vielen schwangeren Frauen und auch schon Müttern. Während der Arbeit entwickelte sich ein Wettstreit, welche Seite zuerst fertig sei. Die Führerinnen des älteren Kafos, Bana Sise, die älteste Tochter meiner Waschfrau Mabinta, und Homonding Minte, ein großes, ernstes Mädchen aus dem gleichen Gehöft, übernahmen die Führung der gesamten Gruppe.

»Wer zum Arbeiten hergekommen ist, soll arbeiten. Niemand sieht nach seinem Kind«, sagte Bana, die selbst kein Kind hatte. »Die Frauen mit ihren Babys machen sich nur lustig über uns. Sie brauchen nur ihr Kind schreien zu hören, schon rufen sie: ›Oh, mein Kind schreit‹, und weg sind sie.«

»Wir möchten, daß Mark unserem Kafo beitritt«, sagte Howanding, die zweite Frau von Momodou Jallo, dem Nachtwächter im MRC. Sie hatte einen breiten Mund, leuchtende Augen, und redete viel – das wenigste davon war von großer Bedeutung.

»Huh«, sagte eine andere. »Mark hat seine eigenen Leute: die vom Saniyoro.«

»Wir erwarten von dir, daß du uns folgst, egal wohin«, sagte Howanding.

»Wenn du das tust, dann verläßt du das Saniyoro«, warnte die andere.

»Mark, in unserem Kafo sind alle Frauen außergewöhnlich schön«, sagte Sibby. Sie zählte zu den ältesten unter den Mädchen, war sehr groß und redete langsam und mit Bedacht. »Es gibt so viele schöne Frauen in diesem Kafo. Wir sind größer als das Saniyoro, und außerdem sind wir schöner.«

Die anderen lachten.

Ich war zu den Mädchen gegangen, um herauszufinden, über was für Themen sie sich unterhielten. Es überraschte mich, daß es kaum andere waren als bei den älteren Frauen, zumindest bei diesen Gruppenarbeiten: Ständig spornten sie einander zu härterer Arbeit an, verspotteten diejenigen, die zu spät oder angeblich nur zum Spielen oder Essen kamen, und diskutierten, ob gesungen werden solle oder nicht. Und wie das Saniyoro hatte auch dieses Kafo seine Clowns, seine Hochnäsigen und seine anerkannten Führerinnen. Sogar eine Fatounding, eine Binta Sise, eine Jarra Njai und eine Sona waren vertreten. Wenn ich die Augen schloß, stellte ich mir vor, ich hörte einer Unterhaltung der Mitglieder meines eigenen Kafos zu, als sie in diesem Alter waren. Und wenn das Saniyoro Kafo einmal zu den älteren im Dorf aufrückte, würden diese Mädchen dem heutigen Saniyoro Kafo gleichen. Die Menschen waren in dieser Hinsicht austauschbar, und das Dorf blieb, was es schon immer gewesen war.

Während der Arbeit sangen sie ununterbrochen ihre Style-Songs – wobei sich die beiden Seiten des Haufens zu übertönen versuchten.

»Der Junge sagte, ich sei nicht schön.
Dabei bin ich viel schöner als er.
Er hat eine flache Nase, einen dicken Hals.
Und eine Zunge wie ein Stück abgehangenes Fleisch.«

»Der Junge war in Libyen.
Hast du nicht die Unterhosen gesehen, die er uns
    mitgebracht hat?
Sexy Unterhosen!
Mein Po wackelt hin und her, wenn ich sie trage.«

»Touti Njai, die Wolof – Wo!
Hat Touti denn schon Brüste bekommen?
Wenn sie nicht wachsen,
kriegt sie keinen schönen Mann.«

»Kennt ihr den Jungen mit dem kleinen Hintern?
Er hat nur ein einziges Paar Jeans.
Wenn wir ihn auslachen wollen,
dann laßt mich damit anfangen.«

»Der Junge mit dem kleinen Hintern ist an mir
    vorbeigegangen.
Der Junge mit dem kleinen Hintern hat mich aber nicht
    gegrüßt.
Er hat nie etwas in der Tasche.
Außer wenn seine Mutter ihm zwölf Batuts gibt.«

»Die großen Mädchen haben sich alle herausgeputzt.
Sie sagen, sie wollen Pässe, um nach Europa zu gehen.
Wartet!
Nicht jede wird gehen können!«

»Flugzeuge fliegen hin und zurück...
Flugzeug, komm zu mir!
Ich will dir ein Geheimnis sagen.
Heute soll mein Liebster besser wegbleiben – mein Vater
    ist hier.«

»Ich habe mich in die Schlange eingereiht.
Der Lehrer hat mich von der Tür aus gerufen.
Aber ich habe mich taub gestellt.
Der Lehrer hat nämlich einen schlechten Atem!«

»Unsere Brüder sind Nichtsnutze!
Sie trinken Alkohol und rauchen Ganja.

Wenn ihr mir einen Ehemann geben wollt,
dann muß es ein Weber sein.«

»Die Unterwäsche vom My Brother Kafo.
Schöne junge Frauen sind alle dort.
Erbettelte Unterwäsche, gekaufte Unterwäsche –
alle sind wunderschön.«

Nembali Sise traf mit Jallos erster Frau Mariyama ein. Nembali
war Jarra Njais Cousine, eine stämmige, hellhäutige Frau Mitte
Dreißig. Sie und Mariyama waren die Mütter der beiden Kafos.
Als die Arbeit beendet war, setzten sich alle auf den Erdnußhaufen, damit Nembali zu ihnen sprechen konnte.

»Ihr habt uns zu euren Ältesten gewählt, und wir wollen alles
tun, damit Einigkeit im Kafo herrscht. Wir, die Ältesten, haben
Achtung voreinander. Wir streiten nicht. Wenn es Zeit für die
Arbeit ist, arbeiten wir. Arbeit hat noch niemandem geschadet!
Und wenn wir bezahlt werden, dann vergessen wir alle Mühen.«
Jemand lachte.

»He, bitte lach nicht! Wir sind nicht zum Lachen hier. Ich bin
ganz und gar nicht zufrieden damit, wie ihr heute die Arbeit aufgeteilt habt. Ihr älteren Mädchen solltet nicht den jüngeren die
ganze Arbeit geben und selber dann faulenzen. Das ist sehr
schlecht! Ihr solltet euch aufteilen: Ein älteres Mädchen sollte
immer mit einem jüngeren Mädchen zusammenarbeiten, ja, so
sollte es sein.

Als wir jung waren, haben wir auch eine Älteste gewählt, die
uns Ratschläge gegeben hat – sie hat gesagt, wir sollen nicht so
dumm sein und über andere Kafo-Mitglieder herziehen. Deshalb
treffen wir uns hier. Wir sind hier, um euch Ratschläge zu erteilen, wie ihr ein einiges Kafo werden könnt. Hört ihr uns?«

»Wir hören euch!« antworteten die Mädchen.

»Warne sie nur gehörig«, meinte Jallos Frau. »Manchmal sind
ihre Lieder über uns ganz schön unverschämt.«

Als die älteren Frauen gegangen waren, war es später Nachmittag.
Das Mittagessen, drei Schüsseln mit magentarotem Futo und
leuchtendgelben Kürbisstücken darin, wartete noch darauf, gegęs-
sen zu werden. Aber ohne Wasser war das Futo nicht genießbar.
Es wurde also beschlossen, das mit Spannung erwartete *tulungo*
abzuhalten, und erst danach zum Essen ins Dorf zurückzukehren.

218

Sambujangs jüngere Schwester Fatou, ein nervöses Mädchen, hellhäutig, schmächtig und dürr, schlug mit offenem Mund die größere Trommel, und ihre Augen traten vor lauter Anstrengung, den Rhythmus zu halten, aus den Höhlen. Eine ihrer Altersgenossinnen, die dunkler und kräftiger, aber ebenso schüchtern war, spielte auf dem Kutir'ndingo. Sie hielten die Trommeln abwechselnd unter ihren Armen und zwischen den Schenkeln, dann wieder stellten sie die Instrumente auf den Boden, wobei sie sie entweder mit ihren Händen schlugen oder mit Hirsestielen – richtige Trommeln zu spielen war ihnen nämlich fremd. Auch die Älteren versuchten sich von Zeit zu Zeit daran, gaben sie aber immer schnell wieder zurück, denn die jungen Mädchen beherrschten sie offensichtlich weit besser. Sie unterbrachen weder ihre Style-Lieder noch das Trommeln, als sie rasch den holprigen Weg zurück ins Dorf gingen. Sie lachten und riefen und wurden immer schneller, bis sie beinahe rannten. Einige pflückten am Wegrand grüne Blätter und wedelten damit über ihren Köpfen, andere tanzten sogar. Dann stimmten alle zusammen ein ganz anderes Lied an, eine Art Hymne, und die jungen Stimmen hallten weit über den Busch:

> »Hey! Rimbo moyi bang!
> Ntolu la rimbo!
> Hey! Rimbo moyi bang!
> Nfa ba la Rimbo!«

> »Hört den Klang dieser Trommeln!
> Es sind unsere Trommeln!
> Hört den Klang dieser Trommeln!
> Es sind die Trommeln unserer Großmütter.«

Die Menschen, die ihnen auf dem Weg begegneten, grüßten sie nicht, sondern sahen zur Seite oder einfach geradeaus. Aber die Mädchen lachten nur. Sie lachten über sich selbst, über die anderen, und nicht zuletzt wohl auch über mich. Sie kamen an einer Frau vorbei, einer ihrer Ältesten, die barhäuptig am Wegrand saß und Brei aß, und sie lachten auch sie aus.

Und stets untermalten die Trommeln ihren Gesang und ihr Klatschen, während sie sich hüpfend und tanzend dem Dorf näherten.

Dort, wo die rote Lateritstraße den Weg kreuzte, baten Homonding und Bana die Trommlerinnen aufzuhören. »Wir sind jetzt fast im Dorf.« Die beiden Führerinnen, denen die Trommeln anvertraut worden waren, hoben die Instrumente vorsichtig auf den Kopf, und wir gingen weiter. Als wir ins Dorf kamen, steigerten die Mädchen die Intensität und die Lautstärke ihres Gesangs. Dabei hielten sie die Trommeln hoch über ihren Köpfen – triumphierend und trotzig –, als wären es Kultgegenstände. Überall streckten die Menschen ihre Köpfe aus den Türen, um zu sehen, was da los war. Die Männer, die an den Bantabas saßen, junge wie alte – ihre Väter, Onkel, Brüder und Ehemänner – blickten überrascht, und auf ihren Mienen mischte sich Mißbilligung mit Bewunderung und einem Anflug von Angst.

Banas Mutter Mabinta kam ihnen am Eingang des Gehöfts entgegen, und der Schrecken stand ihr im Gesicht geschrieben.

»Was glaubt ihr denn, was ihr da tut, einfach die Trommeln mit ins Dorf zu bringen?« rief sie. Aber ihr Zorn währte nicht lange. Nun war es einmal passiert, und wer konnte schon böse sein, wenn die Mädchen so begeistert sangen?

Eine Kinderschar versammelte sich um die Mädchen und folgte ihnen ins Gehöft, Staubfahnen hinter sich herziehend. Alle liefen durcheinander, und die zwischen den Beinen herumkrabbelnden Kinder vergrößerten das Chaos noch. Das Futo wurde großzügig mit Wasser begossen, und in weniger als einer Minute war es restlos verspeist. Die kleineren Kinder versuchten, ganze Hände voll zu grapschen, und die Müdigkeit der Mädchen offenbarte sich in dem Ärger, mit dem sie sie wegschoben.

Dann wurden die Trommeln wieder aufgehoben. Die Mädchen, zu denen sich nun auch andere junge Frauen gesellten sowie die vielen Kinder, füllten beinahe die gesamte Breite der Dorfstraße, als sie sich zum MRC-Camp in Bewegung setzten. Ihr Gesang wurde in der Luft weitergetragen, und die hochgereckten Trommeln ragten gerade noch sichtbar aus der aufsteigenden Staubwolke heraus.

Von weitem schon sahen wir vor den Toren des Gehöfts eine Gestalt in olivgrüner Uniform. Es war Samba So, und er hielt einen langen, dicken Hirsestock waagerecht vor dem Körper ausgestreckt.

Was hat der alte Verrückte jetzt im Sinn, fragte ich mich. Dort stand er mit grimmigem Gesicht. Als wir näherkamen, immer noch singend, begann er, wild mit dem Stock herumzufuchteln. Die Schar rückte vor, hielt aber inne, als klar wurde, daß Samba So beabsichtigte, seine Waffe einzusetzen. Manche stürmten an ihm vorbei, aber es gelang ihm, sie sofort abzublocken. Ich fand, daß es unter diesen Umständen besser war nachzugeben. Wenn wir es darauf ankommen ließen und uns alle Zutritt verschafften, würde es einen »Vorfall« geben, für den ich dann die Verantwortung zu tragen hatte. Homonding und Bana halfen mir, die Trommeln ins Haus zu tragen. Ich versuchte ihnen zu erklären, daß dies das Beste sei. Sie stimmten mir zwar höflich zu, aber ich war mir nicht sicher, ob ich sie wirklich überzeugt hatte.

9

EIN VERSIEGELTER ORT

In der aufgeheizten Stimmung der Erntezeit geschah etwas, was mich den Menschen von Dulaba um einiges näherbringen sollte. Ich wurde dadurch zwar nicht einer der ihren – das wäre unmöglich gewesen –, aber ich nahm einen Platz in ihrem Leben ein und verließ meine Zuschauerrolle. Und wie viele Veränderungen, deren Bedeutung erst im nachhinein offenbar wird, vollzog sich auch diese innerhalb eines kurzen Augenblicks.

Sute Minte, genannt Sute Jalo – Sute, der Sänger – war ins Dorf gekommen. Er war kein Griot im herkömmlichen Sinn, denn er verfügte nicht über die von den Ahnen vorgeschriebenen Voraussetzungen für den Beruf, aber wo auch immer Mandinka gesprochen wurde, unterhielt er die Menschen. Von Dakar bis Guinea-Bissau gab es keinen Jaliba, der es mit ihm aufnehmen konnte. Er war bekannt als *karante jalo* – der »garantierte Jalo« –, und wo er auftauchte, sangen die Kinder sein Lied: »*Hey – Hey! Karante jalo!*« Aber das vielleicht Ungewöhnlichste an ihm war die Tatsache, daß er in Dulaba geboren war – in einem Dorf, wo Trommeln verboten waren – und zwar im Gehöft Kafuli Kunda.

Seit über drei Jahren kam er nun zum erstenmal wieder ins Dorf, und die Frauen waren sehr aufgeregt, denn Jalibas fanden fast nie den Weg nach Dulaba.

Am Freitag abend, nachdem das Saniyoro Kafo schließlich alle Erdnüsse in Säcke gefüllt hatte, wurde ich nach Kafuli Kunda eingeladen, wo Jarra Njais Mann tanzen sollte. Ich versuchte, mir den gesetzten und eher schüchternen Kemoring vor der riesigen Menge von Frauen beim Tanzen vorzustellen, aber es gelang mir nicht.

Nach dem Essen ging ich in Fatoundings Gehöft, wo ich im Licht einer Fackel zwei riesige Kalebassen mit der Öffnung nach unten in Wasserschüsseln treiben sah. Sie wurden über die Straße auf das kleine Bantaba vor dem Gehöft der Alkalos getragen, wo

222

Isatou mit Stöcken auf ihnen trommelte – zum Zeichen dafür, daß der Tanz begann.

Bald darauf hatte sich eine große Schar von Kindern versammelt, die Style-Lieder sangen. Am Klatschen erkannte ich, daß schon getanzt wurde, aber ich konnte nichts sehen, denn es war tiefschwarze Nacht. Der heisere Gesang und das harte, spröde Klatschen wurden von den *kijos*, den Kalebassen-Trommeln, untermalt. Sie erzeugten einen weichen, volltönenden Klang, der gleichzeitig so hell und klar wie Wasser schien – mit kaum wahrnehmbarem, aber beständigem Rhythmus, der die Zuhörer in ständiger Bewegung hielt und sie zum Tanzen drängte.

Ich schaltete meine Taschenlampe an und sah Dutzende kleiner Füße in ihrem Schein wirbeln. Dann tauchten wir wieder in die Dunkelheit ein. Dicht um mich herum standen Menschen, aber ich hatte keine Ahnung, wer sie waren. »Wer schlägt die Kalebassen?« fragte ich.

»Sona«, kam eine Stimme aus der Dunkelheit. »Sona... Sona...«

Dann endlich zündete jemand eine Sturmlampe an und stellte sie auf einen kleinen Tisch neben dem Bantaba. Die Frauen von Kafuli Kunda, unter ihnen auch Jarra Njai, Fatounding und Isatou, begannen, einen großen Kreis um das Bantaba herum freizumachen und die Kinder mit langen Hirsestöcken zu vertreiben. Inzwischen war die Menschenmenge angewachsen – Kinder, Mädchen, Frauen in jedem Alter. Safi Mama, die sich am Tisch niedergelassen hatte, stimmte eines von Sutes Liedern an. Der »Ehemann« von Jarra Njai, der tanzen sollte, war nicht Kemoring, sondern sein Onkel, der Jaliba höchstpersönlich. Er saß neben der Sturmlampe, eine knochige, grauhaarige Gestalt mit Wollhut, die kettenrauchend und teilnahmslos ins Leere starrte. Unvermittelt sprang er auf die Füße und begann heiser in die Nacht zu brüllen:

»Bissimilai – Wo! Kaira – Hey!«
Mbe luo fo lola kemo wola – Bissimilai!«

Es war sein bekanntestes Lied, eine charakteristische Melodie, die er endlos improvisierte. Die Frauen wiederholten jeden Satz, und die Stimmen der verschiedenen Generationen sammelten sich zu einem einzigen großen Chor und klangen merkwürdig hymnenhaft im Vergleich zu den rauhen, krächzenden Tönen des Jalibas.

223

»Ich werde nun im Namen Gottes tanzen!
Der Jaliba tanzt in Frieden und im Namen Gottes!
Alle sollen beten! Alle sollen beten!
Es ist fast Mitternacht.
Das Krokodil kann schlafen gehen.
Vergnügt euch! Alle sollen sich vergnügen!
Der Teufel hat getanzt!
Vergnügt euch!«

Während er sang, bewegte er sich im Kreis und untermalte seinen Sprechgesang mit wilden Gesten, die die Menge zu Begeisterungsstürmen hinrissen. In einem Augenblick kauerte er wie ein zum Sprung bereites Tier, im nächsten wandte er sich schon an einen anderen Teil der Menge und gestikulierte wild in die Reihen der kichernden Mädchen. Dann sang er über einzelne Anwesende, wobei er mit den Frauen von Kafuli Kunda, seinen Gastgeberinnen, begann:

»Fatounding! Du hast mich lange warten lassen, Fatounding!
Aber es ist schwer, großzügig zu sein, Fatounding!
Die großzügige alte Frau... Fatounding!

Jarra Njai, Hey! Es ist wahr, Jarra Njai!
Wenn du schön bist, darfst du dich ausruhen... Jarra Njai!«

Lachend stürmten die Frauen nach vorne, um ihm Münzen in die Hand zu drücken, und bald drängten immer mehr in den Kreis, um ihm Geld zu geben. Jeder von ihnen widmete er eine Zeile seines Liedes. Er war nie verlegen um Einfälle, weil sie alle mit ihm verwandt waren – die kleinen Mädchen, die sich zwischen den Beinen der Erwachsenen hindurchdrängten, die zum Schutz gegen die Kälte dick eingewickelten Matronen, die jungen Männer, die sich am Rand der Menge im Schatten aufhielten.

Die jungen Frauen sprangen in den Kreis, um zu tanzen, und ihre Schatten flackerten wie Motten um die von der Lampe erleuchtete Gestalt des Jalibas.

»Meine Art zu gehen – Wow! Meine Art zu gehen!« sang der Jaliba.

Die Menge brüllte und johlte, und der Takt der Kijos beschleunigte sich:

»Meine Art zu gehen verärgert die Leute.
Meine Art zu gehen verärgert die Leute – zu sehr.«

Und er begann zu tanzen, schwang seine Arme wie verkümmerte Flügel, und mit den Füßen stampfte er rhythmisch in den Staub. Aus der Menge drangen aufmunternde Zurufe, und alle applaudierten.

Danach löste sich der Kreis auf, weil die Zuschauer in fröhliches Gelächter ausbrachen. Wie gerne sie ihn tanzen sahen!

Den Kreis neu zu bilden, erwies sich als sehr schwer. Kinder und sogar Erwachsene schlenderten unablässig in den Tanzbereich hinein und wieder heraus. Es wurde nur noch halbherzig geklatscht und gesungen, da unter den Frauen Streitereien ausbrachen. Dies verstimmte den Jaliba derart, daß er drohte, er werde sofort aufhören. Aber dann gelang es den Frauen von Kafuli Kunda doch noch, die Ordnung wiederherzustellen, und es wurde weitergetanzt.

Als es schließlich an der Zeit war, nach Hause zu gehen, wandte sich der Jaliba unvermittelt an mich, und sein Gesicht war nur Zentimeter von dem meinen entfernt, als er losbellte: »*Hier ist der Tubab...*«

»*He – Hey*« sangen die Frauen und klatschten dazu.

»*Der große Trommler...*
Aber bevor du Trommeln kaufst, will ich dich fragen, wohin du damit gehst...
Weißt du, wie du sie spielen mußt?...
Wenn du es nicht weißt, komm zu mir, und ich bringe es dir bei... Auch den Gesang... Und wenn du nach Europa gehst... kannst du dort singen... Wenn du mir nicht glaubst, dann sieh mir dabei zu... Auch ich werde dir zusehen... Für die Zukunft... Mein Tubab... Heute wird es sehr schön werden... Schalte deinen Kassettenrekorder ein... Schalte deinen Kassettenrekorder ein...«

Und er tanzte wieder.

Am Sonntagmorgen war das Dorf wie ausgestorben. Die Beamten hatten frei, und die meisten Dorfbewohner waren im Busch, um die restlichen Erdnüsse zu dreschen. Nur die alten Männer waren zurückgeblieben und flochten lange Elefantengrashalme zu Matten mit Kreuzmustern, mit denen die Waschbereiche hinter den Gehöften umzäunt wurden. Völlig in ihre Arbeit versunken, saßen sie an der Straße. Der Staub hing in der Luft und erzeugte einen silbernen Filter, durch den das Sonnenlicht fiel. Ich saß auf der Veranda bei Momodou Coly und unterhielt mich mit Pa Konte und dem Schulleiter, als eine Frau aus dem Saniyoro Kafo vorbeiging, die eine in ein Tuch gewickelte Emailleschüssel auf dem Kopf balancierte. Ich fragte sie, wohin sie gehe. »Ich gehe auf mein Erdnußfeld«, antwortete sie und setzte ihren Weg fort.

Außer mir hatte niemand sonst sie gegrüßt. Aber sie mußte Pa Konte an etwas erinnert haben, denn als die Frau außer Sicht war, erzählte er dem Schulleiter eine Geschichte. Ich konnte seinem Mandinka leider nicht folgen und verstand nur das englische Wort »frustriert«, das Pa zwei- oder dreimal mit großem Nachdruck aussprach. Es war aber offensichtlich, daß er von der Frau redete, und beim Zuhören fiel mir ein, daß ich, als wir ein paar Tage zuvor auf dem Feld des Kafos gearbeitet hatten, aufgeblickt und gesehen hatte, wie diese Frau mich offen anstarrte. Sie saß in meiner Nähe und mußte mich schon einige Zeit so angesehen haben. Ihre schwarzen Pupillen glänzten zwischen den Wimpern, die dick von Staub verkrustet waren. Sie fixierte mich weiter und lächelte leicht, als wollte sie mich auf die Probe stellen. Auf einmal fiel mir ein, wie häufig ich mich in den vergangenen Monaten, in denen ich den Frauenkafos auf die Felder gefolgt war, unvermittelt in ihrer Nähe wiedergefunden hatte. Ich wunderte mich aber kaum darüber. Sie gehörte zu den lebhaftesten und gesprächigsten Mitgliedern der Gruppe und hatte immer etwas Lustiges zu erzählen. Sie sang sehr viel, schälte mir Erdnüsse und neckte mich gerne. Ich sah die Frauen damals häufig, weil es die arbeitsintensivste Zeit des ganzen Jahres war, und es dauerte nicht lange, da stellte ich fest, daß auch ich sie ansah. Ich hatte dem nicht viel Bedeutung beigemessen und war mir dessen sogar kaum bewußt gewesen. Aber als ich nun Pa Kontes Geschichte hörte, wollte ich nicht nur deren Inhalt, sondern auch alles andere erfahren, was es über diese Frau zu wissen gab.

Am Nachmittag herrschte völlige Ruhe im Gehöft, und plötzlich fühlte ich mich sehr einsam. Ich stand in der leeren Küche von Haus Eins, kaute ein Stück Brot zum Mittagessen und starrte auf den feinen Staubschleier, der über dem verlassenen Fußballplatz hing. Ich fragte mich, ob ich die Frau wohl auf ihrem Feld finden würde – sofern ich überhaupt das Feld fand. Bestimmt würde ich mich nicht trauen, danach zu fragen, auch wenn man das ohne weiteres mit meiner Arbeit in Zusammenhang bringen konnte.

Nach einigem Zögern machte ich mich auf den Weg und folgte auf der Lateritstraße nach Karafa Kunda der Richtung, die sie eingeschlagen hatte. Als ich bei den Maisgärten an der Straßenkreuzung vorbeikam, hielt ich nach links Ausschau, ob dort Felder lagen. Aber da war nichts. Ich befand mich im *wulokona ba* – im richtigen Busch, dem Gebiet der Teufel – einer endlos erscheinenden Wildnis aus Unkraut, Termitenhügeln und den verkohlten Überresten toter Bäume. Ich schlug mich hindurch in der Hoffnung, auf eines der abgelegeneren Felder des Dorfes zu stoßen. Aber bald sah ich ein, daß aus Dulaba niemand ein so weit entferntes Ackerland bestellen würde, also kehrte ich um in Richtung Wali Kunda im Norden des Dorfes, wo die Felder dicht an dicht lagen. Bald sah ich Vieh, das den Busch vor mir durchquerte, und dann einen wackeligen Unterstand aus Zweigen und Stroh, hinter dem sich Erdnußfelder erstreckten und in dem der Staub wie große Spinnweben hing. Irgendwo in der Ferne erblickte ich drei Frauen, die droschen. Nach der Einsamkeit und Verzweiflung im Busch wirkte der Anblick ganz gewöhnlichen menschlichen Tuns, sogar in dieser düsteren Umgebung, vertrauenerweckend, ja fast heimatlich. Noch erfreuter war ich, als ich Jarjei Sanyang erkannte. Neben ihr arbeiteten ihre Mutter und deren Nebenfrau Musakeba, die nur zwei Jahre älter als Jarjei war. Die Mutter gab mir ihre Dreschstöcke und setzte sich, um Stiele auszusortieren.

>»Der Tubab Mark ist ein großer Mann«, sang Jarjei, während wir arbeiteten.
>»Ich meine den, der uns fünfzig Dalasi geschenkt hat.
>Wenn Mark uns eines Tages verläßt,
>werden wir krank vor Sehnsucht nach ihm.«

Dieses Lied war in den Tagen der Ernte auf aller Lippen gewesen und sogar bis nach Serekunda gedrungen. Eine Frau aus dieser Stadt hatte sich schon erkundigt, wer dieser Marky denn sei.

»Wer hat dieses Lied erfunden?« fragte ich.

»Sona«, antwortete Jarjei.

Bevor ich schließlich weiter durch die Felder stolperte, erkundigte ich mich doch nach dem Weg, wobei ich aber nicht nach Sonas Feld fragte, sondern nach dem ihres Mannes. Ich wurde von Jarjeis schrecklichem Sohn Lamin begleitet, der mir den Weg zeigen sollte, aber selbst ziemlich orientierungslos zu sein schien. Tote Blätter zerbröselten unter unseren Füßen. Hier und da waren die Sorghumstiele gebündelt worden, anderswo hingegen lagen sie auf dem Boden verstreut, und über weite Flächen hinweg waren sie das einzige Zeichen dafür, daß die trockene, graue Erde je kultiviert worden war. Nur die hohe Hirse mußte jetzt noch geerntet werden. Die langen gelben Blätter, die vor wenigen Wochen noch tiefgrün gewesen waren, raschelten, wenn der Harmattan über sie hinwegblies.

Wenig später kamen wir zu einem Dreschplatz, auf dem mehrere Menschen arbeiteten, die uns erstaunt musterten. Famara Bajie, der Gärtner der Innes', hockte am Boden und sortierte die Stiele aus, während seine Frau Nyimansitou, eine große, strenge Frau, Körbe mit Nüssen und Spreu füllte und sie ihrer Freundin Sullu Sise reichte, die auf der Dreschvorrichtung thronte. Sie blickten mich besorgt an, als hätten sie mich noch nie zuvor gesehen, als wäre ich ein Teufel oder Verrückter, der plötzlich aus dem Busch auftauchte.

»Wo arbeitet die Familie von Braima Sise?« fragte ich.

Ein Schweigen folgte.

»Sie sind gegangen«, sagte Famara.

»Wann?«

»Schon vor einiger Zeit.«

Ich schleppte mich wieder ins Dorf zurück.

Ich saß auf der Veranda von Father J's Haus an der Hauptstraße des Dorfes. Man fühlte die Menschen in der Dunkelheit mehr, als daß man sie sah. Sie gingen ohne zu grüßen vorbei, ihre dunklen Gestalten wirbelten kurz die Luft auf, die auf den Sand klatschenden Sandalen erzeugten ein schwaches Geräusch, und dann waren sie auch schon wieder verschwunden. Nun kam eine Frau vorbei – einzig an ihrem Gang ließ sich ihr Geschlecht bestimmen. Die Schultern, um die sie zum Schutz gegen die Kühle der Nacht einen Schal gewickelt hatte, waren leicht nach vorn gebeugt. Ihre Hände hatte sie auf dem Rücken gefaltet, und ihr Gang hatte eine gewisse

Leichtigkeit, die daher rührte, daß sie gerade kein Kind auf dem Rücken oder Gefäß auf dem Kopf tragen mußte. So würde Sona gehen, wenn sie um diese Zeit unterwegs wäre, dachte ich. Aber wohin mochte sie dann gehen?

Wenn mir die Gegenwart dieser Frau einige Zeit zuvor überhaupt bewußt gewesen wäre, hätte ich sicherlich versucht, irgendwelche soziologischen Schlüsse aus der Situation zu ziehen, oder aber ich hätte mich zurückgelehnt und einfach das Exotische an der Szene genossen. Plötzlich aber nahm alles, was ich sah, eine unmittelbare und beunruhigende Bedeutung an. Das Unvorhersehbare war eingetreten. Ich war kein Fremdkörper mehr in ihrer Gemeinschaft.

Die Gestalt eines weißgekleideten Mannes erschien, der gemächlichen Schrittes sanft eine Laterne schwang. Er hielt zu einem kurzen Gruß an, hob die Laterne hoch und spähte in unsere Gruppe, wobei ihn meine Anwesenheit etwas zu überraschen schien. Dann setzte er langsam seinen Weg fort. Er hatte seinen Freund zu dessen Gehöft in der Nähe des Camps begleitet und befand sich nun auf dem Heimweg. Er war ihr Ehemann, und anscheinend kam er hier jeden Abend um diese Zeit vorbei.

In der Nacht blies der Wind durch das Moskitonetz und überzog das Wohnzimmer mit einer Staubschicht. Jeden Vormittag verschwand die Schule hinter dem Sandschleier, den der Wind in großen Böen über das Fußballfeld trieb. Zu dieser Jahreszeit fühlten sich die Menschen pausenlos schmutzig, auch wenn sie sich gerade gewaschen hatten. Der Wind scheuerte mit seinen grauen, sandigen Fingern über ihre Haut und ließ die unbedeckten Körperteile, die rasierten Köpfe der Kinder und Männer, die Füße und Waden der Frauen – zumindest was davon sichtbar war – merkwürdig verschlissen aussehen, so als hätte jemand eine abstrakt-expressionistische Radierung daraufgezeichnet. Alle verlangten nach »Öl« (Vaseline), um den schwarzen Glanz auf ihrer Haut wiederherzustellen.

Ich war müde, erkältet und deprimiert. Als ich mir meiner Empfindungen dieser Frau gegenüber bewußt wurde, war ich noch unbeschwert und vergnügt gewesen, doch dieses Gefühl war schnell vergangen. Sie war verheiratet, hatte drei Kinder, und auch wenn es hieß, Ehebruch sei nichts Ungewöhnliches, konnte dies, insbesondere für einen Fremden, ziemlich drastische Konsequenzen haben. Es war durchaus vorstellbar, so hatte ich mir sagen lassen, daß ein Mann seinen Nebenbuhler auf der Stelle tötete, wenn er ihn in flagranti ertappte. Aber auch wenn er nicht so weit ging, Anlaß zur Freude war ein solcher Vorfall sicherlich nicht für ihn.

Abgesehen von diesen zugegebenermaßen triftigen Gründen stellte die Frau bei weitem keine Partnerin für mich dar. Selbst aus der Sicht der Dorffrauen hatte ich eine fast lächerlich unpassende Wahl getroffen.

Bei den Europäern galt sie als schwierig, weil sie schnell grob und unwirsch wurde. Ich hatte selbst Gelegenheit gehabt, festzustellen, daß sie selbstsüchtig, boshaft und sogar hinterhältig sein konnte, gleichzeitig aber auch unwiderstehlich charmant. Seit ich zum Saniyoro Kafo gehörte, behandelte sie mich mit großem Respekt, und in ihrer Gegenwart war mir eine gewisse Harmonie und Vertrautheit aufgefallen, die ich so gegenüber keiner der anderen Frauen empfunden hatte. Worauf dies zurückzuführen war, konnte ich nicht erklären. Aber wenn ich an sie dachte, und ich dachte fast pausenlos an sie, war mir immer noch nicht klar, was ich eigentlich von ihr wollte – denn eine körperliche Beziehung schien außer Frage zu stehen. Ich wußte nur, daß ich dieses Gefühl der Nähe vertiefen und ergründen wollte, sehen wollte, wohin es führte.

Wie jedoch alle Menschen um mich herum schien auch sie urplötzlichen und unverständlichen Stimmungsschwankungen zu unterliegen, und gerade in letzter Zeit war sie mir gegenüber merklich kühler geworden, was mir genauso unerklärlich war wie ihre vorherige herzliche Wärme.

Eines Tages hatte ich es satt, in Haus Eins herumzusitzen und mich nicht auf meine Arbeit konzentrieren zu können, und beschloß deshalb, sie zu besuchen.

Vor ihrem Gehöft hatten der Regen und das Rinnsal der nahegelegenen Wasserstellen eine tiefe Furche in die schräg zum Eingang abfallende Straße gegraben. Sie war teilweise mit Schutt aufgefüllt worden, und die hohen Fundamente der angrenzenden Gebäude hatte man mit Zement abgestützt, damit sie nicht weggeschwemmt wurden. Zwischen zwei dieser Gebäude führte ein schmaler, ebenfalls mit Schutt aufgefüllter Durchgang in einen kleinen Hof, der von dicht nebeneinanderliegenden Veranden und den Eingängen zu den Häusern der Männer umgeben war. Hier saßen die männlichen Gehöftsbewohner oft und vertrieben sich die Zeit. Über den steinigen Boden des Gehöfts ging ich um eine

230

halb zerfledderte Matte aus Hirsestroh herum in einen weiteren Hof mit einer Reihe von Wellblechtüren. Dies war das Haus der Frauen, und hinter der letzten Tür lag der Raum, den Sona mit ihrer Nebenfrau und sieben Kindern teilte.

Es war weder ein trüber noch ein heller Tag. Die Sonne warf zwar keine Schatten, doch ein merkwürdiger Glanz lag in der milchigen, lauwarmen Luft. Zu meiner Erleichterung befand sich niemand im ersten Hof. Ich hatte befürchtet, ihn unter den Augen der Männer durchqueren zu müssen – während sie mich einem Hagel scherzhafter Fragen aussetzten, die vielleicht zutreffender gewesen wären als sie dachten.

Auch auf dem zweiten Hof sah ich niemanden außer einer kleinen, alten Frau, die auf dem Bentengo kauerte und der eine düstere Resignation ins Gesicht geschrieben stand. Ich fragte nach den Frauen von Braima Sise, aber die alte Frau wußte sofort, wen ich in Wahrheit meinte.

»Sie ist nicht hier«, sagte sie und deutete auf eine Reihe von mit Vorhängeschlössern versehenen Türen. Um den Grund für mein Kommen zu erklären, sagte ich, ich wolle erfahren, wie viele Säcke Erdnüsse ihr Mann geerntet habe. »Er ist beim Essen«, sagte sie und deutete über den Hirseschirm hinweg auf die Tür eines Hauses, dessen Rückseite auf die Straße zeigte. »Geh dorthin«, forderte sie mich auf.

»Gut«, sagte ich.

Ich fragte mich, ob er unser Gespräch wohl mitgehört hatte.

Am späten Nachmittag kam ich zurück. Die alte Frau saß noch mit dem gleichen versteinerten Gesicht auf dem Boden, und die Tür des letzten Hauses war noch immer verschlossen.

»Sie ist nach Kulli Kunda zu einer Beerdigung gegangen«, erklärte die alte Frau.

Als ich mich umdrehte, um zu gehen, streckte sie mir ihre kurze schwarze Pfeife entgegen. »Wenn du das nächste Mal kommst, dann bring Tabak mit.«

Am nächsten Morgen öffnete ich fröstelnd meine Schlafzimmertür und entdeckte auf der anderen Seite des Moskitogitters eine kleine Gestalt. Sie trug einen bauschigen Waramba mit großen, fotoähnlichen Aufdrucken von Mitterrand und Abdou Diouf, dem Präsidenten des Senegal. Der Waramba gehörte Sonas Nebenfrau, die aber größer und kräftiger war, und so wirkte Sona ziemlich verloren darin. Sie kam gerade vom Krankenhaus, weil ihr Magen sie plagte, und nun wirkte sie erschöpft und verdrießlich.

»Ich möchte Frühstück«, erklärte sie. »Ich möchte heißes Wasser [also Tee] und Brot.«

Turo, der die Straßen fegte, stand unter dem Baum und redete mit Ramatoulai Jallo, der Fulbe-Frau aus Fili Kunda.

»Komm in die Küche«, forderte ich sie auf. »Wenn du hier stehenbleibst, wollen sie alle etwas haben.«

Aber weiter als bis zur Kommode neben der Wohnzimmertür kam sie nicht.

»Sie wollen kein Frühstück.«

»Ist meine Küche nicht schön?«

»Sie ist schön.«

Ich brachte ihr eine Tasse mit stark gesüßtem Tee.

»Wo ist das Brot?« fragte sie und begann den Tee so schnell sie konnte auszuschlürfen.

»Ich habe kein Brot.«

»Dann geh zu Kassim und kauf welches.«

»Bis zu Kassim ist es ein weiter Weg.«

»Dann gib mir fünfzig Batuts, und ich kaufe welches.«

»Ich habe kein Geld.«

»He-eh, Mark«, sagte sie traurig. »Du gibst nicht gerne Geld aus.«

»Nein, da irrst du dich.«

Ich saß auf einem Stuhl und sah sie an. Sie blickte zurück, als koste es sie große Mühe, ihre schweren Lider zu heben. Dann wandte sie ihre Augen ab und schaute, ihren Tee schlürfend, durch das Moskitonetz in den grauen Morgen hinein. Ich erinnerte mich daran, was Yaya Bojang mir beigebracht hatte: »Nlafita ni ye nyo je« – »Ich möchte, daß wir uns treffen.« Aber die Worte kamen nicht über meine Lippen. Ich brachte einfach meine Kiefer nicht auseinander. Ich saß nur da.

Sie sah mich einen Augenblick lang an, dann stellte sie die Tasse auf das Büfett und stand auf. »Danke«, sagte sie und verschwand.

Am Nachmittag beendeten die Frauen die Sesamernte. Die Pflanzen hatten sich zu großen, oft sogar mannshohen Büschen mit langen, dünnen, geraden Zweigen entwickelt, an deren Ende die grünen Schoten von etwa einem Zentimeter Länge verliefen. Wenn sie aufgeschlitzt wurden, sah man in Reih und Glied den darin enthaltenen dunklen Samen.

Die Frauen rückten in ihren jeweiligen Kafos auf dem Feld vorwärts, so daß ich nie weit von Sona entfernt arbeitete. Es war inzwischen unerträglich heiß geworden, doch sie schien sich seit dem Morgen wieder erholt zu haben. Während ich unter meinem Strohhut schwitzte, wurde mir bewußt, wie schön sie eigentlich war. Wenn sie in ihrer Arbeit innehielt, die Hände zusammenfaltete und sie langsam über den Kopf dehnte, konnte ich es nicht ertragen, hinzusehen.

Die Spitzen der Zweige wurden in etwa einen halben Meter lange Stücke geschnitten und mit Rindenstreifen gebündelt. Dann wurden diese Bündel mit der Spitze nach oben aufrecht auf den Boden gestellt, damit sie in der Sonne trocknen konnten. Alle arbeiteten hart, und am Ende des Nachmittags war das ganze Feld bis auf einige wenige Büsche, die noch nicht reif waren, abgeerntet.

Ich suchte zwar ihre Nähe, aber wenn ich ihr dann gegenüberstand, war ich so verwirrt, daß ich es kaum bei ihr aushielt. Mein Zustand wies alle Merkmale einer Teenager-Schwärmerei auf. Mir fiel die schon vergangen geglaubte Zeit wieder ein, in der meine Gefühle für das andere Geschlecht so neu, so unbekannt und in ihrer Heftigkeit so erschreckend waren, daß ich nicht mehr klar denken konnte, jene Zeit, in der Frauen – ihre Gedanken, Reaktionen, allein schon ihre körperliche Existenz – mir so rätselhaft vorkamen, als stammten sie von einem anderen Stern.

Natürlich erschienen mir die Mandingo-Frauen auch jetzt noch geheimnisvoll. Ich war in dem Glauben erzogen worden, daß es gewisse »universelle« menschliche Gefühle gab, die jenseits aller sprachlichen, gesellschaftlichen und kulturellen Schranken lagen. Jetzt war ich mir da nicht mehr so sicher. Ted Whiteman, Direktor der Ernährungsabteilung des »Dunn«, der Dulaba in den vergangenen fünfzehn Jahren mindestens zweimal jährlich besucht hatte und in jeder anderen außer in sexueller Hinsicht ein unverbesserlicher Verstandesmensch war, stellte gerne Spekulationen darüber an, wie viele Männer und Frauen im Dorf ineinander verliebt sein mochten, aber nicht heiraten konnten. Er stellte sich vor, wie tragisch es für sie sein mußte, den Rest ihres Lebens in unmittelbarer Nähe des oder der Angebeteten zu verbringen, ohne je ihre Gefühle ausleben zu können. Zuerst hatte mich sein Gedanke fasziniert. Aber je mehr ich das Dorfleben beobachtete, desto weniger glaubte ich, daß es viele solcher Fälle gab oder daß die Weltanschauung der Dorfbewohner überhaupt eine solche individuelle

Vorstellung des Tragischen zuließ. Mir schien es vielmehr so, daß es dazu des Glaubens bedurft hätte, man könne Einfluß auf sein eigenes Schicksal nehmen. Die Menschen in Dulaba aber glaubten nicht im entferntesten daran, daß der einzelne über eine Entscheidungsfreiheit in den wirklich wichtigen Dingen des Lebens verfügte.

Spät abends einmal sprach ich mit Pa Konte über meine Lage. Er nippte nachdenklich an seinem Kaffee. »Kennst du sie gut? Unterhältst du dich mit ihr?«

Ich sagte ihm, ich traue mich nicht einmal, sie in ihrem Gehöft zu besuchen, weil ich dann an den Männern vorbeigehen müsse.

Er lachte ein trockenes, boshaftes Lachen. »Das machen sie mit Absicht. Sie bauen die Hütten der Frauen hinter die der Männer, und zwar so, daß es nur einen Weg hinein und einen hinaus gibt – kein Fremder kann sie betreten, ohne gesehen zu werden. Sie nennen das *sorongkono* – ›versiegelter Ort‹. Aber wenn wir eine Frau lieben, lassen wir uns davon nicht abschrecken. Selbst wenn ein Löwe in dem Gehöft wäre, würden wir den Ort betreten.«

Ich schluckte.

»Aber da gibt es gar kein Problem«, fuhr er fort. »Sie wird es tun, allein schon weil du ein Europäer bist – das ist eine ›große Sache‹ für sie.«

Wie würde es sein? fragte ich mich. Würde ich sie küssen?

»Das Küssen ist hier eher unbekannt, auch wenn es jetzt langsam in Mode kommt. Wenn eine Frau schon Kontakte mit Städtern gehabt hat, dann kennt sie es wahrscheinlich. Aber weißt du, die hiesigen Frauen können, anders als die europäischen Frauen, keinen Orgasmus kriegen. Es liegt an der Beschneidung. Bei manchen geht es, aber das ist selten. Vielleicht sind sie nicht so stark beschnitten worden. Aber die meisten wissen gar nicht, wovon du redest, wenn du sie danach fragst.

In diesem abgelegenen Zipfel der Welt liegen die Frauen steif wie ein Brett da. Manche legen sich einfach hin und schlagen mal eben ihren Rock für dich hoch.« Er grinste. »Es könnte ihnen nicht gleichgültiger sein.

Aber diese Frau, von der du geredet hast, sie ist anders. Sie ist anständig, sauber, und dazu noch intelligent.«

Er hatte recht. Sie war gewitzt. Sie vergaß nie etwas von dem, was ich ihr erzählte, und wenn andere mich nur verständnislos anstarrten, fand sie heraus, was ich zu sagen versuchte. Sie war selbstbewußt, scharfsinnig und aufgeweckt. Ich dachte, wieviel besser sie eigentlich zu Pa Konte paßte als zu mir. Sie sprachen dieselbe Sprache, im wörtlichen wie auch im übertragenen Sinne. Sie wußten, wie man sich in dieser Gesellschaft verhalten mußte. Ich dagegen hatte völlig den Boden unter den Füßen verloren.

Spät an einem Samstag nachmittag trat ich aus dem Haus und sah sie durch die Glastüren des Labors mit einem Kind auf dem Rükken. Sie grüßte kurz und hastete dann weiter in Richtung des Quartiers. Viele Dorfbewohner waren auf dem Weg zum Fußballplatz, wo die Beamten aus Dulaba gegen die aus Kallaji ein Spiel austragen wollten. Ich hielt mich in der Nähe des Baumes beim Quartier auf, wo Dame gespielt wurde. Ich blickte ein ums andere Mal zu dem Gebäude hinüber, vor dem sie stand und sich mit Ramou Jagne unterhielt.

Als sie wieder am Baum vorbeikam, schlenderte ich lässig zu ihr hin.

»Was machst du hier?« fragte ich sie.

»Das Kind hat Fieber. Ich wollte Arznei holen – Aspirin. Aber Rabou hat keins.«

»Ich habe auch kein Aspirin.«

Sie beschleunigte ihren Schritt. Father J erschien und ergriff meine Hand.

»Komm doch zum Spiel«, forderte er mich auf.

Er spielte zwar nicht in der Mannschaft, war aber einer der »Fans« – eine Rolle, die er ebenso ernst nahm wie die Spieler die ihre. Sie beobachtete uns aus den Augenwinkeln, als wir neben ihr herschlenderten. Oder besser, sie beobachtete Father J. Denn er war groß und gutaussehend und strahlte etwas Städtisches aus, ein Flair, das die Dorfbewohner noch mehr beeindruckte als das Prestige der Tubabs – weil er nämlich ein Schwarzer wie sie selbst war. Und bestimmt wirkte er weit männlicher auf sie als ich es vermochte. Ich sagte ihm, daß ich etwas später zum Fußballplatz kommen werde.

Sie ging langsam, und ihre Arme, die gemessen an ihrer Größe ziemlich lang waren, schwangen sanft im Rhythmus ihrer Schritte. Ich setzte mich ebenfalls in Bewegung und versuchte ganz lässig zu wirken, als wollte ich nur zufällig in die gleiche Richtung, ohne sie jedoch einzuholen. Schließlich drehte sie sich um und sah auf meine Hose.

»Du hast Geld in der Tasche«, sagte sie dann. Tatsächlich hatte ich ein paar Münzen dabei.

»Du scheinst das Geld sehr zu lieben«, meinte ich.

»Allerdings.«

Sie verfolgte das Thema nicht weiter, und der Abstand zwischen uns vergrößerte sich wieder. Ich schlug die Richtung zum Gehöft Sanyang Kunda ein, um Jarjei zu besuchen, die allerdings nicht zu Hause war. Als ich dann das Gehöft wieder verließ, sah ich Sona gerade noch auf ihr eigenes Grundstück abbiegen. Ich hörte Stimmen, die mich zu einem Besuch aufforderten, und fand mich in einem kleinen Hof an der Straße wieder. Dort wurde ich einige Minuten lang mit den fröhlichen Neckereien aufgehalten, die in diesem Teil der Welt als Unterhaltung gelten. Ich war einerseits dankbar, daß die Menschen mich an ihren Gesprächen teilhaben ließen, aber gerade jetzt auch frustriert und fast wütend, als ich mich wieder verabschiedete. Wo auch immer sie nun war, ich mußte einfach zu ihr.

Sie saß in einen Schal gehüllt vor dem Frauenhaus und betupfte ihr Kind mit Gentianaviolett. Als ich ihr in die Augen sah, wußte ich, daß mein Entschluß richtig war – alles würde gut werden.

Ich setzte mich auf das Bentengo, und wir redeten über allgemeine Dinge – wir stellten uns müßige, unwichtige Fragen und tauschten belanglose Komplimente aus. Ihre Nebenfrau arbeitete im Haus von Susan Lawrence, so daß es auf dem Hof sehr ruhig war. Ich fühlte mich plötzlich sehr wohl – ich war dort, wo ich hingehörte. Alles, was ich sagte, schien außergewöhnlich geistreich oder zumindest witzig zu sein.

»Jetzt verstehst du unsere Sprache schon sehr gut«, lobte sie mich.

»Ich verstehe gar nichts«, erwiderte ich.

»Doch, du verstehst *alles*«, gab sie zurück.

Njonji, ihre Nebenfrau, hatte ein Mahlwerk gekauft, um Erdnußpaste herzustellen, aber da sie oft im Camp zu tun hatte, benutzte es meistens Sona. Alles, was sie damit zubereitete, durfte sie behalten. Njonji fand das gut so, weil ihrer Meinung nach die Nebenfrauen gleichberechtigt sein sollten. Beide verfügten so über eine eigene Einkommensquelle. Fatou Sanneh, Pa Lanjays Tochter, kam mit drei großen Tassen Erdnüssen, um sie mahlen zu lassen. Ich bot mich an, das zu tun, und die beiden beobachteten amüsiert, wie ich mich mit dem schweren Hebel abmühte.

Bald wurde es Zeit, Wasser zu holen.

»Warte hier«, sagte Sona. »Ich hole nur einen Topf voll.«
Ich verbrachte die Zeit mit den Kindern, die sich um mich scharten und miteinander balgten. Njonjis Tochter Binta war die Älteste, ein merkwürdig reif wirkendes Mädchen von neun Jahren, so schön, gescheit und flink wie ihre Mutter. Die zweite, Arabiatou, war rundlich und redselig und fiel besonders durch ihre Reibeisenstimme auf. Sonas älteste Tochter Aroki war ruhiger; sie hatte ein spöttisches, fast schon verschlagenes Grinsen. Ihre zweite Tochter wurde gerade, wie es den Gepflogenheiten entsprach, bei der Großmutter in Karafa Kunda entwöhnt.

Die Zwillinge aus Njonjis erster Schwangerschaft waren tot geboren worden. Danach hatte sie einen Jungen zur Welt gebracht, der noch vor der Namengebungszeremonie gestorben war. Seitdem hatte keine von ihnen den Sohn geboren, auf den Braima angesichts seiner sieben Töchter noch immer hoffte. Jede der beiden hätte es als große Ehre empfunden, ihm diesen Wunsch zu erfüllen, und Njonji war gerade hochschwanger.

Sona kam von der Wasserstelle, die direkt vor dem Eingang des Gehöfts lag, und brachte den Behälter ins Haus. Von weitem hörte ich den Lärm des Fußballspiels – lautes Geschrei zwischen anschwellenden Beifallsrufen. Ich dachte, daß ich nun vielleicht besser gehen sollte. Vor der Tür zu ihrer Hütte rief ich ihren Namen, und sie kam heraus, ein Tuch vor die Brüste gedrückt. Wasser glitzerte auf ihren schwarzen Schultern. Sie war schwarz, schwärzer als die Schatten im Inneren der Hütte. Ihr Haar war in einzelne steife Strähnen gedreht, die nun nach oben zeigten, nachdem ihr Tiko sie nicht mehr bedeckte. Das Weiße in ihren kühlen, stets auf alles gefaßten Augen glänzte klar in der Dunkelheit.

Plötzlich hatte ich das Gefühl, ich müsse auf der Stelle gehen, als sei es gefährlich, auch nur einen Augenblick länger zu bleiben.

»Ihr Europäer, ihr wascht euch zweimal am Tag«, sagte sie. Ich fragte mich, wie sie gerade jetzt darauf kam.

»Ich gehe jetzt«, sagte ich.

»Bleib noch«, sagte sie.

»Ich gehe.«

»Bleib doch zum Essen.«

»Vielen Dank. Aber ich muß gehen.«

Ich stürzte so überhastet aus dem Gehöft, als hätte ich Sprungfedern unter den Füßen.

Am nächsten Nachmittag versammelten sich die Mitglieder des Saniyoro Kafos bei Jarra Njai, um auszurechnen, wie hoch der Erlös aus dem Verkauf ihrer Erdnüsse war.

Von allen Frauenkafos hatten sie am meisten geerntet – vier »Esel« und einen Sack. Nach Abzug eines Sackes für die Aussaat im nächsten Jahr hatte Nafi Saho noch acht Säcke zum Regierungsdepot in Brong gebracht, das einige Meilen weiter im Inneren der Provinz lag, und fünfhundertundachtzig Dalasi dafür bekommen.

Der große Haufen zerknitterter grüner und roter Scheine wurde vorsichtig aus einem Stück Stoff ausgewickelt und immer und immer wieder gezählt.

»Geld!« rief Sajonding Minte aus. »Der Schlüssel zur Welt.«

»Keine widerspricht dir«, stellte Sona fest. »Also lieben alle das Geld!«

»Heute sind wir reiche Leute«, sagte Fatounding. »Jede, die das viele Geld sieht, würde gerne unserem Kafo beitreten.«

»Mag sein, daß Geld der Schlüssel zur Welt ist«, fand Jeynaba. »Aber Geld kann die Menschen auch trennen. Es kann sogar Verwandte auseinanderbringen. Und es hat keinen Bestand; es geht wieder, so wie der Wind, der über den Himmel bläst.«

Häufig liest man, daß in so entlegenen Gegenden wie Dulaba Geld den Menschen völlig gleichgültig sei. In Wirklichkeit aber interessierten sie sich brennend für alles, was damit zu tun hatte, und weil es etwas relativ Neues für sie war, haftete ihm noch nicht jener Geruch des schlechten Gewissens und der Korruption an, den manche Europäer damit verbanden. Trotz Jeynabas Vorbehalten war Geld für die meisten etwas ganz und gar Gutes.

Noch im Jahr 1960, so stellte die Soziologin Barbara Thompson fest, verfügten die Frauen nur sehr selten über Geld. »Geld war ihnen völlig unwichtig.« Die einzige Möglichkeit, zu Geld zu kommen, bestand sowieso nur darin, ein geerbtes Tier zu verkaufen, aber ein solches Geschäft wurde von den Frauen nie alleine abgewickelt. Und wenn sie das Geld dann eingenommen hatten, schickten sie ihre Ehemänner in die Stadt, um es für sie auszugeben.

Seit sie aber nicht mehr auf das Reisfeld bei Tankular gingen, bebauten viele Frauen ihre eigenen Erdnußfelder – eine Entwicklung, die zur Zeit ihrer Großmütter noch undenkbar gewesen wäre. Sie hatten, früher ebenfalls undenkbar, Gemüsegärten angelegt, deren Erträge sie verkauften. Wieder andere arbeiteten für die Tubabs im Camp und behielten ihr selbstverdientes Geld für sich.

Ihre Großmütter, sofern sie nicht gerade in eine andere Gegend geheiratet hatten oder ihren Ehemännern gefolgt waren, die wegen einer Ausbildung oder ihres Gewerbes wegziehen mußten, waren nie über das nächste Dorf hinausgekommen. Heute dagegen reisten die Frauen mit dem Taxi durch das ganze Land, sie trafen Verwandte, besuchten Namengebungsfeste, gingen auf die Märkte und kauften Betten mit Metallrahmen, Schüsseln, Kessel und die neuesten und schönsten Kleider. Sie schickten ihre Kinder zur Schule, und wenn sie Lust dazu hatten, halfen sie ihren Ehemännern auch, für den Unterhalt der Familie aufzukommen, was ihnen wiederum einen größeren Einfluß im Gehöft verschaffte. Der Schlüssel zu alledem lag im Geld.

»Die Leute sagen, wir sind dumm, weil wir so viel Geld für Kleidung ausgeben«, meinte Fatounding. »Aber es ist unser Geld, und wir tun damit, was wir wollen.«

Janno wandte sich an Jarra Njai: »Wenn du den Stoff einkaufen gehst, dann sag bloß nicht, daß wir aus Kombo sind, sonst denken sie, wir haben eine Menge Geld. Sag ihnen, wir kommen aus Kiang, dann halten sie uns für arm und verlangen vielleicht nicht ganz so viel.«

»Ja, Jarra Njai, geh besser nicht nach Farafenni, sondern nach Brikama.«

»Ihr sagt immer nur, laß uns dies und laß uns jenes tun. Aber ihr habt ja keine Ahnung, wie teuer der Stoff heutzutage ist«, erwiderte Nafi Saho.

»Dann bekommt jede eben nur ein neues Tiko«, schlug Jarjei vor.

»Oder wir teilen das Geld«, meinte Janno.

»Nein, ich schwöre bei Gott«, sagte Sona. »Wir kaufen uns Ashobis. Das ist in jedem Fall besser, als das Geld einfach nur zu teilen.«

»Na gut«, lenkte Janno ein. »Aber dann kaufen wir nicht einfach den nächstbesten Stoff. Etwas Häßliches kommt gar nicht in Frage.«

»Was wollen wir denn mit den Tieren anfangen, die wir gekauft haben?« fragte Sanjonding.

»Wir können sie schlachten und essen, tanzen und singen – und fertig«, meinte Sona.

»Die größere Ziege verkaufen wir«, sagte Nafi Saho. »Sie hat zwar zweimal geworfen, aber jedesmal sind alle Jungen gestorben. Sie ist zu nichts nutze, also verkaufen wir sie.«

»Dann hebt sie für mich auf«, meinte Janno. »Ich kaufe sie dann später.«

Gemäß islamischer Tradition mußte ein Zehntel des Geldes gespendet werden – dieses Mal wurden Kerzen für die Dorfmoschee gekauft. Als dann noch das Guthaben des Kafos – bestehend aus dem Geld, das ich ihnen geschenkt hatte, und den vierzig Dalasi aus dem Verkauf der Ziege – dazugeschlagen wurde, kamen die Frauen insgesamt auf eine Summe von sechshundertundzwanzig Dalasi.

Nun setzte eine lebhafte Diskussion ein, bei der alle Anwesenden gleichzeitig redeten und laut ihre Meinung kundgaben. Vor lauter Aufregung gingen sie auf dem Hof umher und gestikulierten wild mit den Armen, um ihren Standpunkt möglichst eindringlich zu unterstreichen. Dann entstand eine kurze Pause, und als gerade zufällig Ami Marongs Mann Lan Jaiteh vorbeiging, wurde er aufgefordert, in den Hof zu kommen.

»Sie sagen, daß ihr Geld nicht für all das ausreicht, was sie kaufen möchten. Aber wenn du mit ihnen nach Banjul zum Einkaufen gehst, könntest du vielleicht noch etwas dazutun«, erklärte er mir.

Ich überschlug kurz, auf wieviel sich das Ganze belaufen könnte. Der Stoff kostete acht oder zehn Dalasi pro Meter. Drei Meter für eine kleine Person, vier Meter für eine große. Bei achtunddreißig Mitgliedern würde er alles in allem bestimmt 1200 Dalasi kosten. Sie sahen mich alle erwartungsvoll an. Ich mußte mich sehr beherrschen, um nicht in großes Gelächter auszubrechen. Sie erwarteten von mir, daß ich über einhundert Pfund dazuschoß.

Ich versuchte, mich über Lans eher widerwillige Dolmetscherdienste verständlich zu machen. Aber die riesige Diskrepanz zwischen den beiden Beträgen wurde ihnen nur ganz langsam klar. Schließlich wollten sie wissen, wieviel ich denn überhaupt aufbringen könne, wenn schon nicht diesen Betrag.

»Nicht viel«, meinte ich abweisend.

»*Nicht viel*«, imitierte mich Jeynaba mit feurigen Augen. »Heeh, Marky!«

Zum erstenmal seit Monaten wieder spürte ich, wie tief der Graben, der unsere Kulturen trennte und das gegenseitige Verständnis erschwerte, wirklich war. In der aufregenden Zeit der Ernte hatte ich mich naiverweise für einen der ihren gehalten.

Jetzt aber spürte ich, was ich war und was ich für immer sein würde – ein Ausländer, ein Fremdling. Ich hörte sie darüber reden, wie sie den Schuldirektor dazu bewegen könnten, Briefe an die anderen Europäer zu schreiben und sie darin um Geld zu bitten. Es war absurd, ja entwürdigend. Aber ich wußte, daß ich ihnen das nie begreiflich machen konnte. Als auch Sona ihren Standpunkt anmeldete, erhob ich mich und ging nach Hause.

Am Abend besuchten mich Jarra Njai und Jeynaba mit Faks. Sie sagten, ich sei hoffentlich nicht verärgert, weil sie mich um Geld gebeten hatten. Sie hätten eben einfach ihr »Glück bei mir versucht«, und nachdem es nicht möglich sei, solle ich die Sache am besten vergessen. Auf gar keinen Fall wollten sie einen Graben zwischen ihnen und mir aufreißen. »Ihnen dämmert langsam, daß du nichts hast und genauso arm dran bist wie sie«, erklärte Faks. Ich bestätigte das und sagte, Gott möge ihnen geben, was auch immer sie sich wünschten.

Sute Minte befand sich immer noch in Dulaba. Seit jenem ersten Abend in Kafuli Kunda war er zu weiteren Vorstellungen in anderen Gehöften eingeladen worden, wo er Geld, Nahrungsmittel und Kleidung bekam. Jedes dieser Tulungos war eine laute, wilde Angelegenheit gewesen. Tagsüber saß er an den Bantabas und redete mit den Angehörigen seiner Altersgruppe, mit denen er schon als Kind gespielt hatte. Manchmal saß er auf dem Bentengo am Eingang von Fatoundings Gehöft, rauchte eine Zigarette nach der anderen und starrte ins Leere. Er hatte kleine, blasse, etwas klebrig verschmierte Augen und nur noch wenige Zähne. Mit seinem Wollhut, den er sich immer verwegen über den Kopf zog, und seinen merkwürdig leicht anmutenden, großen Schritten gab er eine charakteristische, etwas draufgängerisch wirkende Erscheinung ab. Jetzt fühlte er sich im Dorf wohl, aber das war nicht immer so gewesen. Wenn ein Mann aus Dulaba ein Jaliba werden wollte, so lagen nicht wenige Schwierigkeiten auf seinem Weg.

Sein Vater, der frühere Vorsteher von Kafuli Kunda, war ein großer Marabut gewesen, und so hatte sein Wille gelautet, daß sein Sohn einmal in seine Fußstapfen treten solle. Und da in jenen Tagen die Väter sehr stolz auf eine Koranausbildung ihrer Söhne waren, hatte er Sute Minte starke flüssige Jujus zu trinken gegeben, damit er schneller lernen konnte. Eines Nachts, nachdem Sute Minte wieder einen solchen Trank zu sich genommen hatte, träumte er, die Teufel hätten ihm das Singen beigebracht. Er wachte auf und sang bis zum Morgengrauen, um kein einziges Lied zu vergessen. Aber die Wände im Haus bestanden nur aus Hirsestrohmatten, so daß ihn am nächsten Morgen jeder im Gehöft für verrückt erklärte. Damals im Alter von zehn Jahren sang er nur so zum Spaß. Später aber als Erwachsener trat er auch in der Öffentlichkeit auf. Die Ältesten waren erbost, und Sutes Vater drohte ihn umzubringen.

Sute floh in das Dorf Jomar, wo er sich mit einem Trommler zusammentat. Sie reisten gemeinsam durch die Dörfer und sangen für deren Bewohner. Die beiden hatten weite Reisen gemacht und viel gesehen und erlebt.

Wenn früher ein Jaliba in ein Dorf kam, verließen Jungen wie Mädchen ihre Arbeit und kümmerten sich nur noch um ihn. Sie boten ihm Unterkunft, schlachteten eine Ziege für ihn und erwiesen ihm jede nur erdenkliche Aufmerksamkeit. Die Mädchen nähten sich Röcke aus einheitlichem Stoff, zogen sie an, um für ihn zu tanzen, und kauften ihm sogar Kleidung. In Sutes Kindheit hatte es einen sehr berühmten Jaliba in Brong gegeben, und wenn er die Menschen um eine Kuh bat, bemühte sich das ganze Dorf mit vereinten Kräften darum, sie ihm zu verschaffen. Sie pflügten und bebauten sogar sein Feld. Doch diese Zeiten waren vorbei. Sute wußte genau, daß er niemals eine Kuh bekommen würde, selbst wenn es ihm einfiele, darum zu bitten. Es gab sogar Dörfer, in denen ihm eine sehr ungnädige Behandlung zuteil geworden war.

Im Dorf Bantanto in der Casamance hatte er Kolanüsse gekauft und sie den Ältesten zur Begrüßung geschenkt, damit alle erfuhren, daß ein Jaliba gekommen war. Unter den Moslems gilt die Kolanuß als ein Zeichen des Friedens, und wer Kolanüsse von einem Jaliba annimmt, muß ihm Kost und Unterkunft gewähren. Aber in Bantanto nahmen sie seine Nüsse entgegen, verzehrten sie und vergaßen ihn wieder.

In Missera fand bei seiner Ankunft gerade eine Beerdigung statt. Als die Bestattungszeremonien vorüber waren, nahmen die Bewohner seine Kolanüsse entgegen und sagten ihm, er könne erst zurückkommen, wenn die letzten Almosen anläßlich des Begräbnisses gespendet worden seien. Er kam zurück und übernachtete dort dreimal. In der gesamten Zeit hatten die Jungen und Mädchen keine Ahnung, daß ein Jaliba im Dorf war. Er wurde schlichtweg ignoriert. Aus Zorn darüber dichtete er ein Lied über die Dorfbewohner. Darin sang er, die Menschen auf der Nordseite des Dorfes masturbierten, während sie ihm zuhörten, die Frauen seien von der Lepra befallen, und alle Männer litten an einer Krankheit, die ihre Hoden enorm anschwellen ließ – sogar der Imam. Niemand konnte sich dagegen wehren, weil ein Jaliba kein Blatt vor den Mund nehmen mußte, und weil er niemals Namen nannte. Aber die Zuhörer verstanden durchaus, daß er sie mit seinen Beleidigungen meinte und konnten sich nicht einmal dagegen wehren.

Im Dorf Njamaa in Pakao, wo er sehr gerne Vorstellungen gab, konnte er sich auf eine würdige Aufnahme stets verlassen. Schon bevor er zum Tanzplatz kam, hörte er von seinem Haus aus, wie die Frauen und Mädchen am Bantaba seine Lieder sangen. Sie begleiteten seine Darbietung mit einem rhythmischen Klatschen, ganz so wie er es gerne hatte, und dazu sangen sie laut und lebhaft. Diese Frauen wußten, wie man einen Jaliba behandelt. Ich fragte ihn, ob seiner Meinung nach die Frauen von Dulaba gute Gastgeberinnen seien.

»Das sind sie nicht«, antwortete er. »Sie haben keine Ahnung. Wenn du dem Jaliba Geld geben willst, dann tu das. Aber wenn du ihn nicht verärgern willst, gehst du danach gleich wieder zurück auf deinen Platz, ebenso nachdem du getanzt hast. Was soll ein Jaliba mit Gästen anfangen, die auf dem Tanzplatz herumschlendern und alles durcheinanderbringen? Sie haben keine Ahnung, wie man sich benimmt, weil außer mir nie Jalibas ins Dorf kommen. Woher sollen sie wissen, daß für uns Jalibas das Bantaba ein Ort zum Arbeiten ist?«

Es war der kälteste Tag, den ich je in Dulaba erlebt hatte. Auf den Straßen zum Gehöft Kafuli Kunda kauerten die Dorfbewohner um kleine Feuer, in Wickelröcke und Schals gehüllt. Ohne die Sonne wirkte das Dorf mit seinem verrosteten Wellblech, den abbröckelnden Mauern und dem Müll, der überall verstreut lag, verwahrlost und deprimierend. Während Sute und ich uns unterhielten, warteten die »Korangelehrten« des Gehöfts darauf, daß sie sich auf den Weg zur Schule machen konnten. Sie waren nur in Lumpen gehüllt, die ihre staubigen, grauen Körper bedeckten, hielten ihre Schulhefte fest, die kurz vor dem Auseinanderfallen waren, und standen in Reih und Glied; manche waren klein und untersetzt, andere groß und knochig. Obwohl sie vor Kälte zitter-

ten, trugen sie ausdruckslose, fast wie betäubte Mienen zur Schau
– als hätte man sie gerade aus einem Flugzeugwrack geborgen. Sie
waren weit entfernt davon zu bemerken, welch bedauernswerten
Anblick sie boten.

Ich hatte mich bereit erklärt, bei der Vorbereitung für ein Fest
im Quartier mitzuhelfen, bei dem Sute zu Ehren von Sarahs
Freundin Kathy, die gerade zu Besuch war, eine Darbietung zum
besten geben sollte. Als Veranstalter fungierte das Saniyoro Kafo.
Die Frauen wollten das Geld, das sie von Sarah bekommen würden, für ihr Ashobi verwenden. Ich hielt es für eine geniale Idee,
daß sie auf diese Weise doch noch zu etwas Barem kamen.

Ich teilte Sute mit, daß die Kafo-Mitglieder die Kijos, die Kalebassen-Trommeln, auf den Tanzplatz mitbringen würden. Außerdem hatten sie versprochen, dafür zu sorgen, daß der Tanzbereich von Kindern – und Erwachsenen – freigehalten wurde, und
sie wollten laut tanzen, klatschen und die anderen Gäste anfeuern.

Sute murmelte etwas Zustimmendes, fügte aber hinzu, wenn
das Tulungo kein rauschender Erfolg werde, so würde er mich
persönlich dafür verantwortlich machen.

Das Essen war gerade erst beendet, als Sute völlig außer sich ins
Quartier kam. »Wo sind sie alle? Wo sind die Trommeln?« Die
Menschen rannten hin und her, holten die Kalebassen und füllten
große Plastikschüsseln mit Wasser. Bald gab Nyantang, Daoudas
Nichte, mit der Trommel das Zeichen zum Tanz, und ein Halbkreis von Kindern trällerte fröhlich die Melodie von Sute Minte.
Da endlich entspannte er sich wieder, zündete eine Zigarette an
und begann eine Unterhaltung mit Sirrah Bajie. Aber noch immer
kein Zeichen vom Saniyoro Kafo.

Die Zeit verging und niemand kam. Ich hielt am Eingang des
Gehöfts Ausschau nach den Frauen. Schon aus dieser Entfernung
waren die Kijos kaum noch hörbar. Ich ging nach Hause und fand
Jarjei und Jeynaba im Wohnzimmer vor, die auf die anderen warteten. Wir unterhielten uns ein wenig, aber als auch dann niemand mehr eintraf, kehrte ich ins Quartier zurück, wo das Tulungo inzwischen in vollem Gang war. Aber außer Mama Njai
Sise, die hochschwanger und sowieso nicht gerade ein Ausbund an
Energie war, sah ich keine einzige Vertreterin des Saniyoro Kafos.
Sute, den dieser Mißklang nur noch weiter aufputschte, hatte sich
zu Bestform aufgeschwungen.

»Das Saniyoro Kafo ist nicht gekommen!« sang er zu dem ver-

ächtlichen Gebrüll der Menge. Dies ist das erste und das letzte gesellschaftliche Ereignis, das ich in Afrika organisiert habe, schwor ich mir.

Ich ging noch einmal nach Hause, wo der Rest des Kafos seelenruhig im Wohnzimmer saß. »Was ist los?« fauchte ich sie wütend an. »Alle sind schon dort, nur ihr nicht.«

Jarra Njai spürte meinen Ärger, verstand ihn aber nicht ganz. »Wir haben diesen Rock mitgebracht, um darin das Geld einzusammeln, das heute gespendet wird. Können wir deinen Tisch mitnehmen, um es darauf auszubreiten?«

Schnell trugen wir den Kaffeetisch ins Quartier. Das bunte Treiben hörte schlagartig auf, als der Tisch am Rand des Kreises aufgestellt wurde. Jarra Njai hatte eine Art Rock aus lose hängenden Streifen mitgebracht, den sie um Sutes Taille band. Als eine Pause eingelegt wurde, standen diejenigen, die sich noch wenige Augenblicke zuvor dem Taumel des Tanzes hingegeben hatten, mißmutig herum, weil die Ankunft der eigentlichen Veranstalter die Stimmung jäh gestört hatte.

»Wo ist Sarah?« fragte Mamanding Janno.

»Kümmere dich nicht um Sarah«, erwiderte ich. »Sorge lieber dafür, daß getanzt wird.«

Janno gab das an die anderen weiter, und bald darauf setzte Sute seinen Gesang fort. Die Gäste begannen wieder zu tanzen. Im schwachen Licht, das aus der Veranda drang, sah das Ganze nach einer just ausgebrochenen Panik aus, und mittendrin bemühte sich Sute tapfer, seine Geschichten zum besten zu geben. Die Frauen aus dem Saniyoro Kafo taten ihr Bestes, um einen ohrenbetäubenden Lärm zu veranstalten, ohne den ein solches Fest ihrer Meinung nach einfach nicht gelungen war.

Bis dahin war mir noch nie aufgefallen, wie viele große Frauen es im Kafo gab. Sie standen an der Innenseite des Kreises, und ihre grimmigen, wildentschlossenen Minen hätten auch den Leibwächtern eines Staatsoberhaupts alle Ehre gemacht. Kinder, die versuchten, in den Tanzkreis zu gelangen, wurden mit einem solchen Geschrei vertrieben, daß Sute des öfteren in diesem Lärm unterging. Vielleicht fiel es den Frauen so schwer, seine Possen gebührend zu würdigen, weil sie so nah verwandt mit ihm waren und ihn schon immer gekannt hatten. Das Klatschen und Singen machte eindeutig den geringeren Teil des Lärmes aus.

Father J, der das Geschehen spöttisch von der Veranda aus beobachtete, rief mich zu sich. »Die Leute müßten ihn dazu bringen, lauter zu singen. Man lacht nur über ihn.«

Ich erwischte Tumbulu Sise, die gerade in der Nähe war. »Sag das ihr«, bat ich Father J. Es kam zu einem heftigen Wortwechsel zwischen den beiden.

»Sie sagt, sie findet das auch, aber was könne sie denn tun?«

Als dann die Ärzte eintrafen, wurde dies mit erneutem wilden Tanzen quittiert. Sute krächzte, so gut er konnte, und tatsächlich kam etwas mehr Stimmung auf. Seiner Erzählung schenkte zwar niemand größere Beachtung, aber sie war immerhin eine amüsante Nebensächlichkeit. Alle tanzten, und es wurde viel Geld gespendet.

Schließlich kam der Moment, auf den das Saniyoro Kafo schon gelauert hatte. Sarah und Richard wurden zur Seite gezogen, und Father J mußte dolmetschen, daß man die beiden hiermit im Saniyoro Kafo herzlich willkommen heiße. Wie es der Zufall wollte, hatte Sarah vor nicht einmal einer halben Stunde schon zugesagt, Mabintas Kafo, dem Sembendo beizutreten, und Richard meinte, er halte einen Beitritt nicht für fair, weil er nicht so viel Zeit und Energie einsetzen könne wie ich. Dieses Argument beeindruckte die Frauen zwar nicht besonders, aber es blieb ihnen nichts anderes übrig, als es zu akzeptieren. Doch er versprach ihnen eine Geldspende. Hoffnung kam auf. Vielleicht waren es einige hundert Dalasi?

Manchmal erhaschte ich einen Blick auf Sona, bevor sie im Wirrwarr der Gestalten und in der Dunkelheit vor Daoudas Veranda wieder verschwand. Wie unnachgiebig ihr Gesicht doch wirkte, wie ruhig inmitten des Tumults, mit seinen sanften, gerundeten Zügen und den vollen Lippen, die keinen Zweifel erlaubten. Von Zeit zu Zeit trat sie nach vorne und tanzte. Sie war eine gute Tänzerin.

Die Kijos und die Frauen, die sie spielten, waren fast unsichtbar, aber der Rhythmus pulsierte und brodelte, wurde immer komplexer und aufregender und zog die Zuhörenden in seinen Sog. Ich war unaufhörlich in Bewegung: Ich schlenderte am Rand des Kreises umher, klatschte laut, brüllte und feuerte die anderen dazu an, zu klatschen und zu singen, da ich dies für meine Pflicht als Gastgeber hielt. Manchmal tanzte ich sogar oder ließ mich langsam hinüber zu Sute treiben, um ihm eine Münze oder einen Schein zu geben. Dies wurde jedesmal mit großem Geschrei und

Jubel begrüßt, aber meine kurze Freude darüber konnte mich nicht über die traurige Wahrheit hinwegtäuschen, die die ganze Zeit schon offensichtlich war: Sona interessierte sich nicht im mindesten für mich.

Manchmal gesellte sie sich zu den Trommlerinnen. Sie waren zu dritt, und ich konnte nur Sonas ausdrucksloses Profil erkennen, wenn sie die Klänge um weitere komplexe Synkopen ergänzte. Sie wußte, was sie tat, und sie war talentiert. Sie war eine Trommlerin, was alle Anwesenden zu würdigen wußten. Mich jedoch stimmten ihre Fähigkeiten traurig. Wie nebensächlich und unwichtig waren meine eigenen Talente im Vergleich zu ihrer meisterhaften Beherrschung dieses im Grunde erotischen Mediums, dessen Sprache universell war, auch wenn seine Rhythmen in den verschiedenen Gegenden variierten.

Ich mußte mit jemandem sprechen, der meine Gefühle verstehen konnte. Als der Tanz vorbei und Kathy zu Bett gegangen war, besuchte ich die beiden Ärzte.

Sie saßen noch bei einer letzten Tasse Tee. Als »Projektleiter«, der die Verantwortung für ein gutes Verhältnis zwischen dem MRC und dem Dorf trug, nahm Richard mein Problem sehr ernst.

»Hoffentlich kann ich mich darauf verlassen, daß du nicht irgend etwas *unternehmen* willst«, sagte er und blickte mich über den Rand seiner Tasse scharf an.

»Was meinst du damit?«

»Unsere Arbeit hier dreht sich hauptsächlich um die Frauen. Wenn die Dorfbewohner darauf kommen, daß unser Interesse an ihnen irgendwie anders als wissenschaftlicher Natur ist, dann kann das fatale Folgen haben.«

Sarah hielt vor lauter Ungeduld den Atem an. »*Wer* ist es denn?«

Ich wußte, daß ich es ihnen nicht sagen konnte, ich würde stammeln, wenn ich nur ihren Namen aussprach.

»Die Frauen müssen eine Menge Zeit sowohl mit dem gambischen wie mit dem europäischen Personal verbringen. Es ist absolut wichtig, daß die Männer im Dorf uns vertrauen. Kannst du dir vorstellen, was passiert, wenn sie denken, daß...«

»Und was ist mit der Frau?« fragte Sarah. »Du könntest ihr Leben völlig zerstören. Findest du nicht, daß das ziemlich egoistisch wäre?«

»Und was ist mit meinem Leben?« fragte ich.

»Eines Tages wirst du sowieso abreisen«, erwiderte sie. »Und du wirst vergessen.«

Würde ich das?

Ich versuchte ihnen zu erklären, daß zuvor nichts, was um mich herum geschehen war, irgendeine Bedeutung gehabt hatte. Eine Art analytischer Abstand hatte mich abgeschirmt. Jetzt aber war alles ganz anders. Ich war beteiligt. Ich fühlte mich als Teil des Lebens um mich herum.

»Ich denke, dann mußt du unter allen Umständen deinen Abstand wiedergewinnen und aufrechterhalten«, sagte Richard.

»Aber wie?«

»Warum fährst du nicht für eine Woche weg?«

Ich sah keinen Sinn darin wegzufahren, nur um mich woanders herumzuquälen. Und wo sollte ich überhaupt hingehen?

»Ich jedenfalls gehe jetzt ins Bett«, meinte Sarah.

»Du mußt wirklich versuchen, darüber hinwegzukommen«, redete mir Richard zu, als sie sich verabschiedet hatte. »In einer Umgebung wie dieser können solche Gefühle schnell zur Besessenheit werden.«

»Mmmm«, meinte ich.

Meine Erinnerung an die andere Welt, an England, verschwamm immer mehr. Ich konnte mir kaum noch vorstellen, daß ich einmal irgendwo anders als in Dulaba gelebt hatte. Wenn ich es mir recht überlegte, hatte ich es in meiner Heimat zu nichts gebracht. Aber hier erreichte ich auch nicht viel. Ich saß im Arbeitszimmer von Haus Eins, starrte auf ein weißes Blatt Papier und war zu erschöpft, um auch nur einen Gedanken auf das zu verwenden, was ich schreiben sollte. Und so würde mein Leben weitergehen. Wenn ich hier genug gelitten hatte, würde ich nach England zurückkehren, um dort zu leiden – nicht so stark wie jetzt im Moment, aber langsam und allmählich, bis ich schließlich völlig versagte.

Hier versagte ich, weil ich kein Afrikaner war – weil ich das gesellschaftliche und praktische Wissen nicht besaß, das sie von Kindesbeinen an wie ein Schwamm aufgesogen hatten, und weil ich nicht ihre schwarze Hautfarbe hatte – dieses tiefviolette Schwarz, das ein Gefühl der Zugehörigkeit schuf. Ich verabscheute meine weiße Hautfarbe und hatte das Gefühl, sie mache mich beinahe zu einem Eunuchen. Dünn war ich immer schon gewesen, doch jetzt war ich lächerlich dünn. Ich lebte mit Menschen zusammen, die bis vor kurzem noch gehungert hatten, und sah trotzdem elender aus als sie alle. Und ich war nicht einmal ein richtiger Tubab. Ich hatte nicht den Reichtum, den Status oder die wissenschaftlichen Aufgaben wie Sarah, Richard und die anderen.

Merkwürdigerweise wurde mir meine ungewöhnliche Situation im Saniyoro Kafo erst jetzt bewußt – immerhin war ich der einzige Mann unter siebenunddreißig Frauen. Vorher hatte das keine Rolle gespielt. Nicht daß ich die Frauen sexuell überhaupt nicht zur Kenntnis genommen hätte – aber es war doch ein sehr distanziertes und nie ein konkretes Interesse gewesen. Jetzt auf einmal fühlte ich mich nicht mehr wohl unter ihnen.

Außerdem war ich zornig auf sie. Meiner Meinung nach war die Mitgliedschaft in ihrer Gruppe etwas so Bedeutsames, daß sie nicht einfach aus einer momentanen Geldnot heraus an die Europäer verhökert werden konnte. Auf der anderen Seite, war nicht das Konzept eines Kafo-»Vaters« auch in ihrer Tradition verankert? Warum also sollte Richard nicht ihr Vater sein? Glücklicherweise sah Richard die Dinge mit meinen Augen und schenkte ihnen nur zehn Dalasi.

Im Grunde bin ich nur eifersüchtig, ging mir durch den Kopf. Ich hatte das Gefühl, das Kafo sei alleine mein Terrain, das ich mit keinem anderen Tubab teilen wollte. Ja, es störte mich sogar, daß die Frauen überhaupt auf den Gedanken kamen, einen anderen Tubab aufzunehmen. Das wußten sie auch, denn mein Standpunkt dazu war ihnen nicht entgangen. Sie besaßen ein außergewöhnlich ausgeprägtes Gespür für die Skala emotionaler Veränderungen.

Alle fünf Wochen kam Dr. Bill Snow vom ITC und wohnte dann ein paar Tage bei mir im Haus. Er war von Beruf Insektenforscher und hatte einen großen Teil seines Lebens in Afrika verbracht: in Kenia, im Sudan und in Obervolta sowie in Gambia. Die Jahre 1967 bis 1972 hatte er mit seiner Frau in Dulaba verbracht. Damals waren sie die einzigen Europäer im Camp gewesen und hatten in dem Haus gewohnt, in dem ich jetzt lebte. Er war ein untersetzter, rotbackiger Mann mit einem rotblonden Bart und dicker Brille, manchmal herzlich und freundlich, ein anderes Mal unnahbar und spröde. Auf seinen kurzen Abstechern nach Dulaba verbrachte er die Tage damit, dem Vieh zu Fuß durch den Busch zu folgen, weil er dessen Wanderungen rekonstruieren wollte.

Eines Abends erzählte ich ihm das Problem, mit dem ich mich

auch an die beiden Ärzte gewandt hatte. Ich fragte ihn, wie er sich in meiner Lage verhalten würde.

»Ich würde abreisen«, meinte er sachlich. Und dann fügte er leise hinzu: »Aber das kannst du natürlich nicht tun. Du steckst schon viel zu tief drin.« Er überlegte einen Augenblick. »Glaubst du, das ist eine Sache, die über deine Abreise hinausgehen könnte?«

Ich erwiderte, daß ich mir im Moment gar nicht vorstellen könne, überhaupt je von hier wegzugehen.

»Tja«, sagte er. »Was mich angeht, so hätte ich vor solchen Gefühlen eine gehörige Portion Angst ... Die Katastrophe könnte vorprogrammiert sein. Bei mir hat einmal ein Engländer gearbeitet, der sich auf eine solche Beziehung eingelassen hätte, ohne auch nur einen Gedanken an die Folgen zu verschwenden. Er war ein Draufgänger.«

»Er hatte ein Verhältnis mit einer Frau aus dem Dorf?« fragte ich verblüfft.

»Nein, aber er wäre es ohne Bedenken eingegangen. Ich muß sagen, ich halte gar nichts davon, in solchen Angelegenheiten so oberflächlich zu handeln. Dieser Mann war von Grund auf verantwortungslos. Aber in gewisser Hinsicht ist das viel ungefährlicher als so zu sein wie ich ... oder du.«

»Ich wünschte mir, ich wäre er«, meinte ich.

»Das wäre sicherlich einfacher.«

Ich versuchte es mit der Erklärung, daß mein gegenwärtiges Elend nichts weiter sei als eine neurotische Reaktion auf mein abgeschiedenes Dasein.

»Ja«, meinte er und pfiff leise durch die Zähne. Er lächelte leicht und kniff die Augen hinter seiner Brille zusammen.

»Ich war mal ziemlich lange Zeit alleine hier. Tagsüber bin ich durch den Busch gelaufen, und abends kam ich zurück und las Dostojewski. Es dauerte nicht lange, und das Ganze nahm sehr sonderbare Formen an.«

Jarra Njai stand kurz vor der Entbindung. Sie bewegte sich mit ihrem Bauch wie ein großer Dampfer durch das Dorf. Da die Feldarbeiten nun abgeschlossen waren, sann sie über neue Erwerbsmöglichkeiten nach. Gemeinsam mit Salinding hatte sie nur einen einzigen Sack Erdnüsse geerntet. Ihr Tiko zerfiel schon in Fetzen, ihre Sandalen waren zerrissen, und ihre älteste Tochter Markady benötigte dringend neue Kleidung. Ihr Mann Kemoring arbeitete auf der Baustelle des neuen Camps, aber auch er konnte ihr nicht helfen, obwohl er gerade seinen Lohn erhalten hatte. Also beschloß sie, eine Arbeit zu suchen und ihre Probleme selbst zu lösen.

Der hiesige Arbeitsmarkt erschöpfte sich jedoch im Grunde im Camp, und natürlich glaubte Jarra Njai, der aussichtsreichste Weg dorthin müsse über mich führen. Seit meiner Ankunft hatte sie auf meinen Einfluß in dieser Richtung gehofft, und jetzt tauchte sie täglich bei mir auf, um mich zu ihrem Verbündeten zu machen und ihre Chancen zu diskutieren. Leider begriff sie nicht, daß mein Wort in solchen Angelegenheiten keinerlei Gewicht hatte.

»Wir werden gemeinsam zu Sarah gehen und sie fragen«, sagte sie etwa. Ich schlug dann vor, es besser getrennt zu versuchen.

»Wie du willst«, meinte sie dann. »Du bist jetzt mein Gönner.«

Sie verstand sich einerseits auf Schmeicheleien, andererseits schüchterte mich ihr enormer Erwartungsdruck auch sehr ein. Sie verstand sich nämlich bestens darauf, mich schon jetzt unausgesprochen einen Vorgeschmack auf ihren heiligen Zorn erahnen zu lassen, mit dem ich zu rechnen hatte, falls es nicht klappte.

»Ist Sarah nicht auch ein Tubab?« fragte sie dann. »Wenn du vor ihr stehst, muß sie dir doch helfen.«

Ich war in der Zwickmühle: Wenn sie keinen Job bekam, würde sie mir vorwerfen, ich wolle ihr nicht helfen, und wenn ich zu Sarah ging, würde diese mir vorwerfen, ich mische mich in ihre Angelegenheiten ein. Ich war aber inzwischen mit Jarra Njai und ihrer Familie so eng verbunden, daß ich nicht einfach die Hände in den Schoß legen wollte.

Als ich sie besuchte, las Sarah ihren Kindern gerade das Buch über Babar den Elefanten vor. Sie war nicht besonders erfreut über meine Intervention.

»Tut mir leid, aber es besteht keine Chance. Im Februar kommen zwar Besucher, die jemanden zum Waschen und Saubermachen brauchen, aber ich habe schon eine Liste von ungefähr zwanzig Frauen, die sich die Mühe gemacht haben, sich persönlich zu bewerben, und mehr brauchen wir nicht. Wenn sie will, kann sie zu mir kommen, und ich werde ihr das Ganze erklären. Aber laß sie um Himmels willen nicht denken, sie müsse nur kommen und ich könne ihr dann schon helfen. Es ist wirklich unmöglich.«

Jarra Njai nahm die Nachricht mit genau der grimmigen Miene entgegen, die ich erwartet hatte. Sie starrte auf den Kaffeetisch in meinem Wohnzimmer, zutiefst enttäuscht darüber, daß all ihre

Hoffnungen, die sie in den letzten sechs Monaten und vor allem in den vergangenen Tagen geschürt hatte, mit einem Schlag zunichte gemacht wurden.

Zwei Tage später sah ich sie mit einer riesigen Schüssel voller Wäsche am Haus vorbeischlendern. »Da geht Jarra Njai«, sagte Tumbulu, die zufällig gerade bei mir war. »Sie arbeitet jetzt auch im Camp.«

»Das kann nicht sein«, meinte ich.

»Doch«, beharrte Tumbulu. »Sie hat einen Job.«

Verlegen gab Sarah mir die Erklärung, als ich sie darauf ansprach. »Naja, also... Ich hatte vergessen, daß ein Freund uns besuchen will. Als sie dann in unser Haus kam und Sali Kanteh dazu bewegen konnte, ihr zu zeigen, wie das Bügeleisen funktioniert, dachte ich mir, daß sie den Job wirklich verdient.«

Das war typisch Jarra Njai.

Den ganzen Tag goß es in Strömen. Dr. Snow sagte, kleinere Regengüsse seien zu dieser Jahreszeit nicht ungewöhnlich, aber so viel habe er noch nie gesehen. Wenn es weiterregnete, verdarben noch die letzten Erdnüsse im Busch. Ich sah mir die Trommeln an. Die Felle hatten mittlerweile die Beschaffenheit einer feuchten Cornflakes-Packung – und ihr Klang war ungefähr ebenso interessant.

Am Nachmittag trafen sich die Mitglieder des Saniyoro Kafos, um weiter über die Verwendung ihres Geldes zu beratschlagen, in Jarra Njais Hütte, auf dessen Wellblechdach der Regen trommelte. Sie beschlossen, daß jede von ihnen zehn Dalasi in den Topf für das Ashobi geben solle.

Sona war besonders einfallsreich.

»Mark bezahlt zwanzig Dalasi«, schlug sie vor, »weil er ein Tubab ist.«

»Das kann er sich nicht leisten«, wandte Isatou Bajo ein.

»Doch, er soll zwanzig Dalasi bezahlen«, meinte auch Jeynaba. »Macht es ihm doch nicht so einfach.«

»Du bist ein Tubab«, sagte Sona. »Schwarz und weiß können in Gelddingen nicht auf gleicher Ebene stehen. Mensch, Mark! Verdreh deine Augen nicht so: Wenn du nur zehn Dalasi bezahlst, schmeißen wir dich aus dem Kafo.«

Ich hatte ohnehin vorgehabt, zwanzig zu bezahlen, aber auf diese Art und Weise wollte ich mich nicht erpressen lassen.

»Ich werde fünf bezahlen«, sagte ich. »Du kannst zwanzig bezahlen.«

Damit erntete ich großes Gelächter.

In einer alten Ausgabe der *Cosmopolitan* hatte ich einen Artikel gelesen, in dem ein Team von selbsternannten Zeitgeist-Experten Ratschläge für Wochenendtrips erteilte. »Die Bekleidung«, hieß es darin, »sollte unterwegs aus Cordhosen, festen Schuhen wenn notwendig, einem Baumwollhemd (ohne Streifen) und einer guten Krawatte bestehen. *Keine* Anoraks, karierte Hemden, Turnschuhe, Jeans mit weitem Schlag, graue Viskosehosen, Duffelcoats, Cowboystiefel...« In London hätte ich solchen Überlegungen kaum meine Aufmerksamkeit geschenkt. Als ich aber die Berichte von im Bett verbrachten Tagen, Schlemmermahlzeiten, Spaziergängen in Parks und auf Landzungen auf mich wirken ließ, wurde mir klar, daß dies genau die Dinge waren, die ich gerne mit Sona getan hätte.

Ich stellte mir vor, wie sie sich an der Victoria Station einen Weg durch den Feierabendtrubel bahnte – eine etwas rundliche Gestalt im Sonntagsstaat, die ihr Gepäckbündel auf dem Kopf balancierte, einen Kaugummi im Mund hin- und herschob und vielleicht etwas eingeschüchtert von den Menschenmassen war, aber dennoch gelassen weiterschritt. Dann würden wir mit dem Zug durch die dunkler werdenden Vorstädte fahren und einander am Fenster gegenübersitzen. Ich stellte mir ihr Gesicht vor und wie sie aufgeregt kommentierte, was sie in einer Landschaft aus Grau, Nebel und Fabriken gesehen hatte...

Traurig kam ich auf den Boden der Tatsachen zurück. Selbst wenn ich einmal allein mit ihr sein sollte, konnte ich bestenfalls auf eine flüchtige Vereinigung von höchstens fünfzehn Minuten hoffen, und dann würde sie sich darum sorgen, daß ihr Mann sich fragte, wo sie steckte. Im Alltagsleben der Frauen hatten lange Gespräche mit Männern keinen Platz, dafür waren sie viel zu beschäftigt. Im übrigen schloß die traditionelle afrikanische Gesellschaft den sexuellen Aspekt aus dem täglichen Umgang der Menschen miteinander aus. Der Gedanke, ein gemeinsames Vergnügen zu erleben, die angenehmen Dinge des Lebens zu teilen, war unbekannt. Ein Mann und seine Frauen gingen nicht einmal gemeinsam eine Straße entlang, selbst dann nicht, wenn sie verheiratet waren.

Am nächsten Tag fand bei strahlend blauem Himmel die Namengebungszeremonie für Ami Marongs Tochter statt. Sämtliche Beamten waren versammelt, und nach den Gebeten lungerten sie im vorderen Hof herum, um sich zu unterhalten, Karten zu spielen und zur Reggae-Musik aus Seikoubah Sannehs lärmendem Kassettenrekorder chinesischen Tee zu trinken. Hinter dem Haus war das Saniyoro Kafo mit der Verteilung des traditionellen Breis beschäftigt. Das Kafo sprang ein, weil Ami als Fremde keine Verwandten im Dorf hatte. Damit galt das Kind auch als Tochter des ganzen Kafos. Sie sollte Maryama genannt werden.

Als ich am Nachmittag zurückkam, stellte ich fest, daß die Beamten ihre Stühle in den Schatten neben dem Gehöft gerückt hatten. Dort saßen sie und starrten betäubt von der Hitze des Tages vor sich hin. Auf dem engen hinteren Hof näherte sich die Vorbereitung des Festessens seinem Ende. Sona überwachte das Ganze und hatte sich ein Tuch um den Bauch gebunden, um ihre schneeweiße Bluse sauberzuhalten. Sie kochte schon seit einigen Stunden und sah ebenso verschwitzt wie nervös aus. In der Kochhütte herrschte ein ständiges Kommen und Gehen, und ständig war ein anderes Utensil unauffindbar. Tumbulu, Jarra Njai und Jarjei halfen ihr, aber sie hatten kaum noch Platz, weil immer mehr Kafo-Mitglieder eintrafen und sich im Schatten der Mauer drängten, die das Gehöft umgab.

Im Frauenhaus saß eine Gruppe von Frauen aus Karafa Kunda. Sie gehörten alle demselben Kafo an, und die Freude war groß, als die Frauen aus Dulaba seinen Namen erfuhren: Saniyoro Kafo.

»Setzt euch und wartet«, sagten sie. »Wenn wir gegessen haben, wollen wir alle zusammen tanzen.«

Schließlich wurde der große Eisenkessel mit vereinten Kräften ins Freie gezogen, und die sich darum scharenden Köchinnen sparten nicht mit Kommentaren, während Jarjei mit einem langen Löffel das *benakino* – Reis, der golden vor Öl glänzte – in Schüsseln füllte. Die Gäste zogen sich in die Winkel des Gehöfts zurück, um in ihren verschiedenen Gruppen zu essen. Eine weitere Schüssel wurde zu den Beamten hinübergetragen. Der leuchtend orangefarbene Kürbis und das Ziegenfleisch, von dem die pfeffrige Soße troff, ließ die Lippen kribbeln.

Da die Beamten immer noch im Schatten neben dem Gehöft saßen, beschlossen die Frauen, im Haus zu tanzen. Zuerst standen sie einfach nur herum. Keine schien den Anfang machen zu wollen, bis dann Sona, die in Karafa Kunda geboren war und deshalb die Besucherinnen besser kannte als die anderen, etwas Bewegung in die Dinge brachte. Ihre enganliegende, immer noch strahlend weiße Bluse leuchtete im schwachen Licht. Als sie durch die Dunkelheit wirbelte, schien sie plötzlich kaum noch menschlich – sie war nur noch eine glitzernde Gestalt, ein fantastischer Vogel, oder eine Urkraft, die sich selbst ständig neu erzeugte. Eine Frau aus Karafa Kunda begann neben ihr zu tanzen. Die beiden versuchten, ihre Schritte abzustimmen, wobei sie sich nicht aus den Augen ließen und die Arme wild in die Luft schleuderten.

Wieder und wieder trat sie in den Kreis, und es schien sie überhaupt keine Mühe zu kosten. Sie lächelte einfach – ihr klares, reines Lächeln. Sie sang Style-Lieder, und als Lan Jaiteh, der Vater des Kindes, dem die Zeremonie galt, in den Raum kam, schenkte er ihr einen Dalasi. Dann waren die Frauen von Karafa Kunda an der Reihe mit ihren Liedern, und sie gab den Dalasi an deren Sängerin weiter. Alle tanzten, und das Haus erbebte unter dem Echo ihres Klatschens.

Bald rüsteten sich die Frauen aus Karafa Kunda zum Aufbruch, da sie noch vor Einbruch der Dunkelheit zu Hause sein wollten. Sie wurden noch ein Stück auf der roten Lateritstraße begleitet, wie die Tradition es verlangte. Keinen Augenblick lang hörten die Frauen auf zu singen und zu klatschen. Sie hatten verabredet, daß die Frauen aus Dulaba bald nach Karafa Kunda kommen würden, um dem dortigen Kafo ihre Grüße zu überbringen.

Als sie den großen Baum erreichten, wo das Vieh des ITC angebunden war, hockten sich die Frauen an den Straßenrand, um zu beten. Sie streckten ihre Handflächen gen Himmel und murmelten kurz das Al Fatia. Dann erhoben sie sich, und die beiden Gruppen trennten sich.

Nach wenigen Metern hörten die Frauen aus Dulaba plötzlich Stimmen hinter sich. Sie drehten sich um und sahen die Frauen aus Karafa Kunda lächelnd immer noch am gleichen Fleck stehen und für ihre Gastgeberinnen singen und klatschen. Die beiden Gruppen bewegten sich noch einmal zu einem gemeinsamen Tanz aufeinander zu, bis die Frauen aus Karafa Kunda ihre Taschen aufnahmen und endgültig den Heimweg antraten.

Übermütig und fröhlich kehrten wir ins Dorf zurück. Jarra Njai und Jarjei brachen Blätter von den Büschen am Straßenrand ab, sprangen hin und her und wedelten damit durch die Luft. Die Frauen aus Karafa Kunda hatten uns einen Dalasi geschenkt, den wir in Kassims Laden in Minzbonbons umwandelten.

255

Am nächsten Morgen erwachte ich mit dem Gefühl, als habe ich einen Monat lang nicht geschlafen. Die unnatürliche, fast fiebrige Spannung, in der ich lebte, war am Vorabend nur noch weiter angeheizt worden. Es war, als sei die Luft in Dulaba elektrisch geladen.

Ich öffnete die Vorhänge und erkannte in dem Gedränge, das sich zur üblichen Montags-Schlange vor der Klinik formierte, eine geistesabwesende Sona. Schnell schob ich die Vorhänge wieder zusammen.

»Ich muß hier weg«, dachte ich.

Dr. Snows Landrover sollte innerhalb der nächsten zwanzig Minuten in Richtung Küste abfahren. Ich raffte einige wenige Habseligkeiten zusammen, schleuderte die Unterlagen, denen ich meine Gedanken anvertraut hatte, in den einzigen abschließbaren Schrank und stieg ein.

Seit drei Monaten war ich zum ersten Mal weiter vom Dorf entfernt als bis Karafa Kunda, aber ich empfand weder Freude noch Erleichterung über die Flucht, nur eine fast schmerzhafte Erschöpfung. Mein Gehirn konnte die vorbeifliegende Landschaft, die wie zufällig am Straßenrand erscheinenden Dörfer nicht zu einem Bild zusammensetzen. In der Regenzeit waren sie im üppigen Pflanzenwachstum geradezu erstickt, doch jetzt nach der Ernte präsentierten sie sich nackt und wehrlos auf der verdorrten grauen Erde. Der umliegende Busch schien nur ein Chaos aus halbtoter und nutzloser Vegetation zu sein. Ich verbrachte die Reise in einem benommenen Halbschlaf. Sooft ich meine Augen öffnete, hatte ich den Eindruck, als seien wir kein Stück weitergekommen, weil sich alles glich. Und die Menschen in dieser Welt, die so erbarmungslos vom grellweißen Licht durchflutet wurde, daß es wehtat, allein die Augen zu öffnen, befanden sich stets in Bewegung – scheinbar plan- und ziellos.

Schließlich erreichten wir Bill Snows Haus im exklusiven »Pipeline«-Viertel in Serekunda, wo ein gutgekleidetes europäisches Paar auf der Veranda saß und Gin-Tonic trank.

»Was treibt ihr denn nur?« fragte die Frau. »Ihr seht beide zum Fürchten schlecht aus.«

Ich ging mit ihnen sowie Bill, dessen Frau Judy und ihren beiden Kindern in ein libanesisches Restaurant, wo Bill mir das größte Steak spendierte, das auf der Speisekarte stand. Das Restaurant diente auch als Videothek, und Judy lieh sich zum dritten

Mal *Am goldenen See* aus. Die beiden Europäer waren alte Bekannte der Snows. Er arbeitete für die Internationale Arbeitnehmerorganisation ILO und hatte gerade erfahren, daß er nach Äthiopien versetzt würde. Sie redeten über die Häuserpreise in Addis Abbeba, und Judy erzählte von ihrem Auftritt in einem Amateurtheater am vergangenen Abend. Mein einziger Beitrag zur Unterhaltung des Abends bestand darin, daß ich der Pechvogel war, über den der achtjährige Jonathan eine Flasche Cola schüttete. Es passierte, weil er ein Plastikraumschiff gegen die Flasche prallen ließ. Er mußte seinen Versuch wiederholen, bevor sie tatsächlich umfiel. Bill fragte ihn, warum er das getan habe, aber dem Jungen fiel keine Antwort ein.

DAS KROKODIL

Jeynabas Tochter Jalika und ihre Freundin Musakeba Sanyang tollten um das Frauenhaus herum, plauderten, machten Späße und lärmten, staubig und zerzaust wie an jedem anderen Morgen auch. Jalika war zehn und Musakeba, eines der klügsten und frechsten Mädchen im Dorf, war neun.

Als die Sonne schon hoch stand, aber die Kälte des Morgens noch immer spürbar war, betraten zwei alte Frauen den Hof, eine Gruppe junger Mädchen vor sich herscheuchend. Jalika und Musakeba bekamen schnell einen großen Schal übergeworfen und wurden zusammen mit den anderen Mädchen hastig und fast heimlich aus dem Gehöft über die Hauptstraße an einer Reihe riesiger Affenbrotbäume vorbei in Richtung Busch gelotst.

Jeynaba und einige andere Mütter warfen eilig ein paar Dinge in Schüsseln und in eine Plastiktüte und folgten ihren Kindern auf dem Pfad.

Alle drei Jahre, wenn die letzte Hirse geschnitten und die Ernte in den Lagern des Dorfes untergebracht war, wurden die Mädchen in den Busch geführt. Was genau dort mit ihnen geschehen sollte, wußten sie vorher nicht, weil es denjenigen, die schon an der Reihe gewesen waren, streng verboten war, etwas darüber zu erzählen. Jedenfalls empfanden die Mädchen es als große Ehre, dort hinzugehen, weil alle anderen Frauen ihres Stammes das Geheimnis schon kannten. Abgesehen davon war es eine zwingende Notwendigkeit, an den Beschneidungsriten teilzunehmen. Ein Mädchen, dem es eingefallen wäre, sich zu weigern, wäre niemals als Frau betrachtet worden, sondern bestenfalls als ein Nichts. Solche Frauen wurden *solimal* genannt – »die nicht Eingeweihten«. Sie konnten nicht heiraten, und wenn sie kochten, wollte niemand davon essen. Obwohl die Mandingos wußten, daß es im Koran nicht so geschrieben stand, behaupteten sie, eine Mandingo-Frau könne ohne die Teilnahme an den Einweihungsriten keine reine Moslemfrau sein.

Vor allem aber wurden die Ereignisse draußen im Busch vor den

Männern streng geheimgehalten. Vor knapp zwanzig Jahren war in einem Dorf in Küstennähe ein Mann entdeckt worden, der sich in einem Baum versteckt hatte, dessen Äste über den *nyakaboyo dula* – den Ort der Initiation – ragten. Er wurde zu Tode geprügelt. Die Sache kam zwar vor die Behörden, aber es wurde nie Anklage erhoben.

Jalika, Musakeba und die anderen Mädchen wurden an eine Stelle geführt, die nur wenige hundert Meter hinter den Gehöften lag. Die Frauen folgten ihnen gemächlich in kleinen Gruppen, bis sich plötzlich keine einzige Frau mehr im Dorf befand.

Nachmittags um ein Uhr lag die Dorfstraße ruhig und verlassen im gleißend weißen Licht der Sonne. Mama Sise und ihre Freundin kamen als erste wieder. »Es ist vorbei«, sagten sie.

Zwanzig Minuten später waren alle zurückgekehrt. Frauen bevölkerten die Straßen und trugen Schüsseln und Kessel auf dem Kopf. Sie gingen wieder ihren üblichen Pflichten nach, wie an jedem ganz normalen Tag.

Jeynaba kochte Essen, doch kaum jemand fand sich ein. Später dann führte sie mich in das nächste Gehöft in die Hütte von Mba Jongmar, der ältesten Frau im Dorf. In dem kühlen, dunklen Raum sah ich sieben Initiantinnen – die *ngangsingolu* – auf dem Boden sitzen. Ihre neuen billigen Wickelröcke leuchteten in einem bunten Diamantenmuster. Neben ihnen lagen drei jüngere Mädchen auf einer Matte. Und auf den drei Betten im Raum sah ich noch mehr Mädchen liegen – insgesamt sechzehn. Jede trug ein neues, sorgfältig drapiertes Tiko, das auf der Stirn in einen großen dreieckigen Knoten geschlungen war.

Die Mädchen, die am Morgen noch unbändig wild und eigensinnig gewesen waren, lagen nun fast unbeweglich, wie von einem Schock betäubt. Musakeba Sanyang rührte sich nicht. Ich saß auf der anderen Seite des Zimmers auf einer Truhe, und sie starrte mich lange an, als erkenne sie in mir nur ein abstraktes Formengebilde – wie man die Welt häufig nach einem Erlebnis extremer Gewalt in einem kurzen Moment tiefen Friedens sieht.

Die Initiantinnen machten nur die notwendigsten Bewegungen und kauten langsam und teilnahmslos die frischen Brotstückchen, die auf einem Fetzen alten Jeansstoffes herumgereicht wurden. Bei manchen konnte man noch winzige, silbrig schimmernde Spuren unter den Augen erkennen, dort, wo die Tränen nicht ganz weggewischt worden waren.

Im Raum befanden sich auch ihre Mütter, älteren Schwestern

und Tanten. Einige hatten sich zu den kleineren Mädchen auf die Betten gelegt, andere saßen nur da und starrten vor sich hin. Nur selten wurde das Schweigen gebrochen.

Ein kleines Mädchen wollte sich nicht setzen. Sie stand neben der Tür und widersetzte sich wortlos und traurig sämtlichen Aufforderungen. Schließlich nahm eine der älteren Frauen sie in die Arme und legte sie auf ein Bett.

Ein anderes Mädchen machte Anstalten, den Raum zu verlassen. Eine junge Frau ergriff sie sofort an der Schulter und wollte sie wieder hereinbringen. Aber eine ältere Frau sagte ihr, sie solle das Mädchen gehen lassen, und begleitete sie selbst in die Siedlung hinaus.

> »*Ngangsingdingolu – wo!*
> Initiantinnen!
> Ihr seid im Dorf gewesen,
> und habt die Ältesten nur beleidigt
> – damit habt ihr euch die Zeit vertrieben.
> Jetzt hat euch das Krokodil überrascht!«

Eigentlich war geplant, daß die Mädchen aus den Gehöften in der Mitte des Dorfes – Mbara Kunda, Minteba Kunda und Mintering Kunda – zur Zeit des Fünf-Uhr-Gebetes in den Busch gebracht werden sollten. Da es aber schon so spät war, wurde die Zeremonie auf den nächsten Tag verschoben.

Ich ging durch das Dorf und hätte gerne gewußt, wie die Ereignisse des Tages zu deuten waren. In Mbara Kunda fand ich Sona, die mit ihrer jüngsten, knapp zweijährigen Tochter Bakoto auf dem Bentengo saß. Sie sagte mir, sie werde Bakoto morgen auch zum Reisfeld bringen.

»Sie ist zu jung«, sagte ich. »Sie ist noch nicht reif.«

»Sie ist reif«, lachte sie, und dann deutete sie auf ihre älteste Tochter. »Diese hier ist nicht schön.« Sie zeigte auf ihre zweite Tochter. »Die hier auch nicht. Aber dieses Mädchen hier«, fuhr sie fort und nahm die kleine Bakoto in die Arme, »ist wunderschön.« Mit einem strahlenden Lächeln preßte sie das Kind an sich. Ich mußte meinen Blick abwenden.

Vor meiner Reise hatte ich noch vorgehabt, die Initiation zu einem Hauptthema meiner Arbeit zu machen. Einige der bei den Riten angewandten Praktiken erschienen mir so verabscheuenswert, daß ich fand, dieses Thema müsse unbedingt angeschnitten und diskutiert werden. Bald jedoch stellte ich fest, daß es in Afrika gewisse Dinge gibt, die einer rationalen Diskussion nicht zugänglich sind, und ich mußte die Erfahrung machen, daß selbst ein ganz sachliches, neutrales Interview völlig unmöglich war – meine männlichen Dolmetscher weigerten sich sogar, das Wort in Gegenwart der Frauen nur in den Mund zu nehmen.

Schließlich fürchtete ich den Augenblick sogar, an dem ich mich dem Thema stellen mußte. Ich hatte mich schon mehr oder weniger damit abgefunden, daß ich bestenfalls skizzenhaft und impressionistisch darüber schreiben konnte und mich an die Forschungsarbeiten anderer halten mußte, um das Geheimnisvolle an den Zeremonien zu illustrieren und den Mangel an handfesten Informationen zu überdecken.

Ich war nicht darauf gefaßt gewesen, daß die Einweihungsriten noch während meines Aufenthalts stattfinden würden. Durch reinen Zufall hatte ich davon ein paar Tage zuvor erfahren und sofort eine merkwürdige Mischung aus Angst und Aufregung empfunden. Von der ersten Erwähnung des Wortes *nyakaboyo* an spürte ich, wie sich eine merkwürdige und fast unbeschreibliche Leichtigkeit, ja fast Entrückung unter den Frauen ausbreitete. Mir wurde bald klar, daß die Ereignisse in einem Spektrum menschlicher Emotionen angesiedelt waren, das jenseits von allem lag, was ich selbst je erlebt hatte – ich würde mir nie auch nur eine entfernte Vorstellung davon machen können. Nun bot sich die Gelegenheit, mehr darüber zu erfahren. Ich beschloß, wann immer es möglich war, die Ereignisse aus nächster Nähe zu verfolgen, ohne das Tabu durch meine Gegenwart zu verletzen.

Am nächsten Tag waren die Kinder aus dem Gehöft Kafuli Kunda an der Reihe. Unter ihnen befanden sich auch die Töchter von Safi Mama und Jarra Njai, die den beiden wichtigsten Kafos im Dorf vorstanden. Anstatt auf das Feld in der Nähe des Dorfes zu ziehen, auf dem die Mädchen aus Sanyang Kunda beschnitten worden waren, wollten sie zum Hauptort der Initiationsriten – dem Nyakaboyo dula –, nämlich zum Reisfeld von Faroto, das etwa eine Meile südwestlich vom Dorf lag.

»Heute solltest du dir möglichst nichts entgehen lassen«, hatte Alioune Sware gemeint. »Dies wird ein sehr interessanter Tag.«

Jarra Njai hatte mir versprochen, mich ein Stück auf dem Pfad mitzunehmen und auf dem Rückweg wieder abzuholen.

Um halb acht Uhr morgens stand ich in Jarra Njais Gehöft. Sie und Salinding zerstampften Reis für die Mahlzeit der Initiantinnen. Janno, die in der Nähe wohnte, half ihr dabei, ebenso wie Salindings Schwester Mbasire, die in Jarra Njais Gehöft verheiratet war. Im Licht des frühen Morgens hatte die kalte Erde eine bläuliche Färbung. Die Äste des großen Dornenbaums weiter hinten im Hof ragten wie Stacheldraht gegen den Himmel. Nur die anstrengende Arbeit mit dem Stößel hielt die Frauen warm. Im Osten ging die Sonne langsam auf, und ihre langen gelben Strahlen fielen auf die nackten Arme der Frauen.

Die Arbeit der Frauen, das Kommen und Gehen im Gehöft, wurde ohne jede Hast in der gewohnten Weise fortgesetzt, als würde nichts Besonderes geschehen. Dann plötzlich, es war fast neun Uhr, verließen wir eilig den Hof. Die Straßen waren schon voller Frauen, die auf das andere Ende des Dorfes zustrebten.

Jenseits der Moschee, am Bantaba von Fili Kunda vorbei, verlief ein schmaler Weg zwischen Müllhaufen und dem Zaun des Gehöfts Old Bajo Kunda. Dahinter gelangte man direkt in die Wildnis des Busches. Nach etwa zwanzig Metern auf diesem Pfad erblickte ich einen großen, weit ausladenden Mangobaum, den man den *duto koto* nannte – den alten Mangobaum. Während der Initiationsriten durfte kein Mann weiter als bis zu diesem Baum gehen. Die Männer, die das Land in der Nähe des Reisfelds bestellten, mußten ihre Arbeit in dieser Zeit unterbrechen, und wenn ein Mann aus irgendeinem Grund das Dorf in dieser Richtung verlassen wollte, dann machte er einen Umweg über einen anderen Pfad.

Bei den Jolas wurde die Initiation der Mädchen mit großen Freudenfeiern eingeleitet. Freunde und Verwandte versammelten sich aus dem ganzen Land im Dorf. Viele Tiere wurden geschlachtet, und sogar die Sprecher im Radio widmeten sich dem Ereignis. Und wenn die Kinder am Morgen das Dorf verließen, begleiteten die Männer sie tanzend und trommelnd bis an den Rand des Busches.

Die Tradition der Mandingos dagegen wollte es anders: Wer nicht gerade unmittelbar am Geschehen beteiligt war, verlor kein einziges Wort über den Beginn der Zeremonie.

Die Frauen verließen das Dorf zwar gemeinsam, aber ohne jedes Gedränge. Sie gingen schnell, doch nicht hektisch, beließen es bei dem unumgänglichen Maß an Lärm und Durcheinander und trugen auch keine besondere Kleidung. Am Bantaba bei Fili Kunda sahen die Männer, die dort saßen und Elefantengras zu Matten flochten, nicht einmal von ihrer Arbeit auf. Jede Seite täuschte Desinteresse vor.

Ich war enttäuscht, als ich sah, wie nahe der alte Mangobaum beim Dorf stand. »Geh nach Hause«, sagte Jarra Naji. »Wenn die Sonne hoch steht, kannst du wiederkommen, und wenn wir zurückkehren, tanzen wir für dich. Aber auf diesem Weg hier darfst du nicht weitergehen. Tust du es doch, werden sie dich verprügeln.« Auf den Wurzeln des alten Mangobaumes sitzend sah ich ihnen nach. Salinding folgte als Nachzüglerin mit einer riesigen Emailleschüssel auf dem Kopf, in der meine kleinere Trommel und der Rock aus Stoffstreifen lagen, den Sute bei Sarahs Tulungo getragen hatte. Ansonsten trugen die Frauen, von einigen auf den Rücken gebundenen Babys abgesehen, so wenig wie nur möglich mit sich.

Je weiter sich die Frauen entfernten, desto leichter erschien mir ihr Gang; gleichzeitig aber auch so zielstrebig, als wollten sie gleich losrennen. Der Busch umgab sie mit einem Meer von Unkraut und ausgedörrten Gräsern, in dem gerade die letzten Spuren von Grün verschwanden. In der Morgensonne schimmerte der Silberdunst des Staubes, den der Harmattan aufwirbelte. Weiter entfernt wurde die Vegetation höher und dichter, kleine Bäume und Büsche wuchsen dort, in denen die Frauen plötzlich verschwanden, als hätte sich der Busch wie ein Vorhang hinter ihnen geschlossen.

Der Zug war aber noch nicht zu Ende: Alte Frauen gingen ruhigen Schrittes an mir vorbei und trugen ihre gefalteten Schals auf den Köpfen, Mädchen sausten umher und lachten. Alle stellten mir die gleichen Fragen: »Was tust du hier? Warum bist du hergekommen? Hast du vor, hinzugehen?« Es folgten prompt immer die gleichen Ratschläge: »Geh nicht hin! Männer dürfen da nicht hin! Es ist nicht gut. Du wirst verprügelt.«

Es gab mir einen Stich, als ich sie verschwinden sah. Trotz meiner Vorbehalte gegen die Riten wünschte ich mir mehr als alles andere auf der Welt, ihnen auf diesem geheimen Pfad folgen zu können, um das Geheimnis ebenso wie das daraus erwachsende Glücksgefühl mit ihnen teilen zu dürfen. Nachdem ich mit diesen Frauen schon so viel gemeinsam erlebt hatte, war es jetzt umso schmerzhafter, von einem Ereignis ausgeschlossen zu werden, das ihnen so viel bedeutete. Die freudige Erwartung auf den Gesichtern der Frauen, die wie von einer magnetischen Kraft angezogen zielstrebig ihren Weg verfolgten, machte es mir noch viel schwerer, zurückzubleiben und ihnen hinterherzusehen.

Als ich ins Dorf zurückging, kamen mir die letzten Nachzügler entgegen: Sirrah Bajie spazierte hinterher, und Ami Marong rannte am Eingang des Old Bajo Kunda vorbei, um ja nichts zu verpassen. Die Männer am Bantaba bei Fili Kunda sahen mich amüsiert an.

»Du bist nicht in den Busch gegangen?«

»Nein.«

»Warum nicht?«

Damals hörte ich diesen Scherz zum ersten Mal. Beim dritten Male sollte er mich langweilen und beim fünftausendsten Mal vor Ärger platzen lassen.

»Wenn sie sich lustig über dich machen«, sagte Momodou Fulo, Nafi Sahos Ehemann, und sah von seiner Elefantengrasmatte auf, dann sag ihnen einfach: ›*Mem be koos, wo le be kas!*‹ – »Was mit euch ist, ist auch mit uns.« Was in diesem Fall bedeutete: »Jeder hat seine Geheimnisse.«

Es gibt gewisse Orte auf der Welt, an denen die Landschaft ihrem Betrachter beunruhigend die Kugelform der Erde in Erinnerung ruft. Zu ihnen gehörte die Gegend um den alten Mangobaum in der Nähe des Gehöfts Old Bajo Kunda. Auf einer Seite des Pfades erstreckte sich eine Ebene, die in sanftem Anstieg zu den Reisfeldern von Jumutung führte. Auf der anderen Seite, auf der Rückseite von Fili Kunda, erhob sich ein leichter Hügel mit riesigen Affenbrotbäumen, von dem aus die lange Reihe der Mangobäume auf der Südseite des Dorfes sichtbar war. In der Regenzeit wucherte das fleckige grüne Durcheinander des Busches aus allen Richtungen auf einen zu, und die großen Bäume ragten wie Zinnen vor dem hügeligen Horizont auf. Während der Trockenperiode aber, wenn die Bäume ihre Blätter verloren hatten und die Getreidefelder gehackt waren, so daß nur weißliche, auf ihre Verbrennung harrende Stoppeln übrigblieben, hatte man manchmal eine gute Sicht in alle Richtungen. Aber stets war mir, als paßten die verschiedenen Ausschnitte, die ich sah, nicht zusammen, weil die Übergänge nicht stimmen wollten.

Vielleicht waren diese verwirrenden Perspektiven schuld daran, daß ich mich so unwohl unter dem alten Mangobaum fühlte, während ich auf die Rückkehr der Frauen wartete. Dort, wo sich die beiden Horizonte trafen und wo nun jeden Augenblick die Frauen erscheinen konnten, glitzerte der Pfad wie ein Tropfen Quecksilber, der im Dunst des frühen Nachmittags flimmernd glänzte. Ich dachte daran, wie viele Male ich diesen Pfad hätte entlanggehen können, wenn ich es nur gewollt hätte. Nun war es plötzlich verboten, auch wenn kein sichtbarer Hinweis darauf angebracht worden war. Niemand war damit beauftragt worden, den Weg abzusperren. Das einzige, was die Menschen davon abhielt, einfach loszugehen, war die Macht des kollektiven Glaubens. Nichts auf der Welt hätte die Männer dazu bewegen können, jetzt auf diesem Pfad zu gehen.

Zunächst einmal sollte die Geheimhaltung aller Vorgänge, die mit der Initiation zusammenhingen, die Kinder vor Hexen schützen. Denn in der Welt der Hexen würde jede, der es gelang, die Seele einer Ngangsingo – einer Initiantin – in Besitz zu nehmen, zur Königin gekrönt. Aus diesem Grund, so glaubte man, bestand während der Dauer der Riten stets die Gefahr, daß sie sich den Kindern näherten.

Aber die Gründe reichten noch tiefer. Von Anfang an hatte ich bei den Frauen eine an Verzückung grenzende Begeisterung festgestellt, neben denen die anderen Zeremonien, die sie gemeinsam mit ihren Männern feierten, mechanisch, fast aufgezwungen wirkten. Nach ihrem Verständnis stellte die Initiation einen Bestandteil des islamischen Glaubens dar, der von *früher* stammte – aus einer Zeit, über die sie nur nebelhafte Vorstellungen besaßen und in der ihr Stamm vielleicht noch gar nicht existiert hatte. So fand ich niemanden, der mir erklären konnte, welchem Zweck die Riten nun genau dienten. Die Frauen wußten nur, daß schon ihre Großmütter sich ihnen unterzogen hatten, und deshalb mußten auch sie es tun. Ihre Enkelinnen würden die Zeremonie auf die gleiche Weise erleben wie deren Enkelkinder. Das war überhaupt der Daseinszweck einer Frau: Ein Leben zu führen, das dem der Großmütter glich, und dafür zu sorgen, daß auch die Enkelinnen dieses Leben noch so leben konnten. Es gehörte einfach zum Frausein, in den Busch zu gehen und alles, was sie dort erwartete, hinzunehmen, selbst wenn das ihren Tod bedeutete.

Doch das Ereignis war nicht nur eine schwere Prüfung, sondern gleichzeitig etwas Schönes und Wunderbares – eine Gelegenheit, höchstes Glück zu erfahren, und zwar weniger für die Initiantinnen als für ihre Mütter, sogar für jede andere Frau, die dort hinging. Das eigene Kind in den Busch zu bringen, war nicht nur eine Pflicht, es war ein Akt der Zuneigung und Liebe.

Auch bei ihren Großmüttern war der Vorgang von Geheimnissen umgeben gewesen, die seine Bedeutung umso mehr betonten. Jedem, der sich einmischte, drohte zwangsläufig der Tod. Die Initiation forderte aber auch Todesopfer unter den Kindern.

Während ich auf den Wurzeln des alten Mangobaumes saß, kam mir ein Satz in den Sinn, den ich auf der ersten Seite in einem Buch von Roland Barthes gelesen hatte: »Euclid ist der Held, der dem Geheimen einen Namen gab.« Ich hatte keine Ahnung, was das bedeutete, und viel weiter war ich mit dem Buch auch nicht gekommen. Aber der Satz haftete immer noch in meinem Gedächtnis, und als ich dort saß und immer nervöser wurde, ging er mir immer wieder durch den Kopf. Ich wußte, daß ich im Grunde schon allein durch meine Beobachtungen am Rande des Ereignisses, schon durch mein vorübergehendes Interesse, das Tabu verletzte. Wie sollte ich mich verhalten, wenn die Frauen zurückkamen, und, noch wichtiger, wie würden sie sich mir gegenüber verhalten?

Von Zeit zu Zeit spitzte ich meine Ohren, ob vom Initiationsort Laute drangen – ein Schreien der Initiantinnen etwa, oder Klatschen, Tanzen und Trommeln. Ab und zu hörte ich undeutlich dünne, hohe Rufe, aber der Wind blies in die entgegengesetzte Richtung. Wahrscheinlich stammten sie von den wenigen Kindern, die noch im Dorf waren. Der Pfad, der im Dunstschleier des Staubes schimmerte, enthielt keinen Hinweis darauf, daß dieser Tag sich von jedem anderen unterschied oder daß an seinem Ende etwas Bedeutsames stattfand. In der anderen Richtung lag das Dorf in unheilvoller Stille, die nur vom Rufen der Kinder und dem Brüllen eines Esels zerrissen wurde. Die Zweige der Affenbrotbäume ragten über die Dächer der Hütten wie das Segelwerk großer Schiffe.

Dann erschienen drei Frauengestalten aus dem Busch, die mir gemächlich entgegenschlenderten. Ihrem Gang merkte man an, daß sie zu lange in der Sonne gewesen waren.

»Was tust du hier?«

»Nichts. Ich sitze nur hier.«

»Geh nach Hause. Sie kommen noch nicht.«

»Es ist noch nicht vorbei?«

»Nein.«

»Aber ihr geht schon?«

»Wir wollen das Essen kochen.«

Sie setzten ihren Weg ins Dorf fort. Bald folgten ihnen weitere

Frauen, allein oder in Grüppchen. »Du solltest hier nicht bleiben«, meinten manche. »Wenn die alten Frauen kommen, schlagen sie dich. Sie schneiden dir die Lippen ab.« »Mach dir keine Sorgen«, beruhigten mich andere. »Du brauchst nicht mehr lange zu warten. Sie kommen bald.«

Dennoch dauerte es noch lange. Dann plötzlich strömten sie aus dem Loch in der Vegetation. Manche hatten sich zum Schutz gegen die Sonne Kleidungsstücke über den Kopf gelegt. Eine Frau, die schon am Baum vorbeigekommen war, wandte sich um.

»Deine Leute kommen«, sagte sie. »Das Saniyoro Kafo.«

Nafi Saho hatte sich meine große Trommel um die Taille gebunden. Fatounding trug ein schmutziges Khakihemd voller Löcher und auf dem Kopf eine Art Baseballmütze, die ausgebeult und ebenso schmutzig war. Sie hatte sich Sutes Streifenrock um die Taille gebunden. In ihrem Lächeln lag erschöpfte Zufriedenheit, aber auch leichte Verlegenheit, für die weniger ihr Erscheinungsbild als meine Gegenwart verantwortlich war. Sie wußte, warum sie so gekleidet war. Ich dagegen hatte keine Ahnung.

Ami Marong hatte ihr Tiko auf dem Kopf gefaltet und unter dem Kinn verknotet, und auf ihrer Stirn klebten Dalasi-Scheine. Weitere Frauen in recht merkwürdigen Aufzügen kamen vorbei: Djembai Minte, die sich Dosen um die Taille gebunden hatte, oder zwei junge Frauen in der Arbeitskleidung von Streckenarbeitern.

»Kommt. Wir wollen für Mark singen«, sagte Jarra Njai. »Er hat seinen Kassettenrekorder mitgebracht.« Aber natürlich stellte nun alles nur noch einen schwachen Abklatsch dessen dar, was sie am Initiationsort erlebt hatten, und nach wenigen Minuten angestrengten Gesangs und nach ein paar halbherzigen Versuchen zu tanzen sagte Jarjei: »Mark, alle sind müde. Es ist zu heiß.«

»Du hast recht«, sagte ich. »Ruht euch aus.«

Jarra Njai blickte vorsichtig über ihre Schulter. »Komm, Mark. Wir gehen.«

Ich sagte, ich wolle noch bleiben und auf die anderen warten.

»Nein. Bleib nicht hier. Komm mit uns. Heute nachmittag bringe ich dich zu den Kindern.«

Wohl oder übel mußte ich mitgehen.

Jarra Njai schickte eine riesige Schüssel mit in Palmöl gekochtem Reis und gebratenem Hühnchen zu den Kindern. Dann setzten wir uns und aßen Reis und die weniger schmackhaften Teile des Vogels, Kopf und Beine, von denen ebenfalls das gelbe Öl troff.

»Das Essen könnte besser sein«, sagte Jarra Njai. »Ich habe nicht genug Öl bekommen.«

Soweit ich sehen konnte, war es mehr als genug.

Gegen halb sechs machten wir uns auf den Weg zu den Kindern. Ich fragte mich, ob der mir angekündigte Gesang und die Tänze wohl noch im Gange waren. Auf dem Pfad begegneten wir Filije Minte, Jarra Njais Mutter. »Wohin bringst du diesen Mann?« erkundigte sie sich.

»Zu den Ngangsingolu.«

»Hee-e!«, meinte die ältere Frau und schlug mit einem Entsetzen, das nur zum Teil gespielt war, die Hände vors Gesicht.

Früher waren die Kinder vom ersten bis zum letzten Tag der Einweihung im Busch geblieben und hatten unter einem Dach aus Palmblättern geschlafen. In den vergangenen Jahren jedoch hatte man es für sicherer und auch bequemer gehalten, sie abends ins Dorf zurückzubringen, wo sie in einem der Frauenhäuser in den jeweiligen Gehöften übernachteten. Dieser Aufenthaltsort wurde das *jujuo* genannt – das Haus der Initiantinnen.

In Kafuli Kunda diente Safi Mamas Haus, das sie mit einer Nebenfrau und ihrer Schwiegermutter teilte, als Jujuo. Als wir näherkamen, hörten wir gedämpfte Geräusche im Inneren. Ein paar alte Frauen saßen vor dem Eingang und musterten uns mit versteinerter Miene, wobei unklar blieb, ob sie nur einfach erschöpft und träge waren, oder ob sie den Besuch mißbilligten. Vor der Tür blieb ich stehen, unsicher, ob ich weitergehen sollte. »Komm«, sagte Jarra Njai.

Die Atmosphäre in diesem dunklen, fast höhlenartigen Raum war, nach der Stille und dem angespannten Schweigen in Sanyang Kunda am Tag zuvor, von Heiterkeit und Aufregung erfüllt. Durch einen Zugang auf der anderen Seite des Zimmers fiel Licht ein, vor dem sich die Umrisse der Tänzerinnen abzeichneten. In den Bewegungen fehlte jene befangene Zurückhaltung, die normalerweise die Tänze der jungen Mädchen kennzeichnete – bei denen meist nur eine Person nervös in den Kreis trat. Hier warfen sie sich mitten hinein, schüttelten ihre Glieder mit ganzer Kraft und bewegten sich selbstvergessen. Aber eigentlich war es eine Übertreibung, überhaupt von einem Tanzkreis zu reden. Jede begann einfach zu tanzen, wo sie gerade stand, und vom Wellblechdach hallte der Klang einer umgedrehten Emailleschüssel wider, auf die jemand schlug. Zum ersten Mal, seit ich in Afrika war, hatte ich das Gefühl, fehl am Platze zu sein.

»Hier sind die Ngangsingolu«, sagte Jarra Njai. In der Ecke des Raumes saßen die kleinen Gestalten aufgereiht, die Tikos sorgfältig über der Stirn verknotet. Aber es war so dunkel, daß ich nur dann einen kurzen Blick auf ihre Mienen erhaschte, wenn sie aufstanden, um sich in das Gedränge zu mischen. Safi Mama führte den Gesang an und hatte große Mühe, mit ihrer kehligen Stimme den Krach der Schüssel, das Klatschen und die ununterbrochenen Unterhaltungen zu übertönen. Eine ältere Frau löste sie bald ab. Barhäuptig hüpfte sie wie eine Elfe hin und her, bewegte ihre Arme wie zum Angriff mit einem unsichtbaren Speer.

»*Ai Waali -o!*« sang sie.
»Die Leute, mit denen ich gehe, lassen mich zurück.«

»*Singkolingkolingsing* – Hey!« sangen die Mädchen.
Singkolingkolingsing!«

»Die Ngangsingolu lassen mich zurück.«

»*Singkolingkolingsing* – Hey!«
»*Singkolingkolingsing!*«

Dann war Jarra Njai an der Reihe. Sie sang den Kindern ein Lied zu Ehren von Salindings Tochter Bintu und ihrer eigenen jüngsten Tochter Nakeiba, die in zwei Tagen in den Busch gehen sollten.

»Ich sagte, der Elefant kann mich bestimmt zum Tanzen
   bringen!
Man vergleicht euch mit dem Kopf eines Elefanten.
Schöne junge Frauen,
wir haben eure Worte gehört.
Nakeiba hat gesagt: ›Wenn wir zum Krokodil gehen,
werden Bintu und ich euch Minzbonbons mitbringen.‹

Ich sagte, der Elefant kann mich bestimmt zum Tanzen
   bringen!
Man vergleicht euch mit dem Kopf eines Elefanten.
Schöne junge Frauen,
wir haben eure Worte gehört.«

Sie wiegte sich langsam beim Singen, und als der Rhythmus immer mitreißender wurde und das Klatschen und das Schlagen der Schüssel eine fast ohrenbetäubende Lautstärke erreichten, sammelte sie noch einmal alle Energie, zu der sie nach den Anstrengungen des Morgens fähig war, und tanzte für das Kind – sie stampfte schwer und schüttelte heftig Körper und Arme. Alle zärtlichen Gefühle, die sie dem Kind ihrer Nebenfrau in diesem wichtigen Moment entgegenbrachte, lagen in ihrem Tanz.

Dann war es Zeit zu gehen.

»Ich möchte noch ein bißchen bleiben«, bat ich.

»Nein, nein. Bleib nicht hier.«

»Nur noch ein wenig.«

»Gut. Aber nicht zu lange. Du verstehst.«

Dann sah ich, wie Maryama Sibo Djankeh sich einen Weg durch das Gewühl zu mir bahnte. »Was tust du hier?« rief sie. »Weißt du nicht, daß es auch Dinge gibt, die nur uns etwas angehen?«

Ich beschloß, es damit bewenden zu lassen.

Am nächsten Tag waren die Kinder aus der Dorfmitte – *sate ba* genannt – an der Reihe. Wieder wartete ich beim alten Mangobaum, und wieder hielten sie kurz an und sangen Lieder, die ich auf meinen Kassettenrekorder aufnahm. Hinter ihnen gingen undeutlich erkennbare Gestalten vorbei, unter ihnen die gerade initiierten Kinder.

Später am Nachmittag ging ich nach Kafuli Kunda, wo sich die Atmosphäre im Vergleich zum vorherigen Tag beträchtlich entspannt hatte. Die Ngangsingolu saßen auf Matten, die fast über den ganzen Boden gebreitet waren. An ihren ordentlich verknoteten Tikos waren Ketten aus weißen Kaurimuscheln befestigt, die ihre Stirn schmückten und Hexen fernhalten sollten. Die Mädchen schienen sich bemerkenswert schnell zu erholen, und viele tanzten begeistert zum Klang der Schüssel. Überhaupt wurde immerzu, bis zum Ende der Einweihungsriten, auf Schüsseln oder beliebige andere Gegenstände geschlagen, und natürlich wurde dazu geklatscht und gesungen. Normalerweise beaufsichtigten die jungen Frauen bis Anfang zwanzig die Ngangsingolu und führten die Gesänge an. Sie hießen *kintangolu* – »Sklavinnen« der Initiantinnen. Die Nichten eines Mannes waren verpflichtet, sich während der gesamten Dauer der Initiation um dessen Kinder zu kümmern, bis sie in die Gehöfte ihrer Ehemänner zogen. Sie wohnten mit den beschnittenen Mädchen im Jujuo, holten Wasser für sie, begleiteten sie zur Toilette und kochten gemeinsam das Essen für sie. All dies war zwar ihre Pflicht, aber Bewacherin wäre trotzdem ein passenderes Wort als Sklavin gewesen. Denn sie waren es, die den Kindern die meisten Lieder beibrachten und sie maßregelten, wenn die alten Frauen nicht dort waren – und mit Strafen waren sie schnell bei der Hand. Die Initiantinnen sollten schließlich Respekt erlernen, und die Bewacherinnen verstanden es, sich durchzusetzen.

Einige Mädchen waren zwar im gleichen Alter wie die Initiantinnen, trugen aber ihre gewöhnlichen Kleider. Sie waren schon in früheren Jahren beschnitten worden, hatten jedoch damals nicht am dazugehörigen Unterricht teilgenommen, weil sie zu jung gewesen waren.

Nun, da der eigentliche Initiationstag der Kinder vorbei war, drängte mich niemand mehr zum Gehen. Man kehrte fast schon wieder zur Tagesordnung zurück. »Hast du ein paar Batterien übrig?« fragte Safi Mama. »Die Kinder sind in meiner Obhut, wenn du also hier fertig bist, vergiß mich nicht.«

Offiziell trugen die ältesten Frauen des Gehöfts die Verantwortung für die Kinder, womit ihnen ebenfalls die Aufgabe zufiel, Geschenke von Fremden für ihre Schützlinge entgegenzunehmen. Trotzdem schienen alle Fäden in Safi Mamas Hand zusammenzulaufen – sie begleitete die Kinder, wenn sie das Gehöft verlassen mußten und sorgte für ihre Mahlzeiten. Sie eignete sich hervorragend für diese Aufgabe.

Ich ging mit einem Gefühl der Verzweiflung nach Hause. In den vergangenen drei Tagen hatte ich kaum etwas Brauchbares, was mich weiter über die Initiation aufgeklärt hätte, auf mein Gerät aufgenommen. Am vorherigen Abend war ich aus dem Jujuo zurückgekehrt und hatte erst dann bemerkt, daß einer der Mikroeingänge meines Kassettenrekorders nicht richtig funktionierte und die Aufnahme nur aus verstümmeltem, unverständlichem Chaos bestand. Einen Augenblick lang hatte ich mich allen Ernstes gefragt, ob die Zaubersprüche zum Schutz der Initiation so mächtig waren, daß sie mich davon abhalten konnten, etwas von Bedeutung aufzunehmen. Die meisten Lieder hatte ich aber ohnehin schon Dutzende Male seit meiner Ankunft im Dorf gehört. Die Ereignisse fanden praktisch in meiner Gegenwart statt, aber ihr eigentlicher Sinn, ihre wahre Bedeutung, entgingen mir völlig.

Ich traf Pa Konte, der vor seinem Haus auf der Hauptstraße saß.

271

Er redete mit zu, mich nicht entmutigen zu lassen. »Wenn ich zum Jujuo ginge, würde man mich hinausjagen wie einen Hund. Nur weil sie dich mögen, haben sie dir erlaubt zu kommen.«

Während wir sprachen, erschienen kleine Gestalten aus dem Zwielicht, die die Kleidung der Ngangsingolu trugen – auf der Stirn verknotete Tikos und über der Brust verknotete Wickelröcke. Das Kind, das die Reihe anführte, schwenkte an einem Stock eine Fahne aus geblümtem Stoff. Die Mädchen kehrten gerade aus dem Busch hinter dem Dorf zurück, wo ihre Wunden gewaschen worden waren, und sie sangen auf dem Weg ins Jujuo. Als sie auf unserer Höhe waren, verneigten sie sich vor uns und einer Frau mittleren Alters, die mit Pa redete oder, besser gesagt, ihm eine leidenschaftliche Ansprache hielt. Ich hatte ihr keine große Aufmerksamkeit geschenkt, obwohl die Plastikdose, die sie bei sich trug, unübersehbar war. Sie grüßte mich und wollte wissen, woher es kam, daß sie mich kannte, während ich sie nicht kannte.

»Sie geht mir auf die Nerven«, sagte Pa, als sie weitergegangen war. »Wir sind entfernte Verwandte, und deshalb bettelt sie, ich solle ihr eine Tagesdecke für ihr Bett kaufen.«

»Wer ist sie?« fragte ich.

Er sah mich ungläubig an. »Sie ist die *ngangsimba* – die Mutter der Initiantinnen«, sagte er, als müsse er an meinem Verstand zweifeln, weil ich das nicht wußte. »Sie ist die Frau, die all die Mädchen beschnitten hat. Hast du nicht ihre Dose gesehen? Darin bewahrt sie die Rinde auf, die sie für die Behandlung der Wunden benötigt.«

Sie stammte aus einem anderen Dorf, das weiter im Inneren der Provinz lag. Sie beschützte die Kinder vor den Hexen. In Dulaba selbst lebte nämlich keine Kunfanunte – eine Frau, die den zweiten Blick besaß. Sie war die Herrin des Nyakaboyo dula, des Hauptortes der Initiationsriten, und die Hüterin des Jujuo. Nichts geschah im Verlauf der Zeremonie, ohne daß sie das letzte Wort hatte.

Aber wie wollte sie die Kinder in der Nacht schützen, wenn sie doch alle in verschiedenen Gehöften schliefen?

»Sie bewacht sie nicht, indem sie bei ihnen bleibt, sondern sie wacht im Geist über ihnen. Sie schläft im Gehöft der Lehrer, weil ihre Tochter mit dem Besitzer dieses Gehöfts verheiratet ist. Wenn einem Mädchen irgend etwas zustoßen sollte, sieht sie das vor ihrem geistigen Auge, und dann fliegt sie hin und beschützt sie. Aber niemand kann sie dabei sehen, weil sie dann unsichtbar ist.«

Seine eigene Mutter war eine Ngangsimba gewesen, und manchmal hatte er als Kind bemerkt, daß ihr Körper zwar neben ihm lag, ihr Geist aber irgendwo ganz anders weilte. Sie war in diesen Momenten wie tot gewesen. Am nächsten Morgen aber stand sie auf wie immer.

»Die Leute im Dorf sagen, daß sie vor ihrem Tod noch etwas ganz Großartiges für mich getan haben muß, weil ich nachts mit meinem Motorrad durch ganz Kiang fahre und mir noch nie etwas passiert ist. Weißt du, an der Küste glauben die Menschen, daß es in so abgelegenen Gebieten wie hier eine Menge Hexen gibt.«

Wenn die Kinder am Morgen ihrer Initiation das Dorf verließen, brachte man sie direkt zu den Salzwasserstellen in der Nähe des Flüßchens, wo sie gebadet wurden. Sie hörten das Krokodil zwischen den Mangroven, und ihnen wurde eingeschärft, daß sie keiner Menschenseele je davon erzählen durften, was nun mit ihnen geschehe. Wenn sie dieses Verbot mißachteten, käme das Krokodil, um sie zu holen.

Daraufhin begaben sie sich gemeinsam in die Nähe des Reisfelds und wurden einzeln zum Ort der Beschneidung gebracht. Dort erwarteten sie schon sämtliche Dorffrauen sowie die Ngangsimba, die unter einem Baum saß. Vor ihr lag eine Matte, die für das Mädchen bestimmt war und um die sich die Frauen drängten, um zuzusehen. Die Initiantin wurde festgehalten, während die Ngangsimba eine Nadel nahm und ihre Klitoris nach oben zog. Mit einer Klinge, die zuvor in einer Flamme sterilisiert worden war, trennte sie die Klitoris und die inneren Schamlippen ab. Größte Hochachtung wurde dem Mädchen entgegengebracht, wenn sie nicht schrie.

Wenn alle Mädchen beschnitten worden waren, tanzten ihre Mütter, Großmütter, Tanten, Schwestern und alle anderen Frauen in der sengenden Hitze für sie.

Am Mittwoch gingen die Initiantinnen nicht zum Reisfeld, weil dies traditionsgemäß der Tag war, an dem die Frauen sich ausruhten. Für den Abend wurde ich in das Jujuo in Kafuli Kunda eingeladen, um die *su-kwos* zu hören – die religiösen Lieder. Mir wurde schnell klar, daß es sich hier nicht um die üblichen Su-kwos handelte, die man in den Nächten der Kitimo- und Gammo-Woche überall auf den Straßen und in den Gehöften hörte. Sie wurden mehr auf Mandinka als Arabisch gesungen, und ihren Kadenzen fehlte das typische fromme »Abfallen« der moslemischen Sukwos. Sie waren unmittelbar, lebendig und spontan im Rhythmus, ohne sich auf eine Tradition zu berufen. Sie entsprangen einzig diesem Ort – der harten, widerspenstigen Erde, dem »Busch der Frauen«.

Eine Bewacherin rief einen langen Satz aus, auf den sämtliche jugendlichen Stimmen vereint eine kurze Antwort zurückbrüllten. Es folgten ein weiterer Satz und eine weitere Antwort, und dann wurde das Ganze mit umgekehrten Rollen wiederholt. Häufig löste eine Musakeba – eine sehr alte Frau – die Bewacherin ab.

»Schreit nicht!« sagte sie dann. »Singt!« Glänzend wie Zimbeln erhoben sich dann die Stimmen, und die Singenden antworteten auf die tiefen, heiseren Sätze der Musakeba, nur von ihrem schieren Vergnügen an den Klängen geleitet.

> »*Nale bala kuntung kuntungola*« sang die Musakeba.
> »*Arijana dibeng*«, antworteten die Initiantinnen.
> »*Itolu tala koring balo la.*
> *Arijana dibeng.*«

> »Wir, die wir die Freiheit haben umherzustreifen.
> Im Schatten des Himmels.
> Und ihr, die ihr gegen euren Willen geht.
> Im Schatten des Himmels.«

Dann wurde das Lied umgekehrt:

> »Ihr, die ihr die Freiheit habt umherzustreifen«, sangen die Initiantinnen.
> »Im Schatten des Himmels«, erscholl die tiefe Stimme der Musakeba.
> »Und wir, die wir gegen unseren Willen gehen.
> Im Schatten des Himmels.«

Das Lied beschrieb den Unterschied zwischen denen, die die Feuerprobe der Initiation schon hinter sich hatten und denjenigen, die sich ihr gerade unterzogen. Der Gegensatz wurde symbolisch unterstrichen durch den unterschiedlichen Charakter der Stimmen: Die der Musakebas waren rauh geworden, geprägt von den

Erfahrungen eines langen Lebens, während die der Ngangsingolu lebhaft und hell ertönten – in diesem wichtigen Augenblick, der den Übergang aus einer unbeschwerten Kindheit in eine neue Welt der Verantwortung bedeutete. Bisher hatte man ihnen kein eigentliches »Bewußtsein« unterstellt – man erwartete von ihnen nicht, daß sie den Unterschied zwischen richtig und falsch erkannten, und sie mußten deshalb keine Verantwortung für ihre Handlungen tragen. Mit dem Verlassen des Jujuos aber nahmen sie ihren Platz in der Gesellschaft ein. Nun mußten sie die Begrüßungszeremonien kennen und anwenden und den Ältesten Respekt erweisen.

Auch diese Lieder waren ein Teil des Unterrichts. Im Verlauf ihrer endlosen rhythmischen Wiederholung nahmen die kurzen Melodien, die die Anwesenden abwechselnd mitrissen und dann wieder rührten, neue und unterschwellige Töne an. Wie die komplexen Rhythmen der Trommeln gewannen auch die Lieder eine besondere Gestalt für die Sänger, die sie erforschen und verändern konnten.

Für erwachsene Frauen, die das Jujuo besuchten, stellten diese Lieder ein sinnliches Vergnügen dar, an dem sie als Initiierte teilnehmen konnten. Seit der letzten Beschneidung vor drei Jahren hatten sie diesen Gesang nicht mehr gehört. Dabei beeindruckte sie weniger der Text als die Tatsache, daß sie an ihre eigene Kindheit erinnert wurden; daran, wie sie sich in das stets gleiche Schema des Lebens der Mandingo-Frauen gefügt hatten. Dies war genau der Zweck der Lieder: Die Kinder, die sie zum ersten Mal hörten und lernten, begriffen sie als Teil des Prozesses, in dessen Verlauf sie sich den Rhythmus dieses Lebens zu eigen machen und sich ihm anpassen sollten, ohne Fragen zu stellen. Darin lag auch eine gewisse Geistlosigkeit – die zweifellos beabsichtigt war. Gleichzeitig ging etwas unleugbar Schönes und Zwingendes von dem Vorgang aus.

Als ich mich umdrehte, grüßte mich jemand, und ich sah eine kleine Gestalt in der Dunkelheit neben mir sitzen, die ihren Kopf in einen Schal gehüllt hatte. Es war die Ngangsimba.

»Mark«, sagte sie und lachte leise. »Nie erkennst du mich.«

Auch die Initiantinnen hatten sie nicht bemerkt. Sie grüßte sie scharf, und verwirrt sprangen sie auf die Beine, verbeugten sich und sagten: »*Jattafa Koringo*« – womit sie ihren Namen priesen. Nur ein Kind flüchtete schreiend in eine Ecke des Raumes und blieb schluchzend im Dunkeln stehen. Safi Mama ging zu ihr und

zerrte sie in die Mitte, wo sie gezwungen wurde, immer noch hysterisch brüllend, die Ngangsimba zu umarmen.
»Gestern habe ich sie geschlagen«, erklärte mir die Ngangsimba. Dann wandte sie sich an die übrigen Kinder.
»Ich bin gekommen, um euch guten Abend zu sagen. Heute wart ihr alle hier und habt geklatscht, gesungen und getanzt. Heute abend singen wir die Su-kwos. Sobald ich gegessen habe, komme ich zurück, und ihr alle werdet tanzen. Wenn eine von euch nicht tanzen will, habe ich etwas mit ihr vor, wovon nur ich weiß. Heute habe ich ein Jujuo besucht, in dem die Mädchen sich gestritten haben. Da habe ich die Mütter hinausgeworfen und die Kinder geschlagen. Merkt euch das: Euch würde es nicht anders ergehen. Im Busch war ich diejenige, die zwischen euch und dem Krokodil stand. Keine eurer Mütter war da. Ich sehe also keinen Grund, warum ihr in meiner Gegenwart streiten solltet.
Ich fürchte niemanden außer Gott. Die Ngangsingolu, die ich in den Busch führe, fragen niemals: ›Wo ist die Mutter? Wo ist der Vater?‹ Sie sind mir übergeben worden. Wenn sie also etwas Falsches tun, muß ich sie entsprechend behandeln. Die Väter und Mütter haben mir die Verantwortung für euch übertragen, bis ihr wieder entlassen werdet.«
»Darum beten wir«, sagte Safi Mama den Kindern. »Daß ihr in Frieden beschnitten und in Frieden entlassen werdet. Und daß es nicht nötig sein wird, euch zu schlagen.«
»Die Ngangsingolu wissen nicht, was geschieht«, fuhr die Ngangsimba fort. »Deshalb muß ich ihnen vieles beibringen. Wenn eine von den Müttern damit nicht einverstanden ist, soll sie mit mir in den Busch gehen, und wir lösen das Problem dort. Wenn ich morgen wiederkomme und höre, daß eine Ngangsingo unartig war... dann werde ich mich um sie kümmern.«

Als alle gegessen hatten, wurden die Türen geschlossen, und die alten Frauen rückten zusammen, um sich auf den Gesang zu konzentrieren. Zu ihnen gesellten sich Frauen aus den umliegenden Gehöften und die Bewacherinnen, die das Essen gekocht hatten. Je weiter der Abend in dem großen Raum voranschritt, dem nur eine winzige Öllampe Licht spendete, desto lebhafter klangen die Lieder und desto begeisterter wurde dazu geklatscht. Die Frauen klatschten nicht regelmäßig, sondern setzten unvermittelt ein, wenn sie meinten, die Gesänge zusätzlich anheizen zu müssen.
Die Ngangsingolu begannen einzuschlafen. Safi Mama ging je-

doch zwischen ihnen durch, leuchtete ihnen mit einer Fackel ins Gesicht und rüttelte sie wach. »Kommt. Alle aufstehen. Steht auf und singt!« Es half nichts, sie nickten bald wieder ein. Der aus Ruf und Antwort bestehende Gesang ging nun zwischen den Bewacherinnen und den alten Frauen auf der anderen Seite des Raumes hin und her. Wenn der Rhythmus sie mitriß, erhob sich von Zeit zu Zeit eine der Alten, die oft weit über siebzig waren, und tanzte. Sie stampfte kräftig mit den Füßen auf und ruderte mit den Armen hoch in der Luft, woraufhin die jungen Frauen sie wild beklatschten. Alle sahen sie gerne tanzen, doch die Beschneidung war der einzige Anlaß, bei dem sie sich noch dazu hinreißen ließen – überwältigt von der kollektiven Energie des Augenblicks, die sie »Glück« nannten.

Schließlich waren alle Mädchen aus den Gehöften des Dorfes – fast zweihundert – beschnitten. Als letzte kamen die Kinder an die Reihe, deren Mütter in anderen Teilen des Landes verheiratet waren und die eigens für die Zeremonie ins Dorf gebracht wurden.

Früher, in der Zeit ihrer Großmütter, hatte die Zeremonie stattgefunden, als die Mädchen schon älter waren, zur Vorbereitung auf ihre Heirat. Aber dann hatte man nicht nur festgestellt, daß die Wunden bei den jüngeren Kindern schneller heilten, sondern auch, daß die Kinder selbst immer früher daran teilnehmen wollten. Außerdem befanden sich in jeder Gruppe von Mädchen einige zukünftige Kunfanuntes, und diese konnten ihre Kräfte ja möglicherweise dazu einsetzen, sich der Ngangsimba zu widersetzen. Je älter die Kinder wurden, desto schwieriger waren diese Kräfte zu kontrollieren.

Die kleinsten Kinder, die gerade erst entwöhnt worden waren und noch kaum sprechen konnten, bildeten getrennte Gruppen und mußten nicht im Jujuo wohnen, sondern durften zu ihren Müttern zurück. Zu ihnen gehörte auch Jarra Njais Tochter Nakeiba, die ein Sweatshirt mit dem Aufdruck »Dukes of Hazard« trug, als sie in den Busch ging.

Früh an jedem Morgen während der Einweihungszeit wurden die Initiantinnen in den Busch gebracht, wo sie ihr neues Wissen erwarben. Mittags, wenn die Sonne am höchsten stand, kehrten sie ins Dorf zurück und verbrachten den Nachmittag damit, sich auszuruhen, zu singen und manchmal zu tanzen. Abends wurden die Türen des Jujuos geschlossen, und ihre Mütter kamen, um mit ihnen die Su-kwos zu singen.

Nach einer Woche, in der ich schwitzend von einem Ende des Dorfes zum anderen gerannt war, weil ich immer dort sein wollte, wo etwas Bedeutungsvolles geschah – nach außen hin Gleichmut vortäuschend – blieb mir nur das Gefühl, daß die wirklich interessanten Ereignisse immer schon vorbei waren, wenn ich dazukam, oder daß sie beginnen würden, wenn ich schon gegangen war. Ich war mir ganz sicher, daß die *ngangsing denkilos* – die Lieder der Initiantinnen – wesentliche Informationen über die Zeremonie enthielten. Aber ich wußte nicht einmal genau, ob die Lieder auf meinen Kassetten nun tatsächlich zu den Ngangsing denkilos gehörten, oder ob sie einfach nur religiöse Lieder waren, die ich überall hätte hören können. Sobald eine Frau etwas Interessantes zu singen begann, erhielt sie einen Stoß in die Rippen, und ein bekannteres Lied wurde angestimmt. Ich bekam einfach nicht mit, was geschah. Schließlich beschloß ich, Pa Konte darum zu bitten, seine Beziehungen zur Ngangsimba für mich spielen zu lassen. Schließlich war sie die »Hüterin des Jujuo« und hatte das letzte Wort in allen Dingen.

Ich fand Pa im Busch bei einem neugeborenen Kalb, das nicht aufstehen konnte. Die Nachmittagshitze war brütend, und nirgends gab es Schatten. Meine blödsinnige Frage kam ihm nicht gerade gelegen.

»Ich kann nicht zu ihr gehen, Mann. Sie wird sofort versuchen, mir eine Tagesdecke für ihr Bett abzuluchsen.«

Eine was?

»Ich sagte dir doch schon, sie will, daß ich ihr eine Tagesdecke kaufe.«

Was sollte ich tun?

»Geh hin und erzähle ihr einfach, was los ist. Sei ehrlich zu ihr. Ich bin mir ziemlich sicher, daß sie für dich tun wird, was in ihren Kräften steht. Sie ist kein schlechter Mensch.«

Die Ngangsimba war eine kleine Frau, etwa Ende Vierzig oder Anfang Fünfzig. Sie lag in einem der hinteren Zimmer im Haus ihres Schwiegersohns auf dem Bett ausgestreckt und war nur mit einem alten Wickelrock bekleidet. Ihre großen Brüste hingen fast bis zur Taille hinunter. Sie war hellhäutig, und obwohl ihre kurzen, krausen Haare schon ergraut waren, lag ein schelmischer, fast wollüstiger Blick in ihren Augen. Wenn sie lächelte, und das tat sie oft, funkelten sie, und dabei zog sie ihre Augenbrauen fragend hoch. Trotzdem war es ein ungewisses Lächeln, das jederzeit verschwinden konnte, und ich wollte mir lieber nicht ausmalen, was dann an seine Stelle treten würde.

Zwischen ihren Brüsten hingen zwei Jujus, von denen eines aus Leder gefertigt war und einen kleinen diamantenförmigen Spiegel enthielt. Wenn sie sich in Schwierigkeiten befand, brauchte sie nur in diesen Spiegel zu blicken und sah dann, was an einem beliebigen Punkt auf der Welt geschah. Das andere Juju war in Schlangenhaut gewickelt und verlieh ihr die Fähigkeit, unsichtbar zu werden. Manchmal kamen nämlich die Hexen in Tiergestalt zu den Menschen – als Affe, Pferd, Geier, Katze, ja sogar als Fledermaus oder eben unsichtbar. Von ihrem Bett aus entging ihr jedoch keine, so daß sie sich entweder gleichfalls unsichtbar oder in Tiergestalt an den entsprechenden Ort begeben konnte. Zuerst nahm sie den Hexen den »Blick«. Wenn sie wollte, tötete sie sie dann. All dies ermöglichte ihr dieses Juju, und wenn sie das Amulett nicht trug, konnte die Hexe sie sehen und töten. Deshalb legte sie es natürlich nie ab.

Es war ihr erstes Jahr als Ngangsimba, zuvor hatte sie immer nur mitgeholfen. Doch nun hatte die vorherige Ngangsimba, die aus Dulaba stammte, ihren zweiten Blick verloren. So etwas passierte leicht. Es reichte zum Beispiel schon aus, daß sie die *nintingo*, eine Tonschüssel mit Löchern, die zum Reiskochen benutzt wurde, nahm und das Essen damit abdeckte, oder daß sie Essen von einem hohen Regal herunterholte und sich versehentlich damit bekleckerte. Gleich nachdem sie davon erfahren hatte, war sie nach Dulaba gekommen, um die neue Ngangsimba zu werden. Sie hatte schon immer gewußt, daß sie diese Funktion einmal ausüben würde, weil sie von Kindheit an die Kräfte einer Kunfanunte besessen hatte. In ihrer Familie besaßen alle den zweiten Blick. Ein Kind, das nicht darüber verfügte, war mit Sicherheit unehelich.

»Du darfst nicht zum Nyakaboyo dula gehen. Ich habe ein Netz über diesen Ort gelegt, ein geistiges Netz – das unsichtbar ist. Jeder Knoten dieses Netzes ist geistig geknüpft worden. Kein Mensch, der nicht schon am ersten Tag der Beschneidung dort war, kann durch dieses Netz hindurchgehen.

Es gibt zwei Arten von Ngangsing denkilos: solche, die wir im Jujuo singen, und solche, die wir im Busch singen. Die Lieder im Jujuo sind nicht geheim. Aber die, die wir im Busch singen, dürfen nur diejenigen hören, die selbst an diesem Ort waren. Aber weil du es bist, und weil es für deine Arbeit wichtig ist, möchte ich dir helfen. Übermorgen, wenn die Mädchen vom Waschen ihrer

Wickelröcke zurückkommen, wartest du auf dem Pfad auf uns, und ich werde ihnen sagen, sie sollen die Lieder aus dem Busch für dich singen.

Komm heute um fünf Uhr hierher zurück, dann bringe ich dich zum Jujuo nach Sanyang Kunda. Dort kannst du die Lieder aufnehmen, die sie im Dorf singen.«

Punkt fünf Uhr fand ich mich ein, um zu erfahren, daß die Ngangsimba wegen dringender Angelegenheiten verhindert sei, daß ich aber allein nach Sanyang Kunda gehen solle, wo man mich schon erwarte.

Die Frauen vor dem Jujuo sahen mich zunächst zwar mißtrauisch an, dann aber schickten sie mich auf den Hof hinter dem Jujuo. Dort kamen die Ngangsingolu einzeln nach vorne, verbeugten sich und schüttelten meine Hand. Ein stechender Uringeruch lag in der Luft. Ich erfuhr den Nachnamen jedes Mädchens und mußte ihn wiederholen, während wir uns die Hände schüttelten. Ihnen schien dieses Ritual Spaß zu machen, besonders Musakeba Sanyang, die meine Hand von oben schlug, wie es typisch für die Begrüßung zwischen Männern war.

Abseits von den anderen sah ich ein kleines Mädchen. Sie saß steif auf einer Matte, bis zum Kinn in einen Wickelrock gehüllt. Sie rührte sich nicht und starrte ausdruckslos ins Leere.

»Sie war krank«, erläuterte eine der Frauen kurz angebunden. »Jetzt geht es ihr aber besser.«

Ich schaltete den Kassettenrekorder ein, und die Ngangsingolu sangen mir einige Style-Lieder vor. Aus reiner Höflichkeit hörte ich eine Weile zu, sagte dann aber, daß ich eigentlich gerne die Ngangsing denkilos gehört hätte. Entsetzt schwiegen alle. Die Frauen blickten mich erschrocken an, und sogar die Kinder schienen besorgt.

»He«, sagte schließlich Penda und erhob sich. »Ngangsing denkilos sind *ku'lo'*!«

»Hat euch nicht die Ngangsimba gesagt, daß ich kommen werde?«

»Nein.«

»Sie sagte, ich solle heute nachmittag hierherkommen, um die Ngangsing denkilos aufzunehmen.«

»Das war nur ein Scherz.«

Zwei Tage später, an dem Morgen, an dem die Ngangsingolu ihre Wickelröcke waschen sollten, fühlte ich mich schwach. Ich hatte gerade eine besonders schlimme Durchfallerkrankung hinter mir, und als ich im Morgengrauen zusammengekauert auf der Toilette saß, ging mir durch den Kopf, daß sich vielleicht jemand »gewisser Mittel bedient hatte«, um mich davon abzuhalten, mehr über die Beschneidung zu erfahren.

Ich sammelte all meine Kräfte für den Weg zum alten Mangobaum und packte Aufnahmegerät, Mikrofon, Ersatzbatterien und Kassetten zusammen. Ich wollte nichts vergessen und kein einziges Lied verpassen. Gerade, als ich das Haus verlassen wollte, kam mir meine Waschfrau Mabinta entgegen, um Fisch aus dem Kühlschrank zu holen, und ich wunderte mich darüber. Ich hätte sie im Busch bei den anderen Frauen vermutet. Ich fragte sie, ob heute nicht der Tag sei, an dem die Ngangsingolu ihre Röcke wuschen. Sie verneinte das.

»Was geschieht dann heute?« fragte ich.

»Gar nichts, was soll denn geschehen?« antwortete sie ungerührt.

In der Lehrersiedlung traf ich Mr. Balde, der im Hof saß. Ich erzählte ihm, die Ngangsimba habe mir gesagt, daß heute – »übermorgen« – der Tag sei, an dem die Mädchen ihre Röcke wuschen. Er lachte.

»Wenn die Leute hier in der Gegend ›übermorgen‹ sagen, dann meinen sie damit nicht, daß etwas tatsächlich übermorgen geschieht, sondern nur, daß es nicht morgen geschieht.«

Er sagte mir, die Ngangsimba sei gerade nach Sanyang Kunda gegangen, um ein krankes Kind zu besuchen. Mir fiel ein, daß ich etwas von einer Ngangsingo gehört hatte, die ins Krankenhaus gebracht worden sei. Dann erinnerte ich mich an das Kind, das bewegungslos im Hof gesessen hatte. Balde erzählte, er habe gehört, wie die Frauen einander erzählten, das Mädchen sei von einer Hexe angefallen worden. Es sei in Sanyang Kunda geschehen, aber die Ngangsimba habe die Hexe »gesehen« und ihr sofort Einhalt geboten. Er sagte, die Frau schlafe kaum. Egal wie spät er ins Gehöft zurückkehre oder nachts aufstehe, immer brenne Licht in ihrem Zimmer.

Wären die Europäer in der Zeit der Einweihungsriten in das Dorf gegangen, dann hätten sie Straßen gesehen, die am hellichten Nachmittag von tanzenden Frauen verstopft waren, oder Tulungos, die zwischen den Aschehaufen im hinteren Bereich der großen Gehöfte abgehalten wurden. Aber sie hielten sich wohlweislich fern. Sie wollten »nichts damit zu tun haben«. Richard hatte mir vor langer Zeit einmal gesagt, daß er die Beschneidung für »bestialisch« halte, und es gingen Gerüchte unter den Beamten um, daß er und Barbara Smith versuchen wollten, dieser Praxis in Dulaba ein Ende zu setzen – auch wenn mir dieses Unterfangen unmöglich erschien.

Die berauschte, manchmal leicht hysterische Atmosphäre im Dorf griff deshalb in keiner Weise auf das Camp über. Die Bewohner zogen sich in dieser Zeit ganz zurück.

Eines Abends jedoch erzählte mir Susan Lawrence, die mit ihrem Mann Rajiv zum Abendessen gekommen war, sie habe gehört, daß ein Kind ins Camp gebracht worden sei, weil es aus zwei Arterien geblutet habe, und ohne Richards Eingreifen wäre es zweifellos gestorben. Sie sagte, die Ärzte seien entsetzt über die Größe der Wunde gewesen – es wurde viel mehr »weggenommen« als sie erwartet hatten –, aber genauere Einzelheiten könne sie mir nicht nennen. Ich war tief bestürzt. Damals wiesen alle Berichte von Anthropologen und Ärzten, die hier in der Gegend gearbeitet hatten, eigentlich darauf hin, daß in Dulaba nur die »leichteste« Form der Beschneidung von Mädchen üblich war – ein ritueller Einschnitt in die Klitoris oder das Wegschneiden eines kleinen Teils. Aber mehr noch als das Ausmaß der Verletzung schockierte mich, daß ich in meinem blinden Eifer, den Schlüssel für die Riten zu finden, diesen Aspekt bisher völlig außer acht gelassen hatte. Eine Welle von Schuldgefühlen schlug über mir zusammen, als trage ich selbst in irgendeiner Weise eine Verantwortung für die Geschehnisse. Darüber hinaus erschütterte und verärgerte es mich gleichermaßen, daß ein solches Drama direkt im Haus neben mir stattfinden konnte, ohne daß ich es überhaupt bemerkte. Ich beschloß, mir am nächsten Morgen die genauen Informationen bei den Ärzten zu holen.

Wie oft hatte mich, seit ich nach Afrika gekommen war, die schiere Verzweiflung übermannt, weil die Menschen auch die bedeutungslosesten Informationen nur sehr widerwillig preisgaben. Alles, was die Angehörigen eines Stammes wissen mußten, erfuhren sie zur rechten Zeit von einem speziell damit beauftragten Mitglied ihrer Gemeinschaft, meist einem Ältesten. Und über das, was sie nicht wissen mußten, brauchten sie sich auch nicht den

Kopf zu zerbrechen, weil es sie nichts anging. Aus diesem Grund war es schlecht angesehen, wenn jemand Fragen stellte. Etwas nicht zu wissen stellte ein wesentliches Merkmal ihres Daseins dar, denn Wissen konnte auch üble Folgen haben – Informationen konnten sich schlecht auf denjenigen auswirken, der sie erfuhr, sie schadeten auch dem, der sie erzählte und sogar denjenigen, über die sie erteilt wurden. Deshalb erzog man schon die Kinder dazu, Geheimnisse zu bewahren, denn das Geheimnisvolle verband den Einzelnen mit der Gesellschaft.

Die Beschneidungszeremonien und damit das »Ku'lo« dauerten nun zwei Wochen. Es waren zwei Wochen, in denen ich versucht hatte, irgendeinen Brosamen von Wissen über Riten zu erhaschen, die von Menschen praktiziert wurden, denen das blanke Entsetzen in die Augen trat bei der Vorstellung, mir etwas darüber mitzuteilen. Zwei Wochen lang nahm ich Lieder auf, die ich nicht aufnehmen sollte und von denen ich gar nicht wußte, ob sie überhaupt mit den Zeremonien in Zusammenhang standen – und was hatte ich damit erreicht? Das Geheimnis überwältigte mich und laugte mich zugleich aus. Ich hatte das Gefühl, ich stünde täglich einer greifbaren, physischen Kraft gegenüber. Sie trat fast sichtbar im Dorf in Erscheinung – brodelte aus den Poren der Erde, sickerte wie Harz aus dem groben Holz der Häuser.

Ich empfand eine gewisse Erleichterung auf dem Weg zum Haus der Ärzte. Sie waren Europäer wie ich. Sie stammten aus dem gleichen Land wie ich, aus mehr oder weniger derselben Gesellschaftsschicht. Sie würden verstehen, warum ich es *wissen mußte*. Neugier war ein Teil unserer Kultur.

Richard hatte sich wegen meiner Fragerei zuerst mit Sarah beraten wollen, weshalb ich erst kurz nach dem Essen zu ihnen ging. Von außen sah ich sie im quadratischen Flügel ihres Wohnzimmers sitzen. Vor der Innentür mit dem Moskitogitter zog ich wie hier üblich meine Schuhe aus, so als beträte ich einen Tempel oder eine Moschee.

Nachdem sie mir erzählt hatten, daß nun ein zweites Kind in der Klinik behandelt werde, sagte Richard: »Glaub mir, wir haben uns deine Bitte reiflich überlegt. Aber wir sind zu dem Schluß gekommen, daß wir unsere Position nicht ausnutzen und vertrauliche ärztliche Informationen weitergeben dürfen, ohne dafür die Erlaubnis der Betroffenen zu haben.«

Wovon redete er?

»Es gibt in diesem Land doch gar keine ärztliche Schweigepflicht«, platzte ich heraus.

»Bist du dir da sicher?«

»Ziemlich«, antwortete ich und war mir keineswegs sicher.

»Wir haben unsere eigenen ethischen Grundsätze«, sagte Sarah. »Und für uns sind es immer die gleichen, ob wir nun hier sind
oder in Newcastle. Warum fragst du nicht die Eltern des Mädchens? Wenn sie einverstanden sind, dann wunderbar. Wenn
nicht, wirst du es dabei belassen müssen.«

Was meinte sie damit, »es dabei belassen«? Es ging um meine
Arbeit. Wie konnte ich es »dabei belassen«?

Sie saßen beide nur da und sahen mich an. Ich beschloß, meine
Strategie zu ändern.

»Wir sind hier mitten im afrikanischen Busch«, erklärte ich.
»In vollkommener Abgeschiedenheit. Wer erfährt davon oder
wen interessiert es, wenn ihr es mir sagt?«

»Angenommen, die Eltern des Kindes erfahren, daß wir dir vertrauliche Informationen weitergegeben haben?«

Die Eltern des Kindes hatten gewiß noch nie etwas von einer
ärztlichen Schweigepflicht gehört. Sie waren zwar außer sich gewesen, daß Bakary Sanneh, der Laborassistent, zugegen war, als
Richard den Genitalbereich des Mädchens untersucht hatte, aber
nicht weil es ihnen um den Schutz der natürlichen Scham des
Mädchens ging – nicht weil sie *um ihrer Tochter willen* nicht wollten, daß er ihren Körper sah –, sondern weil sie das Opfer einer
Hexe war. Wenn er sah, was ihr im Nyakaboyo dula geschehen
war, würden sie und alle anderen Initiantinnen in noch größere
Gefahr geraten.

Ich seufzte tief.

»Frag die Eltern des Mädchens«, wiederholte Sarah. »Wenn sie
es erlauben, werden wir dir gerne alles erzählen.«

»Das ist unmöglich. Sie haben euch doch schon alles gesagt, und
aus ihrer Sicht haben sie das Recht auf den Schutz ihrer Intim-
sphäre an euch abgetreten. Sie werden nie verstehen, daß ihr es
mir nicht einfach erzählt, von Tubab zu Tubab.«

Sarah blickte aus dem Fenster. »Ich finde, du solltest dir einmal
ernsthaft überlegen, was es für einen Sinn hat, dieses Thema
überhaupt zu verfolgen. Sie sind so fürchterlich empfindlich, was
das angeht.«

»Aber glaubst du nicht, wir sollten es wissen?« sagte ich.
»Glaubst du nicht, wir *müssen* es wissen?«

»Natürlich. Ich denke nur, du solltest dir ein paar Gedanken
darüber machen, ob es ethisch vertretbar ist, wie du dir deine Informationen beschaffst.«

Fatou Mbaye war für die Dorfentwicklung in Dulaba zuständig.
Sie brachte den Frauen bei, wie man Seife herstellte, Stoffe färbte,
nähte, und all die anderen Dinge, für die das Gemeinschaftszentrum gebaut worden war. Aber da die Abteilung für Dorfentwicklung nicht in der Lage war, ihr das notwendige Material zur Verfügung zu stellen, hatte sie nicht viel zu tun.

Sie war Anfang Zwanzig, groß, stets gutgelaunt und tief-
schwarz. Sie gehörte zwar zu den Wolof, hatte aber an der Beschneidung teilgenommen, weil sie bei Mandingos in Serekunda
aufgewachsen war.

»Alle meine Freundinnen waren schon im Busch gewesen, nur
ich mit meinen damals zehn Jahren und meine Schwester nicht.
Wir schämten uns fürchterlich, weil viel jüngere Mädchen als wir
schon eingeweiht waren. Unsere Freundinnen sahen uns schief an
und redeten über uns. Aber immer wenn wir fragten, was dort
denn geschehe, antworteten sie, gar nichts, außer daß man dort
eine Menge zu essen bekäme.

Mein Vater erlaubte uns nicht hinzugehen. Er sagte, wir sind
Wolof, und die Wolof-Frauen gehen nicht hin, also dürfen auch
wir nicht hin. Aber die Frau, die neben uns wohnte, war eine Mandingo, und sie sagte: »Mach dir keine Sorgen. Wenn es an der Zeit
ist, nehme ich euch mit.«

So kam es, daß Fatou und ihre Schwester weglaufen mußten,
um an der Beschneidung teilzunehmen. Als sie im Busch ankamen, bildeten alle Mädchen eine Gruppe, und eine nach der anderen wurde zum Ort der Beschneidung gebracht. Er lag ganz in der
Nähe, und als sie die Schreie der anderen Mädchen hörte, bekam
Fatou es zum ersten Mal mit der Angst zu tun.

»Alle Frauen scharen sich um dich. Jede will zusehen. Du
schreist. Du mußt schreien, wenn es passiert. Und dann tanzen sie
um dich herum, und du hast das Gefühl, du mußt gleich sterben.

Sie haben uns zurück ins Haus getragen und hingelegt. Als sie
uns Essen brachten, konnte ich nichts essen. Ich habe nur dagele-
gen und Blut verloren. Natürlich ist es sehr hart. Aber bei einer
Geburt ist ja auch so: Man muß die Schmerzen aushalten, auch
wenn es sehr schwer ist. Und du kannst es aushalten. Das ist keine
Frage. Du mußt es aushalten.

Drei Prüfungen muß eine Frau in ihrem Leben bestehen. Die erste ist die Beschneidung, die zweite, wenn ihr Mann zum ersten Mal in sie eindringt, und die dritte, wenn sie ein Kind zur Welt bringt. Bei diesen drei Gelegenheiten muß sie weinen. Sie weint, und daran gibt es nichts zu ändern.«

Auch wenn sie beim ersten Mal weinte, wenn ihr Mann in sie eindrang, konnte sie es danach trotzdem genießen?

»Aber natürlich.«

Sie konnte es genießen, obwohl sie beschnitten war?

»Ja! Es ist, als wäre gar nichts geschehen. Obwohl ich einige Männer habe sagen hören, daß es schöner sei mit Frauen, die nicht beschnitten wurden.«

Ihr Mann arbeitete als Fahrer für das Landwirtschaftsministerium. An der Wand hingen einige Fotos von seiner und ihrer Familie und von Freunden. Sie deutete auf ein weißes Mädchen mit langem Haar, das mürrisch auf der Treppe eines Lehmziegelhauses saß.

»Mein Mann hatte eine Affäre mit diesem Mädchen, bevor er mich kennenlernte. Er sagte mir, es sei viel schöner mit ihr gewesen als mit mir jetzt.«

Was für ein Gefühl hatte sie gehabt, als er ihr das sagte? War sie zornig gewesen?

»Ein wenig. Aber nicht so wie damals, als meine Freundinnen mich schief ansahen, weil ich noch nicht beschnitten war.«

Das Sembendo Kafo hielt ein Tulungo unter dem Mangobaum hinter Sanyang Kunda ab. Das Sembendo war das größte Kafo und beheimatete fast alle Frauen in den Dreißigern. Das Fest verlief rüpelhaft, fast gewalttätig. In ihrem Eifer, zu tanzen oder zu singen, stießen und schubsten sich die Frauen in den Kreis hinein und wieder hinaus. Einige trugen das Kostüm der Kanyeleng – Ketten aus Blechdosen, die um ihre Hüften gebunden waren oder von der Taille an Stoffstreifen herunterhingen. Jede tat, was ihr unter dem beständigen dumpfen Dröhnen und Klappern der Kijos gerade in den Sinn kam.

Wenn eine Frau schlecht tanzte, erscholl verächtliches Gebrüll, sie erhielt ein paar leichte Schläge auf den Kopf und wurde aus dem Kreis gezogen. Die Reaktion auf eine Frau, die gut tanzte, war im Grunde genau die gleiche. Wenn eine Frau beim Singen ins Stammeln geriet, drängte sich eine andere an ihre Stelle und sang das Lied, das *sie* gerade hören wollte.

Ich konnte kaum etwas aufnehmen, weil mein Mikrofon in der dichten Menge in alle Richtungen gedreht wurde.

Das Saniyoro organisierte als letztes der Frauen-Kafos ein Tulungo, und es kostete sie einige Mühe, es überhaupt in Gang zu bringen. Sie gehörten sowieso nicht zu den Kafos, die der Gedanke an ein wildes Tulungo zu Begeisterungsstürmen hinriß. In der Gruppe gab es sehr viele ruhige Frauen, die sich am liebsten immer im Hintergrund hielten. Nicht einmal die guten Tänzerinnen nahmen sich besonders ernst, sondern hörten schon nach einigen Sekunden auf und rannten lachend aus dem Kreis.

Menata spielte, bekleidet mit einer grellrosa Bluse, das Kijo, während die anderen einen noch kleinen Kreis um sie bildeten. »Na kommt, klatscht«, spornte Jarra Njai sie an. Zögernd folgten sie ihrer Aufforderung. Mit der Zeit trafen weitere Besucher ein. Sona sang Style-Lieder, und schließlich erreichten sie einen für angemessen befundenen Lärmpegel.

Zur gleichen Zeit befanden sich die Mitglieder des Serious Kafo – junge Frauen Anfang Zwanzig – in Kafuli Kunda und tanzten auf der Straße vor dem Bantaba des Alkalos, während das Sembendo Kafo in Salum Kunda war, wo sich praktisch alle im Jujuo aufhielten. Als ich ankam, sah ich die Frauen des Serious Kafos aus dem Haus rennen, und alle lachten wie verrückt. Wer ihnen im Weg stand, rettete sich in letzter Sekunde mit einem Sprung zur Seite. Nach dem Ende ihres eigenen Tulungos hatten sie beschlossen, bei den älteren Frauen mitzufeiern, aber diese hatten sie gerade hinausgeschmissen. Im Jujuo war so viel Staub vom Boden aufgewirbelt worden, daß man kaum noch atmen konnte. Ich mußte mir den Weg durch den grauen Schleier fast erkämpfen, wie durch dichten Smog. Doch der Tanz gehörte zu den lebhaftesten, die ich je gesehen hatte.

Eine Frau mit verschleiertem Blick spielte das Kijo, das in ihrem Fall aus Mahlbrett und Mörser bestand. Plötzlich ließ sie das Brett mit enormer Geschwindigkeit immer wieder auf den Mörser hinuntersausen, so daß sie einen rasenden, Schauder hervorrufenden Ton erzeugte, der, untermalt von den metallischen Schlägen auf eine Schüssel, das Haus erbeben ließ. Die Frauen hatten nun alle Hemmungen abgelegt und tanzten, als gingen die frenetischen Schläge des Kijos direkt in ihren Körper über und schüttelten sie. Dann auf einmal ließ die Frau das Mahlbrett fallen und stürzte unter die Tänzerinnen – eine kleine, untersetzte Gestalt, die mit ihrem Po wackelte, als litte sie an unkontrollierbaren Krämpfen.

»Hey! Hey! Hey!« sang die Menge immer wieder, während andere Frauen sich um sie drängten, sich schüttelten und sich der wilden Ekstase hingaben. Über einige Minuten hinweg steigerte sich der Rhythmus des Klatschens, Schlagens, Tanzens und Singens, bis plötzlich alle innehielten, sich gegen die Wand sinken ließen und nach Luft schnappend und erschöpft im Dunst des Staubes und des Schweißes kicherten und schwatzten.

Eines Tages sah ich im Jujuo in Minte Kunda einen silbernen Armreif, der aufrecht in den Sand gesteckt worden war, so daß er in einem Bogen aus der Erde ragte. Eine Ngangsingo lag auf dem Rücken davor und beugte, während sie ihren Körper hochstemmte, den Kopf nach hinten und ergriff den Reif mit ihren Zähnen. Dann richtete sie sich wieder auf und überreichte ihn einer anderen Frau.

Es handelte sich um eines der Spiele, die die Ngangsingolu im Jujuo lernten. Manche von ihnen dienten ausschließlich dazu, die Tapferkeit und Geschicklichkeit der Initiantinnen zu steigern: Der silberne Reif wurde zum Beispiel auch in eine Wasserschüssel gelegt. Eine Initiantin nach der anderen mußte dann den Kopf in das Wasser tauchen und den Reif mit den Zähnen herausholen. Andere Spiele bargen bestimmte Lektionen für die Kinder: Eine Kalebasse wurde mit der Öffnung nach unten auf die Erde gestellt. Die Ngangsingo befeuchtete sich die Lippen und versuchte, die Kalebasse hochzuheben und wieder richtig hinzustellen, indem sie das abgerundete Unterteil ansaugte. Das war praktisch unmöglich. Was damit ausgedrückt werden sollte, war folgendes: Wenn du eine Schüssel mit einem Deckel darauf siehst, darfst du nicht hineinsehen, auch wenn du noch so neugierig auf ihren Inhalt bist. Irgend jemand hat sie in einer bestimmten Absicht dorthingestellt, und deshalb geht sie dich nichts an.

Man brachte ihnen bei, sich nie allein auf das Bett eines Mannes zu setzen und nie das Zimmer eines Mannes zu betreten, ohne vorher anzuklopfen.

Von nun an mußten die Eingeweihten unter ihren Wickelröcken Be-chos, eine Art Unterrock, tragen. So sah man die Flecken nach dem Geschlechtsverkehr nicht. Und wenn ein Mann versuchte sie zu vergewaltigen, dann sollten sie den Stoff eng zwischen ihre Beine ziehen, um ihm das Eindringen zu erschweren.

Am wichtigsten waren die *pasingos* – geheime Zeichen, die ihnen das Leben in der Mandingo-Gesellschaft erleichterten. Wenn etwa eine Fremde das Nyakaboyo dula betrat, mußte sie eine ganze Reihe von Prüfungen durchlaufen, mit denen festgestellt wurde, ob sie zum Kreis der Initiantinnen gehörte. Man warf ihr zum Beispiel ein Tuch auf eine bestimmte Weise zu, was bedeutete, daß sie tanzen mußte. Wenn sie das Zeichen nicht verstand, konnte sie sich auf einiges gefaßt machen.

Wenn ein Mädchen sah, daß ihre Mutter in Gesellschaft anderer versehentlich die Schenkel entblößte, machte sie mit ihren Fingern eine flinke und einfache Bewegung, die niemand sonst bemerkte, damit ihre Mutter unauffällig den Wickelrock zurechtziehen konnte und sich nicht vor allen Leuten schämen mußte. Wenn eine Gruppe von Ältesten redete und sich ein junges Mädchen näherte, gab es ein Zeichen, an dem sie erkennen konnte, daß das Gespräch nicht für ihre Ohren bestimmt war.

Angeblich verstanden die Männer diese und viele andere solcher Zeichen nicht. Ein Mann, der sie einer Frau gegenüber verwendete, konnte sie damit völlig aus der Fassung bringen, so daß sie ihn beleidigte und beschimpfte, und seine Mutter wahrscheinlich noch dazu. Manche der geheimen Zeichen wurden jedoch beiden Geschlechtern im Jujuo beigebracht. Wenn der Vater eines Mädchens am Bantaba saß und der Reis im Gehöft nicht ausreichte, um die anderen einzuladen, rief sie ihn mit einem speziellen Zeichen zum Essen.

Wenn eine Frau ihren Ehemann besuchte und sie eine jüngere Schwester mitbrachte, konnte er ihr auf eine bestimmte Art die Hände schütteln, um sie wissen zu lassen, daß er mit ihr Sex haben wollte, ohne die jüngere Schwester vor den Kopf zu stoßen. Und es gab ein Zeichen, mit dem eine Frau ihrem Liebhaber begreiflich machen konnte, daß sie gerade ihre Menstruation hatte.

In den letzten Tagen der Beschneidungsriten entfernten sich die Ngangsingolu mehr und mehr vom Jujuo. Sie durften zu den Tänzen gehen, die ihnen zu Ehren abgehalten wurden, und sie spazierten in Begleitung ihrer Bewacherinnen in Gruppen durch das Dorf und besuchten die verschiedenen Gehöfte, wo sie zum Dank für ihre Geschenke für die Menschen beteten. Es galt als große Ehre, wenn die Ngangsingolu ein Gebet für einen sprachen. In Minte Kunda gehörte ein Zwillingspaar zu den Initiantinnen, und man bedrängte mich geradezu, ihnen Geld zu schenken, damit sie für mich beteten – denn zumindest eine der Zwillinge mußte eine Kunfanunte werden.

Eines Morgens kamen die Kinder von Salum Kunda mit einer wehenden Fahne ins MRC-Camp. Sie hatten gerade das Tor passiert, als das Fenster bei Barbara Smith aufflog. »Raus! Raus hier!« schrie sie. »Sambo So«, rief sie, als sie wieder kehrtmachten. »Ich dachte, ich hätte dir gesagt, du sollst die Kinder nicht ins Camp lassen.«

Es hieß, Barbara wolle nicht, daß ihre Tochter die Ngangsingolu sehe, weil sie sonst womöglich auch in den Busch gehen wolle.

Als alles vorbei war, setzte ich mich mit Jojo Bajie, meinem neuen Dolmetscher, zusammen, und übertrug sämtliche Lieder, die ich auf meinen Besuchen in den verschiedenen Jujuos aufgenommen hatte, auf Papier. Das erwies sich als ein ziemlich langwieriges Unterfangen. Oft war es schwer, die einzelnen Worte zu verstehen, und natürlich mußte das, was wir schriftlich festhielten, genau dem Wortlaut der Gesänge entsprechen. Schließlich hatten wir all die Dutzende von Liedern, die ich aufgenommen hatte, schriftlich festgehalten.

»Ich schäme mich meiner Bewacherin, Manding Jala.«
»Meine Bewacherin!«
»Aber dreh dich nach links, Manding Jala, meine Bewacherin.
Der Zeitpunkt steht noch nicht fest.«

»Was bedeutet das?« fragte ich.
»Ich habe keine Ahnung«, antwortete Jojo, bequem in seinen Stuhl zurückgelehnt.
»Du mußt doch irgendeine Vorstellung haben.«
»Keine! Ich würde dich nicht belügen. Wenn ich es wüßte, so würde ich es dir auch sagen. Aber ich habe dieses Lied nie zuvor gehört, und ich habe keine Ahnung, was es bedeutet.«

»Der Fuß eines Elefanten! Der Fuß eines Elefanten!
Die Stimmung eines Elefanten kann jederzeit umschlagen!«
»Momodou!«
»Das Zentrum der Sonne, sagte Nyomi Manka.«
»Momodou!«
»Geh zum Tor. Dort ist ein Krokodil.
Ich bete, daß es mich nicht fängt.

Das Licht der Sonne.«
»Momodou!«
»Bring das Licht zu Momodou.«

»Laß sie nicht in die Nähe der Quelle.
Diejenigen, die auf Erden nicht gefastet haben, werden nie
davon trinken.«

»Töte sie,
töte sie.
Diejenigen, die nicht gebetet haben, werden die Quelle nie
sehen.«

»Die Blätter des Baumwollstrauches sind Gras.
Wenn es trocknet, kannst du eine Schachtel daraus machen,
Und der Weber kann einen Wickelrock daraus machen,
der nicht juckt, wenn du ihn trägst.«

Die Bedeutung anderer Lieder war dagegen offensichtlich:

»Beleidige niemals eine Frau –
Frauen haben dich getragen.
Beleidige niemals eine Frau –
Frauen haben dich getragen.
So schwierig es auch für sie war, Frauen haben dich
getragen.«

Andere aber schienen rein willkürliche Verbindungen von Namen
und Bildern zu sein, die durch die Aufnahme von bedeutungslosen
Sätzen nur der Rhythmik halber zu einem Lied zusammengefügt
worden waren. Allerdings tauchten manche Bilder immer wieder
auf: das Krokodil, das getrocknete Gras, verschiedene Bäume, die
alle im Himmel vorzufinden waren, und Tierarten und Vögel.

Es gab zahlreiche Verweise auf das Wasser: die Quelle, den
Brunnen, den Fluß. Die Bedeutung des Krokodils kannte ich nun,
und ich war überzeugt, daß jedes der anderen Bilder genauso
wichtig war.

Gelegentlich schlenderte während unserer Arbeit Natoma herein, um den Boden zu wischen, und ihre übliche leidvolle Miene
hellte sich vor Vergnügen über unsere Frustration auf. Ich be-

schloß, sie über den Inhalt einiger Lieder zu befragen. Sie antwortete langsam und ohne von ihrer Arbeit aufzublicken.

»Wir wissen es nicht. Wir haben diese Lieder von unseren Großmüttern gelernt. Sie werden seit der Zeit gesungen, zu der unsere Ahninnen zum ersten Mal zur Beschneidung gingen. Aber die Bedeutung haben wir vergessen.«

»Stimmt das?« fragte ich Jojo.

»Es könnte sein.«

»Glaubst du ihr?«

»Nein.«

Jarra Njais Mutter Mba Filije arbeitete damals auch im Camp. Eines Tages kam sie herein und sah uns beim Arbeiten. Ich spielte ihr eines der Lieder vor.

»Mba Filije, meine Mutter«, sagte Jojo. »Hat dieses Lied eine Bedeutung?«

»Ja.«

»Sie sagt ja. Das Lied hat eine Bedeutung.«

»Frag sie bitte, welche Bedeutung.«

»Bitte, solche Fragen darfst du nicht stellen.«

»Frag sie einfach.«

Sie zog die Augenbrauen weit hoch. Ihr Kaugummi fiel beinahe aus dem Mund.

»Marky! Das ist ein großes Geheimnis!«

»Du verschwendest deine Zeit«, sagte Jojo. »Niemand wird es dir je verraten. Du handelst dir höchstens ein paar Probleme ein, wenn du weiterhin Fragen stellst.«

»Heute soll nur getanzt werden!« sagte Mba Penda. »Tanzt und klatscht! Alle sollen klatschen!«

Es war der *Fani Kuro Lungo*, der Tag, an dem die Wickelröcke der Ngangsingolu zum ersten Mal seit der Beschneidung gewaschen wurden. Dazu zogen sie zum Abschluß der Initiationsriten noch einmal zum Reisfeld von Faroto.

Hier und da begannen die Anwesenden zu tanzen und zu klatschen. Jemand schlug rhythmisch auf eine Pfanne, und wie immer dauerte es einige Zeit, bis eine gewisse Ordnung in das Chaos kam. Es war ein sonniger, aber kalter und windiger Morgen. Je mehr sich die Periode der Abgeschlossenheit ihrem Ende näherte, desto schwieriger wurde es in Sanyang Kunda, die Ngangsingolu zu kontrollieren. Sie verließen das Jujuo, tanzten und tollten über den Hof. Aber bald würde sowieso alles vorbei sein.

In Begleitung ihrer Bewacherinnen gingen sie in einer Reihe hintereinander her und machten bei jedem Jujuo entlang der Hauptstraße halt. Bei den Gehöften in der Mitte des Dorfes – Mbara Kunda, Minteba Kunda und Mintering Kunda – stießen nur zwei oder drei Kinder zu ihnen. Aber in Salum Kunda, wo vierzehn Kinder initiiert worden waren, entstand ein längerer Aufenthalt. Die Fahnen und die Wickelröcke der Ngangsingolu flatterten im Wind, als sie in der Reihe warteten. Es herrschte eine unbeschwerte und gelöste Atmosphäre – Ferienstimmung. Die Frauen tanzten und sangen vor den Kindern, und alle klatschten.

»Das Ende ist gekommen. Wir werden diesen Weg nicht mehr gehen. Also laßt uns tanzen. Gelegenheiten wie diese sind selten in unserem Dorf.«

Als auch die Mädchen aus Salum Kunda aus ihrem Gehöft gekommen waren, bewegte sich die fahnenschwenkende Prozession in zwei parallelen Reihen weiter.

In Kafuli Kunda gab es eine weitere lange Wartezeit, während der die Mädchen von ihren Müttern und Bewacherinnen in ihren Reihen gehalten wurden. Überall sah man Menschen, die unvermittelt zu singen und zu tanzen begannen und dazu auf Schüsseln schlugen. Inmitten des ganzen Spektakels erhaschte ich zwischen den Fahnen hindurch einen Blick auf eine kleine, ruhige Gestalt. Es war Sona, und sie starrte mich mit einer ungewöhnlichen Wärme, fast Zärtlichkeit an. Das weiße Tiko auf ihrem Kopf war in der für das Gebet üblichen Weise unter dem Kinn geknotet, was ihr ein ganz uncharakteristisch sanftmütiges Aussehen verlieh. Ihre Augen fixierten mich für einen langen Augenblick, dann wandte ich meinen Blick ab. Als ich ein paar Minuten später wieder hinsah, fixierte sie mich immer noch. Ich fand das zwar ein wenig zermürbend, jedoch nicht unangenehm. Aber was es bedeutete, falls es überhaupt etwas zu bedeuten hatte, darüber wollte ich keine Vermutungen anstellen. Ich hatte es schon lange aufgegeben, ihr Verhalten verstehen zu wollen. Denn wie warm oder wie kühl sie sich auch mir gegenüber verhielt, ich konnte immer sicher sein, daß sie mir beim nächsten Mal in genau umgekehrter Stimmung begegnen würde.

Plötzlich wurde ein neues Lied angestimmt, das noch lauter als die vorherigen war. Ich drehte mich um und sah, wie das Kurung Kafo uns auf der Straße entgegentanzte und fröhlich lachend das Chaos der Stimmen, das die Luft schon erfüllte, noch steigerte. Als die Mädchen und Frauen sich auf dem engen Pfad zwischen den Müllhaufen und dem Old Bajo Kunda hindurchzwängten, wurde die Prozession zunehmend ungeordneter. Beim alten Mangobaum, dem Duto koto, hielten die meisten Frauen an und ließen die Kinder mit ihren Bewacherinnen und den Müttern, die sie begleiten wollten, in die Reisfelder weitergehen.

Eine Zeitlang sangen und tanzten sie dort noch zu den Klängen der Schüsseln. Zwei der jüngeren Frauen – Nafi Bajo und Satou Jammeh – trugen die Arbeitskleidung ihrer Männer: alte Jacken und Hosen von europäischem Schnitt, die sie ohne deren Wissen ausgeliehen hatten. Die Hosen verursachten die größte Aufregung. Während die älteren Frauen tanzten, stürzten einer oder manchmal beide dieser »Männer« in den Kreis, warfen die Beine in die Luft, schlichen sich an die älteren Frauen heran und ließen beziehungsreich die Hüften kreisen, was großes Gelächter und Heiterkeit bei den Zuschauerinnen hervorrief. Satou gehörte zu den besten Tänzerinnen im Dorf. Sie drehte und wand die Hüften in den Männerhosen, und ihre Beine schnellten mühelos vom Boden hoch. Tanzend bewegte sie sich auf Mba Penda zu und warf ihr Becken mit aller Kraft dem Körper der älteren Frau entgegen.

»Oh-Ah! Bubacar, du hast mich umgebracht!« Von Zeit zu Zeit quoll eine ihrer Brüste aus der Männerjacke.

Der Rückmarsch durch das Dorf dauerte sehr lange, da häufig Pausen eingelegt wurden, um Lieder zu singen, Späße zu machen und Possen zu reißen. Die staubigen Straßen lagen im hellen Sonnenlicht, und die Luft war vom lärmenden Gelächter der Frauen erfüllt. Immer wieder, wenn alle in einen Lachanfall ausbrachen, kam die Prozession zum völligen Stillstand.

Die Gruppe wurde immer kleiner, da die Mädchen und Frauen in ihre Gehöfte abzweigten. Satou und Nafi hatten inzwischen Wickelröcke um ihre Hosen geknotet. In der Mitte des Dorfes stießen sie auf eine Gruppe von Schuljungen, die gerade nach Hause zum Mittagessen gingen. Satou schoß blitzschnell hinter ein Gebäude und erschien Augenblicke später ohne ihren Wickelrock. Sie tänzelte auf die Mitte der Straße, wo sie zum Erstaunen der Jungen ein paar extravagante Tanzbewegungen zum Besten gab, bevor sie wieder leichtfüßig an die Hauswand zurücktrat. Die Jungen hielten einige Augenblicke inne, als wüßten sie nicht genau, ob sie ihren Augen trauen sollten. Dann setzten sie ihren Weg fort.

Die Ngangsimba hatte mir gesagt, ich könne mich um zwei Uhr, beim Ruf zum *selifana*-Gebet, auf den Weg zum Reisfeld machen. Auf dem Pfad sollte ich sie treffen, und dann würde ich die Lieder hören, die sie im Busch sangen. Als ich etwa fünf Minuten lang gegangen war, ertönte der Ruf zum Gebet aus dem erst kürzlich reparierten Lautsprecher der Moschee. Mein Herz raste, als ich bemerkte, daß ich den alten Mangobaum früher als angewiesen verlassen hatte. Alles schimmerte und glitzerte im leuchtendhellen Licht der Sonne, das mich zusammen mit der Hitze und dem aufreizenden Summen der Insekten geradezu fiebrig vor Erwartung machte.

Etwa auf halbem Weg erblickte ich eine näherkommende Gruppe alter Frauen. Ich beschloß, anzuhalten und so zu tun, als wartete ich einfach auf jemanden. Ich setzte mich in den Schatten der Elefantengräser längs des Wegrands. Als sie auf meiner Höhe waren, fragten mich die Frauen, wohin ich ginge. Ich sagte es ihnen. »Geh hin«, antworteten sie einfach.

Das erste, was ich vom Nyakaboyo dula sah, waren die scharlachroten, violetten und blauen Wickelröcke, die auf den Zäunen zum Trocknen hingen. In der Ferne hörte ich vom Reisfeld gedämpftes Klatschen herüberklingen. Junge Mädchen zogen ihre Röcke von den Zäunen und falteten sie sorgfältig zusammen, um sie dann in Schüsseln zu stapeln. Es war eine sehr undramatische Szene – häuslich, fast idyllisch. Unter dem Schatten der hohen Palmen bewegten sich die Mädchen ohne jede Eile. Sie waren jedoch erstaunt, als sie mich auf dem Pfad in ihre Richtung kommen sahen. »Warum bist du hierher gekommen?« fragten sie. Ich erklärte es ihnen. »Geh und setz dich dort unter den Baum«, wiesen sie mich an. »Aber du darfst nicht weitergehen.« Ich ließ mich auf dem Pfad, der sich zwischen den Gärten zur Salzöde hinunterschlängelte, unter dem Palmenbaum nieder, auf den sie gezeigt hatten. Am Ende des Pfades sah ich die Konturen dunkler Gestalten, die sich vor dem silbrigen Sand der Salzöde abzeichneten. Im Gegenlicht hoben sich die Silhouetten schattengleich ab. Es war eine wunderbare Szene, und ich dachte, am Ende dieses Pfades müsse alles leicht und wie verzaubert sein – als würden dort andere Begriffe von Zeit und Moral gelten, weil die Menschen nur einer einzigen Sache wegen dorthingekommen waren, und als wären die normalen Gesetze ihres Alltagslebens aufgehoben worden. Nun konnte ich das Klatschen hören – es kam von der anderen Seite der Gärten.

Plötzlich verstummte es, und die Frauen und Mädchen eilten den Pfad herauf. Diejenigen, die bis dahin gemächlich die Röcke zusammengefaltet hatten, schleuderten sie in die Schüsseln, hoben sie auf ihre Köpfe und eilten mit schnellen Schritten in Richtung Dorf. Mba Filije kam vorbeigerannt. »Schnell«, rief sie. »Die Ngangsingolu kommen.«

Die Ngangsimba erschien. »Komm, steh auf«, sagte sie. »Wir gehen.« Sie nahm das Netz vom Nyakaboyo dula, und nun strömte all das Böse, das seit dem Beginn der Beschneidung Zutritt gesucht hatte, hinein.

Als wir beim alten Mangobaum angelangten, lagen schon die Bambusmatten im Schatten bereit. Die Ngangsingolu kamen an und mußten sich in Reihen darauf niederlassen. Dann begann die Ngangsimba, die einen lachsrosafarbenen Rollkragenpullover trug, das *ngangsimba tulungo* in Gang zu bringen, den Tanz, der das Verlassen des Busches symbolisierte. Die jungen Bewacherinnen hatten sich auf einer Seite der Lichtung aufgebaut, die Musakebas, die alten Frauen, auf der anderen Seite. Es war nun Nachmittag, und niemand hatte seit dem Morgengrauen etwas getrunken oder gegessen. Die Musakebas tanzten und sangen, und sie scheuten nicht einmal davor zurück, sich Stöcke zurechtzuschneiden, um damit auch die Bewacherinnen zum Tanzen zu bewegen. Aber weder diese noch die Ngangsingolu noch die Musakebas selbst hatten wirklich die Kraft dazu. Es wurde also beschlossen, den Tanz bis zum Abend aufzuschieben. Am späten Nachmittag dann war es offensichtlich, daß das Ngangsimba tulungo erst am nächsten Morgen stattfinden sollte.

In Kafuli Kunda schlugen die Bewacherinnen die Kijos, während die Ngangsingolu für ihre Mütter tanzten. Einige der älteren Kinder bewiesen schon großes Geschick, aber für die anderen war es der erste Versuch. Das jüngste der Mädchen erheiterte die Zuschauer, als sie im Rhythmus auf der Stelle hüpfte.

»He-eh! Das war ein guter Versuch«, lachten sie.

Dann wurden alle Kinder der Reihe nach nach vorne gebracht, damit sie die Style-Lieder vortrugen, die sie in der Zeit der Abgeschiedenheit gelernt hatten. »*Tubabo Marky la be ye ke*«, war das bei weitem beliebteste. »Hey, nicht schon wieder«, sagte Safi Mama, als das Lied anscheinend zum hundertsten Mal angestimmt wurde. »Versucht es mal mit einem anderen«, sagte sie und warf mir einen scharfen Blick zu.

Wir trafen früh in Sanyang Kunda ein. Es war bitter kalt, so daß ich mich ans Feuer in einem der Häuser setzte. Das Tulungo war nochmals verschoben worden. Ich bemerkte, daß der dreieckige Knoten in den Tikos der Initiantinnen gelöst worden war. Da erst begriff ich, daß der Knoten irgendeinen Gegenstand enthalten hatte. Aber was es war, sollte ich nie erfahren.

Die Ngangsingolu versammelten sich in der Mitte des Gehöfts. Sie trugen ihre Fahne, und gemeinsam mit der Ngangsimba, Mba Penda und allen Bewacherinnen zogen sie zum Haus von Mba Jongmar, der ältesten Frau im Dorf. Diese ermahnte die Mädchen, nichts von dem zu vergessen, was sie im Jujuo gelernt hatten. Nun waren sie Mitglieder der Gesellschaft und trugen selbst die Verantwortung für alles, was sie taten. Dann beteten sie zusammen.

Später gingen sie zum großen Bantaba hinunter und bogen nach rechts in Richtung Minte Kunda ab. Die Ngangsimba setzte sich auf das Bentengo neben Mba Bintanse, der Gehöftältesten, und mit allen anderen Musakebas und den Initiantinnen, die um ihre Füße versammelt waren, betete sie für das zukünftige Glück der Kinder. Dann erklärte sie den Kindern, sie seien frei.

Sofort sprangen sie auf ihre Füße und rannten schreiend und rufend aus dem Gehöft in Richtung Koranschule. Als sie vorbeikamen, stürzten die Mädchen der Schule heraus und folgten ihnen, soweit ihre Füße sie trugen.

Wenige Tage später kehrte ich zum Duto koto zurück. Das Ngangsimba tulungo hatte immer noch nicht stattgefunden, aber der Boden unter den weit ausladenden Ästen war schon gesäubert worden. Das Blätterwerk der Bäume, das in der hereinbrechenden Dämmerung schon schwarz aussah, warf noch einen Schatten auf den flachen Kreis aus braunem Staub. Nun waren auch die letzten Spuren von Grün aus der Landschaft verschwunden, und die Bäume schienen fast über der trockenen, staubigen Erde zu schweben, als das goldene Licht der Sonne sich in den Westen zurückzog. In der anderen Richtung war die Nacht schon hereingebrochen. Der Mond hing am kalten blauen Himmel über dem Dorf. Mit der Hitze und Kälte, die aus den beiden Richtungen auf mich einströmten, beschlich mich erneut das Gefühl, das ich schon am ersten Tag der Beschneidung gehabt hatte – daß ich an einem besonderen Ort war, an einem Ort, an dem sich verschiedene Teile der Erde trafen. Unter mir wartete der Boden auf das Stampfen der Frauen, den Klang ihrer Stimmen und ihres Klatschens.

»Ngangsingdingolu – wo!
Initiantinnen!
Das Krokodil hat euch überrascht,
meine Kinder.
Jetzt ist das Krokodil zum Fluß zurückgegangen.«

Es gab keine Krokodile mehr in Kiang. Sie waren schon lange ausgestorben, nachdem man sie ihrer Häute wegen erlegt hatte. Aber
vor fünfundzwanzig Jahren, als einige wenige noch lebten, hatte
die Soziologin Barbara Thompson mit Überraschung festgestellt,
daß die Männer eine Heidenangst vor Krokodilen hatten, während
die Frauen sie gar nicht weiter beachteten. Wenn sie ein Krokodil
im Unterholz bei den Reisfeldern sahen, blieben sie ungerührt
und schenkten ihm keine besondere Aufmerksamkeit. Aber vielleicht war das gar nicht so überraschend. Schließlich war es ihr
Tier. Sie hatten nichts getan, es zu provozieren, also würde es
auch ihnen nichts tun.

11

SONA

Der Bau des neuen Camps war nun in vollem Gange. Die Schuppen und Containergebäude auf der anderen Seite des Fußballplatzes ähnelten einem der unendlich vielen Güterplätze, die in den westlichen Ausläufern von London die Eisenbahnschienen säumten. Die schwefelgelben Bogenlichter hatten endgültig die tiefschwarze Dunkelheit verbannt, die in mondlosen Nächten das alte Camp zu verschlingen gedroht hatte.

Der Preis für Mietunterkünfte verdoppelte sich, als die leerstehenden Häuser und Zimmer im Dorf sich mit Zimmerern, Malern, Klempnern und Elektrikern füllten. Mehrere »Junggesellen« – Rastas, Gaddafi-Anhänger und Gegner des Fastengebots – teilten sich jeweils einen Raum, warfen sich Satzfetzen in ihrer jeweiligen Sprache an den Kopf und kochten chinesischen Tee an der Straße, während ihre Kassettenrekorder bis tief in die Nacht hinein plärrten. Die Zimmerer des Dorfes arbeiteten neben ihnen, und diejenigen, die kein Handwerk erlernt hatten, wurden Hilfsarbeiter oder Wächter. Am frühen Abend, wenn die Frauen sich zum Wasserholen an den neuen Wasserstellen aufreihten und die Arbeiter von der Baustelle nach Hause gingen, herrschte in Dulaba ein so geschäftiges Treiben wie nie zuvor. Das Dorf war tatsächlich, wie Alassane Drammeh kurz nach meiner Ankunft vorausgesagt hatte, eine »Stadt in Kiang West« geworden.

Dem Gemeinschaftszentrum erschlossen sich neue Nutzungsmöglichkeiten. Im Januar waren darin die Vorentscheidungen für den Schultheaterwettbewerb der Provinz abgehalten worden. Die Stücke standen alle unter dem Thema »Gesundheit«, und Dulaba, das mit Mr. Baldes Stück »Vorsorgen ist besser als heilen« vertreten war, hatte den unumstrittenen Sieg davongetragen. Wenige Wochen danach begab sich die Truppe samt ihren Fans mit dem Lastwagen des ITC zur Endausscheidung nach Mansa Konko. Abends brachten sie mit stolzgeschwellter Brust die Trophäe für den gesamten Bezirk zurück, die triumphierend auf dem Lastwagen durch das Dorf gefahren wurde.

Doch trotz all dieser Anzeichen aufkommenden Wohlstands und Wachstums stand nicht alles zum Besten. Der Erlös für die Erdnüsse war zwar höher als je zuvor ausgefallen, doch weltweit sanken die Preise nun schon seit einigen Jahren. Das Land stand kurz vor dem Bankrott. Jahrelang war die Währung auf einem künstlich hohen Niveau von fünf Dalasi für ein Englisches Pfund gehalten worden. Dann hatte die Weltbank weitere Darlehen mit der Bedingung verknüpft, daß der Dalasi auf dem weltweiten Geldmarkt freigegeben werden sollte. Innerhalb weniger Tage fiel er auf die Hälfte seines vorherigen Wertes. Die Preise für Importgüter, die in den vergangenen sechs Monaten schon mehrmals gestiegen waren, kletterten noch einmal steil nach oben.

Der größte Markt des Landes, der Albert Market in Banjul, fiel einem mysteriösen Brand zum Opfer, und mit ihm ein beträchtlicher Teil der gambischen Vermögenswerte. Scharen von Händlern und Kunsthandwerkern, die ihre Waren, ihre Ausrüstung und sogar die Ersparnisse ihres ganzen Lebens im Markt aufbewahrt hatten, standen vor dem Ruin. Gerüchte waren im Umlauf, daß Sabotage im Spiel gewesen sei. Nach einem unbedeutenden Brand hieß es sogar, die Ölreserven des Landes seien gesprengt worden.

Dulaba mochte von alledem weit entfernt sein, aber die Auswirkungen der Abwertung machten sich sofort bemerkbar. Die Radios und Taschenlampen im Dorf wurden weggeräumt, da sich niemand mehr neue Batterien leisten konnte. Die einzigen, die jetzt noch die erforderlichen Devisen besaßen, um Reis zum Weiterverkauf zu importieren, waren die Geschäftsleute der Hauptstadt, und sie verlangten horrende Preise. Für einen Sack von hundert Kilo Importreis, der vor sechs Monaten noch 98 Dalasi gekostet hatte, verlangten sie nun stolze 260. Ein solcher Sack reichte einer mittelgroßen Familie einen Monat lang. Aber viele Familien in Dulaba hatten gerade 1000 Dalasi für ihre Erdnüsse bekommen, und manche bedeutend weniger. Die Regierung verkaufte Reis aus Hilfslieferungen zu einem Festpreis von 157 Dalasi pro Sack (mit Zustimmung der Geberstaaten, die glaubten, die Bauern würden die Hände in den Schoß legen und nichts mehr produzieren, wenn man ihnen die Lebensmittel einfach schenkte). Aber er war nur selten zu bekommen. Einmal kamen am späten Nachmittag hundert solcher Säcke im Regierungsdepot in Mankono an. Um acht Uhr am nächsten Morgen waren sie ausverkauft.

Die Dorfbewohner glaubten, mit derartigen Mißlichkeiten habe nun die ganze Welt zu kämpfen. Irgendwie stellten sie auch einen vagen Zusammenhang mit der großen Trockenheit her, die vor fünfzehn Jahren eingesetzt hatte. Sie zeigten sich jedoch unbeeindruckt von allen Versuchen der Regierung, die Probleme zu lösen, weil sie felsenfest davon überzeugt waren, daß all dies sowieso jenseits ihres Verständnisvermögens liege, von einer Einflußmöglichkeit ganz zu schweigen. Trotzdem breitete sich Verärgerung über diejenigen aus, die von den harten Zeiten profitierten. Viele zogen die Möglichkeit in Betracht, zur Opposition überzuwechseln, und einige wenige taten es auch.

Die Frauen des Kurung Kafos erinnerten sich an ein Wort Gottes, demzufolge er denjenigen helfe, die sich selbst helfen. Also gingen sie zum Schulleiter und baten ihn darum, einen Brief an die Regierung zu schreiben, damit der Name ihres Kafos durch das ganze Land dringe. Er antwortete ihnen, die einzige Chance, die Aufmerksamkeit der Regierung auf sich zu lenken, bestünde darin, ein *tesito* zu gründen – ein Selbsthilfeprojekt.

In den Dörfern in ganz Kiang legten die Frauen – unter der Anleitung von Hilfsorganisationen – große Gemeinschaftsgärten an, die sich über einen Morgen (4047 qm) hinweg erstreckten und in denen jede Frau ihren eigenen Bereich hatte. Sie pflanzten Tomaten, Zwiebeln, Kohl, Auberginen und verschiedene grüne Blattsorten. Einer der größten Gärten lag im Dorf Karafa Kunda. Er war unter Mitwirkung der Organisation *Action Aid* angelegt worden, wurde von Maschendrahtzäunen umgeben und verfügte über drei zementierte Brunnen. In Dulaba selbst arbeiteten keine Hilfsorganisationen. Da die Frauen schon lange bemerkt hatten, daß ihre Männer ihnen in solchen Angelegenheiten auch keine Hilfe waren, beschlossen sie kurzerhand, ihre eigenen Gärten anzulegen, sich also quasi ihr Selbsthilfeprojekt selbst zu schaffen.

Da das Kurung Kafo nicht sehr viele Mitglieder hatte, taten sie sich mit dem Musakeba Sise Kafo zusammen, dem die Frauen Anfang Dreißig angehörten. Es war nach seiner Anführerin benannt, einer großen, dünnen Frau aus Kafuli Kunda – zufällig auch Safi Mamas Nebenfrau. Die Frauen versammelten sich im Gehöft des Schulleiters, wo sie ihm auseinandersetzten, was sie vorhatten. Vor drei Jahren, als der neue Brunnen in der Nähe der Schule gegraben worden war, hatten sie geholfen, ihn auszuheben und Erde und Steine wegzutragen. Damals hatten sie Hand in Hand mit dem Schulleiter gearbeitet, und seitdem nahm er regen Anteil an ihren Aktivitäten. Er stellte ihnen bereitwillig das Land neben der Schule für ihren Garten zur Verfügung und erlaubte ihnen sogar, den Schulbrunnen zum Bewässern zu nutzen. Außerdem wollte er versuchen, die katholischen Hilfsdienste, die viele Gärten in Kiang unterstützten, zur Mithilfe zu bewegen. Bedingung für die Qualifikation zu einem Tesito-Projekt sei aber, so sagte er, daß sie den Namen ihrer Gruppe in Dulaba Young Farmers Club umänderten. Die Frauen stimmten ohne Zögern zu.

»Ich glaube, es ist bei allen Frauen gleich«, meinte Fatou Mbaye, »ob sie beschnitten sind oder nicht. Es gefällt ihnen nämlich. Aber wenn du wirklich wissen willst, wie es mit einer beschnittenen Frau ist, warum suchst du dir nicht eine und probierst es aus?«

Und welche?

»Jede, die du willst. Sag mir, welche du gerne möchtest, und ich rede mit ihr und bitte sie, zu dir zu kommen.«

Und wenn sie ablehnte?

»Das wird sie nicht.«

Warum nicht?

»Weil sie es alle gerne tun.«

Ich mußte nicht lange überlegen, obwohl es mich große Überwindung kostete, Fatou Mbaye den Namen zu nennen. Sie hatte ziemlich überrascht geschaut.

»Stimmt etwas nicht?« fragte ich.

»Nein. Es ist nur, daß Sona schwanger ist.«

Nun war ich überrascht. Mir war zwar aufgefallen, daß sie ein wenig dicker geworden war, hatte dies aber der Tatsache zugeschrieben, daß es jetzt mehr zu essen gab.

»Ist das schlimm?« fragte ich.

»Nein. Es ist gut – zumindest, wenn es dir nichts ausmacht. In Afrika haben die Männer nicht gerne etwas mit schwangeren Frauen. Sie glauben, es bringt Unglück. Aber die Frauen mögen es, besonders in den ersten beiden Monaten, weil sie glauben, daß ihnen das die Geburt erleichtert.«

Ich war mir nicht ganz sicher, ob meine Idee so gut war. Im Grunde war sie doch außergewöhnlich schlecht. Ein Verhältnis mit Sona war nicht nur moralisch verwerflich, sondern mußte unausweichlich in eine Katastrophe münden. Jeden Morgen wachte ich kurz vor der Dämmerung auf, fast fiebrig vor Angst. Aber gerade wenn ich mich entschlossen hatte, zu Fatou Mbaye zu gehen und ihr zu sagen, sie solle alles vergessen, sah ich Sona vor meinem geistigen Auge, fast als stünde sie wirklich vor meinem Bett. Dann sah ich sie, wie sie vor etwa einem Monat aus ihrem Bad gestiegen war – nur in einen alten Wickelrock gehüllt, mit in der Dunkelheit glänzenden Schultern. Und ich wußte, wenn ich sie haben konnte, mußte ich es tun.

Täglich wurde der Zaun um den Garten neben der Schule größer. Im Abstand von einem Meter waren Pfähle in den Boden geschlagen worden. Dünnere, biegsamere Äste wurden horizontal mit feuchten Rindenstreifen daran befestigt. Die Zwischenräume wurden mit Hirsehalmen, langen, dünnen weißen Ästen, die *baroum-barow* genannt wurden, und so gut wie jedem anderen pflanzlichen Material, das zur Verfügung stand, zugestopft. Die Frauen begannen zu arbeiten, wo es ihnen gerade einfiel, einige konzentrierten sich auf ihren eigenen Bereich, andere halfen woanders aus, wenn sie gerade Lust dazu hatten. Die verschiedenen Teile wuchsen langsam aufeinander zu, neue Bereiche entstanden wie zufällig, und plötzlich war der Zaun fertig. Er wirkte unglaublich zerbrechlich und behelfsmäßig. Aber dies war die traditionelle Art, Zäune zu errichten, und irgendwann mußte sie sich ja wohl als zweckmäßig erwiesen haben.

Am darauffolgenden Sonntag maß der Schulleiter die Saatbeete aus. Sie sollten gleich groß sein wie in Karafa Kunda – fünf auf eineinhalb Meter –, mit Wegen von einem Meter Breite dazwischen. Sobald die Markierungspflöcke an Ort und Stelle waren, nahmen die Frauen ihre Beete in Besitz und begannen, den Boden mit ihren Hacken umzugraben. An einem Ende war der Garten schon komplett bestellt und gewässert, bevor das andere überhaupt fertig ausgemessen war. Der Schulleiter mußte beträchtliche Energien aufwenden, um die Frauen davon zu überzeugen, daß sie ihre Beete nicht auf die Fußwege ausdehnen durften. Wenn die Beete nämlich zu groß waren, konnte man sie später kaum noch jäten, ohne die kleinen Triebe zu zertreten. Unablässig strömten Frauen herbei, die sehen wollten, ob Beete übrigblieben, die sie noch übernehmen konnten. Die meisten Frauen besaßen vier Beete, und in Anbetracht der Tatsache, daß mindestens vierzig Frauen beteiligt waren, hatte der Garten erhebliche Ausmaße. Der Schulleiter arbeitete weiter mit seinem Maßband und seinen Pflöcken, eine Zigarette zwischen die Lippen gesteckt. Er stammte nicht aus Dulaba, und deshalb wirkte es sich auf sein Ansehen sehr positiv aus, an einem solchen Projekt beteiligt zu sein.

Um drei Uhr nachmittags verließ der MRC-Jeep, der jedes Wochenende zur Küste fuhr, das Dorf – und ich wollte mitfahren. Als ich meine Tasche packte, hörte ich plötzlich eine vertraute Stimme draußen auf dem Vorhof des Gehöfts, rauh und temperamentvoll. Ich spähte durch das Moskitonetz. Alles, was ich sehen konnte, war der vom Staub reflektierte Glanz der Sonne. Dann erkannte ich zwischen den Latten des Gartenzauns ihre Gestalt: Sie stand am Tor und war in eine Diskussion mit Samba So, dem Pförtner, verwickelt. Ich war ihr in der letzten Zeit aus dem Weg gegangen, weil ich nicht wußte, ob Fatou Mbaye schon mit ihr gesprochen hatte. Plötzlich überkam mich das unwiderstehliche Verlangen hinauszugehen.

Als ich aus der Tür trat, sah ich sie schon direkt auf mich zukommen. Das unbarmherzige Sonnenlicht umgab ihre gerundete, violettschimmernde Stirn fast wie ein Heiligenschein. Sie trug wieder die weiße Bluse, und ihre Haut glitzerte.

Sie kam gleich zur Sache und streckte mir dreißig Dalasi entgegen, für die ich an der Küste eine Tagesdecke kaufen sollte. Während wir sprachen, spürte ich wieder die alte Vertrautheit zwischen uns, und ich bemerkte eine uncharakteristische Unsicherheit, sogar Nervosität in ihren dunklen Augen. Ich verfluchte mich, weil ich die Sprache nicht richtig beherrschte, und sagte, ich kenne mich mit Tagesdecken nicht so gut aus.

»Nimm einfach die, die zu einem Paket gewickelt sind. Kennst du die?«

Ich antwortete, ich wisse nicht genau.

Ich sah mich schon durch den Markt in Serekunda irren, verfolgt von zwielichtigen Gestalten, die mir »helfen« wollten, nur um Sona dann etwas mitzubringen, was sie gar nicht wollte. Ich sagte, vielleicht könne ihr Demba Tamba eine Decke kaufen.

»Demba Tamba«, wiederholte sie. Sie schien sehr besorgt. Sie saß am Tor, bis der Transport abfuhr. Sie hatte jeden einzelnen Fahrgast darum gebeten, ihr diesen Gefallen zu tun. Kein einziger war darauf eingegangen.

Nach meiner Rückkehr am Sonntagabend besuchte ich Fatou Mbaye. Sie saß ruhig in der Dunkelheit, und ich bemerkte nicht sofort, daß sie gerade ihr Kind stillte. Wir schwiegen kurze Zeit. Ich sah nur ihre Augen, die wie immer außergewöhnlich gelassen und unbeteiligt blickten, als hätten sie schon alles auf der Welt gesehen. Aus dem Nebenraum drang Gelächter. Die niedrige

Decke aus Wellblech hielt zwar den meisten Lärm ab, aber die Luft im Raum war unangenehm stickig.

Sie sagte mir, sie habe Sona gesehen.

»Und was hat sie gesagt?«

»Sie hat gelacht. Sie sagte, sie glaube mir nicht. Ich sagte, ›Es stimmt, und ich weiß, daß du ihn nicht enttäuschen wirst.‹ Sie war einverstanden mit einem Treffen.«

Sie legte ihren Sohn an die andere Brust.

»Sie wird dir also demnächst mitteilen, wann sie kommt. Und du wirst dann da sein.«

»Ist das nicht eigentlich schlecht?« fragte ich.

Sie schien überrascht. »Wieso?«

»Aus religiöser Sicht.«

»Aus religiöser Sicht muß man zu der Person gehen, die man liebt. Sonst hat man die ganze Zeit nur unreine Gedanken.«

Nun arbeitete ich täglich mit Jojo Bajie im Arbeitszimmer von Haus Eins. Wir konnten die Klimaanlage nicht anschalten, da dann der Kassettenrekorder in ihrem Lärm unterging. Wir saßen und schwitzten.

Jojo war nach Dulaba gekommen, um beim MRC oder ITC Arbeit zu suchen. Da es keine gab, hatte ich ihn als mehr oder weniger vollzeitbeschäftigten Dolmetscher genommen. Er war ein freundlicher junger Mann – unkompliziert und pünktlich. Seine Kleidung war oft zerlumpt und schmutzig, aber dafür achtete er umso mehr auf einen würdevollen, erhabenen Gang. Mir war aufgefallen, daß fast alle seine Freunde jünger als er waren. »Meiner Geburtsurkunde zufolge bin ich fünfundzwanzig Jahre alt«, erklärte er mir. »Aber so alt kann ich einfach nicht sein. Mein Körper fühlt sich nicht an wie fünfundzwanzig.«

Er war in einem von der deutschen Methodistenmission in Sibanor betriebenen Krankenhaus zum Krankenpfleger ausgebildet worden. Zu seiner Ausbildung hätte auch die Anwesenheit bei einer Geburt gehört, aber er war nicht hingegangen. »Weißt du, als wir zur Beschneidung gingen, haben unsere Ältesten uns gesagt, daß es für einen Mann schlecht sei, bei so einem Ereignis dabeizusein.«

»Warum?«

»Ich weiß nicht. Sie sagten nur, es sei schlecht.«

Und wenn er nun einmal Frauen behandeln mußte, die in den Wehen lagen?

»Ich weiß nicht... Das ist keine leichte Frage.«

Eines Tages, als wir in Mankono einen Tanz zum Abschluß der Beschneidungsriten ansahen, besuchte ich mit ihm eine Frau, die ich dort kannte. Er wollte wissen, ob ich sie zu mir bestellen wollte, um Geschlechtsverkehr mit ihr zu haben. Ich fragte ihn, was ihn glauben ließ, daß sie einer solchen Aufforderung nachkäme.

Zum ersten Mal, seit ich ihn kannte, reagierte er verärgert.

»Ich bin kein Kind«, sagte er. »Ich habe gesehen, wie du mit den Frauen umgehst. Keine einzige von ihnen würde dich zurückweisen. Du brauchst es gar nicht erst abzustreiten.«

Inzwischen hatte jede Frau im Dorf einen Garten angelegt. Diejenigen, die keinen Platz im Garten des Kurung Kafos mehr erhalten hatten, bebauten winzige Flecken Erde in den Winkeln ihrer Gehöfte hinter den Waschbereichen und den Müllhaufen, oder zwischen den Häusern – und immer waren sie mit einem dichten Zaun aus Hirsestroh oder Baroum-barow umgeben. Jeder Garten mußte zweimal täglich gegossen werden – pro Saatbeet ein riesiges Wassergefäß. Die Schüsseln aus Metall oder Plastik faßten dreißig Liter. Die Frauen halfen sich gegenseitig dabei, sie sich auf den Kopf zu laden, aber wenn gerade niemand da war, mußten sie alleine zurechtkommen. Als ich es selbst einmal versuchen wollte, schaffte ich es gerade, den Behälter zwei Zentimeter hochzuheben. Aber ich sah zwölfjährige Mädchen, die sie schon auf dem Kopf trugen.

Jeden Morgen, wenn ich in der Küche saß und frühstückte, sah ich einen unablässigen Strom von Frauen zwischen dem Garten des Kurung Kafo und dem Schulbrunnen hin- und hergehen. Sie bewegten sich sehr langsam und schwankten leicht unter dem Gewicht der Wasserbehälter. Diejenigen, die im Camp angestellt waren, mußten um halb fünf Uhr morgens aufstehen, um mit dem Gießen fertigzuwerden, bevor sie zur Arbeit gingen. Und wenn sie die Beete am Abend noch einmal gegossen hatten, mußten sie das Waschwasser für ihre Männer und Kinder ziehen, bevor sie schließlich das Essen kochten. Die jungen Frauen arbeiteten am härtesten, weil sie oft noch keine Nebenfrau hatten oder keine Tochter, die schon alt genug war, um ihr zu helfen.

Am Abend waren die Augen der Frauen, wenn sie an der Wasserstelle warteten, stumpf und schwer, und ihre Bewegungen langsam und mechanisch. Die Sonne brannte mit jedem Tag sengender und gnadenloser und begann mit dem Fünf-Uhr-Gebet gerade erst abzunehmen, so daß die Frauen irgendwann einen beinahe nachtwandlerischen Zustand erreichten.

Um sieben Uhr brach die Dunkelheit herein, und dann spannte sich der Abendhimmel mit einem Fächer kleiner grauer Wolken straff wie ein Seidenlaken über das Dorf. Das Zitronengelb der Sonne, die hinter den strohgedeckten Hütten von Old Bajo Kunda unterging, zerfloß allmählich zu einem tiefen und verwirrenden Magentarot.

»Ist das nicht schön?« sagte ich zu Fatounding.

»Es ist schön«, bestätigte sie. »Na und?«

Als ich auf der Hauptstraße zurückging, bog ich einer Eingebung folgend in das Gehöft Tamba Kunda ein. Ich kam auf den Hof, der zum Haus der Frauen führte, und sah einige Frauen, die ihren Blick auf das letzte Haus gerichtet hatten, aus dem zornentbrannte Stimmen drangen. Ich erkannte die tiefe, volltönende Stimme von Sonas Nebenfrau Njonji und hörte, wie Sona selbst sich wütend ereiferte. Traditionsgemäß hatte sie die Pflichten der älteren Frau während Njonjis Woche der Abgeschlossenheit nach der Geburt übernommen – sie war also jeden Morgen in Susan Lawrences Haus gegangen, um zu putzen, hatte gekocht, gewaschen und Holz geholt. Njonji hatte nämlich den Sieg in dem Wettkampf davongetragen, den ersten männlichen Erben zu gebären, und es bereitete den anderen Frauen einiges Vergnügen zu sehen, daß Sona ihre Niederlage nur schlecht ertragen konnte.

Der Streit breitete sich von Raum zu Raum weiter aus, mehr und mehr Stimmen mischten sich in die unvernünftige Auseinandersetzung ein, und niemand hörte dem anderen zu. Ich hielt es für besser, mich zurückzuziehen.

Am Freitagabend beschloß ich, mit ihr zu reden. Am Vormittag war sie plötzlich am Fenster des Zimmers aufgetaucht, in dem ich mit Jojo arbeitete. Es zeigte auf die Durchgangsstraße, auf der montags, mittwochs und freitags alle Welt auf den Beinen war. Wir hatten uns durch das Fenster gegrüßt. Sie hatte mich durchdringend angesehen und dabei ihre Augen so weit aufgerissen, daß ich fürchtete, in sie hineinzufallen. Dann war sie schnell wieder gegangen. Ich hatte vor Aufregung gezittert und hoffte, daß Jojo nichts bemerkte.

Die alte Frau grüßte mich, als ich im Gehöft erschien. Sie war die Stiefmutter von Sonas Mann. Neben ihr saß eine Schwester des Mannes, die aber eine andere Mutter hatte. Schon von meinem ersten Besuch im Gehöft an hätte ich schwören können, daß diese zwei Frauen ganz genau wußten, warum ich kam, und während die Schwester mich mißbilligte, gab mir die alte Frau ihre geheime moralische Unterstützung.

»Sie kocht«, sagte sie und zog zufrieden an ihrer Pfeife. »Geh ihr helfen.« Und sie deutete auf das letzte Haus.

Sie saß hinter ihrem Haus auf einem Hocker. Einerseits war ich erleichtert, weil endlich der Augenblick der Entscheidung gekommen war, und andererseits fühlte ich mich verlegen und etwas lächerlich auf dem kleinen Hocker mitten auf dem engen Hof, auf dem wir nicht alleine waren. Sie kam aus der Kochhütte und sah verschwitzt und müde aus. Die Schwangerschaft hatte ihre Bewegungen schon etwas verlangsamt. Sie fuhr ihre Tochter unwirsch an, die daraufhin ins Haus rannte, und warf mir einen düsteren Blick zu. Wir grüßten uns kurz, dann kehrte sie wieder in die Kochhütte zurück.

»Ich habe lange am Tor vom Camp gewartet«, rief sie mir zu, während sie Erdnüsse in einer Pfanne über dem Feuer röstete. »Aber niemand war bereit, mir die Tagesdecke mitzubringen.«

»Tja, das war nicht sehr nett«, sagte ich.

»Und was war mit dir?« erwiderte sie. »Du wolltest mir auch nicht helfen.«

»Ich wußte nicht, was für eine Decke du wolltest.«

»Ich wollte eben eine Decke«, sagte sie einfach.

Dann, als im Hof nur noch Kinder spielten, trat sie zu mir und kam sofort zur Sache. »Fatou Mbaye sagte, du wolltest mit mir reden. Meine Tagesdecke kostet vierzig Dalasi, aber ich habe nur dreißig. Bring mir die restlichen zehn Dalasi, dann komme ich zu dir und rede mit dir.«

»Du willst nicht mit mir reden«, sagte ich.

»Doch, ich will.«

»Du kommst und redest mit mir. Dann, *vielleicht*, helfe ich dir.«

»Das ist gerecht«, sagte sie.

Ihre Tochter trat mit der Bluse, die sie holen sollte, aus dem Haus. Sona kehrte in die Kochhütte zurück.

Ich kochte noch immer vor Zorn, als ich am folgenden Nachmittag einen Spaziergang an den Bintang Bolon machte. Ich legte mich auf den kleinen Landesteg. Es war Ebbe, und ich fühlte das Wasser nur zwei Zentimeter unter mir gegen das Holz schwappen. Das Dinghi des Professors lag nicht weit entfernt im Schlamm. Einer der Dorfbewohner wurde dafür bezahlt, ein Blätterdach darüber instandzuhalten, obwohl es niemand mehr benutzte. Der Professor hatte seine wenigen ruhigen Augenblicke in Dulaba in diesem Boot genossen. Ich erinnerte mich, wie wir an manchen Abenden im Zick-Zack-Kurs die Biegung des kleinen Nebenflusses des Gambia entlanggetrieben waren, während Kraniche neben uns durch die Luft glitten und langsam und nur knapp über dem Wasser ihre großen Schwingen schlugen. Es schien schon lange her zu sein. Ich konnte mir kaum noch vorstellen, daß der Professor je hiergewesen war. Plötzlich fühlte ich mich sehr alleine.

Als ich den Heimweg über die Salzöde antrat, sah ich den Ort wieder so, wie ich ihn erst gesehen hatte, unsagbar fremd und merkwürdig. Krabben krochen wie winzige Teufel in ihre Löcher im dunklen, stinkenden Schlamm, und die Salzöde glänzte zu beiden Seiten der Lateritstraße stumpf in der Abendsonne. Dahinter verbargen die Äste der Bäume wie ein Vorhang den Busch. Es war eine Landschaft, die ihrem Betrachter nicht antwortete und ihm nichts zu geben vermochte. Sie lag einfach vor mir, flach, tot und ruhig. Auch wenn ich inzwischen viel über die Bewohner dieser Landschaft erfahren hatte, fiel sie ohne deren Gegenwart in ihre frühere Unergründlichkeit zurück.

Als ich über Sona nachdachte, fragte ich mich, wieso ich je geglaubt hatte, daß ihr Verhalten weniger außergewöhnlich und fremdartig sein sollte als die Umgebung, in der sie lebte. In England schliefen die Menschen nicht wegen einer Tagesdecke miteinander. Diese verfluchte Decke! Hier lag mein Fehler. Ich hätte mir eben die Mühe machen sollen, auf den Markt zu gehen. Und warum hätte ich nicht etwas dazulegen sollen, wenn sie mehr kostete, als sie ausgeben konnte? Es wäre eine Gelegenheit gewesen, ihr meine guten Absichten zu demonstrieren, zu zeigen, daß ich jemand war, der sie in ihrem Kampf auf der Erde unterstützte. Wie hatte ich nur sagen können, ich wisse nicht, was ihr gefalle? Darum ging es überhaupt nicht. Ihr hätte jede Decke gefallen, wenn ich nur nicht so dumm gewesen wäre. All meine Fehler in meinem bisherigen Leben schienen etwas mit mangelnder Großzügigkeit zu tun zu haben. In den entscheidenden Momenten hatte meine Kleinlichkeit immer gesiegt. Deshalb stand ich nun so alleine da.

Und wer konnte es ihr denn verübeln, wenn sie versuchte, meine Gefühle auszunutzen? In Anbetracht der Tatsache, daß die afrikanischen Männer ihre sexuellen Beziehungen zu Frauen mit dem Wort »benutzen« umschrieben, überraschte es doch nicht, wenn auch die Frauen aus solchen Kontakten einen maximalen Gewinn ziehen wollten und »ihr Fähnchen nach dem Wind hängten«. Was für Mittel hatten sie denn sonst?

12

DER KOPF DES ELEFANTEN

Noch nie hatte ich einen Menschen kennengelernt, der mich mit seiner körperlichen Statur so beeindruckte wie Pa Konte. Nicht, daß er ein Hüne gewesen wäre, aber er bestand rundum aus geschmeidigen, tigerhaften Muskeln. Er hatte zwar ein feingeschnittenes Gesicht, doch es lag immer ein unbarmherziger, löwenartiger Ausdruck darin. Er saß breit auf dem Stuhl unter der trüben Glühbirne – eine dunkle, majestätische Erscheinung.

»Wie kannst du so leben, Mann? Seit wievielen Monaten sitzt du hier schon ohne Frau?«

Ich murmelte etwas von einer englischen Studentin, die in der Regenzeit hiergewesen war.

»Das ist Monate her. Was mich betrifft, ich muß ab und zu eine Frau haben. Wenn mir danach ist, muß ich es tun. So ist es nun einmal. Ein Monat ohne Sex, und ich werde verrückt. Und von dieser Sache da, Masturbation, halte ich gar nichts. Selbst wenn es eine alte Vettel ist oder eine Blinde, ich muß es tun.«

In dem Dorf Jiffarong, das neben der roten Lateritstraße wenige Kilometer von Sankandi entfernt lag, lebte eine Lehrerin, eine hochgewachsene, schlanke, aber kräftige zwanzigjährige Frau namens Maria-Theresa Gomez. Sie war eine Manjago, eine Christin. In einer anderen Umgebung hätte sie ein Vermögen aus ihrer Erscheinung machen können. Stattdessen lehrte sie Englisch unter den Affenbrotbäumen von Jiffarong. Ich hatte sie bei den Vorausscheidungen zum Schultheaterwettbewerb im Januar kennengelernt und erinnerte mich noch gut an meine Erleichterung, als sie sagte, sie sei keine Muslimin. Ihr Ton dabei war sehr bestimmt gewesen. Vielleicht war es leichter, in einer anderen als der Muttersprache so entschieden zu wirken. Als ein Dorfjunge ein Wochenende in Jiffarong verbrachte, trug ich ihm auf, sie von mir zu grüßen. Nach seiner Rückkehr erzählte er, sie habe gelacht und gefragt, wann ich sie besuchen komme.

»Ich kenne die Frau«, sagte Pa. »Sie nennen sie Marri. Sie ist Christin, und du kannst dich drauf verlassen, daß ihre Klitoris noch da ist.« Er dachte einen Augenblick nach. »Wir fahren nächsten Samstag mit dem Motorrad hin. Ich spreche dort mit ihr für dich. Weißt du, wenn du alleine hingehst und einfach so mit ihr redest, geht es schief. Aber wenn ich als Schwarzer zu ihr gehe und ihr alles ernsthaft erkläre, dann wirst du sie bestimmt bekommen.« Ich war mir nicht ganz sicher, ob das nun wirklich mein Stil war. Und außerdem – woher wollte er wissen, daß sie wirklich zustimmen würde?

»Ich kenne die Schwarzen, Mann! So ist eben unsere Kultur. Wenn du hingehst, dann unterhältst du dich auf Englisch mit ihr – ich dagegen auf Mandinka oder Wolof. Es gibt Dinge, die du in deiner Sprache einfach nicht sagen kannst. Glaub mir, Mann, ich kenne mich da aus.«

Aber sie war doch eine Christin. Machte das nicht einen Unterschied?

»Was diese Sache angeht, sind sie alle gleich.«

Schließlich sagte ich ihm, daß ich lieber einen Mißerfolg auf eigene Verantwortung übernehmen als mich auf seinen Plan einlassen wollte. Irgendwie ging darin ja der Sinn des ganzen Unterfangens verloren. Suchte nicht jeder so etwas wie spontane Sympathie und Gleichgesinntheit?

»Die Entscheidung liegt bei dir«, gab er zurück. »Aber das sage ich dir, wenn du dir nicht von einem Schwarzen helfen läßt, dann sitzt du hier, bis zu verrückt wirst.«

Nachdem monatelang keine Besucher gekommen waren, wurde das Camp auf einmal wieder von neuen Tubabs bevölkert. Ich teilte mein Haus mit der sechsundzwanzigjährigen Sharon, die mit ihrer krausen, kastanienbraunen Haarmähne viele Blicke auf sich zog. Das Dunn hatte sie als Technikerin geschickt, weil sie mit Anne Shergold, einer der Wissenschaftlerinnen, ein Projekt beginnen sollte. Anne und ihr Mann David hatten von 1978 bis 1983 in Dulaba gelebt. Am Ende ihres jetzigen kurzen Besuchs gaben die Personalangehörigen ihr zu Ehren eine Party. Viele von ihnen hatten damals bei Anne und ihrem Mann gearbeitet und waren ihnen immer noch sehr ergeben.

Riesige Portionen Benakino mit Ziegenfleisch und Hühnchen wurden mit viel Sprite und Coca-Cola hinuntergespült. Dann fand eine Disco im Gemeinschaftszentrum statt. Anne wurde darum gebeten, den Tanz mit Bakary Sanneh zu eröffnen. Zu Beginn war der große Raum, der an eine Lagerhalle erinnerte, noch fast leer, und Bakary und Anne tanzten alleine. Kurze Zeit später aber traf die gesamte Jugend Dulabas ein, strömte auf den Tanzboden und verschluckte sie wie eine Welle.

Europäer nahmen fast nie an solchen Ereignissen im Dorf teil, so daß die etwa zehn, die nun da waren, dem Ganzen eine Atmosphäre von Glamour und »Wichtigkeit« verliehen. Auch eine ungewöhnlich große Anzahl von verheirateten Frauen war gekommen. Jori Sanyang und Maimouna Jatta tanzten zusammen zu Super Jamanos »Oumaro«, sie wiegten sich majestätisch, und ihre wallenden Kleider schimmerten im düsteren Licht. Die meisten jedoch, von den Assistenten des Kinderzentrums bis hin zu den Hausangestellten der Europäer, blieben in einer Reihe an der Wand entlang sitzen und starrten unglücklich vor sich hin, weil sie den Mut zum Tanzen nicht aufbrachten. In der Dunkelheit der gegenüberliegenden Wand saßen die *samakumbalu*, die T-Shirt-Trägerinnen – die jungen Mädchen des Dorfes.

Samakungo oder *samakumba* – »der Kopf eines Elefanten« – war der traditionelle Ausdruck, um eine junge Frau auf Mandinka zu preisen: Er bezog sich auf die Mädchen, die zwar schon die körperliche Reife einer Frau besaßen, aber noch nicht verheiratet waren, oder sie waren verheiratet, aber noch nicht in das Gehöft ihres Mannes gezogen. Der Ausdruck bedeutete, daß die betreffende Person die Stärke, Weisheit und Klugheit des großen Tieres besaß. Jemand, dem man besondere Ehrfurcht entgegenbrachte, wurde *ningkinangkikungo* – »Drachenkopf« – genannt, weil ein Drache Feuer spucken und nach Belieben verschwinden konnte. Nach ihm benannte Menschen mußten also etwas ganz Besonderes sein. Für Frauen allerdings traf dies nicht zu, und wenn jemand sie mit dieser Bezeichnung bedachte, antworteten sie spontan: *»He-e-eh! Inte mang kei samakungo ti. Inte mu challifenyo le ti!«* – »Ich bin nicht der Kopf eines Elefanten. Ich bin nur der Schwanz eines Fisches!« Denn so wie niemand den Schwanz eines Fisches aß, sondern ihn wegschmiß, gab es Frauen, von denen kein Mann etwas wissen wollte.

Die Männer rissen sich darum, mit Sharon zu tanzen, und da die Afrikaner solche Dinge vorzugsweise über die Vermittlung eines Dritten regeln, verbrachte ich den größten Teil des Abends damit, in dieser Sache zu versagen.

»Warum können sie nicht aufhören, sich dauernd an mich ranzumachen?« murrte sie, als sie den Tänzern von der relativen Sicherheit der Veranda aus zusah.

Father J, der in seinem rehfarbenen Gewand ernst und erhaben aussah, betrachtete die Samakumbalus verächtlich. »Das sollen Mädchen sein?« fragte er ungläubig. »Sie tun nichts. Sie sitzen nur da.«

Als der Abend jedoch fortschritt und sie ihre Schüchternheit etwas ablegten, wurden die Mädchen aktiver und tanzten miteinander oder mit den wenigen Männern, die sich dazu herabließen, sie aufzufordern.

Unter den Samakumbalus stachen vor allem Homonding Minte und Munya Sise hervor. Homonding war neunzehn, hellhäutig, sehr groß und dünn – aber dabei keineswegs zerbrechlich. Sie stand dem My Brother Kafo vor. Sie war mit einem aus dem Dorf stammenden Mann verheiratet gewesen, der in Kombo lebte, sie aber nie zu sich geholt hatte. Nun lebte sie mit ihrer Großmutter in Bakary Kunda, wo sie der alten Frau zur Hand ging und darauf wartete, daß ein anderer ihr einen Antrag machte.

Munya war zweiundzwanzig und eng mit Darbon Jammeh befreundet gewesen. Sie waren beinahe gleichaltrig und hatten zusammen beim MRC gearbeitet, zuerst im Laboratorium, dann als Kindermädchen für die Kinder der Europäer. Dort hatte sie eine enge Beziehung zu Njundu Sise entwickelt, der Barbara Smiths Haus saubermachte. Die beiden hatten schon Heiratspläne geschmiedet, aber Munyas Familie stellte sich gegen ihn, weil Njundu angeblich kein guter Moslem war und er seinen Vater nicht respektierte. Die auch nach außen hin offensichtliche Liebe zwischen den beiden, die Spannung, mit der die Geschichte verfolgt wurde und die allgemeine Bestürzung nach ihrem Ende – all das wurde von den Europäern als Beweis dafür gesehen, daß die Dorfbewohner sich in dieser Hinsicht eigentlich nicht von ihnen unterschieden. Allerdings waren sie dann doch konsterniert, als Njundu innerhalb von nur einer Woche, nachdem Munyas Eltern seinen Antrag abgelehnt hatten, eine andere Frau in einem Nachbardorf fand. Munya heiratete schließlich einen sechzehn Jahre älteren Mann, den sie nicht liebte. Und das, da waren sich die Europäer einig, war »jammerschade«.

Nun arbeitete Munja als »Hausmädchen« bei Dr. Sabari, einem gambischen Wissenschaftler, der im Camp arbeitete. Sie hatte einen Sohn, der sehr kränkelte. Richard schrieb dies ihrer mangelhaften Fürsorge zu. »Sie mag vielleicht schön sein«, meinte er, »aber das Kind ist arm dran bei ihr.« Sie war dunkel und hatte eine große römische Nase, die ihren insgesamt eher sanften Zügen eine außergewöhnliche Lebhaftigkeit verlieh. Sie gehörte aber nicht zu den Frauen, die stets um sich sahen, nur um ja jeden in ihrem Blickfeld zu grüßen, vielmehr war sie häufig so in Gedanken vertieft, daß man sich nicht traute, sie ohne guten Grund herauszureißen.

Ich ging hinüber zu der Samakumbalu und bat sie auf den Tanzboden. Wie die meisten afrikanischen Frauen sah sie ihren Partner beim Tanzen nicht an, sondern starrte mit stoischer Gelassenheit auf den Boden. Dies gab mir wiederum die Gelegenheit, sie zu mustern, soviel ich wollte. Wie mochte es wohl sein, eine praktisch violette Hautfarbe zu haben, fragte ich mich.

Als das Lied zu Ende war, dankte ich ihr, wir schüttelten uns die Hände und kehrten zu unseren Plätzen zurück. Als ich mich später wieder in ihrer Nähe befand, forderte sie mich auf, neben ihr Platz zu nehmen. »Kannst du tanzen?« fragte ich. Es war eine alberne Frage, nachdem wir erst vor einer halben Stunde zusammen getanzt hatten – aber auf Mandinka klang sie nicht ganz so absurd. »Natürlich«, antwortete sie. »Laß uns tanzen.« Wir standen also auf und tanzten einen weiteren Reggae. Dann schüttelten wir uns wieder die Hände, und sie ging zurück, um sich an die Wand zu setzen. Das war meine Gelegenheit. Ich beschloß, mir jemand zu suchen, der mir half.

Yaya Bojang, der nur ein Paar gelber Satin-Boxer-Shorts trug, tanzte wild mit sich selbst auf der hell beleuchteten Veranda. Er hörte mir genau zu. »Du fragst sie einfach, um welche Uhrzeit sie morgen Zeit hat, zu dir zu kommen. Sie wird wissen, was du meinst. Sie kapiert schnell.«

»Nicht heute abend?«

»Nein, heute abend ist es zu gefährlich. Es sind zu viele Leute hier.«

Sie stand sofort wie magnetisiert auf, als ich sie rief. Der versteinerte, grübelnde Ausdruck, den sie beim Tanzen aufgesetzt hatte, erschien wieder auf ihrem Gesicht.

»Gegen zehn Uhr«, sagte sie.

Auf meiner Uhr war es halb zwei, als ich nach Hause ging. Ich sah zu den Sternen auf. »Und sie gibt mir eine Zeit an!« dachte ich.

Am nächsten Morgen kam ich aus der Dusche und sah Mabinta, Natoma, Filije und Sharons Waschfrau Fatoumata Sise bei mir im Wohnzimmer sitzen und Kaffee trinken. Ich trocknete noch meine Haare, als ich jemanden mit bestimmtem, kräftigem Schritt auf der anderen Seite des Moskitonetzes gehen und mit durchdringender Stimme rufen hörte: »*Salaam aleikum.*«

»Verdammt noch mal!«, dachte ich. »Sie ist aber früh dran!« Ich stürzte in mein Schlafzimmer, das noch im Dunkeln lag, weil ich die Vorhänge in Erwartung der Ereignisse nicht zurückgezogen hatte. Warum kam sie so früh? Was sollte ich tun? Um mir etwas Aufschub zu verschaffen, schob ich meine Tagesdosis Anti-Malaria-Pillen in den Mund. Dann ging ich zurück, bereit dazu, mich allem zu stellen, was mich im Wohnzimmer erwartete.

Der größte Teil der Gesellschaft hatte sich taktvoll verzogen, und nur Munya und Filije waren zurückgeblieben. Als ich mich setzte, erhob sich Filije und kehrte weiter den Boden. Ich wechselte einige nichtssagende Sätze mit Munya und kam dann zur Sache: »Was ich dir sagen möchte, ist etwas Geheimes.«

»Geheim«, wiederholte sie, dann blickte sie gedankenverloren ins Leere.

»Hier ist zu viel los. Am Nachmittag ist es besser.«

Sie dachte einen Augenblick lang nach. »Spätestens um fünf Uhr komme ich.«

Dann stand sie auf und ging.

Am Nachmittag war es noch heißer als zur Mittagszeit. Die angestaute Hitze verteilte sich über die Erdoberfläche, und die Menschen kämpften sich langsam und schwerfällig hindurch, als schwämmen sie blind gegen einen Strom. Ich saß fünf Stunden lang auf dem Sofa und nutzte die Wartezeit zum Arbeiten. Der Ventilator wirbelte über mir, aber er konnte nichts gegen die Hitze ausrichten. Die Luft wurde nur in großen Wirbeln durch den Raum getrieben, so daß ich mir wie unter einem überdimensionalen Fön vorkam. Schließlich kam Mabinta zum Bügeln, und ich wußte, der Augenblick war verpaßt.

Sie kam auch am folgenden Tag nicht. Am Freitag vormittag, nachdem ich noch überprüft hatte, ob Dr. Sabari im Laboratorium in seine Arbeit vertieft war, ging ich zu seinem Haus hinüber.

Die Vorhänge waren an allen Fenstern zugezogen. Ich klopfte an die Tür, ohne Erfolg. Ich probierte den Türgriff aus, und da er nachgab, trat ich ein. Niemand war im leeren Flur zu sehen. Dann rief eine Stimme: »Mark«, und die Wohnzimmertür öffnete sich. Munya sah aus, als bestünde sie nur aus ihrem Mund, der Nase und den Wangenknochen – ihre Augen waren glitzernde Schlitze, die darauf lauerten, was ich nun tun würde. Wir begrüßten einander, dann fragte ich sie, warum sie nicht gekommen sei.

»Ich bin gekommen, aber Mabinta hat gebügelt. Deshalb bin ich wieder nach Hause gegangen.«

»Gestern bist du auch nicht gekommen.«

Sie senkte den Blick, spielte mit dem Besen aus Palmwedeln in ihrer Hand.

»Gestern war ich nirgendwo«, erklärte sie.

»Wann kommst du?« fragte ich.

»Heute, am Nachmittag.«

Vor einem Monat, als die Frauen noch etwas Geld aus dem Erlös ihrer Ernte übriggehabt hatten, waren die neuen Kleider im Dorf eingetroffen. Es gab die *simisos* (Frauenhemden), die aus einem Material gefertigt wurden, das die Europäerinnen eher für Unterröcke verwendeten. In diesem Jahr leuchteten sie in phosphoreszierenden Farben – in Scharlachrot und Schwarz, in kräftigem Pink, Kobaltviolett, Türkis, und der letzte Schrei war ein besonders lebhaftes und mit Kastanienbraun kontrastierendes Grün, an dem sich die Geschmäcker aber doch einigermaßen schieden. Außerdem kamen mit Indigo gebatikte Leibchen an. Viele Frauen besaßen solche Leibchen zwar schon aus zurückliegenden Lieferungen, aber inzwischen war das Blau zu einem stumpfen Grau verblichen. Bei den neuen dagegen glänzte das Indigo noch so frisch, daß man sich wunderte, bei der Berührung des Stoffes keine blauen Finger zu bekommen. Vor dem dunklen Hintergrund hoben sich die eingefärbten dicken weißen Ringe in überraschendem Kontrast ab, wie Mondkrater. Die Samakumbalus vervollständigten diese Garderobe gerne mit gelben Plastikperlenketten, die ihnen aus irgendeinem Grund bemerkenswert gut standen. Diese Mode war aber keineswegs nur auf die »Jugend« beschränkt. Achtjährige Mädchen und sechzigjährige Frauen waren nicht selten gleich gekleidet – und oft waren es auch genau dieselben Kleider, da sie innerhalb eines Gehöfts ausgetauscht wurden.

So gekleidet erschien Munya am Freitagnachmittag vor dem Moskitogitter des Wohnzimmers.

»*Marky dindingo!*« rief sie mit erhobener Stimme. »Mark, der kleine Junge.«

»Gib mir eine Chance«, dachte ich.

Sie setzte sich auf das Sofa und ihren Sohn Ibraima neben sich. Nachdem ich eine Flasche Limonade geholt hatte, ließ ich mich am anderen Ende des Sofas nieder. Komm lieber gleich zur Sache, dachte ich, bevor dir irgendeine alberne Störung wieder alles vermasselt.

»Munya«, sagte ich. »Ich möchte, daß wir eine Beziehung haben – wenn du möchtest.«

»Eine Beziehung«. Sie wiederholte das Wort langsam und ruhig und starrte gedankenverloren auf einen meilenweit entfernten Punkt weit hinter dem Moskitonetz. Sie nahm einen Schluck Limonade und dachte noch etwas nach. Dann antwortete sie auf Mandinka: »Vielleicht« – und dehnte die Silben des Wortes »tomando« endlos.

Nun durfte ich nichts falsch machen. »Ist das schwierig?« fragte ich.

»Es ist nicht sehr schwierig«, antwortete sie.

Wir redeten noch ein wenig über dies und jenes. Sie wohnte in Salum Kunda, gegenüber dem großen Bantaba am Fuß des Dorfes. Richard hatte einmal gesagt, das Gehöft erinnere ihn an Charles Dickens. »Das heißt«, hatte er hinzugefügt, »wenn man überhaupt ein Gehöft in Dulaba mit Dickens vergleichen kann.« Sie erzählte mir, ihre Mutter sei Gunjur vom Kurung Kafo, was mich überraschte, da man mir bisher immer gesagt hatte, Gunjur habe nie eigene Kinder gehabt. Aber Munya wirkte sehr überzeugend und sogar stolz.

Ich fragte sie, ob ihr Sohn krank gewesen sei. »Ja«, sagte sie und lächelte. »Er war in Fajara.« Dann fügte sie, vielleicht, weil sie eine Kritik aus meiner Frage herausgelesen hatte, noch hinzu: »Aber nur einmal.«

Während der ganzen Zeit wirbelte einzig der Gedanke durch meinen Kopf, daß ich ihr jetzt die entscheidenden Sätze sagen mußte, die sie überzeugen und sachte zu dem bewegen konnten, was ich wollte.

Unzählige Male, seit ich in Afrika war, hatte sich mir eingeprägt, daß der entscheidende Punkt das Reden war, wenn man von jemandem etwas haben wollte, sei es eine Tasse Reis oder die Aufmerksamkeit einer potentiellen Geliebten. Man mußte seinem Gegenüber sagen, was man brauchte, warum man es brauchte und warum er oder sie mehr als irgend jemand sonst dafür in Frage kam, es einem zu geben. Wer bei einer solchen *dyamo* (Diskussion) zu schnell das Handtuch warf, erreichte gar nichts. Ich hatte einmal gehört, wie Lamin Jarjou versuchte, eine der englischen Studentinnen zu bezirzen. Er redete noch hoffnungsvoll auf sie ein, als jeder Europäer schon längst die Waffen gestreckt hätte. Er hörte einfach nicht auf zu reden, als müsse sie irgendwann einmal aus schierer Bewunderung für seine rhetorischen Künste nachgeben.

Ich hätte Munya sagen können, daß sie die schönste Frau war, die ich je gesehen hatte, daß ich sie »zu sehr« liebte, was beides in jenem Moment wohl stimmte. Aber nichts davon kam über meine Lippen. Ich brachte nichts heraus. Ich sah nur, wie das neue Indigoleibchen ihre Haut fast schillern ließ – violett, schwarz, fast grün.

Schließlich sagte sie »Thank you« und stand auf. Entschlossen und zielstrebig band sie sich ihren Sohn auf den Rücken, und mir war klar, daß sie nicht kommen würde – sie hatte ihre Entscheidung schon getroffen.

Sie verließ den Raum, und ich sah auf meine Uhr. Ihr Besuch hatte kaum fünfzehn Minuten gedauert. Ein Gefühl der Frustration und Enttäuschung überkam mich – aber nicht, weil sie mir einen Korb gegeben hatte, denn sie schien viel tiefere und weniger greifbare Gründe zu haben als nur eine rein körperliche Antipathie. Meine Frustration entsprang nicht nur dem unerfüllten Verlangen, sondern auch der Einsicht, daß ich völlig machtlos vor dem tiefen Graben stand, der uns trennte.

Ramou Jagne, die Laborassistentin, gehörte zum Stamm der Akus, Abkömmlinge von Sklaven, die gegen Ende des neunzehnten Jahrhunderts im Zuge der britischen Kampagne gegen den Sklavenhandel befreit worden waren. Ihre Familie war nach England ausgewandert, und sie hatte die ersten sechs Jahre ihres Lebens in London verbracht. Dort lebte ihr Vater auch jetzt noch, während sie selbst nach Gambia zurückgebracht worden war, wo ihre Großmutter sie zum Islam bekehrt hatte. Sie hatte zwar einen Wolof geheiratet, der ebenfalls Moslem war, bezeichnete sich selbst aber inzwischen als »Freidenkerin«.

»Eine Frau aus diesem Dorf wird sich niemals auf ein Verhältnis mit einem Europäer einlassen«, meinte sie. »Nicht, weil sie etwas gegen Europäer hätten. Es geht vielmehr um die Gefühle, die die Europäer bei ihnen auslösen, tief drinnen. «

Glaubten sie denn, die Europäer seien unrein?

»Nein, das ist es nicht. «

Glaubten sie, die Europäer seien... Teufel?

»Das ist es auch nicht, aber so etwas ähnliches vielleicht. Weißt du, es ist noch nicht so lange her, seit die Menschen hier überhaupt in Kontakt mit den Europäern gekommen sind. Ja, eigentlich erst seit sehr kurzer Zeit. Sie halten sie nicht unbedingt für Teufel, aber irgendwie schreiben sie ihnen doch etwas Übermenschliches zu. Der Respekt ist zu groß, als daß sie ihnen ganz natürliche Gefühle entgegenbringen würden – sie können nicht anders.«

Ich ging auf der alten Straße nach Karafa Kunda in den Busch hinaus. Der Mond war schon aufgegangen. Ich spürte die üppige Vegetation, die sich über Meilen hinweg um mich ausbreitete. Die Blätter glitzerten wie Edelstein im verblassenden Licht, und der orangefarbene Weg leuchtete wie radioaktives Gestein. Wieder einmal berührte mich die Fremdheit dieser Landschaft zutiefst – doch dieses Mal schien sie mich besiegt zu haben.

Alle Frauen trugen Perlenketten um die Taillen, die gerade über dem Schamhaar endeten. Sie hießen auf Wolof *jelly-jelly* und auf Mandinka *jo-no*. Sie wurden Kindern beiderlei Geschlechts umgehängt, noch bevor sie laufen konnten, und oft waren diese Jujus das einzige, was sie überhaupt trugen. Das Jo-no einer erwachsenen Frau dagegen war so gut wie nie sichtbar, sondern blieb unter den Falten des Wickelrockes verborgen. Damit gewann es eine starke erotische Bedeutung, und auf manche wirkte es beinahe wie ein fetischistisches Instrument der Erregung.

Noch erregender als der Anblick war jedoch der Klang eines Jo-nos, dessen Perlen klimperten, wenn die Frauen ihre Hüften schwangen. Für die Männer gehörte das Berühren des Jo-nos oft zum Liebesakt. Vielleicht war das auch deshalb so, weil viele Frauen vom Kindergebären und der harten Arbeit körperlich verbraucht waren und dann auf solche Reize zurückgreifen mußten.

Jarra Njai hatte endlich den Stoff für das Ashobi des Kafos besorgt. Sie war nach Brikama gefahren und dort von einer Frau namens Satou Jammeh aufgenommen worden, die als Kind zu ihrem Kafo gehört hatte, nun aber in der Stadt verheiratet war. Sie stellten ziemlich schnell fest, daß sie sich den Gedanken aus dem Kopf schlagen mußten, Stoff für zehn Dalasi pro Meter zu finden. Er kostete in den Läden und an den Marktständen mindestens zwölf fünfzig. Schließlich nahm Satou sie in einen Laden mit, den ein ihr bekannter Maure führte. Sie feilschten stundenlang. Schließlich bekamen sie, was sie wollten: neun »Stück« Stoff, alles für zehn Dalasi pro Meter. Das einzige Problem bestand darin, daß die Bahnen nicht alle das gleiche Muster hatten.

Fatounding ließ ihre Finger über einen ziemlich dicken Stoff in Scharlachrot, Lila und Türkis gleiten, der mit einem Meer von flaschengrünen Schirmen bedruckt war. »Manche könnten behaupten, daß du nicht ihnen, sondern anderen das schönste Stück Stoff gegeben hast. Ich selbst würde das nie sagen, aber andere womöglich.«

»Ich hatte nicht gerade viel Geld zur Verfügung«, verteidigte Jarra Njai sich müde. »Und deshalb konnte ich kein Stück Stoff bekommen, das groß genug für alle gewesen wäre.«

»Fatounding«, meldete sich eine andere. »So solltest du nicht reden. Wir wissen doch alle, daß unser Geld nicht gereicht hat.«

Die anderen Muster waren ebenso interessant. Auf einem Stoff waren Pfauenfedern in Orange, Grün und Blau aufgedruckt, deren Ränder sich überlappten und ein Spinnenmuster entstehen ließen. Alle fanden, daß dies der schönste von den drei Stoffen war. Das dritte Muster bestand aus schmalen schwarzen und weißen Streifen, die mit roten und grünen Motiven durchbrochen waren. Es war schwer zu sagen, woran es erinnerte. Es hätten Kerzen sein können, die aus einem Geburtstagskuchen ragten, oder Gefängnisgitter und ein Blumenbukett, oder eben einfach ein Muster.

»Mark«, sagte Janno. »Wenn wir unsere Kleider genäht haben, besuchen wir dich, um zu tanzen, und wir gehen nach Karafa Kunda, um unser Kafo dort zu grüßen.«

»Hört zu«, sagte Jarra Njai. »Einige von euch bekommen drei Meter Stoff und andere vier. Wer keine vier Meter bekommt, soll nicht unzufrieden sein, weil der Stoff nach Körpergröße verteilt wird. Die Großen bekommen vier, und die kleinen drei Meter. Mir selbst macht es nichts aus, wenn ich nur zwei Meter bekomme, aber ich möchte, daß jede zufrieden ist.«

»Jarra Njai«, sagte Tumbulu. »Was du gesagt hast, habe ich gehört. Du bist die Führerin dieses Kafos. Du kannst es nicht jedem recht machen. Was immer du sagtest, wir sind einverstanden.«

Während das Saniyoro Kafo mit solchen Diskussionen beschäftigt war, ließ sich Fatou Kambi Sise ihr Haar flechten. Sie war zweiundzwanzig, eine kräftige, lebhafte Frau mit einer entwaffnend direkten Art. Sie hatte zwei Kinder und war mit dem dritten schwanger, lebte aber noch bei ihrer Mutter. Sie besaß nichts. Wenn sie etwas benötigte, wie Kleidung oder Schmuck, bat sie ihre Mutter darum. Am heutigen Abend jedoch sollte sie ins Gehöft ihres Mannes ziehen, was in einer *manyo bitto* genannten Zeremonie erfolgte. Am Nachmittag also hatten sich alle Frauen des Gehöfts versammelt, um sie als *manyo* zu bewundern – als Braut. Ihr Haar lag straff am Kopf in einem komplizierten Geflecht von Zöpfen, von denen an langen Perlenketten Silbermünzen bis auf die Schultern hingen, und ein zentrales *leddo* baumelte über ihrer Stirn.

Eine Frau war nur einmal in ihrem Leben eine »Braut« – alle nachfolgenden Heiraten fanden ohne jegliches Ritual statt –, und diese Zeremonie, die drei Tage lang dauerte, gehörte zu den wichtigsten Einschnitten in ihrem Leben. Nun wurde sie eine *forromuso*. Sie mußte sich ein eigenes Reisfeld suchen und es bebauen. Und während sie vorher nach Lust und Laune zu Tanzveranstaltungen gehen oder abends noch mit ihren Freundinnen durchs Dorf schlendern durfte, unterstand sie von nun an der Herrschaft ihres Mannes. Bevor sie etwas unternahm, mußte sie seine Erlaubnis einholen.

Während Fatou Kambis Haar geflochten wurde, kamen Frauen aus anderen Gehöften, um ihr Glück zu wünschen und für sie zu singen und zu klatschen. Alle neuen Kleider der Manyo und die Schüsseln, Kessel, Töpfe und Pfannen, die sie in den neuen Haushalt einbrachte, wurden vor dem Umzug noch im Haus der Mutter zur Schau gestellt. Die Besucherinnen begutachteten und bewunderten die Aussteuer, nicht ohne gelegentlich ihre Menge und Güte mit spitzer Zunge zu kommentieren.

Bis zum Ramadan sollten alle Frauen aus Fatou Kambis Altersgruppe zu ihren Ehemännern ziehen. Das bedeutete, daß sie sechs Monate lang die besondere Kleidung der Manyo trugen, das Zopfgeflecht mit den Münzen und den Turban, der es bedeckte – bis zum Ende der Regenzeit. Während dieser Zeit trugen sie stets ein *kalama* bei sich, ein kleines Trinkgefäß in Löffelform, das aus einem Kürbis hergestellt war und ihren neuen Status symbolisierte. Mit rotglühendem Metall wurde ein Stern darin eingeprägt, und der Rand war mit Münzen geschmückt. Wenn die Zeit der Reisernte anbrach, entfernten die Manyos die Münzen und füllten das Kalama mit Dempetengo, um es ihrem Mann zu reichen. Dieser aß den Reis und zerschmetterte daraufhin das Kalama, um seine Herrschaft über sie zu demonstrieren. Die Frau legte dann ihre Brautkleidung ab, galt aber noch so lange als Manyo – als neue Frau –, bis ihr Mann sich eine Nebenfrau nahm.

Munya stampfte im Hof vor dem Frauenhaus Hirse. Ich setzte mich auf einen kleinen Hocker an der Hauswand und betrachtete die Szene. Sie hatte einen langgestreckten Körper, breite Schultern und lange Arme. Sie beugte sich über den Mörser, während sie gründlich und mit beträchtlicher Kraft die Körner zerstieß. Alles schien in einer einzigen geschmeidigen Bewegung abzulaufen, wenn sie hinüber zur Kalebasse griff, aus der sie immer wieder Hirse schöpfte. Ich wollte sie nicht anstarren, konnte mich aber von dem Anblick kaum losreißen. Mit ihr arbeitete ein jüngeres Mädchen namens Nyiranding. Sie war rundlich, eher hellhäutig, und kicherte unentwegt.

Ein bärtiges, grinsendes Gesicht erschien über dem Wellblechzaun. Der Mann begann ein flirtendes Geplauder mit den Mädchen, die mit aufmunterndem Lachen reagierten. Munyas Lachen war tief und kehlig, wie Wasser, das durch ein Rohr abfließt. Der junge Mann, er schien Bambo zu heißen, betrat schließlich den Hof. Er war groß und gutgebaut und fiel dadurch auf, daß er beim Reden leicht wankte und mit seiner Zigarette winkte, womit er offensichtlich eine besondere Wirkung bei Frauen erzielen wollte – und vielleicht gelang ihm das ja auch. Er begrüßte alle auf Wolof, was niemand verstand.

Bald erschien ein anderer junger Mann namens Yaya am Tor. Anders als Bambo, der zu den Arbeitern auf dem neuen Camp gehörte, stammte Yaya aus dem Dorf. Auch er grinste breit. »Ich will hier nur ein bißchen plaudern«, erklärte mir Bambo auf Englisch.

»Nur zu«, erwiderte ich.

Es schien wohl ein ungewöhnlich hohes Maß an zwischengeschlechtlicher Kommunikation in diesem Gehöft zu geben.

»Heute abend findet ein Tulungo statt«, sagte Munya und sah von ihrer Hirse auf. »Das Manyo bitto.«

Als ich ging, folgte sie mir durch das Tor in den nächsten Hof, mit der Schüssel gemahlener Hirse auf dem Kopf. Sie trällerte fröhlich einen Satz aus einem Lied von Bob Marley vor sich hin: »A buffalo soldier... A buffalo soldier...«

In Bakary Kunda saß die Manyo im Haus ihrer Mutter, umringt von einer tanzenden, singenden und auf Schüsseln einschlagenden Kinderbande. Sie hockte mit ausdruckslosem Gesicht und wie schlafend auf der Bettkante. Nach und nach trafen die alten Frauen ein und bildeten im Zimmer einen Kreis. Eine Badewanne wurde auf den Boden gestellt. »Du mußt bald gehen«, sagte Mabinta, die nebenan wohnte. »Jetzt findet das *manyo kuo* statt – die Manyo wird gewaschen. Das ist *ku'lo'*!«

Mit Ku'lo bin ich schon bedient, dachte ich bei mir. Der Raum hatte sich gerade richtig gefüllt, da wurden viele der Anwesenden auch schon wieder hinausgeworfen – Kinder, Frauen, die noch nicht zu ihren Ehemännern übergesiedelt waren, und natürlich ich. Munya stand im glänzenden, fast frostigen Mondlicht vor mir. »Für uns Kinder gibt es dort drüben ein Tulungo.« Und sie folgte der Menge, die auf die Straße hinauslief.

Neben dem Hauptbantaba stand ein merkwürdiges Gebäude mit Glasfenstern, das mich an einen Kiosk erinnerte und an beiden Seiten eine Veranda hatte. In der Anfangszeit des MRC war es als Apotheke genutzt worden. Die Kinder und Mädchen verteilten sich dort und begannen, zu klatschen und die Lieder der Jugendlichen zu singen – Style-Lieder und *lenjeng denkilos* (Tanzlieder).

Im elterlichen Gehöft verließen die Frauen nun eine nach der anderen das Haus der Braut. Für die nur etwa zehn Meter lange Strecke vom Haus bis zum Hofeingang benötigten sie ungewöhnlich lange Zeit. Es war schwer festzustellen, was eigentlich vor sich ging, und unter den Frauen schien beträchtliche Verwirrung zu herrschen. Lebhafte Diskussionen wurden geführt. Was dann geschah, war so unwirklich wie ein Traum. Auf der kleinen Erhebung vor dem Ausgang des Gehöfts wurde eine Matte ausgebreitet, auf der die Manyo Platz nahm. Dann legte ein Mann ein Stück weißen Stoffes über sie und bedeckte sie damit völlig. Unter leise gemurmelten Gebeten breitete er noch einen dick gefalteten Wickelrock so auf ihren Kopf, daß er flach wie ein Tablett lag. Schließlich wurde das weiße Tuch zurückgezogen, die Manyo erhob sich, und die Prozession machte sich auf den Weg, der relativ kurz war, weil das Gehöft des Mannes direkt auf der anderen Straßenseite lag. Als sie durch das Tor geschritten war, ging die Manyo weiter zum Haus ihres Mannes. Es bestand nur aus einem winzigen Raum, in dem ein kleines Bett mit Mühe Platz fand. Sobald die Manyo auf diesem Bett saß, versammelte sich der Rest der Frauen in und vor dem Haus, was, überflüssig zu erwähnen, wiederum sehr viel Zeit in Anspruch nahm.

Bei der alten Apotheke wurde währenddessen weiter gesungen und getanzt, und im Gehöft des Mannes standen die Frauen in Grüppchen beisammen und plauderten.

»Mark, es ist vorbei. Du kannst gehen.«

»Nein, Mark. Bleib noch.«
»Mark, es ist spät. Geh zum Camp.«
»Hey Mark. Geh nicht. Bleib.«
Was sollte ich tun?
»Mark, willst du gehen?«
»Nein.«
»Dann bleib.«
Es war noch nicht vorbei. Die Manyo hatte sich ins Haus der Frauen gegeben, in ihr neues Heim. Der weiße Wickelrock über ihrem Kopf war so geknotet, daß er nur ihre Augen freigab. Sie saß stocksteif auf dem Bett, und allein die Augen, in denen ein fast mystisches Feuer brannte und dessen Weiß glänzte wie Elfenbein, bewegten sich hin und her.

Obwohl der Raum nicht besonders groß war, fanden alle Frauen darin Platz, und im Licht der winzigen Kerosin-Lampe erschien das Wellblechdach plötzlich sehr hoch. Die Frauen begannen zu singen, zu tanzen und zu klatschen. Es war unmöglich, jemanden zu erkennen, und bald verschwammen die dunklen Gestalten hinter der dicken staubigen Luft, und unerbittlich hallten die Schläge auf den Schüsseln – wie Hammerschläge auf einem Amboß.

»Die Manyo ist gekommen – der Schwanz des Fisches!
Sie begegnete mir mit dem Schwanz des Skorpions.

Die Manyo weint – *Ai Waali!*
Möge Gott bewirken, daß es ihr gefällt.
Möge sie tragen –
Was Gott getan hat!

Diejenige, die ihre Bande bricht, ist auf dem Weg!
Sie begegnete mir mit dem Schwanz des Skorpions.«

Auf der anderen Veranda der alten Apotheke sangen Munya und eine Gruppe junger Frauen und Mädchen.

»Liebling, laß uns die Hände schütteln.
Möge Gott dir eine gute Nacht schenken.
Die Nacht wird nicht süß sein,
weil ich alleine schlafe.
Der Mann, der nicht tanzen wollte,
hat eine besondere Art zu gehen.

Du hast mich vom Schlafen abgehalten –
Du hast mich vom Schlafen abgehalten –
und mit dem Jo-no gespielt!«

Sooft die Frauen den eindringlichen, fast hypnotischen Stabreim
des Refrains erreichten, legten sie ihre Hände auf die Hüften und
ließen diese andeutungsweise kreisen. Sie wiederholten ihn unzählige Male und betonten jedes Mal seine sexuellen Anspielun-
gen etwas mehr:

> »*Te ne leeuw* –
> *Te* – *te ne leeuw* –
> *Jo-ni kobaso!*«

Urplötzlich hörten sie auf zu singen, und die ganze Schar rannte
unter lautem Rufen auf die Straße, am Bantaba vorbei und in die
Richtung der Moschee – alle außer Munya, die neben mir stehen-
blieb.

»Wohin gehen sie?« fragte ich.

»Ich weiß nicht, wohin sie gehen«, antwortete sie mit ihrem
tiefen, gurgelnden Lachen. Eine ganze Weile, wie mir schien,
lehnten wir Seite an Seite an der Wand der alten Apotheke. Obwohl der Mondschein heller war als je zuvor, nahm ich ihr Gesicht
nur als etwas Dunkles unter dem Schatten der Veranda wahr, und
ich konnte nichts von seinem Ausdruck erahnen. Auf dem Bantaba saß noch ein Mann bewegungslos im Schatten des Mangobaumes. Er schien zu uns herüberzusehen, aber vielleicht schlief
er auch. Wieder hatte ich das Gefühl, ich müsse jetzt etwas sagen,
aber mir fiel nichts ein. Munya machte keine Anstalten, sich zu
bewegen.

Schließlich sagte ich: »Du gehst nicht zu den anderen Frauen?«

»Doch«, antwortete sie. »Jetzt gehe ich.«

Gemeinsam machten wir uns auf den Weg. Beim Eingang des
Gehöfts fragte sie mich, ob ich nach Hause ginge, und ich bejahte.

»Byebye«, verabschiedete sie sich auf Englisch.

Am nächsten Tag strich ich schlecht gelaunt durch das Haus. »Wie
konnte man sie nur mit einem Mann verheiraten, der so viel älter
ist?« dachte ich. »Sie mag ihn doch gar nicht... Wie kann das
richtig sein?«

Am späten Nachmittag ging ich noch einmal nach Salum Kunda

zu Fatou Kambi. Sie saß wieder auf dem Bett, und vor ihr spielten zwei oder drei Kinder auf dem Boden. Sie trug die Kleidung der Manyo, aber nicht mehr den weißen Rock – den *fani koyo*.

»Oh, Mark!«, begrüßte sie mich. »Du bist gekommen.«

»Ja, hier bin ich«, sagte ich.

Am Abend sollte wieder getanzt werden. Sie bereitete sich gerade darauf vor und öffnete die Truhe an der Wand, die mit Wikkelröcken und anderen Kleidungsstücken vollgestopft war.

»Fünfzehn Röcke«, sagte Fatou Kambi stolz. Fast alle waren indigofarben, die traditionelle Farbe der Manyos. In manche waren mit Schnüren kleine Kreise eingefärbt worden, die sich vor dem dunklen Untergrund wie Sterne oder radioaktive Gesteinsbrocken abhoben, auf anderen krümmten sich gebatikte Linien, die auf dem glänzenden blauen Stoff wie Blitze aussahen. Sie besaß auch verschiedene Blusen und einen besonders prächtigen Wickelrock, auf dem sich Streifen aus rot und grün mit dicken Balken aus Goldfäden abwechselten. »Dieser hier hat sechzig Dalasi gekostet«, sagte Fatou Kambi stolz, als sie ihn hochhob.

Sie hatte diese Aussteuer von ihrer Mutter bekommen. Außerdem gehörten noch sechs Emailleschüsseln für die Küche dazu, fünf große Kalebassen, zwei große Plastikschüsseln zum Wasserholen und zwei Eisenkochtöpfe. Die Manyo mußte gut ausgestattet werden, damit sie sich vor den Bewohnerinnen des neuen Gehöfts nicht zu schämen brauchte. Häufig kauften ihre Nebenfrauen bei dieser Gelegenheit ebenfalls neue Kochutensilien, um nicht von der Neuen ausgestochen zu werden.

Die Kochtöpfe alleine hatten schon vierzig Dalasi pro Stück gekostet. Die Schüsseln kosteten jeweils fünfundzwanzig, und dann waren da noch die Kalebassen und die Plastikschüsseln. Ich fragte mich, wie die alte Frau soviel Geld aufgetrieben hatte, denn sie lebte ohne Mann und hatte durch ihre Lepraerkrankung alle Finger verloren, so daß sie nicht mehr arbeiten konnte. Sie mußte jahrelang gespart haben, oder Verwandte hatten ihr geholfen.

Der Raum füllte sich mit Frauen, die standen und schauten, lachten und schwatzten, während Fatou Kambi die schönsten ihrer neuen Kleider auswählte und anzog. Dann setzte sich der Zug zur alten Apotheke in Bewegung, und Fatou Kambi ließ sich an der Wand unterhalb der Veranda nieder. Die Frauen bildeten einen Halbkreis um sie und legten ihr wieder den gefalteten Wickelrock auf den Kopf. Dann wurde etwa zwanzig Minuten lang geklatscht und getanzt. Die ganze Zeit über konnte ich meine Augen nicht von Munya abwenden. Sie stand, hielt ihren Sohn in den Armen, trug ein leuchtendrotes Kopftuch und ein Hemd, das aussah, als hätte es schon bessere Tage als Geschirrtuch gesehen. Wie die meisten Frauen von Dulaba konnte sie ebenso schnell vor Wut explodieren wie in ungezügeltes Gelächter ausbrechen. Aber eine plumpe, ungelenke Bewegung von ihr wäre unvorstellbar gewesen. »Ich sehe natürlich, wie attraktiv sie ist«, hatte Sharon gesagt. »Sie gehört zu den Frauen, die man einfach ansehen muß. So etwas gibt es.«

»Hey! Munya!« rief eine ältere Frau, als die Menge sich zu zerstreuen begann. »Wasch der Manyo die Füße.« Fatou Kambi streckte ihre Beine aus, und Munya nahm eine Kalebasse voll Wasser und spritzte es nach und nach auf die Füße der Manyo. Dann beugte sie sich nieder und wischte ihr den Staub von den Füßen. Nun war sie die älteste Frau, die noch nicht zu ihrem Mann gezogen war. Bald war auch sie an der Reihe. Sie wußte noch nicht, wann das sein würde, aber wenn es soweit war, mußte sie gehen. Eine andere Möglichkeit gab es nicht.

Ich fuhr mit Pa Konte nach Tankular, um Fische zu kaufen. Die rote Honda polterte den Weg aus rosafarbenem Sand und Stein entlang. Auf einem langen hölzernen Landesteg über dem dunklen Wasser des Gambia, der so langsam, ruhig und geheimnisvoll wie Quecksilber vorüberfloß, warteten wir dann auf Pas Großvater, der einer der wichtigsten Fischer des Dorfes war, während die Sonne immer niedriger sank. Ein Kanu nach dem anderen kehrte zurück. Im ersten saßen ein dünner, schmächtiger Mann und ein kleiner Junge. Der Mann war außergewöhnlich häßlich, aber er mußte sehr geschickt sein, denn er hatte den größten Fang von allen an Land gezogen. Die Fische platschten mit einem satten Geräusch auf, als sie einer nach dem anderen auf das staubige Holz des Landesteges geschleudert wurden. Schließlich machte sich der Mann an den Brettern am Boden seines Kanus zu schaffen, und ein glänzender, fast zwei Meter langer Barracuda kam zum Vorschein.

Er hatte seinen gesamten Fang schon im voraus an zwei junge Männer verkauft, die mit ihrem Lastwagen am Ende des Landesteges warteten. Sie gehörten zum Stamm der Serer, wie die meisten der Menschen, die sich nun auf dem Steg drängten und zwischen den Haufen silbriger Fische feilschten, ebenso wie viele der Fischer. In der Luft prasselte der Klang ihrer heiseren Sprache. Sie waren aus dem Senegal gekommen und hatten sich im Dorf niedergelassen, um ihrem Gewerbe nachzugehen – dem Fischhandel. Die Frauen waren vor allem für das Trocknen der Fische zuständig, und das gelbliche Fleisch erstreckte sich endlos weit am Strand entlang und erfüllte die Luft mit seinem kräftigen Geruch. Nach dem Geld zu urteilen, das die Besitzer wechselte, mußte Tankular ein sehr wohlhabendes Dorf sein. Plötzlich wurde es lebhaft am Ende des Landesteges. Ein paar kleine Jungen, die es irgendwie geschafft hatten, sich dort zu verbergen, verließen nun ihre Verstecke. Einer nach dem anderen rannte winselnd auf dem Landesteg auf uns zu. Aber sie waren nicht schnell genug, und zwei Männer mittleren Alters holten sie ein, packten sie an den Schultern und warfen sie dann mit ihrer ganzen Kraft auf den Rücken. Bald schrien und kreischten alle Jungen in den höchsten Tönen.

Einige waren schlau genug, das Spießrutenlaufen so schnell wie möglich hinter sich zu bringen, aber andere überraschte der erste Schlag so sehr, daß sie einfach stehenblieben, wenn der zweite Mann sie erreichte und ihnen erbarmungslos mit einem Holzstück auf Kopf und Schultern eindrosch, so daß Splitter in alle Richtungen stoben. Wenn die Jungen sich dann immer noch nicht schnell genug davonmachten, verpaßte er ihnen einen weiteren weithin hörbaren Schlag auf den Kopf, so daß sie laut aufheulten.

Ich sah entsetzt zu und wollte meinen Augen nicht trauen. Aber all die Menschen auf dem Landesteg, die, um nichts von der Szene zu versäumen, ihre Geschäfte unterbrochen hatten, grinsten nur. Dabei lag in den Gesichtern der beiden Männer keine Spur von Boshaftigkeit oder auch nur Ärger; sie lächelten sogar fast bei ihrer »Arbeit«. Als auch der letzte Junge stöhnend ins Dorf wankte, schlenderten die beiden Männer mit einem zufriedenen Gesichtsausdruck auf dem Landesteg weiter. Der Mann, der mit dem Holzstück losgedroschen hatte, wischte sich den Staub von den Händen. »Puh«, sagte er. »Die kommen so schnell nicht wieder.«

Schließlich erschien das Kanu von Pas Großvater. Zuerst war er nur als Punkt auszumachen, und dann plötzlich ragte er vor uns auf, aufrecht im Kanu stehend und mit seiner Tuchmütze und seinem dunkelblauen chinesischen Morgenrock entfernt an einen Piraten erinnernd.

»Was macht dich so sicher, daß er seinen ganzen Fang nicht schon verkauft hat?« fragte ich.

»Mark«, sagte Pa. »Glaubst du, ich bin ein Narr? Dieser Mann ist mein blutsverwandter Großvater.«

Der Mann sah kaum alt genug aus, um sein Vater zu sein.

»Ja, im Grunde genommen ist er der jüngere Bruder meines Großvaters.«

Ich kaufte ihm zehn Fische ab. Zehn fette silbrige Fische, jeder über dreißig Zentimeter lang. Ich beschloß, einige Munya zu schenken.

Als wir die Kreuzung erreichten und auf der roten Lateritstraße weiterfuhren, war es schon dunkel. Auf dem nun ebeneren Untergrund kamen wir schneller voran. Plötzlich bemerkten wir, offensichtlich gleichzeitig, einen blassen Strich vor uns, mehr zur rechten Straßenseite hin. Es war nichts Totes oder Bewegungsloses, sondern etwas sehr Lebendiges. Pa hielt das Motorrad so abrupt an, daß wir beide zu Boden stürzten. Pa stand unverletzt auf und trat schwer atmend einige Schritte zurück. Auch ich hatte viel Glück gehabt und weder Kratzer noch Prellungen davongetragen.

»Sieh dir das an, Mann«, sagte Pa, vor Entsetzen wie hypnotisiert. Eine Schlange, etwa sechzig Zentimeter lang und dick, weil sie gerade etwas verschlungen hatte, verzog sich gerade in das hohe Gras auf der rechten Straßenseite. »Was für ein Glück, daß wir sie gesehen haben. Sie hätte uns töten können.«

Die Schlange bewegte sich nur langsam, aber Pa blieb wie angewurzelt stehen, bis sie völlig verschwunden war. »Warum fahren wir nicht einfach auf der anderen Straßenseite ganz schnell vorbei?« fragte ich.

»Was? Wenn wir das tun, beißt sie uns.«

»Ist sie so schnell?«

»Ja, diese Viecher sind unglaublich gefährlich.«

Er erzählte mir, seine Angst vor Schlangen stamme daher, daß eine seiner Schwestern und ein Bruder an ihrem Biß gestorben seien.

Später erzählte Pa die Geschichte mit der Schlange Father J, der sich aber wenig beeindruckt zeigte. »Wie groß war die Schlange?«

»Etwa sechzig Zentimeter«, antwortete ich.

»Na komm, Mann! Die war *mindestens* zwei Meter lang«, behauptete Pa.

Es war der Tag des sehnlich erwarteten *ngangsingsitindo*, des großen Tanzes, mit dem gefeiert wurde, daß die Wunden der beschnittenen Mädchen völlig verheilt waren. Obwohl sie nun seit fast einem Monat wieder zuhause waren, trugen sie noch Kaurimuschelketten um die Stirn und Knöchel. Sie waren immer noch Ngangsingolus und blieben das so lange, bis ihre Mütter es sich leisten konnten, ihnen die neuen Kleider zu kaufen, die man für dieses große Ereignis brauchte. Auch ein Tanz der Verwandten des Mädchens, bei dem sie Blätter über ihren Köpfen schwenkten, gehörte dazu. Ich fragte Gunjur, ob er auch dieses Mal abgehalten würde. »Ja«, antwortete sie. »Und alles andere auch.«

Nach dem Essen ging ich zu Fatoundings Gehöft hinunter, wo die Ngansingolu gerade geschmückt wurden. Isatou hatte die Halsbänder und Kleider, die ihr ein Fahrer des MRC von der Küste mitgebracht hatte, ins Haus ihrer Mutter getragen, wo ihre Tochter zur Zeit wohnte.

Im gegenüberliegenden Hof wurden die anderen Ngangsingolu kräftig mit Seife und Wasser abgeschrubbt. Dann begann die langwierige Prozedur des Haareflechtens, für die ein Federkiel erforderlich war, damit die Zöpfe fein genug wurden. In das Haar über der Stirn flochten die Frauen kleine Perlen ein, und unterhalb der Kaurimuschelkette baumelte eine kleine Münze. Die Mädchen wurden in neue Hemden, Wickelröcke und Tikos aus gemustertem Indigo gekleidet, und ihre Gesichter mit Kajal, rosafarbenem Lippenstift und einem Puder geschminkt, der dem Gesicht einen helleren, kupfernen Schimmer verlieh. Schließlich fanden die Frauen, daß die Ngangsingolu schön genug waren, und sie brachten sie zum alten Mangobaum beim Brunnen in der Nähe von Pa Alkali Mintes Gehöft. Sie hatten zuerst gehofft, das Ereignis könne im Gemeinschaftszentrum stattfinden, aber dann hatten sich einige Mitglieder der Polizeistation Killaji angekündigt, und die Beamten waren der Meinung gewesen, man müsse sie dort empfangen – das hieß, sie tranken chinesischen Tee, verzehrten gebratenes Fleisch und spielten Karten.

Als sich schließlich alle beim alten Mangobaum versammelt hatten, war es nach fünf Uhr. Die Ngangsingolu saßen in einem großen Kreis auf Matten, und zu beiden Seiten drängten sich die Mütter, Tanten, Schwestern und Großmütter. Sämtliche Frauen aus dem Dorf waren anwesend. Es herrschte eine Atmosphäre wie auf einem großen Markt, überall standen schwatzende Grüppchen, aber um was für einen Markt es sich nun handelte, war unklar. Niemand schien genau zu wissen, was als nächstes folgte, und so warteten alle darauf, daß etwas geschah. Gelegentlich wurden Schüsseln geschlagen, aber der Ort war so überfüllt, daß der

Rhythmus kaum überspringen konnte. Eine der Frauen begann zu tanzen. Binta Camara und Njonji Bajo, zwei eher korpulente Frauen, tanzten zusammen voller Begeisterung und Energie vor ihren Töchtern. Auch Safi Mama und andere eiserne Anhänger des Kurung Kafos tanzten für ihre Kinder, nahmen ihre Tikos ab und schüttelten die unbedeckten Köpfe mit einem wilden Lachen in Richtung der Ngangsingolu.

»Sind die Ngangsingolu nicht wunderschön?« fragte mich jemand. Das waren sie natürlich, aber nichtsdestoweniger brach mittlerweile überall Streit aus. Einer Gruppe von Ngangsingolu wurde befohlen, aufzustehen und die Matten zusammenzurollen. Was ging da vor?

»Es ist zu Ende.«

Schon?

»Es ist spät«, erwiderten sie einfach. Wenige Minuten später war der Platz menschenleer.

Im Camp herrschte an diesem Sonntagmorgen eine ungewöhnlich geschäftige Atmosphäre. Ein unablässiger Strom von Besuchern kam zum Haus: Beamte suchten Sharon, Frauen und Mädchen kamen auf dem Weg von und zu ihren Gärten vorbei und machten ihre Aufwartung, Kinder wollten die Trommeln schlagen. Keiner der Besucher hatte sich angekündigt, doch einer kam noch unerwarteter als alle anderen.

Sullu Sise war ein junger Man aus dem Dorf, der beim MRC als Zimmerer arbeitete. Er war ein schmächtiger, ziemlich rätselhafter Mann in meinem Alter. Auf den ersten Blick wirkte er eher kraftlos, doch in Wirklichkeit besaß er einen außergewöhnlich sehnigen Körper. Seine schrägen Augen gaben nie etwas von seinem Innenleben preis. Er hatte immer gesagt, er werde eine Freundin für mich finden, aber bisher hatte ich das für einen Scherz gehalten. Nun stand er vor der Tür von Haus Eins. Hinter ihm erkannte ich durch das Moskitonetz eine junge Frau Anfang zwanzig, die ein Kind an der Hand hielt. Sie trug eines der Simisos, die vor kurzem ins Dorf geliefert worden waren, und seine Farbe erinnerte mich sofort an die der Londoner Busse. Sie war schwarz und gutaussehend und erwiderte meinen Blick mit einem Ausdruck, den ich unter anderen Umständen als »unverschämt« bezeichnet hätte. Ich hatte sie schon oft gesehen, aber weder ihr Gesicht noch ihren Namen je wirklich registriert.

»Das ist deine Gelegenheit«, sagte Sullu leise auf Englisch.

Eine Gruppe von Besuchern war gerade gegangen, aber ich hörte schon die nächsten auf dem Pfad entlangkommen. »Jetzt ist es gerade nicht so gut«, sagte ich.
»Wann?« fragte Sullu.
»Heute nachmittag.«
»Gut«, antwortete Sullu und wandte sich um. Dann deutete er auf die Frau. »Gefällt sie dir?«
»Ja«, sagte ich.
Sie starrte mich immer noch unerschütterlich an. »Ja«, sagte sie und wiederholte das englische Wort. Dann lachte sie.

Den ganzen Nachmittag saß ich auf dem Sofa und wartete. Als die Schatten langsam länger wurden, schien mir das Ganze immer unglaubwürdiger. Wahrscheinlich sollte es nur ein Scherz sein, oder ich hatte mir alles nur eingebildet. Jedenfalls hatte ich keine Lust mehr, auf Leute zu warten, die vielleicht kamen, vielleicht auch nicht. Ich beschloß, einen Spaziergang zu machen.
Kurz vor dem Essen kehrte ich zurück. Als ich das Haus verließ, um zu Daouda zu gehen, glitt Sullu aus der Dunkelheit.
»Was ist los?« fragte er.
»Ich dachte, ihr würdet nicht mehr kommen.«
»He-e-e, Mark. Wir waren zweimal hier.«
Daouda hatte an diesem Abend Besuch von einem Kora-Spieler, und viele Frauen wollten dabeisein, um ihm zuzuhören. Ich wollte mich während der Darbietung nach Hause zurückschleichen.
»Wo ist ihr Mann?« fragte ich.
»Mitten im Dorf. Weit weg.«
»*Astafourlai*«, sagte ich. »Möge Gott mir vergeben.«
Sulla lachte leise und schüttelte mir die Hand, wie es hier üblich war.
»Sie will es tun?« fragte ich.
»*Kende ke!* Sehr gerne.«
»Du machst dich lustig über mich.«
»Es ist die Wahrheit, ich schwöre es bei Gott.«
Aber dann starb ein Dorfbewohner, und die Vorstellung des Kora-Spielers wurde abgesagt.

Am Nachmittag kam Bakary Darbo, der Vizepräsident des Landes und zugleich der örtliche Parlamentsabgeordnete, ins Dorf, um den Ausschuß vorzustellen, der die PPP, die People's Progressive Party, im bevorstehenden Wahlkampf unterstützen sollte. Die

333

Versammlung wurde unter den Mangobäumen vor dem Gemeinschaftszentrum abgehalten. Die Dorfältesten umringten den
Vizepräsidenten und sein Gefolge auf Holzstühlen oder auf den
Bänken des Kinderzentrums, während in der Mitte die Griots saßen, die abwechselnd die Äußerungen der verschiedenen Sprecher
weitergeben sollten – laut und in amtlichem Tonfall über die versammelte Menge hinwegbrüllend. Dies war eine alte Tradition,
die zum einen die Würde und das Ansehen der Gäste unterstrich,
und zum anderen auch den Zurückhaltenden und weniger Rede-
gewandten eine Möglichkeit verschaffte, sich zu Wort zu melden.
Es gab keine Lautsprecher, und in der Hitze der Nachmittags-
sonne, die nur von einem Blätterdach etwas gemildert wurde, kam
eine offizielle Atmosphäre, wie ich sie von anderen politischen
Treffen kannte, an denen ich schon teilgenommen hatte, erst gar
nicht auf.
Die Frauen standen in einem großen Kreis um den Versamm-
lungsplatz, und von meiner Position aus konnte ich sie gut beobachten – einige konzentrierten sich angestrengt auf das, was
gesagt wurde, andere schienen ausdruckslos und gleichgültig.
Wieder und wieder ertappte ich mich dabei, daß ich in die un-
durchdringlichen Augen der jungen Frau mit dem leuchtendroten
Simiso starrte, die immer noch ihr Kind auf dem Rücken trug. Ihr
Gesicht war rund und sehr schwarz. Am Morgen noch hatte ich
Sullu getroffen. Er hatte mir gesagt, er werde mit »der Fremden«
am frühen Abend kommen. Ich fand ihr Gesicht durchaus intelligent.
Punkt sechs Uhr betrat Sullu das Wohnzimmer und setzte sich
zu mir. »Sie kommt«, kündigte er an.
Ich hatte bis dahin keinerlei Nervosität angesichts der bevorstehenden Ereignisse verspürt und konnte kaum glauben, daß überhaupt etwas geschehen sollte. Aber jetzt nahmen die Dinge ihren
Lauf, und die Bestimmtheit, mit der Sullu handelte, machte mich
unruhig.
Was genau sollte geschehen?
»Nach der Unterhaltung werde ich gehen«, sagte er und sah
über seine Schulter auf das Tor des Gehöfts. »Ich komme nur beim
ersten Mal mit. Beim zweiten, dritten und vierten Mal komme ich
nicht mehr.« Dann fügte er hinzu: »Niemand darf hierherkommen«, sagte er. »Bei den Tubabs ist es egal, aber kein Schwarzer
darf sie sehen«, sagte er.
»Ich passe auf«, versicherte ich ihm.

Dann kam sie, sie ging langsam an den mit Moskitogittern geschützten Fenstern vorbei. In dem weißen Unterrock, den sie trug, wirkte sie kleiner und verletzlicher als je zuvor.

»Mark«, sagte sie zur Begrüßung und streifte ihre Gummisandalen ab, als sie eintrat.

»Kommt«, sagte Sullu und führte uns in das Arbeitszimmer.

Es war nun Abend, und nur noch ein düsteres amberfarbenes Licht drang durch die Vorhänge und erhellte die muffige Luft des Zimmers.

»Schließ die Tür ab«, sagte Sullu.

»Man kann sie nicht verschließen«, erklärte ich.

Wir setzten uns auf die Bürostühle. Hinter uns hing ein Vorhang, der zwei Besucherbetten verdeckte.

Sullu begann zu reden, in ruhigem und überlegtem Tonfall, der daß Außergewöhnliche, ja sogar das Gefährliche an der Situation in den Hintergrund treten ließ. Er nannte sie stets bei ihrem Vornamen und sprach respektvoll, aber bestimmt, wie ein erwachsener Bruder, der eine widerspenstige Schwester ermahnt, mit der er sich trotzdem weiterhin gut stellen will. Ich verstand das meiste, was er sagte, aber meine Aufmerksamkeit war so vom Erscheinungsbild der Frau in Anspruch genommen, daß ich kaum zuhörte.

Sie saß auf der Stuhlkante, ihre Hände im Schoß gefaltet, die Füße ordentlich unter den Stuhl gerückt. Mit gesenktem Kopf starrte sie aus ihren großen Augen ausdruckslos in Richtung Tür. Sie wirkte in ihrer extremen Schwärze in sich gekehrt, als hätte sie sich von allem gelöst, was um sie herum geschah. Ihr Haar, das unter dem weißen Tiko sorgfältig geflochten war, erschien mir ebenso wie die drei winzigen Narben auf jeder Wange als Zeichen ihres Andersseins, ihrer Unnahbarkeit. Plötzlich sah ich sie nicht mehr als Individuum, sondern als »Mandingo-Frau« – die primitive Stammesfrau aus den Fernseh-Dokumentationen über die Wildnis – etwas Zerbrechliches, Exotisches. War es nicht eine Schande, so eine Person auszunutzen?

»Geh da hindurch«, sagte Sullu und nickte in Richtung Vorhang. Die Frau blieb auf ihrer Stuhlkante sitzen, sagte keinen Ton und machte keinerlei Anstalten aufzustehen.

»Sie möchte nicht«, sagte ich.

»Natürlich möchte sie«, behauptete er. »Geh schon. Los.«

Ich sah keine andere Möglichkeit, als die völlige Teilnahmslosigkeit dieser Frau so zu deuten, daß sie unglücklich über ihre Lage war – obwohl sie natürlich aus freien Stücken gekommen war. Dann fiel mir ein, daß Sullu vielleicht irgendeinen Druck auf sie ausgeübt haben könnte.

»Laß sie«, sagte ich schließlich. »Sie will nicht.«

»Sie will«, zischte er.

»Dieser Mann ist ein Ältester«, wandte er sich auf Mandinka an sie. »Geh hinein. Du darfst ihn nicht enttäuschen.«

Eine lange Pause entstand. Dann, ohne eine Miene zu verziehen, stand sie langsam auf und trat durch den Vorhang. Ich folgte ihr.

Sie setzte sich ans Fußende meines Bettes und starrte mit einem schwachen Lächeln auf den Lippen geradeaus. Ich setzte mich neben sie und küßte sie auf die Schultern. Dann legte ich meinen Arm um sie und küßte sie auf den Mund. Ihre Lippen gaben nicht nach. Ich drängte meine Zunge dazwischen und fühlte etwas Hartes und Glitschiges. Sie wandte ihr Gesicht von mir ab.

»Du lutscht schwarze Minzbonbons«, sagte ich.

»Ja«, antwortete sie.

Langsam und behutsam faßte ich sie an ihren Schultern. Dies war anscheinend das entscheidende Zeichen für sie, denn prompt sank sie zurück, so daß sie ausgestreckt auf dem Bett lag. Dann zog sie die Falten ihres Wickelrockes auseinander und lag wie eine Patientin auf einem Operationstisch vor mir, die Arme an den Seiten. Immer noch leicht lächelnd starrte sie in die rechte Ecke der Decke. Zwischen der samtigen Schwärze ihrer Oberschenkel sah ich das Dreieck ihres Schamhaars, das Jo-no...

Ich stützte mich über ihr auf und begann, mechanisch meine Hosen zu öffnen. Um wenigstens einen Hauch von Vertrautheit zwischen uns entstehen zu lassen, lächelte ich sie breit an. Sie blickte verständnislos zurück. Ihr eigenes leichtes Lächeln verschwand.

Die ganze Zeit über saß Sullu nur wenige Meter von uns entfernt auf der anderen Seite des Vorhangs.

Ich hätte ohne weitere Umstände in sie eindringen können, ohne auch nur einen Gedanken an ihre Gefühle zu verschwenden, genauso wie es von mir erwartet wurde. Aber es wäre mir als ein gefühlloser, fast brutaler Akt vorgekommen – denn ihr Verhalten ließ in keiner Weise darauf schließen, daß sie überhaupt gerne hier war. Ich war mir nun sicher, daß sie auf irgendeine Art und Weise gezwungen worden war.

Ich hing über ihr und fragte mich, was ich als nächstes tun sollte.

336

»Ist das gut?« fragte ich schließlich.

»Es ist nicht gut«, gab sie trocken zurück.

»Warum?«

»Die Sonne geht unter.«

Sie glitt an mir vorbei und trat wieder durch den Vorhang. Ich dachte, sie wäre schon gegangen, da hörte ich, wie sie Sullu sagte, er solle den Raum verlassen. Sie kam zurück und legte sich auf das Bett, genauso wie zuvor.

Jetzt war ich völlig verwirrt. Einige Augenblicke saß ich einfach nur neben ihr.

»Geh«, sagte ich.

Sie stand auf und ging zur Tür. Sullu kam zurück in den Raum.

»Sie sagte, du hast nichts getan.«

»Sie wollte nicht.«

»Sie wollte.«

Ich nahm einen Zehn-Dalasi-Schein und gab ihn der Frau. Ich hatte das Gefühl, sie sollte wenigstens etwas dafür bekommen, daß sie sich einer solchen Gefahr ausgesetzt hatte, aber sie wehrte es ab. Ich war erstaunt. Es wäre viel Geld für sie gewesen. Sie wandte ihren Blick ab, den Tränen nahe.

Sullu setzte sich seufzend auf das Sofa, als sie weg war.

»He-e-eh, Mark«, sagte er und schüttelte traurig den Kopf. »Das war deine Gelegenheit.«

»Ich dachte, sie wollte es nicht.«

»Was hast du getan?« fragte er neugierig. »Hast du das gemacht?« Er imitierte Küsse und Umarmungen.

»Ja.«

Er schnalzte mit seiner Zunge. »Das kennen die Frauen hier gar nicht.« Er deutete auf seine Lendengegend. »Sie kennen nur das.«

Ich fühlte mich hundeelend, als ich mit Sharon auf der roten Lateritstraße in Richtung Karafa Kunda ging. Ich hatte ihr die ganze Geschichte erzählt, weil ich einfach mit jemandem darüber reden mußte. Die Menschen hatten schon mit der Brandrodung begonnen, und links und rechts von der Straße war die Erde mit indigofarbener Asche überzogen. Die Flammen waren aber mit einer solchen Geschwindigkeit durch das Unterholz gerast, daß nicht alles verbrannt war, und immer noch hingen braune und zerfetzte Blätter von den geschwärzten Ästen. Ein orangefarbener Mond glänzte am grauen Abendhimmel.

Was für ein Ort! Und was für eine Landschaft! Als ich über die Ereignisse nachdachte, die erst eine Stunde zurücklagen, dachte ich, daß die Kultur der Menschen genauso hart und so spröde war wie die Umwelt, in der sie lebten... Lag hier die Erklärung? Aber es war doch ein grausamer Gedanke, daß eine Frau wie sie nichts anderes kennen sollte.

Ich hatte immer wieder gehört und nie geglaubt, daß es genauso sei. Bei mir würde es anders sein, hatte ich mir eingebildet. Aber ich hatte mich eben getäuscht.

»Denk einfach nicht mehr dran«, meinte Sharon. »Du wirst besser damit klarkommen, wenn du wieder zurück in England bist.«

Aber ich dachte nicht an England. Was mich am meisten beschäftigte, war der Gedanke, daß ich die Frau enttäuscht hatte. Sie war meinetwegen gekommen, und ich hatte es nicht geschafft, diese Geste zu würdigen. Doch jetzt war es zu spät für diese Einsicht.

Ich begegnete ihr zwei Tage später im Camp, und sie grüßte mich ohne eine Spur von Groll – sie sprach meinen Namen einfach so gelassen wie immer aus.

Wieder zwei Tage später, als Jojo und ich gerade unser Tagwerk beendeten, sah ich sie langsam am Fenster des Arbeitszimmers vorbeischlendern, mit einer Kalebasse auf dem Kopf. Ich fragte mich, wohin sie wohl ging. Sie näherte sich Susan Lawrences Haus, wo Sullu gerade arbeitete.

Hunderte von Malen hatte ich Sullu im Camp gesehen, wie er an einem Haus auf der Leiter stand oder sich konzentriert über seine Werkbank beugte in dem Versuch, durch die Jahreszeiten hindurch das Holzwerk in einem guten Zustand zu halten. Seine Gegenwart gab nie zu Fragen Anlaß – er verschmolz so mit seiner Umgebung, daß er fast unsichtbar geworden war. Ebenso hatte ich mich an die Frauen gewöhnt, die immer mit irgendeiner Besorgung im Camp unterwegs waren und dies oder jenes in die Häuser der Europäer oder ins Quartier brachten: Auch sie waren ein Bestandteil dieses Ortes geworden. Jetzt plötzlich witterte ich in jeder vorbeigehenden Gestalt ein Geheimnis. Jede von ihnen konnte gerade auf dem Weg zu einem geheimen Stelldichein sein. Es war ein aufregender Gedanke, sich all die Intrigen vorzustellen, die Sullu von seiner günstigen Stellung im Camp aus arrangiert haben mochte, all die Botschaften, die ausgetauscht wurden, wenn Männer und Frauen einander nur kurz auf der Straße trafen.

Plötzlich bemerkte ich eine ganz neue Dimension des Dorflebens – eine darunterliegende Ebene, die Welt des Geheimen –, und ich begann zu erahnen, wieviel vom wirklichen Leben hier an mir vorübergegangen sein mußte, während ich mitten darin stand. Man konnte also jahrelang in einem Gehöft leben, Stunden auf den Feldern und sogar in den Häusern verbringen, und dabei trotzdem nur eine ganz entfernte Vorstellung von dem gewinnen, was um einen herum eigentlich vorging. Im Dorf ereigneten sich Skandale und Tragödien und wurden wieder vergessen, und wenn sie nicht gerade einen medizinischen Ursprung hatten, berührten sie das Leben im Camp in keiner Weise. Weil die Afrikaner so umgänglich und ungezwungen waren, warf das Zusammenleben mit ihnen gar keine besonderen Probleme auf. Das freundliche Einvernehmen zwischen dem Dorf und dem Camp war völlig echt, vielleicht gerade deshalb, weil die Dorfbewohner nur einen bestimmten Teil ihres Lebens auf der oberflächlichen Ebene der Höflichkeiten preisgaben. Das Wort Ku'lo – geheim – gehörte immerhin zu den am häufigsten verwendeten Begriffen in ihrer Sprache, und wer nicht zu ihrer Gesellschaft gehörte, wurde auch niemals eingeweiht.

Ich erinnerte mich an meine ersten Monate im Dorf, als ich allabendlich im Quartier saß und die Menschen um mich herum kommen und gehen sah, die nicht nur in fremden Sprachen, sondern auch – was mich viel mehr verwirrte – mit geheimen Zeichen kommunizierten. Ich konnte daher auch gar nicht anders, als mich als Außenstehender zu fühlen, und oft hatte ich sogar den Eindruck, nicht einmal mehr ein physischer Teil meiner Umgebung zu sein.

Etwa eine Woche später ging ich abends ins Dorf, weil ich Sullu sprechen wollte. Es war sehr dunkel. Ich konnte nur die dichtgedrängten Häuser und Zäune der Gehöfte entlang der Straße sehen, in der Sullu wohnte. Unter dem Dachvorsprung seines strohgedeckten Hauses war es sogar noch schwärzer. Davor saß eine kleine, völlig bewegungslose Gestalt in einem hohen Stuhl.

»Mark.« Es war Sullu. »Komm herein.«

Die Luft im Haus war stickig und heiß. Sullu zündete eine Lampe an, die einen schwachen Schein in die Dachsparren hinaufsandte. Er saß mit erschöpfter Zufriedenheit in seinem Stuhl. Wir redeten eine Zeitlang über belanglose Dinge, dann fragte ich ihn, ob er »meine Person« bitten könne, am nächsten Tag zu mir zu kommen.

»Am Abend?« fragte er.
»Am frühen Nachmittag. Gegen halb drei.«
»Sie wird kommen.«
Ich zweifelte wieder.
»Warum tut sie das überhaupt?« fragte ich langsam.
»Sie mag es.«
»Was?«
»Dich.«
Das Haus hatte zwei Türen – eine ging auf die Straße hinaus, die andere auf den Hof, der zum Frauenhaus führte. Sullus Frau stillte noch ihr Baby, so daß er zur Zeit keine sexuellen Kontakte mit ihr haben konnte. Wenn er Besuch erwartete, schloß er einfach die Hintertür und wartete auf ein sanftes Klopfen an der Vordertür.
»Gerade war jemand hier bei mir – kurz bevor du gekommen bist.«
»Wer?«
»Meine Freundin...« Zufriedenheit breitete sich auf seinem Gesicht aus. »Munya.«

Es war früher Nachmittag, die heißeste Zeit des Tages. Das ganze Dorf hatte sich vor dem gleißenden Licht der Sonne zurückgezogen. Ich saß auf dem Sofa und spähte durch das Moskitonetz auf den verlassenen Vorhof. Der Pförtner hatte sich in sein Häuschen zurückgezogen, und auf der Bank daneben saß eine Gestalt, zusammengesunken wie im Schlaf. Dann sah ich, wie sie aus der sengenden Hitze mit ruhigen Schritten näherkam. Sie war fast ganz in Weiß gekleidet – für die Christen die Farbe der Reinheit, für die Moslems die des Friedens. Das Herz rutschte mir in die Hose.
Als sie gemächlich durch das Tor schlenderte, sah ich, wie sie sich leicht straffte, als sei sie jeden Moment auf ein Gewehr in ihrem Rücken gefaßt, wie ein Spion, der einen feindlichen Kontrollpunkt passiert. Aber diese Bewegung nahm nur den Bruchteil einer Sekunde in Anspruch und war für einen zufälligen Beobachter gar nicht wahrnehmbar. Dann kam sie unaufhaltsam weiter auf mein Haus zu.
»Mir wird schlecht«, dachte ich.

Am Abend war ich überglücklich. Als ich einen Spaziergang auf der alten Straße nach Karafa Kunda in Richtung des Reisfeldes von

Sukoto machte, sang ich, so laut ich nur konnte, auf Mandinka und hoffte, daß mich bloß niemand hörte.

Beim Reisfeld sah ich eine alte Frau, die zwiebelartige, scharlachrote Wurzeln ausgrub. Neben ihr war schon ein ganzer Sack damit gefüllt. Hier und dort hatten die Frauen den Boden zur Vorbereitung auf die bevorstehende Feldarbeit abgebrannt. Es sah aus wie im Regent's Park nach einer schrecklichen Katastrophe.

Weiter entfernt, in Richtung der Salzöde, sah ich eine große Gruppe von Tieren, die sich lautlos durch das Unterholz bewegten. Es war schwierig, in dieser Entfernung Einzelheiten zu erkennen, aber sie schienen fast aufrecht zu gehen. Es mußten an die hundert sein, und das größte Exemplar war nicht viel kleiner als ein ausgewachsener Mann. Hinter den Männchen folgten die Weibchen, an deren Hals die Jungen hingen. Eines der größten männlichen Tiere sprang auf einen herunterhängenden Ast, gerade als die Weibchen vorbeigingen, schwang sich wild auf und ab und zischte laut über das Reisfeld hinweg.

»Paviane«, sagte die alte Frau. »Geh hin. Sie werden dir nichts tun.«

Ich hielt es für besser, darauf zu verzichten.

13

DIE WELT AUS GLAS

In der Trockenzeit lebte man wie in einem Nebel aus Spreu. Die Natur erinnerte an eine mythische Pflanze, die früher einmal schön und intakt gewesen war und jetzt nur noch aus ausgetrockneten, brüchigen Überresten bestand, spröde und ohne Leben, porös und rauh vom Staub. Die Lehmwände im Dorf wirkten bröckliger denn je. Das rostende Wellblech sah aus, als könne es wie Papier durchstochen werden. Trotzdem glänzte und glitzerte es überall, wenn die erbarmungslos gleißende Helligkeit des farblosen Himmels reflektiert wurde. Die Gärten hinter den Gehöften lagen verlassen, wie große Staubteppiche, und die Zäune waren von Schafen und Ziegen und unbekümmerten Kinderbanden an vielen Stellen niedergetrampelt. In jedem Garten waren zwei wackelige Plattformen errichtet worden: Auf der einen wurden riesige Haufen von Erdnußspreu gelagert, die als Tierfutter Verwendung fand, und auf der anderen getrocknete Grasballen, mit denen später Dächer gedeckt werden sollten.

In dieser Jahreszeit war sogar die Luft anders, dicker – die Gegenstände erschienen mir nicht nur wie hinter Glas, sondern sogar wie völlig von Glas umgeben. Und durch diesen Glasvorhang hindurch brannte die Sonne mit einer solchen Intensität, daß jeder, der ihr ausgesetzt war, innerhalb weniger Minuten nur noch eine stumpfe Betäubung spürte. Wenn man vom Schatten in die Hitze des Tages hinaustrat, traf einen das Licht wie ein dumpfer Schlag auf den Kopf.

Knochige, gelbköpfige Eidechsen sausten laut am Moskitonetz auf und ab. Orangefarbene und schwarze, blau-schwarz schillernde und türkis leuchtende Vögel mit gelbumrandeten Augen schossen pfeilschnell zwischen den Bäumen der Gehöfte umher. Die Stimmung erinnerte mich an meinen ersten Eindruck von Afrika, als ich gedacht hatte, hier sei alles irgendwie *intensiver* – jeder Geschmack und jede Empfindung stärker, jeder Farbtupfer leuchtender.

Eines Abends saß ich auf dem Rückweg von Karafa Kunda im Landrover und dachte, die ganze Welt stehe in Brand. Hundert Meter von der Straße entfernt stiegen unvermittelt Flammen aus der Dunkelheit. Dahinter erkannte ich die vom Feuer erleuchteten Umrisse der Bäume – hier und da schnellten große Funken in den Himmel. Dort, wo die Flammen sich gelegt hatten, hinterließen sie über Meilen hinweg einen qualmenden, verkohlten Teppich. Seine Ränder näherten sich der Straße, aber trotzdem schien es genau umgekehrt, nämlich so als bewege sich die Straße auf den Teppich zu, um endlich die Flammen zu erreichen.

Am nächsten Tag bestand die gesamte Fläche nördlich der Straße nur noch aus einer blauen, rauchenden Öde, in der einzig die größten Bäume und hier und da ein Strauch wie durch ein Wunder ihr Blätterwerk behalten hatten. Am Nachmittag sahen wir eine hohe schwarze Rauchsäule aus dem Busch emporsteigen, nur wenige hundert Meter nördlich vom Camp. Sie verschwand bald wieder, aber dann prasselte das Feuer plötzlich in viel geringerer Entfernung, auch Rauch stieg in sanften Schwaden über den Bäumen auf. Dann waren die Flammen keine dreißig Meter mehr entfernt – zuckend leckten die hellen, dünnen Zungen in die Luft. Adler und andere Raubvögel kreisten über der grausigen Feuersbrunst und lauerten auf kleine Tiere, die vor den Flammen flüchteten.

Alljährlich standen diese riesigen Brände wie schwarze Säulen über dem Busch. Von offizieller Seite waren sie verboten, und es hieß, daß ohne diese Praxis sogar der Export von Hartholz in großen Mengen möglich gewesen wäre. Der Busch wurde so rasant gelichtet, daß die Veränderungen sich sogar innerhalb einer einzigen Generation bemerkbar machten. Selbst die Dorfbewohner gestanden ein, daß die immer spärlicheren Regenfälle wohl auch etwas mit der abnehmenden Zahl der Bäume zu tun hatten. Aber die Regierung war weit weg, und wenn die Zeit gekommen war, setzten sie den Busch in Brand, so wie ihre Vorfahren es auch getan hatten.

Früher waren die Flammen bis an den Zaun des MRC-Camps herangekommen, doch dieses Jahr lag das Land nördlich des Dorfes nach der Ernte kahl, und die Lateritstraße bildete eine zusätzliche Barriere. Aber obwohl sie um das neue Camp herum eine Feuerschneise errichtet hatten, nahmen die Menschen die von den Bränden ausgehenden Gefahren offenbar nicht allzu ernst: Erst im vorigen Jahr waren in einem Dorf hinter Mankono ein Mann und ein Junge in einem Feuer umgekommen, das auf ihr Gehöft übergegriffen hatte.

An den langen Nachmittagen saßen die Frauen im tiefen Schatten der Mangobäume, flochten ihr Haar, sammelten sich gegenseitig Läuse vom Kopf, schwatzten einfach oder dösten. Aber sie waren so an das Arbeiten gewöhnt, daß sie gerne kleine Dinge nebenher verrichteten: Sie häkelten Kleider für ihre Kinder oder rissen Palmwedel in Streifen, aus denen Besen hergestellt wurden. Sie sammelten auch Mangofrüchte im Busch, die sie schälten und trockneten, um sie später für Soßen zu verwenden, oder die langen schwarzen Schoten des Netto-Baumes, deren Samen sie zum Würzen von *nyankatango*, einem Gericht aus Reis und Trockenfisch, benutzten. Manche stellten auch Tontöpfe her, die sie in den Stümpfen der noch glühenden Bäume brannten. Und fast jede Frau ging zwei- oder dreimal in der Woche in die Salzöde, um Salz zu gewinnen, indem sie mit bloßen Händen Löcher in die Erde kratzte, in denen sie dann Wasser aus dem nahegelegenen salzführenden Bolon verdampfen ließ.

Die Gärten wurden weiter bebaut. Noch während die Sonne auf sie niederbrannte, trugen die Frauen ihre großen Schüsseln zu den Wasserstellen, die zu dieser Jahreszeit nur ein oder zwei Stunden täglich allgemein zugänglich waren, und warteten. Nur die neue Pumpe neben der Schule war immer »geöffnet«, und von meinem Haus aus hörte ich von morgens bis abends das Ächzen des Schwengels.

Es war schon dunkel, als ich das erste Mal hinüberging, um den Frauen zu helfen. Ich fühlte mich befangen, als ich unter Zurufen und aufmunterndem Gejohle an die Pumpe trat. Zuerst fand ich die Arbeit überraschend leicht. Das Auf und Ab der Bewegungen, begleitet vom vertrauenerweckenden Klappern des Mechanismus im Inneren, erschien mir zunächst einfach. Nach etwa zehn Minuten war mir, als hätte ich einige Liter lebenswichtiger Körperflüssigkeit verloren, und der Pumpenschwengel schien nicht mehr zu funktionieren. Nur mit größter Mühe ließ er sich überhaupt noch bewegen.

»Mark, hör auf. Du bist müde«, riefen die Frauen.

»Nein, nein«, sagte ich. Ich mußte weitermachen, wenn ich meine Ehre retten wollte. Ich hängte mich mit ganzer Kraft an den Hebel.

Die heiße blaue Dämmerung schloß sich um mich wie dicker

Dampf. Ich dachte, ich würde gleich in sie hineinfallen, aber ich machte weiter.

»Hör auf! Hör auf!« riefen die Frauen.

»Nein...« Ich bekam das Wort kaum heraus. Irgend etwas schnürte mir die Kehle zu. Ich schaffte noch drei weitere Minuten, dann taumelte ich zurück, als hätte ich den Gebrauch meiner Beine verlernt.

»Marky, danke. Jetzt geh und ruh dich aus«, sagten die Frauen.

Ich schaffte mit Mühe den Weg nach Hause, wo ich als erstes den Kopf unter den Wasserhahn hielt.

Nach einigen weiteren Versuchen fand ich es weniger anstrengend, und von da ab war ich fast allabendlich an der Pumpe zu finden.

Die Frauen stellten sich in die Schlange an den Wasserstellen und an der Pumpe, aber nie schienen sie in der Lage zu sein, dies ohne irgendeine Form der Auseinandersetzung zu tun, und sooft man an einem solchen Ort vorüberkam, hörte man vor Zorn oder vor Lachen erhobene Stimmen und das Klappern der Schüsseln, wenn die Frauen sich gegenseitig anrempelten, um möglichst schnell an der Reihe zu sein.

Dies war die Tageszeit, zu der »meine Person« mich besuchte. Während die anderen in ihr Gezänk oder einen Schwatz vertieft waren, stellte sie ihr Emaillegefäß ab und schlenderte beiläufig zum Camp. Sie weigerte sich immer noch, sich von mir küssen zu lassen. Und von einem halbherzigen Lächeln abgesehen, wenn sie in eine Ecke an der Decke hinaufstarrte, gab sie so gut wie keine Gefühlsregung preis. Denn den Frauen wurde vor der Heirat beigebracht, daß sie bei solchen Gelegenheiten keinerlei Emotionen zeigen durften. Sobald es vorbei war, schob sie sich an mir vorbei und saß stockssteif auf der Bettkante. Nur selten gewann ich den Eindruck, daß sie etwas empfand, während ich sie in den Armen hielt. Wenn ich hinterher an solche Augenblicke zurückdachte, verspürte ich den starken Wunsch, bei ihr zu sein. Aber ich wußte, daß ich nicht einfach in ihr Gehöft gehen und mit ihr reden konnte, so wie ich die anderen Frauen besuchte – sie hätte das nicht gewollt und auch nicht ertragen. Wenn ich ihr auf der Straße begegnete, grüßte sie mich schnell und auf die gleiche nichtssagende Weise wie zuvor, nur eine Spur von Nervosität lag in ihrem Blick. In Gegenwart anderer sah sie mich nicht einmal an. Zuerst akzeptierte ich dies noch als Bestandteil ihrer Kultur, zumal unter den gegebenen Umständen. Aber mit der Zeit fiel es mir immer schwerer.

Mittlerweile hatten die Dorfbewohner eine neue Feldarbeit in Angriff genommen: sie schnitten *waa* – das hohe, dicke »Elefantengras«, das die Reisfelder bedeckte. Danach brannten sie die Stengel ab, hackten die Wurzeln aus der Erde und sammelten sie zu Haufen, um sie dann zusammen mit den zerfransten scharlachroten Blättern, die überall auf dem Boden lagen, gleichfalls dem Feuer zu übergeben. Bis zur Salzöde hörte man das Prasseln der Brände, die manchmal sanft, dann wieder wild waren und ein anderes Mal schnell erloschen, und der Rauch hing in dicken Schwaden zwischen den verkohlten Baumstämmen. Ich fragte mich, wie sie es verhinderten, daß die Flammen vom Gras in das trockene, spröde Unterholz übergriffen.

»Es gibt einen einzigen Ort, über den das Feuer nicht hinausgeht«, erklärte Jarra Njai. »Und diesen Ort hat Gott bestimmt. Wenn also das Feuer diesen Punkt erreicht, erlöscht es, sogar wenn das Gras ganz trocken ist.«

Als ich eines Morgens auf dem Weg nach Kadamah war, um auf Safi Mamas Feld zu arbeiten, lief ein Junge auf dem Pfad hinter mir her. »Eine Frau ruft dich«, sagte er. Ich drehte mich um und sah tatsächlich eine kleine Frauengestalt, die eine Hacke über der Schulter trug und mir auf dem Pfad entgegeneilte. Sie hielt ein scharlachrotes Tuch über eine Gesichtshälfte, um sich vor dem immer erbarmungsloser brennenden Sonnenlicht zu schützen. Es war Sona. Sie war etwa fünfzig Meter entfernt, und ich wußte nicht, ob ich auf sie warten sollte oder nicht. Dann begann sie zu rennen – schwerfällig und mühevoll, mit kurzen Schritten. Ich hielt an und wartete, bis sie mich eingeholt hatte.

Sie lachte, außer Atem.

»Ich mußte rennen, um dich einzuholen«, sagte sie. »Aber ich weiß nicht recht, wie man rennt.«

Wieder einmal hatte ich das Gefühl, das einen überfällt, wenn man plötzlich genau der Person gegenübersteht, zu der man sich mit aller Macht hingezogen fühlt: Die Zeit läuft plötzlich anders, in der Luft liegt knisternde Spannung. Sie war nun hochschwanger, und ihr dicker Bauch und die angeschwollenen Brüste waren nicht zu übersehen.

»Irgendwie bin ich müde«, sagte sie. »Ich bin zur Zeit immer müde.«

»Was ist mit dir?« fragte ich.

»Nichts«, antwortete sie.

»Es ist deshalb«, sagte ich und deutete auf ihren Bauch.

»Da ist nichts. Nur Essen.« Dann fuhr sie fort: »Es ist dein Kind, es stammt von dir.«

»Das möchte ich«, sagte ich. »Aber du möchtest das nicht.«

»Wirklich, du möchtest das?« fragte sie.

»Sehr«, antwortete ich. Ich sah über das hohe Gras am Wegrand. »Hier ist weit und breit keine Menschenseele zu sehen«, sagte ich.

»Ja, aber hier ist kein Bett«, sagte sie.

»Das macht doch nichts«, meinte ich.

»Mark, ich sagte dir schon, daß du Geld bringen solltest.«

»Puh! Bitte! Laß mich damit in Ruhe.«

Sie dachte wieder nach. »Das, was du vor dir trägst, ist das sehr, sehr groß?«

»Natürlich«, antwortete ich – nicht schnell genug.

»Aber Mark, ich glaube, wenn du bei Sona liegst, hast du keine Kraft.«

»He...!«

Inzwischen hatten wir ihr Reisfeld erreicht, das vor Sukoto am Pfad im Wald lag.

»Gib mir Wasser zum Trinken«, bat sie.

Ich zögerte einen Augenblick lang.

»Okay«, meinte ich. »Aber nimm nicht so viel.« Mein Mund war trocken vor Ärger und Verlangen und der zunehmenden Hitze. Die Bäume, die hier höher waren, umschlossen uns.

»Glaubst du, du bist schlauer als ich?« fragte ich.

»Ja«, sagte sie.

Auf Safis Feld reagierte ich meinen Verdruß ab, indem ich mich in die Arbeit stürzte. Der Boden war hart und trocken, und unter der spröden Oberfläche lag eine Lehmschicht, die der Klinge wie Gummi widerstand. Einzelne Brocken flogen mir ins Gesicht, so daß Augen und Nase bald voller Staub und Sand waren. In kürzester Zeit war ich von Kopf bis Fuß schwarz.

Als wir von den Feldern zur Salzöde kamen, erschraken wir alle gleichzeitig beim Anblick einer wogenden Masse violetten Rauchs, der von den Bäumen auf der anderen Seite aufstieg. Wir hörten das Brausen und Prasseln des Feuers. Die Frauen sahen mit höchst besorgter Miene zu, als etwa hundert Meter dahinter eine weitere riesige Rauchschwade auftauchte, die sich ausbreitete und dann am strahlenden Himmel verflüchtigte.

Die Frauen hoben sich die Sachen auf den Kopf, die sie mit aufs Feld genommen hatten, und eilten hastig auf dem Pfad entlang in Richtung Sukoto. Dort schlossen sich uns weitere Frauen an, die erzählten, daß es Mama Njai gewesen sei.

Auf dem Hauptpfad trafen wir noch eine Gruppe von Frauen, die ebenfalls ins Dorf zurückeilte. Die letzte in der Reihe war Mama, auf deren Gesicht eine sonderbare Mischung aus Hilflosigkeit und Trotz zugleich lag, als hätte sie eine Tat begangen, die weit jenseits von allem liegt, was entschuldbar ist.

Die Frauen gingen schnell, mit erzürnten und aufgeregten Stimmen. Mama hatte versucht, einen Baumstaum, der über ihrem Reisfeld lag, zu verbrennen, und dabei war ein Funke in das umliegende Unterholz übergesprungen. Das Feuer breitete sich auf ein Gebiet südlich des Dorfes aus, das als Viehweide vorgesehen war und auf dem Elefantengras wuchs, mit dem man später die Dächer decken wollte. Es konnte nicht mehr gestoppt werden.

In dieser Nacht leuchtete der gesamte Himmel im Süden des Dorfes in einem beängstigenden, schimmernden Orange. Schließlich gingen die Männer hinaus, um die Flammen zu bekämpfen, bevor sie auf das Dorf übergriffen. Dazu brannten sie einen breiten Streifen Land um das Dorf herum ab, so daß der größere Brand keine Nahrung mehr fand. Dies war die einzige Methode, die sie kannten, und unter den gegebenen Umständen kam auch keine andere in Frage.

Am Südende des Dorfes, gegenüber von den Gärten der Frauen, kreuzten sich mehrere Pfade, hinter denen der verschlungene Wald begann. Dorthin gingen die Männer nun, junge wie alte, und mit lodernden Zweigen setzten einige das trockene Unterholz in Brand. Andere trugen Blätterwedel, mit denen sie die glühende Asche in den Busch fegten. Die Flammen loderten schnell auf, erleuchteten dabei die umstehenden Bäume und die vor der Hitze zurückweichenden Männergestalten, und erstarben ebenso schnell wieder, wenn sie sich zurück in den Busch auf das Hauptfeuer zubewegten, das wir nur hundert Meter entfernt wüten sahen.

An manchen Stellen waren die Pfade nicht einmal einen halben

Meter breit, und ein überspringender Funke hätte ausgereicht, um das hohe, trockene Gras auf der Dorfseite des Pfades in ein unkontrollierbares Flammenmeer zu verwandeln, das uns alle verschlungen hätte. Die Männer schien das nicht allzusehr zu beunruhigen. Sie hatten das Feuer häufig schon so bekämpft und würden zweifellos auch in Zukunft oft genug so vorgehen. Als sie die Südseite des neuen Camps erreichten, das ja vernünftigerweise schon vorher durch eine Feuerschneise geschützt worden war, kehrten sie wieder ins Dorf zurück.

Am nächsten Tag wurde Mama Njai vor die Dorfältesten geladen und zur Zahlung von einhundert Dalasi verurteilt. Sie feilschte mit ihnen, und die Strafe wurde dann auf fünfzig gemindert. Trotzdem nahmen ihr die Männer den Vorfall sehr übel. Die Frauen dagegen hätten sie niemals verurteilt. Denn was Gott einem Menschen vorherbestimmt hatte, mußte geschehen. Und was ihr passiert war, hätte jeder anderen auch passieren können.

Fatoundings Mann Kalamatta war seit einigen Monaten krank. Er war nach Fajara in das Krankenhaus des MRC überwiesen worden, wo man ihm mitteilte, er habe Magenkrebs. Ihm und seiner Familie sagte das nicht viel. Gott hatte den Augenblick seines Todes schon vorherbestimmt, und ob ein Arzt die Krankheit für heilbar oder unheilbar erklärte, hatte keine weitere Bedeutung. Kurz nach seinem Krankenhausaufenthalt war er in ein Dorf in Fonyi gereist, um sich von einem Marabut behandeln zu lassen. Auch dies zeigte wenig Wirkung, und als Kalamatta im Lauf der Wochen immer schwächer wurde, breitete sich eine lähmende Betäubung im Gehöft aus. Die Frauen – seine Mutter und die beiden Ehefrauen – gingen zwar weiterhin ihren Arbeiten nach, und Fatounding machte immer noch ihre Späße – sie beschuldigte sogar Binta Sise und mich, daß wir ihren Mann verhext hätten –, aber oft schienen sie nur körperlich anwesend zu sein, in Gedanken waren sie ganz woanders. »Es geht ihm ein wenig besser«, sagten sie einfach, wenn ich sie traf.

Eines Sonntags im März stattete der Arzt, ein junger Mann aus Cambridge, der die Innes' während ihres Urlaubs vertrat, Kalamatta einen Besuch ab. Der Arzt war sehr betroffen, als er sah, wie sehr sein Körper schon angeschwollen war. Und er fand es unbegreiflich, daß die Ärzte in Fajara dem Mann und seiner Familie nicht deutlicher gesagt hatten, daß er sich nicht mehr erholen

349

werde. Nach seinem Besuch versicherte der Arzt, es sei ihm doch überraschend gut gelungen, die Frauen auf Kalamattas bevorstehenden Tod vorzubereiten.

Auf Vorschlag von Tumbulu Sise besuchte ich die Frauen am Dienstag abend. Es war ein wolkenverhangener Tag gewesen, und nun brach die Dunkelheit herein und ließ die Wolken noch bedrohlicher aussehen. Auf dem Hof waren viele Frauen unterwegs, die ihre Besorgungen unterbrachen, um sich eine Zeitlang zu setzen und mit schweren Augen in den violetten Staub zu starren. Andere lehnten wie gelähmt an den Pfosten der Veranda. »Es geht ihm ein wenig besser«, sagte Fatounding. Nicht einmal jetzt verstand ich es.

Die Männer standen schweigend im spärlichen Schatten der geweihartigen Zweige der Affenbrotbäume. Konzentriert beugten sie sich vornüber und hoben das Grab aus. Nur das vereinzelte Gemurmel der Totengräber, das Knirschen der Spaten im harten, sandigen Boden und das unaufhörliche Rasseln der Insekten durchdrangen die Stille. Es war früher Nachmittag, und vor zwei Stunden war Kalamatta gestorben.

Die Männer aus seiner Altersgruppe, Seikoubah, Barima, Turo und sein Bruder Kemoring wechselten sich mit anderen Dorfbewohnern dabei ab, in das Loch zu klettern und Schaufeln voll staubiger Erde auszuheben. Sie arbeiteten hart, aber ohne Eile, und gingen außergewöhnlich sorgfältig vor – sie schnitten die Kanten des Grabes präzise und scharf zu einem perfekten Rechteck. Es entstand ein langes, enges Loch, wie ein in die Erde eingelassener Briefkasten von etwa einem Meter zwanzig Tiefe. Der Leichnam sollte später in einer Einbuchtung an einer der Wände liegen.

Um die Öffnung des Grabes wurde ein flacher Vorsprung von dreißig Zentimetern Breite geschaffen. Die jüngeren Männer zerbrachen Stöcke, die gerade breit genug waren, daß sie über das Grab paßten. In ordentlichen Reihen wurde das Loch dann damit verdeckt.

Die Männer zogen nun schweigend zur Moschee, wo eine lange Kiste auf dem Boden stand, an der durch Schleifen die Stangen zum Transportieren befestigt waren. Njundu und Sullu hoben sie an den Stangen hoch und trugen sie ins Gehöft des Toten.

Als wir durch die Wellblechtür ins Gehöft traten, nahm ich eine große Gruppe von Frauen wahr, die sich im Vorhof zum Hauptbereich auf der anderen Straßenseite versammelt hatten. Ich hielt es für unangebracht, dorthin zu starren, aber aus meinen Augenwinkeln sah ich ihre leuchtenden Kleider in der Sonne glänzen.

Im Haus hielten die Ältesten Totenwache, und auf dem kleinen Hof war jeder Schattenfleck auf den Veranden oder entlang der Häuser von jüngeren Männern besetzt, die sich auf Matten niedergelassen hatten. Die Männer, die gerade von der Moschee gekommen waren, drängten sich noch dazu, und alle warteten mit teilnahmslosem Blick. Sie alle wußten, ebenso wie die größere Gruppe von Frauen, die schweigend vor dem Hof wartete, was gerade im Haus drinnen geschah, wo Kalamatta in sein Leichentuch genäht wurde. Über alledem brannte die Sonne hart und erbarmungslos. Gelegentlich gingen Frauen mit versteinerter Miene durch die Versammlung und verteilten den traditionellen Brei.

Wie lange wir dort saßen und schweigend warteten, weiß ich nicht. In der brennenden Hitze verlor ich jedes Gefühl für Zeit. Irgendwann drangen dumpfe und polternde Geräusche aus dem Haus, als der Leichnam in die lange Kiste gelegt wurde. Die Trauernden begannen, sich zu erheben. Plötzlich war ein verhaltenes, bedrückendes Winseln zu hören, wie von einem Kind, das noch weiterschluchzt, lange nachdem seine Tränen versiegt sind. Es wurde lauter und durchdringender. Fatounding erschien unter der Tür des Frauenhauses, das Gesicht mit einem Tuch verhüllt. Hinter ihr folgte Isatou, die sich an ihre Schulter klammerte, und dann trat die Mutter heraus, wie betäubt und mit tränenverschleiertem Blick. Sie gingen durch die Menge und versuchten, sich einen Weg zum Haus ihres Mannes zu bahnen.

Beim Anblick dieses unsäglichen Schmerzes verloren auch die Versammelten ihre Fassung. Der Hof war plötzlich voller Frauen, die durch eines der anderen Häuser hinzugekommen waren. Ich sah die Frauen aus dem Quartier, die die Hinterbliebenen getröstet hatten, und Jori Sanyang, die wie versteinert dastand und ihre Augen zum Himmel erhob. Dann erblickte ich die Frauen aus dem Dorf: Jarra Njai und Tumbulu wurden vor Schluchzen geschüttelt, und mit schmerzverzerrtem Gesicht ließen sie ihren Tränen freien Lauf. Wohin ich sah, bot sich das gleiche Bild: Menschen, denen ich täglich begegnete, stolperten hilflos umher, mit tränenüberströmten Gesichtern. Die Szene hätte einem mittelalterlichen Gemälde des Jüngsten Gerichts entnommen sein können, wo auf eine zeitlose Dorfruhe apokalyptisches Chaos niederfährt – wo alles Vertraute aus seiner uralten Sicherheit gerissen und dem Betrachter in der Verzerrung kosmischer Agonie vorgeführt wird.

Ich zog meinen Hut tief ins Gesicht, als ich mich in der Menge der Männer mittreiben ließ. Die Sargträger brachten den Sarg am früheren Geschäft des Toten vorbei auf die Straße hinaus. Von der Moschee drangen zwei Trommelschläge herüber, die wie Gewehrschüsse in meinem Kopf explodierten, dann hörte ich von der anderen Straßenseite, aus der Richtung von Kafuli Kunda, ein Geräusch, wie ich es noch nie zuvor gehört hatte – schrill, markerschütternd, unmenschlich. So brüllten Tiere, wenn sie eine Grausamkeit mitansehen mußten, die einem Artgenossen zugefügt wurde. Der Ton war hoch und gleichzeitig häßlich trocken, als würde er aus dem tiefsten Innern des Körpers entweichen.

Er wurde lauter. Als wir durch die schmale Tür auf die Straße hinaustraten, begannen die Männer zu weinen – sie schluchzten leise, die Tränen rannen unkontrolliert. Ich wandte meine Augen von den Frauen ab, weil ihr Heulen immer stärker anschwoll, und drückte meinen Hut gegen das Gesicht, um meine eigenen Tränen zu verbergen.

Der Tod war ein natürliches Ereignis. Keinem Menschen stand es zu, Zorn über das zu empfinden, was Gott getan hatte. Aber zumindest durfte man den Hinterbliebenen sein Beileid bekunden und zeigen, daß man den Verlust mit ihnen betrauerte. Kalamatta war in der Blüte seines Lebens gewesen, er hatte zwei junge Frauen und sieben Kinder hinterlassen. Er war ein ruhiger Mann gewesen, der sich nie unaufgefordert in die Streitigkeiten anderer Leute eingemischt hatte. Als Ladenbesitzer hatte er in harten Zeiten vielen Menschen geholfen, ohne eine Gegenleistung dafür zu verlangen. Seine Altersgruppe hatte ihn zum Führer gewählt, und später einmal wäre er auch in den Kreis der Dorfältesten eingetreten. *Barama*, eines der Mandinka-Worte für Führer, bedeutete eigentlich Säule. Dieser siebenunddreißigjährige Mann hatte im Mittelpunkt der Gemeinschaft gestanden und war grausam und zur Unzeit herausgerissen worden. Als Mann konnte ihn niemand ersetzen, ganz im Gegensatz zu einer Frau, deren Platz, egal wie sehr sie auch von ihrer Familie geliebt worden war, stets eine andere einnehmen konnte.

Als der Zug sich der Moschee näherte, drehte ich mich um und sah Safi Mama. Sie stand an der Biegung der Straße in einer Pose fast heroischer Pein und rief uns dazu auf, den Toten zu ehren. Langsam erstarb dann das Schluchzen der Frauen, weil sie keinen Zutritt zum Friedhof hatten, nicht einmal wenn eine Frau begraben wurde.

Auch die Männer hörten auf zu weinen, und wieder senkte sich Schweigen über uns, als wir zwischen den Affenbrotbäumen auf das Grab zugingen. Der Leichnam, der schwer in seinem weißen Leichentuch lag, wurde wortlos aus der Kiste gehoben und sanft in das Grab hinuntergelassen. Dann legten die Männer die Stöcke wieder ordentlich über das Loch und warfen noch einige Spaten voller Erde, Zweige und toter Blätter darüber. Für einen menschlichen Körper schien es mir eine notdürftige Bedeckung zu sein. Dann setzten wir uns in den Staub, beteten und erhoben unsere Hände, um den Segen Gottes zu empfangen. Dumpfes Murmeln rollte in unregelmäßigen Wellen über uns hinweg. Danach breiteten wir die Hände über das Gesicht und standen langsam wieder auf.

Es wurden noch weitere Gebete in der Moschee abgehalten, während die Frauen sich allmählich zerstreuten. Das Gefühl der Agonie war etwas gewichen – es stieg auf und verflüchtigte sich im weißen Nachmittagshimmel.

Am Abend fand, wie an jedem anderen Tag auch, ein Fußballspiel auf dem Platz zwischen Camp und Schule statt. Die Hitze lag immer noch stickig über dem steinigen Spielfeld, und es herrschte eine gereizte Stimmung. Noch bevor das Spiel begonnen hatte, brach Streit aus. Wie gewöhnlich warfen die Dorfjungen den Beamten vor, wenn die Mannschaften aufgestellt würden, blieben sie immer unter sich, während die Beamten behaupteten, bei Meinungsverschiedenheiten hielten die Dorfjungen sowieso zusammen, egal, wer recht hatte. Aus dem Knäuel der Jungen mitten auf dem Spielfeld drangen Schreie. Mittendrin sah ich Lamin Jarjous untersetzte Gestalt, sein breites Gesicht gefährlich angespannt. Der Druck, der sich in ihm aufbaute, war sogar am Rand des Spielfelds noch spürbar. Von der Pumpe blickten die Frauen – die Mütter, Tanten, Schwestern der Dorfjungen – vorsichtig und mit wachsendem Unbehagen herüber. Sie klagten untereinander leise über die Boshaftigkeit einiger Beamten.

Mitten im Spiel dann wurde es ernst, als sich plötzlich Jere Jarjou und ein Junge aus dem Dorf gegenüberstanden.

Es gab kaum einen Beamten, der gebildeter, fähiger und westlich orientierter gewesen wäre als Jere, aber nichtsdestoweniger beherrschten ihn die traditionellen Begriffe von Ehre, Loyalität und Männlichkeit so sehr, daß man ihn sich nirgendwo anders als in Afrika vorstellen konnte. Vielleicht konnte er mich deshalb nicht leiden, weil ich genau diese Dinge verhältnismäßig leicht nahm. Er brüstete sich seiner meisterhaften Beherrschung aller möglichen Sportarten, aber er verabscheute Frauen und den Geschlechtsakt. Einmal hatte er mir erzählt, daß er Schriftsteller werden wollte, und mich gefragt, was Fernkurse aus London kosteten. Ich hatte ihm meine mageren Informationen gegeben und vorgeschlagen, ihm kostenlos das beizubringen, was ich wußte. Das mußte er als weitere Beleidigung aufgefaßt haben. Er war hochgewachsen, hatte ein rundes Mondgesicht und hervortretende Froschaugen. Seine nach außen hin spindeldürre Erscheinung verbarg aber eine ungeahnte Energie, wie eine Sprungfeder, die jederzeit losschnellen konnte. Manchmal spürte ich den Haß wie dunklen Dampf aus ihm herausströmen und bekam es mit der Angst zu tun.

Sein Gegenüber war alles andere als schwächlich, aber immerhin einen halben Kopf kleiner als Jere, der ihn mit einem Schlag auf die Brust zu Boden gestreckt hatte. Er stand über dem Dorfjungen und ließ die Hiebe nur so auf ihn hinunterprasseln. Dann kamen Jeres Freunde herbeigerannt, um ihn wegzuziehen, und der Dorfjunge rappelte sich fluchend und wüste Drohungen ausstoßend wieder auf. Er trat zurück, als Jere sich wegführen ließ. Die Zuschauer in der Menge schrien ihrem jeweiligen Günstling laut zu.

Plötzlich näherte sich ihm der Junge von hinten, in der einen Hand einen Stein, in der anderen einen Stock. Hilflos und entsetzt mußte ich von der anderen Seite des Fußballplatzes aus zusehen, während Jere völlig ahnungslos war. »Er wird ihn umbringen«, dachte ich. Aber Jeres Freunde warnten ihn noch rechtzeitig, und der vor Wut fast besinnungslose Dorfjunge wurde entwaffnet.

Doch Afrika war nicht England, wo die gegnerischen Parteien mit Gewalt zurückgehalten worden wären, bis alle Wogen sich wieder geglättet hatten. Hier klopften die Freunde den beiden Akteuren nur leicht auf den Arm und rieten ihnen fast widerwillig aufzuhören, denn ihre eigenen Gefühle waren mittlerweile fast ebenso aufgeputscht wie die der Streithähne. Als sich das Feld zu leeren begann, sah ich Jere mit großer Geschwindigkeit in meine Richtung laufen. Seine Augen waren weit aufgerissen, und auf dem richtiggehend erbleichten Gesicht lag eine Entschlossenheit, die durch ein leichtes Lächeln nur noch verstärkt wurde. In den Händen hielt er einen großen Stein.

Ich spürte einen Luftzug, als er wenige Zentimeter von mir entfernt vorbeipreschte. Der Dorfjunge rannte verzweifelt. Glücklicherweise wurde Jere gepackt und zurückgehalten, woraufhin er den Stein mit einem angewiderten Kopfschütteln zu Boden warf. Dann lachte er wie irre und machte sich auf den Rückweg ins Camp.

Währenddessen begleiteten viele Dorfbewohner den Jungen zurück in sein Gehöft. Vor dem Zaun blieben sie stehen und beobachteten ihn, als er das Haus betrat. Wenige Augenblicke später kam er wieder heraus, weinte vor Wut und Scham und ruderte wild mit den Armen in der Luft.

Dies war die Kehrseite der im Dorf herrschenden Toleranz. Die Menschen nahmen einerseits die Ereignisse so gut wie passiv hin, zuckten noch vor den abscheulichsten Verbrechen mit den Schultern und sagten, es sei ein »Unfall« oder »der Wille Gottes«. Wenn andererseits eine bestimmte Schwelle überschritten wurde, gab es kein Zurück – dann handelten sie wider jede Vernunft. In diesem Zustand waren sie vielleicht sogar in der Lage zu töten, ohne einen Augenblick darüber nachzudenken.

Auch bei Müttern hatte ich solche Situationen beobachtet. Normalerweise waren sie sehr nachsichtig, aber es gab Momente, in denen man sie von einem Kind fernhalten mußte, daß sich nichts weiter als eine banale Ungezogenheit hatte zuschulden kommen lassen. Es dauerte dann sehr lange, bis sie sich wieder abgekühlt hatten.

Der Umgang mit Afrikanern war gar nicht so einfach – man mußte weitaus vorsichtiger sein, als ich es gewöhnlich war.

Die Schläge der Stößel hallten wie Donner durch die Gehöfte. Zwei Tage nach dem Begräbnis fand die Verteilung des *munkos* statt – mit Zucker zerstampfter, roher Reis, der traditionell als wohltätige Gabe nach einer Geburt oder einem Todesfall verteilt wurde. Im Laufe des Morgens ließ sich jede Frau einmal im Vorhof von Kafuli Kunda sehen, um beim Zerstampfen zu helfen.

Am Nachmittag versammelten sich die Männer vor der Moschee, um für den Toten zu beten. Die Gelegenheit wurde dazu genutzt, noch einmal über ihn zu sprechen, und die Männer, die ihn gut gekannt hatten, erzählten von seinen guten Taten und seiner Frömmigkeit. Verwandte aus der ganzen Region waren gekommen, ebenso Vertreter aus den Dörfern Joli, Karafa Kunda und Kulli Kunda, um ihm so eine letzte Ehre zu erweisen.

Seit der Beerdigung hatten sich Fatounding und Isatou kaum

von der Stelle vor Isatous Bett gerührt, wo sie auch jetzt saßen, die Füße in zerlumpte Stoffetzen gehüllt. Den religiösen Vorschriften zufolge hätten sie eigentlich während der gesamten Trauerzeit weiße Kleidung tragen müssen. Aber dies war Dulaba, und abgesehen davon, daß die Menschen sich gar keine weißen Kleider leisten konnten, wären sie kaum längere Zeit weiß geblieben.

Auch Verwandte saßen bei ihnen, und vielen Anwesenden, besonders der Mutter des Verstorbenen, N'na, und seiner Cousine Tumbulu Sise standen die Tränen in den Augen. Fatounding und Isatou starrten nur auf den Boden. Sie antworteten höflich, doch einsilbig auf die Grüße ihrer Besucher und fielen dann zurück in ihre Betäubung. Sie schienen sich allem zu entziehen, weil sie sonst den Schmerz nicht ertragen hätten. Sie erlaubten sich keine Empfindung und hörten so beinahe auf zu existieren, wie es in gewisser Art und Weise alle Frauen während der Trauerzeit taten.

Der Raum füllte sich nun mit den weiblichen Ältesten der benachbarten Dörfer, die ihnen Gesellschaft leisten wollten, während die Männer in der Moschee beteten. Sie saßen auf den Betten und schwiegen, obwohl jeder neue Besucher beim Eintreten ein Gebet für die Frauen und die Mutter sprach, woraufhin die Versammelten »Amin« murmelten. Jeder Gast überreichte N'na eine kleine Summe Geld, zum Teil aus Höflichkeit, zum Teil aus Mitleid, aber auch, weil Todesfälle immer eine günstige Gelegenheit darstellten, etwas zu schenken.

Fatoundings Tochter Nyimansitou, inzwischen ein kräftiges Mädchen von achtzehn Monaten, das sich verständlicherweise der Bedeutung des Augenblicks nicht bewußt war, kletterte an der Mutter hoch, um gestillt zu werden. Mechanisch schob diese ihre Bluse zurück, um sie an die Brust zu lassen. Isatous Tochter Haminata, gerade vier Monate alt, folgte dem Beispiel ihrer Schwester und zupfte ebenfalls an der Bluse ihrer Mutter.

Jarjei war am liebsten mit den »Fremden« zusammen, den jungen Männern, die das neue Camp bauten und größtenteils aus der Küstenregion stammten. Eine Gruppe von ihnen war in einem Winkel ihres Gehöfts untergebracht. Bis tief in die Nacht hinein saß sie mit ihnen zusammen und trank Attaya. Sie scherzte mit ihnen, führte provozierende Reden, spielte Karten und Ludo, tanzte und scheute nicht einmal vor einem Kampf zurück. Wenn sie müde war, ließ sie sich einfach im Haus der Männer auf irgendein Bett fallen. Nur *tai nyamo* rauchte sie nicht mit ihnen.

Sooft ich an den Wasserstellen neben ihrem Gehöft vorbeikam, schien sie gerade wieder im Mittelpunkt irgendeines kolossalen Streits zu stehen, von dem ich nur die Worte »fuck off« auf englisch verstand, die natürlich immer aus ihrem Munde stammten. Die jüngeren Frauen fanden sie sehr amüsant. Sie war eine Persönlichkeit! Gott hatte sie so gemacht. Sie bewunderten ihren Mut und ihren Witz, auch wenn sie selbst sich niemals so verhalten hätten. Gleichzeitig blieben sie immer vorsichtig im Umgang mit ihr, denn sie war sehr stark, und sie lachte sich zwar gerne selbst aus, hätte es aber nie zugelassen, daß jemand anderer dies tat.

Viele ältere Frauen, und sogar einige ihrer eigenen Altersgenossinnen, waren da schon etwas mißtrauischer. Eine verheiratete Frau, die in den Häusern junger Männer ein- und ausging! Das gab Stoff für endlosen Tratsch. Aber Jarjei hatte sich schon so weit von der unterwürfigen, pflichtbewußten Frau, die sie hätte werden sollen, entfernt, daß sie sich nicht mehr darum scherte. Und wie kamen die anderen überhaupt dazu, sie zu kritisieren? Es war Gottes Wille, daß sie einen Mann geheiratet hatte, den sie nicht liebte, wo also lag ihre Schuld?

Aber aller Unbekümmertheit zum Trotz empfand sie im Grunde eine tiefe Trauer. Sie hatte die Enttäuschung über den Mann, der sie samt ihrer gemeinsamen Tochter im Stich gelassen hatte, nicht verwunden. Auch wenn sie im Haus der Fremden zechte – das neben dem ihres früheren Geliebten lag –, hatte sie das Kind dabei. Es war seine Tochter, das wußte jeder. Trotzdem hatte er ihr nie auch nur einen Batut für sie gegeben. Die Kleine besaß keine Schuhe, kein Kleid, kein Hemd – nur ein paar Hosen, das war ihr einziger Schutz vor der Welt.

Jarjei mochte sie nicht. Sie hatte einen kleinen Mund und gemeine Augen wie der Vater. Und sie hatte eine fürchterliche Stimme – mit der sie ununterbrochen winselte. Ihren älteren Sohn – den »kleinen Jungen« – mochte sie, aber dieses »kleine Mädchen« war *mang betia* – sie war schlecht.

Nach der Beerdigung durften Fatounding und Isatou das Haus der Frauen eine Woche lang nicht verlassen. Am Anfang kamen noch viele Besucher, die ihnen Gesellschaft leisteten und den Schmerz mit ihnen teilen wollten, so, wie sie auch ihre Freude über eine Hochzeit oder eine Geburt geteilt hätten. Aber dann wurden es immer weniger, und die drei Frauen – Fatounding, Isatou und

N'na – blieben mit ihren Gedanken alleine. Sie hatten in Frieden im Gehöft zusammengelebt und sich perfekt ergänzt. Nun wußten sie nicht, wie es weitergehen sollte und ob sie zusammenbleiben konnten.

Nach der ersten Trauerwoche durften sie das Gehöft verlassen, aber sie gingen nur zu den Wasserstellen oder manchmal auf die Felder und kehrten dann auf direktem Weg wieder zurück. In den Küstenregionen dauerte die Trauerzeit vierzig Tage, in Dulaba fünf Monate. In dieser Zeit flochten die Frauen ihre Haare nicht, sie besuchten keine Tänze und nahmen an keinerlei anderen Vergnügungen teil. Sie sprachen auch nicht mit den Männern. Sie banden weiße Tücher um ihre Tikos zum Zeichen dafür, daß sie Witwen waren und ihnen sich somit keine Männer nähern durften. Um den Hals trugen sie große, quadratische Jujus aus weißem Stoff, weil sie in dieser Zeit der Ungewißheit besonders durch Hexen gefährdet waren.

Zunächst blieben sie im Gehöft des verstorbenen Mannes, weil die Familie abwartete, ob sie schwanger waren. Nach fünf Monaten dann stand es ihnen frei zu gehen, und sie durften Heiratsanträge entgegennehmen.

Kalamattas jüngster Bruder war aus Serekunda gekommen und wohnte im Haus des Toten. Er war noch schweigsamer als sein Bruder und sprach kaum etwas mit den Frauen. Diese ihrerseits sahen in ihm so etwas wie einen Eindringling und warfen ihm mißtrauische Blicke zu, wenn er wie ein Schatten das Gehöft verließ oder es betrat. Es gefiel ihm zwar zweifellos, ein so gut instandgehaltenes Gehöft geerbt zu haben, aber anscheinend wollte er in Dulaba nicht mehr Zeit als notwendig verlieren. Es war möglich und sogar wahrscheinlich, daß die Ältesten ihn dazu zwingen würden, Fatounding oder Isatou einen Heiratsantrag zu machen, oder sogar allen beiden. Die Bewohner eines Gehöfts waren nämlich verpflichtet, verwitweten Frauen einen neuen Ehemann zu besorgen. Die Frauen konnten zwar die Anträge auch ablehnen, aber ihre eigenen Familien übten keinen unwesentlichen Druck auf sie aus, die Bindungen – Badiya – zwischen den beiden Familien zu bedenken.

Wenn sie sich zum Wegziehen entschlossen, durften sie ihre Töchter behalten, während die Söhne spätestens zur Beschneidung wieder ins Gehöft des Verstorbenen zurückkehren mußten. Ihre »Stiefväter«, die Brüder des Vaters, holten sie eigens zurück, wenn es soweit war – weil sie Männer waren, weil sie den Namen des Gehöfts trugen und weil sie dazugehörten. Die Bewohner wollten sie nicht verlieren. Die Töchter trugen den Namen zwar auch, aber nach der Heirat würden sie ja sowieso weggehen.

Die meisten verwitweten Frauen wohnten also weiter im Gehöft des Mannes, nur um ihre Kinder nicht zu verlieren. Doch selbst wenn eine Frau und ihr Sohn einmal getrennt wurden, besuchte er sie noch oft. Die beste Freundin eines Mannes war in dieser Gesellschaft seine Mutter. Sie allein hatte ihn getragen, und sie allein stellte seine Interessen über alles andere.

Ich hatte »meine Person« schon seit längerem nicht mehr gesehen. Ich vermißte sie, aber mir waren die Hände gebunden. Unsere Wege kreuzten sich nie, und obwohl ich Sullu mehrmals dazu bewegen konnte, sie um einen Besuch zu bitten, ging sie nie darauf ein. Gelegentlich sah ich sie am Ende der Straße, wenn sie gerade ein Gehöft betrat, oder sie überquerte frühmorgens das Fußballfeld, begleitet von ihren beiden gleichaltrigen Freundinnen, auf dem Weg in den Busch. Manchmal folgte ich ihr in der Hoffnung, sie dort zu sprechen, aber es gelang mir nie. Sie war eine junge Frau mit vielen Pflichten, und sie mußte für ein kleines Kind sorgen. Vielleicht hatte sie einfach keine Zeit, um zu mir zu kommen. Oder, und das war wahrscheinlicher, sie war meiner einfach überdrüssig geworden.

Zum ersten Mal machte ich mir ernsthafte Gedanken über diese Frau, die nun auf physische Distanz ging, nachdem sie zuvor schon jede emotionale Nähe gemieden hatte, selbst in den Momenten, in denen ich sie in den Armen gehalten hatte. Und ich begriff, daß ich eigentlich gar nichts über sie wußte.

»Sie benehmen sich alle so, nur weil sie es bei ihren älteren Schwestern gesehen haben«, meinte Pa Konte. »Der Gedanke ist ihr völlig fremd, daß sie sich dir nahefühlen sollte, nur weil sie ein Verhältnis mit dir hat – daß sie sich dir öffnen sollte, weil sie dich liebt. Das macht sie befangen. Sie glaubt vielleicht sogar, daß sie dich nicht einmal ansehen darf. Sie will nicht, daß irgend jemand erfährt, was sie getan hat, und deshalb sieht sie dich vor lauter Angst, die Leute könnten ihr etwas anmerken, erst gar nicht an.

Ihrer Meinung nach hat ein Geist – ein *satano* – sie zu ihrem Ehebruch veranlaßt. Weil sie genau weiß, daß es falsch ist, redet sie sich ein, ein Satano bringe sie dazu, dich zu lieben und zu dir zu kommen. So ist unser Glaube nun einmal: Alles Schlechte, das wir tun, wurde vom Satano veranlaßt. Und wenn jemand einen

Mord begeht, geht er hin, entschuldigt sich bei der Familie und sagt, ein Satano habe ihn so weit getrieben. Auf alle Fälle halte ich es für ausgeschlossen, daß sie dich nicht liebt und nicht mehr zu dir kommen will. Sie kommt, sie muß es einfach. Verlaß dich drauf.«

Es wurde Zeit für mich, mein Projekt langsam abzuschließen. An den langen Nachmittagen saß ich auf dem Sofa und erstellte genau wie zu Beginn meiner Arbeit endlose Fragenkataloge. Sie sollten mir die Antworten liefern, die ich meiner Meinung nach noch benötigte, um mein Bild über das Dorf und seine Menschen zu vervollständigen.

Aber ich quälte mich umsonst damit ab, denn im Grunde war mir klar, daß diese Methode zum Scheitern verurteilt war – wie konnte es anders sein, wenn man eine ganze Kultur auf die oberflächlich griffigen Formeln eines Fragebogens reduzieren wollte? Gleichzeitig konnte ich diese Formalitäten nicht auslassen, auch wenn ich genau wußte, daß die meisten Fragen nur mit den höflichen Platitüden beantwortet würden, die sie verdienten: »Wir leben alle in Frieden...« »So hat Gott eben die Welt geschaffen...« »Das bedeutet nichts...« Und wer wollte behaupten, daß dies nicht die »richtigen« Antworten waren?

Bestimmte Fragen über die wirtschaftlichen und sozialen Strukturen des Dorflebens konnten natürlich ohne Schwierigkeiten beantwortet werden. Aber es gab andere Themen – wie etwa das Gefühlsleben der Frauen –, die derartigen Fragen nicht zugänglich waren. Und das, so fand ich schließlich, war wohl auch gut so. Wenn sie imstande gewesen wären, ihre Gefühle psychologisierend und rationalisierend vor mir auszubreiten, wie es in gewissen westlichen Kreisen üblich war, dann wären sie nicht das Volk gewesen, über das ich schreiben wollte.

Wenn an diesen Nachmittagen die Schatten nur zögernd länger wurden und außer ein paar sich balgenden Kindern oder Frauen, die ihre Pflichten auch in der Hitze erfüllen mußten, niemand draußen zu sehen war, dann verstand ich die schreckliche Isolation und Langeweile der europäischen Frauen, die hier oft jahrelang ohne eine Aufgabe gelebt hatten.

In dem Versuch, meine Gedanken zu ordnen und meinen Fragen eine Form und Richtung zu geben, verbrachte ich viele Stunden über zwei Forschungsdokumenten, die sich schon früher als nützlich erwiesen hatten: die »Zählung in Dulaba« und Barbara

Thompsons Dissertation. Als ich die zerknitterten Seiten der Zählung durchblätterte – die mit soviel Mühe erstellt worden war und deren Schriftbild nun so antiquiert wirkte – und mühsam versuchte, die Teile des großen Stammbaumes zusammenzusetzen, damit ich die Beziehungen zwischen den Gehöften besser verstand, eröffneten sich mir immer neue Geheimnisse: nicht erwähnte Einzelheiten von Scheidungen, oder kurzlebige Ehen, die der Bequemlichkeit halber vergessen wurden, tote Kinder, über die man nicht mehr sprach, weil es zu sehr schmerzte.

Das ganze Dorf lag vor mir in dieser so lebendigen Statistik. Ich erkannte besser denn je, was für ein engmaschiges Netz von Beziehungen die Menschen, die ich beobachtet hatte, verbunden hatte. Die abstrakten Angaben der Zählung legten deutlicher als all meine persönlichen Erfahrungen die Stärke ihrer Blutsbande offen – sie gehörten zusammen, als wären sie die Glieder ein und derselben Person.

Es war wie ein riesiges Puzzle, zu dem mir nur noch ein paar Teile fehlten, um es ganz zu verstehen. Das Leben in Dulaba hatte oft wie ein Roman gewirkt – und das nicht nur deshalb, weil ich gekommen war, um ein Buch zu schreiben. In Europa war das Leben so fürchterlich ziellos. Man hatte das Gefühl, der entscheidende Vorfall, der die verschiedenen Handlungsstränge zusammenführen würde, geschehe nie, frühere Nebenhandlungen machten sich nie bezahlt, der rätselhafte Fremde, der Vorbote des eigenen Schicksals, käme niemals an. Hinter einem lagen immer nur Scherben, die nicht mehr gekittet werden konnten. Wir Europäer verbrachten unser Leben in einem Irrgarten von Abstraktionen. Aber in Dulaba waren die Menschen noch eins. Ich hatte das deutliche Gefühl, daß irgendwann einmal alles seinen Platz finden würde, alle Schulden letztendlich beglichen würden. Das Blut kehrte an seinen Ursprung zurück, wie die Griots sagten. Das Leben nahm dann seinen richtigen Lauf, weil die Menschen nach den richtigen Prinzipien lebten.

Am Rand des Fußballplatzes wuchsen winzige Pflanzen mit leuchtendgrünen Blättern. Sie wurden Manonkaso genannt und galten als sichere Vorboten für den Regen.

361

14

IM BUSCH DER MÄNNER

Das Dorf Kasumai lag auf einer weiten, parkähnlichen Ebene, auf der in der Regenzeit Hirse, Sorghum und Erdnüsse angebaut wurden. Wie in allen Dörfern der Jolas lagen die Gehöfte relativ weit auseinander, weil es in ihrer traditionellen Gesellschaft keine Autorität mehr gab, die über dem jeweiligen Gehöftsältesten stand. Die Familien demonstrierten daher ihre Unabhängigkeit und Autonomie über diese äußerliche Distanz. Auf der Ebene wuchsen viele Bäume, manche standen einzeln, andere in Gruppen, und einige waren heilig, weil man annahm, daß die Vorfahren nun in ihnen lebten. Vor dem Beginn der Regenzeit und nach einer Geburt wurden dort Opfer dargebracht. Die Menschen glaubten daran, daß ihre Vorfahren über diese Bäume – *jallangos* genannt – Zeichen übermittelten, um ihnen wichtige Dinge über ihr Leben mitzuteilen.

Alle zehn Jahre trug einer der Bäume, ein Affenbrotbaum, während der Trockenzeit Früchte. Dies war das Zeichen dafür, daß drei Jahre später die große Initiationszeremonie für die Knaben und jungen Männer des Dorfes, das *bukutop*, im Busch abzuhalten war. Die Regeln dieser Zeremonie wurden so streng wie kaum andere in dieser Kultur befolgt. Die Abfolge der Ereignisse war in der Tradition für jeden einzelnen Tag genau festgelegt. Nachdem in den Tagen zuvor Verwandte und Freunde aus dem ganzen Land ins Dorf gekommen waren, um ihnen Geleit zu geben, zogen die Initianten am Samstagabend in den Busch. Die vielen Besucher mußten natürlich verköstigt und beherbergt werden. Dafür wurden viele Tiere geschlachtet, Reis wurde sackweise und Öl faßweise gekocht und verspeist. Jeder ledige junge Mann verbrachte deshalb drei Regenzeiten in einem anderen Dorf, um sich als Feldarbeiter zu verdingen und Geld zu verdienen, damit die Väter an diesen wenigen Tagen stolze Gastgeber sein konnten.

Im Laufe dieser Tage führte man die Initianten zu jedem einzelnen heiligen Baum und bestrich die Baumstämme mit dem Blut der Opfertiere.

Kasumai lag im Hinterland von Fonyi, südlich vom Bintang Bolon und nur wenige Meilen von Dulaba entfernt. Schon vor einigen Tagen hatte der Wind entfernte polternde Geräusche herübergetragen. Zuerst hielt ich sie für Donner, aber dann sagte man mir, es seien Gewehrschüsse, mit denen man in diesem Dorf traditionell den Beginn der Initiationsfeiern bekanntgab.

Schon am Freitag hatte ich frühmorgens den Bintang Bolon mit jungen Männern aus meiner Altersgruppe überquert. Bei dem ersten Gehöft, das wir erreichten, hatten wir angehalten. Überall waren schachtelähnliche Schutzdächer aus Zweigen und Blättern an die Häuser angebaut worden. Aber sie waren verlassen wie alle anderen Gebäude auch. Da uns kein *jatio* – ein Führer – begleitete, hatten wir keinerlei Rechte im Dorf und, fast noch wichtiger, auch niemanden, der uns während unseres Aufenthalts verköstigte. So setzten wir uns auf die staubige Veranda, kauerten in ihrem spärlichen Schatten und warteten untätig darauf, daß vielleicht jemand kam, der sich um uns kümmern würde.

Wir waren acht: Turo Sise, ein großer, freundlicher, wenn auch ziemlich ernster junger Mann, Sambujang Samate und sein bester Freund Momodou Minte, Mbemba Sise, ein Zimmerer aus Fili Kunda, Lamin Sise, der nie viel Worte machte und dafür einen düsteren, fast dämonischen Gesichtsausdruck zur Schau trug, Nuhar, der stämmige und von seinem Männlichkeitswahn besessene Ehemann der jungen Duwar aus dem My Brother Kafo, und natürlich Sullu.

Durch eine Lücke im Zaun des Gehöfts sah ich auf ein breites Stück Land, das frei unter dem riesigen weißen Himmel lag. Jenseits davon lösten sich die Bäume im Dunst der Hitze auf. Ich hörte ein weit entferntes Rollen und Dröhnen, das sich, als es näher kam, als Geschrei und Gesang entpuppte, begleitet von einem merkwürdigen rhythmischen Pochen. Dann wurde plötzlich auf der rechten Seite des Geländes eine Menschenmasse erkennbar – eine brodelnde Menge, die in der Sonne schimmerte, während sie näher rückte. Mit unendlicher Langsamkeit bewegte sie sich an meinem Gesichtsfeld vorbei, bis sie hinter einer Mauer verschwand. Die anderen hatten das Schauspiel ebenfalls gesehen, hielten es jedoch zu meiner Verwunderung nicht für nötig, etwas dazu zu sagen.

Zufällig gehörte das Gehöft, das wir betreten hatten, Abdoulai Bajie, bei dem Daouda und seine Frauen erst in der vorherigen Woche gewohnt hatten und bei dem auch alle Beamten von Dulaba für die Dauer der Feierlichkeiten untergebracht werden sollten.

Es war Sitte bei den Jolas, daß eine Frau in ihr Heimatdorf zurückkehrte, wenn dort eine Initiation stattfand, damit sie beim Kochen helfen und ihre Brüder zu der schweren Prüfung begleiten konnte. In dieser Zeit, also alle zehn Jahre, galt sie als frei, weil sie dann wieder unter ihren eigenen Leuten lebte, fern von der Herrschaft ihres Mannes. Sirrah Bajie, Daoudas erste Frau, war mit Abdoulai Bajie verwandt. Sie war zwar nicht seine richtige Schwester, aber das Prinzip blieb das gleiche.

Jetzt kam Sirrah über den Hof auf uns zu.

»Lebt ihr alle in Frieden?«

»Nur in Frieden.«

»Ich hoffe, ihr habt keine Sorgen.«

»Nein, wir haben keine Sorgen.«

»Habt ihr denn schon einen Jatio?«

»Nein«, antworteten wir wie aus einem Mund.

»Yo! Dann kommt mit mir.«

Wir sammelten unsere Habseligkeiten ein und folgten ihr. Der Gesang wurde plötzlich lauter, und ich hörte den Rhythmus, der nicht von Trommeln stammte, sondern von Dutzenden von triangelähnlichen Eiseninstrumenten, die klirrend und schrill synkopierend aneinandergeschlagen wurden. Sie hatten eine flache V-Form mit einer leichten Einbuchtung in der Mitte und wurden mit einem dünnen, ebenfalls aus Eisen bestehenden Stab geschlagen.

Danach wurden wir in den Sog der Ereignisse und der phantastischen Umgebung gezogen. Ich kann mich nur noch daran erinnern, daß ich mich plötzlich am Rand einer chaotischen Menschenmasse wiederfand. Männer waren als Frauen verkleidet – sie trugen Blusen, blumengemusterte Wickelröcke und Zöpfe, hatten sich aber nicht rasiert –, und Frauen hatten Männerkleidung angelegt: weitausladende, ausgebeulte Hosen oder Shorts, die sich eng um die Hüften spannten. Alle trugen lange Perlenketten, die kreuzweise über den Brustkorb liefen, und die Kanyeleng-Frauen hielten in leuchtenden Grundfarben angemalte Stäbe und kleine Holzgefäße in den Händen, die für das gestohlene Essen bestimmt waren. Einige hatten ihre Gesichter mit Puder weiß gefärbt, andere rot, wieder andere blau. Wohin ich auch sah, wurden mit überschwenglicher Begeisterung Schwerter, Buschmesser und sogar Gewehre geschwungen.

Es war schwierig zu sagen, wie viele Menschen an dem Fest tatsächlich teilnahmen, weil sie alle in wildem Durcheinander über den unebenen Boden zu den erbarmungslosen Klängen der kleinen Triangeln tanzten. Ich wußte ja nicht einmal, wo genau wir uns eigentlich befanden. Wir mußten irgendwo hinter einem Gehöft sein, zwischen den Müllhaufen und den verwilderten Gärten des vergangenen Jahres.

Mitten in der Menge tauchten immer wieder die Kopfbedeckungen der Ngangsingolu auf, die aus den Bärten von Schafböcken gefertigt waren. Aber mehr war nicht zu sehen, denn ihre Bewacher, die Kintangolu, drängten sich dicht um sie, um sie vor den Blicken der Hexen zu schützen, die sich ganz sicher unter die Menge gemischt hatten. Inmitten des ganzen Tumults sah ich Ousmane Koujabi in der Nähe der Initianten. Er war einer ihrer Bewacher.

Plötzlich hörte ich ein ohrenbetäubendes donnerndes Krachen – es drang durch Mark und Bein. Unmittelbar darauf folgte ein zweites Krachen, das noch lauter dröhnte. Der Schreck fuhr mir in die Glieder. Ich drehte mich um und sah Sambujang, in dessen Augen ebenfalls panische Angst lag. Aber die anderen tanzten weiter, als bemerkten sie die fürchterlichen Explosionen gar nicht, die die Luft in entnervend unregelmäßigen Abständen zerrissen. Manchmal entstanden Pausen, und dann ließ mir ein weiteres »Bam!« wieder das Blut in den Adern gefrieren. Als ich über die Felder blickte, die hinterm Gehöft begannen, sah ich junge Männer in ausgebeulten Hosen und mit geflochtenem Haar, die riesige, selbstgefertigte Gewehre über den Boden zogen. Sie legten diese Geräte – die anscheinend nur aus einem dicken Rohr und dem riesigen Abzug bestanden – auf den Boden und lösten dann mit einem Stock den Abzug aus. »Bam!« Durch den Rückschlag prallte das Gewehr einige Meter über den Boden zurück und setzte die nach der Vorjahresernte liegengebliebenen Wurzeln und Blätter in Brand. Dann zogen die »Transvestiten« lässig weiter, um woanders einen neuen Brand zu legen. Sie gingen merkwürdig gestelzt, und ihre Verkleidungen schwangen dabei wie Flügel hinter ihnen her.

Sie sind verrückt, dachte ich. Wie leicht konnte ein Unfall passieren. Auf jeden Fall mußte ich mich in Sicherheit bringen. Aber wohin? Das nervenaufpeitschende Knallen kam mal aus dieser Richtung, mal aus jener. Ich konnte genausogut bleiben, wo ich war. Sie würden ja wohl kaum in die Menge feuern.

Ich blickte auf und begegnete Sullus amüsierten Blick. »Es ist nur Schießpulver«, sagte er.

Ich atmete erleichtert auf, bevor mich ein weiterer ohrenbetäubender Schlag durchschüttelte.

Vor uns tanzte mit unsicheren Schritten ein junger Mann in einem schweißbefleckten Safari-Anzug, dessen blutunterlaufene Augen unnatürlich geweitet und starr waren. Um den Hals trug er eine ganze Batterie von Jujus – dicke Ketten aus geflochtenem Leder und Fellteilen. Plötzlich taumelte er und versuchte, das Buschmesser eines anderen Mannes zu ergreifen. Dieser setzte sich zur Wehr, und es entwickelte sich ein Handgemenge. Aber der junge Mann hatte es nicht auf einen Kampf abgesehen – seine Aufmerksamkeit galt allein der Klinge, die er auf sich richten wollte, um sich damit aufzuspießen. Einige Männer drängten sich um ihn, und mit viel Mühe gelang es ihnen, ihn wegzuziehen. Er stolperte davon und tanzte in der Nähe der Ngangsingolu weiter, wobei er es den Männern, die den Gesang anführten, gleichtat und hohe Luftsprünge vollführte. Augenblicke später mußten ihn die anderen schon wieder von einem Messer fernhalten, mit dem er versuchte, sich aufzuschlitzen. Während der ganzen Zeit knallten die Gewehrschüsse mit einem lauten »Bam!«, das die Erde erbeben ließ, und die Triangeln kreischten schrill in ihrem endlosen, beständigen Rhythmus. Ich spürte Angst und Verwirrung. Ich wußte nicht, wohin ich gehen sollte. Sanyang tauchte neben mir auf.

»Ist der Kerl betrunken?« fragte ich und deutete auf den jungen Mann, der nun wieder tanzte, mit hysterischer Ausgelassenheit und wild starrenden Augen.

»Nein«, sagte Sanyang. »Er trägt Jujus, die viel zu stark für ihn sind.«

Die Menge war nun mehr oder weniger zur Ruhe gekommen, obwohl die Triangeln keinen Augenblick lang verstummten und auch der Tanz um die Ngangsingolu herum fortgesetzt wurde. Wenige Meter entfernt hatte sich ein weiterer Kreis gebildet. Ein nur mit einem Wickelrock bekleidetes Mädchen saß auf dem Boden und hatte ihre Beine vor einer Reihe von fünf Holzpfählen und mehreren davorliegenden Ameisennestern gespreizt, die eigens aus der Erde gegraben worden waren. An einem der Pfosten hing ein Trinkgefäß mit Palmwein. Ein Ngangsingo, ein Bruder des Mädchens, der ebenfalls nur mit einem Wickelrock bekleidet war, setzte sich direkt hinter sie auf den Boden und streckte seine

Beine parallel zu den ihren aus. Hinter ihm nahm ein zweiter Ngangsingo, ein jüngerer Bruder des Mädchens, die gleiche Position ein. Dann ergriff ein Ältester das Trinkgefäß mit Palmwein und schwang es durch die Luft, wobei er eine komplizierte Schleifenform über ihren Köpfen beschrieb. Danach goß er einige Tropfen davon über die Pfähle. Er packte einen Hahn, schnitt ihm die Kehle halb durch und ließ ihn auf den Kopf des ersten Jungen fallen. Das Tier prallte ab und sank im Staub zusammen, aber dann erhob es sich wieder und begann einen irren Flattertanz. Die Zuschauer wichen zurück, um ihm Platz zu schaffen. Sie schleuderten Münzen, die klimpernd zwischen die Beine des Mädchens fielen. Die ganze Zeit über schrien die Frauen dem Hahn zu: »Sag uns, daß er sicher sein wird. Ja, sag uns nur gute Dinge.« Sie gestikulierten wild und deuteten dabei immer wieder auf den Hahn. Dieser stürzte vornüber und wand sich noch einige Augenblicke lang mit verdrehten Flügeln. Dann sank er geräuschlos zusammen. Der alte Mann hob ihn hoch und schnitt ihn auf, um seine Eingeweide zu untersuchen und den toten Körper dann der Menge zu präsentieren. Lauter Beifall erscholl. Die Frauen brüllten begeistert, klatschen in die Hände und stampften heftig in den Staub. Die Nachrichten waren gut. Die Ahnen hatten gesagt, daß der Junge sicher vor Hexen sei, wenn er sich im Busch aufhalte. Der Hahn landete auf einem Haufen ähnlicher Kadaver vor den Pfählen, und das Ganze wurde für den zweiten Jungen wiederholt. Wieder hatten die Ahnen gesagt, daß er sicher sei, und wieder wurde begeistert gebrüllt, geklatscht und getanzt. Dann standen alle drei auf und machten einem anderen Mädchen und ihren Brüdern Platz.

Hinter den Hauptgebäuden von Abdoulai Bajies Gehöft erstreckte sich ein Gewirr aus Palmwedeldächern über das *kankango*. Diese Schutzdächer wurden Jujuos genannt, wie das Haus, in dem die Initianten im Busch lebten, und sie waren eigens für die Beschneidungszeremonien errichtet worden. Sie boten den vielen Gästen Unterschlupf, die darauf warteten, daß die Initianten sich auf den Weg in den Busch machten. Sie alle wurden von Abdoulai verköstigt, und ich fragte mich, wie viele von ihnen er genausowenig kannte wie uns.

Als die Sonne im Zenit stand und die allgemeine Aufregung sich vorübergehend legte, führte er uns hinter das Kankango und half uns, ein eigenes Jujuo zu bauen. Es dauerte etwa eine halbe

Stunde. Dann krochen wir hinein, um uns auszuruhen. Ich fragte Sullu, ob er den Initianten in den Busch folgen werde. »Nein«, sagte er. »Für meinen Geschmack haben die Jolas zu viele verschiedene Bräuche.«

Später nahm mich Ousmane Joujabi an den Ort mit, an dem die Ngangsingolu sich aufhielten – es war der letzte Raum in einem langen Gebäude. Die Initianten saßen mit grimmigen Mienen da, nackt bis auf die Wickelröcke, die sie um die Lenden geknotet hatten, und schwiegen. Im Gegensatz zu den Mandingos, wo die meisten Jungen bei der Beschneidung noch keine zehn Jahre alt waren, befand sich die Mehrzahl der vor mir sitzenden Jolas am Ende der Pubertät. Mit Sicherheit war keiner jünger als fünfzehn Jahre. Viele waren zuvor schon ohne Zeremonie beschnitten worden, manche sogar im Krankenhaus, doch die eigentliche Beschneidung des Penis war für die Jolas ein vergleichsweise unwichtiger Vorgang. Viel wichtiger, weil von tiefer religiöser Bedeutung, war für sie das Ritual, in den Busch hinauszugehen. Dort wurden manchmal zweihundert oder dreihundert Jungen gleichzeitig beschnitten. Mittlerweile sorgte die Regierung dafür, daß ihnen Medikamente für die Wunden zur Verfügung standen, aber in der Vergangenheit hatten sie auf die Heilkraft von Wurzeln und Rinden vertrauen müssen, und unter hundert Jungen war es immer zu einem oder zwei Todesfällen gekommen. Die Initiation war deshalb ein Ritus, der eng mit dem Tod zusammenhing, er galt sogar als notwendiger Bestandteil der Zeremonie.

Man gab mir zu verstehen, daß außerdem noch gewisse andere Dinge geschahen, von denen ich nie etwas erfahren würde. Was auch immer es sein mochte, auf alle Fälle mußten die Initianten »sexuell reif« sein, um sie zu verstehen.

Ich fragte, in wessen Obhut sie sich befanden, und Ousmane deutete auf einen Jungen von merkwürdig zwitterhaftem Aussehen. Ich gab ihm fünf Dalasi und ging.

Als die Sonne unterging, waren immer mehr Menschen auf den Pfaden zwischen den flachen Feldern unterwegs, auf denen die seit der letzten Ernte unberührten Halme zerstreut lagen. Vor dem Eingang jedes Gehöfts hing ein leuchtendes Tuch, an dem glasgerahmte Familienfotos befestigt waren. Dahinter hatten Händler Stände aufgebaut und verkauften Wickelröcke, Zigaretten, Süßigkeiten, Batterien – alles, was die Gäste so brauchten. Einer der

368

größten Ladenbesitzer von Sibanor schien sein gesamtes Warenlager ins Dorf verlegt zu haben und trieb einen schwunghaften Handel damit. In den Häusern, auf den Veranden und an den Bantabas wimmelte es nur so vor Menschen, und es trafen immer noch mehr ein.

Manche Gäste kannte ich schon von früheren Gelegenheiten – sie stammten aus Fonyi und Kombo, aus Mankono, Joli und Karafa Kunda, oder sie hatten irgendwann einmal in Dulaba gewohnt oder gearbeitet. Ich stieß auch auf solche, die ich nicht kannte, die aber mich zu kennen schienen, wozu eine Gespann von vier Mädchen aus dem Dorf Dasilame gehörte. Die jüngste von ihnen war sehr hübsch, hatte eine beinahe pinkfarbene Haut und hieß Fanta Toure. Ich fühlte mich auf Anhieb zu ihr hingezogen, und umgekehrt war es wohl ebenso, zumindest nach ihrem Verhalten zu urteilen. »Sie ist ›deine Person‹«, sagte Sullu. »Du kannst sie haben, sie ist kein Kind mehr. Jetzt hast du schon eine Frau hier. Für mich werde ich auch noch eine finden.«

Ich traf einen jungen Jola wieder, und wir unterhielten uns eine Zeitlang auf dem Bentengo vor dem Gehöft, in dem er untergebracht war. Über uns breitete ein großer Mangobaum seine Äste aus, und die goldgrünen Früchte hingen reif und schwer daran.

Der junge Mann bat eine der neben uns sitzenden Frauen, eine Frucht für mich zu schneiden. Sie deutete auf ein dünnes Stück orangefarbener Rinde, das etwa zehn Zentimeter lang und an einem niedrigen Zweig befestigt war.

»Oh«, sagte der junge Mann und lachte trocken. »Ich glaube, du solltest besser auf die Mangos verzichten. Dieses Rindenstück ist das Zeichen der *kangkurang*.«

Ich hatte die Kangkurang während der Weihnachtsfeiern an der Küste gesehen: Es waren drei junge Männer in Blätterröcken gewesen, die um Brust und Kopf fast künstlich leuchtende orangefarbene Rinde gewickelt hatten und mit Buschmessern und Stökken bewaffnet waren. Sie zogen an der Spitze einer Kinderhorde von Gehöft zu Gehöft, tanzten dabei wild zu den Trommeln und drohten mit Streichen, wenn man ihnen kein Geld gab. Sie sollten das Böse in den Jujuos verkörpern, und selbst in ihrer harmlosen Verkleidung riefen sie bei den Frauen noch ein Unbehagen hervor, das nur allzu begründet war.

Hier in Fonyi gab es nur einen Kangkurang, und er sah bei weitem nicht so beeindruckend und fröhlich aus, weil er nicht einmal ein Blätterkostüm trug. Die Rinde wurde in einem Stück aus einem *kaffalatak*-Baum geschnitten und um Kopf, Körper, Arme und Beine eines Kintangos – eines Bewachers der Initianten – gebunden. Kangkurang konnte jeder von ihnen werden, sofern er ein Kunfanunte war – also den zweiten Blick besaß. Die betreffende Person galt dann nicht mehr als menschliches Wesen, sondern als Teufel. Allerdings unterstand sie der Kontrolle des *mansa kwiangs*, des Ältesten, der für das Jujuo verantwortlich war. Diejenigen, die noch nicht initiiert worden waren, durften auf keinen Fall wissen, wer sich unter der Rinde verbarg.

Drei Monate vor Beginn der Initiation wurde der Kangkurang dazu aufgefordert, die Kintangolu auszusuchen. Die Kintangolu waren die Cousins der Initianten in väterlicher Linie – was auf jeden jungen Mann im Dorf irgendwie zutraf. Ein Mann mußte dreimal Kintango gewesen sein, bevor er von dieser Pflicht befreit wurde.

Wenn sie die Trommeln hörten, ließen die Frauen alles stehen und liegen, um sich zu verstecken, während die jungen Männer durch die Straßen des Dorfes liefen und riefen: »Chori! Kill! Chori Mama Tambawuleng!« »Chori« war der Name für den Kangkurang – der Heiße, der »rote Speer«. Sie lobten ihn, damit er Erbarmen mit ihnen habe. Aber sie rannten lässig, fast absichtlich langsam, denn sie wußten, daß sie sich fangen lassen mußten. Wenn der Kangkurang näher kam, warfen sie sich auf den Boden, und er lief barfuß über ihre ausgestreckten Körper. Dann drehte er um und lief noch einmal über sie, wobei er jedem einen harten Schlag mit der stumpfen Seite des Buschmessers versetzte. Wenn er das zweimal getan hatte, rollten die Jungen auseinander, und der Kangkurang ging zwischen ihnen hindurch und stieß die Klinge dicht neben ihnen in den Boden. Für die Mütter, die von den Zäunen aus zuschauten, sah das so aus, als würde er ihren Söhnen nochmals weh tun. »*Ndeysan!*« riefen sie dann. »Was tust du mit unseren Kindern?« Vielen Frauen strömten die Tränen über das Gesicht.

Die Ältesten hatten bestimmt, daß niemand eine Mangofrucht pflücken durfte, bevor nicht alle reif waren. Die Kangkurang wollten den Baum schützen, und jeden, der beim Stehlen erwischt wurde, erwarteten Prügel – »ohne Gnade«.

Den ganzen Tag ertönten die Triangeln ohne Unterlaß und erschollen über die ganze Ebene hinweg. Der erbarmungslos schrille Lärm auf dem Hof in der Mitte des Gehöfts hatte sich sogar noch gesteigert. Vor den jungen Frauen bewegte sich eine Schar von Männern, die Schwerter und Buschmesser trugen. Sie alle sangen in dem typisch »rollenden« Tonfall der Jolas. Die tiefen Stimmen schwollen an und fielen wieder ab wie Meeresrauschen, und darüber bliesen die höheren Stimmen der Frauen gleich einem Wind, der über den ganzen Tumult hinwegging. Wenn ich genau hinhörte, verstand ich die Namen ihrer Vorfahren, der großen Helden des Dorfes, und sie sangen, wieviel schöner es gewesen wäre, hätten sie an diesem Tag bei ihnen sein können. Die Männer schwangen ihre Schwerter und tanzten dabei würdevoll und mit schleppenden Schritten um das Bentengo in der Mitte des Gehöfts, das ebenso wie die Veranden mit Zuschauern überfüllt war. »Geh weiter zurück«, riet mir mein Begleiter. »Die Leute wissen nicht mehr, was sie tun.«

Männer lösten sich aus der Menge und vollführten vor den anderen mit ihren leuchtend gemusterten, ausgebeulten Hosen die gleichen langsamen, gestelzten Schritte, die mir schon bei den jungen Männern mit den Gewehren aufgefallen waren. Sie fuchtelten wild mit ihren Schwertern durch die Luft und trugen ein triumphierendes Lächeln und eine Selbstzufriedenheit zur Schau, die ich nicht nachvollziehen konnte.

Zwei junge Männer, die die verschiedensten Jujus um den Hals und ihre nackten muskulösen Körper geschlungen hatten, setzten versuchsweise die Buschmesser an ihren Schultern an. Sofort erhielten sie den Befehl, aufzuhören und bis morgen damit zu warten. Heute sei nicht der richtige Tag dafür. Morgen werde alles geschehen.

Bei Einbruch der Dunkelheit kam eine Limousine mit Gästen von der Küste an. Die Nachricht über das am Wochenende bevorstehende Ereignis war durch das ganze Land gedrungen. Inzwischen befanden sich schon viertausend Menschen im Dorf, und in den nächsten Tagen sollten noch mehr kommen, um die Jungen in den Busch zu begleiten. Für den Sonntag war ein Ringkampf vorgesehen, und es hieß, sogar die Armee werde anrücken, um für Ordnung zu sorgen.

Für Daoudas Disco, die für den Abend vorgesehen war, wurden schon die Lautsprecher am Dach des Kombiwagens, der ihm und Barbara gehörte, befestigt. Inzwischen war auch der letzte Junggeselle aus dem Quartier eingetroffen. Sie hatten sich zu den anderen Gästen aus Dulaba gesellt und standen im Scheinwerferlicht

371

des Autos. In der nun herrschenden Dunkelheit hatte ich wieder jede Orientierung verloren. Wir schienen in der Nähe einer Durchgangsstraße zu sein, denn es herrschte ein ständiges Kommen und Gehen. Unter den Bäumen ringsherum saßen noch weit mehr Menschen auf Matten – sie kauerten einfach in der Dunkelheit und sahen vor sich hin. Nicht weit entfernt leuchtete das Feuer, über dem das Essen in riesigen Kesseln gekocht wurde. Frauen kamen mit Wasserbehältern auf ihren Köpfen vorbei. Manche verbrachten fast den ganzen Abend mit diesen Arbeiten, während gleichzeitig auf der anderen Seite des Gehöfts die Besucherinnen in den Jujuos sangen und tanzten.

Sullu und ich gingen spazieren. In der Finsternis konnten wir gerade noch den Pfad ausmachen, der in die anderen Gehöfte führte, aber die uns umgebenden Menschen fühlten wir mehr, als daß wir sie sahen. Nach einer gewissen Zeit bemerkten wir, daß eine kleine Gestalt schnell und zielstrebig vor uns herging.

»Grüße diese Frau«, flüsterte Sullu mir zu.

»Guten Abend«, rief ich. »Lebst du in Frieden?«

»Nur in Frieden«, ertönte eine weibliche Stimme zurück.

»Ich hoffe, du hast keine Sorgen.«

»Ich habe keine Sorgen«, antwortete die andere Stimme verhalten.

»Wie heißt du?«

»Mayi.«

»Und dein Nachname?«

»Bajie.«

Sie erkundigte sich ebenfalls nach unseren Vor- und Nachnamen. Dann verlangsamte sie ihre Schritte, bis sie direkt vor uns und mit der gleichen Geschwindigkeit ging.

Wir tauschten weitere Freundlichkeiten aus. »Wir suchen einen Führer«, sagte Sullu. Sie blieb stehen und wartete ab, was als nächstes kam. »Wir haben keinen Führer hier. Wir suchen aber jemanden – einen, der uns helfen kann.« Sie hörte aufmerksam zu und meinte dann, daß es nicht so einfach sei. Es seien sehr viele Menschen im Dorf. Sullu sagte ihr, wo wir wohnten, woraufhin sie in die Richtung ihres eigenen Gehöfts deutete. Schließlich meinte sie, sie stamme aus dem Dorf und könne uns vielleicht helfen.

Der Dialog setzte sich noch einige Minuten lang fort, und Sullu betonte nochmals, daß wir einen Führer benötigten. Mir erschien das sonderbar, da seine wirklichen Absichten ja in eine andere

Richtung gingen. Schließlich versprach sie, sich darum zu kümmern und bald wieder zurückzukommen. Mit diesen Worten verschwand sie in der Dunkelheit.

Sullu jubelte. »Yo! Jetzt haben wir beide jemanden für heute nacht gefunden.«

»Aber du hast doch gar nichts gesagt«, meinte ich. »Du hast sie nur noch einem Führer gefragt.«

»Sie wußte, was ich meine.«

Ich blieb skeptisch. Es erschien mir höchst unwahrscheinlich, daß sie an diesen finsteren Ort zurückkehren sollte, um zwei völlig Unbekannte zu erotischen Abenteuern in die Dunkelheit zu führen, nur weil sie ihr gesagt hatten, sie suchten einen Führer.

»Sie wird kommen«, behauptete Sullu.

Zwanzig Minuten später erschienen zwei Gestalten auf dem Pfad.

»*Salaam aleikum.*«

»*Aleikum salaam.*«

»Wir sind da. Dies ist meine Freundin.«

»Yo!«

Begrüßungsformeln wurden ausgetauscht.

Als wir ihnen in taktvollem Abstand durch die Dunkelheit auf dem Pfad zu Abdoulai Bajies Gehöft folgten, fragte ich mich, in was, um Himmels willen, ich da hineingezogen wurde. Nichtsdestoweniger fühlte ich ein gewisses unfreiwilliges Verlangen in mir aufsteigen.

Sullu ging voraus und wies uns den Weg durchs Gehöft, bis wir zum Jujuo der Gäste aus Dulaba gelangten. Wir blieben draußen stehen. Sullu leuchtete mit der Taschenlampe in die leere Unterkunft. Die beiden Frauen warfen einen Blick hinein.

»Yo«, meinte Mayi. »Wir kommen später wieder zurück.« Im Lichtschein sah ich, daß Mayi eine etwas korpulente, aber sehr ansehnliche Frau Ende Dreißig war. Ihre Begleiterin war jünger, weniger korpulent, aber auch irgendwie weniger attraktiv. Dann verschwanden sie.

»Du kannst Mayi haben, die dicke«, sagte Sullu.

»In Ordnung«, antwortete ich.

Die Stereoanlage, die mit der Autobatterie betrieben wurde, war nun bereit, und ich hörte, wie Jojo Bajie die Gäste per Lautsprecher über den Beginn der Disco informierte. Der Eintritt kostete einen Dalasi für Jungen und fünfzig Batuts für Mädchen. Wo genau befand ich mich? Wieder einmal hatte ich die Orientierung verloren. Vom schwachen Scheinwerferlicht des Autos abgesehen, war alles in Schwarz getaucht. Ich ging pinkeln und wäre dabei fast in ein riesiges Loch gefallen.

Auf dem Hauptweg durch das Gehöft stand Sullu in der Nähe der beleuchteten Verkaufsstände, damit Mayi und ihre Freundin ihn gleich an der Nummer auf seinem Baseball-Shirt erkennen konnten.

Dann hörte ich plötzlich, wie Jojo bekanntgab, daß die Disco leider ausfallen müsse. Dies war eine herbe Enttäuschung, denn für viele stellte sie das wichtigste Ereignis der ganzen Beschneidungsfeiern dar. Aber die Ältesten hatten sie verboten, weil dies kein Abend für solche Dinge sei. Morgen sei der Abend zum Feiern. Also wurde die Disco verschoben.

Mayi Bajie und ihre Freundin tauchten auch nicht auf.

»Komm mit, wir suchen sie«, schlug Sullu vor.

»Laß doch«, sagte ich. »Wenn sie nicht kommen wollen, ist es ihre Sache.«

»Nein, nein«, entgegnete er. »Wir finden sie bestimmt.«

Wieder gingen wir los in die Dunkelheit. Das Gehöft lag ganz in der Nähe, und wir fanden Mayi ohne große Schwierigkeiten. Sie wirkte sehr besorgt, als sie uns erblickte. Sie erklärte, sie habe sich gefürchtet, weil die Ältesten gesagt hatten, dies sei eine sehr bedeutsame Nacht, und jede Frau, die mit einem anderen Mann als ihrem Ehemann spreche und dabei ertappt werde, müsse sich auf Prügel gefaßt machen.

Unter einem riesigen Mangobaum fand ein Tanz statt. Einer der Äste bog sich wie ein großer Arm über die Tänzer. Ungefähr zweihundert Frauen reihten sich um den Tanzkreis herum auf – in ihren besten Kleidern, endlich befreit von ihren Verpflichtungen. Feierlich und würdevoll standen sie im Schein der Lampe des Trommlers, wie ein fantastisches Frauenbataillon, und gaben auf Klappern, die aus den harten Fasern von Palmblättern gefertigt waren, einen beständigen Takt zum anschwellenden Rhythmus der Trommeln aus.

Eine nach der anderen trat dann in den Kreis, um zu tanzen, bis die Klappern fast infernalisch rasselten, als ziehe ein Schwarm riesiger Insekten über uns weg. Der Rhythmus packte die Frauen und schüttelte sie, während sie die Arme ausstreckten und mit den Füßen auf die Erde stampften. Nie tanzten weniger als vier oder fünf Frauen im Kreis, die so viel Staub aufwirbelten, daß sie kaum noch zu erkennen waren. Die ursprünglich feierliche Atmosphäre hatte sich im Fieber der Musik aufgelöst, und statt dessen herrschte nun Überschwang und Ausgelassenheit. Dies war das Afrika, wie es in der romantischen Vorstellung der Europäer existierte: Trommeln in der Nacht, ein großer Tanzkreis am Rande des Busches, sprudelnde, natürliche Fröhlichkeit, die schon fast bedrohlich war – eine wahrgewordene Szene aus einem Kindheitstraum.

Im Verlauf der Nacht durchbrachen mehr und mehr Männer, die in der Dunkelheit hinter dem Kreis gestanden hatten, den Gürtel der Frauen, um zu tanzen. Im Sprung verließen ihre Füße den Boden mit einer fast übernatürlichen Behendigkeit und Energie. Aber sie waren Männer, und deshalb agierten sie befangener als die Frauen. Sie verlangten mehr Aufmerksamkeit und Beifall. Und weil sie Männer waren, bekamen sie ihn auch.

Um sieben weckten mich Gewehrschüsse. Ich schlief wieder ein, und als ich aufwachte, stellte ich fest, daß ich mein Doppelbett mit mehreren anderen Gästen geteilt hatte. Auf dem Boden und im Sessel schliefen noch mehr Menschen. Von draußen hörte ich Geräusche wie von einer großen Menschenmasse. Die Hitze steigerte sich von Minute zu Minute.

Famara Bajie, der für Sarah und Richard Innes als Gärtner arbeitete, betrat das Zimmer und machte sich unter dem Sessel, auf dem Lamin Jarjou schlummerte, zu schaffen. Famara holte aus einer Plastiktüte einen dicken Reif von etwa zwanzig Zentimetern Durchmesser heraus, der mit einem langen, rauhen Fell umgeben war. Dann nahm er ein Paar Gummihandschuhe und eine große Plastikflasche, in der sich ein *bingko* genanntes Getränk befand. Es sah aus wie Kakao, doch es wurde aus gegorener Hirse gewonnen und nur zur Initiation getrunken. Zwar stritten alle heftig ab, daß es Alkohol enthalte, doch als ich es einmal probierte, machte sich eine leichte Benommenheit in mir breit. Es hatte einen merkwürdigen, sauren Geschmack. Famara nahm einen langen Zug aus der Flasche, dann hielt er inne, als er bemerkte, daß ich schon wach war und ihn beobachtete. Aber er fing sich schnell wieder und warf mir ein vertrauliches Lächeln zu, bevor er den Raum mit seinen Habseligkeiten wieder verließ.

Die Menschen strömten nun in Gruppen unter dem Klang der Triangeln auf ein großes, flaches Feld in der Dorfmitte zu. Jede dieser Prozessionen wurde von Männern mit Schwertern angeführt, die manchmal so mit Jujus behangen waren, daß sie sich nur noch unter Schwierigkeiten bewegen konnten. Aber ein Blick in ihre geröteten, schweren Augen legte die Vermutung nahe, daß dazu vielleicht auch eine gewisse Menge an Bingko beigetragen hatte. Dementsprechend tanzten sie auch: mit langsamen, stilisierten, stolzierenden Bewegungen – einige vollführten lange Sprünge, andere schleppten sich ruckweise und melodramatisch voran, wobei sie ihre wallenden Hosen im Staub hinter sich herzogen. Die Zuschauer drängten sich am Rand des Feldes, während diejenigen, die sich beteiligen wollten, in die Mitte vorrückten. Mit Entsetzen bemerkte ich, daß nicht nur Schwerter, Buschmesser und Speere zur Ausrüstung gehörten, sondern auch Gewehre und andere Handfeuerwaffen. Die Männer boten einen merkwürdigen Anblick, wenn sie über die trockenen grauen Furchen sprangen und tanzten, und ihrem Gesichtsausdruck nach zu urteilen, mußten sie sich in einer sonderbar entrückten Ekstase befinden. Einer von ihnen war von Kopf bis Fuß völlig in leuchtendes Rot gekleidet und trug eine enganliegende Mütze, ein anderer war in Blau, wieder ein anderer in Schwarz erschienen. Viele waren so mit Jujus behangen – mit Ketten aus Safos, Kragen, Gürteln und Armringen aus Leder und Fell, die ineinander verflochten und verknotet und mit Kaurimuscheln und Hornstücken besetzt waren –, daß man nur schwer sagen konnte, was sie darunter überhaupt noch trugen. Ich mußte unwillkürlich an gewisse Comic-Helden denken, und ich bin mir sicher, daß sie sich auch so ähnlich fühlten.

»Siehst du den da drüben?« fragte Yaya Bojang und deutete auf einen untersetzten, korpulenten, nicht mehr ganz jungen Mann. »Das ist mein Stiefvater. Er ist im ganzen Land berühmt dafür, daß ihm in seinem jetzigen Zustand weder eine Gewehrkugel noch ein Messer etwas anhaben können.«

Ganz offensichtlich befand er sich schon in hochgradiger Ekstase, und aus seinem Gesicht und seinen Bewegungen ließ sich eine erschöpfte Trance ablesen, als er zwischen den anderen Tänzern halb tänzelte, halb stolperte. Andere waren schon weiter fortgeschritten. Ein Mann versuchte, sich auf einen Speer aufzuspießen. Ein anderer hielt sich einen Revolver an den Kopf und begann, den Abzug zu drücken. Langsam bekam ich es mit der Angst zu tun. Auch wenn alles nur Schau war, konnten sie sich selbst oder einen der Zuschauer verletzen oder töten – vielleicht sogar mich, und sei es nur durch ein Versehen. Alle paar Augenblicke krachte donnernd eines der Gewehre, Marke Eigenproduktion, im benachbarten Feld los. Die Schüsse trugen nicht gerade zu meiner Beruhigung bei.

»O-ho!« sagte Yaya, als ein Mann seine Zunge in unsere Richtung streckte. Er holte ein Messer heraus und fuhr mit der Klinge mehrmals kräftig über seine Zunge. Keine Spur von Blut war zu sehen. Dann tanzte er in die andere Richtung weiter. »Glaubst du jetzt an Jujus?« fragte Yaya. »Du hast gesehen, wie der Mann sich mit einem Messer in die Zunge geschnitten hat, und nichts ist geschehen. Jetzt mußt du daran glauben.«

Der Mann mit dem Revolver drückte nun den Abzug bis zum Anschlag durch. Ein schwaches Klicken war zu hören. Dann fuchtelte er damit in der Luft herum, und erst jetzt löste sich krachend und rauchend der Schuß. Wo auch immer ich hinsah, schnitten und bohrten sich die Männer mit Schwertern und Messern in Arme, Hälse und Schultern, und keiner schien irgendeine Verletzung davonzutragen.

Schon bei meinem ersten Aufenthalt in Gambia hatte ich von diesem Tanz gehört. Er galt als der entscheidende Test für die Wirksamkeit der Jujus. Selbst der Professor war beeindruckt gewesen, aber ich konnte ihm da nicht ganz folgen. Irgend etwas in den Bewegungen der Menschen war einfach zu theatralisch. Vielleicht waren die Klingen nicht besonders scharf. Auf alle Fälle ähnelte manch ein Exemplar weniger einem wirklichen Schwert als einem Dekorationsgegenstand aus einem englischen Vorstadtwohnzimmer. Ich hatte mindestens einen jungen Mann gesehen, der die stumpfe Seite seines Buschmessers benutzte. Das Geräusch des Revolvers war auch nicht sehr laut gewesen. Vielleicht war es nur eine Spielzeugwaffe.

Trotz alledem erklärte auch dies noch nicht völlig, daß die Männer sich mit einer solchen Hingabe hacken und schlagen konnten, ohne auch nur einen Tropfen Blut zu vergießen. Dann ging mir der Gedanke durch den Kopf, daß ich nicht einmal daran glauben würde, wenn die Verletzungen ganz offensichtlich echt wären. Möglicherweise *war* alles echt, und ich traute einfach meinen Augen nicht. Ich war wahrscheinlich unfähig, solche Dinge zu akzeptieren.

Plötzlich begab sich wie in Zeitlupe ein Mann in die Mitte. Er trug eine Jacke und flatternde Hosen aus einem türkisfarbenen, blumenbedruckten Stoff. Um seinen Hals lag ein Kragen aus borstigem Fell, und über seine rechte Hand war ein gelber Gummihandschuh gestülpt, der allem Anschein nach aus Sarah Innes' Spülbecken stammte. Famaras normalerweise freundliches, fast schläfriges Lächeln hatte sich in eine wilde Grimasse verwandelt. Er versuchte, dem nächstbesten Mann ein Buschmesser abzuringen. Dieser wehrte sich aber, und Famara versuchte es beim nächsten. Schließlich bekam er eine Art Stahldolch in die Hände, umklammerte ihn mit seinem gelben Gummihandschuh und begann damit wild, auf seinen Unterarm einzudreschen. Mir tat er ziemlich leid. All diesen grotesken Handlungen haftete eine gewisse Verzweiflung an. Ich wußte nicht, warum die Männer sich so aufführten, und dieser hier wußte es offensichtlich auch nicht, im Gegensatz zu dem jungen Mann vom Tag zuvor, der wirklich verrückt gewesen sein mußte.

In der Nähe versuchte ein alter Mann, sich mit einem Jagdgewehr in den Bauch zu schießen. Die Zuschauer machten gespielte Versuche, ihn davon abzuhalten, aber der Mann stellte sich so an, daß der Abzug sowieso immer gerade außer Reichweite lag. Ob er schließlich »Erfolg« hatte oder nicht, habe ich nie herausgefunden. Im Grunde interessierte es mich auch nicht.

Nach dem Essen ging ich zum Jujuo der Gäste aus Dulaba, um mich auszuruhen. Es war verlassen, und ich legte mich auf ein Stück Plastik am Boden und fiel in einen benommenen Halbschlaf. Einige Zeit später nahm ich aus nicht allzu weiter Entfernung den Klang von Trommeln wahr – aber ob er aus meinem dumpfen Halbtraum oder aus der Wirklichkeit kam, wußte ich nicht. Die Klänge blieben und umkreisten mich wie ein leiser Mückenschwarm. Sie hatten ungefähr bei meinen Füßen begonnen und bewegten sich nun um meinen Kopf herum, monoton, aber nichtsdestoweniger aufregend.

Ich schüttelte mich und setzte mich auf. Die Trommeln mußten irgendwo in der Nähe sein. Seit ich in Kasumai war, hatte ich immer irgendwo einen Rhythmus wahrgenommen, aber dieser hier war noch zwingender als die anderen – die stakkatoartigen Variationen wurden beständig vom fast unheilvollen Klang der Baßtrommel untermalt. Ich wollte wissen, was vor sich ging. Ich rieb mir noch die Augen, als ich aus dem Jujuo heraustrat und eine Gruppe von Jungen am Zaun stehen und über das Feld in Richtung der Palmen, die das Reisfeld überragten, blicken sah. »Das ist der Kangkurang«, sagte einer von ihnen. Dann kicherte er. »Warum gehst du nicht hin?«

»Genau das habe ich vor«, meinte ich.

Er rannte hinter mir her. »Ich flehe dich an, geh nicht hin. Er wird dich gnadenlos verprügeln.«

»Mach dir keine Sorgen«, gab ich unwirsch zurück.

Als ich über das Feld ging, sah ich mehrere Gestalten im Unterholz am Rand des Reisfeldes. Es wirkte sonderbar, fast beängstigend auf mich, wie sie vorwärtsgingen – ohne Eile steuerten sie in synchronen Bewegungen auf ihr Ziel zu. Im Einklang mit den Trommeln hielten sie inne, drehten sich um die eigene Achse und rannten dann weiter, als treibe der stampfende Rhythmus sie wie ein Motor an.

Plötzlich überfiel mich ein Schock, so wie damals, als ich eine Wochenschau ansah, in der Soldaten in irgendeinem weit entfernten Land mitten in eine Gruppe wehrloser Demonstranten schossen. Es war ein spontanes Entsetzen, das man sich nicht durch abstrakte Überlegungen vom Leib halten kann, sondern das einem direkt unter die Haut geht, während man aber gleichzeitig das Gefühl hat, daß alles doch gar nicht so schlimm sei.

»Mist«, dachte ich. »Es passiert wirklich.«

Ich erblickte eine monsterhaft große und behaarte Gestalt, die aus dem Staub auftauchte und auf etwas oder jemand Schläge niederprasseln ließ. Einige Männer rannten neben den jüngeren Männern her und schwangen dabei lange, peitschenartige Zweige, die sie über deren Köpfe hinwegschnellen ließen. Als sich einer von ihnen umwandte, sah er mich und schrie: »Heh! Verschwinde! Verschwinde!« Ich machte kehrt und ging wieder das Feld hinauf. »Beeil dich!« rief er. »*Lauf!*«

Ich lief nicht, denn als ich mich umdrehte, sah ich eine große Menschenmenge, die mich aus sicherem Abstand hinter den Zäunen der Gehöfte beobachtete. Ich täuschte Lässigkeit vor und ging, so schnell, wie meine Würde es erlaubte, auf sie zu.

»Was hast du gemacht?« fragte Sanyang, als ich in Sicherheit war. »Wer hat dir gesagt, du sollst dorthin gehen?«

»Niemand«, antwortete ich. »Ich wollte einfach hin.«

»Wenn sie dich erwischt hätten, wärst du fürchterlich verprügelt worden. Keine Menschenseele darf sehen, was sie dort tun. Wenn sie heute abend in den Busch gehen, dann geh keinen Zentimeter weiter als alle anderen auch. Sonst nehmen sie dich mit in den Busch hinein, ob Tubab oder nicht. Sie sind unberechenbar.«

Bei den Jolas in Fonyi war alles ein wenig anders als bei den Mandingos in Kiang. Sie mochten zwar gleich aussehen, aber auf unterschwellige und undefinierbare Art verhielten sie sich anders. Es war ein wenig, wie wenn ein Engländer ein Wochenende auf der anderen Seite des Kanals verbringt. Ganz sicher waren sie nicht so herzlich, wie ich es von den Menschen aus Kiang her kannte. Aber Fonyi lag nicht so abgelegen wie Kiang, da eine Hauptverkehrsstraße durch das Dorf verlief. Es lag an einer Nahtstelle zur Außenwelt.

Als es Abend wurde, legten sich die Junggesellen aus dem Quartier und die jungen Männer aus Dulaba Matten unter die Bäume und ruhten sich neben den vielen anderen Gästen aus. Junge Frauen und Mädchen setzten sich in unsere Nähe, lachten und machten Scherze über uns, um dann weiterzugehen. Meine Begleiter, die alle vom Augenblick unserer Ankunft an schon beiläufig nach passenden Partnerinnen Ausschau gehalten hatten, reagierten entsprechend. Wie ein Wochenende am Strand von Brighton, dachte ich.

Ich erblickte Fanta Toure unter den vielen Menschen, die sich an uns vorbeidrängten.

»Sieh mal dieses Mädchen da«, sagte ich zu meinem Freund, dem jungen Jola, der sich neben uns gesetzt hatte. »Ist sie nicht sehr hübsch?«

»Ja«, bestätigte er. »Mir ist sie auch schon aufgefallen. Sie sagen, sie sei eine Mandingo, aber sie kommt vom Dorf der Sirifs.«

»Aber von ihrer Hautfarbe her könnte sie eine Tubab sein.«

»Hast du schon einmal eine Sirif gesehen?«

Tatsächlich hatte ich schon viele hellhäutige Menschen in Dasilame gesehen, sie aber immer für Fulbe gehalten.

»Sie gehören nicht zu irgendeinem Stamm. Sie sind das, was wir *woleos* nennen – die Auserwählten Gottes. Egal, was für ein Gebet sie sprechen, Gott muß es beantworten. Sie sind über Fatoumata mit dem Propheten Mohammed verwandt.«

Ich fragte mich, warum es die Verwandten des Propheten in das winzige Dorf Dasilame verschlagen hatte, in die Einöde zwischen den Mangrovensümpfen am Bintang Bolon.

Er sah ziemlich verletzt aus. »Du bist doch auch hierhergekommen. Warum sollte es ihnen also hier nicht gefallen?«

Als die Schatten länger wurden, setzten die Triangeln wieder ein. Aus allen Richtungen drang nun das fieberhafte Klingeln. Der Beginn der Zeremonie stand bevor, und in jedem Hof fingen die Verwandten der Ngangsingolu schon an zu tanzen. Auf den Veranden und Bentengos standen und saßen noch mehr Menschen, die auf den großen Abmarsch der Jungen in den Busch warteten. Wieder sah ich gelegentlich die merkwürdigen Kopfbedeckungen der Ngangsingolu in der bunten Menge der Kanyeleng-Frauen und der mit Jujus behangenen Männer. Die letzteren schienen völlig ausgelaugt von den Anstrengungen des Vormittags, einzig die Bedeutung des Augenblicks hielt sie noch in Schwung. Stöcke und Schwerter wurden über den Köpfen der Menge geschwungen. Flöten und Trompeten aus Tierhörnern erhoben sich über den Klang der Triangeln. Ich beobachtete, wie die Mädchen fast verschwörerisch in Grüppchen zusammenstanden und den immer gleichen Takt ausgaben – unveränderlich, unaufhörlich und scheinbar endlos. Wenn Europäer solche afrikanischen Feiern besuchten, erwarteten sie, daß es losging, sobald sie ankamen. Sie wollten etwa eine Stunde lang das Beste sehen, was die Menschen zu bieten hatten, und dann etwas anderes tun. Aber oft mußte man Stunden warten, bis wirklich etwas geschah, und wenn es dann soweit war, konnte es fünfzehn Minuten oder auch fünfzehn Tage dauern. Die Mädchen waren die Schwestern der Ngangsingolu und spielten schon seit Tagen den immer gleichen Rhythmus, und ich hatte den Eindruck, daß sie das mit Leichtigkeit noch einmal so lange fortsetzen konnten.

Nach kurzer Zeit überkam mich plötzlich eine tiefe Erschöpfung und das Gefühl, die Monotonie der Triangeln und das Gewühl der Menschen, die ebenso abgespannt wirkten, wie ich es selbst war, nicht mehr ertragen zu können. In diesem Moment verstand ich die Frustration der jungen Männer angesichts der Grenzen, die ihnen die Kultur ihrer Großeltern setzte. Denn es gab nur eine einzige Art, diese Triangeln zu schlagen, und niemand würde sie wohl je ändern – so wie in Dulaba die Frauen zum fast immer gleichen Rhythmus tanzten. Ich verstand ihr Verlangen nach etwas anderem – etwas, das sich verändern und entwikkeln konnte, und wenn es nur Disco-Musik war. Aber gleichzeitig verstand ich auch, daß die Unveränderlichkeit der Dinge lebenswichtig für sie war. Denn ihre Bedürfnisse – westliche Musik, amerikanische Kleidung, elektronische Spielereien – entsprachen denen der ganzen Welt, und ihre Mittel, sie zu befriedigen, waren sehr begrenzt. So mußten sie zumindest vorläufig den Rahmen der Kultur ihrer Großeltern aufrechterhalten. Sonst hätten sie völlig den Boden unter den Füßen verloren.

Ich fand, daß ich für meine Zwecke nun genug von dem Ereignis gesehen hatte. Den Abmarsch der Initianten konnte ich mir schon vorstellen. Es würde eine weitere Prozession sein, wie ich schon viele gesehen hatte. Umringt von mit Jujus behangenen Männern und den Kanyeleng-Frauen, unter dem Klingeln der Triangeln und gefolgt von den Zuschauerscharen würden die Ngangsingolu zu jenem altehrwürdigen Platz tanzen, von dem aus sie, nur noch von den Kintangolu begleitet, langsam in Richtung Busch ziehen würden, während die Sonne hinter den Bäumen unterging. Für diejenigen, die nicht selbst in den Busch gingen, war damit das zentrale Ereignis der Riten vorbei.

Aber vielen Gästen war der Marsch der Initianten in den Busch hinein sowieso weniger wichtig als das, was danach im Dorf geschah. Seit Tagen schon waren in unbeobachteten Momenten Verhandlungen im Gange, und in der heutigen Nacht nun, wenn Daoudas Disco von der einen Seite des Dorfes ertönte und der Rhythmus der Trommeln von der anderen, würden Männer und Frauen, nur vom gemeinsamen Verlangen getrieben, sich in die Dunkelheit verziehen. Heute würde jeder »eine Person« haben, selbst Sirrah Bajie, Ndey-Touti und Jori Sanyang, denn in dieser Nacht besaßen alle Frauen die Freiheit dazu. Eine Frau durfte vor den Augen ihres Ehemannes mit einem Fremden schlafen, ohne daß er etwas dagegen unternehmen konnte. In der Sprache der Jolas hieß diese etwas ungewöhnliche Art, den Abmarsch der jungen Männer in den Busch zu feiern, *busangkab*. Wenn ich mich zum Bleiben entschloß, konnte auch ich mich dem nicht entziehen.

Mir stand jedoch nicht der Sinn danach. Ich konnte den Gedanken nicht ertragen, auf dem Boden des Jujuos mit irgendeiner Frau zu schlafen, die ich noch nie zuvor gesehen hatte, während der Rest des Dorfes um mich herum stöhnte und seufzte. Ich war erschöpft und hatte entsetzlichen Durst. Aber im Dorf gab es kein Wasser, weil die Brunnen inzwischen völlig leer waren. Am folgenden Tag sollte der Ringkampf stattfinden, die Armee würde kommen, und Wasser gäbe es bestimmt immer noch keines.

Die Mandingos versammelten sich nun in ihrer eigenen Gruppe, um die Initianten in den Busch zu begleiten. Sullu, der sich am Rand der Gruppe befand, erblickte mich. »Du kannst doch jetzt nicht nach Hause gehen. Gleich geht es los. Heute abend hat jeder eine ›Person‹. Du kannst jede haben, die du willst. Du kannst so viele haben, wie du willst. Du kannst Fanta Toure haben...«

Ich sah sie irgendwo in der Menge. Die gesamte Ebene, auf der das Dorf lag, war von einer riesigen Menschenmasse erfüllt, die wie auf einem Tablett vor mir lag. Aber die Maßstäbe verschwammen, denn die Größe der Menschen schien nicht mehr ihrer tatsächlichen Entfernung zu entsprechen, sondern ihrer symbolischen Bedeutung. Obwohl Fanta Toure weit entfernt stand, erkannte ich sie sehr deutlich. Sie stand neben ihren drei Freundinnen und wartete. »Enttäusche sie nicht«, sagte Sullu.

Der Gedanke war immerhin verlockend.

»Nein«, sagte ich. »Ich werde gehen.«

»Du hast Angst vor dem Kangkurang. Willst du deshalb gehen? Der Kangkurang kommt bestimmt nicht mehr ins Dorf.«

»Nein, das ist es nicht.«

»Du solltest nicht gehen«, sagte Sullu und ergriff meine Hand. »Ein Freund sollte den anderen nicht alleine zurücklassen.«

»Ich weiß, aber...«

Es war kurz nach sieben. Ich konnte immer noch gehen, bevor es dunkel wurde.

Der Kangkurang kam doch wieder ins Dorf. Am Sonntagabend tauchte er auf, um die Kintangolu zu suchen, von denen es viele vorgezogen hatten, im Dorf zu bleiben, zu tanzen und den Frauen nachzustellen. Dieses Mal ging er in die Häuser. Jeder junge Mann, der auch nur entfernt mit den Ngangsingolu verwandt war, selbst wenn er gar nicht aus dem Dorf stammte, wurde vor die Tür geschleppt, verprügelt und in den Busch gebracht. Natürlich entkamen einige, doch es nützte ihnen nicht viel, denn am Nachmittag kam der Kangkurang wieder und spürte sie auf. Sie wurden auf dem gesamten Weg ins Jujuo mit Peitschen malträtiert.

Am Montag sollten alle Fremden das Dorf verlassen haben. Schließlich konnte man sie im Dorf nicht auf unabsehbare Zeit verköstigen. Und wenn ein Gast das nicht verstanden hatte, sah er sich am Montagabend dem Kangkurang gegenüber, der ihn unsanft verabschiedete.

Während der Zeit der Initiation lebten die Ngangsingolu in vollständiger Abhängigkeit von der Gnade der Ältesten. Sie wurden in einem Zustand ständiger Ungewißheit und Angst gehalten. Jeden Augenblick konnte der Kangkurang ins Jujuo kommen und sie ohne Warnung verprügeln. Sie sahen viele Dinge, die sie nicht verstanden, aber keiner wagte es, nach einer Erklärung zu fragen.

Fragen zu stellen war etwas Schlechtes. Wer an diesem Ort über-leben wollte, mußte seinen Mund halten. Die Kintangolu schreck-ten nicht einmal davor zurück, die Jungen zu zwingen, ihren eige-nen Urin zu schlucken, wenn sie ihrer Meinung nach besonders ungezogen oder störrisch gewesen waren. Das Opfer dieser Diszi-plinierungsmaßnahme mußte dazu auf die Knie gehen und den Urin wie ein Hund oder ein Schwein aus einer Dose trinken, wäh-rend die Kintangolu mit ihren Stöcken auf ihn einschlugen.

Die Ngangsingolu schliefen wenig. Tag und Nacht erklangen die Trommeln, und sie mußten bis in die frühen Morgenstunden aufbleiben und singen. Sie durften sich nicht waschen, so daß sie bald verdreckt, erschöpft und ausgelaugt waren, und nur die Stöcke ihrer Bewacher hielten sie noch wach.

Die Jungen wurden ständig über die Bedeutung der Lieder und der *pasingos* – der geheimen Zeichen – befragt, die man ihnen beigebracht hatte. Wer etwas nicht wußte, spürte sofort den Stock auf seinem Hinterteil – einen Schlag für jeden Fehler.

> »Wo ist die Straße?
> Die Straße, der wir folgen,
> die große, alte Straße.
>
> Die Straße, an die wir uns halten –
> Die Straße, die unsere Ahnen benutzt haben.
> Auch wir folgen der großen alten Straße.«

Dies war das erste Lied, das die Initianten im Jujuo lernten.

Viele Lieder bezogen sich auf sexuelle Tabus. Ein Mann durfte nicht zulassen, daß eine Frau sich auf ihn legte, wenn sie sich lieb-ten. Es war ihm verboten, bei einer Geburt anwesend zu sein. Nach dem vierten Schwangerschaftsmonat durfte er keine se-xuellen Kontakte mehr zu seiner Frau haben. Die wichtigste Regel von allen war aber die, daß er ihr nicht trauen durfte. Er mochte sie lieben, so sehr er wollte, aber nie, niemals durfte er ihr ver-trauen. Darüber hinaus mußte er sie sorgfältig überwachen. Fast alle Drohungen, die zur Disziplinierung der Initianten verwendet wurden, hingen mit ihren sexuellen Kräften und mit ihrer Zeu-gungsfähigkeit zusammen. Sie mußten sich mit dem Gesicht nach unten auf den Boden des Jujuos legen, während sich verschiedene »Teufel«, die die Ältesten herbeigerufen hatten, zwischen ihnen bewegten. Man sagte ihnen, wenn sie den Blick erhoben, würden sie nie Kinder zeugen können.

Eines Morgens wurden sie in aller Frühe geweckt. »Was hast du geträumt?« fragte ein Bewacher einen der Jungen. »Nichts«, antwortete dieser. Rums! Der Stock des Bewachers fuhr auf ihn nieder. »Du darfst niemals ›nichts‹ sagen«, eiferte sich ein Ältester. »Du hättest sagen sollen: ›Ich habe geträumt, daß die Frau meines Bruders vier Hähne getötet und für mich gekocht hat.‹« Daraufhin rannte der Kintango sofort ins Dorf und erzählte der Frau des Bruders des betreffenden Jungen von dem Traum. Sie fühlte sich höchst geehrt, weil der Junge im Jujuo von ihr geträumt hatte, und ging schnurstracks zum Vater des Jungen, um ihm vier Hähne abzubetteln. Diese kochte sie mit Reis und Öl und Pfeffer und schickte sie dem Jungen ins Jujuo. Als das Essen ankam, wurde es vor den Ngangsingo gestellt.

»Hier ist dein Essen«, sagte der Kintango. »Iß!« Wenn der Junge so dumm war, auch nur einen Finger nach dem Essen auszustrecken, spürte er sofort den Stock auf seinem Rücken.

Nachdem alle Verwandten den Jungen auf diese Weise Speisen geschickt hatten, wurden die Köstlichkeiten in einen großen Topf gegeben. Jeder Ngangsingo bekam dann eine oder zwei Hände davon, während die Ältesten und die Kintangolu den Rest unter sich aufteilten.

Das Leben im Jujuo verlief nach anderen Regeln als das im Alltag. Groll zu hegen wegen einer Schmach oder wegen der Grausamkeiten, die man erlitten hatte, war absolut verboten. Der einzige Weg, wie die Ngangsingolu sich rächen konnten, war der, darauf zu warten, bis die Kinder ihrer Peiniger irgendwann auch ins Jujuo kamen.

Trotzdem durften die Ältesten und die Bewacher nicht willkürlich strafen. Schläge durften nur ausgeteilt werden, wenn ein Junge eines der Geheimnisse der Initiation nicht kannte oder wenn er die Verhaltensregeln des Jujuos verletzt hatte.

Jeder eingeweihte Mann hatte Zutritt zum Jujuo. Abends kamen die Männer aus dem Dorf – die Väter der Initianten – und beteiligten sich an den Gesängen. Sie und die Kintangolu prüften gegenseitig, ob sie die Bedeutung der Lieder und der Pasingos kannten, und bei entsprechenden Wissenslücken bestraften sie sich ebenfalls gegenseitig.

»Mitleid ist ein Gefühl, das im Jujuo nicht zugelassen ist«, erzählte mir ein Mann. »Du mußt es wie ein Hemd ablegen und vor der Tür lassen. Deshalb nennen sie es *kei-wulo* – den Busch der Männer. Wenn du kein *Mann* bist, solltest du nicht dorthin gehen. Ich selbst habe keine Freunde, wenn ich im Jujo bin.

Vor dem Eintritt in manche Jujuos können manchmal fünfundzwanzig Pasingos liegen – Zeichen, die die Bewacher auf dem Boden hinterlassen haben, oder Gesten, mit denen sie prüfen, ob du ein Eingeweihter bist. Ich kenne sie alle, und ich kenne alle Lieder. Ich kann in jedes Jujuo gehen und auf Jola oder Mandinka oder Wolof singen. Ich bin nur ein einziges Mal geschlagen worden, und das war bei den Serern. Ich habe sie nicht gegrüßt, als ich das Jujuo betreten habe. Sie sagten: ›Du mußt grüßen, wenn du hereinkommst.‹ Dann haben sie mich geschlagen.«

Keine Frau durfte auch nur in die Nähe eines Jujuos kommen, in dem sich Männer aufhielten. Man glaubte, sie müsse dann »automatisch« sterben. Nach drei Wochen im Jujuo brachte man die Jungen an den Rand des Busches, damit ihre Mütter sich davon überzeugen konnten, daß sie noch lebten. Aber nach einem kurzen Vorzeigen, und auch das nur aus einiger Entfernung, führten ihre Bewacher sie wieder in den Busch zurück.

Wenn sie das Jujuo verließen, hatten sich die Jungen endgültig aus der Gesellschaft der Frauen gelöst. Sie kehrten ins Dorf zurück und wohnten von nun an entweder in einem eigenen Haus oder im Haus ihrer älteren Brüder. Jetzt lebten sie unter Männern, und ihre Mütter übten keinen direkten Einfluß mehr auf ihr Leben aus. Vielleicht lag es an dieser Distanz, daß die Mütter für sie fast den Inbegriff des Respekts verkörperten. Der schnellste Weg, einen Afrikaner gegen sich aufzubringen, lag darin, seine Mutter zu beleidigen.

Für jeden, dessen Kind, Bruder oder Verwandter in den Busch gegangen war, stellte der letzte Tag der Initiation einen Höhepunkt dar. Die Jungen wurden an den Fluß gebracht, um sich zu waschen, und dann fand ein großer Tanz statt. Für vieles, was sie im Jujuo erlebt hatten, erhielten sie nun eine Erklärung, doch es kamen auch an diesem Tag noch weitere merkwürdige, unerklärliche Dinge auf sie zu.

Sie kamen aus dem Busch gesprungen, grüne Blätter über ihren Köpfen wedelnd. Die jungen Frauen des Dorfes, ihre Schwestern, warteten auf sie und gaben ihnen, während sie sich näherten, bestimmte Geheimzeichen, um festzustellen, was sie im Busch gelernt hatten. Daraufhin bedienten sich die Jungen ihres neuen Wissens und antworteten mit den Zeichen, die die Männer benutzten, um Frauen zu verspotten. Die Mädchen machten dann »Whooo!«, lachten und schlugen die Hände vors Gesicht, so als schämten sie sich. Sie rannten vor den Jungen her in Richtung Dorf, sangen dabei fröhlich und wedelten mit ihren Fahnen und Blättern.

Alle versammelten sich dann im Dorf auf dem großen Platz neben dem Bantaba. Die Initianten saßen auf der einen Seite, während die Kintangolu, die sie im Busch bewacht hatten, hinter ihnen standen. Auf der anderen Seite tanzten nun die Mädchen auf ihre Brüder zu. Dieser Tanz hieß *king* und stellte hohe Anforderungen an das Können der Tanzenden. Ich erhielt immer eine Abfuhr, wenn ich die Frauen darum bat, mir diesen Tanz vorzuführen, weil sie sagten, er sei zu schwierig. Aber an diesem Tag tanzten ihn alle.

Jedes Mädchen nahm einen besonders schönen Wickelrock und legte ihn ihrem Bruder um die Schultern. Daraufhin erhoben sich die Jungen und tanzten ebenfalls, während ihre Schwestern ihnen Geld zuwarfen.

15

PFEILE IN DER NACHT

»Tubabo Marky la be ke
Tubabo ko mbitta mofing nyolia
Mbitta luwase la
Jang ning Kemeseng nyolia.«

»Der Tubab Mark ist ein großer Mann.
Er sagt, er will bei den Schwarzen wohnen.
›Ich will mir ein Haus mieten,
bei Kemeseng Sanyang.‹«

Mein neues Haus stand am Rand von Cho Kunda, einem der ältesten Gehöfte im Dorf, direkt an der Straße, die vom Bantaba zur Moschee führte. Ganz in der Nähe unter einem Mangobaum befand sich ein kleineres Bantaba, das der Alkalo für Versammlungen nutzte, und dahinter führte zwischen den Häusern ein Durchgang in einen rauchigen, überfüllten Hof, der den Mittelpunkt des Familienlebens des Alkalos und seiner Angehörigen bildete.

»Seit wie vielen Monaten wohnst du jetzt schon in unserem Gehöft?« beschwerte sich Mariyama Sibo Djankeh, die mit einem Bruder des Alkalos verheiratet war. »Und kein einziges Mal bist du gekommen, um uns zu grüßen. Das einzige, was dich interessiert, sind die Beschneidungszeremonien der Jolas.«

Das Haus gehörte Kemeseng Sanyang, dem Mann von Arabiatou aus dem Saniyoro Kafo, derjenige, der im vergangenen Jahr dem Kafo Land zum Anbau von Erdnüssen zur Verfügung gestellt hatte. Er war ein freundlicher und immer etwas ungepflegt wirkender Mann in den Vierzigern, dessen Kleidung ihm nie zu passen schien. Er atmete schwer, und wenn er sich setzte, glaubte man unwillkürlich, er würde sofort einschlafen. Er war zwar keineswegs ein Dummkopf, doch eine ganze Kette von Katastrophen hatte seine Karriere als Ladenbesitzer begleitet, die noch immer ein großes Gelächter hervorriefen, wenn er davon erzählte. Das Haus, in dem ich jetzt wohnte, war früher sein Laden gewesen. Er hatte den Boden zementiert und ein großes Plumpsklo im dahinterliegenden Hof gebaut. An den Maßstäben des Dorfes gemessen, wohnte ich also außerordentlich luxuriös.

Von einem Flur gingen zwei großzügig bemessene Räume ab, und durch die Hintertür gelangte ich zu einem kleinen, abgeschlossenen Waschbereich, der von einem Zaun aus Hirsestroh umgeben war. Die Vordertür führte direkt auf eine langsam zerbröckelnde Lehmveranda, die von den Hinterlassenschaften der dort schlafenden Tiere geziert wurde. Vier Holzpfosten stützten mehr schlecht als recht die rostigen Dachrinnen, die sich an einer Ecke nach unten bogen und an der anderen nach oben, so daß das Haus einem verschnürten Paket ähnelte, das gerade ausgepackt wird.

Über meinem Bett zeigten zwei Fenster mit Wellblechflügeln auf den Hof, wo Kemeseng mit Arabiatou und seiner älteren Frau Salinding, seiner Mutter Mba Juju und allen Kindern wohnte.

Da gerade Trockenzeit war, brauchte man keine Moskitonetze. Zum Schlafen legte ich mich auf ein Holzgestell mit einer dünnen Matte aus Erdnußspreu, und in der angenehm trockenen Luft, die den ganzen Raum erfüllte, schlummerte ich fast sofort ein. Oft jedoch erwachte ich in den frühen Morgenstunden wieder, weil die Luft so drückend geworden war, daß ich kaum noch atmen konnte. Dann ging ich an die Hintertür, sah in die Dunkelheit und ließ die Kühle der bevorstehenden Dämmerung um mich streichen.

Die Dorfbewohner schliefen immer bei geschlossenen Türen und Fenstern, denn sie glaubten, daß nachts dämonische Schützen unsichtbare Pfeile abschossen, die »Pfeile der Nacht«, die alle möglichen Krankheiten verursachen konnten, vom Furunkel bis zur Blutvergiftung.

Manchmal löste das Heulen eines einzigen Hundes bei jedem anderen Artgenossen im Dorf ein wildes Gebell aus. Der Lärm war beträchtlich, zumal der Esel unter dem strohgedeckten Unterstand von gegenüber es sich nicht nehmen ließ, lebhaft einzustimmen, bis die Tiere so unvermittelt aufhörten, wie sie angefangen hatten. Man sagte im Dorf, in solchen Nächten seien Teufel am Werk.

In mondlosen Nächten achteten die Menschen streng darauf, den Strahl ihrer Taschenlampe stets auf den Boden zu halten. Wenn man sie nach oben richtete, erhoben sich angeblich sofort Stimmen aus der Dunkelheit, die einem befahlen, sie zu löschen.

Die Mandingos sagten: *Suto mu sutiro le ti* – »Die Nacht ist ein Geheimnis« –, und da war es besser, das, was sie barg, nicht allzu genau unter die Lupe zu nehmen. In solchen Nächten gingen die Hexen um. Bei Vollmond dagegen ruhten sie sich aus.

Ein- oder zweimal wurde ich mitten in der Nacht durch ein plötzliches Klopfen an der Tür geweckt. Ich war sofort wach und auf den Beinen, das Herz schlug mir bis zum Hals. Aber dann war es nur ein Schaf, das gegen die Tür stieß. Augenblicke später hörte ich es dann an der Hauswand entlang wegtrotten. Sein Blöken hörte sich merkwürdig menschlich an, wie ein unwirklicher Todesseufzer.

In der Morgendämmerung weckten mich für kurze Zeit Kindergeschrei und klappernde Eimer und Schüsseln, darauf folgten das dumpfe Platschen von Wasser auf Metall und die Auseinandersetzungen der Frauen an den Wasserstellen, die sich in nur zwanzig Meter Entfernung von meinem Bett abspielten. Eine oder zwei Stunden später stand auch ich auf und wankte noch schlaftrunken ins Camp, wo ich meinen Kassettenrekorder und meine Aufzeichnungen aufbewahrte.

Der Staub drang überallhin. Er wurde von einem leichten Wind durch die Ritzen an Tür- und Fensterrahmen hereingetragen. Er überzog Bett, Bücher, Stühle, Wände. Ob der Fußboden gefegt worden war oder nicht, er wies immer die gleichen Schlieren aus violettgrauem Staub auf. Es war unmöglich, etwas zu berühren, ohne daß Spuren blieben, und kaum hatte man sich gewaschen, sah man wieder so aus wie vorher. Die Dorfbewohner, die sich zum Waschen auf einen schmalen Holzblock stellten, gossen aus einer alten Dose Wasser über sich und spülten danach stets ihre Schuhe ab, bevor sie sie wieder anzogen.

Hier lag auch eine Erklärung dafür, daß sie zwar einerseits sehr nach materiellem Besitz strebten, diesen aber andererseits mit bemerkenswerter Gleichgültigkeit behandelten. In dieser Umgebung war es völlig unmöglich, einen neu erworbenen Gegenstand lange in seinem ursprünglichen Zustand zu erhalten: Staub scheuerte daran, Kinderhände zerdellten ihn – innerhalb von Tagen sah alles unweigerlich aus wie eine Antiquität.

Die Menschen beschränkten sich daher darauf, zunächst einmal sich selbst und ihre Kleidung sauberzuhalten, und sie zogen sich gerne einmal, zweimal oder sogar dreimal täglich um, wenn sie konnten. Besucher im Dorf sahen sich – wenn sie die herunterge-

kommenen Häuser ihrer Gastgeber verließen – immer zu Kompli-
menten darüber veranlaßt, wie adrett die Männer in ihren frisch-
gebügelten Gewändern und die Frauen in ihren Tikos und leuchtend bedruckten Kleidern aussahen. Hinter dieser Reinlichkeit
steckten letztendlich religiöse Vorschriften, auch wenn dies zugleich bedeutete, daß die Frauen und Mädchen einen Großteil ihrer Zeit für die Wäsche aufwenden mußten.

Während eine Frau nirgendwo hingehen durfte, wenn sie nicht
vorher die Erlaubnis ihres Mannes eingeholt hatte, konnte ein
Mann das Dorf manchmal für Wochen verlassen, ohne seine Angehörigen zu informieren. Einmal traf ich einen Bekannten, der
gerade in ein Taxi zur Küste stieg. Später unterhielt ich mich mit
seiner Frau, die zum Saniyoro Kafo gehörte, und ich bemerkte,
daß sie nichts von seiner Abfahrt wußte. Sie war völlig verblüfft.
Weder hatte sie gewußt, daß er wegfahren wollte, noch hatte sie
eine Ahnung davon, wann er zurückkehren würde. Dies entsprach
einfach normalem männlichem Verhalten. Ein Mann mußte so
handeln, und seine Frau mußte es eben ertragen.

Jojo Bajie, mein Dolmetscher, besaß eine genaue Vorstellung
darüber, welches Verhalten angemessen war. Manche Männer,
die ihre Frauen sehr liebten, mochten diese ja über ihre Pläne informieren und sogar ihr Einverständnis einholen, doch für ihn
selbst wäre so etwas niemals in Frage gekommen. Er selbst war
einmal verlobt gewesen. Das Mädchen sah zwar sehr gut aus, aber
die Beziehung war letztendlich an ihrer unglückseligen Vorliebe
für Hosen gescheitert. Einmal hatte sie sogar Hosen getragen, als
sie ihn in der Klinik in Sibanor besuchte, wo er arbeitete. Seine
Verärgerung war groß, denn seines Wissens hatte Gott schließlich
allen Frauen verboten, Hosen zu tragen. Nicht einmal durch Boten, die er zu ihr schickte, konnte er sie dazu bewegen, diese
schlechte Angewohnheit abzulegen. Schließlich kränkte ihn die
Haltung seiner Verlobten derart, daß er beschloß, die Verbindung
zu lösen. »Sie war sehr stur, und ich weiß, das hätte sich nie geändert. Die Frau, die ich heirate, muß mir sofort und ohne lange zu
fragen gehorchen.«
Noch nie war ich einem Menschen begegnet, der sich in der Art
und Weise seiner Lebensgestaltung derartig von seinem Alter leiten ließ wie er. Er spielte Fußball, trank chinesischen Tee und war
ein notorischer Schürzenjäger, und zwar nicht nur deshalb, weil
ihm all dies eben Vergnügen bereitete, sondern weil er ein junger

Mann war, und Fußball, chinesischer Tee und Frauen eben zum Leben junger Männer gehörten. Als ich mit seiner Hilfe meine Interviews durchführte, dolmetschte er diejenigen Fragen nur widerwillig, die seiner Meinung nach nicht unmittelbar die Interessen eines jungen Mannes aus seiner Altersgruppe berührten – und dazu schienen fast alle zu gehören. Jojo war ein gläubiger Moslem, ohne wirklich etwas über seine Religion zu wissen. Er betete fünfmal täglich, ohne ein einziges Wort der Gebete zu verstehen. Doch seine Unwissenheit belastete ihn nicht im geringsten. Derlei Dinge überließ er gerne den *talibos*, die im Auftrag der Gemeinschaft in der Koranlehre ausgebildet worden waren. In jeder Familie gab es mindestens einen Talibo, so daß alle Angehörigen vom Wissen dieser Person in der nächsten Welt profitieren konnten. Jojo war dafür eben im Englischen bewandert, und er mußte seiner Familie im Hier und Jetzt nützlich sein. Er empfand es als Schmach, »nur« für mich zu arbeiten, während viele seiner Altersgenossen es zu Dauerverträgen mit »ausländischen Firmen« gebracht hatten. Aber es war immerhin besser als nichts, und zumindest am Anfang war er sehr auf die Stelle erpicht gewesen. Daher überraschte es mich, als er eines Abends zu mir kam und sagte, er könne nicht mehr für mich arbeiten. Ich fragte ihn, ob er eine andere Arbeit gefunden habe.

»Nein.«

Wo lag dann das Problem?

»Es ist wegen dieser Fragen, die du den Leuten immerzu stellst, ich finde sie einfach nicht vernünftig.«

Aber wir stellten diese Fragen schon seit Monaten. Und das Thema der Beschneidung, immerhin das kontroverseste von allen, hatten wir auch schon hinter uns gebracht. Ich verstand nicht, warum er jetzt plötzlich aufhören wollte.

»Weißt du, du versuchst, sehr tief in ihrer Kultur zu graben. Das gefällt ihnen wahrscheinlich nicht. Ja, ich bin mir ganz sicher, daß es ihnen nicht gefällt. Die Männer im Dorf könnten sagen, du willst in unsere Kultur eindringen, und das würden sie dir sehr übelnehmen.«

»Hat das schon einmal jemand gesagt?«

»Nein! Aber ich sehe es schon kommen...« Er atmete tief durch. »Weißt du, du bohrst zuviel, in diesem... Ku'lo. Wenn jemand glaubt, ich hätte dir dabei geholfen, könnte das zu einem großen Problem für mich werden. Vielleicht wollen sie etwas gegen mich unternehmen.«

»Was zum Beispiel?«

»Ein Juju, ein Fluch oder so etwas. Sie tun dir etwas, und du weißt gar nichts davon.«

Ich seufzte.

»Das geht mir schon seit geraumer Zeit durch den Kopf, und ich glaube nicht, daß ich weiterarbeiten kann. Also bitte entlasse mich.«

»Jemand muß mit ihm geredet haben«, meinte Pa Konte. »Sie versuchen nur, ihn einzuschüchtern. Sie wollen ihn davon abhalten, dir zu helfen. Es gibt ein paar sehr schlechte Menschen hier... Es paßt ihnen nicht, wenn jemand Erfolg hat, deshalb wollen sie ihm alles verderben. Ich rede mal mit ihm, und bestimmt wird er wieder für dich arbeiten, weil ich weiß, daß er viel auf mein Wort gibt.«

Tatsächlich war Jojo bald wieder da, aber ich merkte, wie unwohl er sich in seiner Rolle fühlte, besonders, wenn wir Frauen befragten. Manche Fragen – etwa über Geburten – ließen ihn gequält zusammenzucken. Bei den Wolof gab es ein Sprichwort, das besagte, daß eine Beleidigung dem, der sie dolmetschte, genauso zuzuschreiben war wie dem, der sie äußerte, und Jojo war ganz offensichtlich nicht in der Lage, sich von den Fragen, die ich stellte, zu distanzieren. Ich zwang ihn zu einem Verhalten, das seiner Kultur widersprach. Er fügte sich, weil er seinen Job brauchte, um über die Runden zu kommen, aber gerne tat er es nicht.

Bevor es die Koranschule gab, wurde der Islam im Dorf gelehrt, so, wie er immer gelehrt worden war – im *karanta*. Am Nachmittag gingen die Kinder in den Busch, um Feuerholz zu suchen. Damit wurde abends ein Feuer entzündet, in dessen Schein die Talibos, die in religiösen Dingen bewanderten Ältesten, ihren Schülern beibrachten, den Koran zu lesen.

Ustas Toure, der gepflegte junge Mann, der die Koranschule leitete, sah diese Art der Ausbildung eher skeptisch. »Das Studium des Koran erfordert Sauberkeit und Reinlichkeit«, sagte er. »Auf der Erde sitzend den Heiligen Koran aufzuschlagen und zu lesen ist etwas, was Gott verabscheut. Zudem gehen sie viel zu planlos vor. Ein Schüler könnte dreißig Jahre im Karanta sein und immer noch nicht wissen, was er eigentlich liest.«

Die Koranschule war wie viele andere in Gambia von der Gambischen Islamischen Union gegründet worden, einer Organisation, die unter anderem von der saudiarabischen Regierung unterstützt wurde. In ihr sollte der reine Islam durch das Studium der von Gott geheiligten Sprache gelehrt werden. Ursprünglich hatte sie »Dulaba Islamic Arab Girls' School« geheißen, und Zweck ihrer Gründung war es gewesen, den Bildungsstand der Frauen zu verbessern. Aber inzwischen waren weit mehr Jungen als Mädchen vertreten, vor allem in den höheren Klassen. Nur zwei Mädchen besuchten die fünfte Klasse, und in der sechsten waren die Jungen völlig unter sich. Zum einen war das darauf zurückzuführen, daß die Eltern ihre Töchter lieber als Arbeitskraft zu Hause behielten, zum anderen aber auch darauf, daß die Mädchen selbst, wie Ustas Toure festgestellt hatte, einfach kein Interesse am Lernen zeigten.

»In Mauretanien, Marokko, Algerien, Libyen, Tunesien, Sudan, Somalia – in all diesen Ländern ist die Religion sehr mächtig, weil die Frauen sich nach Gottes Wort richten. Viele sind sehr gebildet. Aber hier in den Ländern der Schwarzen haben die Frauen kein Verlangen, ihre Religion besser zu verstehen und tiefer in sie einzudringen. Selbst meine eigene Frau interessiert sich nicht dafür. Ich habe versucht, ihr etwas beizubringen, aber sie wollte einfach nicht.«

Allerdings gab es in Dulaba auch Frauen, auf die nicht zutraf, was Ustas Toure gesagt hatte. Der Imam selbst war von seinen eigenen Ehefrauen darum gebeten worden, den Frauen im Dorf Unterricht zu erteilen, weil sonst die Gefahr bestünde, daß sie ihre Religion vergessen könnten. Seit dem Beginn der Trockenheit traf sich daher jeden Nachmittag außer am Donnerstag und Freitag eine Gruppe im Haus des Imams. Insgesamt nahmen fünfzehn Frauen am Unterricht teil, die alle in seinem Gehöft, Fili Kunda, wohnten. Die älteren Frauen lehnten sich zurück und rezitierten die Suren mit unbewegtem, in die Ferne gerichteten Blick. Die jüngeren dagegen, die schon die Koranschule besucht hatten, beugten sich eifrig über die dicken Bücher.

Haminata Ndingo, Sajonding Mintes Nebenfrau, war die Beste in der Gruppe. Sie war eine kleine, rundliche Frau von einundzwanzig Jahren. Sie wohnte erst seit einem Jahr im Gehöft ihres Mannes und hatte bisher noch kein Kind bekommen. Sie las und lernte gerne, zum einen, weil sie begabt war, zum anderen aber auch, weil sie glaubte, daß sie sich dadurch einen guten Platz im Himmel sichern könnte.

In der Koranschule hatte sie zwar gelernt, wie die Suren auf Mandinka hießen, das meiste davon aber hatte sie in der Zwischenzeit wieder vergessen. Jetzt konnte sie nicht einmal mehr ihre täglichen Gebete ins Mandinka übersetzen. Nur eine einzige Sure kannte sie noch in ihrer Sprache:

»Ich schwöre beim Fünf-Uhr-Gebet, daß wir alle eines Tages sterben. Diejenigen, die bereit sind, Gott zu gehorchen, diejenigen, die vor Gott Gutes tun wollen, sollten einander sagen, was die Wahrheit ist. Sie sollten den Menschen raten, Vergebung zu üben.«

Sie bemühte sich darum, dies alles zu verstehen, aber es war nicht einfach, schließlich war sie eine Mandingo und keine Araberin. Trotzdem hoffte sie, daß Gott sie nicht dafür bestrafte. Und nun hatte sie gehört, daß der Imam ihnen bald Unterricht erteilen würde.

In den letzten Tagen des Sunkary Konong, dem Monat vor dem Ramadan, und zum Beginn des Fastenmonats selbst wurde traditionell das Manyo bitto gefeiert – die Zeremonie zum Abschied derjenigen Frauen, die endgültig in die Gehöfte ihrer Ehemänner zogen. Bei den Mandingos hieß es, daß jedes gute Werk, das eine Frau während des Fastenmonats ihrem Mann erwies, sich als Segen im Jenseits erweisen würde. Deshalb wählten sie den Zeitpunkt für die Zeremonie so, daß ihre Kinder noch möglichst viel Gelegenheit hatten, sich einen solchen Segen zu verdienen. In diesem Jahr jedoch hatten die Ältesten bestimmt, daß das Manyo bitto wegen der ernsten wirtschaftlichen Probleme im Dorf nicht gefeiert werden dürfe. Die Bräute sollten ihre Familien ohne Zeremonie verlassen. Sie durften ihre Haare nicht flechten, keine weißen Wickelröcke tragen und nicht feiern.

Die Frauen protestierten. Sie wiesen darauf hin, daß das Manyo bitto ein alter Brauch sei, und sie erklärten sich zu jedem Opfer bereit, damit es doch noch stattfinden konnte. Einige sagten, sie würden ihre Töchter so lange bei sich behalten, bis sie auf gebührende Art von ihnen Abschied nehmen durften. Aber die Ältesten blieben unnachgiebig. Der weiße Wickelrock, Fani koyo genannt, sei im Koran überhaupt nicht erwähnt, führten sie an, und es sei lächerlich zu behaupten, den Mädchen werde etwas Böses geschehen, nur weil sie ihn nicht tragen durften. Schließlich gaben die

Frauen nach. Das Leben sei zu kurz, meinten sie, um ihre Kinder im Haus festzuhalten.

Die erste der Manyos – Njonji Sise aus Fili Kunda – verließ ihr Gehöft vier Tage vor dem Beginn des Ramadan, an einem Abend, als der Himmel mit rabenschwarzen Wolken überzogen war. Bald nach dem Essen füllte sich das Haus der Frauen mit Kindern und jungen Frauen, und das Klappern der Schüsseln hallte vom Wellblechdach wider. Auf dem Boden stand ein Behälter mit Wasser. Bald sollten die älteren Frauen eintreffen, um die Braut damit zu waschen.

»Bitte«, ertönte plötzlich eine männliche Stimme, leise, aber bestimmt. »Es ist fast schon Sungkaro [Ramadan]. Habt etwas Respekt.« An der Tür waren undeutlich die Umrisse eines großen, dicken Mannes zu erkennen, dessen Umhang fahl in der Finsternis schimmerte.

»Sungkaro!« rief eine Frauenstimme ungläubig aus der Dunkelheit der anderen Seite des Raumes, und alle lachten.

»Ja«, sagte der Mann verärgert. »Bitte laßt es bleiben. Heute abend wird keine Braut gewaschen.«

»Gar nichts werden wir bleibenlassen«, sagte eine der älteren Frauen. »Die Braut wird gewaschen.«

»Ja«, hörte ich Sajondings rauhe Stimme. »Sie wird gewaschen.«

»Ich bitte euch«, meldete sich die Mutter der Manyo, eine dünne, etwas nervöse Frau. »Regt euch nicht auf. Wir sollten keine große Sache daraus machen.«

»Sie wird nicht gewaschen«, sagte der Vater, und seine Stimme wurde nun lauter. »Wenn ihr sie wascht, dann hat das Folgen.«

»Nun kommt«, entgegnete die ältere Frau. »Holt das Wasser. Wir waschen sie jetzt.«

»Ich sage euch, ihr wascht sie nicht«, beharrte der Vater. »Dies hier ist ein moslemischer Ort, und der Heilige Monat ist fast schon da.«

»Bitte«, flehte die Mutter inständig. »Am besten, ihr geht jetzt einfach. Wir sollten nicht darauf bestehen.«

Man hörte Metall auf dem Boden aufschlagen und dann ein gurgelndes Geräusch, als der Vater das Badewasser der Braut im Hof ausleerte.

»*Lai la ilahah!*« sagte die Frau ungläubig. Dann war er gegangen.

»Was machen wir nun...?« Die Mutter blickte verzweifelt in

die Runde. »Wir müssen doch unsere Töchter waschen, bevor wir sie zu ihren Ehemännern schicken.«

Nachdem die männlichen Ältesten die Manyo gesegnet und ihr noch einige Ratschläge zu ihrem neuen Status mit auf den Weg gegeben hatten, wurde sie von einer ganzen Schar von Frauen und Kindern zum Gehöft ihres Mannes geführt.

Gleichzeitig verließ eine andere Manyo gerade das Gehöft ihrer Eltern in der Nähe des Bantabas, und als die beiden Prozessionen sich in der Dunkelheit trafen, fand ich mich plötzlich in der zweiten wieder, die auf der Hauptstraße in Richtung Bajo Kunda zog. Alle sangen und erfüllten die staubige Dunkelheit mit dem immer gleichen Refrain:

> *»Hey Al Marky joobay jambaro!*
> *Hey Al Marky joobay jambaro!«*

> *»Hey, seht euch Mark an – den Helden!«*

Was hatte das mit der Verabschiedung der Manyo zu tun? Nichts. Sie sangen das Lied einfach gerne, und daß es keinen Zusammenhang zu diesem Anlaß aufwies, störte sie nicht im entferntesten.

Ich hatte schon lange aufgehört, mich durch eine solche Überhöhung meiner Person geschmeichelt zu fühlen. Es machte mich nicht einmal mehr verlegen. Ich nahm es hin, weil sich die Dinge eben so entwickelt hatten, genauso wie ich es hinnahm, daß jeder, sogar die Männer, mich nun »*Jambaro*« – »*Marky Jambaro*« – »Mark, den Helden« – nannte. Es wäre falsch gewesen, dem irgendeine Bedeutung zuzumessen, weil sie es nur zu ihrem eigenen Vergnügen taten. Gleichzeitig hielt ich es aber inzwischen schon für selbstverständlich, daß sie mir ihre Sympathie entgegenbrachten.

Als wir das Gehöft erreichten, setzte sich die Manyo, die ihren üblichen Wickelrock trug, auf eine Matte. Sie und ihre Männer – also ihr Ehemann und dessen Brüder und Cousins – bekamen dann in einem ausführlichen Vortrag der Ältesten zu hören, wie sie von nun an miteinander umgehen sollten. Ich setzte mich mit meinem Kassettenrekorder mitten unter die Ältesten. »*Yo! Ntolu la Marky*«, grinsten sie. »Unser Mark.«

»Ibraima«, begann der Älteste. »Deine Eltern haben ihr Bestes getan, damit du dieses Mädchen bekommst. Du solltest also in

Eintracht mit ihr leben. Sie hat das Gehöft ihrer Eltern verlassen und erwartet nun von dir, daß du für sie sorgst. Du mußt wissen, wie ein Mann seine Frau zu behandeln hat. Nicht die Frauen, sondern die Männer halten die Macht in ihren Händen. Deshalb mußt du ihr helfen. Dieses Mädchen ist hier, damit du ihr den Weg zeigst – ihr Ratschläge erteilst, sie lehrst, was sie tun soll. Möge Gott den Ort schützen, von dem diese Manyo stammt. Ich bete für sie bei Tag und bei Nacht.«

»*Amin*«, bekräftigte die Menge. »*Amin*.«

Nach den Gebeten stürmten die jungen Frauen und Mädchen hinaus, und die Straße war wieder einmal von ihrem Lachen erfüllt. Sie nahmen den Weg über die Nordseite des Dorfes zum Gehöft, in das Njonji, die andere Manyo, gegangen war. Ich bemerkte die jungen Männer, die sich in der Dunkelheit wie Wölfe in einer Schafherde bewegten – denn das Manyo bitto gehörte zu den Abenden, an denen jeder seine Netze auswerfen konnte.

In der Dunkelheit sah ich eine hochgewachsene Gestalt mit breiten Schultern. Es war Munya, die mit anderen jungen Frauen vor mir herging.

»Dort ist sie«, sagte Sullu, der plötzlich neben mir stand. »Du kannst sie haben. Ich überlasse sie dir heute abend.«

»Ich dachte, sie sei deine ›Person‹«, sagte ich.

»Sie hat mich satt.«

»Und mich hat sie nicht satt?«

»Nein.«

Als wir das Gehöft des Ehemannes betraten, nahm ich nur am Rande wahr, daß sich ein junger Mann, der mit anderen zusammen vor einem der Häuser saß und chinesischen Tee trank, erhob und aus der Gruppe löste. Er rief mir etwas zu und führte mich durch das Gewühl. Es war Karanjaneh, der zweite Sohn des Gehöftsältesten.

Er deutete auf den Eingang des Gehöfts, der in die Richtung meines Hauses zeigte. Dabei sagte er mir, ich solle das Gehöft nun verlassen und es nie wieder betreten. Ein ungläubiges Gemurmel ging durch die Menge. Er redete mit einer so höflichen, ausdruckslosen Stimme, daß ich das Ganze zuerst für einen Scherz hielt. Ich sagte ihm, daß ich jemanden brauchte, der mir alles genau dolmetschte.

Ein lähmendes Schweigen senkte sich auf die Menschen, als er begann, sich in Rage zu reden.

»Dieser Mann ist nur hierhergekommen, um die Geheimnisse

der Frauen in seinen Besitz zu bringen«, rief er den Ältesten zu, die um das Bentengo versammelt waren. »Er will sie mitnehmen und in ein Buch schreiben. Dieser Mann ist sehr schlecht. Wenn ihr seht, daß er mit euren Frauen redet, dann solltet ihr ihn sofort verjagen.«

Plötzlich fühlte ich mich überhaupt nicht mehr wohl in meiner Haut. Ich spürte förmlich, wie sich jenes Chaos um mich herum aufbaute, ohne das in Afrika kein Wortwechsel möglich zu sein scheint. Ich war mit einem Mal auf alles gefaßt, auch darauf, daß die Menschen, die mir vorher nur Gutes gewünscht hatten, sich so in den Bann eines kollektiven Hasses ziehen ließen, daß sie mich nicht mehr schützen konnten. Die Tatsache, daß ich kaum begriff, was eigentlich geschah, steigerte meine Panik nur noch mehr. Ob der Mann ein Messer hatte?

Der Ehemann der Manyo und der ältere Bruder meines Herausforderers – der Ehemann von Senabu aus dem Saniyoro Kafo – führten mich von ihm weg zu seinem Vater, dem Gehöftsältesten. Er forderte mich auf, mich neben ihn zu setzen.

»Beachte ihn einfach nicht«, sagte er. »Er hat Tai nyamo gerraucht. Er weiß nicht mehr, was er sagt.« Er war ein kleiner, drahtiger Mann mit fast weißem Bart. Er gehörte nicht zu den Gelehrten im Dorf, sondern war Bauer und Jäger, ein zäher, praktischer Mann, der gerne und ansteckend lachte. Er hatte dieses Gehöft aus dem Nichts aufgebaut. Er war so alt gewesen wie sein zweiter Sohn jetzt, als McGregor kurz nach dem Zweiten Weltkrieg mit dem MRC nach Dulaba kam. McGregor hatte ihn zum Mittelsmann zwischen ihm und dem Volk ernannt, und seit dieser Zeit erfüllte er diese Funktion. Nun jedoch klang seine Stimme traurig und resigniert.

»Wir kennen ihn nicht mehr. Er hat schon so lange nicht mehr im Dorf gelebt und so viel Zeit an der Küste verbracht, daß er gar nicht mehr zu uns gehört. Er bringt weder seiner Mutter noch seinem Vater Respekt entgegen. Können wir dann von ihm erwarten, daß er einen Fremden respektiert?«

Er erzählte mir, die Menschen hielten mich für so etwas wie »Gamble Fatty«. David Gamble war der Anthropologe, der die Zählung in Dulaba durchgeführt hatte. Auch er hatte immerzu Fragen gestellt, aber er war kein Fremder für sie gewesen. Sie hatten ihn den »Neugierigen« genannt. Als einmal ein Sturm die Dächer im Dorf abgedeckt hatte, war die Nachricht bis nach Tubadibu zu ihm gedrungen, woraufhin er sofort so viel Geld schickte, daß das ganze Dorf mit neuen Wellblechdächern gedeckt werden konnte. Deshalb sei auch ich den Menschen hier nicht völlig fremd, schloß er, und im Grunde seien sie sich in ihrer Meinung über mich einig.

In diesem Moment löste sich sein Sohn wieder aus der Menge und begann, mit fast hysterischer Stimme loszuschreien. »Ich schwöre es, wenn er noch einmal kommt, passiert ihm etwas.« Der Ehemann der Manyo, ein eher schmächtiger Mann, versuchte ihm zu widersprechen. Aber vor dem tobenden Karanjaneh mußte er bald zurückweichen.

»*Ich schwöre es!*«

»Du solltest besser gehen«, riet mir der Älteste.

Die Frauen, die im Grunde genommen ja der Anlaß für die ganze Szene waren, standen schweigend in der Dunkelheit.

»Er ist schlecht«, sagte Sullu, als wir etwas später bei ihm zu Hause saßen. »Er ist mein älterer Bruder, aber er ist schlecht.«

»Warum ist er schlecht?« fragte ich.

»Weil er dich belästigt hat. Das ist schlecht. Wir lassen die Tubabs hier im Dorf in Frieden.«

Warum sollte der junge Mann mein Feind sein? Ich war zwar nie außergewöhnlich freundlich zu ihm gewesen, aber eine gewisse Wärme hatte unser Verhältnis doch gehabt. Jetzt, wo ich darüber nachdachte, fragte ich mich, ob nicht schon immer etwas Unaufrichtiges in seinem Ton mitgeschwungen hatte. War nicht sogar auf beiden Seiten ein merkwürdiges Mißtrauen von Anfang an mehr schlecht als recht unter den Teppich gekehrt worden? Er war groß und schlank, hatte blutunterlaufene Augen und ein meist nervöses Lachen. Und trotz seiner tiefschwarzen Hautfarbe verlieh ihm ein herabhängender Schnurrbart ein seltsam orientalisches Aussehen. Wie alle jungen Männer im Dorf war er stets um eine aufrechte Haltung bemüht. Oft sah ich ihn im Vorhof des MRC-Camps stehen – eine schmale, aber gut proportionierte Gestalt, in ihrer Anmut ein Ebenbild des Baumes, der vor dem Fenster meines Arbeitszimmers stand. Er lächelte lässig, wenn er den Arbeitern des MRC und all den anderen, die sich endlos und scheinbar ohne Grund über diese Bühne bewegten, zur Begrüßung die Hände schüttelte.

Das Lächeln der Afrikaner! Wie täuschend es sein konnte. Die meisten Außenstehenden interpretierten es als ein Zeichen selbstverständlicher, natürlicher Einfachheit und Ungezwungenheit, dabei war es im Grunde eine kulturelle Förmlichkeit, ebenso wie die vielen Begrüßungsformeln oder das Händeschütteln unter den Männern. Wer in dieser Gesellschaft nicht lächelte, war schlecht angesehen. Im nachhinein schien mir, als hätte Karanjaneh immer besonders falsch und irgendwie gezwungen gelächelt. Als Anrede für ihn hatte ich, vielleicht zu unbedacht, das Wort *morro* gewählt – Gefährte. Er hatte daraufhin gelacht, aber vielleicht war ihm gar nicht nach Lachen gewesen.

Was mich betraf, so hatte mich seine Anwesenheit im Gehöft wohl unterschwellig schon immer gestört. Ich hatte den Eindruck, als setze er seine lässige Art und seine körperliche Ausstrahlung nur für den Zweck ein, die Frauen zu beeindrucken. Was hatte er denn dort überhaupt stundenlang herumzulungern? Warum suchte er sich keine Beschäftigung, mit der er seinen Vater, seine Mutter und seine Schwestern irgendwie hätte unterstützen können?

Mit welchem Recht redete er so eigenmächtig über die Kultur der Frauen? Wenn ich sie wirklich beleidigt hätte, dann hätten sie selbst das Wort ergreifen können. Ich wäre ganz bestimmt der letzte gewesen, der ihre Kritik nicht ernst genommen hätte.

»Er ist durcheinander«, versuchte Sullu zu erklären. »Er hat keine Arbeit. Er hat lange Zeit in Kombo als Fahrer gearbeitet, aber damit ist es jetzt aus. Deshalb ist er so aggressiv.«

Ich begann, das Minderwertigkeitsgefühl zu verstehen, das er wie viele andere junge Männer im Dorf neben den Beamten verspürte. Sie waren alle Schwarze, und sie stammten alle aus derselben Altersgruppe. Die Jungen aus dem Dorf aber waren nie in den Genuß der Chancen gekommen, die sich den anderen – die gute Jobs ergatterten, sich gut anzogen, ihre Eltern unterstützen konnten – eröffnet hatten. Die Ältesten hatten den Bau einer europäischen Schule im Dorf abgelehnt, weil sie um ihre Gemeinschaft fürchteten. Aber hatten sie dabei auch an die Jugend gedacht?

In der Trockenperiode hatte Karanjaneh wie viele Gleichaltrige das Dorf verlassen, um sich in Kombo nach Arbeit umzusehen. Dort war ihnen schnell klargeworden, daß sie nichts vorweisen konnten. Sie hatten in Serekunda und Bakau die Tankstellen belagert, in der Hoffnung, einen Wagen waschen zu dürfen, um dafür ein wenig Fahrunterricht zu erhalten. Sie hatten zu Hunderten um Hotels und an Stränden herumgelungert, um Touristen zu »helfen«. Meistens jedoch hatten sie nur irgendwo gesessen, weil selbst bei diesen hoffnungslosen Unternehmungen die Jungen aus Kombo, sogar diejenigen ohne Schulbildung, schneller gewesen waren.

Einige brachten es trotz alledem zu geschäftlichen Erfolgen, begannen ein selbständiges Gewerbe oder wurden Hilfsarbeiter und bauten ihre eigenen Gehöfte. Das Gros aber kehrte kurz vor Einsetzen der Regenzeit in die Dörfer zurück, um wieder einmal die graue Erde zu hacken.

Inzwischen war die Schule gebaut worden, und man konnte im Vergleich zu den anderen jungen Leuten im Land von keiner Benachteiligung mehr reden. Aber Karanjanehs Generation hatte ihre Gelegenheit unwiderruflich verpaßt.

Sie hatten in eigener Regie im Gemeinschaftszentrum Abendkurse organisiert, und die Lehrer wollten ihnen Mathematik und Englisch beibringen. Dann hatte der Bau des neuen Camps begonnen, sie kamen alle als Arbeiter dort unter und waren zu müde, um am Abend noch die Schulbank zu drücken. Demnächst würde das neue Camp fertiggestellt sein, und dann waren sie wieder so weit wie vorher, nämlich nirgends.

Kein Wunder, daß sich Karanjaneh seit seiner Rückkehr ins Dorf ganz besonders der Frauen angenommen hatte. Sie waren schließlich die einzigen, auf die er noch herabsehen konnte. Denn wie arm er auch sein und wie weit er gesunken sein mochte – ein Mann war immer noch mehr als eine Frau wert.

All dies stellte eine rationale Erklärung für den Vorfall dar, aber ich war zu verärgert, um mich in Karanjaneh einzufühlen. Mit der Verbitterung, die er empfand, hatte ich nichts zu tun. Ich reiste sowieso bald ab, der Termin stand schon fest. Von dem Augenblick an, als ich in Banjul im Büro der Gambia Airways meinen Flug gebucht hatte, war es, als sei ein Bann gebrochen worden. Zum erstenmal seit vielen Monaten konnte ich mir wieder ein Leben außerhalb des Dorfes vorstellen. Ich konnte mir vorstellen, daß mein Leben anderswo als in Dulaba weiterging. Mehr als das: Ich freute mich darauf. Fast noch im gleichen Augenblick, in dem ich mich den Dorfbewohnern am engsten verbunden gefühlt hatte, war mir klargeworden, daß ich das, was mein Hintergrund, meine Erziehung, meine Kultur mich erwarten ließen, niemals bekommen würde, weil es einfach nicht möglich war.

»Wenn man jung ist«, hatte Father J mir gesagt, »kommt man schnell aus dem Gleichgewicht. Aber dann wird man härter. Du mußt härter werden – damit dich nichts mehr verletzen kann.«

An den langen, einsamen Nachmittagen in der Trockenperiode wehrte auch ich mich, wie jeder Afrikaner, gegen die Vorstellung, daß man sein Schicksal kontrollieren und seine Wünsche in Erfüllung gehen lassen könne. Es war, als trockne der Harmattan die Seele aus. Dann stellte ich fest, daß die Gefühle, die mich mit dem Dorf verbunden hatten, verschwunden waren.

Aber es gab einige Dinge, die mich davon abhielten, sofort abzureisen. Meine Zeit hier war noch nicht abgelaufen. Bald war Ramadan, und solange die Menschen fasteten, wollte ich nicht weggehen. Auch danach wollte ich noch zwei weitere Wochen verstreichen lassen, damit sie wieder zu Kräften kamen. Außerdem hatte ich ja längst nicht alles verstanden, sondern es gab bestimmte Fragen, die ich noch stellen mußte.

»Jetzt hast du eine neue ›Person‹«, sagte Sullu, aus seinem Halbschlaf hochschreckend. »Munya.«

»Ist sie interessiert?«

»Sehr.«

Ihr Gehöft lag am anderen Ende der Straße, die zu meinem Haus führte. Manchmal hörte ich in der Nacht die Fremden, junge Männer, die auf dem Camp arbeiteten, die riefen, sie möge herauskommen und mit ihnen plaudern oder ihnen Essen bringen. Jede dieser Aufforderungen wurde mit eisernem Schweigen beantwortet. »Bitte, Munya! Hab Erbarmen mit uns!« grölten sie zum Gelächter ihrer Kameraden.

Sullu hatte mir gesagt, daß sie mich in den Neumondnächten kurz nach dem Essen besuchen werde. Sie klopfe dann an die Seitentür, die direkt auf die Straße hinausging, und komme durch den leeren Raum herein, der früher einmal Kemesengs Laden gewesen war.

Ich war mir nicht sicher, ob das eine gute Idee war. Um diese Zeit waren noch viele Menschen unterwegs, die einander ohne Schwierigkeiten erkennen konnten, ob mit oder ohne Mond. Jedenfalls war ich mir unschlüssig, ob ich diese Art von Beziehung mit Munya überhaupt wollte. Vor allem anderen wollte ich sie verstehen lernen.

Wie ich immer schon vermutet hatte, war sie keineswegs Gunjurs Tochter, sondern Gunjurs ältere Schwester hatte sie in Karafa Kunda geboren. Aber da Gunjur keine Kinder bekommen konnte, war Munya gleich nach der Entwöhnung nach Dulaba geschickt worden, damit ihre Tante sie erzog. So wußte sie zwar, daß sie aus

403

Karafa Kunda stammte, aber ihre wirklichen Eltern hatte sie nie kennengelernt, und sie verspürte auch nicht den Wunsch dazu, sondern akzeptierte Gunjur als ihre Mutter. Vielleicht erklärte dies, warum sie immer ein wenig einsam wirkte. Es gab zwar nichts, was sie von den Menschen im Dorf getrennt hätte – sie gehörte sogar zu den beliebtesten Frauen ihrer Altersgruppe –, aber von allen Frauen konnte ich mich mit ihr am leichtesten identifizieren. Sie schien am wenigsten an Äußerlichkeiten gebunden, ihre Reaktionen waren nicht so vorhersehbar – als wäre sie irgendwie freier.

Im Lauf der Zeit hatte ich den Eindruck gewonnen, daß viele Frauen aufhörten, als selbständige Persönlichkeiten zu existieren, sobald sie mit einundzwanzig oder zweiundzwanzig Jahren in die Gehöfte ihrer Männer zogen. Aber bei Munya, das fühlte man, war es anders. Wenn ich sie auf der Straße auf dem Weg von oder zu Dr. Sabaris Haus sah, ihren Gedanken nachhängend, schien sie wie ich nur zufällig an diesem Ort zu sein – als sei sie physisch und emotional noch nicht bereit, sich ihm anzupassen.

Ihre beste Freundin Darbon Jammeh war nie zu ihrem Mann gezogen. Bevor es soweit war, hatte sie sich von ihm scheiden lassen und sogar das Dorf verlassen, wahrscheinlich für immer.

Als Munya mit ihrem Mann verheiratet worden war, hatte sie sich oft geweigert, zu ihm zu gehen. Sie erklärte Gunjur, daß sie ihn nicht liebte und eher im Busch schlafe als bei ihm. Dann stürmte sie aus dem Gehöft und verbrachte die Nacht tatsächlich im Busch oder in halb fertiggestellten Häusern. Wenn ihr Mann ihr seine Kleidung zum Waschen schickte oder wenn Gunjur sie dazu aufforderte, ihm Essen bringen, sagte sie: »Nein, ich liebe ihn nicht. Ich werde ihm gar nichts bringen.«

Trotzdem ging niemand zu den Marabuts, weder Gunjur noch Munyas Ehemann noch die wirklichen Eltern des Mädchens. Doch nach einer gewissen Zeit stellte Gunjur fest, daß Munya ohne Murren in sein Gehöft ging, ihm Essen brachte und seine Kleidung wusch, wie es von einer Ehefrau erwartet wurde.

Sie war nun zweiundzwanzig Jahre alt. Es gab mehrere junge Frauen, die jünger als sie und schon zu ihren Ehemännern gezogen waren. Wie viele Frauen vor ihr, die gleichfalls Kampfgeist und Unabhängigkeitswillen besessen hatten, waren gegangen, ohne zu klagen, oder hatten sich zumindest irgendwann in ihr Schicksal gefügt?

Darbon hatte sich nicht gefügt und damit das getan, was die meisten europäischen Frauen an ihrer Stelle zumindest hypothetisch auch getan hätten. Aber all die anderen hatten sich der Tradition gebeugt. Noch vor Ablauf des Fastenmonats sollte nun auch Munya zu ihrem Ehemann ziehen. Ihre Einwilligung stand außer Frage.

»Pah!« sagte Pa Konte am Morgen nach dem Vorfall in Minte Kunda. »Woher will er denn wissen, was du tust? Er weiß gar nichts. Irgendwelche Leute haben mit ihm gesprochen, weil sie ihn dazu benutzen wollen, dir am Zeug zu flicken. Ich wünschte, ich wäre dortgewesen. Jeder, der es wagt, dich zu beleidigen, bekommt es mit mir zu tun. Darauf kannst du dich verlassen.«

Safi Mama, Gunyur und Awa Bajo kamen an.

»Am liebsten hätte ich dich auf meinen Rücken genommen und dich wie ein Baby getragen«, sagte Safi Mama. »Ich habe solches Mitleid mit dir gehabt.« Aber sie hatte natürlich nichts gesagt, denn es war undenkbar, daß eine Frau sich in einen solchen Streit einmischte.

Schließlich sagten sie, ich solle meine Arbeit fortsetzen und alle Fragen stellen, die ich wollte. »Uns macht es nichts aus«, versicherten sie. »Wir werden dir helfen.«

In Dulaba waren nie Ahnenkulte praktiziert worden, zumindest konnten die Menschen sich nicht mehr daran erinnern. Für sie begann, wie in den meisten moslemischen Dörfern, ihre Geschichte erst mit dem Augenblick der Bekehrung. Nichtsdestoweniger waren ihnen Blutsbande und damit die Namen, mit denen diese ihren Ausdruck fanden, genauso wichtig wie jedem heidnischen Volk. Jeden Morgen grüßten sie einander mit den von alters her verwendeten Formeln, die den Namen der entsprechenden Person »priesen« – »Sise More«, »Seydi Minte«, »Jammeh Jilanko«, »Bajo Dibbah«. Ich hörte diese Formeln Hunderte von Malen, wenn die Menschen einander im Laufe des Tages grüßten. »Sise More« bedeutete: »Die Sise sind Marabuts«. Das wußten sowieso alle, doch ansonsten waren der Ursprung und die Bedeutung dieser Formeln den meisten Menschen unbekannt. Sie wußten nur, daß man diese Worte schon immer verwendet hatte, um Harmonie und Respekt unter den Dorfbewohnern zu bekunden und zu wahren.

Junge Menschen, die nach westlichen Vorstellungen erzogen wurden, kritisierten häufig, daß sie nur von den Soul- und Reggae-Sängern Lieder hörten, die einen Bezug zur Gegenwart herstellten, während die Griots und die bekannten westafrikanischen Sänger nichts weiter als Namen aufzählten. »Nehmt doch nur Youssou Ndour«, sagte einer und meinte den bekanntesten Sänger der Region. »Der Mann ist ein Schreihals. Man hört von ihm nur Lieder, die die Wolof-Frauen bei den Namengebungsfesten singen. Seine Musik bedeutet gar nichts.«

Auch in Dulaba enthielten die Lieder der Frauen eine Vielzahl von Namen – die ihrer Freunde, ihrer Altersgenossinnen, ihrer Kinder und Verwandten der männlichen Linie, in die sie eingeheiratet hatten. Sie wurden nie müde, über sich selbst und andere zu singen. Manchmal fand ich, daß diese ununterbrochene und besessene Egozentrik fast kindisch wirkte. Doch schließlich verband der Name eines Menschen ihn mit seinen Ahnen – mit dem Blut, von dem sie abstammten. Im Grunde übten die Griots eine heilige Funktion aus, wenn sie diese Namen im Bewußtsein der Menschen wachhielten. Der Gesang der Frauen zeugte daher eigentlich nur von der Freude über ihre gemeinsame Nähe und Einheit, eben die *badiya* – »Verbundenheit«. Genau auf diese Faktoren war es zurückzuführen, daß im Dorf ein so starkes Zusammengehörigkeitsgefühl herrschte und daß sie, wie sie glaubten, überhaupt überlebten.

Nun jedoch empfand ich zum ersten Mal dieses nahe Zusammenleben negativ, weil ich zwangsläufig davon ausgeschlossen war. Obwohl ich weiterhin in engster Gemeinschaft mit den Dorfbewohnern lebte, spürte ich, daß sie instinktiv und automatisch zu ihrem eigenen Blut hielten, ganz egal, was passieren mochte. Es war, als stellten sie sich mir allein schon aufgrund ihrer äußerlichen Übermacht entgegen.

»Sie sind so«, hatte mir Jere Jarjou fast sofort nach meiner Ankunft gesagt. »Wenn du gegen einen von ihnen bist, sind sie alle gegen dich.«

Viele der Frauen, die mir mein Engagement im Saniyoro Kafo übelgenommen hatten, und sogar Mitglieder des Kafos, zu denen ich keine besonders enge Beziehung hatte, gaben sich nun keine Mühe mehr, ihre Ablehnung zu verbergen. Ich hörte die jungen Mädchen darüber lachen, daß Karanjaneh mir Prügel angedroht hatte, und die Kinder sagten ganz offen: »*Marky, a mang betia*« – »Mark ist nicht gut.« Unter den Männern stellte ich eine Gefühlskälte fest, die mir vorher nie aufgefallen war, jetzt, wo sie glaubten, ihre Maske aus fast unterwürfiger Freundlichkeit aufgeben zu können. Ich konnte mir nun leicht die Härte ausmalen, mit der sie ihre Frauen behandelten. Besonders in der Familie des jungen Mannes herrschte tiefe Empörung. Weder spielte es eine Rolle, daß ich ihm persönlich gar nichts getan hatte, noch wurde danach gefragt, ob seine Vorwürfe gerechtfertigt waren. Er war *ntolu la dingo* – unser Kind –, und ich war ein Fremder, der ihn aufgebracht hatte.

Diejenigen Dorfbewohner, zu denen ich eine besonders enge Beziehung entwickelt hatte, die sozusagen zu den »Meinen« geworden waren, entweder durch materielle Hilfe oder durch eifrige Pflege der Badiya – der Beziehungen –, blieben loyal. Ich kam ihnen in dieser Zeit sogar näher als je zuvor. Doch obwohl mehrere, wie etwa Fatounding, ihrer Verärgerung über Karanjaneh Ausdruck verliehen hatten, war es völlig ausgeschlossen, daß sie sich letztendlich auf meine Seite und damit gegen ihn stellten. Ich war ein Tubab. Ich würde bald abreisen, und zwar endgültig, so wie alle Tubabs. Sie dagegen mußten weiter mit Karanjaneh zusammenleben. Und wieviel Zeit er auch an der Küste verbringen mochte, selbst wenn er das Land verlassen hätte, er blieb immer ein Teil von ihnen. Die Badiya, die sie alle verband, machte ihn zu ihrem Sohn, ihrem Bruder und ihrem Ehemann in dieser Welt ebenso wie im Jenseits. Freundschaft und Liebe waren für die Erde. Aber Ehe und Badiya waren für das Alahira.

Überall hörte ich die Worte: »*Kumpa baliya a mang betia*« – »Neugierde ist schlecht«; »*Nyininkaro a mang betia*« – »Fragen stellen ist schlecht.« Mir war nun klar, daß meine Neugierde die Wurzel allen Übels war. Zu Beginn meines Projektes hatte ich keinen Gedanken daran verschwendet, daß meine Ziele vielleicht mit den Werten der Menschen, um die es ging, nicht vereinbar sein könnten. In Europa betrachtete man Fragen, Kritik und Analyse als notwendige Werkzeuge, um eine Welt, in der nichts statisch war, zu verstehen. In Afrika dagegen galten diese Dinge schon als negativ und destruktiv in sich.

Mit einiger Verbitterung dachte ich, daß ich von all den Europäern, die an diesen Ort gekommen waren, der einzige war, der sich für die Menschen um ihrer selbst willen interessiert hatte. Und nun war ich der einzige, dem es gelungen war, sie wirklich aufzubringen.

Mir wurde auf einmal klar, daß viele Menschen in den Gruppen, in denen ich mich bewegte, nicht nur mir gegenüber höchst zwiespältige Gefühle hatten, sondern auch untereinander sehr lieblos sein konnten. Es gab alle möglichen unterschwelligen Spannungen bis hin zu Feindseligkeiten, doch sie gelangten nie an die Oberfläche, weil die Gesellschaft das nicht duldete. Der Friede in der Gemeinschaft hatte einen höheren Stellenwert als individuelle Interessen oder sogar Rechte. Wer diesen Frieden störte, indem er jemandem offen grollte, versündigte sich an der Gesellschaft, die ihm das Leben geschenkt hatte. Abgesehen von gelegentlichen kurzen Gewaltausbrüchen blieb daher an der Oberfläche des Dorflebens alles ruhig.

Direkt darunter jedoch lag eine schwelende Schicht von Mißgunst und Argwohn. Die Menschen beschäftigten sich fast wie besessen damit, noch die allerkleinste Kränkung, die ihnen jemand vermeintlicherweise zugefügt hatte, zurückzuzahlen. Zu den wenigen Formen des Widerstandes, die ihnen ihre Kultur zugestand, gehörte die Verweigerung, und auf die Gelegenheit dazu mußten sie eben warten, und wenn es Jahre dauerte. Eines Tages brauchte die Person, der sie etwas heimzahlen wollten, ja wieder etwas von ihnen, und das war dann der große Moment, in dem sie »Nein« sagen konnten. Bis dahin jedoch arbeiteten und feierten sie zusammen oder aßen und schliefen sogar Seite an Seite. Das Leben mußte weitergehen.

Verwandte mußten sich so gut wie alles verzeihen, und sie durften einander nichts abschlagen. Trotzdem herrschte gerade unter ihnen ein großes Maß an Mißtrauen und Eifersucht. Jeder fürchtete sich vor den Bosheiten anderer, vor einer allgemeinen Mißgunst, die sie »Schlechtigkeit« nannten. Anders als in England, wo eine leichte Verärgerung schon das stärkste Gefühl ist, das man einem anderen entgegenbringt, konnten die Menschen hier einen wilden, fast blinden Haß entwickeln. Wenn sie sich ungerecht behandelt fühlten, stellten sie keine Spekulationen über die psychologischen oder soziologischen Gründe für das Verhalten eines anderen Menschen an. Er war dann schlicht und einfach nur schlecht. Sie kamen auch nicht auf die Idee, über ihren eigenen Anteil an einem Konflikt nachzudenken. Schuldgefühle waren, soweit ich das feststellen konnte, nicht gerade typisch für sie. Selbst wenn jemand nachweislich im Unrecht war, wälzte er die Anschuldigungen, die gegen ihn erhoben wurden, so weit wie nur möglich auf andere ab.

Pa Konte hatte eine charismatische, lebhafte Ausstrahlung, mit der er die Menschen ganz für sich einnahm oder völlig gegen sich aufbrachte. Da er vor allem auf Frauen attraktiv wirkte, waren viele Männer nicht besonders gut auf ihn zu sprechen. Vor möglichen schlechten Folgen aus diesem Konflikt schützte er sich durch flüssige Jujus, in denen er täglich badete.

»Sie sitzen nur unter dem Mangobaum, rauchen Ganja und ziehen über die anderen her«, kritisierte er. »Sie haben gesehen, daß du deiner Arbeit nachgegangen bist. Sie sagen, daß du die Gelegenheit wahrgenommen hast, hierherzukommen und etwas von hier mitzunehmen. Aber was hast du ihnen dafür gegeben? Nichts. Das ist der Grund, weshalb sie dir alles verderben wollen. Karanjaneh haben sie nur als Mittel zum Zweck benutzt.«

Auch ich wußte, um wen es sich dabei handelte. Und es überraschte mich nicht mehr, daß gerade diejenigen, die mit der größten Herablassung über die Kultur der Dorfbewohner geredet und diese sogar als »Primitivlinge« bezeichnet hatten, nun die größte Betroffenheit vortäuschten, wenn in diese Kultur angeblich jemand eindrang. Ich machte mir nichts mehr daraus, und außerdem reiste ich sowieso bald ab. Sollten sie sich doch künstlich aufregen, soviel sie wollten.

Aber trotzdem war ich noch weit davon entfernt, mich von den Ereignissen wirklich zu distanzieren. Angeblich bereute Karanjaneh, was er gesagt hatte, und konnte sich nicht mehr erklären, warum es so weit gekommen war. Mir jedenfalls hatte er noch nichts davon gesagt.

»Jetzt bist du ein wirklicher Afrikaner«, meinte Ramou Jagne vergnügt. »Du bist mittendrin im Streit und Gezänk.«

Sie hatte natürlich recht. Karanjaneh hatte mir einige Unannehmlichkeiten verursacht, die ich ihm so schnell nicht vergeben würde, wenn überhaupt. Und meinen Groll würde ich ebenfalls nicht vergessen.

Am letzten Tag des Monats gaben die Beamten bei Ramou Jagne eine kleine Party. Wir saßen vor dem Haus auf Stühlen, aßen aus Plastikgeschirr *chakhri*, eine Art Hirsebrei, und um uns herum war es pechschwarze Nacht. Dieses kleine Vergnügen mußte für die folgenden dreißig Tage vorhalten, denn im Ramadan durfte weder gesungen noch getanzt, auch nicht getrommelt und nicht einmal geklatscht werden. Niemand durfte Ehebruch begehen, und schon der Gedanke an eine andere als die eigene Frau war verboten.

»Willst du damit sagen, daß es während des Ramadans im Dorf keinen einzigen Ehebruch gibt?« fragte ich Sullu.

»In der Nacht ist das kein Problem«, antwortete er. »Nur tagsüber würde sich jeder davor hüten. Erstens einmal, weil es Gott nicht gefällt. Und zweitens sind sie gar nicht in der Lage dazu, weil sie ja fasten.«

Die Dorfbewohner warteten noch einen weiteren Tag, bis sie den Mond gesehen hatten, dann begannen sie zu fasten, sogar Sanyang, der Rastafari, Kor, der Kommunist, und Pa Konte, der vorher das Gegenteil angekündigt hatte.

Mit dem Fasten sollte unter anderem auch erreicht werden, daß die Moslems sich mit dem Leiden der Armen identifizierten. Den Menschen von Dulaba war es noch nie in den Sinn gekommen, daß Entsagung an sich etwas Gutes sein konnte. Sie hielten sich für das ärmste Volk auf der ganzen Erde und hatten im Lauf des Jahres schon genug Gelegenheit gehabt, sich im Verzicht zu üben. Sie fasteten, weil sie Angst vor Gott hatten und weil sie den Segen für das Alahira erlangen wollten.

Sie glaubten daran, daß ein bestimmter Tag im Ramadan günstiger war als alle anderen: Wer an diesem Tag fastete, wurde mehr dafür belohnt als für alle anderen Tage zusammen. Leider wußten sie nicht, um welchen Tag genau es sich dabei handelte, sonst hätten sie sich mit diesem einen begnügt. Nur die großen Marabuts, die Auserwählten Gottes, kannten ihn, aber ihre Lippen waren versiegelt. Alle anderen mußten also einen ganzen Monat fasten. Tagsüber kauften sie sich jede Köstlichkeit, die sie sahen, weil sie fanden, daß sie etwas besonders Gutes verdient hatten, wenn sie nach einem langen heißen Tag endlich wieder etwas essen durften. Sogar die Ärmsten trieben, wenn es irgend ging, noch etwas Zucker für ihren Brei auf. So trug das Hungern keineswegs dazu bei, die Haushaltskasse zu schonen, sondern der Ramadan war stets der teuerste Monat des Jahres.

Die Woche vor dem Ramadan war daher äußerst hektisch verlaufen: Die Beamten versuchten, in letzter Minute noch Geld aufzutreiben, um ihren Eltern Zucker schicken zu können, andere bemühten sich um Lagermöglichkeiten für Wasser in den begehrten Kühlschränken und Gefriergeräten. Die Tonbehälter im Dorf hielten das Wasser zwar wunderbar kühl, aber es war einfach eine Prestigefrage, das Fasten mit *fridgo kono gio* zu brechen – Wasser aus einem Kühlschrank. Da es in ganz Kiang nur sechs Kühlschränke gab, davon fünf in Dulaba im Gehöft des MRC, und gut tausend Menschen im Dorf lebten, blieben Komplikationen nicht aus.

Aber trotz dieser kleinen Absurditäten bestand kein Zweifel daran, daß die Menschen in der Fastenzeit wirklich litten. Die Tage begannen wie immer: Am frühen Morgen herrschte ein Geschrei an den Wasserstellen, das mindestens so laut war wie sonst auch. Aber die Menschen kehrten früh vom Rand des Busches zurück, wo sie gerade damit beschäftigt waren, ihre Gärten zu umzäunen, und am Nachmittag konnten sie sich kaum noch regen oder auch nur sprechen – bei manchen fehlte nicht viel bis zum Kollaps. Während die Männer morgens gerne so lange wie möglich schliefen, mußten die Frauen ihren täglichen Pflichten nachgehen – Kochen, Feuerholz sammeln, die großen Wasserbehälter tragen –, und das bis in den frühen Abend hinein.

Die Beamten nahmen nach Sonnenuntergang zwei Mahlzeiten ein, von denen die erste aus wahren Delikatessen bestand – gebratenem Fleisch, Huhn, Fisch, Salaten, sogar Brot. Unser normales Essen mit Reis folgte dann etwa gegen zehn Uhr nach dem *nafilo*, dem langen Abendgebet, das nur im Ramadan gesprochen wurde. Aber auch diese zweite Mahlzeit fiel üppiger aus als gewöhnlich. Häufig gab es Benakino mit Fleisch, und das Durango wurde mit dickem rotem Palmöl versetzt.

Die Dorfbewohner brachen ihr Fasten gerne mit dem »hiesigen Tee« – bestehend aus heißem Wasser, mit dem Blätter aus dem Busch aufgebrüht wurden – und einem Stück Brot, sofern sie es bekamen. Die meisten Menschen jedoch nahmen direkt nach Sonnenuntergang eine ganz gewöhnliche und oft nicht einmal sehr reichhaltige Mahlzeit zu sich.

Am dritten Abend im Ramadan wurden die Manyos von Salum Kunda, nämlich Munya und Jhibaila, zu ihren Männern geschickt. Jhibaila sollte direkt nach Sonnenuntergang im ITC-Lastwagen nach Karafa Kunda gebracht werden. Munya war etwas später an der Reihe, weil ihr neues Gehöft nur zwanzig Meter vom alten entfernt war. Kurz vor Sonnenuntergang sah ich sie noch auf dem Bentengo vor Gunjurs Haus sitzen.

Sie hielt den Kopf gesenkt und schien ihren Gedanken nachzuhängen. Von Zeit zu Zeit tupfte sie sich mit einem Tuch über die Augen.

»Das ganze Dorf weiß, daß sie nicht zu ihm gehen will, weil sie

411

ihn nicht liebt«, hatte Pa Konte gesagt. »Aber niemand zweifelt daran, daß sie es trotzdem tun wird.«

Wußte der Mann denn, daß sie ihn nicht liebte?

»Natürlich weiß er das.«

Warum heiratete er eine Frau, die ihn gar nicht liebte?

»Vielleicht glaubt er, daß sie sich unterordnen wird. Sollte die Ehe von Dauer sein, bleibt ihr letztendlich keine andere Wahl, denn spätestens nach vier Kindern weiß eine Frau genau, daß sie keine Chance mehr hat und nirgendwo mehr hingehen kann. Außerdem würde sie ihre Kinder niemals bei ihrer Nebenfrau zurücklassen.«

Eine Frau, die zu den Jolas gehörte und gerade zu Besuch im Gehöft weilte, lehnte sich über den Mörser, in dem sie gerade Getreide zerstampfte. »*Manyo be kumbo*«, sang sie lachend. »Die Manyo weint. *Ai Waali!*«

Andere stimmten in ihr Lachen ein. Ich ging und kehrte an diesem Abend nicht mehr zurück. In den darauffolgenden Tagen bemerkte ich, daß Munyas Kleidungsstücke, das scharlachrote Tiko und das als Hemd verwendete ehemalige Geschirrtuch, nun in den Besitz von Gunjurs Nebenfrau übergegangen waren. Solche Gegenstände mußte die Manyo ebenso zurücklassen wie die Verhaltensweisen, nach denen sie im Gehöft ihrer Mutter gelebt hatte.

»Frau, laß dich nicht von der Welt täuschen. Alles, was du auf dieser Erde siehst, hat irgendwann ein Ende. Die Bäume werden sterben, und die schönen Häuser, die du hier siehst, werden zerfallen. Dein Ehemann ist dein Weg zum Himmel. Was auch immer für Schwierigkeiten dein Mann hat, du mußt zu ihm halten. Aus diesen Prüfungen erwächst dir Gnade im Jenseits. Aber glaube nicht, daß dir irgend jemand helfen wird, wenn du ihnen nicht gewachsen bist. Von nun an hilft dir niemand mehr. Du bist kein Kind mehr. Du bist eine reife Frau, die für das, was sie tut, zur Rechenschaft gezogen wird. Deine alten Gewohnheiten mußt du aufgeben, wenn du ins Gehöft deines Mannes gehst. Also richte deinen Blick nach vorne. Hinter dir liegt nichts mehr.«

»Es gibt zwei Menschen, zu denen du gehst. Deshalb mußt du akzeptieren, daß du als Kind behandelt wirst. Sei sanft. Sanftheit ist eine Eigenschaft, die einer Frau sehr nützlich ist. Möge Gott dich zu einer sanften Frau machen.«

»Es gibt drei Arten von Frauen: Die eine ist ein Hund, die andere ein Esel und die dritte ein Mensch. Eine Frau, die ein Hund ist, kann nie ihren Mund halten, sondern sie erzählt alles, was ihr gerade in den Sinn kommt. Einen Esel muß man schlagen, damit er glücklich wird – so sehr, daß das ganze Dorf zusammenläuft und alle sagen: ›Halt! Du bringst ihn noch um!‹ Aber der Mensch – das ist die Frau, die dem Mann wirklich etwas bedeutet, weil sie ihm immer gehorcht hat.«

In Abständen von mehreren Tagen wurden weitere Manyos zu ihren Männern gebracht. Die Frauen ließen es sich bei diesen Gelegenheiten nicht nehmen, soviel sie wollten zu tanzen und zu singen. Ihre Männer mißbilligten das zwar, sagten aber nichts, weil sie nicht vergessen hatten, wie wütend damals die Frauen über das ausgeschüttete Badewasser gewesen waren. Während die älteren Frauen die Manyo wuschen und im Haus der Frau tanzten, drängten sich die jungen Frauen und Mädchen auf dem Bentengo, tanzten gemeinsam in der grauen, noch schwülen Dunkelheit und sangen zu den Rhythmen, die aus dem Haus drangen: »*Hey! Hey! Hey!*«

Bei einem solchen Ereignis stand auf einmal eine Gestalt mit einem Kind auf dem Rücken neben mir. Es war Munya. Sie mußte nun eine Woche lang im Haus ihres Mannes bleiben und durfte es nur verlassen, um die ihr zu Ehren veranstalteten Tänze zu besuchen oder an der Zeremonie für die anderen Bräute teilzunehmen. Sie lud mich zu einem kleinen Schwatz für den kommenden Tag vor dem Haus ihres Mannes ein.

Manchmal fielen in der Nacht ein paar Tropfen Regen, und tagsüber überzog sich der Himmel oft mit schmutziggrauen Wolken. Aber für die Dorfbewohner war das kein Regen, sondern *wammo* – falscher Regen –, und die Luft blieb bedrückend schwül.

Als ich durch das Gehöft ging, sah ich Munya nirgends, und da ich gerade in dieser Zeit der Abgeschiedenheit niemanden stören wollte, setzte ich mich zu den Frauen, die auf dem benachbarten Hof Erdnüsse schälten. Gerade als ich gehen wollte, sagte man mir, die Manyo rufe mich. Ich wandte mich um, und da stand sie unter der Tür zum Haus ihres Mannes und lächelte.

Im frisch verputzten Eingangsraum fielen gleich ihre neuen Schüsseln und Schalen auf, die auf einem Tisch standen. An der Wand hingen einige gerahmte Fotografien. Die Wände waren nicht geweißt worden, sondern hatten die rosa-bräunliche Farbe des Lehms behalten. Eine Tür führte ins Schlafzimmer. Ich saß, auf alles gefaßt, auf dem Holzstuhl, der direkt neben dem Ausgang stand, Munya neben mir. Die Decke des Raumes bildete

413

praktisch ein Wellblechdach, das auch das Gästezimmer nebenan und die Räume der Frauen am Ende des Blocks überdachte. An so etwas wie eine Privatsphäre, ging mir durch den Kopf, war wohl nirgendwo in diesem Haus zu denken.

Plötzlich wurde ich von einer tiefen Stimme aus dem Schlafzimmer aufgeschreckt, und als ich meinen Kopf vorstreckte, erblickte ich einen wohlproportionierten, gutaussehenden Mann mit sehr dunkler Hautfarbe, der auf einem eisernen Bettgestell lag, dessen Moskitonetz ordentlich zurückgeschlagen war. Er erwiderte meinen Blick mit einem leichten Anflug von Spott – als schwankte er zwischen dem Triumph, daß er mich alleine mit seiner Frau erwischt hatte, und Verlegenheit, weil er in einer solchen Position ertappt wurde. Am Ende lächelte er ein wenig hilflos zurück. Ich schätzte ihn auf Mitte bis Ende Dreißig. Es war auf Anhieb nicht unbedingt nachvollziehbar, warum sie so große Einwände gegen ihn erhob, wenn man einmal davon absah, daß er ziemlich weichlich wirkte – aber warum sollte sie ihn eigentlich lieben?

Ich setzte mich wieder, und eine zähe Unterhaltung kam zwischen uns beiden und der Stimme hinter der Wand in Gang. Munya beugte sich auf ihrem Stuhl nach vorne, stützte die Ellbogen auf die Knie und spielte mit ihren überraschend kurzen und dicken Fingern nervös an einem glänzenden Metallgegenstand. Sie starrte ihn an, preßte ihn ab und zu an ihre Nase und verschiedene andere Stellen ihres Gesichts. Irgendwann bemerkte ich, daß es der Seitenspiegel eines Autos war. Sie wirkte unzugänglich – wie ein Kind, das selbstvergessen spielt – und gleichzeitig aber auch höchst konzentriert. Alles, was ihr Mann sagte, schien sie sehr verlegen zu machen.

Schließlich kamen wir auf Politik zu sprechen. Der Mann unterstützte die Oppositionspartei, die NCP. Ich fragte Munya, ob sie diese auch unterstütze. »Die NCP ist nicht gut«, antwortete sie.

»Und warum?« fragte ich.

»Ich bin für Jawara«, meinte sie. »Der ist gut.«

»Warum?« fragte ich. »Weil dein Vater ihn unterstützt?«

»Ja«, antwortete sie und genoß die Offenheit ihrer Antwort.

Ich sah sie an. Sie starrte geradeaus, aber im Spiegel, den sie leicht abgewinkelt an ihr Gesicht drückte, sah ich, daß sie ihre schrägen Augen auf mich gerichtet hatte.

Vor wenigen Tagen hatte der amerikanische Luftangriff auf

Tripolis stattgefunden. Aber während viele Beamte entsetzt über solch einen Angriff auf afrikanischen Boden waren, sah Munyas Mann das ganz anders. »Die Menschen dort haben Reagan verärgert«, fand er. »Dafür hat er sie bestraft.« Natürlich ging er davon aus, daß ich mich als Europäer und Ungläubiger auf Reagans Seite stellte. Ich erklärte ihm, daß keineswegs alle Briten auch Thatcher- und Reagan-Anhänger waren. »Du hast einen klaren Verstand«, meinte er daraufhin.

Während des ganzen Gesprächs spielte er an einem Radio herum, das nur undeutliche Geräusche von sich gab. Nach einer gewissen Zeit bemerkte ich jedoch auch merkwürdig vertraute Töne in den Fetzen, die ab und zu verständlich waren und in mein Bewußtsein drangen. Dann plötzlich konnte ich, mitten in der unheilvoll gespannten Atmosphäre, die uns umgab, die verzerrten Töne einordnen. Ich meinte, englische Mittelklassen-Stimmen zu hören. Sie wurden lauter und deutlicher und machten sich im Raum breit wie unsichtbare Anwesende. Es hörte sich an wie ein Nachmittags-Hörspiel auf Radio 4. Er hatte den BBC World Service eingestellt. Wahrscheinlich war es sogar ein Nachmittags-Hörspiel auf Radio 4.

»Warum läßt du mich nicht einfach in Ruhe?« sagte eine Stimme.

»Das höre ich schon seit Jahren von dir«, erwiderte eine andere. »Du weißt nicht, was es bedeutet, allein zu sein.«

»*Verschwinde*«, sagte die erste. »*Verschwinde! Verschwinde!*« Gebannt hörten wir zu.

»Das ist Englisch«, sagte ich. »Ein Mann und seine Frau streiten sich.«

»Aha«, antworteten die beiden fast gleichzeitig.

Jetzt wußten sie es.

Allmählich gewöhnten sich die Menschen an das Fasten. Ich folgte Binta Sise und Ramatoulai Jallo, den Fulbe-Frauen aus Fili Kunda, zur Salzöde, um Jagd auf kleine Fische zu machen. Sie fingen sie, indem sie sich die Flut zunutzemachten, die in Bächen über die Salzöde neben dem Lateritweg sickerte. Zuerst schütteten sie mit bloßen Händen auf einem etwa zwei Meter langen Abschnitt den weichen Schlamm auf, um dann das Wasser abzuschöpfen. Wenn der Tümpel fast geleert war, siebten sie den Rest aus. Binta nahm ihre Position auf der Schlammbank ein, und Rama hielt einen ausgebeulten, kegelförmigen Korb über den Rand des Dammes, damit Rama Schüsseln voller Wasser darübergießen konnte. Die Hitze war mörderisch. Weithin waren wir von steinhartem, salzverkrustetem Schlamm umgeben – einer polierten Stahlplatte gleich, die in alle Richtungen weißes Licht reflektierte. Obwohl sie stundenlang nichts tranken, redeten die beiden Frauen ununterbrochen miteinander und schenkten ihrer Tätigkeit so wenig Aufmerksamkeit wie nötig.

Binta war zu Beginn der Erntezeit zu ihrem älteren Schwager nach Serekunda gegangen. Es hatte geheißen, daß die ganze Familie dort auf Dauer leben solle, aber zur Beschneidung war sie zurückgekehrt. Jetzt behauptete sie, es sei dort einfach unbeschreiblich schön gewesen, und sie habe sich sehr darüber geärgert, daß ihr Mann sie zur Rückkehr gezwungen habe. Mir war jedoch noch in lebhafter Erinnerung, daß sie keineswegs einen besonders glücklichen Eindruck gemacht hatte, als ich sie in meinen Weihnachtsferien in Serekunda besucht hatte. Demba Tamba hatte vorausgesagt, in Kombo werde sie dick und schön werden, weil sie dort keine Feldarbeit machen müsse. Ich fand sie wirklich sehr schön, aber sie war so abgemagert, daß ich sie kaum wiedererkannte. Sie sei müde, erklärte sie. Kombo gefalle ihr, aber Dulaba ebenfalls. Als ich sie besuchte, stand ihre Rückkehr nach Dulaba kurz bevor, und sie schien sich darauf zu freuen. »Dulaba ist sehr schön!« wiederholte sie. In Serekunda hatte sie mit vielen anderen Frauen im Gehöft gelebt. Vielleicht war es nicht so einfach gewesen, sich bei all den Menschen, die sich schon lange kannten, einzugewöhnen. Seit sie wieder in Dulaba war, wirkte sie viel ruhiger und ausgeglichener, und trotzdem schien sie zu bedauern, daß dieser Abschnitt ihres Lebens vorüber sein sollte. Aber es war die Entscheidung ihres Mannes gewesen, und die war unumstößlich.

Rama war gute zehn Jahre älter als Binta, und da sie auf benachbarten Höfen wohnten, arbeiteten sie oft gemeinsam und verbrachten auch ihre freie Zeit zusammen. Rama, die eine sehr helle Haut besaß, wirkte resigniert und verbraucht.

Sie kündigte mir ihren Besuch für diesen Abend an, während Binta sagte, sie wolle eine Beziehung zu Jojo, meinem Dolmetscher anknüpfen. Ich sagte, er sei meiner Meinung nach mehr als interessiert.

»Er ist noch ein Junge«, sagte Binta. »Wahrscheinlich weiß er gar nicht, was er tun soll.«

»Probier's aus, und du wirst es erfahren«, meinte ich.

416

»Das stimmt«, gab sie zurück.

Ich sagte, mir sei zu Ohren gekommen, daß ihr Mann einen sehr guten Zaun um ihren Garten gebaut habe, und daß sie ihn inzwischen sehr liebe.

»Das stimmt überhaupt nicht«, widersprach sie. »Ich wollte mich von ihm scheiden lassen, aber diese Frau hier hat mich davon abgehalten.«

»Binta weigert sich immer, mit ihrem Ehemann zu schlafen«, sagte Rama. »Das ist doch nicht gut.«

Plötzlich sah ich einen silbernen Fisch im Korb – er schnellte in langen Sätzen auf dem groben Weidengeflecht hin und her. Ich verstand nicht, daß er nicht aus dem Korb sprang. Aber die beiden Frauen kümmerten sich gar nicht darum. Sie wußten, daß er nicht entkommen konnte, und wenn, dann würden sie eben einen neuen fangen. Mit der nächsten Ladung graubraunen Wassers, die in den Korb schwappte, kamen nämlich wieder fünf oder sechs Fische mit. Als die Frauen einige Hände voll gefangen hatten, legten sie ihre Beute in eine Emailleschüssel. Schließlich war der Tümpel völlig ausgetrocknet, und sie begannen, auf der anderen Seite des Weges einen anderen Abschnitt aufzuschütten.

Weiter in Richtung des Dorfes waren fünf junge Mädchen mit der gleichen Tätigkeit beschäftigt. Sie standen in einer Reihe, nur noch mit ihren Be-chos bekleidet, und schöpften in rhythmischen Bewegungen Wasser. Angesichts ihrer Nacktheit war ihnen meine Ankunft etwas suspekt. Sie waren zwar noch nicht verheiratet, aber es sollte demnächst geschehen, und während sie ihren Körper unbekümmert zeigten, verteidigten sie ihn gleichzeitig auf fast puritanische Weise.

»Mark, du siehst meinen Körper an«, sagte eine.

»Ist das schlecht?« fragte ich.

»Es ist schlecht«, antwortete sie.

Eine andere bat mich, ich solle ihnen helfen.

»Heh«, schalten die anderen. »Mach deine Arbeit selbst, anstatt die ganze Zeit mit Jungen zu schwatzen!«

»Mark«, sagte eine andere. »*I ba dala to* – du bist auf der Schwelle.«

»Und du bist in der Mitte – *I ba tema*«, erwiderte ich.

Damit löste ich Heiterkeit bei ihnen aus. Diese Art von Unterhaltung liebten die jungen Mädchen über alles. Man hörte die Sätze nachts auf der Dorfstraße, verführerisch aus der Dunkelheit gehaucht, oder an den Nachmittagen frech aus dem Schatten der

417

Mangobäume gerufen, unter denen die Frauen und Mädchen Erdnüsse schälten. »*I ba dala to – I ba tema.*« Wunderbare Worte, und obwohl man mir versichert hatte, daß sie »absolut nichts« bedeuteten, schafften sie es, ihnen jede nur erdenkliche Zweideutigkeit abzugewinnen.

Als sie ihren Tümpel ganz ausgeschöpft hatten, ließen sie sich bäuchlings auf der anderen Seite des Weges in das Wasser fallen und bespritzten sich gegenseitig. »Marky, nimm ein Bad mit uns!« riefen sie. Dann standen sie wieder auf und trotteten über den von der Sonne ausgetrockneten Schlamm in Richtung der Mangroven, um Schalentiere zu suchen, und hielten sich dabei als Blickschutz die Schüsseln über ihr Hinterteil.

Sona war nun hochschwanger und ähnelte einer großen Kugel mit Beinen. Sie saß am Rand des Dorfes im Staub, ihre Glieder von sich gespreizt, während sie mit einem an der Spitze abgeflachten Eisenstab Löcher in die Erde bohrte. Sie trug ein kanariengelbes Tiko, das in der Sonne leuchtete, aber sie wirkte abgespannt und erschöpft. In die Löcher steckte sie die Pfosten für den Zaun ihres Pfeffergartens. Jede Frau pflanzte während der Regenzeit einen solchen Garten. Vor zwei Jahren hatte Jarra Njai sich vom Erlös sogar ein eisernes Bettgestell kaufen können. Aber letztes Jahr war der größte Teil des Pfeffers von den Termiten gefressen worden, die sogar noch über die Hirsehalme des Zauns und die Pfosten hergefallen waren, so daß Schafe und Ziegen in die Gärten eindringen konnten und auch den Rest noch verwüsteten. Deshalb gab es in diesem Jahr kaum Saatgut. Tumbulu, deren Garten in der Nähe lag, hatte es geschafft, einer Nachbarin etwas Samen abzubetteln.

»Zuerst arbeitest du dich kaputt in diesem Garten«, sagte sie. »Und dann erntest du nichts.« Sie sah in die Samen auf ihrer Handfläche. »Wie klein sie sind! Wie schwierig es ist, sie zu bekommen! Und wie schnell sie zerstört sind!«

Inzwischen hatte ich beobachtet, daß nur wenige Frauen täglich fasteten, weil sie während ihrer Periode, einer Schwangerschaft oder einer Krankheit davon befreit waren. Fasten bringe niemanden um, hieß es zwar bei den Dorfbewohnern, aber sie sagten auch, es könne gefährlich sein. Im vorigen Jahr war Sona nach vierzehntägigem Fasten krank geworden. In diesem Jahr hatte sie trotz ihres Zustandes täglich gefastet, wollte aber morgen damit aufhören. Jarra Njai, die sich an die Komplikationen ihrer letzten

Schwangerschaft erinnerte, wollte überhaupt nicht fasten, und sie beabsichtigte auch nicht, dies nach der Entbindung nachzuholen. Das war natürlich nicht gerade gut im Hinblick auf das Jenseits, aber so war es nun mal. Natoma dagegen, fünfunddreißig Jahre alt und mit ihrem achten Kind schwanger, fastete eisern. Sie war nach Brikama gegangen, und obwohl das Fastengebot auch auf Reisen gar nicht galt, hatte sie es eingehalten. Schließlich wankte sie nur noch durch die Tür, wenn sie zur Arbeit ins Camp kam, und war kurze Zeit später auf dem Sofa vorzufinden. Sie erledigte ihre Aufgaben wie in Trance – als koste es sie eine besondere Willensanstrengung, ihre Glieder, von ihrem Bauch ganz abgesehen, durch das Haus zu schleppen.

Sobald eine Frau in den Wehen lag, wurden die Kinder hinausgescheucht, mehr zur Verhinderung von Lärm und Durcheinander, als deshalb, weil die Kinder nicht hätten zusehen dürfen. Natürlich schafften sie es, sich zum Schauplatz des Ereignisses zurückzuschleichen, sobald die Mutter entbunden hatte. Wenn die Geburt bei Nacht stattfand, blieben die Kinder sowieso in ihren Betten und verschliefen sie häufig sogar. Nur die jungen Mädchen kurz vor der Pubertät durften auf keinen Fall dabeisein, damit sie sich später nicht allzusehr vor ihren eigenen Entbindungen fürchteten.

Eine Gebärende durfte nie schreien, und wenn sie noch so starke Schmerzen verspürte, weil man glaubte, Schreien verlängere die Wehen. Tat sie es doch, dann wurde sie verspottet, so wie jede Frau, die Schmerzen nicht regungslos hinnahm.

Geburten waren Sache der Musakebas – der alten Frauen. Der Vater hatte am wenigsten von allen mit dem Ereignis zu tun. Man hielt es allgemein für schlecht, wenn ein Mann am Ort der Entbindung zugegen war. Während der Initiation wurde den Jungen gesagt, die Anwesenheit bei einer Geburt bringe ihnen für den Rest ihres Lebens Pech. Nur wenn die Frau keine andere Hilfe hatte, galt das nicht. Selbst in der Woche der Abgeschlossenheit nach der Entbindung mied ein Mann seine Frau, aus Angst, ihre Gegenwart würde die Kraft seiner Jujus schwächen.

Tumbulu zerstampfte mit Mba Filije am alten Mangobaum Getreide, und hielt plötzlich mitten in der Bewegung inne. Das Blut schien völlig aus ihrem Gesicht gewichen zu sein, nur ihre blautätowierten Lippen hatten noch etwas Farbe. Der Blick aus ihren eingefallenen Augen war direkt auf mich gerichtet, aber sie schien mich nicht zu sehen.

»Was ist los?« fragte ich.

»Was meinst du?«

»Gibt es ein Problem?«

»Ich faste. Das ist das Problem.« Dann grüßte sie mich nach allen Regeln der Kunst und stampfte weiter.

Es war nun heißer als je zuvor. Am Morgen, bevor ich das Haus verließ, fragte ich mich immer für einen kurzen Moment, was das für ein Druck war, der vom Dach herabsank, das Gehirn umklammerte und sich von Minute zu Minute steigerte. Dann begriff ich, daß es die Hitze des Tages nach der angenehmen nächtlichen Kühle war.

Die Frauen, die mittags von ihren Gärten zurückkehrten, ließen sich unter die Mangobäume an der Südseite des Dorfes fallen und schliefen sofort ein. Die verbrannten Reste der letzten Ernte lagen zusammengerecht in dicken, schwarzen Haufen auf der grauen Erde. Nichts bewegte sich außer den Adlern, die am blanken Himmel kreisten.

Manchmal am frühen Abend gab es Wolken, die der Wind zu sonderbaren, verwirrenden Formen zusammengetrieben hatte, wie von unsichtbarer Hand gemalte Schriftzeichen. Trotzdem konnten diese Vorzeichen baldiger Erlösung die Dorfbewohner wenig aufmuntern. Sie lehnten an den Verandapfeilern und warteten auf die Dunkelheit, mit verschleiertem Blick, matt und kraftlos, als ziehe das Blut in ihren Adern sie mit aller Kraft nach unten. Dies sei *sanjo*, sagten sie – Regen. Aber die Wolken garantierten noch lange nicht, daß es bald regnete oder daß es überhaupt irgendwann regnete.

Die erste Mahlzeit nach Sonnenuntergang konnte das Schwächegefühl der Fastenden nicht sofort beseitigen. Die Männer begaben sich nach dem Essen in die Moschee, so daß die im Ramadan vorgeschriebenen Abendgebete in den Gehöften von den Jungen angeführt wurden. Ihre schrillen Stimmen ertönten über die Dächer hinweg: »Gott ist groß! Gott ist der Größte!«, während hinter ihnen Mütter und Schwestern in der Dunkelheit ergeben dem Takt folgten, sich erhoben und hinknieten.

Erst nach ihrer zweiten Mahlzeit – sofern es eine gab – lebten sie wieder auf. Viele trafen sich dann allabendlich vor dem Quartier, wo Daoudas Fernsehgerät aufgestellt wurde. Die Bildschärfe ließ zwar sehr zu wünschen übrig, aber Daoudas Familie hatte noch keine Sendung versäumt, seit das Gerät eingetroffen war – unbeirrt von der Tatsache, daß die Programme aus dem Senegal fast ausschließlich in französischer Sprache ausgestrahlt wurden. Jetzt jedoch wurde das Gerät für den Zweck verwendet, für den es gekauft worden war: Die Fußballweltmeisterschaft. Heute abend spielte England gegen Marokko! Außer Daouda und mir machten alle Stimmung für Marokko – nicht aus politischen, ethnischen oder religiösen Gründen, sondern einfach deshalb, weil sie gewannen. Die Halbzeit wurde wie üblich mit »internationaler Musik« überbrückt. Eine junge Frau von levantinischem Aussehen, in durchsichtige Tücher gehüllt, sang: »Ich kann es nicht erwarten, bis du mich berührst.« Es hörte sich an, als erlebe sie gerade einen Orgasmus und verstünde ihre merkwürdig formulierten Sätze selbst nicht ganz. Alle johlten und brüllten dazu und warfen mir Blicke zu, um herauszufinden, ob das Lied mich zu irgendeiner Reaktion hinreißen konnte. »Tubab-Musik«, sagten sie immer wieder. »Tubab-Musik.«

Täglich wurde eine Nachrichtensendung aus Südafrika gezeigt, in der – größtenteils weiße – Polizisten auf unbewaffnete schwarze Demonstranten losgingen und in die Menge schossen. Es war merkwürdig mitanzusehen, wie die Mitglieder einer von Langsamkeit und Ruhe geprägten Gesellschaft, die bis vor wenigen Wochen noch nie ein Fernsehgerät gesehen hatten, nun diesen schnellen und wilden Bildern ausgesetzt waren. Graue und weiße Gestalten flimmerten, Peitschen und Stöcke schwingend, an ihnen vorbei, Fahrzeuge rasten offensichtlich willkürlich in schutzlose Menschenmengen – die Bilder jagten einander und stürmten auf die Zuschauer ein. Die Tatsache, daß niemand auch nur ein Wort der Kommentare verstand, verstärkte unsere tiefe Betroffenheit.

Ndey-Toutis Blick wanderte vom Fernseher zu mir und dann wieder zurück. Es hatte keinen Sinn, ihr zu erklären, daß die Tubabs von Südafrika etwas ganz anderes waren als die Tubabs in England. Sie hatte noch nie zuvor von Südafrika gehört, und sie hätte auch nichts damit anfangen können, wenn es so gewesen wäre. Sie wußte nicht, was eine Landkarte war. Für sie war alles Teil des globalen Konflikts zwischen Weiß und Schwarz, und wenn ihr eigenes Land ihn nicht in diesem Ausmaß zu spüren bekam, dann war das einzig und allein der Barmherzigkeit Gottes zu verdanken.

Die vierzig Trauertage von Fatounding und Isatou waren seit längerem verstrichen, und ich hatte das Gefühl, daß ich sie nun zu ihrer Situation befragen konnte. Allerdings sagten mir einige, und besonders Jojo, der ja dolmetschen mußte, mein Vorhaben sei unvernünftig, sogar grausam. Ich stimmte ihm zu. Aber ich hatte das Gefühl, daß ich es tun mußte. Im Fernsehen sah man solche Interviews schließlich andauernd. Warum sollte ich es also nicht auch versuchen?

Fatounding saß im Haus ihres verstorbenen Mannes auf dem Boden und schälte mit ihrer Schwiegermutter N'na Erdnüsse. So gut wie alle Früchte waren von den Maden angefressen worden, und sie zerbröselten zwischen ihren Fingern zu Pulver. Ich fragte Fatounding, ob sie einverstanden sei, wenn ich mich mit ihnen unterhalte und das Gespräch aufzeichne. Sie meinte, es sei kein Problem. Ich könne sofort damit beginnen oder kommen, wann immer ich wolle.

Von Isatou hatte ich anfangs noch den Eindruck gehabt, als finde sie sich mit dem Tod ihres Mannes am besten ab. Seit neuestem jedoch war sie immer launischer und unzugänglicher geworden. Ich sah sie oft im Kinderzentrum, wenn sie ihre Tochter Haminate auf dem Schoß hielt und ihr gleichgültig Brei in den Mund stopfte, während sie selbst abwesend in die Ferne starrte. »Was ist los?« fragte ich sie. »*Mbe miro*«, antwortete sie dann. »Ich denke nach.«

Jetzt trat sie gerade aus der Kochhütte. »Ich möchte nicht mit dir sprechen«, sagte sie. »Die Zeit wird kommen, und dann rede ich mit dir. Aber jetzt nicht. Es geht vorbei. Ich kann jetzt nicht so mit dir reden, wie ich es nach der Geburt meines Kindes getan habe. Ich *kann nicht*! In unserer Lage ist das nicht gut für uns.« Sie teilte mir das freundlich und ohne den Anflug eines Vorwurfes mit.

Da ich sichergehen wollte, daß ich sie absolut richtig verstanden hatte, kehrte ich kurze Zeit später mit Jojo zurück. Nun saßen alle drei Frauen auf dem Boden und schälten Erdnüsse. Isatou wiederholte, was sie gesagt hatte, und fügte hinzu: »Wir sind junge Frauen. Wir können über diese Dinge jetzt nicht sprechen.« Mittlerweile begriff ich, daß sie sehr aufgeregt war. Fatounding wandte ihren Blick nicht von den Erdnüssen, die sie auf dem Betonboden aufschlug. »Ich sagte, es ist kein Problem, aber bitte laß es jetzt gut sein.« Sie strahlte eine Mischung aus Trauer, Ärger und Verletzbarkeit aus, die einen herzerweichenden Gegensatz zu ihrem großen, harten Gesicht bildete. Ich hielt es für besser zu gehen, bevor sie in Tränen ausbrach. »Vielleicht können wir mit dir sprechen, wenn wir unsere Tikos und die großen Jujus abgelegt haben. Aber solange wir sie noch tragen, geht es nicht. Wir können uns über andere Dinge unterhalten, wenn du willst, aber deine Fragen beantworten – das ist unmöglich.«

Mir wurde klar, daß der Schmerz und die Verlustgefühle, die wir in unserer Kultur für »spontan«, »natürlich« und für völlig berechtigt halten, in ihrer Gesellschaft von den verschiedenen Ritualen nach dem Tod absorbiert wurden – in der Totenklage, dem Anlegen und Ablegen der Tikos und Jujus. Es war sinnlos, die Menschen zu fragen, ob sie ihre Totenklagen so »meinten« – ob sie damit ihre wahren Empfindungen ausdrückten, oder ob sie nur eine rituelle Handlung darstellten. Für sie existierte kein Unterschied zwischen den beiden Dingen. Sie führten kein Interview mit mir, weil sie noch ihre Tikos und Safos trugen. Natürlich empfanden sie auch Trauer, aber diese war untrennbar an die äußeren Zeichen dafür geknüpft. Dies bewahrte sie davor, sich zu sehr in ihrem Schmerz zu verstricken.

Die Frauen von Dulaba glaubten fest daran, daß es bestimmte Männer gab, die sie heiraten *mußten*, weil sie aufgrund ihrer Abstammung besonders dafür in Frage kamen. Wenn dann trotzdem nichts daraus wurde, bezeichneten sie diese Auserwählten manchmal trotzdem als ihre Ehemänner.

Es war Tradition, daß eine Frau der Tochter ihres Bruders wenige Stunden nach der Geburt eine Schnur um das Handgelenk wickelte, um sie damit als zukünftige Frau für ihren Sohn zu beanspruchen. Obwohl dieser Brauch immer seltener praktiziert wurde, heirateten noch viele Frauen nahe Verwandte. Jarra Njais Mutter war eine Cousine ersten Grades zu ihrem Mann. Sonas Vater und der Vater ihres Mannes stammten von dem gleichen Großvater ab. Die Mutter von Munyas Mann war gleichzeitig ihre Tante. Ein solcher Partner war natürlich viel mehr als nur ein Ehemann. Es war tatsächlich üblich, daß eine Frau ihren Mann niemals mit seinem Namen anredete. Sie nannte ihn *nkoto*, »meinen älteren Bruder«.

All dies trug dazu bei, eine Eheschließung als etwas Zwangsläufiges anzusehen. Eine Frau heiratete einen Mann nicht allein deshalb, weil ihr Vater das wünschte, nicht einmal nur deshalb, weil Gott es so wollte, sondern weil die Tradition ihn zu ihrem einzig richtigen und möglichen Partner bestimmte. Damit lastete ein immenser Druck auf der Frau, diesen Mann zu akzeptieren – ein Druck, den nicht alleine Familie und Moral ausübten und der sogar mit physischen Mitteln durchgesetzt wurde, sondern den die Frau selbst verinnerlicht hatte, weil es um ihre Persönlichkeit und ihr Selbstwertgefühl ging. Wenn sie daran zweifelte, ob dieser Mann nun »richtig« für sie war, stellte sie gleichzeitig ihre ganze Existenz in Frage.

Schließlich glaubte ich, die Lösung für das Rätsel gefunden zu haben, das Fatounding für mich immer dargestellt hatte. Seit ich sie kannte, hatte ich mich immer wieder gefragt, wie ich eine Frau beschreiben konnte, die nur physisch zu existieren schien. Als ich nun vor ihr stand, war es offensichtlich, daß sie eine der bemerkenswertesten Persönlichkeiten im Dorf war. Trotzdem gab es objektiv gesehen wenig, was sie von Tausenden anderer Frauen unterschieden hätte. Sie hatte immer das getan, was von einer Frau ihres Volkes erwartet wurde, und sie hatte auch nie einen anderen Wunsch gehabt. Aus ihrer Sicht war sie kein Individuum, das frei über sein Leben entscheiden konnte. Dabei war sie keineswegs eingesperrt, sondern sie gehörte einfach zu dem Stamm und den Menschen, die ihr das Leben gegeben hatten. Sie kannte nichts anderes, und nachdem sie beobachtet hatte, daß in ihrer Umgebung alle genau die Entwicklung nahmen, die schon ihre Großmütter durchlaufen hatten, betrachtete sie sich als untrennbaren Teil eines Ganzen. Fatounding war eine Mandingo. Sie sah sich als Mandingo und konnte sich nicht vorstellen, etwas anderes zu sein.

Wenn ich Munya im Gehöft ihres Mannes sah, gewann ich den Eindruck, daß sie an Persönlichkeit gewonnen hatte. Sie wirkte weiblicher und bestimmter in ihren Bewegungen und ihrem Verhalten. Sie war nicht mehr einfach nur da, wie im Gehöft ihrer Adoptivmutter, sondern jetzt war sie ein selbständiger Mensch, der sich eine Position unter all den anderen Frauen schaffen mußte, die in das Gehöft eingeheiratet hatten. Man hätte denken können, sie wäre von einem Tag auf den anderen erwachsen geworden.

Trotzdem brachte meistens noch ihre Adoptivmutter Gunjur den Sohn Omar zur täglichen Mahlzeit ins Kinderzentrum. Er kränkelte nicht mehr so wie früher, war aber immer noch sehr zierlich für sein Alter, und alle fanden ihn ganz reizend. Er hatte eine sehr helle Haut und war schon bekannt für seine lauten, einsilbigen Begeisterungsrufe. Immer noch lag in der Art, wie Munya ihn behandelte, etwas Grobes, ein Mangel an Zärtlichkeit und Zuneigung, als wüßte sie nicht genau, was sie mit ihm anfangen sollte.

Letztendlich aber würde Munya trotz allem versuchen, ihren Mann und seine Kinder zu akzeptieren, denn eines Tages würde er derjenige sein, der sie in ihr Grab geleiten würde.

Gegen neun Uhr am Morgen des siebenundzwanzigsten Fastentages wurde eine Kuh vor dem Eingang von Baba Kunda geschlachtet, deren Fleisch für das Fest am Gebetstag verkauft werden sollte. Ein kleiner Menschenauflauf hatte sich um Jarjeis Vater versammelt, der ein langes, gerades Buschmesser schwang und die glänzenden Keulen zerteilte. Dann wurden die Eingeweide herausgenommen, und die glitschigen grauen Därme glitten in den Staub. Der Kopf war mehr oder weniger vollständig abgehackt und lag nun auf dem Boden, die starren Augen gleichgültig auf die gegenüberliegenden Häuser gerichtet.

Seit dem Morgengrauen waren schon alle auf den Beinen, weil heute das Kitimo-Fest begangen wurde, das an die Offenbarung des Heiligen Korans erinnerte. Es handelte sich stets um eine fröhliche Angelegenheit, nicht nur, weil die Menschen wirklich dankbar für das heilige Buch waren, sondern auch, weil das Ende des Ramadans nahe war. Alle warteten darauf, mit dem Singen der beliebten Su-kwos, der Lieder des Allmächtigen Gottes, zu beginnen, aber die Predigten der beiden jungen Koranlehrer zogen sich ungewöhnlich in die Länge. Überraschenderweise schlugen die beiden jungen Männer, die ich bisher immer nur sanft und liebenswürdig erlebt hatte, einen barschen, sogar verurteilenden Ton an. Stunde um Stunde ereiferten sie sich über Heiden aller Art: Rastas, Hindus – »die die Geschlechtsteile ihrer Mütter verehren« – und besonders Briten, die durch *Action Aid* und die Katholischen Hilfsdienste im Land repräsentiert wurden.

Als Brite und darüber hinaus einzig anwesender Vertreter der Mächte der Ungläubigen hätte mir das Grund zu einigem Unbehagen geben müssen. Aber ich konnte mir kaum vorstellen, daß diese Rhetorik tatsächlich einen Stimmungsumschwung der Zuhörer gegen mich bewirkte – falls sie überhaupt zuhörten. Tatsächlich gab es, als es auf vier Uhr zuging, kaum jemand, der noch nicht eingeschlafen war.

Es kamen immer mehr Menschen zur Verteilung des Fleisches.

Ich erblickte Daouda, Lamin und Buba Samate, die mit dem MRC-Landrover eintrafen. Auch meine »Person« war dort. Da ich sie schon seit längerem nicht mehr gesehen hatte, nutzte ich die Gelegenheit, um sie, eigentlich zum erstenmal, eingehend zu betrachten, nach außen hin natürlich völliges Desinteresse vortäuschend. Sie lehnte am Hirsestrohzaun des Gehöfts und hatte eine große Emailleschüssel dabei. Immer wenn ich sie sah, war sie mit einer großen Schüssel, einem Eimer oder einem anderen Behälter beladen. Wie alle Frauen ging sie langsamen Schrittes – trotzdem hatte ich sie schon zweimal rennen sehen, als sie sich unbeobachtet glaubte, zwar ziemlich unbeholfen, aber mit offensichtlichem Vergnügen. Sie sah stets sauber und ordentlich aus und wirkte ruhig und gelassen – mit einem runden, schwarzen Gesicht, das hübsch, aber anscheinend ausdruckslos war. Kein Wunder, daß sie in der Menge der Frauen nicht auffiel und ich sie lange Zeit kaum wahrgenommen hatte. Ihren großen Augen – das Weiße darin hob sich überdeutlich ab – entging jedoch nichts. Sie sah, wie das Fleisch zerteilt wurde, und sie sah, wer ankam und wer mit wem redete. Ihr Gehöft lag nicht weit von der alten Apotheke entfernt, die zwischen einer Gruppe von Mangobäumen stand. Diese bot den Feldarbeitern des ITC Unterkunft, die dem Dorf allmonatlich mit Dr. Snow einen Besuch abstatteten. Während des letzten Besuchs hatte ich beobachtet, wie sie den Pfad zwischen den Bäumen entlangschlenderte und dabei nach außen hin völlig lässig wirkte, aber auf dem Gesicht den gleichen, leicht entschlossenen Ausdruck trug, den sie immer gehabt hatte, wenn sie zu mir gekommen war. Ich wußte, daß sie aus jedem Stelldichein Stärke und eine gewisse Unabhängigkeit schöpfte. Schließlich mußte sie sich wie alle Frauen tagtäglich den Anweisungen der Männer fügen, und nur in ihrer eigenen geheimen Welt hielt sie die Fäden selbst in der Hand. Auch das Geheimnisvolle und Gefährliche an der Sache gehörte für sie dazu. Sie machte nicht den Eindruck, als glaube sie allen Ernstes daran, ein Geist nehme sie in Besitz, wenn sie zu einem Mann ging. Eher wirkte sie wie eine Frau, die genau wußte, was sie tat.

Einer der Männer ergriff eine Axt und spaltete damit die Vorderfüße des Tieres, die dann mit Messern in kleinere Teile zerschnitten wurden. Die Fleischstücke wurden auf das nahegelegene Bentengo geworfen, gefolgt von denjenigen Innereien, die man für eßbar hielt.

Zwei Tage später, an einem grauen, bewölkten Morgen, gebar Jarra Njai ihr Kind. Ich rannte ins Gehöft, wo ich sie hinter dem Haus der Frauen neben der Kochhütte auf der Erde vorfand. Sie lag auf der Seite, den Kopf in die Hände gebettet und die Knie leicht nach oben gezogen. Nicht weit entfernt von ihr sah ich die Nachgeburt, die man wohl in einer bestimmten Absicht dort ausgebreitet hatte, und vor ihr das Kind auf einem Haufen nicht gerade sauberer Lumpen. Nafi Sahos Schwiegermutter saß auf einem Holzstoß und starrte vor sich hin. Diese Szene im ockerfarbenen Staub erinnerte mich an Motive auf einem Wappenschild. Nichts bewegte sich. Jarra Njai hatte ihre Augen leicht geöffnet, aber nur das Weiße war sichtbar. Die Rückseite ihres Wickelrocks war mit Staub und Blut getränkt. Neben ihrem Kopf glänzte eine weitere Pfütze aus Blut, dick und dunkel, wie scharlachrote Ölfarbe. In der Mitte dieser Lache lag eine Schnur, die, aus welchen Gründen auch immer, an einem Mahlbrett befestigt worden war.

Mba Filije, Jarra Njais Mutter, erschien mit einem Wasserbehälter, und plötzlich füllte sich der Hof mit Menschen, die alle ebenfalls Wasser mitbrachten. Mamanding Janno lachte schallend. »Kaum hat Mark erfahren, daß Jarra Njai entbunden hat, ist er so schnell losgerannt, daß er beinahe seine Hosen verloren hätte.« Alle lachten. Sogar Jarra Njai brachte ein Kichern zustande.

Janno sah das Kind an. »Möge Gott das Leben dieses Kindes verlängern. Möge Gott sie zu einer Muslimin machen und ihr Schamgefühl geben, damit sie ein gutes Mädchen wird.«

Das Neugeborene war mit weißlichem Schleim bedeckt, der auf dem Kopf in eine grünliche Masse überging. Filije, Kaugummi kauend, hob es auf und begann es kräftig mit einem eingeseiften Tuch abzureiben. Das Kind protestierte nicht, als es manchmal nur mit einer Hand hochgehoben und mit Wasser übergossen wurde, bis seine rosafarbene Haut erschien. Dann wurde es schnell in ein anderes Stück Stoff gewickelt, das auch nicht mehr ganz frisch aussah.

Schließlich wurde die Nachgeburt im Sand des Waschbereichs vergraben. Das Mahlbrett samt der Schnur, mit deren Hilfe sie weggezogen worden war, wurde darübergelegt, um sie vor Hexen zu schützen, die auf diesem Weg dem Kind hätten Schaden zufügen können.

Eine Stunde später saß eine bleiche Jarra Njai auf dem Boden im Haus der Frauen, das ungewöhnlich sauber und aufgeräumt war. Die Betten waren gemacht und der Boden gefegt worden, und es war nur ganz wenig Müll verstreut. Das Baby lag in sein Tuch gehüllt auf einem Bett. Jarra Njais Schwiegermutter reichte es ihr, und sie begann es zu stillen.

Nun kehrten auch die Kinder zurück, die man zu Filije geschickt hatte, um sie aus dem Weg zu haben. Jarra Njais Vater und ihr Mann, Kemoring, kamen ebenfalls wieder. Sie berichteten, in Mauretanien, Mali und Guinea sei der Mond schon gesichtet worden. In Banjul und an der Küste hätten die Menschen schon aufgehört zu fasten und mit den Gebeten begonnen. Auch Kemoring fastete nicht mehr und konnte nicht verstehen, daß die anderen im Dorf es ihm nicht gleichtaten. »Sie wollen die anderen nur ärgern«, meinte er.

Jarra Njai war erschöpft. Aber sie tat ihr Bestes, um sich an der Unterhaltung zu beteiligen. Es war ein glücklicher Tag, dieser letzte Tag des Ramadans, und sie hatte komplikationslos entbunden.

Am Nachmittag wuschen die Frauen und Mädchen ihre Kleider für den Gebetstag. Als es dunkel wurde, eilten alle ins Freie, Plastikbecher und alte Dosen mit Tee in den Händen haltend, und warteten auf den Mond. Dunkle, rosafarbene Wolken zogen verheißungsvoll am Horizont auf, während hoch darüber die ersten Sterne aufgingen. Vom Mond aber keine Spur.

»Dort ist er, dort.«

»Wo?«

»Dort drüben.«

»Kannst du ihn sehen?«

»Nein.«

»Ich sehe ihn.«

»Du Lügner.«

»In Li Kunda haben sie ihn schon gesehen.«

»Mag sein, hier jedenfalls ist er nicht zu sehen.«

Als ich gehen wollte, stieß ich mit einem Mann zusammen, der vom Gehöft Li Kunda gerannt kam. »Wir haben den Mond gesehen«, rief er.

»Wo?« fragte ich.

»Wir haben ihn gesehen«, wiederholte er.

Ich eilte die Dorfstraße hinunter, immer wieder über den Saum des hellblauen Gewands stolpernd, das ich mir von Sanyang geborgt hatte. Ich war spät dran, neun Uhr dreißig, und die Sonne brannte schon. Weiter unten auf der Straße erkannte ich eine große Menschenmenge, und weiße Kleider blitzten im dunstigen Schein der Sonne auf. Die Ältesten aus den Gründergehöften führten die Prozessionen aus den jeweiligen *kabylos* zur Moschee an, und unterwegs kamen immer mehr Menschen hinzu. Ich gesellte mich zur Gruppe des Kabylos von Li Kunda, die sich zwischen den Gehöften von Mbara Kunda und Bakary Kunda hindurchbewegte, die Hände im Gebet erhoben. Die einzelnen Teilnehmer murmelten zwar nur, aber vereint hörten sie sich wie ein brausender Zug an. Sie hinterließen eine Staubwolke in der Luft.

Jenseits des Friedhofs stand die Sonne, die uns blendend grell entgegenstrahlte. Wir saßen auf unseren Matten, kurz davor, direkt in sie hineinzubeten, so als stünde eine große und schreckliche Macht vor uns – was genaugenommen auch stimmte. Über uns ragten die Zweige der Affenbrotbäume in den Himmel, wie Metall glänzend und schutzlos dem Licht preisgegeben, das diese Landschaft so grundlegend von der unterschied, aus der ich stammte.

16

NDEYSAN, DER MOND UND
DIE STERNE!

Ich kehrte von der Küste zurück und hatte den MRC-Peugeot voll-
geladen mit Lebensmitteln für meine »Abschiedsparty«. Dieses
Ereignis war praktisch schon vom Augenblick meiner Ankunft an
mit Spannung erwartet worden. Es hatte sich im MRC eingebürgert, daß die Europäer zu ihrem Abschied ein Fest für die Menschen gaben, die an ihrer Arbeit mitgewirkt hatten, und nun
stürzte ich mich in die organisatorischen Details. Im Vorfeld dieser Partys, in denen europäische und afrikanische Traditionen
verschmolzen, kam es regelmäßig zu geheimnisvollen Spannungen. Manche Gäste weigerten sich plötzlich zu kommen – häufig
gerade diejenigen, für die das Fest gegeben wurde. Unverständ-
liche und häufig gewalttätige Auseinandersetzungen brachen
aus, während das Essen gekocht und serviert wurde, bestimmte
Gruppen streuten aus Eifersucht und Groll die wildesten Gerüchte
aus, und immer landete weniger Essen in den Schüsseln der Gäste
als nach den eingekauften Lebensmitteln zu erwarten gewesen
wäre. Als Außenstehender wußte man nie, was eigentlich genau
vor sich ging. Um so mehr munkelten statt dessen die Eingeweihten, daß »die Sache nicht korrekt gelaufen« sei und »zu viele
Hände an den Vorräten« gewesen seien.

Weil ich zumindest einige dieser Konflikte von vornherein vermeiden wollte, beschloß ich, sämtliche Frauen des Dorfes einzuladen. Was die Bewirtung anging, galt zwar *benakino*, Reis mit viel
Öl, gemeinhin als das Party-Essen und wurde somit auch erwartet, aber leider war es auch unerschwinglich teuer angesichts der
zu erwartenden Gästezahl. Ich wollte statt dessen *nyankatango*
kochen – gekochten Reis mit Trockenfisch, rohen zerstampften
Erdnüssen und den schwarzen Samen des Netto-Baumes – ein
wunderbar herzhaftes und sättigendes Gericht. Doch Demba
Tamba und Yaya Bojang waren schlichtweg entsetzt über diesen
schändlich knauserigen Vorschlag. Demba warnte mich eindringlich: »Wenn du das wirklich tust, dann wird niemand kommen,

außer vielleicht Pa Seydu (Lamin Jarjous zweijähriger Sohn, das unbeliebteste Kind des ganzen Gehöfts) und Ramou Jagnes Kinder.«

Was sprach gegen Nyankatango? Mir schmeckte es.

»Die Leute wollen Öl«, erklärte Yaya. »Wenn sie das Essen in die Finger nehmen und das Öl ihnen bis zum Ellbogen rinnt, dann sind sie zufrieden. Wenn nicht, dann verfluchen sie dich.«

»Du erinnerst dich doch an George. Bei ihm hat es keinen Reis gegeben, sondern Brot und *achora*, diese Ölsoße. Prompt haben alle gesagt, das sei nichts weiter als eine *biskitiparti* gewesen – eine Keksparty.«

»Aber damals gab es nirgends Reis«, wandte ich ein.

»Das spielt keine Rolle.«

Schließlich begriff ich, daß ich auf sie hören mußte, selbst wenn das meinen finanziellen Ruin bedeutete. Wie die Mandingos sagten: »*Duniya beteng ne*« – »So ist die Welt nun einmal.«

Also belud ich das Auto mit Säcken und Plastiktüten voller weißer Kartoffeln (die sie *pomdeterro* nannten), Süßkartoffeln mit scharlachroter Schale *(patatos)*, Auberginen, Maniokfrüchten – deren riesige Knollen wie Baumstümpfe aus dem Kofferraum ragten –, *kani ba* (große Pfefferfrüchte), rotem Chili und schwarzem Pfeffer. Auch Lorbeerblätter, Knoblauch, drei verschiedene Sorten von Maggi-Würfeln und sechs Kilo Tomatenmark waren dabei, außerdem fünf Pakete Attaya und fünf große Plastiktüten mit Zucker, die so prall gefüllt waren, daß ich Angst hatte, sie würden jeden Moment platzen. Mein Kühlschrank quoll über vor Zwiebeln aus dem Garten des Kurung Kafos, und jedesmal, wenn ich die Tür öffnete, purzelten sie mir entgegen.

Nun blieb noch zu klären, wie ich das Öl beschaffen sollte. Speiseöl war weder in Dulaba noch in den Nachbardörfern erhältlich, und auf den Märkten an der Küste wurde es nur tassenweise verkauft, was bei den Mengen, die ich benötigte, eine ruinöse Angelegenheit war. Pa Konte jedoch hatte einen Freund, der im Regierungsdepot in Sibanor arbeitete. Die Katholischen Hilfsdienste belieferten es mit Öl, das als Nahrungszusatz für die Kinder bestimmt war. Aber weil sie regelmäßig zu große Mengen schickten, verkaufte Pas Freund den Rest faßweise. »Ist das nicht Korruption?« hatte ich gefragt. Pa hatte gelacht. »Natürlich ist das Korruption. Glaubst du, du kannst in Gambia leben, ohne korrupt zu sein?« Ich gab ihm das Geld für zwei Fässer.

Es war schon dunkel, als ich nach Dulaba zurückkehrte. Kaum hatte ich meine Vorräte ins Haus geschleppt, tauchte schon Jarra Njai an der Verandatür auf. Ich zeigte ihr alles, was ich eingekauft hatte, und sie war sichtlich zufrieden. »Das ist sehr gut«, meinte sie und riet mir, alles sicher einzuschließen.

Etwas später kam sie mit Ami Marong zurück. Auch sie begutachtete die Zutaten – das »Material«, wie sie es nannten. »Das ist sehr, sehr gut«, urteilte auch sie. Ungeachtet der späten Stunde bestanden die beiden Frauen auf einem sofortigen Treffen, und Jojo wurde aus dem Quartier gerufen, um zu dolmetschen. Langer Rede kurzer Sinn: Das Saniyoro Kafo wollte das Kommando über die Organisation der Party übernehmen. Ich erklärte ihnen, daß ich mir bestimmt Vorwürfe einhandeln würde, wenn ich ein Kafo einem anderen vorzog. Ich schlug vor, die Führerinnen aller Frauenkafos einzuberufen und dann gemeinsam zu beraten, wie die Party organisiert werden solle. Wenn jede sah, was die andere tat, würde bestimmt nichts schiefgehen. Jarra Njai und Ami konnten dieser Idee leider gar nichts abgewinnen. Sie hatten das Fest schon zu planen begonnen, kurz nachdem ich angekommen war. Um welches Kafo in Dulaba hatte ich mich so gekümmert wie um ihres? Und welches Kafo hatte so viel für mich getan wie ihres? Es war nur recht und billig, daß sie die Party organisierten. Wenn die anderen Kafos auch noch mitmischten, würde ihnen alles aus den Händen gleiten. Neben den älteren Frauen wie Safi Mama und den übrigen waren sie aber praktisch Kinder, und deshalb kam ein Streit mit ihnen überhaupt nicht in Frage. Sie versprachen mir, die Party werde ein voller Erfolg werden, wenn ich sie nur ihnen überließe. Jeder Gast werde essen und tanzen und zufrieden wieder nach Hause gehen. Das wagte ich jedoch zu bezweifeln. Ich konnte mir die Vorwürfe schon ausmalen, die ich mir damit einhandeln würde.

Gut, erklärten sie. Es gab drei Säcke Reis. Einen sollte ich ihnen geben, einen dem Saniyoro Kafo aus Karafa Kunda, und einen den anderen Dorffrauen. Ich sagte, das werde ich auf gar keinen Fall tun. Sie gingen, und der Abend endete in allseitigem Ärger und Mißtrauen.

Es dauerte lange, bis ich in den Schlaf fand. Ich sehnte den Augenblick herbei, an dem mein Flugzeug in Dakar abheben würde. Als ich schließlich einschlief, sah ich mich an Bord eines Flugzeugs, das in die Dunkelheit aufstieg, und der Zucker, den ich für die Party gekauft hatte, rieselte wie Schnee vom Himmel.

In den frühen Morgenstunden erwachte ich mit dem eisigen Gewissen eines Verbrechers – mit einem Schlag begriff ich, daß das Öl, das Pa für mich in Sibanor kaufen würde, nicht aus irgendeinem Überschußdepot stammte, sondern den Kindern schlicht geklaut wurde. Im Grunde hatte ich es doch von Anfang an gewußt. Was hatte ich mir nur dabei gedacht? Was war hier nur aus mir geworden? Wie konnte ich so etwas tun?

Sobald es hell war, wollte ich mich um einen Platz im Auto von Susan Lawrence kümmern, die heute abreiste. Ich wollte nach Nioro Jattaba gehen, in der Nähe von Sankandi, wo Pa arbeitete, und ihm sagen, daß er nicht nach Sibanor gehen solle. Dann würde ich weiter nach Serekunda fahren und das Öl tassenweise kaufen, so wie jeder anständige Mensch es von Anfang an getan hätte.

Bei Morgengrauen sah ich Jojo auf der Veranda des Quartiers. Er hatte lange Zeit in Sibanor gelebt und bestätigte meine Vermutung. »Sie verkaufen Öl, das den Kindern gehört, während ihre Mütter danebenstehen und zusehen müssen. Sie wissen alle nur zu genau, was los ist, aber keine traut sich, etwas zu sagen.«

Ich mußte Pa unter allen Umständen noch erreichen.

Ich ergatterte einen Platz in Susans Auto, nur um bei meiner Ankunft zu erfahren, daß Pa meilenweit entfernt im Busch arbeitete, wo ich ihn niemals finden würde. Jojo sollte nach Tankular gehen und den Fisch für die Party besorgen – Schafe oder Ziegen gab es nur zu abenteuerlichen Preisen. Jetzt erfuhr ich auch noch, daß Fisch knapp war – es hatte etwas mit dem Wind zu tun, der die Oberfläche des Wassers aufrührte. Ich beschloß, die Party eben von Samstag auf Montag zu verschieben. Irgendwann erhielt ich noch die Nachricht, daß die Ältesten des Saniyoro Kafos auf mich warteten, um eine dringende Versammlung in Jarra Njais Gehöft abzuhalten.

In der Zwischenzeit erklärte sich einer von Pas Kollegen bereit, mit dem Motorrad nach Nioro Jattaba zu fahren, um das Geld für das Öl wiederzuholen, und Richard, der nicht mitansehen konnte, wie die Party der sicheren Katastrophe entgegensteuerte, bot mir Speiseöl aus den Beständen des Kinderzentrums an, unter der Bedingung, daß ich es vor meiner Abreise ersetzte. Ich wußte zwar nicht, wie ich das bewerkstelligen sollte, aber ich stimmte zu. Also wurde die Party wieder auf Samstag angesetzt. Ich ging mit Alioune Sware nach Tankular und Joli, um den Fischern Bescheid zu geben, daß wir ihren gesamten Fang aufkaufen wollten.

433

Bei meiner Rückkehr erwarteten mich Natoma und Mabinta im Wohnzimmer von Haus Eins. Ich bekam gesagt, daß sie immerhin für mich arbeiteten und es deshalb als große Schande betrachten würden, wenn ich sie nicht an der Organisation meiner Party beteiligte. Ich erwiderte, das sei doch kein Problem, da ja auch viele andere Frauen in Jarra Njais Gehöft kommen und beim Kochen helfen würden. Mabinta aber wies mich darauf hin, daß sie und Natoma einer höheren Altersgruppe als Jarra Njai angehörten und es damit ein Ding der Unmöglichkeit sei, zu ihr ins Gehöft zu gehen. Ob es nicht besser sei, wenn das Saniyoro Kafo das Essen in Mabintas Gehöft bringe, um dort zu kochen? Ich sagte, ich wolle mir das überlegen.

Spätnachmittags erhielt ich die Nachricht, ich solle sofort nach Tankular kommen, um den Fisch abzuholen, und außerdem erwartete mich das Saniyoro Kafo zu einer dringenden Versammlung in Jarra Njais Gehöft. Ich besuchte zuerst die Versammlung, begleitet von Alioune. Die grimmigen, betont kühlen Mienen der Frauen verhießen nichts Gutes. Was genau ich nun vorhabe, wollten sie wissen. Für wen sollte diese Party eigentlich sein? Für sie? Für das Saniyoro Kafo von Karafa Kunda? Oder für alle Frauen des Dorfes?

»Mark war gestern abend sehr grob zu mir«, sagte Ami Marong gerade. »Ich konnte zwar nicht alles verstehen, was er sagte, aber auf alle Fälle war er sehr unfreundlich.«

Ich erklärte, die Party sei für alle Frauen im Dorf. Ich habe zwar auch das Saniyoro Kafo aus Karafa Kunda eingeladen, aber der eigentliche Sinn des Festes sei der, mich bei sämtlichen Frauen in Dulaba zu bedanken, weil sie alle mir in irgendeiner Form geholfen hatten und freundlich zu mir gewesen waren. Jede Frau in Dulaba wäre zu Recht verletzt, wenn sie nicht eingeladen wurde.

»Das ist schon richtig, was du sagst«, meinten sie. »Aber wer organisiert die Party?«

»Ihr«, sagte ich.

»Und wo soll gekocht werden?«

»Hier.«

Eine Welle der Erleichterung ging durch die Versammlung.

»Ist das in Ordnung?« fragte ich Jarra Njai.

»Mark«, antwortete sie, »du hast mich heute sehr verwirrt. Aber jetzt ist alles in Ordnung.«

Ich bat sie darum, die Führerinnen der anderen Kafos darüber zu unterrichten.

434

»Das habe ich schon getan«, sagte sie. »Jede Frau kann zum Kochen kommen. Außerdem sollen auch die Falifos der einzelnen Kafos mithelfen, damit sie sich davon überzeugen können, daß alles mit rechten Dingen zugeht. Das wird eine sehr erfolgreiche Party. Niemand darf am Samstag aufs Feld!«

In Tankular erwartete uns ein riesiger Fisch, der etwa einein-halb Meter lang war. Eine Serer-Frau namens Netty Ndoye Jopp hatte einen der Fischer darum gebeten, ihn für uns aufzuheben. Ich rechnete aus, daß wir mindestens noch drei von dieser Größe brauchten. Sie versprach uns, es am nächsten Morgen wieder zu versuchen.

Der darauffolgende Tag war jedoch ein Freitag, und so waren mehr Fischer in der Moschee als auf dem Fluß vorzufinden. Nur ein Mann aus Joli hatte anscheinend in der Nacht mehrere große Fische gefangen, aber da seine Frau ihm unsere Nachricht nicht weitergegeben hatte, waren sie schon verkauft, als wir schließlich bei ihm ankamen. Malamin Bajo aus Dulaba hatte zwei große und wunderschön gesprenkelte Fische aus dem Bintang Bolon gezo-gen, und Netty Ndoye, die sich ihren Lebensunterhalt mit dem Trocknen von Fischen verdiente, hatte ebenfalls einen Eimer voll für uns beiseitegestellt. Aber es war noch nicht annähernd genug. Bis zur Party blieb mir noch ein Tag. Alles hing vom Nachtfang in Tankular ab.

Am Nachmittag besuchten mich Mabinta und Natoma noch einmal. Warum ich nicht zwei Partys gebe, wollte sie wissen. Eine für die Dorfbewohner und eine für das Personal. Sie erklärten sich großzügig bereit, diejenige für das Personal zu organisieren. In-zwischen war ich zu erschöpft, um noch zuzuhören. Mabinta re-dete zwar am meisten, aber Natoma brachte die Sache auf den Punkt. »Warum gibst du nicht einfach Mabinta und mir einen Sack Reis?« fragte sie. »Du hast sowieso viel zu viel Reis für die Party gekauft. Susan Lawrence hat ihrem Personal einen Sack Reis geschenkt, als sie ging. Mabinta und mir. Was geschieht denn mit uns, wenn du weg bist?« Das war eine gute Frage.

Der große Tag war da. Die Abfahrt nach Tankular verzögerte sich erst einmal. Sona hatte in der Nacht entbunden, und weil Kompli-kationen aufgetreten waren, hatte Alioune sie am frühen Morgen in die Methodistenklinik nach Sibanor gefahren. Jetzt ging es ihr und ihrem Baby gut. Es war ein großer, schwerer Junge, und alle freuten sich. Ich fand es ausgesprochen passend, daß Sona am Morgen meiner Party entbunden hatte. Es sollte ein Tag der großen Ereignisse und der Freude werden.

Wir kamen gerade an, als die Kanus an den Holzbalken des Landestegs anlegten, auf dem sich wieder Fischer, Hausfrauen, Händler und die Frauen drängten, die Trockenfisch herstellten. Keines der Kanus war ganz voll. Einer der Männer war eigens für uns hinausgefahren, und wir kauften ihm seinen gesamten Fang ab. Schließlich erblickten wir am Ende des Landesteges noch einen Haufen kleiner und ziemlich schmaler Fische.

»Wie wäre es mit diesen?« schlug Pa vor. »Sie schmecken sehr gut in Benakino.«

»Also, ich persönlich mag sie nicht besonders«, sagte Jojo. Dies löste eine längere Diskussion über Jojos kulinarischen Geschmack im Besonderen und seine Position im Universum ganz allgemein aus, und dann kauften wir die Fische.

Nun lag ein ansehnlicher Haufen auf der Ladefläche des Landrovers. Aber immerhin erwartete ich drei- bis vierhundert Gäste, und ich zweifelte, ob die Menge nun wirklich ausreiche. Vielleicht konnte ich ja doch noch irgendwo eine kleine Ziege auftreiben. Nein, nein, nein, nein, widersprachen mir meine Berater. Erstens, Fisch und Fleisch paßten sowieso nicht recht zusammen, und zweitens hatten wir genug. Wie sich später herausstellte, war es sogar viel zuviel.

Bei unserer Ankunft waren sofort Helfer zur Stelle, die den Fisch abluden. Pa sagte, er werde im Gehöft bleiben, bis das ganze Essen gekocht sei. »Andernfalls verschwindet so manches auf Nimmerwiedersehen«, meinte er.

Bald war eine unübersehbare Schar von Köchen am Werk, darunter auch viele Mitglieder des Saniyoro Kafos und dessen »Mütter«, Penda und Kanikunda, sowie die Falifos aller anderen Kafos. Und natürlich waren Mabinta und Natoma da.

Auch meine »Person« war da, und zu meiner großen Freude half sie ebenfalls beim Kochen mit. Sie war die stellvertretende Führerin ihres Kafos, und ich fand sie sehr geeignet für diese Funktion. Sie erzählte mir, daß sie jede einzelne Frau des Kafos zur Party eingeladen habe, und ich glaubte ihr. Sie strahlte eine Kompetenz aus, die anderen Vertrauen einflößte. Manchmal sah ich, wie sie mit der Führerin des Kafos auf der Straße stand, in ein Gespräch über Angelegenheiten ihrer Gruppe verwickelt. Sie schienen immer sehr beschäftigt und geheimnisvoll dabei und redeten nur mit verhaltenen Stimmen. Sie wirkten irgendwie eindrucksvoll, und bei ihrem Anblick sehnte man sich die Zeit herbei, in der solche Menschen nicht mehr all ihre Energien für eine reine Bedarfsdeckungswirtschaft aufwenden mußten, die zermürbend und mühselig war und ihnen trotzdem nur wenig einbrachte, sondern ihre Fähigkeiten in den Dienst einer größeren und profitableren Aufgabe stellen konnten.

Sie tanzte nie, oder zumindest sah ich sie nie tanzen. Wenn ihr Kafo einen Tanz organisierte, übernahm sie die Aufgabe, den Kreis zu ordnen und Kinder und übereifrige Zuschauer davon abzuhalten, das Ereignis in ein Chaos ausufern zu lassen. Sie gab den Rhythmus zum Klatschen vor und lief in den Kreis, um sich vor denen zu verbeugen, die besonders gut tanzten, und ihnen Beifall zu spenden, ohne sich selbst je unter sie zu mischen. Dennoch ging sie bei solchen Anlässen nie früh nach Hause. Meist stand sie etwas weiter hinten in den Reihen ihrer eigenen Altersgruppe, sah gelassen dem Treiben zu, lachte über die Possen der *luburrdhe* – der Clowns ihrer Gruppe – und ließ sich nur gelegentlich zu wilden Bewegungen mitreißen. Ich liebte diese Distanz und Unnahbarkeit, aber noch mehr ihre freudige, kindliche Ausgelassenheit in den seltenen Momenten, in denen sie sich dann doch einmal gehen ließ.

Als ich mich dem Dornenbaum hinter Jarra Njais Gehöft näherte, in dessen dürftigem Schatten gekocht wurde, tanzte sie mit wiegenden Schritten auf mich zu, lächelte und schwang den großen Löffel, mit dem das Benakino gerührt wurde.

»*Aiyo!* Mark ist hier!« sang sie. »*Ndeysan*, der Mond und die Sterne!«

Heute ist ein großer Tag, dachte ich.

In drei riesigen Eisenkesseln wurden einhundertundfünfundzwanzig Kilo Reis in siebenundzwanzig Litern Öl gekocht. Zwölf Ein-Kilo-Dosen Tomatenmark kamen hinzu (die Unauffindbarkeit einer Dose löste wilde Gerüchte aus, obwohl von den sonstigen Vorräten nichts verschwand). Am Schluß waren sogar Zwiebeln, ein halber Sack Reis und natürlich Fisch übrig. Um zehn Uhr begannen die Frauen mit der Zubereitung des Essens, die sich bis fünf Uhr nachmittags hinzog, wobei jeder Vorgang hitzig diskutiert wurde. Es wurden insgesamt sechs große Töpfe Benakino gekocht. Da niemand essen durfte, bevor nicht das letzte Reiskorn gekocht war, wurden die gegarten Speisen in lauter große Emaille-

437

schüsseln gefüllt und zur Sicherheit in Kemorings Haus einge-
schlossen.

Um drei Uhr trafen die ersten Gäste ein, und um vier Uhr schon
drängten sich unübersehbar viele Frauen und Kinder jeden Alters
im Gehöft und im Kankango bis zur Straße hinaus. Der Hunger
und die starke Hitze steigerten die erwartungsvolle Atmosphäre
noch. Schließlich war es soweit: Jedes Kafo trug seine Schüssel
mit Essen an ein halbwegs ruhiges Plätzchen – in ein nahegelegenes Haus, einen Garten oder auf ein Feld –, wo sie sich hinsetzen
und essen konnten.

Als ich danach die Frauen unter den Mangobäumen des Kinderzentrums tanzen sah, empfand ich nur noch eine unendliche Erleichterung darüber, daß die Party – für die Dorfbewohner der
Höhepunkt meines Aufenthalts – vorbei war. Und obwohl ich
noch nie solch einen großen Tanzkreis gesehen hatte, konnte ich
mich des Eindrucks nicht erwehren, daß auch die Frauen ihre Begeisterung eher der Form halber zur Schau trugen. Natürlich
tanzten und aßen sie gerne – und so üppig wie an diesem Tag fielen
ihre Mahlzeiten selten aus –, doch für die meisten war der entscheidende Augenblick der gewesen, als ich mit den Vorräten im
Landrover angekommen war und sie sich davon überzeugen
konnten, daß die Geste, die ich ihnen gegenüber machen wollte,
angemessen war. Ich hatte getan, was sie von mir erwartet hatten.
Nachdem sie die Vorräte gesehen und sie mit eigenen Händen
berührt hatten, war das Wichtigste schon vorbei.

Sarah hatte Sona auf ihrem Bett ausgestreckt vorgefunden. Der
Muttermund war schon vollständig geöffnet, aber der Kopf des
Babys lag noch sehr hoch im Becken. Sarah schätzte, daß sie etwa
eine halbe Stunde so gelegen hatte. Sie mußte große Schmerzen
haben und preßte nicht richtig. Sarah ließ sie aufstehen, sich auf
den Boden hocken und in dieser Stellung pressen. Nach einer weiteren halben Stunde war die Geburt aber immer noch nicht voran-
geschritten. Möglicherweise war der Kopf des Babys zu groß für
ihr Becken. In diesem Fall mußte ein Kaiserschnitt vorgenommen
werden. Es war jedoch wahrscheinlicher, daß es sich um ein großes Baby handelte, das noch nicht seine richtige Geburtslage eingenommen hatte. Es konnte zwar durchaus sein, daß es sich nach
stundenlangen Wehen doch noch drehte, aber Sarah wollte, wenn
es irgend ging, das Baby dieser Belastung nicht aussetzen. Sona
war inzwischen sowieso schon viel zu erschöpft, um noch wir-

kungsvoll zu pressen. Sarah beschloß, sie nach Sibanor in die Methodistenklinik zu bringen, wo es einen Vakuumextraktor gab. Damit konnte man die Lage des Babys auf mechanische Weise ändern und vielleicht doch noch eine Geburt auf natürlichem Weg ermöglichen.

Sona wurde auf den Rücksitz des Peugeot gelegt, und zwei ältere Frauen aus ihrem Gehöft begleiteten sie. Als sie Sibanor erreichten, war der Kopf des Babys schon sichtbar. Der Durchtritt gestaltete sich jedoch sehr schwierig. Die Hebamme mußte die Haut zwischen Vagina und After einschneiden, und als die Schultern sich durchschoben, riß sie endgültig ein. Zu diesem Zeitpunkt waren die Wehen so stark, daß Sona sie kaum noch wahrnahm.

Der Dammriß wurde ohne Narkose genäht, weil Betäubungsmittel knapp waren. Ohne die Hilfe im Krankenhaus hätten Sona oder ihr Baby oder sogar alle beide vermutlich nicht überlebt. In Gambia war es keine Seltenheit, daß Frauen, die schon mehrmals komplikationslos entbunden hatten, während der Wehen starben, weil die Geburt ins Stocken kam. So aber war alles noch glimpflich abgegangen, weil das Baby schließlich doch von alleine gekommen war.

Am Samstag nachmittag ging es Sona und ihrem Sohn gut. Am nächsten Abend jedoch mußte er in das MRC-Krankenhaus in Fajara verlegt werden. Die Geburt war schwer gewesen, und das Baby schien ernsthaft krank zu sein.

Tumbulu Sise saß auf dem Bentengo vor ihrem Haus. Sie litt an einer Mundinfektion, die ihre Wange anschwellen ließ und ihr beträchtliches Unbehagen bereitete. Sie war gerade von der Wasserstelle zurückgekehrt. Weil ihre große Plastikschüssel zerbrochen war, hatte sie unzählige Male mit einem kleinen Eimer hin- und hergehen und sich immer wieder in die Schlange stellen müssen. Gerade hatte sie Salimata wieder losgeschickt. Das Wasserholen nahm doppelt so viel Zeit in Anspruch wie sonst. Sie wünschte sich ein großes Metallgefäß, wie es die meisten anderen Frauen besaßen, aber es war zu teuer für sie. Die Plastikschüsseln waren billiger, aber sie gingen auch sehr schnell kaputt.

Sie sah an ihrem Haus hoch. Das graue, brüchige Strohdach war in einem miserablen Zustand. Bei Regen tropfte das Wasser direkt auf die Betten, und sie wurden krank.

Ich fragte sie, ob sie das Dach vor der Regenzeit nicht reparieren wollten.

»Der Eigentümer des Hauses behauptet, daß er das vorhat«, erwiderte sie. »Aber ob er es wirklich tut, weiß ich nicht.« Ich fragte, wer der Eigentümer des Hauses sei.

»Mein Ehemann.«

In der Hälfte des Hauses, die sie mit ihren Kindern bewohnte, gab es nur ein kleines Bett. Der älteste Sohn war ins Gehöft von Tumbulus Mutter geschickt worden, aber es blieben noch ihre älteste Tochter Salimata, der jüngere Sohn Ibraima und das Baby Binta, mit denen sie dieses eine Bett teilen mußte. Das war nicht gerade einfach, weil Salimata die lästige Angewohnheit hatte, sich im Schlaf hin- und herzuwälzen.

Sie befand sich in einem Zustand, der nicht einmal mit ihrer Rückkehr aus dem Royal Victoria Hospital verglichen werden konnte, als sie völlig ausgehungert gewesen war. Selbst damals hatte sie noch geradezu blühend ausgesehen, so daß Sarah sich kaum vorstellen konnte, daß sie wirklich fast zwei Wochen lang nichts gegessen hatte.

Dabei hatte sie in den vergangenen Monaten nicht ständig Hunger gelitten. Vielmehr hatten die kleinen Schwierigkeiten sie zermürbt, die tägliche Frage, woraus die nächste Mahlzeit der Familie bestehen sollte. In der einen Woche reichte der Reis, in der nächsten mußten sie ohne ihn auskommen. Weder sie noch ihr Mann hatten eine Möglichkeit, irgend etwas zu unternehmen – entweder jemand schenkte ihnen etwas, oder sie warteten auf den mageren Lohn ihrer Arbeit. Die bevorstehende Regenzeit war das einzige, was sie hoffen ließ, daß das kommende Jahr nicht so schwer würde wie das vergangene. Aber wenn der Regen ausblieb und sie wieder nichts erntete, oder wenn die Insekten ihr Getreide auffraßen, würde sie auch damit leben müssen. Seit sie das Haus ihrer Mutter verlassen hatte und bei ihrem Mann wohnte, war das Leben hart gewesen. Sie hatte es immer ertragen. Wenn die Dinge sich nicht änderten, hatte sie gar keine andere Wahl, als sie hinzunehmen.

Natoma war in ihrem Gehöft die einzige, die Geld verdiente. Sie alleine trug die Verantwortung, ihren Mann, ihre sieben Kinder, ihre Nichte Mariatou, ihre Mutter und Fatou, das Baby, für das sie sorgte, zu ernähren. Ihre Nebenfrau war fast so alt wie der Ehemann, und abgesehen von unregelmäßigen Geldsendungen ihrer in Serekunda verheirateten Tochter war auch sie von Natoma abhängig, obwohl sie gar nicht zusammen kochten. Natomas älteste

Tochter Fatou war aus Brikama, wo ihr Ehemann wohnte, zurückgekehrt, um ihr erstes Kind im Gehöft ihrer Mutter zur Welt zu
bringen. Sie war siebzehn und noch nicht endgültig zu ihrem
Mann gezogen. Sie war sozusagen »geborgt«, wie sich die Leute
hier auszudrücken pflegten. Da ihr Ehemann ebenfalls keine feste
Arbeit hatte, konnte er ihr kein Geld für ihren Unterhalt mitge-
ben.

Nach seiner Geburt erhielt das Kind praktisch ohne Zeremonie
einen Namen. Die wohltätigen Spenden, die bei einem solchen
Anlaß erwartet wurden, fielen eher mager aus – Munko, aber
keine Kolanüsse –, und notgedrungen hatte Natoma sie bezahlt,
weil der Vater des Kindes es nicht für nötig befunden hatte zu
erscheinen, was beträchtliche Verwunderung bei allen auslöste.

Mutar, der älteste Sohn, besuchte das erste Jahr der weiterfüh-
renden Schule in Serekunda und hatte gerade Ferien. Während
der Schulzeit sorgte sein Onkel – der jüngere Bruder seines Vaters
– für Kost und Unterkunft, doch die übrigen Ausgaben wie Uniform und Schulgebühren mußte Natoma bestreiten. Dieses Jahr
waren es einhundertundfünfzig Dalasi gewesen. Sie hatte keine
Ahnung, wie er sich Bücher beschaffte. Vielleicht hatte ihm sein
Onkel geholfen. Sie wußte nur, daß ihr Junge eine Nachricht
schickte, wenn er Geld brauchte, und daß sie ihm dann alles geben
würde, was sie besaß.

Tijian, ihr zweiter Sohn, hatte die Zulassungsprüfung für die
weiterführende Schule bestanden, und auch er wollte sie absolvie-
ren, sofern er einen Platz erhielt. Wer das bezahlen sollte, wußte
nur Gott.

Wenn ihre Tochter endgültig zu ihrem Mann zog, standen die
Ausgaben für neue Kleidung und Kochutensilien an. Zum Teil
konnte der Brautpreis dafür verwendet werden. Aber schon der
kleinste Kochtopf kostete stolze achtzig Dalasi. Und wenn der
Ehemann dem Vater der Braut dreihundert Dalasi gab, erhielt sie
allenfalls hundert davon.

Natoma war mit ihrem achten Kind schwanger. Sie hatte fünfzehn Dalasi pro Woche verdient, indem sie an zwei Vormittagen
mein Haus putzte. Dies stellte ihr einziges Einkommen dar, das
nach meiner Abreise nun auch noch wegfiel. Sie hatte zwar vorgehabt, »Familienplanung« zu betreiben, aber dann von den Talibos
– den Korangelehrten – gehört, daß jede Frau, die eine Pille nahm,
um »ihren Bauch zu verbrennen«, die Schuld für den Tod eines
lebenden Menschen auf sich lud. Nun hatte sie Angst davor, die

Pille zu nehmen. Auch wenn man noch so müde und erschöpft in dieser Welt war, konnte man im Jenseits seinem gerechten Urteil nicht entgehen.

Nachdem sie zu ihrem Mann gezogen war, hatte Munya sich bei Sarah beklagt, daß Dr. Sabari ihr einen zu geringen Lohn bezahle. »Ich habe versucht, ihr zu erklären, daß er nicht so viel wie wir anderen verdient, weil er keine Auslandszulagen bekommt, und sich deshalb keinen höheren Lohn leisten kann. Aber ich hatte nicht den Eindruck, daß sie das überhaupt zur Kenntnis nahm. Nun reißt ihm bald der Geduldsfaden. Entweder kommt sie zu spät oder gar nicht, weil sie angeblich krank ist. Neulich hat er mich gefragt, ob ich ihm eine andere Frau empfehlen könne, ich denke also, es wird bald Schluß sein. Erst seit sie bei ihrem Mann wohnt, hat sie davon angefangen. Vielleicht redet er ihr ein, daß sie mehr fordern sollte. Sie sagt, sie habe nun neue Pflichten. Vielleicht ist sie ja mit ihrem eigenen Haushalt zu sehr beschäftigt, als daß sie noch für andere arbeiten könnte.«

Am *sali lungo* – dem Gebetstag am Ende des Fastenmonats – war auch mir zum erstenmal die außergewöhnliche Veränderung in ihrem Verhalten aufgefallen. Am frühen Abend, wenn sie im Gehöft ihres Mannes kochte, gab sie sich kühl, fast schroff, und anmaßend. Vornübergebeugt schrubbte sie die Schüsseln, während sie unablässig mit erhobener Stimme die Kinder des Gehöfts samt ihren Nachbarn über die Zäune hinweg angiftete. Später, etwa gegen zehn, kam sie mit Mama Njai und Konyaji, die gerade aus Karafa Kunda hergezogen war, zu mir und verlangte ein Salibo. Sie präsentierten sich alle in ihrem Sonntagsstaat: mit auffällig geschnittenen *dendikos* in den prunkendsten Farben und dazu passenden, eng am Körper anliegenden Wickelröcken. Ihre Tikos waren so dick aufgerollt, daß sie fast elisabethanisch aussahen. Sie hatten Puder aufgetragen und Augenbrauen aufgezeichnet, die sich steil vom Nasenrücken nach oben wölbten. Sie trugen sämtlichen Schmuck, den sie besaßen. Ich wagte mir gar nicht auszumalen, welche Erscheinung sie abgegeben hätten, wenn ihre Möglichkeiten weniger begrenzt gewesen wären. Ich hatte keine Salibos da und bot ihnen statt dessen eine Tasse Tee an. »Auch gut«, sagte Mama. »Wir können ja Brot dazu essen.« Munya folgte mir in die Küche, um zu helfen.

Sie erinnerte überhaupt nicht mehr an die freche, kampflustige Frau, die ich in Mintering Kunda kennengelernt hatte: Fast hysterisch tänzelte sie auf dem Flur hinter mir her und kicherte unaufhörlich. Sie schien zehn Jahre jünger als noch vor wenigen Stunden. Während ihre Bewegungen zuvor fast langsam, aber geschmeidig und bestimmt gewesen waren, wirkten sie nun leicht und etwas gekünstelt.

Im Wohnzimmer erzählte Mama Njai dann, daß Luwanding, ein Mitglied aus ihrem Kafo, am Nachmittag von ihrem Mann geschieden worden sei, weil sie ihre Nebenfrau tätlich angegriffen hatte. Konyaji sagte, Mama Njai selbst sei am frühen Abend von ihrem Ehemann geschlagen worden. Es entstand eine lebhafte Unterhaltung, in der jede nach Herzenslust ihre Meinung kundtat. Munya brach in zahlreiche gurgelnde Lachanfälle aus, wand sich nervös auf ihrem Stuhl und schien manchmal fast zu zittern, während sie ihr trockenes Brot verzehrte. »Als Mutter ist sie ein hoffnungsloser Fall«, hatte Sarah einmal gesagt. »Sie bemerkt es überhaupt nicht, wenn ihr Sohn krank ist. Sie bringt ihn außerhalb der Sprechstunden und niemals dann, wenn man sie darum bittet. Er hat dieses Nierenproblem, aber sie kümmert sich kein bißchen um ihn. Vielleicht ist es ihr egal. Vielleicht ist sie einfach nur dumm.«

Am nächsten Tag beim Tulungo, das Munyas Kafo anläßlich der Namengebungszeremonie für Buba Samates Kind gab, war sie wieder völlig verändert. Sie kam spät und sah müde und abgespannt aus. Obwohl sie die zweitbeste Sängerin von Style-Liedern im Kafo war, wirkte sie außerordentlich zerstreut und sprach die Worte nur undeutlich aus, so als könne sie ihnen keine Überzeugungskraft verleihen. Sie sah aus, als hätte sie gerade eine schlechte Nachricht erhalten. Ich fragte mich, ob Dr. Sabari sie vielleicht entlassen hatte.

Es war nicht schwer zu erkennen, warum ihr Leben so chaotisch verlief. Einerseits lebte sie wie eine typische Frau ihres Dorfes – sie ließ sich in ihrem Tagesablauf nicht von bestimmten Uhrzeiten, sondern vom Stand der Sonne und der Dauer, die sie zur Erfüllung ihrer Pflichten benötigte, leiten –, sie ging aufs Feld, zog Kinder auf, war eine pflichtbewußte Nebenfrau. Andererseits erkannte sie, daß es auch noch andere Möglichkeiten gab: Sie war attraktiv und hatte Persönlichkeit und zog damit viele Männer an. Sie verspürte durchaus die Lust, sich diese Eigenschaften irgendwie zunutzezumachen. Weil sie sich also von der Plackerei der traditionellen Arbeiten befreien wollte, versuchte sie, sich in der

Welt der Tubabs zurechtzufinden, wo ganz andere Maßstäbe galten. Wie konnte es anders sein, als daß sie verwirrt war und nicht alles unter einen Hut bringen konnte? Und nun war sie mit ihrem zweiten Kind schwanger.

Am Sonntagabend gingen Pa und ich zu Jarra Njai, um zu besprechen, was mit den von der Party übriggebliebenen Lebensmitteln geschehen solle – besonders mit dem halben Sack Reis, um den sicherlich erbittert gestritten werden würde. Jarra Njai sagte, der Reis gehöre selbstverständlich ihr, da in diesem Dorf bei solchen Anlässen die Reste immer in dem Gehöft blieben, in dem gekocht worden war. Jetzt wußte ich, warum alle so wild darauf gewesen waren, daß in *ihrem* Gehöft gekocht wurde. Ich fand, daß Jarra Njai – und alle anderen – in dieser Hinsicht nicht gerade aufrichtig zu mir gewesen waren. Es kam zu einem scharfen Wortwechsel zwischen ihr und Pa, der ebenfalls der Ansicht war, ein Anrecht auf einen Teil der Lebensmittel zu haben, weil er trotz der Hitze den ganzen Tag die Essenszubereitung überwacht hatte. Ob wir denn nicht wußten, brachte Jarra Njai vor, daß beim Abschiedsfest des Professors große Mengen an Lebensmitteln übriggeblieben seien, von denen niemand etwas gesehen habe, außer genau denjenigen, die das Fest organisiert hatten? Außerdem, sagte sie, sollte damals eine dieser Frauen Pa eine Schüssel mit Essen bringen, und prompt habe man sie spätabends im Dorf dabei beobachtet, wie sie die Mahlzeit zu einem ihrer Verwandten trug. Ich zweifelte an der Wahrheit dieser Geschichte, aber ihr Zorn darüber war durchaus echt.

Ich hatte an diesem Abend noch Fatounding in ihrem Gehöft besucht, wo sie, Isatou und N'na nun völlig alleine waren. Obwohl sie bis zum Ende der Trauerzeit eigentlich unter der Obhut der Familie des Verstorbenen sein sollten, hatten sie seit geraumer Zeit kein Essen oder Geld mehr bekommen, und nun konnten sie sich nur noch eine Mahlzeit am Tag leisten. Ohne die Schüssel mit dem Festessen, die ich ihnen schicken ließ, hätten sie am Abend zuvor nichts zu essen gehabt.

Ich schlug Pa vor, Fatounding und Isatou einen Teil des Reises zu schenken, da wir Mitglieder desselben Kafos waren und sie im gleichen Gehöft wie Jarra Njai wohnten. Pa meinte jedoch, Jarra Njai und ihre Leute würden dies als große Schmach empfinden und uns möglicherweise samt dem ganzen Reis zum Teufel jagen. Schließlich kamen wir überein, einen Teil des Reises Fatounding und Isatou zu geben, und über den Rest sollte Jarra Njai nach eigenem Gutdünken verfügen können.

Am Donnerstag nachmittag wollte ich Dulaba verlassen. Die Zeit eilte diesem Augenblick mit der Geschwindigkeit eines Meteoriten entgegen, der durch das All rast. Inzwischen mußten noch hundert Sachen erledigt werden, deren Erwähnung hier jedoch zu mühselig wäre. Vor allem mußte ich das Öl aus dem Kinderzentrum ersetzen. Am Mittwoch zur Essenszeit, als ich gerade nach Karafa Kunda gehen wollte, um es tassenweise zu kaufen, kam Sullu zu mir und sagte, meine »Person« habe mich gestern zweimal besuchen wollen, und sie werde wiederkommen. Ich trug ihm auf, sie um halb drei Uhr zu mir zu schicken. Jetzt war es halb zwei. Ich fragte mich, ob ich es in dieser kurzen Zeit noch schaffen würde.

Kaum hatte ich das große Faß Öl in die Küche gerollt, als ich sie über den Vorhof kommen sah. Dann stand sie vor mir.

Ich bat sie, sich zu setzen. »Du bist hergekommen, um mich zu sehen«, sagte ich. »Ja«, antwortete sie. Wir saßen einige Augenblicke nervös auf unseren Stühlen. Dann sagte ich: »Komm«, und führte sie in das verdunkelte Arbeitszimmer. Sie hatte diesen Raum seit einigen Monaten nicht mehr betreten und blickte um sich. Dann setzte sie sich neben mich auf das Bett.

»Du bist schon lange nicht mehr hiergewesen«, sagte ich.

»Ja«, gab sie zurück. »Etwas hat mich von hier ferngehalten.«

»Was war das?«

»Kochen und Wasserholen.« Sie streckte sich auf dem Bett aus.

»Ich habe die Wäsche nicht fertiggewaschen.«

Als wir wieder durch die Tür gingen, legte ich ihr mit einer Geste der Zuneigung, die sie wahrscheinlich überraschte, die Hand auf die Schulter. »Ich liebe dich sehr«, sagte ich.

»Wirklich?« fragte sie.

»*Kende ke*«, bestätigte ich. »Sehr stark.«

Sie schien zufrieden.

»Wann fährst du morgen ab?«

»Am Nachmittag.«

»Ich werde dasein und mich von dir verabschieden.«

Ich war glücklich.

Ich weinte nicht, als ich Dulaba verließ – zumindest nicht vor allen Leuten, wie ich schon befürchtet hatte. Aber immerhin waren mir schon einige Male zuvor wegen dieses Ereignisses die Tränen in die Augen gestiegen. Wie oft, wenn ich Dulaba für ein Wochenende oder in den Weihnachtsferien verlassen hatte, war mir schwer ums Herz geworden, wenn ich mir den Moment vorstellte, an dem ich diesen Ort zum letztenmal sehen würde. Wie oft hatte ich mit den Tubabs gelitten, wenn ich miterlebte, wie sie – der Professor und Helene, Sharon und kürzlich Susan Lawrence – in den Peugeot einstiegen, um Dulaba wahrscheinlich für immer zu verlassen. Aber jetzt, wo mein eigener Abschied gekommen war, hatte ich das Gefühl, ich wisse zu viel – ich kannte die Menschen zu gut, um noch Sentimentalität aufkommen zu lassen. Mein Vorrat an Emotionen war erschöpft.

Darüber hinaus hatte ich das deutliche Gefühl, letztendlich zugrundezugehen, wenn ich blieb – nicht wegen der Menschen, auch wenn manche sich das wünschen mochten, nicht einmal wegen des Ortes selbst, aber wegen des Gefühls, nie einer der ihren zu werden – ich würde mich nie an das Klima gewöhnen, und ihre Kultur würde nie meine eigene werden, oder zumindest nicht in denjenigen Aspekten, die ich nicht akzeptieren konnte. Ich hatte das Gefühl, immer als Fremdling und Feind ausgeschlossen zu werden, auch wenn ich noch so sehr versuchte, mich anzupassen.

Wir setzten Jojo an der Kreuzung nach Serekunda ab, weil er dort den Bus nach Banjul nehmen wollte. Jarra Njai und Tumbulu, die beide das Ashobi des Kafos trugen, wollten mich noch ein Stück begleiten. Ich gab ihnen das Taxigeld für die Rückfahrt am nächsten Morgen, weil sie bei Verwandten in Bakau übernachten wollten. Als wir durch die Dörfer von Fonyi fuhren, erklärte Alioune, der am Lenkrad saß, daß ich ihnen dafür unbedingt etwas schuldig sei. Wenn in ihrer Kultur jemand einen anderen über eine so große Entfernung begleitete, mußte man ihm etwas geben, um ihn glücklich zu machen und ihm zu zeigen, daß man seine Mühen würdigte. Wenn ich das nicht tat, würden die anderen sie bei ihrer Rückkehr unweigerlich lächerlich machen. Meine Fahrt mit Alioune endete vor dem MRC-Gehöft in Fajara, und nachdem ich einen letzten Blick auf das Meer geworfen hatte, blieb mir nur noch eines zu tun.

Sona war mit ihrem Kind in einer Krankenstation des Gehöfts untergebracht. Ich sah sie sofort mit ihrer Mutter am letzten Bett der langen Reihe sitzen. Das Kind lag auf dem Bett, in ein Tuch eingewickelt, völlig regungslos, mit geschlossenen Augen. Von einem über seinem Kopf hängenden Gerät verliefen zwei kleine

Schläuche, einer führte zur Nase, der andere verschwand unter der Decke neben seinem Fuß. »Es geht ihm etwas besser«, sagte Sona, »aber nur ein wenig.«

Die Mutter verabschiedete sich gerade. Sie wohnte bei Verwandten in Bakau und wollte erst am nächsten Morgen wiederkommen. Sie sagte mir, ich solle bleiben und ihrer Tochter Gesellschaft leisten.

Als sie gegangen war, zog Sona die Tücher zurück und zeigte mir den Nabel des Kindes. Der Doktor habe ihr gesagt, das Messer, das die Krankenschwester in Sibanor benutzt hatte, um die Nabelschnur des Kindes durchzutrennen, sei nicht gut gewesen. Ich verstand die Bedeutung dieser Behauptung nicht ganz, obwohl es ihr sehr wichtig zu sein schien. Im Gegensatz zu ihrem Kind sah sie selbst sehr gut aus – so gut, wie ich sie seit Monaten nicht mehr gesehen hatte – und ihre Haut glänzte im bläulichen Licht der Station. Ihr Glück und ihre offensichtliche Erleichterung über die Geburt des Kindes waren wohl ebenso stark wie ihre Sorge um sein immer noch gefährdetes Leben. Aber man merkte ihr nichts von der Nervosität an, die eine Europäerin in ihrer Lage gezeigt hätte, jene fast hysterische Angst. Denn sie wußte, welche Bürde auch immer Gott ihr und dem Kind auferlegt haben mochte, ein Mensch konnte sowieso nichts daran ändern. Ihr blieb nur übrig, bei dem Kind zu bleiben und keine Mühe zu scheuen, sich um sein Wohlergehen zu kümmern.

Auf dem Fenstersims über dem Bett schwamm ein kleiner Plastiktrichter in einem Wasserbehälter. Sie bat mich, ihn ihr zu geben, und mit größter Sorgfalt befestigte sie ihn an dem Schlauch, der zur Nase des Babys führte. Sie goß eine dicke weiße Flüssigkeit hinein, Medizin, wie sie sagte, und dann drückte sie Milch aus jeder Brust und gab sie hinzu. Sie führte all das langsam, ernst und sehr sorgfältig aus, maß dem Vorgang anscheinend eine große Bedeutung bei und war ganz offensichtlich stolz auf all die Geräte, die alleine für ihr Kind eingesetzt worden waren. All ihre Hoffnungen hingen daran.

Die Frau im Bett nebenan beobachtete die Prozedur mit zusammengekniffenen Augen, wie sie es sicherlich schon Dutzende von Malen getan hatte. Ihr Kind hatte keine Schläuche und keine Apparate, und das mußte sie wohl ärgern. Die jüngere Frau im Bett neben ihr hatte nicht nur all diese Dinge für ihr Kind, sondern auch noch eine Mutter, die ihr half, und Tubabs, die sie besuchten. Als Sona den Trichter wieder vorsichtig in den Wasserbehälter zurücklegte, rief die Frau triumphierend: »Du hast das Wasser vergessen!« Verlegen grinsend schloß Sona den Trichter wieder an und goß etwas Wasser hinein. Während der ganzen Zeit rührte sich das Baby kein einziges Mal.

»Du gehst also morgen«, sagte sie. »Ich hätte dich gerne bis nach Dakar begleitet. Aber im Moment kann ich nirgendwo hingehen. Ich kann hier nicht weg.«

Ich richtete ihr von ihrem Mann aus, daß er sie am nächsten Tag besuche. Sie lächelte breit.

»Das ist sehr gut«, sagte sie.

»Dein *jambaro*?«

»Ich schwöre es bei Gott.«

Da sah ich sie zum erstenmal als das, was sie schon immer gewesen war – eine pflichtbewußte Ehefrau.

»Nimmst du die Kassetten mit meinen Liedern mit?«

»Ja«, sagte ich. »Ist das gut oder schlecht?«

»Es ist gut«, sagte sie.

Das Saniyoro Kafo konnte in diesem Jahr kein Erdnußfeld bestellen. Das ganze Saatgut war von Maden zerstört worden, ebenso wie das des halben Dorfes. Die Frauen wollten statt dessen Sesam säen, aber dann wurden der Landwirtschaftsbeauftragte sowie ein Zehntel der Beamten des Landes aufgrund von Sparmaßnahmen, die der internationale Währungsfonds verordnet hatte, entlassen, und es gab niemanden mehr, der ihnen Samen liefern konnte.

Die Regenzeit setzte spät ein und dauerte nicht lange, und die Ernte fiel im Vergleich zum vergangenen Jahr mager aus. Bei einem der ersten Stürme fiel Tumbulus Haus zusammen, während sie und ihre Kinder drinnen schliefen. Wie durch ein Wunder überlebten sie. Fatounding und Isatou heirateten Kalamattas jüngeren Bruder. Aber sie wohnten weiter in Dulaba, und er nahm die Reise von Serekunda selten auf sich.

Sonas Sohn blieb am Leben, doch er hatte eine Sehstörung, und ein Teil seines Gehirns war gelähmt. Viele im Dorf glaubten, er sei ein Teufel. Sona ging es zusehends schlechter – sie litt an Schlaflosigkeit und konnte kein Essen mehr bei sich behalten, ihr Körper wurde beinahe weiß. Der MRC diagnostizierte zuerst eine Schwangerschaftsdepression, aber als sie zusehends schwächer wurde, schickte man sie zweimal nach Fajara, wo sie genauer untersucht wurde. Schließlich wurde ein Enzymmangel festgestellt, und sie mußte Medikamente einnehmen – eine spezielle Flüssigkeit, die eigens aus England eingeflogen wurde. Langsam erholte sie sich wieder. In jedem anderen Dorf in Gambia, abgesehen von Mankono oder Karafa Kunda, wäre sie mit Sicherheit gestorben. Ihr Mann nahm Tumbulus Tochter Salimata zur dritten Frau. Sona zog zu ihrer Mutter nach Karafa Kunda. Möge Gott euch ein langes Leben, Erfolg und Glück bei allem, was ihr tut, geben. Möge Gott uns segnen, behüten und den richtigen Weg weisen.

GLOSSAR

Alahira, das Jenseits.

Alkalo, Dorfältester.

Ashobi, Stoff, aus dem sich die Mädchen und Frauen eines Kafos zum Zeichen ihrer Zusammengehörigkeit gleiche Kleidungsstücke nähen.

Badiya, Beziehungen freundschaftlicher Art oder Blutsbande.

Bantaba, der Versammlungsort der Männer; normalerweise eine niedrige, aus Holzbalken errichtete Plattform in der Dorfmitte.

Batut, gambische Währungseinheit: ein Dalasi = 100 Batuts.

Be-cho, Halbrock, der von Frauen vom Zeitpunkt der Initiation an unter dem Wickelrock getragen wird.

Benakino, Reis, der in Speiseöl mit Fisch oder Fleisch und Gemüse gekocht wird.

Bentengo, gemeinschaftlich genutzter Platz in jedem Gehöft.

Dalasi, gambische Währungseinheit: 1985 waren fünf Dalasi ein britisches Pfund, Ende 1986 zwölf.

Dempetengo, zerstampfte Reisflocken.

Denkilo, Gesang, Lied.

Durango, Erdnußsoße.

Falifo, der »Verwalter« eines Kafos; diejenige Person, die Nachrichten verbreitet, Geldstrafen eintreibt, Kolanüsse bei Versammlungen, Namengebungszeremonien und Beerdigungen verteilt.

Fulbe, ein Hirtenvolk; die Fulbe haben eine weniger stark pigmentierte Haut als andere negroide Stämme und feingeschnittene Gesichtszüge. Sie gelten als Nachkommen der Berber und sind ursprünglich rinderzüchtende Nomaden, die sich erst in neuerer Zeit fest ansiedeln.

Griot, Sänger von Preisliedern oder Musiker (aus dem Kreolischen: *grius*).

Jaliba, jalo, ein Griot (Mandinka).

Jambaro, Champion, Held.

Juju, ein Amulett (aus dem Französischen; *joujou*: Spielzeug).

Jujuo, das Haus, in dem die Initianten und Initiantinnen während der Einweihungsriten untergebracht sind.

Kabylo, Teilbezirk der Gründergehöfte.

Kafo, eine soziale Gruppe Gleichaltriger; traditionell gehören ihr die Männer oder Frauen an, die gemeinsam an der Beschneidung teilgenommen haben.

Kankango, Garten hinter einem Gehöft, in dem die Männer in der Regenzeit Mais und Hirse anbauen.

Kanyeleng, kinderlose Frau, die sich nach traditionellem Glauben besonders schamlos verhalten muß, um doch noch ein gesundes Kind zu bekommen.

Kijo, die Schlaginstrumente der Frauen, insbesondere Kalebassen-Trommeln, aber auch Schüsseln, Mörser, Mahlbretter.

Kintango, Bewacher der Initianten (Pl. *kintangolu*).

Ku'lo, geheim, Geheimnis.

Kunfanunte, jemand, der den zweiten Blick besitzt, also Hexen sehen kann.

Kutcha, Soße aus roten Sauerampferblättern.

Manyo, Braut; eine Frau, die zu ihrem Mann übersiedelt.

Manyo bitto, die Zeremonie der Übersiedelung der Braut.

Marabut, heiliger Mann; zu seinen Hauptaufgaben gehört die Herstellung von Jujus (aus dem Arabischen: *murabit*, Mandinka: *moro*.)

Munko, roher Reis, der mit Zucker zu einer klebrigen, körnigen Masse zerstoßen wird; bei Namensgebungszeremonien und Begräbnissen wird Munko traditionell als Almosen verteilt.

Ndeysan!, ein Ausdruck der Zuneigung oder des Bedauerns, auch der Bewunderung (Wolof). Mandinka: *Ai waali!*

Ngangsimba, die »Mutter« der Initiantinnen; sie nimmt die Beschneidung vor.

Ngangsingo, ein Initiant oder eine Initiantin (Pl. *ngangsingolu*).

Nimbara, Gruß- oder Bestätigungsformel für jede Gelegenheit; wörtlich: »du arbeitest«. Die richtige Antwort darauf ist, den Nachnamen der grüßenden Person zu nennen.

Nyakaboyo, Initiation der Frauen.

Naykaboyo dula, der eigentliche Initiationsort.

Safo, ein Amulett, dessen Wirksamkeit auf Koransuren beruht, die auf Papier oder anderes Material geschrieben und etwa in Leder- oder Fellsäckchen eingenäht wurden.

Salibo, Geschenk; insbesondere das traditionelle Geschenk an den Gebetstagen.

Serer, in Westgambia und im Senegal lebendes Volk; nahe verwandt mit den Jolas und den Wolofs. Viele, die sich heute als Wolofs bezeichnen, sind eigentlich Serer.

Seri, Liebling, Geliebter (aus dem Französischen: *chéri*).

Seyuwrubaa, die drei Trommeln der Mandingos.

Sirif, die Mitglieder der Familie Haidara, von denen viele der größten Marabuts in Westafrika abstammen und die beanspruchen, direkte Nachkommen des Propheten zu sein, und zwar über seine Tochter Fatima. Sie sind als Sirif (Sharif) bekannt, haben nach dem islamischen Gesetz bestimmte Privilegien und sollen über große übernatürliche Kräfte verfügen.

Talibo, Korangelehrter.

Tiko, traditionelle turban-ähnliche Kopfbedeckung der Frauen.

Tubab, ein Europäer, zugleich jeder, der reich ist oder nicht aus Afrika stammt. (*Tubabo* – ein Mensch, der über das große *Baa,* das Meer, gekommen ist).

Tulungo, ein Tanz, wörtlich »Spielen«.

Venti latir, ein Tanz der Wolof, bei dem die Frauen ihre Hüften so schwingen, daß ihre Bewegungen angeblich an einen Ventilator erinnern (»ventilateur«).